《宁夏水利年鉴》编纂委员会 编

宁夏水利年鉴 2012

NINGXIA SHUILI NIANJIAN

水洞沟水库

黄河出版传媒集团
宁夏人民出版社

图书在版编目（CIP）数据

宁夏水利年鉴. 2012 /《宁夏水利年鉴》编委会编 . -- 银川 ：宁夏人民出版社，2012.12
ISBN 978-7-227-05349-1

I. ①宁… II. ①宁… III. ①水利建设—宁夏—2012—年鉴 IV. ①F426.9-54

中国版本图书馆 CIP 数据核字(2012)第 301492 号

宁夏水利年鉴 2012 **《宁夏水利年鉴》编纂委员会 编**

责任编辑 杨海军 马宗明
封面设计 刘帼强
版式设计 姜善玉
责任印制 张国祥

黄河出版传媒集团
宁夏人民出版社 出版发行

地　　址 银川市北京东路 139 号出版大厦 （750001）
网　　址 http://www.yrpubm.com
网上书店 http://www.hh-book.com
电子信箱 renminshe@yrpubm.com
邮购电话 0951-5044614
经　　销 全国新华书店

印刷装订 宁夏精捷彩色印务有限公司
开　　本 720mm×980mm 1/16 印　　张 24.5 字　　数 730 千
印刷委托书号（宁）0010119 印　　数 1000

版　　次 2012 年 12 月第 1 版 印　　次 2012 年 12 月第 1 次印刷
书　　号 ISBN 978-7-227-05349-1/F·377
定　　价 198.00 元

《宁夏水利年鉴》(2012)编纂委员会

编辑说明

一、《宁夏水利年鉴》是记载宁夏水利发展与改革的工具书。编辑中坚持"存史资政、服务水利"的宗旨,客观记录了宁夏各水利部门、单位在水利事业中取得的成就。

二、本年鉴主要反映2011年全区各水利部门工作发展状况,包括27个类目:1. 综述;2. 大事记;3. 水利专报;4. 法规文献;5. 专载;6. 机构与组成人员;7. 重点工程;8. 党建与精神文明建设;9. 组织人事;10. 规划计划;11. 水政水资源;12. 财务审计;13. 科技教育;14. 建设管理;15. 农村水利;16. 防汛抗旱;17. 节水型社会建设;18. 灌溉管理;19. 水土保持;20. 水利经营;21. 安全生产;22. 信息化建设;23. 水文化建设;24. 水利厅直属单位;25. 市县(区)水利机构;26. 表彰奖励;27. 水利统计。

三、水利厅机关的类目按照《自治区人民政府办公厅关于印发自治区水利厅职能配置、内设机构和人员编制规定的通知》(宁政办发〔2009〕83号)中所列的处、室先后次序排列。

四、栏目包含文章、条目和表格。标有【 】者为条目的题名。

五、本年鉴一般采用法定计量单位。数字用法遵从国家GB/T15835-1995《出版物上数字用法的规定》。技术用语、专业名词、符号等力求符合规范或俗成。

六、本年鉴文稿实行文责自负。文稿的内容、数据、保密等问题均由所在单位审核把关。

《宁夏水利年鉴》的编辑出版得到了全区水利系统各部门、单位及宁夏地方志办公室等单位的大力支持和帮助,在此谨表感谢!

《宁夏水利年鉴》编纂办公室

2012年11月

3月10日，水利部部长陈雷在水利部会见了自治区主席王正伟一行，共商宁夏水利发展大计

11月16日，水利部副部长胡四一(前排左二)实地考察宁夏节水型社会建设试点工作

2月25日，国家防汛抗旱指挥部秘书长、水利部副部长刘宁(前排左二）在自治区副主席郝林海（前排左三）的陪同下调研宁夏黄河防凌工作

8月29~31日，水利部在宁夏银川召开全国基层水利服务体系会议，水利部副部长李国英(前排右三)在会议期间到引黄灌区检查指导工作

5月5日，自治区党委书记张毅(前排左二)、自治区主席王正伟(前排左一)参加宁夏民生水利项目建设开工仪式

5月5~6日，自治区党委书记张毅(前排左二)在自治区领导于革胜、郝林海的陪同下检查调研全区水利工作

10月18日，全国政协委员、自治区政协主席项宗西（前排左三）率领驻宁全国政协委员视察全区水利建设情况

11月24日，自治区党委常委、纪委书记陈绪国（左三）调研水利工作

4月26日，自治区召开全区节水型社会建设工作会议

10月26日，自治区党委、政府在银川市召开水利工作会议

5月5日，宁夏民生水利项目建设开工仪式在吴忠市青铜峡黄河岸边隆重举行

9月28日，全区秋冬农田水利基本建设大会战启动仪式在永宁县望洪镇增岗村举行

10月15日，沙坡头水利枢纽南北干渠及灌区节水改造工程开工仪式在中卫市沙坡头水利枢纽坝下举行

7月24日，水利厅党委书记、厅长吴洪相(左三)深入唐徕渠二农场渠险工险段、贺兰生态移民区、惠农渠稍段裁湾砌护工地等地调研防汛、灌溉及水利工程建设情况

9月8日，水利厅党委书记、厅长吴洪相（左二）深入中卫兴仁、海原新区等地调研水利工作

6月15~16日，水利厅党委副书记、副厅长郭进挺(左三)对银川市、石嘴山市防洪情况进行实地检查

12月8日，水利厅党委副书记、副厅长郭进挺(前排左一)深入固海扬水管理处大型泵站改造工程现场调研冬季水利工程建设安全生产工作

3月22日，水利厅副厅长周京梅(左二)参加吴忠市纪念“世界水日”“中国水周”宣传活动

8月9日，水利厅副厅长周京梅（左三）到宁夏太阳山水务有限责任公司调研

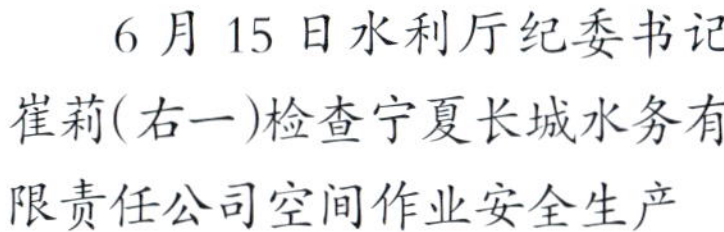

6月15日水利厅纪委书记崔莉（右一）检查宁夏长城水务有限责任公司空间作业安全生产

7月7日，水利厅纪委书记崔莉（左二）深入西干渠灌域暖泉农场调研行风建设工作

6 月 23 日，水利厅副厅长毕廷和(左三)调研西吉县水利工作

8 月 17~18 日，水利厅副厅长毕廷和(右三)陪同自治区人大法工委调研组在盐池、平罗县开展立法调查

4 月 20 日，水利厅副厅长郭浩(前排左一)审查宁夏水利博览馆布展展品

5 月 17~18 日，水利厅副厅长郭浩（右三）调研移民安置区供水情况

4 月 1 日，水利厅副厅长方彦（右三）在中卫市调研水利项目前期工作

7 月 13 日，水利厅副厅长方彦（右二）深入海原县对病险水库除险加固项目进行调研和检查

4月13日，水利厅总工程师薛塞光（右四）陪同欧盟代表团考察引黄灌区

4月19日，水利厅总工程师薛塞光（右三）到陕甘宁盐环定扬黄续建宁夏专用工程泵站、蓄水池、净配水厂及共用工程一、二、三、九泵站工程建设现场调研

9月8日，水利厅副巡视员李洪山（右二）在宁夏水利电力工程学校巡视考试工作

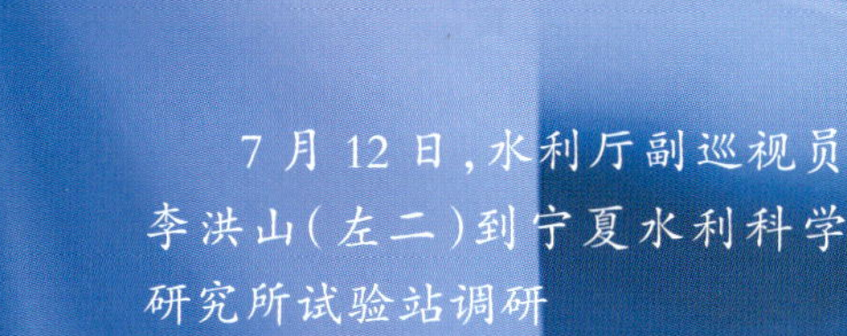

7 月 12 日，水利厅副巡视员李洪山（左二）到宁夏水利科学研究所试验站调研

10 月 10 日，水利厅副巡视员闫国伟到宁夏渠首管理处调研经济财务工作

4 月 22 日，水利厅副巡视员闫国伟（前排左二）参加水利厅财务审计处党支部联谊活动

2月16日，水利厅副巡视员陈广宏（左二）在惠农渠永一涵洞改造工程现场检查工作

3月4~6日，水利厅副巡视员陈广宏（前排右一）检查春灌前的各项准备工作

8月3日，自治区防汛抗旱指挥部办公室主任朱云（中）调研防洪工作

12月1日，自治区防汛抗旱指挥部办公室主任朱云（左一）检查冬季黄河治理工程

4月2日，中央一号文件宣讲大会在宁夏人民会堂举行

1月13日，全区农田水利基本建设表彰大会暨水利工作会议在银川市举行

8月2~4日，国家水利部水土保持司司长刘震(右一)一行考察水土保持工作

6月9~10日，国家水利部规划计划司副司长汪安南（左一）对水利部重点处理建议苦水河流域综合治理工作进行调研

1月15日，宁夏水利水电工程局60周年庆典在宁夏人民会堂举行

3月26日，在引黄灌区2011年灌溉工作会议上表彰了2010年引（扬）黄灌区节约用水先进单位

6月30日，水利厅机关党委组织机关党员干部举行庆祝建党90周年活动

9月24日，宁夏水利博览馆举行预展剪彩仪式

1 月 12 日，全区水利职工文艺汇演在银川市举行

水利厅帮扶海原县七营镇南堡小学捐赠仪式

贺兰段标准化堤防

灌区大型喷灌机

盐池县柳杨堡水土保持项目

刘家沟泵站净水厂

水土保持鱼鳞坑建设

汉延渠中干沟段砌护改造工程

小型农田水利隆德县建设项目

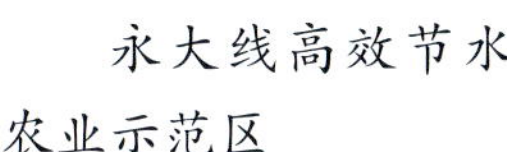

永大线高效节水农业示范区

4月1日，固海扬水大柳木泵站通水

满城秀色半成湖

固原清溪沟水库

彭阳县小流域综合治理

目 录

专　载

领导讲话

专　文

机构与组成人员

重点工程

党建与精神文明建设

组织人事

规划计划

水政水资源

财务审计

科技教育

建设管理

农村水利

防汛抗旱

节水型社会建设

灌溉管理

水土保持

水利经营

安全生产

信息化建设

水文化建设

水利厅直属单位

市县(区)水利机构

表彰奖励

水利统计

综　述

2011年是“十二五”开局之年，也是抢抓中央和自治区加快水利改革发展重大机遇，全面奏响盛世兴水新篇章之年。全区水利以紧密围绕学习贯彻和落实中央1号文件，推动宁夏水利科学发展为中心，持续加快民生水利、重点工程、节水型社会三大建设，大力强化灌溉供水、水资源、水利建设三项管理，努力完善体制机制、水资源配置、水利防灾减灾、水生态环境保障四大体系，水利工作呈现出投资加大、管理加强、发展加快、改革加速的良好态势，跨入了大发展快发展的新时期。

水利改革发展迎来春天。中央和自治区对水利的重视程度前所未有、政策支持力度空前。我们通过组织区市县领导及有关部门参加中央水利工作视频会议、中央1号文件宣讲报告大会、组织宣讲辅导、编发两个《决定》辅导学习读本等方式在全区迅速掀起了学习贯彻中央1号文件精神的热潮，全社会重视、支持和建设水利的热情空前高涨。力促自治区出台《加快水利改革发展的决定》(宁党发35号文件)，新中国成立以来首次以自治区党委名义召开水利工作会议，确立了新时期全区水利改革发展的思路、目标和任务。认真贯彻落实自治区35号文件，抓紧制定出台各项配套政策，已下发水利投入稳定增长机制等4项制度。力争把水利纳入公益性宣传范围，广泛开展水利政策宣传教育，全社会大兴水利氛围加快形成。

民生水利建设实现重大突破。全力以赴建成生态移民供水工程42处，6万生态移民生活生产用水得到保障。农村饮水安全工程完成自来水“百村千户”入户工程20处3.52万户，34万群众喝上安全洁净水。农田水利建设新增灌溉面积8.4千公顷、旱作基本农田15.33千公顷，改造中低产田54千公顷，建设高标准农田36.67千公顷，农业综合生产能力有效提高。高效节水灌溉工程经过水利部审查，去年一年发展万亩示范区12个17.33千公顷，建成中部干旱带高效节水补灌项目区16个27.33千公顷，有效促进了节水增效和农业种植结构调整。病险水库除险加固工程61座小(Ⅰ)型水库前期工作全部完成，开工建设54座，完成22座主体工程建设，防洪标准和供水保证率大幅提高。稳步实施水库移民后扶政策，批复实施4023万元的后扶项目共60项，促进了6.5万移民脱贫致富。

水利投资规模高潮迭起。历经近40年努力，中南部城乡人饮安全水源工程，终于在去年被国家发改委立项即将批复实施，总投资17.1亿元，同时，还有苦水河和清水河综合治理工程也被列入国家重点支流名录待批，总投资23.6亿元，5座中型水库进入国家规划名录，总投资12亿元。黄河综合治理规划上报黄河水利委员会(以下简称“黄委会”)审查，总投资45亿。2011年全社会水利投入达53.9亿元，再创历史新高，较2010年增长29%，是“十一五”年均的2.5倍，其中水利部门争取中央水利资金20.8亿元，较2010年增长20%，自治区配套资金达7亿元，为水利“十二五”开好局奠定了坚实基础。

水利发展基础有力夯实。争取了10年的沙坡头南北干渠及灌区节水改造工程已开工建设，灌区续建配套项目砌护干支渠60千米，改造骨干建筑物

13 座,灌溉供水保障能力进一步提升。盐环定扬黄续建主体工程完成,大型泵站更新改造固海扬水工程年度建设任务基本完成,中南部"生命工程"重新焕发了生机。投资 6.26 亿元的黄河宁夏段近期防洪工程将开工建设,力争苦水河综合治理工程列为十一届全国人大重点办理议案,国家安排投资 0.8 亿元。上海庙红墩子供水工程当年建设见效,红寺堡弘德慈善园区鲁家窑供水工程全面开工建设,固原盐化工供水工程前期工作有序推进。大柳树水利枢纽工程机构调整,关键技术论证积极推进。

节水型社会建设加快推进。首次召开了全区节水型社会建设工作会议,把节水目标任务分解到市县和有关部门,"政府主导、部门协力、上下联动、齐抓共管" 的工作格局初步形成。坚持以农业节水为主,加大灌区节水改造,全面推广节水新技术,大力发展高效节水灌溉,积极调整产业结构,稳步推进工业城市节水,节水成效不断扩大。十大试点建设任务全面完成,成为首个顺利通过国家验收的节水型社会建设试点省区。在用水不断增加的情况下,实现了黄河用水连续两年不超国家分配指标,以有限的水资源保障了自治区经济社会快速发展。

灌溉供水管理切实强化。积极应对灌区冬春夏三季连旱、灌溉面积增加、黄河引水严格受限的现状,采取科学编制调度预案、优化水量调度、适度提前放水、加强用水管理、调整种植结构、大力推进井渠结合灌溉等措施,保障了 506.67 千公顷农田适时灌溉和湖泊湿地补水,为保证粮食产量实现八连增、农业增效、农民增收和粮食安全、生态安全做出了巨大贡献。通过加大农业节水,实施水权有偿转让,不断完善宁东、太阳山等六大供水工程功能,延伸管网,提升服务,有效提高供水保证率,供水总量持续增长,保证了宁东基地和固原等城市用水安全。

水资源优化配置有效推进。将水资源管理"三条红线"控制指标纳入节水型社会建设考核。落实规划和新建、改建、扩建涉水项目水资源论证制度,力争中南部城乡饮水安全水源和宁东供水工程水资源论证报告通过黄委会审查。建立区市县三级取水许可管理登记及备案制度,完成调整水资源费征收标准方案,依法关停、划转企业水源井,全区共核减取水量 2714 万立方米。力促神华宁煤间接液化项目水资源论证和水权转换可研报告获黄委会批复,完成煤炭间接液化等 7 个水权转让项目审批,为自治区重点工业项目用水提供了保障。

水利建设管理切实强化。在全区推行县域水利工程建设项目集中管理、民生水利项目集中打捆招标和工程招标活动集中入场交易的管理模式,并在全国会议上交流经验。实行工程稽查、监督检查、问题排查"三结合",大力推行工程质量第三方检测、突击式专项稽查,强化安全生产监督工作,确保了工程安全、生产安全。建立了水利施工企业和招标代理机构备案制度,全面启动水利建设市场信用管理,有效规范了水利建筑企业和人员行为。

水利发展后劲持续增强。建立了稳定增长的自治区财政水利建设基金,水投集团投入 6.99 亿元,为重点工程建设提供了资金保障。水利工程运行管理经费明确纳入财政预算管理,全力推进水管单位"收支两条线"。以基层水利服务机构、农民用水合作组织、准公益性专业化服务队伍"三驾马车"为重点的基层水利服务体系日趋完善,得到水利部肯定并在北方地区推广。加快城乡供水一体化改革,积极推进固原、中宁等市县水务一体化管理,组建六盘山水务公司,供水保障能力有效提升,结束了原州区县城供水水质不达标、水量不足的历史。

防灾减灾体系进一步完善。层层落实防汛工作责任制,全面加快黄河近期治理、中小河流治理和山洪灾害防治非工程措施等项目实施,通过大力配套完善防洪工程和非工程体系,进一步提高了重点城市、重点水库、重要河段防洪安全标准,保障了人民群众生命财产安全。针对中南部地区持续旱情,争取抗旱资金支持各地有效开展抗灾减灾,通过建设应急水源工程,启动备用水源,在扬水干渠设立免费供水点,为水窖补水,出动车辆为学校、特困户送水,确保了大旱之年未发生水荒。

构建人水和谐生态圈效果显著。创新水土流失治理模式,坚持综合治理与产业发展、农民增收相结合,更加注重生态、经济和社会效益"多赢",治理水土流失面积1161平方千米，打造典型示范工程，得到水利部和自治区领导充分肯定。加快完善城乡生态水系，结合沿黄城市带建设，综合整治湖泊湿地4.6千公顷，努力构建人水和谐的大生态圈。坚持水资源节约保护优先，加强水功能区限制排污总量控制监管，加大引黄灌区县界取水、排水、地下水位监测设施建设，新增25处县界断面，入河排污口监测超过50%。

水利行业能力建设不断提升。颁布了《宁夏抗旱防汛条例》，水利厅荣获全区“五五”普法先进单位。建立宁夏黄河水沙研究与水资源高效利用院士工作站和宁夏水利专家工作站。水利信息化项目全面开工建设，水文监测能力建设切实加强，实施了中小河流水文监测系统项目建设，投入2亿元对水文测站等基础设施进行大规模改造。水利普查取得阶段性成果。填补水利空白的水利博览馆顺利建成。区属水管单位70%以上的站所段点实施了改造，市县基层站所改造规划开始实施，一线职工工作条件持续改善。

（马炳林）

黄河金岸

金沙湾防洪工程

唐徕渠水权转换试点项目

饮水安全工程八台轿西吉县水源坝

大事记

1月5日 国务院水利普查办公室常务副主任庞进武、黄河水利委员会水利普查办公室副主任张海亮等一行调研宁夏水利普查工作。

1月10日 宁夏水利学会举办2011年迎新春茶话会。自治区水利厅党委副书记、副厅长郭进挺，水利厅总工程师、学会理事长薛塞光，自治区科协学会部部长拜学英出席了茶话会。

1月12日 全区水利系统职工文艺汇演在宁夏人民会堂举行。自治区水利厅党委副书记、副厅长郭进挺发表致辞。水利厅领导吴洪相、崔莉、毕廷和、郭浩、方彦、薛塞光、李洪山、闫国伟、陈广宏观看文艺演出，并为获奖单位颁奖。

1月13日 全区农田水利基本建设总结表彰暨水利工作会议在银川市召开。自治区领导于革胜、何学清、郝林海、李淑芬出席会议，自治区副主席郝林海做重要讲话。来自全区水利系统的会议代表200余人参加了会议。会议的主要任务是深入学习贯彻中央1号文件精神，表彰先进，总结"十一五"水利工作，分析当前形势，部署2011年水利工作，动员各方力量大兴水利。

1月15日 宁夏水利水电工程局召开建局60周年庆祝大会。中国水利工程协会会长周保志、自治区领导郝林海、解孟林以及相关厅局负责人和来自全区水利系统代表1000余人参加庆祝大会。

1月16日 自治区水利厅党委召开2011年第1次会议，研究厅机关、局办效能考核和厅属企事业单位2010年度工作考核等事宜。

1月17日 自治区水利厅党委书记、厅长吴洪相主持召开厅长办公会议，传达学习了《中共中央、国务院关于加快水利改革发展的决定》，审定了2011年水利建设项目投资计划和《青铜峡金沙湾护岸工程设计方案》。

1月25日 自治区水利厅党委召开2011年第2次会议，学习贯彻自治区纪委十届六次全委会精神，研究审定2010年度各单位考核结果并讨论了2011年党委工作要点。

1月26日 自治区水利厅召开纪检监察工作会议，传达学习自治区纪委十届六次全会精神、安排部署2011年水利纪检监察工作。水利厅党委书记、厅长吴洪相做重要讲话，厅纪委书记崔莉做题为《深入推进党风廉政建设和反腐败斗争　营造风清气正的发展环境，保障水利事业健康发展》的工作报告。

△　自治区水利厅党委举办全厅离退休老干部春节团拜会，水利厅党委委员和厅级干部出席团拜会。

1月28日 自治区水利厅党委组成8个慰问小组，由厅领导带队，深入厅属各单位，对全厅116名离退休老干部、老党员、困难党员和困难职工代表进行了慰问。

1月29日 自治区水利厅2011年新春团拜会在宁东水务有限责任公司鸭子荡水库职工活动中心举行。水利厅领导吴洪相、郭进挺、崔莉、毕廷和、郭浩、方彦、薛塞光、李洪山、闫国伟出席。

1月31日 自治区水利厅党委书记、厅长吴洪相就《中共中央、国务院关于加快水利改革发展的决定》公布后宁夏水利今后发展目标接受了宁夏电视台专访。

2月15日 自治区人民政府将“保障农村饮水安全”列入2011年实施10项民生计划为民办30件实事之一。

2月25~26日 国家防汛抗旱总指挥部秘书长、水利部副部长刘宁在自治区副主席郝林海的陪同下对宁夏黄河防凌工作进行了检查。

3月1日 新修订的《水土保持法》实施，水利部召开新《水土保持法》宣传贯彻视频会，宁夏在水利厅设立分会场。

3月3日 自治区水利厅党委召开2011年第3次会议，听取2010年度厅属领导班子、领导干部考核情况汇报并研究了2011年党建及党风廉政建设会等事宜。

3月4日 自治区水利厅团委六届七次全委(扩大)会议召开。会议传达学习自治区团委十届五次全委(扩大)会议精神，听取水利厅团委2010年工作报告，安排2011年工作，表彰2009~2010年度水利厅青年文明号集体。

3月6~9日 国务院水利普查督导组来宁检查督导水利普查工作，抽查了平罗县、大武口区、利通区三县(区)的机构组建、办公场所、经费、实施方案落实等情况。

3月8日 自治区水利厅组织召开庆祝“三八”国际劳动妇女节101周年座谈会。会议对12个先进女职工组织、28名优秀女职工进行了表彰奖励。

3月10日 国家水利部部长陈雷在水利部会见了自治区政府主席王正伟一行，共商宁夏水利发展大计。会上，自治区政府汇报了近年来水利工作情况，并就水利部对宁夏经济社会发展给予的支持和帮助表示衷心的感谢。

3月16日 自治区水利厅结合宣传贯彻中央1号文件和纪念第十九届“世界水日”、第二十四届“中国水周”，邀请自治区党委政研室、人大农业与农村工作委员会、政府研究室等部门领导和专家召开座谈会。

3月22日 自治区党委书记张毅在水利厅党委书记、厅长吴洪相，固原市委书记刘小河、市长白尚成的陪同下，调研了宁夏中南部城乡饮水安全水源工程。

△ 自治区水利厅在银川市南门广场组织厅属驻银各单位、银川市水务局、银川市自来水公司等20多家涉水单位开展纪念“世界水日”“中国水周”宣传活动。

3月24日 自治区水利厅党委书记、厅长吴洪相主持召开厅长办公会议，研究决定了宁夏“十二五”中南部地区生态移民供水工程规划方案、新宁东能源基地供水方案、中宁县城乡供水一体化水源方案以及同心县西部农村饮水安全工程水源方案。

△ 自治区水利厅党委书记、厅长吴洪相主持召开厅务会议，传达学习了水利部部长陈雷“两会”期间会见自治区主席王正伟时的讲话精神，审定了2011年水利工作要点及效能目标责任分解意见、2011年农发水土保持项目拟上报计划以及宁夏中小河流治理项目第三批投资计划。

3月25日 全区大中型水库移民后期扶持工作会议召开。自治区水利厅党委书记、厅长吴洪相，副厅长毕廷和，水利部水库移民开发局处长龚银辉及自治区财政厅、发改委地区处的相关领导出席会议。会议对2010年度水库移民后期扶持工作先进集体和先进个人进行了表彰，对“十一五”时期水库移民后期扶持工作进行了总结，对2011年度工作进行安排部署。

△ 自治区水利厅召开2011年党建暨党风廉政建设工作会议，厅党委书记、厅长吴洪相做重要讲话，厅党委副书记、副厅长郭进挺做2011年党建工作报告，厅纪委书记崔莉做2011年党风廉政和反腐败工作报告，对2010年全厅党建和党风廉政建设工作进行了全面回顾总结，安排部署2011年党建和党风廉政建设工作。

△ 自治区水利厅召开2011年全区水利安全生产工作会议，学习传达自治区和水利部安全生产工作会议精神，研究部署当前水利安全生产工作。

3月26日 自治区水利厅召开引黄灌区2011年灌溉工作会议，表彰奖励2010年度全区节约用水先进单位，总结2010年引黄灌区灌溉管理工作，安排部署2011年灌溉管理工作。

3月30日 宁夏水利学会和水保学会联合举办了学习贯彻新《水土保持法》讲座，邀请国家水土保持知名专家、水利部水土保持监测中心副主任姜德文博士对新《水土保持法》进行了深入的讲解。

4月1日 上午9时40分，固海大型泵站更新改造大柳木和黑水沟泵站竣工通水。自治区水利厅党委书记、厅长吴洪相，副巡视员陈广宏出席竣工仪式。

4月2日 水利部党组成员、办公厅主任陈小江在宁夏人民会堂就《中共中央、国务院关于加快水利改革发展的决定》(2011年中央1号文件)做专题报告。会前，自治区党委书记张毅、自治区主席王正伟会见了陈小江主任一行。

△ 唐徕渠进水闸开闸放水，宁夏引黄灌区2011年春灌开始。自治区水利厅副厅长郭浩、副巡视员陈广宏参加了放水节仪式。

4月7～8日 自治区水利厅处级干部廉政教育培训班举行，全厅130多名处级以上干部参加了培训。

4月8日 宁夏水利厅、水利部科技推广中心、宁夏水利学会在银川市联合举办了宁夏金属和非金属格栅应用及生态护坡技术(产品)推介会。

4月9～10日 水利部景区办在银川市召开全国水利风景区建设与管理工作研讨会暨全国湿地水环境保护工作座谈专家咨询会议。

4月11～14日 欧盟部分成员国政府官员代表团一行11人在黄河水利委员会有关领导的陪同下到宁夏考察黄河水资源开发利用和保护工作。

4月12日 自治区水利厅党委召开2011年第4次会议，审定水利“十二五”规划，讨论自治区党委、政府《关于加快水利改革发展的决定》(代拟稿)，研究成立固原水务一体化工作小组等事宜。

4月14日 自治区水利厅党委书记、厅长吴洪相主持召开厅务会议，传达全国农村水利工作会议精神，审定水利厅2011年效能目标责任考评内容，审议《宁夏回族自治区防汛抗旱条例(草案)》等事项。

4月15日 宁夏电视台“行风面对面”栏目播出《饮水安全　为百万农民谋福祉》节目，水利厅党委书记、厅长吴洪相接受采访。

4月18日 宁夏水利调度中心项目前期工作会议召开。会议就水利调度中心的风格、设计、规划、功能等方面内容进行了交流讨论。

4月21日 自治区水利厅党委召开2011年第6次会议，研究宁夏水利工会换届等事宜。

4月25日 自治区水利厅党委召开2011年第7次会议，审定推荐自治区表彰的先进基层党组织和优秀党员以及全区节水型社会建设先进集体和先进个人。

4月25～27日 青海省水利厅副厅长宋玉龙一行6人到宁夏调研学习，重点调研解决中部干旱带群众生产生活用水、促进经济发展的情况。

4月26日 自治区召开第一次全区节水型社会建设工作会议。自治区领导杨春光、何学清、郝林海、解孟林、刘云等出席会议。自治区政府与5个地级市、6个厅(局)负责人签订了2011年节水型社会建设目标责任书，第一次把节水型社会建设纳入政府考核，将任务分解到各地市和自治区有关部门。

△ 宁夏水务投资集团有限公司与固原市人民政府在固原市政府行政中心举行推进水务一体合作框架协议暨资产整体移交签字仪式。固原市委、政府、人大、政协的主要领导，自治区水利厅党委书记、厅长吴洪相，党委副书记、副厅长郭进挺，自治区国资委副主任王静波等出席了签约仪式。

4月27～29日 自治区水利厅组织四个宣讲团分赴银川、灵武、中卫、中宁、海原等市县宣讲《中共中央、国务院关于加快水利改革发展的决定》精神。

4月28日 自治区纪委调研组在水利厅纪委书记崔莉的陪同下，到太阳山水务公司对企业党风廉政建设工作进行调研。

△ 自治区水利厅党委书记、厅长吴洪相主持召开厅长办公会议，讨论了中南部城乡饮水安全水源工程可行性研究报告方案、审议了2011年宁夏中

小河流治理项目第二批投资计划以及2011年小(Ⅰ)型病险水库除险加固项目第一批投资计划。

4月29～30日 自治区水利厅领导郭进挺、周京梅、郭浩、陈广宏带领相关部门负责人分四组看望慰问一线水利工作者。

5月4日 自治区水利厅团委举行“五四”运动92周年纪念大会,表彰第六届“水利厅十杰青年”和2010年度水利厅五四红旗团委、团支部、优秀团干部和优秀团员。

△ 自治区民生水利重点项目新闻发布会在政府五楼会议室举行。水利厅副厅长周京梅主持新闻发布会,副厅长方彦做专题讲话并答记者问。

5月5日 宁夏民生水利项目建设开工仪式在吴忠市青铜峡举行。自治区领导张毅、王正伟、于革胜、蔡国英、何学清、郝林海,自治区主席助理刘云出席开工仪式。

5月5～6日 自治区党委书记张毅在自治区领导于革胜、蔡国英、郝林海的陪同下带领有关负责人,检查调研全区水利工作。张毅书记指出,水利工作的关键是变水害为水利,基本的目标就是要保证供水安全,既要充分利用好水利骨干工程,又要切实提高水资源的调控能力;要大力实施续建配套、水权转换等节水改造项目,提高黄河水的利用效率和效益,以农业节水支持工业和自治区经济社会发展。

5月9日 全区农村水利工作会议召开,全面贯彻落实中央1号文件精神和全国农村水利工作会议精神,总结近年来全区农村水利工作经验,分析当前农村水利工作面临的形势和任务,安排部署当前和今后一个时期全区农村水利工作。

5月11日 全区水利财务工作会议召开。水利厅党委书记、厅长吴洪相出席会议并讲话,副巡视员闫国伟传达了全国水利财务工作会议精神,副厅长周京梅主持会议。会议总结了2008年以来水利财务工作,分析当前面临的形势,安排部署今后一个时期工作。

△ 以自治区纪委常委罗万里为组长的自治区党委调研组一行在水利厅党委副书记、副厅长郭进挺,厅纪委书记崔莉的陪同下,深入秦汉渠管理处基层调研党建工作。

5月12日 水利厅党委书记、厅长吴洪相主持召开厅务会议,传达学习了张毅书记调研水利工作时的讲话精神,审定了2011年度小型农田水利重点县建设资金计划和2011年度第一批农村自来水“百村千户”入户工程投资计划,研究成立了水利厅生态移民工程涉水事项监督保障领导小组。

5月中旬 自治区水利厅检查组调研了银川市、石嘴山市、吴忠市、中卫市、固原市生态移民安置区规划及14个县区安置点的供用水方案。

5月16日 宁夏节水技术推广年暨水利科技周启动仪式举行。

5月17～19日 水利部水利水电规划设计总院在北京召开会议,对《宁夏沙坡头水利枢纽南北干渠及灌区节水改造工程初步设计报告》进行了审查。

5月18日 中央治理“小金库”工作领导小组对宁夏水利厅2009年以来“小金库”治理工作在组织领导、舆论宣传、机制建设等方面的情况进行了调研,对有关工作给予充分肯定。

5月19日 自治区水利厅党委召开2011年第10次会议,讨论审定《水利厅2011年党风廉政建设和反腐败工作主要任务分工》。

5月24日 自治区纪委党风室、宣教室、政研室、纠风办负责人在水利厅纪委书记崔莉的陪同下,对秦汉渠、渠首管理处党风廉政建设工作进行了调研。

5月26日 自治区水利厅党委副书记、副厅长郭进挺主持召开厅务会议,传达学习了全国水利建设与管理工作会议精神,研究了水行政处罚自由裁量权细化标准草案,审议了2011年宁夏水利科技项目计划等事项。

5月27日 自治区水利厅党委召开2011年第11次会议,研究推荐水利部“群众满意的优秀党员”和“全国文明单位”等事宜。

△ 自治区水利风景区建设与管理领导小组第1次会议召开,研究成立了水利风景区评审委员会,审查通过了中卫市腾格里湿地、平罗沙湖申报自治区级水利风景区事项,并同意向水利部推荐申报国

家级水利风景区。

△ 自治区水利厅召开 2011 年“小金库”专项治理工作会议，传达自治区 2011 年“小金库”专项治理工作会议精神，总结过去两年“小金库”专项治理工作，安排部署 2011 年“小金库”专项治理工作。

△ 自治区水利厅召开公务用车问题专项治理工作会议，安排部署公务用车问题专项治理工作。

5 月 31 日 自治区防汛抗旱指挥部召开全区防汛抗旱异地视频会议，总结“十一五”全区防汛抗旱工作，安排部署“十二五”和 2011 年全区防汛抗旱工作，自治区主席助理刘云参加了会议并讲话。

6 月 1 日 自治区水利厅举行 2011 年“安全生产月”活动启动仪式，拉开了全区水利系统“安全生产月”活动的序幕。

6 月 1～2 日 水利部水保司副司长经大忠带队对宁夏淤地坝安全生产情况进行专项检查，同时对南部山区小流域综合治理开展调研并形成调研报告。

6 月 8～9 日 全国水土保持规划编制座谈会在银川市召开，水利部水保司司长刘震出席会议。

6 月 9～10 日 水利部规划计划司副司长汪安南带领由全国人大常委会办公厅联络局、全国人大环境与资源保护委员会办公室等部门组成的调研组，对水利部重点处理建议苦水河流域综合治理工作进行调研。

6 月 11 日 自治区水利厅在北京主持召开了由中国灌溉排水发展中心编制完成的《宁夏回族自治区高效节水灌溉“十二五”规划》论证审查会。

6 月 12 日 自治区水利厅安委会组织唐徕渠、西干渠、汉延渠、惠农渠管理处和艾依河管理局 200 多名干部职工参加了在银川市光明广场举行的全区安全生产咨询日活动。

6 月 14 日 自治区水利厅党委召开 2011 年第 12 次会议，研究厅党委“七一”活动方案，审定推荐享受自治区政府特殊津贴和“313 人才”人选，通报 2010 年度党风廉政建设考核情况等事宜。

6 月 15～16 日 自治区水利厅检查组分别对银川市、石嘴山市防洪备汛情况进行了实地检查。

6 月 16 日 自治区水利厅党委副书记、副厅长郭进挺主持召开厅长办公会议，审定了宁夏水利调度中心项目规划设计方案及建筑合作设计三方协议和海原县张湾水库等 17 座小（Ⅰ）型病险水库除险加固项目初设审查意见，审议了 2011 年中央分成水资源费地方承担项目实施方案、《宁夏中小河流治理项目建设管理办法（讨论稿）》和《宁夏山洪灾害防治县非工程措施项目建设与资金管理办法（讨论稿）》，研究成立了水利厅水资源管理系统项目建设领导小组等事项。

6 月 17 日 自治区水利厅举行庆祝中国共产党成立 90 周年歌咏比赛。

6 月 23 日 自治区水利厅在西吉县召开座谈会，现场办理马正文等代表在自治区十届人大五次会议上提出的《关于申请加大西吉县机修农田面积，增加建设标准的建议》。

6 月 24 日 自治区党委常委会议研究通过了《自治区党委 人民政府关于加快水利改革发展的决定（送审稿）》，为宁夏水利改革发展奠定了坚实基础。

△ 全区基层水利科技服务体系改革与建设工作座谈会在银川市召开。

6 月 25 日 自治区防汛抗旱指挥部组织水利、农牧、气象等部门紧急召开 2011 年第一次全区抗旱会商会议，就应对全区中南部地区严重的旱情进行研究部署。

6 月 27 日 自治区水利厅召开庆祝中国共产党成立 90 周年暨表彰大会。表彰了 35 个先进基层党组织、30 个先进党支部、60 名优秀共产党员和 20 名优秀党务工作者。

7 月 3～7 日 水利部黄河委员会来宁组织对《宁夏固原地区（宁夏中南部）城乡饮水安全水源工程水资源论证报告书》进行了审查。

7 月 6 日 自治区党委、人民政府发布《关于加快水利改革发展的决定》（宁党发〔2011〕35 号）。

7 月 7 日 全国政协原副主席、中国人口福利基金会会长王忠禹一行在自治区党委常委、自治区副主席齐同生的陪同下，对拟建的黄河大柳树水利枢纽工程坝址进行了考察。

△　自治区水利厅检查组到西干渠管理处和惠农渠管理处检查指导水利政风行风建设工作，并到地处灌区梢段的暖泉农场和惠农区中粮番茄种植基地听取用水单位对水利政风行风建设工作的意见和建议。

7月11日　自治区水利厅党委副书记、副厅长郭进挺主持召开厅务会议，审查了宁夏第一次全国水利普查对象清查数据成果、水利系列正高职、高级工程师、工程师预评审结果，审议了2011年农村饮水安全工程第一批项目投资计划。

7月15日　自治区水利厅2011年"清凉宁夏"广场文艺专场演出在银川市光明广场举行。

7月22日　自治区水利厅召开2011年上半年工作总结会，检查总结上半年目标任务完成情况，部署和推进下半年工作，传达学习中央水利工作会议精神，解读《自治区党委　人民政府关于加快水利改革发展的决定》。

7月25日　全国人大常委会副委员长陈昌智深入宁夏盐池县、红寺堡区视察中部干旱带高效节水补灌及农村饮水安全等全国人大建议落实情况。

7月25~27日　自治区人大农业与农村工作委员会副主任杜永发在水利厅副厅长郭浩的陪同下，调研原州区节水农业建设。

7月28日　自治区防汛抗旱指挥部组织水利、农垦、气象等防指成员单位紧急召开防汛会商会议，贯彻落实自治区党委书记张毅批示精神，并就28~29日将出现的连续降雨天气过程可能引发的汛情进行紧急部署。

△　自治区水利厅党委召开2011年第13次会议，研究成立宁夏六盘山水务有限公司，审定水利工会第五届委员会委员候选人等事宜。

7月29日　自治区水利厅党委召开2011年第14次会议，研究成立水利工程建设管理局、水资源管理局、农田水利基本建设指挥部办公室等事宜。

8月1~4日　自治区水利厅检查组对沿黄各县(市、区)防汛工作进行了再检查、再安排，进一步落实防汛工作责任，强化各项工作措施，确保安全度汛。

8月2~4日　水利部水土保持司司长刘震一行3人，考察了宁夏西吉县、隆德县、彭阳县及原州区水土保持生态建设工作。

8月3日　自治区人民政府新闻办召开《自治区党委、人民政府关于加快水利改革发展的决定》新闻发布会。自治区党委宣传部副部长、自治区政府新闻办主任张克洪主持会议，自治区水利厅党委书记、厅长吴洪相介绍了《决定》出台的有关情况，并与副厅长方彦回答了新闻记者的提问。

△　水利部黄河流域片水资源监测站网规划专题讨论会在银川召开。

8月7~10日　水利部水利水电规划设计总院在北京召开宁夏固原地区(宁夏中南部)城乡饮水安全水源工程可行性研究报告和复审会议。

8月9日　自治区水利厅党委书记、厅长吴洪相主持召开厅长办公会议，审定了2011年宁夏大型泵站更新改造项目建设计划和宁夏中部干旱带高效节水补灌工程2011年中央预算内投资计划。

8月10日　自治区水利厅组织相关人员再赴永宁县闽宁镇，实地调研制约闽宁镇经济社会跨越式发展的水利工作难题。

8月13~14日　自治区水利厅对黄河河道内建筑物和设施进行了全面执法检查。

8月15日　自治区水利厅2011年水利综合经营工作会议召开，研究部署下一步水利综合经营工作。

8月16日　自治区水利厅党委书记、厅长吴洪相主持召开厅长办公会议，审定了2011年防汛(防凌)补助费、第二批特大抗旱补助费、防汛岁修费、2010年度第二批和2011年度山洪灾害防治县级非工程措施项目建设等资金计划。

8月中旬　宁夏水土保持生态建设受到水利部领导充分肯定。

8月24日　湖北省水利厅厅长王忠法参观考察了永宁县现代农业设施瓜菜高效节水滴灌项目。

8月24~26日　水利部在宁夏举办水资源管理系统建设培训班。

8月26日 自治区水利厅党委书记、厅长吴洪相主持召开厅务会议,传达学习了自治区党委书记张毅在自治区党委常委会议贯彻落实中央水利工作会议讲话精神,审定了《水利厅贯彻落实〈自治区党委、人民政府关于加快水利改革发展的决定〉责任分解方案》等事宜。

△ 《2011年宁夏水利论坛学术论文集》正式出版。

8月27日 自治区水利厅党委书记、厅长吴洪相主持召开厅务会议,审议了水利信息化整体实施方案,研究了陕甘宁盐环定扬黄续建工程有关问题。

8月29~31日 水利部在宁夏中卫市召开全国基层水利服务体系建设(北方片)现场会,水利部副部长李国英、自治区副主席郝林海等领导出席会议。

9月2日 国家防汛抗旱总指挥部专员姚文广一行检查宁夏山洪灾害防治工程措施情况。

9月4日 自治区水利厅党委召开2011年第16次会议,讨论自治区水利工作会议领导讲话(代拟稿),研究召开水利政研会第三届会员大会等事宜。

9月5~6日 宁夏水利工会召开第五次代表大会,全面总结水利工会第四次代表大会以来的工作,研究部署今后五年主要任务,选举产生新一届工会委员会、经费审查委员会和女职工委员会。

9月6日 黄河防汛抗旱总指挥部办公室黄河宁蒙河段防凌工作调研组来宁夏检查指导黄河防凌工作。

9月9日 宁夏六盘山水务有限公司揭牌仪式在固原市古雁山庄举行,自治区人大副主任马瑞文、固原市委书记李文章应邀出席会议,并为公司揭牌。

9月13~17日 水利部组织中国水科院、水利部黄河水利委员会等单位的专家,来宁对宁夏节水型社会建设省级试点工作验收进行专家评估。

9月14日 自治区水利厅党委书记、厅长吴洪相主持召开厅长办公会议,审议了直属水管单位经费实行"收支两条线"纳入财政预算管理实施方案和2011年、2012年水利建设项目需地方配套资金方案,审定了全区水利"五五"普法先进集体和先进个人表彰方案。

9月18日 由自治区科协和水利厅主办,以"爱护母亲河,节约保护水资源"为主题的2011年全国科普日宁夏系列活动在宁夏科技馆广场启动。

9月19~20日 自治区水利厅协调联系了6名院士来宁参加2011中国(宁夏)引进海内外高层次人才合作洽谈会,并与水利厅开展合作交流活动。

9月23日 自治区水利厅召开全区水利"五五"普法总结表彰暨"六五"普法工作会议,印发了"六五"普法规划。

9月24日 宁夏水利博览馆举行预展剪彩仪式,厅领导吴洪相、郭进挺、周京梅、崔莉、郭浩、水利行业协会会长任福出席仪式并为博览馆预展剪彩。

9月27日 自治区水利厅党委召开2011年第13次会议,研究成立水利科学研究院,组建水利信息化建设项目法人等事宜并审定了副处级领导(企业高管)竞争上岗方案和2011年事业单位年度考核办法。

△ 自治区水利厅在盐池县大水坑镇召开座谈会,现场办理了蒯文普等代表在自治区十届人大五次会议上提出的《关于兴修大水坑镇洪漫坝的建议》。

9月27日 自治区水利厅党委研究审定了2011年副处级领导职位(企业高管)竞争上岗工作方案,决定于10月通过竞争上岗,在全厅选拔2名副处级干部,2名企业高管。

9月27~29日 自治区水利厅有关部门组成检查组,检查国庆节前水利安全生产工作。

9月28日 2011年宁夏秋冬农田水利基本建设大会战动员大会在永宁县望洪镇增岗村召开。自治区领导崔波、郝林海,水利部农水司领导、自治区有关部门、引黄灌区各市(县、区)领导和水务局局长以及永宁县干部群众4000多人参加了会议。

9月29日 自治区水利厅党委书记、厅长吴洪相主持召开厅长办公会议,审定了银川市滚钟口水库除险加固设计方案和石嘴山市大武口拦洪库工程变更设计方案,审议了同心县丁家二沟水库除险加固设计方案和西吉县下坪水库除险加固设计方案。

10月8日 自治区水利厅党委书记、厅长吴洪相主持召开厅务会议，安排部署了协调召开自治区水利工作会议、水利部领导来宁考察、沙坡头南北干渠开工、调度中心建设、自治区领导调研水利工作等工作，通报了2011年水利投资完成情况。

10月15日 水利部副部长李国英考察宁夏农田水利建设，自治区主席助理刘云，水利厅党委书记、厅长吴洪相等陪同考察。

△ 沙坡头水利枢纽南北干渠及灌区节水改造工程开工仪式在中卫市沙坡头水利枢纽坝下举行。水利部副部长李国英出席仪式并讲话，自治区党委副书记崔波宣布工程开工，自治区人大副主任马秀芬、自治区政协副主席解孟林、自治区主席助理刘云出席开工仪式。

10月18日 由全国政协委员、自治区政协主席项宗西率领的驻宁全国政协委员视察团一行在水利厅党委书记、厅长吴洪相，副厅长方彦和有关处室负责人的陪同下，深入基层就全区水利建设情况进行了视察。自治区政协副主席马国权、袁汉民、安纯人参加。

10月19日 国家发改委水价调研组对自治区水价改革的进展情况和末级渠系水价改革情况进行了调研，自治区水利厅副厅长周京梅、副巡视员闫国伟陪同调研。

10月20~24日 黄河水利委员会在吴忠市召开会议，对苦水河防洪工程可行性研究报告进行了复核审查。

10月23日 自治区党委副书记、银川市委书记崔波调研农田水利基本建设，现场查看工程进度、质量以及沟、渠、田、林、路的综合治理情况，充分肯定了全区农田水利基本建设取得的阶段性成绩。

10月24日 自治区水利厅党委召开2011年第18次会议，学习十七届六中全会精神，审定厅党委领导班子民主生活会方案。

10月25日 自治区党委书记张毅在自治区、吴忠市、青铜峡市有关领导陪同下，视察调研了宁夏水文化保护、发掘及规划建设情况。

10月26日 自治区党委、政府召开水利工作会议，深入学习和全面落实《中共中央、国务院关于加快水利改革发展的决定》和中央水利工作会议精神，部署自治区当前和今后一个时期水利工作，张毅、王正伟、项宗西、崔波、徐松南、刘慧、杨春光、王志宏、马三刚、陈绪国、马瑞文、郝林海等自治区领导出席会议。自治区党委书记张毅、自治区主席王正伟发表了重要讲话。

10月26~28日 自治区水利厅党委书记、厅长吴洪相带领有关负责人赴海原县七营镇南堡村开展驻村调研活动

10月28日 自治区水利厅在同心县召开座谈会，现场办理杨立毅等4名代表在自治区十届人大五次会议上提出的《关于同心县扬黄灌区农村饮水安全的建议》。

10月28日~11月1日 自治区水利厅会同发改委、经信委、住建厅、环保厅、农牧厅，对银川市、石嘴山市、吴忠市、固原市、中卫市落实2011年节水型社会建设目标责任情况进行了检查。

10月30日 自治区水利厅和银川市人民政府在南门广场举办了贯彻落实《宁夏回族自治区抗旱防汛条例》宣传启动仪式。

11月1日 《宁夏抗旱防汛条例》正式实施。

△ 自治区水利厅党委召开会议，听取了2011年副处级领导职位（企业高管）竞争上岗领导小组工作汇报，通过笔试、面试、民主测评、组织考察等程序，决定了盐环定扬水管理处、西干渠管理处副处级干部人选和宁东水务有限责任公司、长城水务有限责任公司副总经理人选。

11月3~16日 自治区水利厅有关领导陪同自治区人大、政府法制办赴海南、四川调研《宁夏水资源管理条例》《宁夏实施〈水土保持法〉办法》立法工作。

11月8日 财政部、水利部在北京联合召开第三批全国小型农田水利重点县建设启动视频会议，宁夏海原县、盐池县和泾源县三个县被列入项目计划。

11月12~14日 水利部国家项目办调研组来

宁夏检查指导防汛抗旱指挥系统建设及水利信息化工作情况。

11 月 16 日　宁夏节水型社会建设试点通过国家验收。水利部副部长胡四一，自治区领导刘天贵、郝林海、张乐琴，自治区主席助理刘云出席会议。胡四一副部长指出，宁夏节水型社会建设在解决自身水问题，增强区域水安全保障的同时，也探索出一条西北干旱半干旱地区在更广泛、更多领域建设节水型社会的路子，积累了宝贵的经验，这些做法对于“十二五”全国节水型社会建设具有很强的示范作用。

11 月 17 日　自治区水利厅党委书记、厅长吴洪相主持召开厅务会议，传达了全国大型灌区项目稽查整改工作会议精神，审定了水利质量检测企业、水利施工企业资质晋升初审结果、2011 年水库移民第二批后扶项目投资计划和 2010 年度结余资金项目投资计划，审议了水利厅职工教育培训经费筹集及使用管理办法。

11 月 22 日　自治区防汛抗旱指挥部召开了 2011~2012 年度宁夏段防凌工作会议。

11 月 23～25 日　自治区水利厅第四届职工羽毛球运动会在银川举行。

11 月 24 日　自治区党委常委、纪委书记陈绪国在自治区纪委常委、秘书长陈力，水利厅党委书记、厅长吴洪相陪同下，调研水利工作。

12 月 1 日　自治区水利厅邀请全国著名的高效节水灌溉技术专家顾烈峰来宁开展滴灌技术应用讲座。

12 月 2 日　自治区水利厅召开“开展进一步营造风清气正的水利发展环境活动”动员大会，传达学习自治区视频会议精神，对全区水利系统开展进一步营造风清气正的水利发展环境活动进行了动员部署。

12 月 3 日　自治区水利厅组织全厅公务员参加全区法律知识考试。

12 月 7 日　固原地区（宁夏中南部）城乡饮水安全水源工程可行性研究报告通过复审。

△　自治区水利厅党委召开 2011 年第 19 次会议，审议《营造风清气正的发展环境实施方案》，审定十八大及自治区第十一次党代会代表初步人选，研究效能目标考核、厅属单位年度工作考核、领导班子、领导干部年度考核等事宜。

12 月 11～13 日　国家山洪灾害防治项目建设督察组来宁夏检查山洪灾害防治县级非工程措施项目建设工程情况。

12 月 13 日　自治区政府服务中心对水利厅政务服务工作进行年度考核。

12 月 14 日　自治区安全生产监督责任效能目标第一考核组对水利安全生产工作进行了全面考核。

12 月 15～17 日　自治区水利厅举办全区执法人员培训班。

12 月 16 日　水利部在银川市召开全国规划水资源论证调研座谈会。

12 月 20～22 日　水利部水利水电规划设计总院在北京召开了清水河防洪治理工程可行性研究报告审查会议。

12 月 22 日　自治区水利厅党委召开 2011 年第 20 次会议，审定自治区第十一次党代会代表候选人初步人选，研究表彰 2011 年度水利工作先进集体、先进个人，讨论水利厅 2012 年工作重点。

12 月 25 日　自治区水利厅举办“全区水务管理研讨班”，邀请水利部水资源司处长石玉波等四位专家做专题报告。

12 月 26 日　自治区政府第 108 次常务会议审议通过了《宁夏水利发展“十二五”规划》。

12 月 28 日　固原市市长白尚成、副市长马吉带领各县（区）县（区）长和市县（区）水务局主要负责人，到自治区水利厅对接固原市 2012 年水利建设项目。水利厅党委书记、厅长吴洪相，副厅长毕廷和、方彦出席了对接座谈会。

△　水利部、黄河水利委员会建设项目违规占用黄河河道整改检查领导小组现场检查宁夏违规建设项目处理情况。

水利专报

自治区水利厅强化措施力保 35 万生态移民用水安全

自治区党委办公厅、政府办公厅：

宁夏中南部 35 万生态移民安置工程，是自治区党委、政府从根本上解决山区贫困群众生存和发展问题的重大举措。能不能喝上干净水，用上安全水，是实现移民“搬得出、稳得住、能致富”的重要保障。水利厅紧紧围绕这项民生工程，迅速采取行动、深入调研论证、狠抓节水改造、加强工程调控，尽全力为生态移民工程提供用水保障。

深入调研论证，确定生态移民水资源配置方案

自 2010 年 10 月份以来，水利厅从解决 35 万生态移民“水”问题的大局出发，根据《宁夏“十二五”中南部地区生态移民规划》，组织专家技术人员开展了一系列调查摸底、测算研讨等工作。先后组织开展征求意见会 4 次，规划评审会 4 次，编制完成了《宁夏“十二五”中南部地区生态移民县外安置区水资源配置规划》《宁夏“十二五”中南部地区生态移民供水工程规划》《宁夏生态移民安置供水方案》等三个规划，以及《2011 年西海固地区生态移民安置区水利工程供水能力分析报告》。通过反复调查分析、论证比选，基本确定了 234 片生态安置区 25.3 万生态移民和 2 片劳务移民安置区 2.3 万劳务移民的供水工程基本方案和水资源配置方案。

狠抓节水改造，保证生态移民用水指标

为保障自治区生态移民工程顺利实施，水利厅在深入推进“北节水、中调水和南开源”的分区治水思路中，坚持以节水型社会建设为统揽，紧扣农业节水和内部挖潜，做优做活“水”文章。计划利用 5 年时间，在不增加引扬黄水量的条件下，通过实施灌区续建配套和节水改造等工程，利用老灌区节约的水量，解决生态移民生活、生产用水。计划 2011 年安排节水改造资金 2 亿元，年内全面完成惠农、隆德等 15 处节水示范区建设和东干渠、西干渠、惠农渠下段、固海五干渠等砌护改造工程，并通过强化灌溉管理促进农业结构和耕作制度调整，力争通过减少亩均耗水量，为生态移民用水提供支撑。

加强工程调控，保障生态移民用水供给

围绕自治区生态移民工程，水利厅全面规划启动了一批重点水资源调控工程。目前已完成了总投资达 96.4 亿元的农村饮水安全工程、青铜峡灌区续建配套节水改造工程、中部干旱带高效节水补灌工程、大型泵站节水改造工程等一批重点水利工程规划。2011 年全区计划投入各类水利建设资金 25 亿元，完成灌区节水改造、病险水库改造、人饮安全、中小河流治理等 14 大类 226 项中小型水利工程。这些工程的建设将大幅度提高全区水资源调度和调控能力，进一步为全区生态移民提供坚实的水资源保障。

宁夏水利厅

2011 年 4 月 22 日

固原地区(中南部)城乡饮水安全水源工程用水瓶颈得到解决

自治区党委办公厅、政府办公厅:

2011 年 7 月 3 ~ 6 日, 水利部黄河水利委员会组织有关单位和专家在宁夏对《宁夏固原地区(宁夏中南部)城乡饮水安全水源工程水资源论证报告书》进行了审查。经认真讨论和审议,基本同意该项目水资源论证报告书,标志着固原(中南部)地区城乡饮水安全水源工程用水瓶颈问题得到有效解决。

固原地区(中南部)城乡饮水安全水源工程是解决我区中南部地区 106 万人城乡饮水安全问题、维护区域发展稳定和民族团结和谐大局的一项重大民生工程。《报告书》同意工程规划多年平均调引泾河水量 3980 万立方米,输水线路总长 74 公里,项目建议书阶段工程估算总投资 16.6 亿元。

水资源论证报告书是国家批复该项目可行性研究报告的必备要件之一。为了推进此项工作,水利厅高度重视,全力推进,2010 年 9 月、2011 年 4 月该项目建议书分别通过水利部审查和中咨公司的评估,并多次组织召开甘肃、宁夏两省工程建设协调会。2010 年 12 月, 水利部水规总院在北京审查了该项目的可行性研究报告。水资源论证报告书顺利通过水利部黄委会审查, 对进一步夯实工程引水规模和供水人口,加快推进工程批准实施奠定了重要基础。

宁夏水利厅
2011 年 7 月 7 日

固原地区(中南部)城乡饮水安全水源工程取得重大进展

自治区党委办公厅、政府办公厅:

2011 年 7 月 6 日,国家发改委主任会议正式通过《宁夏固原地区(宁夏中南部)城乡饮水安全水源工程项目建议书》,这为加快项目前期工作审批和建设进程奠定了坚实的基础。

该工程是解决我区中南部地区群众喝水问题、改善基本生存条件、维护区域发展和民族团结和谐大局的一项重大紧迫的民生工程。按照自治区党委、政府的部署,水利厅把该工程作为落实《国务院关于进一步促进宁夏经济社会发展的若干意见》和“十二五”规划的重大举措,高度重视,全力推进。于 2009 年编制完成了工程项目建议书并上报水利部和国家发改委审批。2010 年 2 月水利部协调宁、甘两省,明确了工程引水规模;9 月项目建议书通过水利部审定,12 月国家发改委委托中水北方公司对项目建议书进行了技术评估,2011 年 4 月评估意见上报国家发改委,7 月 6 日国家发改委主任会议正式通过项目建议书。

宁夏水利厅
2011 年 7 月 8 日

水利厅迅速学习贯彻中央水利工作会议精神

自治区党委办公厅、政府办公厅:

7 月 9 日中央水利工作会议闭幕后, 水利厅立即采取大力宣传、学习领会、分解责任等措施,全面启动中央水利工作会议精神学习贯彻活动。

*一是加大宣传力度。*加大与区内外媒体的沟通联系,在新华社宁夏分社等支持下,广泛深入地宣传中央水利工作会议精神,于 7 月 11 日在新华网、《新华每日电讯》《宁夏日报》等 20 多家中央和自治区主流媒体开始陆续刊发《宁夏“科学治水”的路径从何而来》等长篇报道,为加快水利改革发展营造良好舆论氛围。

*二是深入学习领会。*制定了水利厅党委《关于中央水利工作会议精神暨〈自治区党委、人民政府关于加快水利改革发展的决定〉学习贯彻活动方案》,在全区水利系统迅速掀起学习贯彻中央水利工作会议和自治区《决定》精神高潮,把思想和行动统一到中央和自治区水利决策部署上来。

*三是分解落实责任。*起草了《自治区党委办公厅

人民政府办公厅关于〈自治区党委、人民政府关于加快水利改革发展的决定〉分工方案(代拟稿)》和水利厅党委关于《自治区党委、人民政府关于加快水利改革发展的决定》分工方案,将目标任务逐项分解,责任到部门,落实到领导,确保加快水利改革发展各项目标任务和决策事项落到实处。

宁夏水利厅

2011 年 7 月 11 日

周密部署 迅速行动 切实抓好强降雨防范工作

自治区党委办公厅、政府办公厅:

7 月 28~29 日全区大部分地区降中到大雨,部分地区降大到暴雨。按照自治区党委张毅书记 7 月 27 日"防汛指挥部安排好全区防汛、防涝、防泥石流等防灾工作,要加强值班值守,健全落实应急机制,一旦发生灾情及时果断处置,确保人民群众生命安全,将灾害损失降到最低限度"的重要批示精神,自治区防指迅速行动,紧急会商,周密部署,有效防范了强降雨带来的不利影响。

高度重视,及时会商。27 日晚,自治区防指紧急传达张毅书记重要指示精神,自治区防指副总指挥、水利厅厅长吴洪相对强降雨防范应对工作进行全面部署,当晚就下发了《关于切实做好当前防汛工作的紧急通知》,对各地做好强降雨防范工作提出了明确要求。28 日早,自治区防指又紧急组织召开全区防汛异地视频会商会议,邀请自治区气象专家对强降雨过程趋势进行研判,对防范工作进行具体安排,要求各地坚决克服麻痹思想和松懈情绪,认真做好防大汛、抢大险、救大灾的思想准备,扎实做好各项防范工作。会后各级防指立即对强降雨防范工作进行了再部署、再检查、再落实。

迅速行动,积极防范。全区各市、县(区)认真落实张毅书记批示精神,迅速采取措施。吴洪相厅长带领水利厅和银川市有关部门同志,对贺兰山东麓银西拦洪库等防洪重点部位、重点工程安全度汛进行了检查,现场查验调度方案,解决存在的问题。各市、县(区)认真落实防汛责任制,各级防汛行政责任人迅速上岗到位,完善预案,强化措施,靠前指挥,严阵以待。各地水利、防汛部门立即进入紧急防汛工作状态,密切关注天气变化情况,全程跟踪雨情、水情、工情、灾情,及时发布雨情信息,加密雨情、水情监测调查,为主动防汛提供决策依据。各地针对贺兰山东麓、六盘山、中小河流、山洪灾害、病险水库、城市内涝、在建工程安全度汛等防汛重点,加密监测检查,加强巡堤查险,为 63 个重点乡镇 768 名乡村负责人发送了预警信息,启动预警广播 12 站次,发布雨情水情信息 1.2 万条,全面提高群众警惕性和避洪、避灾意识。各地防指及时启动防汛应急响应的各项准备,主动加强与驻地部队和武警部队的联系,加大对重点地区、重要工程防汛抢险物料的调用准备,保证有力、有序、有效应对暴雨洪水。

科学调度,蓄水抗旱。各级水利部门坚持防汛抗旱两手抓,在确保防汛安全的前提下,采取有效措施,科学调度,精心管理,积极主动做好水库蓄水工作,并通过各种形式发动群众及时做好水窖集雨储水工作,充分利用雨洪水资源,解决人畜饮水困难,应对持续蔓延的旱情。此次降雨过程全区降雨量在 2~70 毫米,最大降雨量出现在海原关桥、三分湾,为 70 毫米,最小降雨量在石嘴山大武口区,为 2 毫米。海原以北地区降小到中雨,海原及以南地区降中到大雨,降雨量大多在 30 毫米以上,海原关桥、原州海子峡、隆德沙塘、奠安、泾源县城等局地降暴雨。降雨量达到 70 毫米到 55 毫米。降雨量虽然较大,但雨势相对平稳,加之各级防指积极采取有效应对措施,行动迅速,措施到位,没有造成人员和财产损失。据统计,此次降雨使中南部地区 30 厘米土壤含水量达到了 10%~25%,南部山区水保坝、塘坝蓄水量增加了 110 万方,水窖新增储水约 40 万方,有效缓解了中南部地区旱情。

宁夏水利厅

2011 年 8 月 1 日

宁夏水保生态建设受到水利部领导充分肯定

自治区党委办公厅、人大办公厅、政府办公厅:

2011年6月上旬,水利部调研组对宁夏西海固地区小流域综合治理项目进行调研,形成了《流域治理出实效 生态经济惠民生——西海固地区科学实施水土保持小流域治理情况调研报告》。陈雷部长批示:这份报告很好,西海固的模式和经验值得各地借鉴。刘宁副部长批示:望落实好陈部长批示要求,西海固水保生态发展的路子值得在新的形势和条件下,从报告的新视角给予进一步总结归纳,为荒漠和沙化区的生态建设提供好的分类指导意见。水利部对宁夏水土保持工作的经验、做法和模式给予了充分肯定,体现了水利部对宁夏生态建设的高度重视和巨大关怀。

宁夏是全国水土流失最严重的省区之一,除引黄灌区外,水土流失遍布全区。水土流失、土地沙化一直是宁夏的头号生态环境问题,也是造成区域经济落后、群众生活贫困的主要原因。多年来,我区坚持"政府引导、项目带动、社会与群众广泛参与"的组织机制,采取"政府推动、资金扶持、法律保障、宣传促动"等多种措施,因地制宜,探索创新,水土保持生态建设取得了突破性进展,实现了生态改善、经济发展和社会进步的共赢,为保障自治区生态安全、促进扶贫攻坚和全区经济社会发展做出了突出贡献。

一是坚持行政推动,落实防治责任。自治区党委、政府坚持把生态建设作为强基础、惠民生、谋长远的民生工程,将水土保持生态建设纳入全区国民经济发展规划,放到突出位置来抓,每年与各市县政府签订水土流失防治目标责任书,实行一票否决制,狠抓水土流失防治目标责任落实,增强了各级政府防治水土流失的责任感。各级党委、政府层层签订责任书,切实抓好水土流失综合治理、退耕还林成果巩固和封山禁牧各项措施落实,为全区加大水土流失防治提供了强有力的组织保证。

二是坚持拓展提升,完善防治模式。大力推进治理内容拓展和治理模式提升,在南部黄土丘陵区,彭阳县在"转"字上做文章,围绕农民增收、巩固成果精心打造果园型、草畜型、高效型"三型"流域治理新模式。隆德县在"精"字上下功夫,积极探索综合防治向生态经济、清洁型流域转型之路,打造出了清流河清洁小流域示范精品工程。在中部干旱带,盐池县在"保"字上求实效,以小面积开发治理促进大面积封育保护,使荒漠草原再现昔日秀美。中卫市在"创"字上谋发展,发扬"领导苦抓、干部苦帮、群众苦干"的"三苦"精神,用短短的3年建成了百万亩压砂西瓜基地,成为当地农民脱贫致富奔小康的样板。在北部经济热点地区,银川、石嘴山、吴忠市在"管"字上抓落实,狠抓建设项目水土保持方案的落实,促使宁东等工业开发区实现了在"保护中开发,开发中保护"。

三是坚持项目整合,形成建设合力。在积极争取国家加大投资的同时,继续深化完善"集中资金,统一计划,统一标准,渠道不乱,责任不变,各交其账,各计其功"的建设机制,进一步加强发改、水利、财政、农牧、林业等部门相互协作,形成强大的水土保持生态建设合力。始终坚持"谁治理,谁经营,谁受益"的原则,制定各项优惠政策,鼓励支持大户承包治理,培育发展股份合作治理,稳妥进行使用权拍卖治理,充分调动广大农民和全社会治理水土流失、开发水土资源的积极性,变"要我干"为"我要干",形成了群众广泛参与和吸引社会投资的良好机制。

四是坚持依法监督,做到保护优先。坚持扭住水土保持"三同时"制度的"牛鼻子",力促开发建设项目主体主动承担起人为水土流失治理的责任。启动了水土保持国策宣传教育进党校活动,完成了水土保持监测网络及信息系统工程建设,运用卫星遥感、地理信息系统3S技术对全区进行土壤侵蚀遥感调查,建立起了全区土壤侵蚀动态数据库。在激励机制上,坚持"大干大支持、小干小支持、不干不支持",对领导不重视、工作不力、效果不好的县减少项目投资。狠抓项目管理,严格实行项目建设"四制"管理,把好技术指导、苗木采购、工程质量和工程验收"四关",保证了各项工程建设质量和进度。

下一步,我们将按照陈雷部长和刘宁副部长的批示精神,抢抓中央深入实施西部大开发和加快水利改革发展的历史机遇，不断加大水土保持生态投入力度，结合六盘山区扶贫开发，加快实施大六盘水土保持生态安全屏障建设、中部风沙区水土保持生态保护等工程，大力推进流域综合治理示范区建设，全面提高水土保持的科技含量，有效加快治理进度，尽快实现水土流失“总体遏制逆转，局部有效改善”，使水土保持生态建设成为构筑西部生态屏障和保障自治区跨越式发展的亮点。

宁夏水利厅

2011年9月6日

中央检查组肯定宁夏贯彻落实中央1号文件成效

自治区党委办公厅、政府办公厅：

今年中央和自治区加快水利改革发展的决定出台后，在自治区党委、政府的坚强领导下，全区各级水利部门把贯彻两个《决定》文件与贯彻中央水利工作会议精神相结合，积极争取地方党委政府的重视支持，主动加强相关部门的协调配合，抓紧研究出台贯彻意见和配套措施，迅速掀起加快水利改革发展热潮，不折不扣地落实好中央和自治区关于水利工作的决策部署。9月21~27日，中央加快转变经济发展方式检查组对我区贯彻落实中央1号文件情况进行检查，检查组充分肯定了我区贯彻落实中央1号文件各项措施的成效。

一、全面贯彻落实中央加快水利改革发展决策部署

一是加快建立水利投入机制。目前，自治区级各类水利建设资金已落实5.38亿元。其中与区财政收入同步增长的基数为3亿元的水利建设专项资金已落实到位1.8亿元，自治区水利建设基金已筹集2.46亿元，自治区重大水利工程建设基金已筹集1.12亿元。《自治区水利建设基金筹集和使用管理办法》《自治区重大水利工程建设基金征收使用管理暂行办法》等保障水利投入稳定增长和使用的配套办法相继出台；水资源费征收标准已经制定，拟调整征收方案；中国人民银行银川中心支行等单位出台了关于金融支持宁夏“十二五”经济社会发展的指导意见。《从土地出让收益中计提农田水利建设资金管理办法》已起草完成，近期将送自治区政府批准后下发。

二是着力推进重点水利项目。2011年以来，我区已累计落实水利建设投资241281万元（中央投资163510万元，地方配套77771万元），已完成投资76882万元。黄河干流、清水河苦水河2条重要支流、69条中小河流治理、贺兰山和六盘山防洪减灾体系、小型水库、中型水闸改造和21个县（市、区）山洪灾害防治非工程措施项目已全部纳入全国规划，部分项目资金已下达；大型泵站更新改造、大型灌区续建配套、小农水重点县等工程投资进一步加大；秋季农田水利基本建设大会战全面启动；重点基建项目盐环定扬黄续建工程年内可完工通水；固原地区城乡饮水安全水源工程和沙坡头南北干渠节水改造工程年内将开工建设。

三是认真落实责任分解任务。在《自治区党委、人民政府出台了关于加快水利改革发展的决定重点工作分工方案》的基础上，水利厅细化涉及水利工作目标任务，提出了具体的工作措施和工作计划，制定了水利厅贯彻落实《决定》责任分解，将目标任务分解成六大方面58项具体工作任务，确保各项重点工作和政策措施落到实处。制定出台了《自治区监察厅 水利厅关于加强对两个〈决定〉贯彻落实情况监督检查实施方案》，在8月下旬分三个组对各地贯彻落实中央1号文件精神进行全面督察。目前，全区12个市、县（区）已相继出台了加快水利改革发展的决定或实施意见。

四是广泛营造水利宣传氛围。充分利用报刊、电视、互联网、杂志、广播及信息简报等大众媒体，以及户外广告牌、宣传画、宣传栏、新闻发布会和主题宣传活动，广泛宣传中央1号文件、中央水利工作会议和自治区《决定》精神，形成加快水利改革发展的合力。组织编印《1号文件学习读本》和《自治区党委 人民政府关于加快水利改革发展学习读本》。在新华社推出一批重点报道，深度宣传和展示宁夏科学治水的思路和贯彻落实中央 1 号文件的举措。发放学习和宣传读本近 2 万余册，宣传画册 4 万多张，制作展板 120 多块，印制宣传资料 70 余万份，发放宣传购物袋 5000 余份，营造了全社会关注水利、关心水利、支持水利改革发展的良好舆论氛围和社会环境。

二、存在的主要问题

从中央加快转变经济发展方式检查组反馈意见以及监察厅、水利厅联合督察情况看，贯彻落实两个《决定》决策部署还主要存在以下几方面问题：一是个别市、县（区）对两个《决定》的认识不到位，措施不得力，出台或拟出台的实施意见“空话多、实招少”。二是全区水利投入总量仍显不足，距今后 10 年全社会水利年平均投入比 2010 年高出一倍的要求仍有较大差距。三是水利工程运行管理问题日显突出，引黄灌区水价不到位导致区属水管单位工程维修养护经费投入不足；市县一级，特别是山区市县公益性水利工程日常维修养护几乎没有投入，全区公益性水利工程维修养护经费缺额近 2.7 亿元。四是部分水利改革发展的配套措施推进偏慢，目前提取土地出让收益 10%用于水利建设的具体操作办法尚未出台，整合国土、农发等涉水项目，推进水务一体化管理，建立公益性水利良性运行机制等工作涉及部门多，协调工作量大。

三、下一步工作

一是加快制度措施的配套完善。加强与自治区有关部门协调，加快水利改革发展配套制度的研究制定，细化、量化两个《决定》的各项政策、措施，确保《决定》精神不折不扣落实到位。二是加快落实水利投入稳定增长机制。加大市、县（区）本级财政对水利投入力度，全面落实两个《决定》水利投入稳定增长机制建立的各项政策措施，争取公益性工程“两费”逐步落实到位，争取经营性水利项目投资的优惠政策。三是大力推进水利项目建设。加快推进中小河流治理、农村饮水安全等重点水利项目建设；加强监督检查，严格资金监管，确保工程建设“四个安全”；加强与发改、财政部门的协调配合，落实地方配套资金，保证地方项目与中央项目同步实施。四是进一步创新水利发展体制机制。整合农田涉水项目，建立农田水利建设统一规划布局、统一质量标准、整合拼盘资金、发挥综合效益的新机制；理顺水利建设与管理体制机制，组建水利工程建设管理局和水资源管理中心，推进公益性水利工程代建制；全面落实公益性水利工程日常运行管理费和维修养护经费，加快建立水利工程良性运行机制。

宁夏水利厅

2011 年 9 月 30 日

突出重点　多措并举
大兴农田水利基本建设

自治区党委办公厅、人大办公厅：

今年以来，全区各地将大兴农田水利基本建设作为认真贯彻落实中央 1 号文件和自治区党委、政府加快水利改革发展决定的具体行动，突出重点，多措并举，迅速部署，组织广大干部群众掀起农田水利基本建设的高潮，呈现出规模大、投入多、进展快、标准高、质量好的特点，全力保障自治区粮食安全、饮水安全、生态安全、防洪安全。截止 10 月 22 日，共完成清挖各级沟道 1.3 万公里，清挖各级渠道 3.2 万公里，整修农路 1.6 万公里，砌护各级渠道 9100 公里。累计投入工日 710 万，投入机械 41 万台班，总体进度达到 65%，11 月 15 日前将全面完成年度建设任务。

一是突出“三大重点”。北部引黄灌区以节水和排涝工程建设、中低产田改造、农田标准提升为重点，建设旱涝保收高标准农田，打造塞上江南新风貌；中部干旱带以推广滴灌、喷灌、管道输水等高效节水灌溉技术和建设农村饮水安全工程为重点，打造旱作节水农业示范区；南部山区以库井灌区高效节水改造、水保生态建设、病险水库除险加固和中小河流治理为重点，构建“库、坝、窖、池”联用的高效生态节水农业体系。

二是做好“四个结合”。紧紧围绕自治区经济社会发展大局，把农田水利基本建设与生态移民相结合，与打造黄河金岸相结合，与发展现代农业相结合，与新农村建设相结合，着力解决群众最关心最直接最现实的灌水难、排水难、行路难等热点、难点问题，全面提高农田水利基本建设的综合效益。

三是强化“五项措施”，强化领导责任。把大搞农田水利基本建设作为检验各级干部执政能力和工作绩效的具体措施，建立了领导包抓、部门参与、干部示范、责任追究的组织保障体系，纳入政府工作考核范畴，强力推动。各市县区的主要领导都亲自安排部署和检查督促农建工作，提供了有力的组织保障。各地组织机关干部参加农田水利义务劳动，干给群众看，带着群众干，起到了良好示范带动作用。目前全区各地干部职工参加义务劳动已达30万人次。突出项目带动。大力实施项目带动战略，按照“统一规划，分类实施，各投其资，各负其责，各计其功”的原则，整合小型农田水利、农业综合开发、土地整理、灌区续建配套与节水改造、基本口粮田、山区坡改梯等项目，统一安排，捆绑资金，集中连片，形成合力，整体推进。国家项目资金的投入有效带动了各市县的投入。全区农田水利投入资金将超过20亿元。注重集中连片。实施沟、渠、田、林、路综合治理，集中劳力、成片推进、形成规模，打造好重点片区，干一片，配套一片，高标准建设一片，确保县县有重点、乡乡有亮点。永宁、贺兰、青铜峡等县区选择一些集中连片的河滩低洼地，注重边缘死角，打破地界，深挖沟道，砌护渠道，栽植林带，平整农田，配套建筑物，彻底改善了基础设施条件。提高质量尺度。制定出台了《宁夏旱涝保收高标准农田建设标准》等一系列质量标准，加强技术指导，规范建设程序，实行目标管理责任制和质量责任追究制，严格考核验收，明确奖罚，确保建一片，成一片。大力推广新措施、新工艺，切实提高农田水利工程质量和技术含量。明确农田水利基本建设中的禁止事项，杜绝急功近利的做法和劳民伤财的“面子工程”，确保建设实效。强化监督考核。深入开展“黄河杯”农田水利基本建设竞赛活动，继续实行“大干大支持，小干小支持”的激励政策。今年自治区设立“以奖代补”资金3000万元，大张旗鼓地表彰奖励先进。采取现场评比、情况通报、进度公示、行政问责等措施，在全区形成比学赶超、争先创优的竞争态势，及时组织做好示范引导和交流学习，促进全区各地农田水利基本建设平衡发展。

宁夏水利厅

2011年10月22日

宁夏节水型社会建设试点成效显著

自治区党委办公厅、人大办公厅、政府办公厅：

为从根本上破解我区水资源制约瓶颈，2005年宁夏节水型社会建设试点的建议列为全国人大十大重点办理建议，2006年我区被列为全国唯一以省为单位开展节水型社会建设的试点区。近年来，自治区将节水型社会建设作为推进经济发展方式转变的战略性举措和重要抓手，积极构建制度体系，探索开展水权管理，大力实施灌区节水改造，加快调整产业结构和水价，开展各类节水载体建设，全区用水效率与效益逐步提高，节水型社会建设迈出坚实步伐。试点工作已于9月17日通过水利部专家组评估。近日，水利部胡四一副部长将带领国家有关部委和专家验收宁夏节水型社会建设，我区节水型社会建设取得了阶段性成效。

一是农业节水实现重大突破。坚持不懈大搞农田水利基本建设，因地制宜推广节水灌溉技术，发展节水高效特色农业和设施农业，先后建设了多个农业节水示范区，其中万亩以上高效节水示范区10余个，五年全区灌溉水利用系数提高了5个百分点。在北部引黄灌区，发展水稻高产控灌4.67万公顷，发展井渠结合灌溉1.35万公顷。在四大扬水灌区实施百万亩高效节水补灌工程，采取穴播点种、拉水补灌方式，大力发展马铃薯、红枣等特色产业，建成同心下马关、中卫兴仁综合供水工程，发展高效节水补灌面积7.33万公顷，成为“拔穷根”产业。在南部山区坚持水土流失治理与库、坝、塘、池、井、窖水资源联合高效利用相结合，水资源利用效率不断提高。

二是工业节水稳步推进。以火电、造纸、冶金等高用水行业为重点，实施工业节水改造、节能减排。先后关停中宁电厂等小火电机组30万千瓦，年产10万吨以下小煤矿全部关停。宁东能源化工基地各大煤矿大力实施矿井水综合利用,7大造纸企业全部完成碱回收改造,实现废水综合利用,年减少地下水开采3000万立方米,减少COD排放量1.6万吨以上。中石油宁夏石化公司、银川佳通轮胎有限公司水重复利用率达到97%以上。

三是城市节水效果明显。完善城市节水设施,降低管网漏失率;加强城市公共用水节水管理,大力普及节水器具。2005年至2010年,全区供水管网漏失率由18%降为15%,城市节水器具普及率由40%提高到60%,集中处理率由40%提高到68%,城市污水日处理能力达到95万吨/日,中水生产能力达到22万吨/日,回用率由5%提高到15%,我区率先成为西北地区县县建有污水处理厂的省区,黄河宁夏段水质明显好转,出境断面达到国家Ⅲ类水质标准。

四是水法规体系建立完善。自治区人大和政府将节水型社会建设亟待解决的问题纳入立法重点,先后颁布或出台了《宁夏节约用水条例》《宁夏取水许可和水资源费征收管理实施办法》《黄河宁夏段水量调度办法》《宁夏引(扬)黄灌区节约用水奖励办法》和《宁夏水资源论证管理办法》等一系列节约用水法规,初步建立了节水型社会建设配套法规制度体系。

五是水权管理率先开展。率先在黄河流域开展了水权转换试点工作,初步形成了区、市、县三级水权控制体系。建设完成了三个黄河干流农业水权有偿转换试点项目,促使水往"高"处流,形成了"农业综合节水——水权有偿转换——工业高效用水"水资源利用新模式。颁布了工业产品、城市生活用水及农业用水定额,强化取水许可和建设项目水资源论证制度,全区发放取水许可证700多户,神华宁煤沙索项目等70余项水资源论证报告获批,为自治区重大项目核准立项提供了水资源支撑。

六是水价改革稳步深化。三次调整农业水价,改革水费收缴管理模式,实行"一价制"水价政策和"一票制"收费方式,农民水商品和节水意识大大增强,浪费水的现象明显改善。连续三年调整水资源费征收标准,2005年开征火电厂水资源费,2006年提高原煤、石油开采和特殊行业征收标准,大幅度提高企业自备井的水资源费征收标准。调整了重点城市用水水价,银川市、石嘴山市推行了居民阶梯式水价和非居民用水的超定额加价政策,特殊行业超定额每立方米达到8.50元,居民节水率达到10%~15%。

七是宣传力度逐步加大。连续五年采取广场启动、送戏下乡、集中宣讲等有效形式,深入工厂、学校和社区开展声势浩大的宣传活动。充分利用新闻媒体广泛宣传报道节水型社会建设工作。银川市率先开展了节水型企业和单位创建活动,有27家单位先后被命名节水型单位。依托青铜峡市特有的水文化景观和现代农业节水设施,建立全国节水教育基地。通过近年努力,2010年与2005年相比,全区取用水总量减少5.8亿立方米,灌溉水利用系数由0.38提高至0.43,全区万元GDP用水量由1288立方米下降到440立方米,万元工业增加值(当年价)用水量下降为68立方米,城市污水处理率由30%提高到70%,城市节水器具普及率由40%提高到60%。

宁夏水利厅

2011年11月4日

宁夏节水型社会建设试点通过国家验收

自治区党委办公厅、人大办公厅、政府办公厅:

2005年,十届全国人大三次会议将"宁夏作为全国第一个省级节水型社会建设试点的建议"列为十大重点办理建议之一,国务院将宁夏节水型社会示范区建设作为国家建设节约型社会近期重点工作。2006年我区被列为全国唯一以省为单位的节水型社会建设试点。2011年9月13~17日,水利部专家组对试点工作进行了评估;11月14~16日,水利部会同国家发改委对试点工作进行了验收,自治区主席王正伟、自治区党委副书记崔波会见了验收工作组一行,水利部副部长胡四一出席验收会议并讲话,自治区人大副主任刘天贵、自治区副主席郝林海、自治区政协副主席张乐琴、自治区主席助理刘云出席验收会议。

验收组听取了宁夏节水型社会建设试点工作汇报和专家评估组的评估意见，查阅了相关文件资料，对试点建设情况进行了质询。验收组一行先后深入宁东能源重化工基地、灵武市、吴忠市、青铜峡市和永宁县，考察了企业节水、农田水利砌护工程、农业节水示范项目、特色农业和设施农业滴灌等。在节水型社会试点验收工作会议上，验收组认为，经过5年的试点建设，宁夏节水型社会建设试点工作总体完成了建设任务，取得了显著的经济、社会和生态环境效益，达到了规划预期目标，一致同意宁夏节水型社会建设试点通过验收，并将授予宁夏“全国节水型社会建设示范区”称号。

宁夏节水型社会试点建设以来，全区上下以《宁夏节水型社会建设规划》为指导，紧紧围绕经济结构战略性调整和加快经济发展方式转变，密切结合新型工业化、城镇化和农业现代化发展战略，以提高用水效率与效益为核心，以用水总量控制和水权制度建设为重点，开展了卓有成效的工作，取得了“六个突破”：一是通过抓水权，在水权转换方面取得突破；二是通过抓调整，在产业结构优化方面取得突破；三是通过抓制度，在水资源管理能力方面取得突破；四是通过抓工程，在水资源调配和综合利用方面取得突破；五是通过抓水价，在节水利益调节机制方面取得突破；六是通过抓参与，在农民用水户协会建设方面取得突破。探索形成的“四条经验”对“十二五”全国节水型社会建设具有很强的示范作用。一是严格用水全过程管理是实现区域用水总量控制的根本性措施。二是整体性的水权转换对缺水地区实现工业反哺农业，发展工业化和农业现代化至关重要。三是西北地区建设节水型社会重在加快转变经济发展方式和产业结构战略性调整。四是全方位组织管理是推进节水型社会建设的重要组织保障。

验收组要求，宁夏要坚决按照中央的决策部署，从保障区域供水安全、粮食安全、经济安全、生态安全的高度出发，在更高的起点上推进节水型社会建设。一是进一步提高对水情的认识，把节水型社会建设作为解决水问题的根本性、战略性措施；二是建立政府推动、全社会参与的工作机制，做到经济社会发展和群众生活生产全过程节水，工业、农业、服务业全方位提高用水效率；三是全面落实最严格水资源管理制度，建立水资源管理责任和考核制度；四是统筹优化水资源配置，提高水资源综合利用效率和效益；五是深化水权水市场制度建设，实现水权合理有序流转，发挥市场机制配置水资源作用；六是全面总结推广试点经验，使之成为各市县建设节水型社会新的动力源泉；七是大力推广应用高效节水技术，深入推进农业、工业、服务业节水；八是深化水资源管理体制改革，强化水资源统一管理。

宁夏水利厅

2011年11月17日

我区实现连续两年引黄水量不超国家分配指标

自治区政府办公厅：

近日，黄委会水资源管理与调度局向水利厅发来《关于继续做好黄河水量调度工作的通知》(黄水调调电〔2011/2012〕17号)，对我区2011年黄河水量调度工作给予充分肯定，认为“2011年在黄河水量调度工作中，宁夏水利厅认真贯彻落实中央1号文件和中央水利工作会议精神，严格按照用水总量控制原则，加强计划用水管理，积极推进节水型社会建设，在发生严重春夏连旱的情况下，保障了2011年引黄用水量不超分配指标”。

2011年，我区积极应对灌区冬春夏三季连旱、供水矛盾加剧、黄河引水严格受限的现状，通过加快建立辐射全区的水资源配置调度系统，采取科学编制调度预案、优化水量调度、适时提前放水、加大节水改造、加强用水管理、积极调整种植结构、强力推进井渠结合灌溉等措施，全年宁夏黄河干流耗水量为32.56亿立方米，较分配指标少1.08亿立方米，保障了50.67万公顷农田适时灌溉，为保证粮食产量实现“八连增”、农业增效、农民增收和粮食安全做出了巨大贡献，实现了2010年、2011年全区黄河用水连续两年不超国家分配指标的目标。

另据长期径流预报，2012年黄河来水将偏枯2

成以上，水资源形势不容乐观。黄委会希望我区继续加强用水管理，调整种植结构，加大节水力度，确保2012年引黄水量不超计划指标。

宁夏水利厅

2011年12月20日

2011年引黄灌区灌溉工作情况

自治区政府办公厅：

2011年，在自治区党委、政府的正确领导下，引黄灌区农业灌溉任务圆满完成，现将有关情况报告如下：

一、引用水情况

夏秋灌自3月27日放水，9月8日停水。冬灌自10月20日放水，11月20日停水。全年行水198天，累计引水64.6亿立方米，比去年同期多0.76亿立方米，多1.2%。共向湖泊湿地补水0.96亿立方米；向宁东等工业基地供水1.13亿立方米。全年耗用黄河水32.56亿立方米，比黄委分配指标少1.08亿立方米，实现引黄耗水量连续两年不超国家分配指标。

二、灌区气象

2011年，引黄灌区出现了罕见的冬春夏三季连旱，为1961年以来的第二干旱年份。持续旱情加上引水受限，形成了灌区多年少有的夏灌用水高峰。据气象资料显示，今年夏季气温普遍偏高1.4℃～4.1℃，其中7月份灌区大部出现35℃及以上高温天气，贺兰高温天数7天，创1961年以来高温天数极值。4~7月份各地降水量与历年同期相比偏少2～6成。秋季雨量较大，灌区旱情逐步缓解。冬灌期间气温基本正常。

三、采取的主要措施

一是按照“总量控制”和“同比例丰增枯减”的原则，把黄委会分配我区的引水指标，全部分配到各大干渠和各市县，明确供用水双方的职责和任务，为灌区有序用水奠定了基础。二是及时通报水情，分析形势，与农牧厅联合印发《全区种植业生产及结构调整指导意见》，引导灌区调整作物种植布局，优化用水结构。三是强化水量调度，优化运行方式，严格执行所段交接水和支渠轮灌制度，保障了灌区下游市县的用水权益，真正做到了上下游均衡用水、均衡受益。四是加强水利信息化建设，为灌区水情信息的上传下达提供了方便、可靠、快捷的传输手段，也为灌区科学调度、动态配水奠定了基础。五是实施井渠结合灌溉，启用机井492眼，抽取地下水2100多万立方米，节水保灌、降水脱盐成效显著。六是充分发挥调蓄水库功能，有效提高了水资源利用效率和干渠梢段的供水保障能力，对稳定灌溉秩序起到关键作用。七是以加强“协会之家”建设为抓手，不断完善“协会会长例会”制度，规范农民用水协会管理，做好延伸服务，指导协会加强支斗渠管理、农民科学灌溉，实现节水增效双赢。八是打破冬灌常规，推迟放水时间，引导农民科学灌水，控制稻田不冬灌，减少无效水量浪费。

四、存在问题

一是节水意识不强，灌溉管理水平仍较粗放。二是灌区作物种植结构不合理，超规划种稻现象普遍，平罗、惠农等禁稻区种稻现象有扩大趋势，时段性供用水矛盾突出。三是渠道安全隐患依然存在，干渠调控手段和抗旱应急能力弱。四是农民用水协会发展不平衡，农业水费收缴管理还需进一步规范。

五、建议

一是对抗旱机井相关费用进行补贴。按照宁党发〔2011〕35号文件要求，对灌区4210眼机井维修配套经费1684万元给予一次性财政补贴；将灌区每年投入运行的机井电费252万元列入自治区财政预算，补贴农民用水协会；督促电力部门将抗旱电力工程纳入农村电网进行升级改造。二是调整扬水灌区作物种植结构。协调扬黄灌区各市县调整作物种植结构，把玉米的种植比例压减到50%以下，同时增加油葵、牧草、葡萄等经济作物种植比例，缓解时段性供水矛盾。三是督促禁稻区各市县严格执行禁稻政策，进一步明确6.67万公顷水稻种植布局，并责令有关市县严格执行，保障下游旱作区农民的用水权益，防止土壤大面积发生次生盐渍化危害，促进灌区农业节水。

宁夏水利厅
2011 年 12 月 22 日

抓机遇　促落实
水利建设投资创历史新高

自治区政府办公厅：

今年以来，在自治区党委、政府的正确领导下，在自治区有关部门的大力支持下，全区水利部门抢抓中央 1 号文件和西部大开发战略机遇，深入贯彻落实自治区关于加快水利改革发展的决定，牢固树立项目带动战略，坚持把争项目作为水利改革发展的第一要务，大抓项目、抓大项目、促大发展，整合力量加强前期工作，抓好项目争取和资金落实，水利投入规模再创新高。大项目带动投资，为水利提升发展速度，夯实基础条件，增强保障能力奠定了坚实基础。

一是盯项目、抓落实，2011 年水利投资创历史新高。截至目前，2011 年全区全社会水利总投入达到 53.85 亿元，是 2010 年的 1.29 倍。其中：争取到中央水利项目投资计划 31.54 亿元（中央资金 20.84 亿元，占 66%；地方应配套资金 10.70 亿元，占 34%），水利争取到的投资是年初目标的 1.26 倍，争取到的中央资金是年初目标的 1.39 倍；地方水利投入 6.22 亿元；整合国土整治、农业综合开发等各类项目资金 16.09 亿元。

二是早谋划、快行动，积极做好 2012 年水利项目筹划。2012 年我们将继续坚持以项目带动战略为重点，抢抓中央和自治区加快水利改革发展的重大机遇，强力推进项目带动战略。一是抓紧完成中南部城乡饮水安全水源工程可研、保护区准入和环评审查批复，确保 2012 年工程全面开工建设；二是抓好清水河、苦水河两大重要支流前期工作，争取中央加大投入，加快两河治理；三是全面开工建设沙坡头南北干渠及灌区节水改造工程，深入推进青铜峡、固海大型灌区节水改造及大型泵站更新改造工程建设，加快节水型社会示范省区建设；四是推进 35 万生态移民供水、139 万农村群众饮水安全、69 条中小河流治理、61 座小（Ⅰ）型病险水库除险加固、142 座小（Ⅱ）型病险水库除险加固、19 座病险水闸除险加固、山洪灾害防治等民生水利项目建设，使广大群众共享水利发展成果。通过争取实施一批水利重点项目，全力推动水利跨越发展再上新台阶。

宁夏水利厅
2011 年 12 月 29 日

中卫市倪滩险工工程旧坝加固完工

高效节水设施温棚

法规文件

政策法规

宁夏回族自治区抗旱防汛条例

（2011年9月18日宁夏回族自治区第十届人民代表大会常务委员会第二十六次会议通过）

第一章 总 则

第一条 为了加强抗旱防汛工作，保障人民生命、财产安全，根据《中华人民共和国抗旱条例》《中华人民共和国防汛条例》和有关法律、法规的规定，结合自治区实际，制定本条例。

第二条 在自治区行政区域内进行抗旱防汛及其相关监督管理活动，适用本条例。

第三条 本条例所称抗旱防汛，是指采取工程措施以及其他措施，防治、抗御干旱和洪涝、凌汛灾害，减轻灾害造成的损失，保障人民生命、财产安全的活动。

第四条 抗旱防汛工作实行各级人民政府行政首长负责制，统一指挥、分级分部门负责、共同参与。

第五条 县级以上人民政府设立抗旱防汛指挥机构，在上级抗旱防汛指挥机构和本级人民政府的领导下，负责组织、指挥本行政区域内的抗旱防汛工作，其办事机构设在本级水行政主管部门，承担抗旱防汛指挥机构的日常工作。

县级以上人民政府水行政主管部门负责本行政区域内抗旱防汛的指导、协调、监督和管理工作。

第六条 发展和改革、经济和信息化、财政、公安、民政、国土资源、住房和城乡建设、交通运输、农牧、卫生、气象、安全生产监督、通信、农垦、电力、铁路等抗旱防汛指挥机构的成员单位，应当按照各自职责，做好抗旱防汛的相关工作。

有抗旱防汛任务的其他部门、乡（镇）人民政府、街道办事处和企业事业单位，应当做好本部门和本单位的抗旱防汛工作。

村（居）民委员会应当组织村（居）民，开展抗旱防汛、抢险救灾的具体工作。

第七条 县级以上人民政府应当将抗旱防汛工作纳入本级国民经济和社会发展规划，所需经费列入本级财政预算，并在城市维护建设税中安排一定比例的资金，用于城市防洪排涝和水源工程建设。

第八条 县级以上人民政府应当健全抗旱防汛督察、抢险救灾和社会化服务机制，建立抗旱防汛应急专业队伍，加强抗旱防汛工作督察和应急能力建设。

各级人民政府应当组织有关部门、单位，动员社会力量，做好抗旱防汛、抢险救灾和灾后恢复工作。

第九条 任何单位和个人有保护抗旱防汛设施和参加抗旱防汛的义务。

各级人民政府对在抗旱防汛工作中做出突出贡献的单位和个人，应当给予表彰和奖励。

第二章 灾害预防

第十条 县级以上人民政府水行政主管部门应当会同有关部门编制本行政区域内的抗旱防汛规划，报本级人民政府批准，并报上一级人民政府水行政主管部门备案。

第十一条 县级以上人民政府及其有关部门应当按照抗旱防汛规划，加强对黄河干流宁夏段及其主要支流、山洪沟道和承担防汛功能的渠道、沟道的治理，加大农田水利基础设施、农村饮水工程、城市防洪排涝工程的建设，组织做好抗旱应急工程及其配套设施的建设和节水改造，提高抗旱防汛减灾能力。

县级以上人民政府水行政主管部门应当组织做好农田水利基础设施和农村饮水工程的管理和维护，确保其正常运行。

第十二条 住房和城乡建设、气象、水文、农牧、农垦、电力、交通运输、铁路、煤炭、通信等部门应当加强对有关抗旱防汛设施的安全检查；发现问题的，应当及时整改。

各级水行政主管部门和乡（镇）人民政府应当按照管理权限，对所管辖的承担抗旱防汛功能的工程定期进行安全检查。

河道、水库、水电站、闸坝等工程管理单位或者经营者负责所管辖的承担抗旱防汛功能的工程的维修和养护，加强巡查和监测，保障工程正常运行。对存在安全隐患的工程及时除险加固；发现险情的，应当采取抢护措施，并向抗旱防汛指挥机构和上级主管部门报告。

第十三条 自治区建立用水效率、效益评价与考核指标体系。

县级以上人民政府应当根据气候和水资源条件，合理调整、优化经济结构和产业布局。干旱缺水地区应当限制耗水量大的工程项目。

第十四条 鼓励和支持研发、使用抗旱节水机械和装备，推广渠道防渗、小畦灌、滴灌、喷灌、穴播点灌等农田节水技术，发展旱作节水农业，在干旱缺水的地区，因地制宜地修建蓄水、引水、提水工程和雨水集蓄利用工程。

县级以上人民政府农牧行政主管部门应当指导干旱地区农业种植结构的调整，培育和推广应用耐旱品种。

第十五条 隧道、涵洞、地下通道、地下商场、地下停车场和处于地势低洼地带的建筑设施的建设单位，应当按照防汛标准，建设排水设施，配备排涝设备。

第十六条 县级以上人民政府抗旱防汛指挥机构应当建立健全抗旱防汛监测预警体系。

气象、水文、国土资源、农牧、住房和城乡建设、民政等部门应当向本级抗旱防汛指挥机构报送气象、水情、墒情、供用水、灾害等抗旱防汛信息和资料。各成员单位之间应当实现信息资源共享。

第十七条 县级以上人民政府抗旱防汛指挥机构应当定期组织有关部门开展抗旱防汛会商，对水旱灾情和发展趋势进行评估、分析和预测，并依法发布有关抗旱防汛信息。

第十八条 县级以上人民政府抗旱防汛指挥机构应当组织编制本行政区域的抗旱防汛应急预案，经上一级抗旱防汛指挥机构审查同意，报本级人民政府批准后实施。

第十九条 抗旱防汛指挥机构的成员单位应当根据抗旱防汛应急预案编制专项应急预案，报本级人民政府抗旱防汛指挥机构备案。

有抗旱防汛任务的工程管理单位、乡（镇）人民政府和街道办事处应当编制抗旱防汛应急预案，报有管辖权的抗旱防汛指挥机构备案。

第二十条 县级以上人民政府抗旱防汛指挥机构应当根据抗旱防汛的需要，组织抗旱防汛抢险救灾物资的储备和调度。

有抗旱防汛任务的工程管理单位、乡（镇）人民政府、街道办事处和企业事业单位应当储备一定的抗旱防汛物资。

任何单位和个人不得截留、挤占、挪用、私分抗旱防汛物资。

第二十一条 县级以上人民政府抗旱防汛指挥机构用于抗旱防汛指挥和抢险救灾的车辆，按照国家和自治区有关规定，免缴过路过桥费。

第二十二条 禁止非法引水、截水和侵占、破坏水源。

任何单位和个人不得破坏、侵占、毁损抗旱防汛设施。

第三章 灾害处置

第二十三条 自治区人民政府抗旱防汛指挥机构负责实施黄河干流宁夏段和青铜峡、沙坡头水电站的洪水调度。其他河流、水库、塘坝、沟(渠)道、湖泊湿地的抗旱应急水量调度和洪水调度，由设区的市、县(市、区)人民政府抗旱防汛指挥机构按照调度权限负责实施。

上一级抗旱防汛指挥机构根据需要，可以直接调度下一级抗旱防汛指挥机构调度的水量。

有关单位和个人应当服从统一调度，执行调度指令。

第二十四条 发生旱情或者汛情时，县级以上人民政府抗旱防汛指挥机构应当按照抗旱防汛应急预案规定的级别和权限,及时发布灾害预警,启动抗旱防汛应急预案,组织实施抢险救灾,并报告上一级抗旱防汛指挥机构。

紧急抗旱防汛期的旱情或者汛情缓解后，县级以上人民政府抗旱防汛指挥机构应当宣布结束紧急抗旱防汛期,并及时报告上一级抗旱防汛指挥机构。

第二十五条 任何单位和个人发现灾害征兆和承担抗旱防汛功能的工程出现险情的，应当立即向抗旱防汛指挥机构、有关部门或者当地人民政府报告;接到报告后,应当及时核查处理,并向可能受到影响的地区发出灾害预警。

承担抗旱防汛功能的工程发生险情时，当地人民政府抗旱防汛指挥机构应当启动应急预案，组织实施抢险救灾。

第二十六条 在紧急抗旱期，县级以上人民政府可以采取限制工业、服务业用水，暂停高耗水工业、服务业用水等应急措施。

第二十七条 在紧急抗旱期，县级以上人民政府抗旱防汛指挥机构应当组织有关部门采取下列应急措施：

(一)对水工程实施统一管理,优先保障居民生活用水;

(二)启用应急水源,统一对地表水、地下水、再生水等水源进行调配;

(三)使用再生水、微咸水等非常规水源;

(四)核减用水计划和供水指标,实行定时、定点、限量供应;

(五)临时设置抽水泵站,开挖输水渠道,应急性打井、挖泉、建造蓄水池;

(六)应急性跨区域调水;

(七)实施人工增雨作业;

(八)对饮水困难的地区实行人工送水;

(九)根据需要封堵有关排水、排污口,保护水源水质;

(十)其他应急措施。

紧急抗旱期结束后,应当立即停止应急措施,拆除临时取水、截水设施。

第二十八条 每年的汛期起止时间由自治区人民政府抗旱防汛指挥机构确定并公布。

县级以上人民政府抗旱防汛指挥机构及其成员单位、重点防汛工程管理单位和有防汛任务的乡镇、街道办事处,应当在汛期建立二十四小时值班制度。值班电话号码应当向社会公开。

第二十九条 在紧急防汛期，县级以上人民政府抗旱防汛指挥机构可以采取下列应急措施：

(一)因抢险需要,调用物资、设备、交通运输工具和人力,取土、占地、砍伐林木;

(二)依法对壅水、阻水(凌)严重的桥梁、引道、码头和其他跨河工程设施做出紧急处置;

(三)统一调度,指挥水库、闸坝、河堤、泵站、码头、排水工程设施等的使用;

(四)因抢修需要,暂停利用水域或者水工程设施从事旅游、航运、体育、娱乐等活动;

(五)可以采取停止户外集体活动、学校停课、工厂停工、市场停市等措施;

(六)依法决定实施陆地和水面交通管制;

(七)组织有关单位实施爆破、炮击等破冰、破堤作业;

(八)实施人工消雨作业;

(九)其他应急措施。

县级以上人民政府抗旱防汛指挥机构采取前款措施,任何单位和个人应当服从统一指挥。

紧急防汛期结束后,取土、占地、砍伐林木的,应当依法向有关部门补办手续。

第三十条 对受洪涝或者凌灾威胁的人员，当地人民政府应当依照防汛应急预案组织转移。实行集中转移的，应当告知转移地点和转移方式，妥善安排被转移人员的基本生活。

情况特别紧急时，当地人民政府可以对经劝导仍然拒绝转移的人员实施强制转移。

被转移人员应当服从统一安排，在转移指令解除前不得擅自返回原住地。

第三十一条 在紧急防汛状态下，学校、影剧院、会堂、体育场(馆)等，应当按照当地人民政府的指令无条件作为应急避灾安置场所。

第三十二条 抗旱防汛信息实行统一发布制度。旱情、汛情和抗旱防汛动态等信息，由县级以上人民政府抗旱防汛指挥机构统一发布；涉及水旱灾害的，由县级以上人民政府水行政主管部门会同民政、农牧等有关部门审核发布；涉及地质灾害的，由国土资源主管部门审核发布；与抗旱防汛有关的气象信息，由气象主管部门发布。其他任何单位和个人不得擅自向社会发布抗旱防汛信息。

第三十三条 鼓励在水旱灾害易发地区建立和推行灾害保险制度。

鼓励采取多种形式向受灾地区捐助。

第三十四条 抗旱防汛结束后，县级以上人民政府以及有关部门应当采取措施，防止次生、衍生灾害的发生，做好灾后恢复以及相关善后工作，归还调用的物资、设备、交通运输工具等，并依法给予相应补偿。

第三十五条 抗旱防汛结束后，抗旱防汛指挥机构应当组织有关部门开展水旱灾害的核实、统计、分析和评估工作，并将结果报送本级人民政府和上一级抗旱防汛指挥机构。有关部门和单位应当予以配合，不得虚报、瞒报。

抗旱防汛指挥机构可以委托有灾害评估专业资质的单位，对水旱灾害进行分析和评估。

第四章 法律责任

第三十六条 违反本条例规定，侵占、破坏水源和抗旱防汛设施的，由县级以上人民政府水行政主管部门责令停止违法行为，采取补救措施，处以一万元以上五万元以下的罚款；造成损失的，依法承担赔偿责任；构成犯罪的，依法追究刑事责任。

第三十七条 违反本条例规定，拒不服从统一调度，不执行调度指令的，由县级以上人民政府水行政主管部门责令改正，给予警告；拒不改正的，强制执行，处以一万元以上五万元以下的罚款。

第三十八条 违反本条例规定，有下列行为之一的，由所在单位或者上级主管部门、监察机关责令改正；对直接负责的主管人员和其他直接责任人员依法给予处分：

(一)汛期内，未按规定建立二十四小时值班制度的；

(二)应当编制抗旱防汛应急预案而未编制的；

(三)未按规定开展抗旱防汛检查或者在检查中发现问题不及时处理的；

(四)不执行当地人民政府或者抗旱防汛指挥机构的抗旱防汛指令的；

(五)拒不承担抢险救灾任务的；

(六)承担抗旱防汛功能的工程发生险情时，未及时组织抢险救灾的；

(七)在防汛紧急状态下，学校、影剧院、会堂、体育场(馆)等，拒绝作为应急避灾安置场所的；

(八)未及时采取措施导致发生严重次生、衍生灾害的；

(九)虚报、瞒报旱情、汛情的；

(十)擅自向社会发布抗旱防汛信息的；

(十一)滥用职权、徇私舞弊、玩忽职守等其他行为。

第三十九条 违反本条例规定，应当予以治安管理处罚的，由公安机关依法进行处罚；构成犯罪的，依法追究刑事责任。

第五章 附 则

第四十条 本条例自 2011 年 11 月 1 日起施行。

重要文件

自治区党委 人民政府
关于加快水利改革发展的决定

（2011 年 7 月 6 日 宁党发〔2011〕35 号）

为深入贯彻落实《中共中央、国务院关于加快水利改革发展的决定》（中发〔2011〕1 号）精神，现就加快我区水利改革发展做出如下决定。

一、深刻认识加快水利改革发展的重要性和紧迫性

（一）水利发展事关经济社会全局。我区是全国水资源严重匮乏的地区之一，经济社会发展用水主要依赖限量分配的黄河水资源。改革开放以来，全区水利建设取得了巨大成就，为经济发展、社会进步和民族团结做出了突出贡献。“十二五”及今后一个时期，我区要与全国同步实现全面小康社会目标，保障在水；加快转变经济发展方式，又好又快建设宁东基地，实施沿黄经济区战略，希望在水；改善集中连片特殊困难地区 35 万贫困群众生产生活条件，实现脱贫致富，关键在水；加强生态文明建设，实现经济社会发展与生态环境保护相协调，重点在水。加快水利改革发展，不仅事关农业农村发展，而且事关经济社会发展全局，必须把水利工作放在更加重要的位置，着力加快水利基础设施建设，推动水利事业实现新发展、新跨越。

（二）水利问题仍然十分突出。主要表现在：黄河来水减少，水资源日益短缺，供用水矛盾更加突出；黄河干流缺乏调控工程，水沙关系不协调，黄河来水与用水时空分布不均，中部干旱带群众生活生产用水难度大，水资源开发利用更加困难；水利基础设施薄弱，工程老化失修严重，用水效率不高，加快水利建设更加紧迫；受全球气候变化影响，干旱持续、洪水频发，灾害加重，水土流失严重，水生态环境问题不容忽视，提高抗灾能力、强化水资源节约保护更加重要。

二、水利改革发展的指导思想和目标任务

（三）指导思想。深入贯彻科学发展观，全面落实《中共中央、国务院关于加快水利改革发展的决定》，紧紧抓住中央深入实施西部大开发战略历史机遇，把水利作为全区优先发展领域，以节水为核心，以水利基础设施建设为重点，以加大水利投入为保障，创新治水思路，转变水利发展模式，深化机制体制改革，严格水资源管理，加强民生水利薄弱环节，提升水利可持续发展能力，全面推进节水型社会建设，逐步实现水利现代化。

（四）基本原则。坚持节约优先，着力推进节水型社会建设，解决水资源短缺问题。坚持民生为本，着力解决特殊困难地区人民群众民生水利问题，推动民生水利新发展。坚持统筹兼顾，着力统筹地表水、地下水、非常规水和生活、生产、生态用水，实现城乡、工农和区域水利协调发展。坚持政府主导，着力发挥公共财政对水利发展的保障作用，形成政府、社会协同治水兴水合力。坚持改革创新，加快水利重点领域和关键环节改革创新，切实解决制约水利发展的矛盾和问题，形成推动水利科学发展的体制机制。

（五）治水思路。北部引黄灌区以节水为重点，采取综合节水措施，进一步完善防洪和灌排工程体系，实现黄河水、地下水和洪水资源的优化配置，建设现代节水型灌区。中部干旱带以调水和雨水集蓄为重点，加强扬黄工程的联调配套，实现黄河水、当地雨洪水资源的优化配置，有效解决群众生活、生产和生态用水。南部黄土丘陵区以水资源开发保护为重点，加快建设库坝井窖池工程联调体系，实现库井水和雨洪水资源在流域和区域间的有效利用，提高水资源综合利用效率和效益。

（六）目标任务。力争通过 5 至 10 年的努力，基本建成节水型社会建设示范省区。“十二五”期间，黄河防洪（凌）基本达标，贺兰山东麓防洪排水综合体系基本建成，中小河流、重点水库、山洪灾害及抗旱应急等防灾减灾薄弱环节得到明显加强；“南北配

置、城乡统筹、丰枯补给”的水资源配置体系基本建成，全区耗水总量控制在41.5亿立方米以内；农村水利基础设施大大加强，农田有效灌溉面积达到53.33万公顷，灌溉水有效利用系数提高到0.48；生态移民生活用水和农村饮水不安全问题基本得到解决；中南部地区水土流失治理进一步加强，生态环境得到进一步改善；最严格的水资源管理制度基本建立，水利投入稳定增长机制进一步完善，合理的水价形成机制基本建立，水利工程良性运行机制基本形成。力争立项建设大柳树水利枢纽工程。到2020年，基本建成防灾减灾、水资源高效配置、城乡一体化供水、水生态环境保护和水利发展制度保障体系，灌溉水有效利用系数提高到0.53以上，水资源可持续利用支撑经济社会跨越式发展的能力大幅提升。

三、全面推进节水型社会示范省区建设

（七）实行最严格的水资源管理制度。建立用水总量控制制度。全面落实《宁夏黄河水资源县级初始水权分配方案》，依法对各市、县（区）行政区域内年度用水实行总量控制。加强相关规划和重大项目的水资源论证，经济社会发展、重大建设项目及产业布局要与水资源条件和防洪要求相适应。进一步深化完善水权转换机制，积极培育水市场，实现水权合理有效流转，发挥市场机制配置水资源作用。严格执行建设项目水资源论证、取水许可和水资源有偿使用制度，对取水总量已经达到或超过总量控制指标的地区，暂停审批新增取水许可；对取水总量接近总量控制指标的地区，限制审批新增取水许可，所需用水通过节水来解决。严格地下水管理和保护，实行地下水取水总量控制和水位控制，逐步关闭工业企业自备机井，削减地下水超采量，实现采补平衡。建立完善的水资源调度方案、应急调度预案和水量调度计划。建立用水效率控制带度。加快制定各市、县（区）和各行业用水产品的用水效率指标体系，完善用水定额标准，划定用水效率红线。对超计划、超定额标准用水单位要依法核减用水量，对达到一定规模以上的用水户实行重点考核。建设项目实行节水设施与主体工程同时设计、同时施工、同时投产制度，深入开展节水载体创建活动。限制高耗水型工业项目和粗放型农业用水项目建设。制定实施节水强制性标准，建立全区用水效率和效益评价与考核指标体系。建立水功能区限制纳污制度。从严核定水域纳污容量，严格控制水功能区的排污总量。各市、县（区）和有关部门要制定水功能区纳污控制红线和排污控制指标，对排污量超出水功能区限制排污总量的地区，不予审批新增取水项目和新设入河排污口。建立水功能区水质达标评价体系，“十二五”期间，基本建成市界和县（区）界监测考核断面和主要用水企业监测预警监督管理体系；加强对重要引水河道和饮用水水源地的保护管理，建立健全突发性水污染事件应急处置预案，探索建立水生态补偿机制。

（八）大力推广应用高效节水技术。农业节水围绕“三大示范区”建设，大力调整农业种植结构、改革耕作制度，发展设施农业和优势特色产业，集中力量建设一批规模化高效节水灌溉示范区。粮食种植区推广渠道防渗、水稻控灌、激光平地和小畦灌等节水技术；设施和特色种植区推广滴灌、微灌、喷灌和管灌等节水技术；旱作种植区推广补灌、穴播点灌、注水灌和集雨窖灌等节水技术。工业节水围绕宁东能源化工基地及“五大十特”工业园区建设，大力推进老工业企业节水改造，新上工业企业全部采取节水新工艺，推进企业和工业园区循环用水系统建设，提高企业水循环利用水平，鼓励工业利用再生水。城乡生活强化节水管理，大力普及生活节水器具，加快供水管网系统改造，加强监测监管和公共用水管理，推行节水器具和设备认证制度。

（九）充分发挥水价的杠杆调节作用。适当提高水价总水平，促进节约用水。加快制定不同分区、不同行业和不同水源的水价核算体系，加快制定分类水价标准，实行差别水价。深化农业综合水价改革，建立农村水价本级财政预算管理和定额水价制度，实行地表水地下水、供水排水联合定价制度。“十二五”期间，引黄自流灌区农业水价基本达到全成本水价，扬黄灌区农业水价基本达到运行成本水价；城镇生活与工业、服务业用水实行成本加合理利润定价，

城镇生活用水稳步推行阶梯式水价制度，工业、服务业用水逐步实行超定额用水累进加价制度，拉大高耗水行业与其他行业的用水差价；合理制定城市和工业再生水价格，制定实施社会弱势群体基本用水权经济补助政策。水利工程供水加快推行两部制水价制度。

（十）建立政府推动全社会参与的节水工作机制。把建设节水型社会摆在更加突出的位置；把节水工作贯穿于国民经济和群众生产生活全过程。自治区建立节水型社会建设联席会议制度，加强组织领导和指导协调，各市、县（区）和各部门（单位）主要负责人对本行政区域、本部门本单位节水工作负总责。把节水型社会建设工作纳入政府效能年度考核，考核结果作为自治区有关部门及地方政府相关领导干部综合考核评价的重要依据。各级财政要把节水型社会建设投入纳入财政预算，建立节水激励和补偿机制，引导公众支持、参与节水型社会建设。

四、突出加强民生水利等薄弱环节建设

（十一）优先解决生态移民用水。全力保障生态移民攻坚计划的实施，通过大力实施节水改造项目、大力发展高效节水技术，切实转变移民安置区用水模式，提高用水效率、降低水费支出。全力做好生态移民安置区生活生产供水工程建设，保障生态移民“搬得出、稳得住、能致富”。

（十二）大兴农田水利建设。深入开展“黄河杯”竞赛活动，坚持农田水利、节水设施、土壤肥力提升相结合，持续推进旱涝保收高标准农田建设。到2020年，基本完成青铜峡、沙坡头和固海扬水3个大型灌区、重点中型灌区和中南部库井灌区的续建配套与节水改造任务；基本完成固海扬水等大中型灌溉排水泵站和中小型泵站更新改造；在中部干旱带大力推广高效节水补充灌溉技术；加强排水工程建设，全面治理排水沟道，更新改造机井，加快中低产田改造和盐渍化土地改良；加快推进小型农田水利重点县建设，整合实施各类农田水利项目，抓好灌区末级渠系节水改造和田间工程配套；积极支持农民因地制宜兴建“五小”水利工程；加快发展盐池、海原等牧区水利。

（十三）强化防灾减灾薄弱环节建设。加快完善黄河防洪（凌）和贺兰山东麓防洪排水综合体系，启动实施清水河、苦水河重要支流治理工程，加快中小河流和山洪沟道治理。加强城市防洪排涝工程建设，提高城市防洪排涝能力。巩固大中型病险水库除险加固成果，完成小（Ⅰ）型、启动小（Ⅱ）型病险水库除险加固项目，实施大中型病险水闸除险加固项目。加快山洪灾害防治非工程措施建设，基本建立覆盖全区山洪易发区的监测预警和群测群防体系。

（十四）提高防汛抗旱应急能力。加强防汛抗旱组织建设，健全防汛抗旱统一指挥、分级负责、部门协作、反应迅速、协调有序、运转高效的应急管理机制。建立自治区防汛抗旱督察监督机制，组建专职督察队伍，落实督察机构及人员，加大防汛抗旱工作督察监督力度。建立专业化与社会化相结合的应急抢险救援队伍，健全应急抢险物资储备体系，完善应急预案，提高应急监测能力。加快建设一批应对特大干旱和突发水安全事件的应急水源工程。加强人工增雨（雪）作业示范区建设，科学开发利用空中云水资源。

（十五）继续抓好农村饮水安全建设。加快建设中南部地区城乡饮水安全水源连通配套工程，实现西吉等县（区）城乡管网连通配套，着方解决好缺水地区的饮水安全问题；加快建设盐池等县（区）城乡供水一体化工程，积极推进城乡一体化进程。强化水源工程的建设和管理，加快建设一批集中供水工程，因地制宜延伸集中供水工程管网，提高城乡供水保证率和农村自来水普及率。

五、着力加快水利基础设施建设

（十六）加快实施黄河综合治理工程。完成黄河近期防洪工程建设，进一步提高河段治理程度，保障标准化堤防和沿岸防洪防凌安全。启动实施黄河综合治理工程，开工建设重点城市河段综合治理项目，加强河道岸线资源整治利用，开展河道疏浚整治，形成集“水安全、水环境、水景观、水文化、水经济”五位一体的景观河段，维持河道健康生命，推动“黄河金

岸”建设,支撑沿黄经济区发展。

(十七)抓紧水资源配置工程建设。完成盐环定扬黄续建等4大重点工程建设。开工建设唐西合并工程,加快引黄灌区10大骨干渠系改造,整治骨干沟道,在引黄灌区内、贺兰山沿线及灌区周边有条件地方建设大中型水库调蓄工程和连通配置工程,基本建成防洪、灌溉、排水调控工程体系。加快建设中南部地区(固原地区)城乡饮水安全水源工程,推进固海等4大扬黄工程的连通联调,建设孟塬引水,配套完善东山坡等补水工程,在扬黄灌区内,清水河、苦水河沿线及南部黄土丘陵区各流域有条件的地方建设大中型水库调蓄工程和引调水配置工程,加强水库联合调度,中南部基本建成大中小微工程并举的配置体系。配套完善宁东等工业供水工程,加快实施红墩子上海庙供水工程,启动固原盐化循环经济扶贫示范区和新宁能源化工基地供水工程。加快推进能源金三角水资源配置前期工作,做好黄河大柳树水利枢纽工程开工建设工作,配合做好南水北调西线一期工程论证。

(十八)搞好水土保持和水生态保护。坚持不懈推进封山禁牧、草原围栏、绿化造林、生态修复治理、水源涵养区保护。启动实施山洪地质灾害易发区生态环境综合治理工程。引黄灌区大力实施城乡水生态环境治理工程;中部干旱带实施宁东等重点地带生态治理保护工程;南部黄土丘陵区加快实施小流域综合治理、坡耕地整治、淤地坝建设等水土保持生态工程。加快推进大六盘生态圈和三河源生态保护工程,实施农村河道综合整治,大力开展清洁型小流域治理。强化建设项目水土保持“三同时”制度,实行严格的水土保持监测制度,建立健全水土保持建设项目占用水利设施和水域等补偿制度。

(十九)强化水利基础能力建设。加强水文气象基础设施建设扩优化网站布局,着力增强水文测报能力,加快应急机动监测能力建设,全面提高服务水平。实施科技兴水战略,加强水利科技创新和攻关,建立完善水利科技推广体系,加大水利新技术、新方法、新工艺和新产品的推广与应用力度。加快水利信息化建设,逐步实现水利信息处理、应用和管理的网络化、电子化和智能化,促进水利现代化。

六、建立水利投入稳定增长机制

(二十)加大公共财政对水利的投入。多渠道筹措资金,建立水利投入稳定增长的长效机制,今后10年全社会水利年平均投入比2010年高出一倍。发挥政府投入水利建设中的主渠道作用,将水利作为公共财政投入重点领域,进一步提高水利建设资金在国家固定资产投资的比重。从2011年开始,自治区财政按3.0亿元额度建立水利建设专项资金,并随财政收入增加逐年同步增长,与自治区重大水利工程建设基金统筹用于水利项目配套重点水利项目建设。从土地出让收益中提取10%或从土地出让总收入中提取5%用于农田水利等基础设施建设,充分发挥新增建设用地土地有偿使用费等土地整治资金的综合效益,所提资金中的40%由自治区统筹使用。有重点防洪任务和水资源严重短缺的市、县(区),要从城市维护建设税中划出15%用于城市防洪排涝和水源工程建设。整合使用小农水重点县、土地整理、农业综合开发、以工代赈、扶贫开发、基本口粮田、千亿斤粮食、现代农业等专项涉水资金,统筹用于农田水利建设。各市、县(区)财政对水利投入的总量要明显提高,增幅随财政收入增加逐年同步增长。认真贯彻执行《水利建设基金筹集和使用管理办法》(财综〔2011〕2号),拓宽征收渠道,足额筹集水利建设基金,专项用于全区水利基础设施和水利发展能力建设。合理调整水资源费征收标准,扩大征收范围,严格使用管理。研究制定水土保持生态补偿机制、河道工程修建维护管理费、河道采砂管理费等政策,专项用于相关工作。各级水行政主管部门与同级财政、国土、发改等部门抓紧制定上述各项资金征收、使用管理细则,保障各项资金、费用足额按时征收,切实加强水利资金使用和监督管理。

(二十一)加强对水利建设的金融支持。对于准公益性和经营性水利项目综合运用财政政策,引导金融机构增加信贷资金。有条件地根据不同水利项目的建设特点和项目性质,确定财政贴息规模、期限和贴息率，由财政部门落实贴息指标。积极争取农业发展银行长期政策性水利建设贷款，鼓励金融机构增加农田水利建设信贷资金。继续扶持宁夏水务投资集团公司等符合条件的水利企业上市融资或发行债券。积极探索财政担保、大中型水利设施设备和水利“收益权”质押等多种融资形式，建立政府投入、银行融资、企业自筹等多元化、多渠道、多层次的水利投融资机制。

（二十二）广泛吸引社会资金投资水利。按照“谁投资、谁所有、谁收益”的原则，创新水利资源、资产、资本和资信管理体制和运营机制，拓宽水利投融资渠道。支持宁夏水务投资集团公司建立地方水利投融资平台，由政府授权，通过资本金增量、资产划拨、土地储备、建设项目投资等方式增强其融资能力，充分发挥融资平台作用。积极稳妥推进经营性较强的水利项目进行市场融资，吸纳和调动社会资本投入。通过政策引导、资金支持、一事一议和技术服务，充分调动农民兴修农田水利的积极性。

七、不断创新水利发展体制机制

（二十三）建立农田水利项目建设新机制。统筹发改、财政、国土、水利、农牧、扶贫等部门管理和实施的农田涉水项目，建立统一规划布局、统一质量标准、整合拼盘资金、发挥综合效益的建设新机制。各级财政要大幅度增加专项补助资金，切实增加农田水利投入。自治区成立统一协调领导机构，审定各部门涉水项目规划，协调年度项目实施计划，确定整合拼盘资金方案。各市、县（区）人民政府统一编制农田水利项目年度实施方案，整合各项专项资金，统一组织实施，项目考核纳入“黄河杯”竞赛进行评比奖励。

（二十四）加决推进城乡水务一体化管理。推进各市、县（区）行政区域内涉水事务统一管理改革，逐步建立分级管理、职责明确、运转协调、行为规范的城乡水务一体化管理体制。实行地表水、地下水和非常规水资源的统一评价、规划、配置、调度、节约和保护，逐步实现全区取水、供水、用水、排水、污水处理、再生水回用等涉水事务的统筹管理。

（二十五）深化水利工程管理体制改革。进一步完善大型公益性水利工程项目法人机构，规范民生水利项目法人组建模式，完善水利招标投标监管体系，加快水利建设市场信用体系建设，建立水利项目绩效考核和奖罚机制。深化水利工程管理体制改革，理顺工程建设管理机制，自治区进一步落实管理机构，统筹指导全区水利工程管理，强化行业监管；各市、县（区）人民政府切实落实好水利工程管护主体和责任。深化水利工程产权制度改革，积极推行社会化、专业化的维修养护和工程管理模式。对非经营性政府投资项目，加快推行代建制；加快经营性水利发展，引导经营性水利工程逐步走向市场。

（二十六）健全基层水利服务体系。建立健全职能明确、布局合理、队伍精干、服务到位的基层水利服务体系，全面提高基层水利服务能力。以乡镇或小流域为单元，健全基层水利服务机构，强化水利公益性职能，按规定核定人员编制。增加基层水利服务体系投入，改善水利站（所、段）办公条件，提升科技服务手段和能力，全面实施基层水利科技人员继续教育工程。健全各级防汛抗旱服务组织，大力发展和扶持农民用水合作组织，增强基层水利发展的动力和活力。

（二十七）建立公益性水利良性运行机制。全面落实公益性和准公益性水管单位基本支出和维修养护经费。自治区直属水管单位经费（基本支出、维修管护费）实行“收支两条线”，差额部分由财政给予补贴，并纳入自治区财政预算管理。市、县（区）水管单位经费纳入本级市、县（区）财政预算，自治区对贫困县公益性水管单位经费给予补助，基层水利服务体系经费纳入市、县（区）财政预算，将水行政执法能力建设资金纳入各级财政管理。高扬程灌溉供水工程按优惠电价执行，农村安全饮水工程供水用电执行农业灌排用电价格；农业灌溉、农村供水和抗旱供电工程纳入农村电网改造升级规划中建设，划归供电部门运行管理。建立农业灌溉机井和排水沟道长效运行管护机制，将运管维护费用纳入各级财政，实行支出预算管理。节水灌溉和抗旱设备列入农机具购置补贴范围。完善水利税收优惠政策，将水利工程占地纳入减免耕地占用税范围，纯公益性水利建设项目免征耕地占用税。灌区供水单位非农业供水、农村饮水安全工程免征营业税。节水灌溉项目所得税收入实行“三免三减半”优惠政策。承担自治区重大发展战略的供水项目，在未达到设计规模前，政府给予适当补贴和贴息等优惠政策。

八、切实加强对水利工作的领导

（二十八）落实各级党委和政府责任。各级党委和政府要站在全局和战略的高度，切实加强水利工作，及时研究解决水利改革发展中的突出问题。实行防汛抗旱、水资源节约保护、饮水安全保障、水资源管理、水库安全管理、水土流失防治行政首长负责制。各地、各有关部门要按照职能分工，尽快制定完善配套政策，落实各项措施，形成水利改革发展的合力。各级水行政主管部门要切实增强责任意识，认真履行职责，抓好水利改革发展各项工作。把加强农田水利建设作为农村基层开展创先争优活动的重要内容，充分发挥农村基层党组织的战斗堡垒作用和广大党员的先锋模范作用，带领广大群众加快改善农村生产生活条件。

（二十九）推进依法治水。建立健全水法规体系，完善水法律法规配套制度建设。全面推进水利综合执法，严格水资源论证、取水许可、水工程建设规划同意书、洪水影响评价、水土保持方案、水土保持监测等制度。加强河湖管理，严禁建设项目非法侵占河湖。建设预防为主、预防与调处相结合的水事纠纷调处机制，完善应急预案。深化水行政许可审批制度改革。强化水利规划对涉水活动的管理和约束作用。做好水库移民安置工作，落实后期扶持政策。

（三十）加强水利队伍建设。适应水利改革发展新要求，大力实施人才战略，加强水利人才资源能力建设，突出创新精神和创新能力培养，大幅度提升水利人才队伍素质，支持水利科研单位深化改革，支持宁夏大学、宁夏水利电力工程学校等院校水利专业建设及水利行业职业教育。大力引进、培养和选拔各类管理人才、专业技术人才和高技能人才，进一步改善基层水利人才队伍结构，完善人才考核评价、选拔使用和激励保障机制。鼓励广大科技人员服务于水利改革发展第一线，加大基层水利职工在职教育和继续培训力度，解决基层水利职工生产、生活中的实际困难。广大水利职工要弘扬“献身、负责、求实”的水利行业精神，贴近民生，服务基层，服务经济社会发展大局。

（三十一）动员全社会力量关心支持水利工作。加大力度宣传区情水情，提高全民水患意识、节水意识、水资源保护意识，广泛动员全社会力量参与水利建设。把水情教育纳入国民素质教育体系和中小学教育课程体系，作为各级领导干部和公务员教育培训的重要内容。把水利纳入公益性宣传范围，为水利又好又快发展营造良好氛围。对在加快水利改革发展中取得显著成绩的单位和个人，各级人民政府要按照有关规定给予表彰奖励。

自治区人民政府关于印发《宁夏回族自治区水利建设基金筹集和使用管理办法》的通知

（2011年8月26日　宁政发〔2011〕116号）

各市、县（区）人民政府，自治区政府各部门、直属机构：

根据《财政部、国家发展改革委、水利部关于印发〈水利建设基金筹集和使用管理办法〉的通知（财综〔2011〕2号）精神，现将《宁夏回族自治区水利建设基金筹集和使用管理办法》印发给你们，请认真贯彻执行。

宁夏回族自治区水利建设基金筹集和使用管理办法

第一条　为加快水利建设，提高防洪减灾和水资源配置能力，缓解水资源供需矛盾，促进经济社会可持续发展，根据国务院关于充实完善水利建设基金的要求和《财政部、国家发展改革委、水利部关于印发〈水利建设基金筹集和使用管理办法〉的通知》（财综〔2011〕2号）规定，制定本办法。

第二条 水利建设基金是用于水利建设的专项资金，由自治区级水利建设基金和市县级水利建设基金组成，主要用于水利工程建设。

第三条 自治区级水利建设基金的来源：

（一）从自治区有关单位收取的政府性基金和行政事业性收费收入中提取3%。包括：车辆通行费、征地管理费、绩效工资发放水平超过自治区调控线的事业单位收取的行政事业性收费。具体征收项目由自治区财政厅根据当年绩效工资发放水平调控线另行确定。

（二）从自治区有关单位收取的其他收入中提取3%。包括：绩效工资发放水平超过自治区调控线的事业单位的房屋出租、出借等其他各类收入。具体征收项目由自治区财政厅根据当年绩效工资发放水平调控线另行确定。

（三）经财政部批准，向企事业单位和个体经营者征收的水利建设基金。

（四）自治区人民政府按规定从中央对地方成品油价格和税费改革转移支付资金中足额安排资金，划入水利建设基金。

第四条 市县级水利建设基金的来源：

（一）从市县有关单位收取的政府性基金和行政事业性收费收入中提取3%。

包括：车辆通行费、城市基础设施配套费（银川市）、征地管理费、绩效工资发放水平超过市县调控线的事业单位收取的行政事业性收费。具体征收项目由市县财政局根据当年绩效工资发放水平调控线另行确定。

（二）从市县有关单位收取的其他收入中提取3%。包括：绩效工资发放水平超过市县调控线的事业单位的房屋出租、出借等其他各类收入。具体征收项目由市县财政局根据当年绩效工资发放水平调控线另行确定。

（三）各市、县（区）从征收的城市维护建设税中划出15%的资金，用于城市防洪和水源工程建设。

第五条 水利建设基金征收：

（一）自治区财政厅负责自治区级水利建设基金来源中第一项、第二项的征收，市、县（区）财政部门负责市县级水利建设基金来源中第一项、第二项的征收；税务部门负责自治区级水利建设基金来源中第三项的征收。

（二）财政部门负责征收的部分，由缴纳水利建设基金义务的单位在季末15个工作日内申报，经财政部门审核确认后3个工作日内缴清。税务部门征收的部分，具体办法由自治区财政厅会同有关部门另行制定，报财政部批准后执行。新办法制定发布以前，仍执行《宁夏回族自治区人民政府关于征收水利建设基金的通知》（宁政发〔1999〕75号）文件。

（三）征收水利建设基金须使用自治区财政厅统一印制的财政票据。

第六条 水利建设基金使用：

（一）自治区级水利建设基金专项用于：自治区重点水利工程建设项目，黄河及其主要支流、中小河流、湖泊治理，重点水土流失防治工程建设，城市防洪设施建设和维修，自治区水利工程维修养护及更新改造；病险水库、水闸除险加固；水资源配置工程建设；农田水利、灌区节水改造、高效节水灌溉工程、农村饮水安全、防汛应急度汛等工程建设；其他自治区人民政府批准的水利工程项目。

（二）市县水利建设基金专项用于：市县重点水利工程建设项目，高效节水工程建设项目，小流域治理，山洪治理，渠道、沟道、水库、灌排泵站和饮水安全工程维修养护和更新改造，自治区大型水利工程的配套建设。

第七条 水利建设基金收支纳入政府性基金预算管理，实行专款专用，年终结余转下年度安排使用。

各级水行政主管部门根据水利建设规划，编制年度水利建设基金支出预算，经同级财政部门审核后，纳入政府性基金预算。财政部门根据批准的水利建设基金预算和基金实际征收入库情况拨付资金。其中，水利建设基金用于固定资产投资项目，要纳入固定资产投资计划。

各级水行政主管部门根据年度水利建设基金预

算执行情况,编制水利建设基金决算,报同级财政部门审核。

第八条 任何部门和单位不得多征、减征、缓征、停征,或者侵占、截留、挪用水利建设基金。各级财政、发展改革、审计部门要加强对水利建设基金筹集、拨付和使用情况的监督检查。违反规定的要严肃处理。

第九条 财政部门分别按照上年度水利建设基金实际入库数的5%和1%提取手续费,专项用于税务部门和财政征收机构征收基金各项支出。

第十条 本办法到2020年12月31日停止执行。

第十一条 本办法由自治区人民政府解释。

水利厅党委关于书记 副书记 委员工作分工的通知

(2011年3月25日 宁水党发〔2011〕20号)

厅属各单位党委(总支、支部),厅机关党委:

现将水利厅党委书记、副书记、委员工作分工通知如下:

吴洪相同志主持水利厅党委全面工作。

郭进挺同志负责基层党建、组织、宣传、老干部、精神文明建设、水利政研会及厅机关党委工作。

周京梅同志负责抓好行政分管工作。

崔 莉同志主持水利厅纪律检查委员会工作。

毕廷和同志负责抓好行政分管工作。

郭 浩同志负责抓好行政分管工作。

方 彦同志负责抓好行政分管工作。

薛塞光同志负责抓好行政分管工作。

部涌权同志负责组织人事与老干部处工作,分管工会、团委。

水利厅党委 水利厅关于印发2011年水利工作要点及效能目标责任分解的通知

(2011年3月31日 宁水党发〔2011〕21号)

厅属各单位党委(总支、支部),厅机关党委,厅属各单位:

为进一步明确责任,推动工作,确保今年各项目标任务顺利完成,现将2011年全区水利工作要点及效能目标任务分解下达给你们,请遵照执行。

2011年是贯彻落实中央1号文件和实施“十二五”规划的开局之年,做好今年的各项工作,对于加快水利改革发展具有十分重要的意义。各单位党委(总支、支部)要按照厅党委的统一部署,深入贯彻落实科学发展观,切实按照目标责任制要求,建立健全抓落实的领导机制和工作机制,进一步完善并严格执行工作责任制度、督察制度和考核制度,将目标任务逐级逐项细化分解到具体单位和个人,确保各项工作取得实实在在的成效,圆满完成所承担的目标任务。各牵头单位要进一步细化目标任务,制订工作方案,采取有效措施,认真组织实施。

各项目标任务和亮点工作继续作为各处室和有关单位年终考核的主要内容。工作目标任务完成情况年终给予经济奖罚,考核结果在全厅范围内公布和通报。

厅督察室要加强对工作目标任务完成情况的督促检查力度,督察结果要及时通报,并作为年终考核的依据。

附件:2011年水利工作要点及效能目标责任分解表

2011年水利工作要点及效能目标责任分解表

部门	序号	主要工作任务	目标要求及进度安排	工作亮点	赋分	责任领导	配合部门
办公室	1	进一步完善目标责任考核制，建立激励机制，落实奖惩措施，形成一级抓一级，层层抓落实的良好局面。	3月份对照自治区党委、政府下达的年度水利工作考核指标和水利厅重点工作任务，将年度目标任务逐项分解，责任到领导、到部门、到人员。		20	周京梅	机关各处室及厅属有关单位
办公室	2	加大督察督办力度，确保工作有部署、有要求、有检查、有评价、有奖惩，推动全年水利各项目标任务全面完成。	重点工作每月督察一次，责任分解任务每季度督察一次，坚持对每次厅务会及厅长办公会议决议事项完成情况予以督察。		20	闫国伟	机关各处室及厅属有关单位
办公室	3	创新宣传方式方法，加大宣传力度，着力营造水利发展的良好氛围。	1.元月份下发《关于深入开展中央1号文件学习宣传活动的通知》，4月份下发《水利厅2011年宣传工作要点》。2.继续通过专题(版)、署名文章、集中采访、新闻发布会等多种形式，强势推进宣传贯彻中央1号文件、水利工作成效等方面的宣传工作，力争在声势、范围、质量等方面实现新突破。3.强化政务信息采编和报送工作。全年编发信息不少于70篇，情况专报不少于12期。	水利行业形象持续提升	20	周京梅	信息中心
办公室	4	强化机要保密和档案管理工作。	不定期组织对机关和厅属单位保密工作进行检查指导；组织厅属单位保密工作人员参加区保密局培训班。强化基层档案管理指导，积极推进档案管理达标工作。		20	周京梅	信息中心
办公室	5	积极做好信访工作	协调各部门采取有效措施，化解各种矛盾，确保信访次数少于上年。	水利系统和谐稳定	20	周京梅	机关各处室及厅属有关单位
组织人事与老干部处	1	加强党员干部理论武装。	1.采取多种形式，深入学习贯彻党的十七大和十七届三中、四中、五中、六中全会和自治区党委有关会议精神。2.制定党员干部理论学习计划，做好厅处级干部理论培训选调工作，修订完善各级干部理论学习培训制度，加强指导检查。全年举办处级干部培训不少于两次。3.深化学习型党组织建设，完善学习型党组织考核评价制度，不断深化争创“学习型党组织”，争当“学习型干部”、“学习型党员”活动。		15	郭进挺	厅机关党委及厅属各单位党委(总支、支部)
组织人事与老干部处	2	加强领导班子和干部队伍建设。	1.抓好领导班子和领导干部思想政治建设，认真抓好党组织中心组学习，指导厅属各单位领导班子完善决策机制，组织开好2011年度民主生活会，抓好2010年度民主生活会整改方案的落实。2.巩固规范选人、用人行为试点工作成果，修订完善干部选拔作用工作制度，做好处级干部竞争上岗，指导厅属单位开展竞争性选拔干部工作。3.加强后备干部队伍建设，完善后备干部信息库，做好年轻干部的培养选拔工作。认真落实干部工作“四项监督制度”和领导干部报告个人有关事项等制度。		20	郭进挺	厅机关党委及厅属各单位党委(总支、支部)
组织人事与老干部处	3	加强人才队伍建设。	1.认真落实《水利厅人才队伍建设“十二五”规划》，抓好“高层次人才工程”人选评选工作，实施好“百名硕士研究生引进培养计划”，加大急需紧缺人才引进力度，加快高技能人才队伍培养，创新水利人才政策、制度，适时召开人才工作座谈会。2.高度重视技能人才培养，组织开展行业技能人才表彰、技术大比武等活动。	使人才紧缺局面有效缓解	15	郭进挺	科教处

续表 1

部门	序号	主要工作任务	目标要求及进度安排	工作亮点	赋分	责任领导	配合部门
组织人事与老干部处	4	加强基层党的建设。	1. 建立党建工作“双向述职”制度，健全完善和落实党建工作责任制，进一步加强和规范基层党建基础工作，指导厅属各单位开展党员党性定期分析、民主评议党员和任期届满党组织换届选举工作。2. 加强党内民主建设，抓好党务公开工作；指导基层党组织开展“公推直选”，拓宽党员意见表达渠道，提高党员对党内事务的参与度。落实党内激励、关怀、帮扶机制，指导做好发展党员工作。3. 广泛开展纪念建党 90 周年活动，做好全厅先进基层党组织、优秀共产党员和优秀党务工作者评选表彰工作，组织开展走访、慰问老党员、老干部活动。4. 继续深化创先争优活动，在党员中广泛开展以“讲党性、强作风、做表率、争优秀”为主要内容的党性主题教育活动，努力形成以落实科学发展为主题的创先争优长效机制，推动基层党组织增强党建活力。	力争创先争优活动自治区表彰榜上有名。	15	郭进挺	厅机关党委及厅属各单位党委(总支、支部)
	5	大力推进精神文明建设。	1. 指导地方水利部门、厅属单位大力开展向先进模范人物学习活动，指导开展文明单位和文明家庭、文明职工创建活动，争创全国、省、部级文明单位，为争创文明行业奠定基础。2. 4 月底前完成厅属相关企事业单位年度考核办法修订完善工作，组织好检查考核工作。3. 加强水利教育基地建设和水文化建设，开展水文化研讨活动；指导厅属企业加强企业文化建设，塑造良好的水利企业形象。4. 强化职工思想道德教育，深入开展社会公德、职业道德、家庭美德、个人品德教育活动；充分发挥政研会作用，积极探索思想政治工作的新思路、新方法。适时组织对政研会进行换届。5. 与办公室共同创造性地做好群众上访工作，确保上访次数低于上一年。		15	郭进挺	厅机关党委及厅属各单位党委(总支、支部)
	6	做好劳动工资和机构编制管理工作。	1. 根据自治区统一部署，完成厅属事业单位实施绩效工资工作。2. 加强与自治区编办、人力资源和社会保障厅等部门协调，积极争取政策支持，认真做好机构编制、人事和劳资管理工作。推进自收自支事业单位编制实名制工作。3. 指导厅属单位技能鉴定站开展工作，做好工勤技能人员岗位晋级工作。4. 扎实做好扶贫支教工作，圆满完成年度工作任务。		10	李洪山	厅属各单位
	7	扎实做好离退休人员服务管理工作。	1. 加强离退休党支部建设，完善工作制度，建设必要的活动场所，指导创建“五好”离退休党支部。2. 抓好离退休人员服务管理工作，落实离退休人员政策，帮助解决实际困难。		10	郭进挺	厅属各单位
规划计划处	1	继续推进中南部地区城乡人饮安全水源项目主体工程建设进程。	1. 上半年国家发改委批复项目建议书。2. 年底前国家发改委批复并全面开工建设。	完成项目立项工作；工程全面开工建设。	10	方 彦	水投公司
	2	全力做好国家已批项目的落实工作。	1. 全力以赴争取投资，扩大成果，为加快水利发展、夯实水利基础，创造更有利的条件。2. 全年争取各类投资不少于 20 亿元。	全年争取中央投资不少于 20 亿元。	10	方 彦	业务处室及局办
	3	编制完成水利发展“十二五”规划。	上半年完成“十二五”规划报批工作。	全面贯彻落实中央 1 号文件精神，把水利项目、投资政策、管理措施、资源指标、战略布局落实到水利发展“十二五”规划中。	10	方 彦	业务处室及局办

续表2

部门	序号	主要工作任务	目标要求及进度安排	工作亮点	赋分	责任领导	配合部门
规划计划处	4	加快重点建设项目的报批。	1. 黄河宁蒙河段宁夏段近期防洪工程。国家发改委上半年出具初设概算评审意见，自治区发改委批复初设。2. 沙坡头南北干渠及灌区节水改造工程。组织项目单位尽快编制初设，上半年完成初设报批工作，争取国家年内安排投资。3. 清水河、苦水河流域防洪治理工程。争取项目进入全国大江大河重要支流治理名录，督促项目单位尽快开展可研报告编制工作，上半年可研上报水利部。	年内开工建设沙坡头南北干渠及灌区节水改造工程；清水河、苦水河流域防洪治理工程可研报告上报水利部审查。	20	方　彦	业务处室及局办
	5	进一步完善水利规划体系。	完成《中小河流治理工程规划》、《小型病险水库除险加固工程规划》、《大中型病险水闸除险加固工程规划》、《防洪非工程措施建设规划》、《山洪地质灾害防治规划(水利部分)》、《易灾地区生态环境综合治理规划(水利部分)》、《大中型水库后期移民扶持规划》等专项规划编制工作及审查和报批工作。完成《六盘山"三河源"水源涵养保护工程规划》和《自治区35万生态移民水利规划》。	水利专项规划进一步完善。	10	方　彦	业务处室及局办
	6	做好水利普查工作。	按照水利部要求，全面完成水利普查准备阶段各项工作，完善普查工作实施方案，开展水利普查员和普查指导员选聘工作，切实做好培训工作；做好清查、登记阶段工作，建立台账，开展现场调查。		20	方　彦	水文局
	7	建立水利投入稳定增长的长效机制。	积极协调自治区发改委、财政厅，落实好水利建设专项资金、重大水利建设基金、从土地出让收益中提取10%专项用于农田水利基础设施建设等政策。	全年争取水利投资超过30亿元，其中中央投资20亿元。	10	方　彦	业务处室及局办
	8	及时做好年度建设项目的审查批复工作。	1. 协调相关处室、局办及时下达年度项目投资计划，确保按时完成项目建设任务。2. 条件具备的项目，收到设计文件后尽快完成审查批复工作。		10	方　彦	业务处室及局办
水政水资源处	1	制定实行最严格水资源管理制度实施方案，建立市县水资源管理责任和考核制度。	1. 严格取水总量控制。按照《宁夏黄河水资源县级初始水权分配方案》和黄河水利委员会2011年度调度指标，制定引、扬黄河水年度用水计划，测算全区地下水开发利用总量，并将地下水开发利用总量控制指标分解到各地市，开展各市、县(区)行政区域耗水量测算工作，实施区域取用水总量控制。年耗水量不超过国家当年分配指标，各项指标控制在国家下达指标内。2. 严格水功能区监督管理制度，加强入黄河排污口监督管理，对全区现有入黄河排污口进行调查，直接入黄河排污口监测率达到40%以上。3. 建立水资源管理责任和考核制度，按照我区实施最严格水资源管理制度实施方案，争取将水资源管理"三条红线"制度纳入节水型社会建设考核。	全面落实水资源管理三条"红线"制度，建立完善监测、评估和考核机制，不断提高水资源利用效率和效益。力争直接入黄河排污口检测率达到50%以上。	15	郭　浩	节水办 灌溉局 水文局
	2	严格实施取水许可和水资源有偿使用制度。	1. 加大城乡饮用水源地的监督管理，按照规定上半年完成吴忠市金积自备井关闭工作，下半年完成银川市西夏区1/4的自备井关闭工作。2. 完成自治区直管用水户取水许可证换发工作；指导各市县完成取水许可换证工作；查处随意、越权、变相审批取水许可行为。3. 开展全区取水许可与水资源费征收专项检查，加强各市县对辖区用水户监督与管理。4. 争取调整水资源费征收标准。		15	郭　浩	节水办

续表 3

部门	序号	主要工作任务	目标要求及进度安排	工作亮点	赋分	责任领导	配合部门
水政水资源处	3	扎实推进水资源论证工作。	贯彻最严格水资源管理制度，落实《宁夏水资源论证管理办法》，严格建设项目和涉水规划水资源论证，开展水资源论证后评估工作。按有关规定，凡涉水新建项目全部进行水资源论证。	涉水项目全部实行水资源论证。	15	郭浩	水文局
	4	加大水权转换力度，综合运用市场调节等手段，积极探索以工补农节水改造长效机制。	1. 完成水权转换三个试点项目黄委核验工作。2. 落实黄委批复的水洞沟、鸳鸯湖水权转换项目节水改造工程。3. 积极筹措水权转换费用，为实施节水改造工程提供资金保障。	完成水权转换资金 9000 万元。	10	郭浩	灌溉局 建设处
	5	落实黄河县级初始水权分配方案和配套措施。	在完成全区地下水开发利用总量测算和各市、县(区)行政区域耗水量测算工作的基础上，进一步完善黄河初始水权分配方案措施。		10	郭浩	水文局 灌溉局
	6	加强行业管理和水行政执法，严厉查处违法取用水，破坏水资源、水工程等行为，强化水政监察工作。	1. 积极争取执法装备的配备。2. 切实加强行业监管，开展专项执法检查，严格查处乱打井、乱取水、乱建取水工程等违法行为。3. 组织开展水政监察队伍培训，提高水政监察人员的执法水平和能力。		15	郭浩	节水办 灌溉局
	7	推进水务一体化管理工作。	以理顺管理职能为核心，加快推进城乡水务体制改革，完成固原、中宁 2 个市县水务一体化试点工作。		10	郭浩	计划处 水投公司
	8	推进依法行政工作。	1. 出台《宁夏实施〈防汛抗旱条例〉办法》《宁夏节水型社会建设管理办法》。2. 完成《宁夏实施〈水土保持法〉办法》和《宁夏水资源管理条例》的起草和调研工作。3. 出台《水利厅行政执法争议协调制度》《水利厅行政执法评议考核制度》《水利厅行政执法案卷评查规定》《自治区水行政处罚自由裁量权细化标准办法》。4. 总结“五五”普法，启动“六五”普法，制定“六五”普法规划。5. 全面推行网上审批，提高效率；大力推进水利窗口标准化建设，做到窗口环境、服务、形象、办件“四个标准化”。6. 围绕“严格水资源管理，推进水利新跨越”主题，开展全方位、多视角宣传工作。做好 2011 年“世界水日”“中国水周”宣传活动。	出台《宁夏防汛抗旱条例》和《宁夏节水型社会建设管理办法》。	10	郭浩	防汛办 节水办 水保局
财务审计处	1	逐步建立合理的水价形成机制，充分发挥水价杠杆调节作用。	1. 对水价形成机制进行调研，落实水价政策。2. 测算农业供水和生态用水价格，完成水价格调整的初步方案。3. 积极协调相关部门完成供水企业水价调整前期工作。		15	周京梅 闫国伟	灌溉局 节水办
	2	加强厅属单位财务管理和市（县、区)水利专项资金监督检查。	1. 对 2009 年至 2010 年度水利工程管理单位国有资产管理情况进行专项检查，检查面不低于 50%；制定出台《自治区水利厅国有资产管理办法》。2. 对厅属全额拨款事业单位 2010 年度决算报表进行核查，核查面不低于 50%；对以前年度专项资金结余情况进行调查，调查面不低于 50%；在 11 月底前完成《自治区水利厅年终财务决算报表评比奖励办法》的修订完善工作。3. 对市(县、区)2010 年已验收的 54 座病险水库资产移交、管理及维护资金落实等情况进行检查，检查面不低于 20%；对 2010 年度人畜饮水安全项目专项资金管理、使用等情况进行检查，检查面不低于 30%；对 2010 年度小型农田水利重点县建设项目专项资金管理、使用等进行检查，检查面不低于 40%；对 2010 年度通过自治区集中采购的抗旱物资管理、使用等情况进行检查，检查面不低于 30%；制定出台《自治区水利基本建设项目资金管理办法》。		40	周京梅 闫国伟	厅属有关单位

续表 4

部门	序号	主要工作任务	目标要求及进度安排	工作亮点	赋分	责任领导	配合部门
财务审计处	3	扎实开展好领导干部经济责任审计等各项审计工作。	1. 按规定对厅属单位领导干部全部进行离任经济责任审计，对 20%的厅属单位行政主要领导进行任中经济责任审计。2. 做好水利资金专项审计工作，对扬水单位 2008 年至 2010 年度病险工程维修改造资金进行专项审计，审计资金额不低于总资金额的 45%；指导厅属单位开展好各项审计工作；加强审计队伍建设，加大“以审代培”力度，调配审计人员进行“交叉审计”，提高审计队伍的实践能力和水平。		20	闫国伟	组织人事与老干部处厅属有关单位
	4	认真落实中央 1 号文件精神，积极争取各类水利项目配套资金和财政专项资金。	1. 主动协调自治区财政厅、发改委等相关部门，做好《自治区水利建设基金筹集和使用管理办法》出台的配合工作；积极协调自治区财政厅、国土厅、发改委等部门出台从土地出让金中提取 10%专项资金筹集工作。2. 最大限度争取 2011 年各类水利项目配套资金，资金量比上年度递增 10%；争取预算外水利专项资金不少于 1000 万元。		25	周京梅 闫国伟	业务处室及局办
科技教育处	1	大力实施科技兴水战略，进一步落实“工程带科研，科研促发展”措施，积极开展水利工程建设及水资源管理关键技术研究，为完善和总结宁夏分区治水思路提供科技支撑。	1. 继续实施国家公益性行业专项《宁南山区坝系水资源联合调度及高效利用研究》《宁夏中部干旱带扬黄延伸区限额灌溉技术研究》《宁夏扬黄灌区水量分配及水权研究》等项目研究，加强项目的中期检查及过程管理。2. 年底前完成 2011 年度水利科技进步奖评审工作，上半年开展 2011 年水利自然科学优秀论文征集评选工作；争取省部级科技进步奖不少于 3 项。3. 准确把握科技需求，做好顶层设计，争取国家或水利部科技项目不少于 2 项；自治区科技项目不少于 3 项；落实水利厅工程带科研资金不少于 150 万元。	继续扩大争取国家和水利部科技项目力度，填补项目争取上的空白。	20	薛塞光	水科所
	2	建立健全水利科技推广体系，引进、消化、吸收先进水利技术，加大科技成果的推广应用力度。	1. 开展“节水技术”推广年活动，上半年举行启动仪式，举办宁夏首届节水技术推介会，建立技术持有企业—技术使用单位联系机制，编印《宁夏水利先进实用技术推广指导目录》。2. 水利科技创新及新技术新材料引进与推广今年不少于 5 项。3. 启动建设水科所试验中心站国家级重点水利实验室。	开展节水技术推介会、编印先进实用技术推广目录。	20	薛塞光	水科所
	3	认真落实专业技术人员继续教育条例，加强继续教育培训和管理，为水利工程建设及水资源管理提供智力支持。	1. 实施人才知识更新工程，全年开展专业技术人员继续教育不少于 3000 人次，举办水务一体化管理高级研修班 1 期、水利工程建设管理高级研修班 1 期、微滴管技术研讨班 2 期。2. 组织安排 900 人次以上基层水管人员和农民用水协会管理人员培训班。		20	李洪山	水利水电工程学校
	4	进一步建立和完善专业技术职务任职资格的评价、评审体系，做好职称管理工作。	1. 组织拟申报正高职高级工程师人员进行学术技术考评。2. 对全区申报水利系列高级工程师人员进行笔试；开展正高职高级工程师学术交流。3. 完成水利专业技术人员任职资格评审工作。		15	薛塞光	组织人事处
	5	加强水利学会工作，广泛开展交流，发挥学会咨询参谋作用。	1. 打造“宁夏水利论坛”品牌，开展学术交流研讨及科普讲座不少于 3 次，各专业委员会开展学术报告活动不少于 1 次；2. 建立宁夏水利学会会员档案及网上查询系统；搭建省际水利学会学术交流平台，加强对外交流与合作；探索国际交流。		15	薛塞光	组织人事处
	6	分步推进“一体化”水利信息化，依托项目，加强水利信息化应用与管理。	1. 修编、完善水利信息化总体规划，做好各个项目信息化规划、设计与总规划的衔接，避免出现重复建设问题；2. 推进“宁夏水利信息化”管理体制建设，实现信息资源整合与共享；3. 制定宁夏水利信息化管理相关制度、办法。		10	薛塞光	信息中心

续表 5

部门	序号	主要工作任务	目标要求及进度安排	工作亮点	赋分	责任领导	配合部门
建设管理处	1	加强水利项目建设管理。	1. 2 月底前，下发《关于加强民生水利工程建设管理的通知》，协调指导 10 个市县成立专职项目法人机构集中管理水利项目。2. 推广中小型项目打捆招标，打捆委托监理，集中工程建设力量，打好民生水利项目攻坚战。大力规范水利监理工作，加强对监理人员到位和履约的监管。3. 大力开展建设管理制度、工程质量和安全法规标准的宣贯工作，举办培训班 3 期，培训人员 500 人次。上半年出台《宁夏水利施工"安全文明工地"评审办法(试行)》，组织开展安全文明工地评比，检查评比施工工地 20 个。	率先在中小河流、水库、续建配套、黄河治理项目中实行招投标资格预审制度。	30	方　彦	质监站业务处室及局办
	2	完成 2011 年度中小型病险水库除险加固建设任务；新争取一批中小型病险水库除险加固项目。	1. 完成 61 座小型水库除险加固项目前期工作，开工建设 2010 年和 2011 年已下达资金计划的病险水库；完成大武口拦洪库除险加固主体工程建设。2. 争取下坪、丁家二沟等 3 座中型水库除险加固项目列入国家规划。3. 争取 50 座重点小(Ⅱ)型病险水库列入国家规划。	完成病险水库除险加固投资 1.76 亿元。新争取病险水库除险加固项目投资 1 亿元。	30	方　彦	计划处
	3	加大水利工程稽查检查工作力度。	1. 4 月底前，完成水利工程稽查专家库组建，选聘一批业务精、责任心强、经验丰富的稽查专家。2. 推行稽查工作常态化，加强质量、安全巡查，强化质量问题通报制度。3. 结合企业信用体系建设，落实整改复查制度，强化稽查效力。	规范工程建设，集中整治资质挂靠、工程转包、违法分包、人员缺岗、质量失控、资料失真等突出问题。	10	方　彦	监察室质监站
	4	进一步加强水利行业管理和建设市场监管。	1. 按照自治区政府建立全区公共资源交易平台的要求，配合做好自治区公共资源交易中心组建工作。2. 规范行业管理，全面启动水利建设市场信用管理，年内完成施工企业、监理单位、质量检测机构和招标代理机构的信用等级评定，定期公示从业队伍及人员信用信息。3. 推进 500 万元以上水利项目全部入驻自治区交易中心，大力整顿借资质、串标、围标等违法违规现象，选择优秀队伍建设优良工程。4. 引导施工企业重组，争取优惠政策，扶持具备条件的优秀水利施工队伍晋升资质。	清理整顿水利建设市场，规范市场主体从业行为，建立诚信激励、失信惩戒的市场新秩序。	10	方　彦	业务处室及局办质监站
	5	加强重点工程的验收工作。	1. 编写竣工验收标准化文本，推进竣工验收工作的规范化。2. 对盐环定扬水专用、河西总排干、镇北堡拦洪库等 8 个重点项目和近年完工的水库项目，在验收条件具备后 1 个月内组织竣工验收。3. 指导和参与面上项目竣工验收 30 项以上。	2007 年以前遗留重点项目全部完成竣工验收。	10	方　彦	质监站
	6	规范河道采砂管理工作。	1. 建章立制，年内出台我区河道采砂管理的规范性文件，严格河道采砂的许可制度。2. 加强执法监管，联合有关部门开展河道采砂执法检查。	完善河道采砂工作制度，严厉打击非法采砂活动，维护河势稳定和堤防安全。	5	方　彦	防汛办水政处
	7	抓好水利工程建设领域突出问题专项治理工作。	1. 完成各种统计、信息采集、报送和宣传等工作。2. 贯彻落实国家和自治区解决当前水利投资工程建设中带有普遍性问题相关文件精神，制定我区实施方案，深入开展普遍性问题的治理活动。		5	方　彦	监察室

续表 6

部门	序号	主要工作任务	目标要求及进度安排	工作亮点	赋分	责任领导	配合部门
农村水利处	1	积极争取农村水利投资。	1. 积极争取农村饮水安全、小型农田水利、中型灌区改造、农村自来水入户工程等项目投资。2. 4 月底前下达 14 个小农水重点县项目计划和第一批饮水安全项目计划;6 月底前基本完成项目资金计划下达任务。3. 农村水利投资比上年增加 10%以上。4. 投资改善厅属单位基础设施建设。		15	毕廷和	计划处
	2	全力抓好农村饮水安全工程建设。	1. 上半年完成中卫兴仁、同心东部重点供水工程。建成集中供水工程 30 处，解决 30 万农村人口的饮水安全问题。完成农村自来水“百村千户”入户工程 25 处，解决 3.5 万户 16.7 万人的自来水入户问题；完成 2008 年和 2009 年工程验收 30 处。2. 加强前期工作,加快审查审批，建立奖罚机制和责任追究制度,加强检查监督，及时协调解决问题。3. 6 月底前解决 10 万人的饮水安全问题;12 月底前解决 30 万人的饮水安全问题。4. 积极主动做好生态移民饮水安全、农业灌溉工作。	确保农村饮水工程建得好、管得好、用得好、长受益。确保生态移民饮水安全，做好生态移民用水项目实施。	18	毕廷和	计划处
	3	认真组织实施中部干旱带高效节水补灌工程建设。	1. 完成同心下马关、中卫兴仁重点补灌工程;完成红寺堡阎家庙子、同心王大套等 11 处面上补灌工程。审批下达 2011 年高效节水补灌项目。建成高效补灌面积 20 千公顷。2. 狠抓工程建设，严格落实工程建设管理各项制度，完善有关管理办法，加强检查指导，提高工程建设质量、进度和安全。3. 6 月底前完成各单项工程方案批复，11 月底前完成 20 千公顷的建设任务。	力争将下马关项目区建成高效节水示范区。	10	毕廷和	计划处
	4	精心组织开展农田水利基本建设。	1. 整合项目资金，加快推进小型农田水利重点县建设。加强灌区末级渠系节水改造和田间工程配套，建设高标准农田。完成新增节水灌溉面积 33.33 千公顷，改造中低产田 23.33 千公顷、新增旱作基本农田 13.33 千公顷，建设高标准农田 33.33 千公顷。2. 把农田水利基本建设与打造黄河金岸、实施生态移民、发展设施农业和特色农业以及推广农业新技术相结合，坚持高标准规划、高质量建设，实行山、水、田、林、路、庄全面整治。3. 3 月初下发全区农田水利基本建设标准、实施方案、奖励办法、竞赛评比办法;4 月底完成春季建设任务;11 月完成全年建设任务;12 月验收评比。	力争在声势规模、治理范围、资金投入、质量标准、治理效果等方面实现新突破。	13	毕廷和	水保局
	5	着力抓好农业节水工程建设。	1. 力争实施第三批全国小型农田水利重点县建设;完成第一批、第二批 14 个小农水重点县和面上专项工程年度建设任务。完成葫芦河和黄羊滩、陶乐中型灌区改造项目;开工建设渝河、甘城子中型灌区项目。完成马莲、路家营两个节水示范项目建设任务。完成盐池、海原两县牧区节水项目年度建设任务。按期完成退耕还林基本口粮田项目建设任务。2. 狠抓工程建设，严格落实工程建设管理各项制度，完善有关管理办法，加强检查指导，提高工程建设质量、进度和安全。5 月底前完成 14 个重点县实施方案批复，8 月底前基本完成各项目的初设批复，11 月底前完成年度建设任务。3. 对 2009 年度引黄灌区项续建配套项目(支渠部分)单项工程、中型灌区节水改造工程和节水示范项目以及牧区节水项目进行验收。4. 完成 2011 年度灌区续建配套与节水改造、节水示范和牧区水利项目的申报工作，争取立项、批复、计划下达并完成部分建设任务。5. 上半年完成《宁夏高效节水灌溉规划》，并争取将我区列入全国高效节水灌溉试点，每个县都要确定高效节水灌溉试点。	保质保量完成年度建设任务，力争建成 15 个万亩以上高效节水灌溉技术示范区。	15	毕廷和	业务处室及局办厅属有关单位

续表 7

部门	序号	主要工作任务	目标要求及进度安排	工作亮点	赋分	责任领导	配合部门
农村水利处	6	加强农业节水灌溉技术推广。大力推行设施农业滴灌和喷灌等技术。	1. 引黄灌区大力推广渠道防渗、小畦灌溉和水稻控制灌溉技术；中部干旱带和库井灌区全面推广低压管道输水、滴灌等高效节水灌溉技术；设施农业园区推广滴灌技术，特色农业种植区推行高效补灌等节水措施。实施特色农业沟灌、穴灌等补灌技术 53.33 千公顷。2. 3 月底前下达各项任务，落实到市县、到项目，并开展宣传。3. 抓好技术推广和实施工作，年内完成年度各项目标任务。	推行水稻节水控灌 53.33 千公顷，大力推行激光平地技术，力争落实 10 千公顷。	5	毕廷和	灌溉局
	7	强化农村水利管理工作。	1. 加强工程运行管护，建立完善各类农村水利工程的管理机构，落实管理责任，完善水价机制，保障工程良性运行。2. 举办基层科技人员培训班，提高基层科技人员素质和业务水平。建立健全有关制度，强化督导检查，将农村水利管理与工程建设同步考核。	完成 1000 处小型水利工程的改制任务。	5	毕廷和	建设处
	8	加强涉水项目行业管理。	1. 参与土地开发整理项目规划初步设计审查和工程质量检查以及验收工作。与自治区发改委合作完成退耕还林、生态移民涉水项目技术审查及批复工作。与自治区财政厅合作完成小型农田水利与现代农业项目规划与批复工作。2. 加强与财政、发改、国土等有关部门的联系，互通项目信息，明确各部门涉水项目的建设片区和建设内容，参与项目的规划设计、审查审批、督促检查和竣工验收等工作。		5	毕廷和	水政处 计划处 建设处
	9	做好世行贷款二期节水灌溉项目各项工作、完成项目实施前各项准备工作并启动实施。	1. 狠抓工程建设，严格落实工程建设管理各项制度，完善有关管理办法，加强检查指导，确保工程建设质量、进度和安全。2. 6 月底前完成年度工程方案批复，11 月底完成年度建设任务。		6	毕廷和	财务审计处
	10	抓好各类工程的验收。	主持或督促各市县对已建农村人饮安全、小农水重点县、高效节水补灌、节水示范项目等进行验收。		8	毕廷和	建设处
监察室	1	切实落实党风廉政建设责任制，着力推进制度建设，着力加强执法监察，惩防体系进一步完善，确保四个安全。	1. 落实党风廉政建设责任制同中心工作同部署、同落实、同检查，3 月底前按规定层层签订完党风廉政责任制；2. 严格责任考核，进一步修改完善责任制考核内容和办法，提高考核范围的全面性、内容的针对性、结果的客观性。7 月、12 月对落实情况进行检查考核。3. 认真落实领导干部个人事项报告制度。4. 继续加大贯彻执行"52 个"不准，推行领导干部问责制、廉政承诺制，9 月份，开展一次《廉政准则》执行情况的专项检查。		20	崔　莉	组织人事与老干部处、厅机关党委、厅属各单位党委（总支、支部）
	2	强化监督检查工作。	1. 强化对中央、自治区和水利厅重大工作部署执行情况的监督检查。加大对中央水利政策执行情况、重点项目建设情况、资金使用等情况的督查。2. 强化对政治纪律执行情况的监督检查，确保在思想上、政治上、行动上自觉与中央、自治区和水利厅党委保持高度一致。3. 强化对组织人事工作纪律的监督检查，加强对《党政领导干部选拔任用工作责任追究办法（试行）》等 4 项监督制度落实情况的监督检查。		20	崔　莉	厅属各单位
	3	加大惩防体系建设，扎实推进廉政风险防范管理工作。	1. 进一步深化廉政文化"六进"活动。4 月份举办一期处级干部廉洁从政培训班，增强反腐倡廉教育的针对性和实效性。2. 强化党内监督条例，严格执行领导干部述职述廉、诫勉谈话、函询、罢免等制度，做好新提拔处级干部任前廉政谈话。3. 深化廉政风险防范管理工作，进一步巩固提高廉政风险防范成果，全力抓好企业廉政风险防范管理工作，7 月份召开一次企业单位廉政风险防范管理座谈会。4. 深入开展"反腐倡廉制度执行年"活动，继续完善相关制度，强化制度执行力。	力争年内不发现腐败和大的违规违纪案件。	15	崔　莉	厅机关党委、厅属各单位党委（总支、支部）

续表 8

部门	序号	主要工作任务	目标要求及进度安排	工作亮点	赋分	责任领导	配合部门
监察室	4	加强组织协调，着力推进政风行风建设，力争2011年全区民主评议政风行风水利厅排名靠前。	1. 3月份召开2011年水利系统政风行风工作会议。2. 5~6月开展基层调研，指导政风行风工作开展，加大整改，延伸服务，分阶段有步骤抓好工作落实。3. 发挥报刊、广播、网络等媒体作用，加大政风行风宣传，编印政风行风建设工作简报，及时总结推广工作中的新经验和好做法，基层各单位在宁夏行风网上发信息不少于20篇，组织协调领导走进《百姓关注·政风行风热线》直播间和《新时空·行风面对面》栏目。4. 加强各单位对群众意见建议整改情况的检查，组织厅属单位及时办理与水利有关的建议或投诉。		15	崔　莉	厅机关党委厅属各单位党委（总支、支部）
监察室	5	深化工程建设领域突出问题专项治理。	1. 会同建设处采取集中组建项目法人、同类项目集中打捆招标、推行招标资格预审等措施，规范招投标管理；建立水利工程建设违法违纪违规单位和个人黑名单记录，着力推进信用体系建设。2. 开展庆典、研讨会、论坛过多问题和公务用车问题的专项治理。9月份召开专项治理座谈会。		15	崔　莉	厅机关党委厅属各单位党委（总支、支部）
监察室	6	完善目标考核机制，着力推进效能建，力争2011年全区效能目标考核水利厅排名靠前。	1. 按规定时限上报《水利厅2011年效能目标责任考核内容》，下达水利厅效能目标任务，及时与政府效能办联系、协调、解决相关事宜；2. 7月、12月组织开展效能目标考核，组织协调自治区对水利厅效能目标考核，做好各项准备工作；3. 加大宣传力度，编发效能建设简报，及时宣传、总结各单位工作中的新亮点、新经验、新成绩。	争取水利政风行风建设和机关效能建设再上新台阶。	15	崔　莉	厅机关党委，厅属各单位党委（总支、支部）
机关党委（水利工会）	1	深入开展创先争优活动，坚定机关党员干部理想信念，永葆党的先进性。	1. 认真落实公开承诺制度。3月份组织各党支部、党员结合2011年度工作进行公开承诺。12月份对党支部和党员承诺事项落实情况进行检查。2. 3月份至"七一"前，组织开展以"讲党性、强作风、作表率、争优秀"为主要内容的主题教育活动。组织开展建党90周年纪念活动，组队参加区直机关庆祝建党90周年歌咏大合唱。		10	郭进挺	机关各党支部
机关党委（水利工会）	2	大力推进学习型党组织建设，切实抓好党员干部理论武装工作。	1. 深化"创建学习型党组织，争做学习型党员"活动，认真落实党支部集体学习、党员个人自学制度。2. 组织开展以"阅读、鉴史、笃行"为主题的读书活动。组织参加区直机关工委举办的党员干部"读书心得"报告会。		10	郭进挺	机关各党支部
机关党委（水利工会）	3	加强机关作风建设，不断提高党员干部服务水平。	1. 深化"三服务一推进"主题实践活动，切实为基层职工办实事办好事，进一步密切与基层职工的联系。2. 根据区直机关工委的安排，选派年轻干部到农村与群众同吃、同住、同劳动。		10	郭进挺	机关各党支部
机关党委（水利工会）	4	加强党的组织建设，充分发挥党支部战斗堡垒作用和党员先锋模范作用。	1. 认真学习贯彻《中国共产党和国家机关基层组织工作条例》和自治区党委的《实施意见》，进一步完善机关党建工作责任制。2. 按照"五个好、五带头"的要求，加强党支部建设，加强党员教育管理，认真落实党员领导干部双重组织生活和双向述职等制度，做好民主评议党员工作。		10	郭进挺	机关各党支部
机关党委（水利工会）	5	加强党风廉政建设，教育机关党员依法行政、廉洁从政。	1. 认真组织党员干部学习中纪委十七届六次全会和自治区纪委十届六次全会精神，抓好党的性质和宗旨教育、理想信念教育、党性党风党纪教育、廉政文化教育。2. 深化廉政风险防范管理工作，进一步健全完善防范管理措施。3. 组织开展"反腐倡廉制度执行年"活动，认真贯彻落实党风廉政建设责任制。3月份机关党委与各党支部书记签订党风廉政建设责任书。		10	郭进挺	机关各党支部

续表 9

部门	序号	主要工作任务	目标要求及进度安排	工作亮点	赋分	责任领导	配合部门
机关党委(水利工会)	6	扎实做好工会工作，着力维护职工合法权益，充分调动广大职工的积极性和创造性。	1. 深入开展建功立业活动。围绕水利发展新任务，广泛开展“当好主力军、建功十二五”主题劳动竞赛活动、“安康杯”竞赛活动、“工人先锋号”创建活动、群众性经济技术创新活动。2. 加强民主管理工作。认真落实民主管理制度，充分发挥职代会的作用，切实维护职工的合法权益；继续开展为职工生日送祝福活动，组织开展节假日送温暖、金秋助学等活动，进一步完善水利厅困难职工档案，认真做好特困职工救助金的收缴、管理和使用工作，努力为职工办好事。3. 加强职工文化建设。继续开展“创建学习型组织、争做知识型职工”活动，广泛开展各种文体活动。3 月份组织参加水利部“六五”普法启动仪式暨水利法制宣传文艺汇演，4 月份组织参加首届全国水利系统羽毛球精英赛，5 月份组织参加水利部纪念建党 90 周年征文暨朗诵大赛，9 月份举办水利厅系统羽毛球比赛，同时组织参加自治区举办的各项体育比赛，充分展示宁夏水利职工的精神风貌。4. 深化职工之家建设。8 月份对申报的“模范职工之家”、“模范职工小家”进行验收并授牌。5. 大力推进职工书屋建设。争取自治区总工会 2~3 个职工书屋示范建设单位。6. 加强工会组织建设。做好任届期满工会换届工作，水利工会 6 月份进行换届。组织参加中国农林水利工会、自治区总工会和农林水财工会举办的工会干部培训班，举办水利厅系统工会干部和工会财务人员培训班。7. 积极做好女职工工作。“三八”节前，组织召开座谈会，总结交流女职工工作，表彰奖励先进女工组织和优秀女职工。组织参加区直机关女工委、自治区妇联举办的庆祝“三八”国际劳动妇女节“巾帼歌手风采大赛”。	在水利部、自治区组织的各项文体比赛中取得好名次。	50	郭进挺 部涌权	组织人事与老干部处 水利厅团委
信息中心	1	建设水利骨干网通信系统扩展及局域网。	扩展水利骨干网络系统，实施 14 家厅属单位和 6 个县级水务局的水利专网建设；扩展水利骨干网络系统，建成 28 家厅属单位的内外网局域网络系统；建成 17 家厅属单位和 5 个市和 6 个县水务局的 VOIP 语音电话系统。	实现全区水利骨干网络“一横四纵”网络体系；38 家厅属单位、5 个市级水务局和 6 个县级水务局的专网连接；38 家厅属单位和 5 个市级水务局的内、外网安全系统；38 家厅属单位、5 个市水务局和 6 个县级水务局间的 VOIP 语音通讯。	50	方　彦 薛塞光	业务处室及局办
	2	加快宁夏水利数据中心建设、水资源视频监测、防汛抗旱异地会商、灌溉调度等系统建设。	1. 建设完成覆盖黄河沿岸、拦洪库区、泄洪区和部分水库视频监测系统 20 处、覆盖青铜峡灌区和卫宁灌区 12 处渠道进水口和退水闸视频监测系统。2. 建设完成 14 家厅属单位、6 个县水务局的二级会商系统。3. 建成青铜峡河东灌区的通信网络系统、信息采集系统、计算机网络系统、调度系统和应用软件平台。4. 结合全国水资源管理系统的启动实施，建成宁夏 95 处县界断面的水环境水质监测系统和 200 多眼地下水井水位监测系统。5. 建设宁夏水利数据中心一期工程。进行水利数据资源整合与扩展，建设信息服务与发布系统、基本完善运行环境、中心机房和安全备份技术标准。	基本实现黄河沿岸、拦洪库区、泄洪区、部分水库以及覆盖青铜峡灌区和卫宁灌区 70 处视频监测自动化。实现 30 家厅属单位、5 个市级水务局和 6 个县水务局间的异地会商。实现试点干渠“采集监测－管理段－管理所－管理处－灌溉局”的五级信息传输系统。实现覆盖全区的县界断面综合监测体系和地下水井监测体系。	50	方　彦 薛塞光	业务处室及局办

续表 10

部门	序号	主要工作任务	目标要求及进度安排	工作亮点	赋分	责任领导	配合部门
防汛办	1	加强防汛（凌）应急管理，完善防汛（凌）责任体系，强化防汛（凌）督察，不断推进防灾减灾体系建设，确保标准内洪水安全，超标准洪水损失降到最低。	1. 继续完善责任制体系，逐步建立统一指挥、分级负责、部门协作、反应迅速、协调有序、运转高效的应急管理机制。2. 监督指导各地全面落实以行政首长负责制为核心的各项责任制，不断完善防汛（凌）责任体系。3. 扎实做好防汛（凌）检查，切实加强防汛（凌）督查，组织各地及时修复水毁工程，督查各地做好防汛（凌）抢险队伍建设和物资储备，促进应急保障能力建设。4. 6 月底前完成全国防洪重点薄弱环节清水河、苦水河综合治理勘测工作，完成可研报告编制。		15	方　彦	计划处 建设处
	2	加强防洪工程建设，加大非工程措施建设力度，确保防洪安全。	1. 启动实施洪泉沟、滑石沟、渝河等 19 条重点中小河流项目建设，基本完成主体工程，进一步提高防洪标准。2. 实施原州区、惠农区等 6 个山洪灾害防治县级非工程措施项目建设，建成水雨情监测点、预警点 100 处，推动山洪灾害预警到乡（镇）、村。3. 加强应急度汛工程建设，结合中小河流治理、病险水库除险加固等项目建设，进一步完善贺兰山东麓防洪工程体系。4. 完成第一、第二拦洪库联通任务，完成汝箕沟、大水沟治理工程。	贺兰山东麓防洪体系建设进一步完善。	30	方　彦	计划处 建设处
	3	围绕"水源、特色、生态、转移"，加强抗旱应急管理工作，提高应对极端干旱灾害天气的能力，提高依法抗旱能力，千方百计保证城乡居民生活用水安全，最大限度地减轻旱灾损失。	1. 组织各地开展旱情调查，修编抗旱预案，进一步提高预案的针对性、实用性。2. 协调相关部门及时采购抗旱拉水器具、设备，推动基层抗旱应急服务组织建设。3. 做好抗旱新产品、新技术的引进和推广利用，不断提高抗旱科技含量。4. 年底前完成《宁夏回族自治区防汛抗旱条例》制定工作。5. 加强抗旱预案的落实，确保大旱之年不发生局部水荒。	不断提升应对干旱气候变化能力，确保不发生大面积水荒。	15	方　彦	计划处 水政处
	4	加快河道整治工程建设，积极提升黄河防洪工程建设管理水平，不断完善黄河防洪工程体系，提高抗御凌洪灾害能力，促进综合效益发挥，推动"黄河金岸"战略向纵深发展。	1. 8 月底前完成黄河近期防洪 2010 年度计划建设任务。2. 4 月前完成金沙湾护岸工程建设任务。3. 组织做好黄河近期防洪 2011 年度计划建设资金的落实和实施准备等工作，及时启动工程建设。4. 10 月底前完成黄河综合治理可究报告的编制工作，年底完成黄委审查。5. 加强行业管理，依法行政，5 月底前制定完成《黄河近期防洪工程进度结算办法》、《黄河近期防洪工程设计变更管理办法》、《黄河近期防洪工程项目档案管理办法》和《黄河近期防洪工程质量检查办法》等 8 个管理办法，加大防洪法执法力度，促进工程建设管理规范化发展。6. 继续实施重点河段疏浚整治，积极实践河道疏浚整治工程建设和砂石资源综合利用新路子，提高疏浚整治能力，促进河道综促进河道综合治理发展，确保黄河疏浚段取得明显成效。	进一步规范黄河治理工程建设管理，促进管理水平上台阶。创建安全文明施工工地，推动施工管理规范化。	35	方　彦	计划处 建设处
	5	进一步加大防汛抗旱投资。	1. 积极争取国家防汛抗旱各类投资，确保防汛抗旱投资比上年增加 10%以上。2. 投资改善厅属单位基础设施建设。		5	方　彦	财务处

续表 11

部门	序号	主要工作任务	目标要求及进度安排	工作亮点	赋分	责任领导	配合部门
节水办	1	建立考核机制，全面推进节水型社会制度建设。	1. 制定《宁夏节水型社会建设目标责任考核办法》。2. 将节水型社会建设工作任务分解到成员单位，力争将节水型社会建设工作纳入自治区政府效能建设考核体系。3. 出台《宁夏节水型社会建设管理办法》。4. 争取上半年召开节水型社会建设工作会议。	创新节水型社会建设工作机制。	15	郭　浩	业务处室及局办
	2	以农业节水为重点，积极推进各行业节水。	1. 农业节水、引耗水均不超黄委会下达指标。2. 以 14 个小农水重点县建设为依托，大力推广节水灌溉技术，建设农业节水示范区。3. 编制全区工业企业水平衡测试工作方案，联合自治区经信委，选择 2 个高耗水行业开展水平衡测试。4. 开展全区工业企业用水节水情况、全区城市公共用水节水情况、城市污水处理与中水回用情况调研。	建立工业节水良性机制。	15	郭　浩	水政处 农水处
	3	加强节水型载体典型示范，充分发挥示范带动效应。	出台《宁夏节水型载体建设考核标准》，争取创建 3 个自治区级农业节水示范区、3 家自治区级节水型企业、3 所自治区级节水型学校、3 个自治区级节水型社区。	命名自治区级节水示范典型。	20	郭　浩	水政处
	4	依法加强水资源费征收工作，确保完成水资源费征收任务。	1. 加强水资源费项目检查，指导、督促项目实施单位认真完成项目工作任务。2. 编制《宁夏水资源费征收实用手册》，建立水资源费征收台账，实行用水月报制度，及时掌握用水情况。3. 依法加强水资源费征收，年底前完成水资源费征收 3300 万元。4. 开展取水许可和水资源费征收执法检查。5. 督促自治区物价局，争取完成水资源费征收调价工作。6. 实施好水资源费安排的节水项目。	编制《宁夏水资源费征收实用手册》	15	郭　浩	水政处 财务处
	5	严格水资源管理，规范取用水行为。	联合水政监察，开展节约用水执法检查，规范用水户取用水行为。		10	郭　浩	水政处
	6	加强节水宣传工作，促进节水型社会建设。	1. 做好 2011“中国水周”“世界水日”宣传活动；会同自治区建设厅、环保厅开展“全国城市节水宣传周”活动和“‘6·5’世界环境日”节水宣传活动。2. 联合自治区党委宣传部、自治区发改委、经信委、建设厅、教育厅和五市人民政府广泛开展节水型社会建设宣传活动，共同促进节水型社会宣传广泛深入开展。	联合自治区有关部门和五市政府及学校开展宣传活动。	15	郭　浩	水政处
	7	全面完成节水型社会建设验收工作。	8 月底前完成节水型社会建设验收工作。		10	郭　浩	水政处
灌溉管理局	1	加快青铜峡和固海两大灌区节水改造步伐。	1. 整合灌区续建配套、水权转换等项目资金，上半年完成唐徕渠南绕城高速公路段、惠农渠梢段、秦渠下桥段、大清渠上段砌护等工程建设任务。2. 下半年按下达投资计划组织实施 2011 年度节水改造工程，通过集中连片和整体推进，努力形成投资规模效益。	争取落实续建配套中央资金 1.5 亿元。	15	陈广宏	各渠道管理处
	2	完成固海泵站更新改造项目年度建设任务。	1. 下半年按投资计划，组织实施 2011 年度固海泉眼山等泵站更新改造工程。2. 8 月底组织完成甘城子泵站更新改造工程前期工作。	争取落实大型泵站改造中央资金 8000 万元。	10	陈广宏	计划处
	3	开工建设沙坡头灌区南北干渠节水改造工程。	4 月底完成沙坡头南北干渠节水改造工程初步设计报告，年内开工建设。	年内工程开工建设。	10	方　彦	计划处
	4	完成年度灌区续建配套项目前期工作，抓好大中型病险水闸除险加固工程前期工作。	1. 6 月底完成灌区续建配套 2011 年工程可行性研究报告、建设方案、初步设计报告的编制工作，为后续项目开展奠定基础。2. 3 月底完成大中型病险水闸除险加固工程可行性研究报告的编制工作。	力争年内启动实施。	10	陈广宏	计划处

续表 12

部门	序号	主要工作任务	目标要求及进度安排	工作亮点	赋分	责任领导	配合部门
灌溉管理局	5	加强项目验收工作。	1. 全面完成引黄灌区 2005~2008 年度续建配套与节水改造项目竣工验收。2. 完成镇北堡拦洪库、河西总排干上段扩整改造、芦草洼改造工程竣工验收。3. 灌区续建配套、大型泵站更新改造争取国家投资增长 10%以上。4. 完成各项目阶段性验收,做好已建成大型泵站竣工验收准备工作。		20	陈广宏	各管理处建设处
	6	进一步构建完善引黄灌区调度体系,强化用水管理,实施精细调度,灵活配置水量,保障灌区农田适时灌溉和湖泊湿地用水,保证农业增效、农民增收和粮食安全、生态安全。	1. 确保引黄水量不超黄委会下达的年度指标。2. 按照"总量控制,定额管理"和"同比例丰增枯减"的原则,将黄委会分配我区的引用水指标,全额分配到各大干渠和各市县。3. 严格执行水利厅批准的水量调度方案,坚持"月计划、旬调度、周例会"的工作模式,把严格执行黄委会调度指令与满足灌区用水需求相结合,随时分析解决出现的问题,合理安排灌区引用水,提高水资源的利用效率和效益。4. 加强与自治区农业部门的联系与沟通,促进农业种植结构调整,压减高耗水作物种植面积。5. 巩固和提高井渠结合灌溉试点成果,争取机井维修资金,巩固和提高井渠结合灌溉面积 10 千公顷,新增井渠结合灌溉面积 3.33 千公顷,确保开启机井 450 眼以上,力争全年机井抽水量达到 900 万立方米。	全年不超黄委会下达的用水指标;稳步推进井渠结合灌溉提质增效。	10	陈广宏	各管理处农水处
	7	强化灌溉安全管理。加快渠道险工段治理,改造老化失修机电设备,切实提高渠道安全标准。落实安全生产制度,完善防汛抢险预案,增强安全责任意识,确保渠道行水安全。	1. 加大岁修资金投入力度,加快渠道险工段治理,改造老化失修机电设备,切实提高渠道安全标准。落实安全生产制度,完善防汛抢险预案,及时消除安全隐患,不断增强责任意识,确保渠道行水安全。2. 全面开展安全生产大检查,解决潜在的不安全问题,消除隐患杜绝事故,做到安全施工、文明施工,确保工程建设无重大伤亡事故。3. 确保各大干渠不发生安全事故。	力争实现渠道行水、施工、设施管理安全生产无事故。	10	陈广宏	经济局
	8	继续深化水利工程管理体制改革,落实基层水利服务体系建设各项政策,强化公益性职能,保障水利工程良性运行。	1. 做好厅属水管单位运行经费改革纳入财政预算的基础性工作,积极争取厅属水管单位运行经费纳入财政预算。2. 投资改善厅属单位基础设施建设。		7	陈广宏	财务处
	9	巩固完善灌区供水体制改革,加快建设水量统一调度、灌区民主管理、用水户广泛参与的一体化服务体系。	全面推行"协会之家"和"会长例会"制度,落实水管单位延伸服务内容,加强协会组织建设。	在渠道管理处全面广。	8	陈广宏	各管理处
	1	加强水土保持生态建设重点项目管理,加快水土流失综合治理步伐。	1. 开展原州区杨达子沟等 4 县区 4 个农发水保三期项目、彭阳县柴沟等 8 个农发坡改梯项目,隆德县清流、彭阳县南沟等 10 个中央预算内资金水土流失综合治理项目。2. 组织开展 2010 年度农业综合开发水土保持综合治理项目、坡改梯项目等年度验收工作。3. 组织开展完工骨干坝竣工验收,督促有关市开展中、小型淤地坝竣工验收工作。4. 完成茹河流域固原项目区(二期)竣工验收工作和已完成各类水保项目验收工作。5. 抓好在建和已建淤地坝和小型水库防汛及安全生产工作。	全年治理水土流失 1000 平方千米,在 22 个项目区开展试点示范、清洁型小流域,农发综合治理及坡改梯等水保重点项目。	40	郭 浩	计划处防汛办

续表 13

部门	序号	主要工作任务	目标要求及进度安排	工作亮点	赋分	责任领导	配合部门
水保局	2	抓紧抓实项目前期工作,加大项目和资金争取力度,完成一批项目可研、初设审查批复及有关规划编制工作。	1. 4月底前完成中央预算内项目、坡耕地综合治理项目、农发水保四期等一批可行性研究报告编制;6月底前完成项目审查工作。2. 做好中央预算内资金试点示范小流域及淤地坝、农发综合治理及坡耕地综合整治、水土保持返还治理费等项目的2011年计划下达和2012年计划上报工作。3. 确保各类项目投资比上年增加10%以上。4. 投资改善厅属单位基础设施建设。	争取两个县坡耕地综合整治进入国家试点县建设。	20	郭　浩	计划处
	3	全面开展新《水土保持法》学习宣传及配套法规修订调研工作。	1. 积极组织开展新《水保法》的宣传活动。组织召开座谈会、水保法讲座、新水保法学习培训班。2. 进一步加大各类媒体对全区水土保持生态建设成果的宣传。3. 组织开展新《水土保持法》地方配套法规及政策修订的调研工作。		10	郭　浩	水政处
	4	加强水土保持监督,开展监督执法能力建设,积极开展水保监督执法检查工作,有效遏制开发建设项目人为水土流失。	1. 开展第一批六个试点市县水土保持监督管理能力建设验收工作及组织实施第二批水土保持监督管理能力建设工作。2. 加强对水利部、自治区审批的生产建设项目水土保持方案落实的督察工作,做好开发建设项目水土保持"三同时"制度落实的督察工作,提高大中型开发建设项目水土保持方案实施率和验收率。	全面落实能力建设内容,夯实基层水保工作基础,加强"三同时"制度的落实,建设国家级生产建设项目水土保持示范工程。	20	郭　浩	水政处
	5	继续开展水土保持监测工作。	1. 5月底前全面完成全国水土保持监测网络和信息系统二期建设宁夏监测站点建设任务,并做好验收准备工作。2. 抓好水土保持监测管理及树台等监测站点基础监测工作。3. 做好宁东水土保持生态变化动态监测与研究工作,开展水土保持专项普查工作。4. 配合全国水利普查,开展我区水土保持专项普查工作。		10	郭　浩	计划处
经济管理局	1	认真落实水利工程建设安全生产责任制,组织开展隐患排查工作,积极开展宣教及培训活动,确保不发生安全生产大事故。	1. 3月初,组织召开全区水利安全生产工作会议,明确工作目标、要求、责任和措施。全面落实安全生产责任,建立健全水利安全生产责任网络体系。2. 认真组织学习贯彻国发23号文件,研究制定具体实施方案及配套工作措施,确保各项规定和要求落到实处。3. 加强安全生产监督检查,促使各项安全措施的落实。深入开展打击非法违法专项行动和隐患排查治理,确保取得实效。4. 健全完善各类事故防范、预警、响应和应急处置机制,全方位组织开展应急救援演练,完善应急救援体系。确保死亡人数和各类不安全事故控制在规定范围内。5. 建立安委会联席会议制度,定期分析通报情况,实现对隐患整改全过程管理。6. 深入开展"安全生产月"活动,全方位、多层次加强水利安全生产宣传教育活动,努力营造"关注安全、关爱生命"的良好氛围。7. 会同有关部门加强水利工程施工企业"三类人员"培训考核管理工作,切实提高水利工程施工企业安全生产管理水平。	全年不发生重大安全生产事故。	20	郭进挺	建设处
	2	完成宁夏水利博览馆的开馆运营。	1. 组织实施展陈设计招标工作,深化完善展陈设计方案。2. 加快工程建设步伐,强化施工现场建设管理,严格执行工程建设"四制",严格控制施工质量、建设进度和工程安全。3. 加大文物信息搜集力度,拓展文物征集范围,足量征集布展所需文物。4. 全力做好各项开馆筹备工作,确保水利博览馆于5月份顺利开馆运营。	确保水利博览馆顺利开馆运营。	20	郭进挺 郭　浩	水投集团、厅属有关单位

续表 14

部门	序号	主要工作任务	目标要求及进度安排	工作亮点	赋分	责任领导	配合部门
经济管理局	3	建立完善经营目标责任制，提高综合经营效益。	1. 抢抓机遇，实施项目带动战略，争取项目资金，提高水土资源开发和生产能力。积极开展冬枣、饲草种植等高效作物试验，提高农田综合生产能力和效益。2. 推进水利经营性资产资源高效配置，积极探索厅属国有经营性资产经营新模式，提高资产收益水平，增加经营收入。3. 组织召开水利厅综合经营工作会议，总结成绩，交流经验，安排部署工作任务。4. 加强调查研究和服务指导，定期对各单位综合经营情况进行监督检查，督促各单位全面完成各项目标任务。5. 出台水利经营"十二五"规划，引导各单位主动调整产业结构，发展特色产业，提高经营效益。	出台《宁夏水利经营发展"十二五"规划》。全年水利综合经营总产值增长10%，利润增长10%。	25	郭进挺	厅属各单位
	4	加强对厅属企业监督指导。	1. 进一步完善企业经营情况定期报送制度，加强对相关企业月度、季度、年度经营情况的分析，为厅领导决策提供依据。2. 研究建立科学合理的企业考核体系，指导厅属企业不断完善法人治理结构，促进企业经营管理水平不断提高。		25	郭进挺	厅属各单位
	5	积极做好水利风景区建设与管理。	1. 对全区水利风景区资源开展一次全面调查摸底，完善风景区储备库。2. 积极开展自治区、国家水利风景区的考察和评价工作，指导水利风景区强化后期建设与管理，逐步完善功能，提升水利风景区建设管理水平。3. 编制宁夏水利风景区旅游精品线路，大力宣传我区水利风景区建设成果，不断提高知名度。	建立完善水利风景区管理制度，积极做好自治区级和国家级水利风景区考察评价和申报工作。	10	郭进挺	厅属各单位
大柳办	1	积极开展专题研究论证。	1. 积极配合黄委会做好"调水调沙、移民安置、环境影响评价、节水及生态保护"等四个方面研究论证工作。促进水规总院尽快安排审查，力争水利部尽早上报国家发改委。2. 开展《大柳树枢纽工程库区淹没、移民安置研究》《大柳树高坝地震影响补充研究》《大柳树高坝方案建设时机研究》等专题研究。3. 4月底前召开大柳树水利枢纽工程前期工作领导小组工作会议，研究部署工作。4. 编写完成《宁夏大柳树水利枢纽工程研究成果汇编》。		50	薛塞光	计划处
	2	加强与甘、陕、内蒙古三省（区）的沟通。	1. 协调好与有关省区的关系，继续加强与北京有关方面和高层专家的联系，争取在移民安置、权益分配等方面达成共识。2. 力争实现宁、陕、内蒙古三省(区)联合向国家报告。		50	薛塞光	计划处
移民办	1	积极稳妥落实好水库移民后期扶持政策，切实保障移民权益，努力维护移民安置区稳定，促进移民安置区经济社会发展。	1. 4月底完成2011年度人口复核工作；适时组织召开全区水库移民后期扶持总结表彰大会。2. 协调财政厅下达后期扶持直补资金，督促各市县兑现直补资金；适时组织全区水库移民后期扶持政策培训，召开现场交流观摩会。3. 会同财政、发改等部门对各市县政策实施情况进行督察；完成大中型水库移民后期扶持政策实施监测评估工作。	在全区推广应用水库移民信息管理系统，实现水库移民信息动态管理。	40	毕廷和	农水处 计划处
	2	坚持以项目支持为主改善发展条件，积极争取国家投资，抓好项目建设管理工作，确保项目发挥最大效益。	1. 分批组织对2011年度后期扶持项目建设方案进行审查，及时协调发改委下达年度投资计划。2. 认真做好后期扶持项目及结余资金项目建设管理、监督实施等工作。年底前基本完成年度项目建设任务，完成2010年度项目竣工验收。	争取国家后期扶持结余资金1500万元。	40	毕廷和	建设处
	3	切实做好信访维稳工作，确保社会稳定。	认真排查梳理，着力解决遗留问题，变被动接访为主动下访，全力维护移民和安置区稳定。	确保全年无重大群体性移民上访案件。	20	毕廷和	办公室

续表 15

部门	序号	主要工作任务	目标要求及进度安排	工作亮点	赋分	责任领导	配合部门
质监站	1	对我区2011年水利工程项目进行质量监督与安全监督工作。	对监督细则规定规模的引黄灌区续建配套、黄河宁夏段整治、水库除险加固、大型泵站更新改造、农村饮水安全、水库后期移民等工程督促办理监督手续，制定工程质量监督计划，核定受监工程的项目划分。对工程质量进行监督检查，重点监督检查各参建单位的质量体系与质量行为，检查施工、监理单位对工程质量管理措施的落实，各项规章制度的完善以及工程实体质量。		35	方　彦	建设处
	2	完成跨年度受监工程的质量监督和分部、单位工程的验收与质量核备(核定)工作。	严格验收程序，对工程实体及质量检验资料进行检查，真实地评定工程质量，并对分部工程质量等级进行核备，单位工程质量等级进行核定。		45	方　彦	建设处
	3	加强培训、指导，提高我区水利质量管理水平。	1. 分别在3月和9月份举办1期质量监督工作业务培训班。2. 按工程质量监督内容对各市监督站的工作进行指导。		20	方　彦	建设处
水投集团	1	开工建设中南部地区城乡饮水安全水源工程	1. 3月份完成技术评估意见正式文件，6月份完成发改委立项批复。2. 4月份完成水规总院可研审查意见，争取8月份完成水利部审定，10月份完成可研技术评估，10月份可研批复。3. 9月份完成初设报告，年底前完成审批。开展拟开工项目设计工作，年内全面开工建设。	年内全面开工。	18	方　彦	计划处
	2	力争开工建设固原盐化工循环经济扶贫示范区供水工程。	1. 力争3月份完成供水总体规划审批工作。2. 5月份完成一期工程可研审批工作。3. 7月份完成一期工程初设审批和施工图设计工作，年内适时开工建设。	多水源统一管理和运行调度，确保供水安全。	12	方　彦	计划处
	3	完成上海庙红墩子供水一期工程主体工程建设。	全面完成主体工程建设，实现正常供水。	扩大供水市场，增强公司发展后劲，构建“蒙陕甘宁”能源金三角供水体系。	15	郭进挺	长城水务公司
	4	完成吴忠市太阳山开发区萌城工业园区供水工程建设。	力争4月份完成初设报告审批工作；主体工程年内建设完成并投入运营。	扩大供水市场，多方筹措资金，创新投融资模式。	12	方　彦	太阳山水务公司
	5	做好“蒙陕甘宁”能源金三角宁夏片区水资源和供水安全保障规划。	按照国家关于“蒙陕甘宁”能源金三角战略规划，结合宁夏片区供水现状，开展宁夏片区水资源保障规划和研究工作。		8	郭　浩	水政处 计划处
	6	积极开展固原、中宁、同心、盐池、西吉等城乡水务一体化整合开发。	完成固原、中宁城乡水务一体化整合工作，开展同心、盐池、西吉城乡水务一体化整合工作。		10	郭　浩	水政处 计划处
	7	开展新宁能源化工基地供水工程前期工作。	根据新宁能源化工基地建设进展，积极开展能源化工基地规划水资源论证、供水工程规划等前期工作，确保不影响基地供水。	开展全区经营性水务项目的开发建设，扩大供水市场。	10	郭　浩	水政处 计划处
	8	积极开展水利项目建设融资工作。	加大投融资力度，积极筹措建设资金4.1亿元，其中，中央和自治区财政资金1.4亿元，银行贷款2.7亿元。	创新投融资机制，多方筹措资金。	15	郭进挺 周京梅	计划处

自治区水利厅关于领导工作分工的通知

（2011年3月25日　宁水发〔2011〕30号）

厅属各单位，各市、县(区)水务局：

因工作需要，现将水利厅领导工作分工通知如下：

一、吴洪相厅长

主持水利厅行政全面工作。

二、郭进挺副厅长

负责人事、水利经济和安全生产等方面的工作。

分管组织人事与老干部处、经济管理局。

联系水利企业、水利行业协会。

三、周京梅副厅长

负责厅机关政务、水利宣传、财务管理、信访、政务信息管理及后勤管理等方面的工作。

分管办公室、财务审计处、机关服务中心。

四、纪委崔莉书记

负责监察、行风政风、效能建设等方面工作。

分管监察室。

五、毕廷和副厅长

负责农村水利、水库移民后扶开发、世行水利项目等方面的工作。

分管农村水利处、水库移民管理办公室、世界银行贷款项目办公室、自治区农田水利建设指挥部办公室。

六、郭浩副厅长

负责水资源管理、水政、水文、节约用水、水土保持、自治区政务服务中心水利窗口等方面的工作。

分管水政水资源处、水土保持局、自治区节约用水办公室。

联系自治区水文水资源勘测局、水土保持学会。

七、方彦副厅长

负责自治区防汛抗旱、水利规划计划、水利工程建设与管理、水利工程质量监督、水利定额管理、水利稽查、水利信息化建设等方面的工作。

分管规划计划处、建设管理处、自治区防汛抗旱指挥部办公室、水利工程质量监督中心站。

联系水利工程建设中心。

八、薛塞光总工程师

负责水利科技创新和技术管理、大柳树水利枢纽前期工作、水利专业技术职务资格评审、信息化管理等方面的工作。

分管科技教育处、大柳树水利枢纽前期工作办公室、信息中心。

联系水利科学研究所、水利学会。

九、李洪山副巡视员

负责职工教育、劳动工资等方面的工作。

联系水利电力工程学校。

十、闫国伟副巡视员

负责水利审计、督察、检查等方面的工作。

协助周京梅同志分管财务工作。

十一、陈广宏副巡视员

负责灌溉管理工作。

分管灌溉管理局。

联系各渠道管理处、艾依河管理局。

十二、厅领导出差期间，分管工作实行接替制度，具体如下：

吴洪相厅长的工作由郭进挺副厅长代管。

郭进挺副厅长的工作由纪委崔莉书记代管。

周京梅副厅长的工作由毕廷和副厅长代管。

纪委崔莉书记的工作由郭进挺副厅长代管。

毕廷和副厅长的工作由郭浩副厅长代管。

郭浩副厅长的工作由毕廷和副厅长代管。

方彦副厅长的工作由薛塞光总工程师代管。

薛塞光总工程师的工作由方彦副厅长代管。

李洪山副巡视员的工作由周京梅副厅长代管。

闫国伟副巡视员的工作由李洪山副巡视员代管。

陈广宏副巡视员的工作由郭浩副厅长代管。

若分管、代管领导同时出差，两者的工作由在家主持工作的领导代管。

自治区水利厅关于部分领导工作分工调整的通知

（2011年7月20日　宁水发〔2011〕70号）

厅属各单位，各市、县（区）水务局：

因工作需要，现将水利厅部分领导工作分工调整如下：

一、周京梅副厅长

负责厅机关政务、水利宣传、财务管理、信访、政务信息管理、后勤管理及水库移民后扶持开发等方面工作。

分管办公室、财务审计处、机关服务中心、水库移民管理办公室。

二、毕廷和副厅长

负责农村水利、世行水利项目、防汛抗旱等方面工作。

分管农村水利处、世界银行贷款项目办公室、自治区农田水利建设指挥部办公室、自治区防汛抗旱指挥部办公室。

三、方彦副厅长

负责水利规划计划、水利工程建设与管理、水利工程质量监督、水利定额管理、水利稽查、水利信息化建设等方面工作。

分管规划计划处、建设管理处、水利工程质量监督中心站。

其他厅领导分管工作不变。

自治区水利厅关于报送2011年工作总结及2012年重点工作安排的报告

（2011年12月23日　宁水发〔2011〕122号）

自治区人民政府：

2011年，是“十二五”开局之年，也是水利抢抓中央和自治区加快水利改革发展重大机遇，全面奏响盛世兴水新篇章之年。中央首次以1号文件出台了《关于加快水利改革发展的决定》、历史性地召开了中央水利工作会议，自治区党委、政府认真贯彻落实中央决策，及时出台了《自治区党委、人民政府关于加快水利改革发展的决定》、召开了自治区水利工作会议。一年来，我们紧扣“建设和谐富裕新宁夏”的目标，在自治区党委、政府的正确领导下，在自治区人大、政协的关心支持下，全面贯彻落实中央和自治区重大决策部署，把握大局、乘势而谋，开拓创新、真抓实干，集全行业之智，聚全社会之力，全面完成了各项目标任务，水利工作呈现出投资加大、管理加强、发展加快、改革加速的良好态势，为自治区经济社会跨越式发展提供了有力的水利支撑。

*水利投入大幅增加。*预计全年全社会水利投入达53.9亿元，较2010年增长29%，再创历史新高，是“十一五”年均的2.5倍，其中争取中央水利资金20.8亿元，较去年增长20%。

*灌溉供水安全高效。*努力克服持续干旱、用水增加、引水受限等不利因素，采取科学调度、调整结构、优化配置、拓展延伸等措施，保障了50.67万公顷农田均衡受益和湖泊湿地补水，确保了全区粮食安全和生态安全，保证了宁东基地工业及固原等城市供水安全。

*重点工程建设全面提速。*黄河近期防洪、沙坡头南北干节水改造等重点工程开工实施，中南部城乡人饮安全水源、清水河和苦水河综合治理等重大项目加快审批，水利基础设施建设明显加快。

*人饮安全再创佳绩。*通过拓展范围、互联互通，推进“城乡同网、同源”供水，保障了6万生态移民生活生产用水，34万群众喝上安全洁净水，15个县区原规划内人口实现饮水安全全覆盖。

*农田水利再上台阶。*大搞农田水利基本建设，在规模范围、建设机制、组织方式、资金投入、工程质量、效益发挥六个方面实现新突破，保障了全区粮食安全、饮水安全、防洪安全和生态安全。

*节水型社会建设成效突出。*全面落实水资源管理“三条红线”控制制度，建立节水工作政府推动和

责任目标考核机制，节水成效不断扩大，全国唯一省级节水型社会建设试点率先顺利通过国家验收。

防洪抗旱体系日益完善。黄河和中小河流治理、病险水库除险加固、山洪灾害防治非工程措施项目等工程加快实施，贺兰山东麓防洪体系不断完善，全区水利防灾减灾能力迈上新台阶。

水保生态建设成果丰硕。不断探索创新治理模式，水土流失治理区生态环境、生产条件、生活水平显著改善，涌现出一批具有示范带动作用的先进典型，得到水利部和自治区领导的充分肯定。

行业发展能力持续提升。工程建设制度化管理进一步规范，全面推行建设管理“三集中”模式，建立了宁夏黄河水沙研究与水资源高效利用院士工作站，完善了信息化顶层设计和管理机构，现代水利发展后劲不断夯实。

一、认真贯彻落实中央 1 号文件，水利各项工作成效显著

2011 年，乘着中央加快水利改革发展的春风，我们紧紧围绕贯彻落实中央 1 号文件精神，坚持以为经济社会发展提供有力水利支撑为目标，进一步创新水利发展思路，转变水利发展模式，拓宽水利服务领域，夯实水利基础设施，提升水利保障能力，水利工作跨入了大发展快发展的新时期。

紧密围绕“一个中心”

进入新时期，水旱灾害频发，水资源短缺状况不断加剧，中央审时度势，2011 年以 1 号文件做出了关于加快水利改革发展的决定，并召开了新中国成立以来首次中央水利工作会议。一年来，我们紧密围绕贯彻落实中央和自治区水利决策部署的中心，采取出台政策、分解责任、强化督察、沟通协调、大力宣传等措施，奋力推进中央水利重大决策学习贯彻和落实，实现了水利思想大解放、精神大提振、发展大提速。一是深入学习中央 1 号文件精神。中央 1 号文件出台后，我们立即在全区组织开展了学习宣传贯彻活动，邀请原水利部党组成员、办公厅主任陈小江来宁做中央 1 号文件专题报告，成立了四个宣讲组，由厅领导带队赴各市县指导学习，编发了中央 1 号文件和自治区《决定》两个学习读本，推动各市、县（区）党委、政府组织有关部门深入学习，在全区迅速掀起了学习贯彻中央 1 号文件精神的热潮，确保把思想行动统一到中央要求上来。自治区党委组织区市县领导及有关部门参加中央水利工作视频会议、中央 1 号文件宣讲专题报告大会，首次召开了新中国成立以来的自治区水利工作会议，深入学习领会中央加快水利改革发展的战略决策，深刻认识水资源是我区经济社会可持续发展的最大制约，全社会重视水利、支持水利、建设水利的热情空前高涨。二是全面贯彻中央水利决策部署。中央 1 号文件出台后，我厅立即成立自治区《关于加快水利改革发展的决定》代拟稿起草组，紧扣区情、水情，对投入、土地、税收、机制体制等政策进行了深入研究，广泛征求各市县、相关部门单位、专家学者、基层代表等各方面的意见建议，厅党委会多次讨论修改，历时半年 6 易其稿，高质量地完成了起草任务。自治区党委、政府办公厅积极沟通协调有关部门单位，落实相关政策，及时提交自治区政府常务会、党委常委会研究审定。自治区《决定》的出台，确立了新时期全区水利改革发展的思路、目标和任务，并在节水型社会建设、公共财政水利投入、水管单位体制改革等方面实现了新突破。三是全力落实水利各项政策措施。自治区《决定》出台后，厅党委抓紧拟定贯彻落实分工方案，随即自治区党委办公厅、政府办公厅印发了自治区《决定》分工方案，将目标任务逐项分解到有关部门和单位，确保各项政策落到实处。我们主动加强与发改、财政、国土等有关部门的沟通、协调和配合，抓紧制定出台各项配套政策，目前已出台了水利投入稳定增长机制等 4 个办法制度。与监察厅建立联合监督检查机制，重点检查领导责任落实、主要目标任务完成、重点水利工程建设、水利资金投入和配套、最严格水资源管理制度实施等情况，确保执行政策不走样、完成任务不打折。结合“两个决定”“两个水利工作会议”的学习宣传，水利厅广泛开展国情、区情、水情宣传教育，力争自治区党委宣传部把水利纳入公益性宣传范围，全社会大兴水利氛围加快形成。

着力加快“三大建设”：

(一)加快民生水利建设，水利发展成果由民共享

坚持把倾力解决群众最关心、最急迫、最现实的水问题作为首要任务。一是生态移民供水工程全力推进。按照自治区确定的搬迁安置35万生态移民重大部署，编制完成生态移民供水工程规划，逐县审查批复水资源论证报告，千方百计解决移民用水指标，市县水利部门全力以赴建成生态移民安置区供水工程42处，保障了6万生态移民生活生产用水，为移民“搬得出、稳得住、逐步能致富”奠定了最重要的水利基础。二是进一步加快农村饮水安全工程建设。在自治区党委、人大、政府、政协的关心支持下，水利厅与发改委一道，经过艰苦不懈的努力，历经40年“三上三下”的中南部城乡人饮安全水源工程国家发改委已立项即将批复实施，将从根本上解决112万群众的饮水困难问题。建成农村饮水安全集中供水工程30处，完成自来水“百村千户”入户工程20处3.52万户建设任务，解决了34万群众的饮水不安全问题。加快城乡供水一体化进程，通过供水工程整合拓展、互联互通，推进城乡供水同网、同源，石嘴山、吴忠及中卫市沙坡头区等15个县区原规划内居民人口基本实现饮水安全全覆盖。三是农田水利建设再掀高潮。抢抓中央大兴农田水利建设历史机遇，继续发扬优良传统，结合打造黄河金岸、发展现代农业、新农村建设，整合农发、国土等项目资金，着力解决农村“灌水难、排水难、吃水难”等问题，进一步在全区山川兴起农田水利基本建设新高潮，新增灌溉面积0.97万公顷、旱作基本农田1.53万公顷，改造中低产田2.33万公顷，建设高标准农田3.67万公顷，有效提高了农业综合生产能力。四是高效节水灌溉工程实现新突破。20万公顷高效节水灌溉项目规划经过水利部审查。通过引进中粮等龙头企业、配套国内外先进节水技术，在原州、同心、红寺堡、惠农等县区发展万亩高效节水示范区12个，面积3.33万公顷，中部干旱带高效节水补灌工程建成沙坡头区、同心等7个项目区，面积达2.73万公顷，有效促进了节水增效和农业种植结构调整。五是病险水库除险加固工程进程加快。全面完成61座小(Ⅰ)型水库前期工作，开工建设水库54座，完成22座水库主体工程建设，大幅提高了防洪标准和供水保证率。六是水库移民后期扶持政策稳步实施。2006万元直补资金一次性拨付给市县水库移民，批复实施4023万元的后扶项目共60项，促进了6.5万移民脱贫致富。

(二)加快重点工程建设，水利调控能力持续提升

坚持把抓前期、跑项目、争投资作为夯基础、增后劲、促发展的根本措施，采取“领导紧抓，部门紧跑，专人紧盯，跑部进京”。力争总投资30亿元的苦水河和清水河综合治理工程列入国家重点支流名录待批，总投资12亿元的5座中型水库进入国家规划名录，总投资45亿的黄河综合治理规划上报黄委会审查。大项目带动大投资，2011年预计全年全社会水利投入达53.9亿元，再创历史新高，较2010年增长29%，为水利“十二五”开好局奠定了坚实基础。一是节水改造工程建设力度加大。争取10年的沙坡头南北干渠节水改造工程开工建设，下达投资1.8亿元，灌区续建配套项目完成唐徕渠、汉延渠、固海五干渠等砌护工程，砌护干支渠60千米，改造骨干建筑物13座，灌溉供水保障能力进一步提升。二是水资源调配工程建设实现突破。盐环定扬黄续建主体工程全面完成，大型泵站更新改造固海唐圈泵站主体工程完工，泉眼山、古城泵站管道更换及主厂房维修基本完成，作为中南部“生命工程”的固海扬水工程重新焕发了生机。三是防灾减灾工程建设全面加速。黄河宁夏段近期防洪工程开工建设，吴忠城市护岸工程实现了黄河治理方式的新突破，中小河流治理项目开工建设苋麻河、大河子沟、渝河等21个项目，在大大提高防汛标准的同时有效改善了水生态环境。力争苦水河综合治理工程列为十一届全国人大重点办理议案，国家安排投资0.8亿元。四是工业城市供水工程建设全面进展。克服地形复杂、投资不足、工期紧张等困难，上海庙红墩子供水工程实现当年建设当年见效的目标，红寺堡弘德工业园区鲁家窑水源工程克服种种困难开工建设，为企业入驻园区提供了信心和用水保障。固原盐化工循环经济

扶贫示范区供水工程前期工作有序推进。五是水资源保障工程加快推进。大柳树水利枢纽工程调整机构,创新前期工作思路,关键技术论证积极推进。

(三)加快节水型社会建设,水资源利用效率和效益明显提高

坚持把节水型社会建设作为解决我区缺水问题的战略性和根本性措施。一是全社会建设节水型社会工作机制初步建立。召开了全区第一次节水型社会建设工作会议,首次把节水工作目标任务分解到市县和有关部门,初步形成了"政府主导、部门协力、上下联动、齐抓共管"的工作格局。二是节水型社会建设制度进一步完善。建立了节水型社会建设目标责任考核制度和节水型载体建设考核标准,《宁夏节水型社会建设管理办法(草案)》上报自治区政府待批。三是各业节水力度进一步加大。坚持以农业节水为主,加大灌区节水改造,全面推广节水新技术,大力发展高效节水灌溉,积极调整产业结构,开展各类节水载体建设,深入广泛开展节水宣传,节水成效不断扩大。四是节水型社会建设试点通过国家验收。试点确定的"十大建设任务"全面完成,试点目标基本实现,我区成为首个在全国顺利通过国家验收的省级节水型社会建设试点。今年在用水不断增加的情况下,实现了全区黄河用水连续两年不超国家分配指标,以有限的水资源保障了全区经济社会快速发展。

大力强化"三项管理"

(一)强化灌溉供水管理,有效保障各业用水安全

一是进一步强化农业生态供水管理。积极应对灌区冬春夏三季连旱、供用水矛盾加剧、黄河引水严格受限的现状,通过加快建立辐射全区的水资源统一配置调度系统,采取科学编制调度预案、优化水量调度、适度提前放水、加大节水改造、加强用水管理、积极调整种植结构、强力推进井渠结合灌溉等措施,保障了50.67万公顷农田适时灌溉和湖泊湿地补水,为保证粮食产量实现"八连增"、农业增效、农民增收和粮食安全、生态安全做出了巨大贡献。二是进一步拓展工业城市供水管理。通过加大农业节水,实施水权有偿转让,不断完善宁东、太阳山等六大供水工程功能、延伸管网、提升服务,有效提高供水保证率,供水总量持续增长,保证了宁东基地和固原等城市用水安全。

(二)强化水资源管理,有效推进水资源优化配置

一是加快落实最严格的水资源管理制度。将水资源管理"三条红线"纳入节水型社会建设考核内容,促使各市县主动执行分配用水指标,严格实施水资源优化管理。二是强化水资源论证制度。为确保生态移民供水安全,对生态移民安置项目区全部进行水资源论证。力争黄委会审查通过中南部城乡饮水安全水源和宁东供水工程水资源论证报告书,为项目立项核准提供了有力的水资源保障。三是严格取水许可和水资源有偿使用制度。加快建立区、市、县三级取水许可管理登记及备案制度,完成调整水资源费征收标准方案,开展了重点企业水平衡测试,依法关停、划转企业水源井,全区共核减取水量2714万立方米。四是深化水权有偿转让。争取黄委会批复神华宁煤集团间接液化项目水资源论证和水权转换可研报告,完成煤炭间接液化、甲醇制烯烃等7个水权转让项目审批,为自治区重点工业项目用水提供了保障。

(三)强化工程建设管理,有效保障工程质量进度安全

一是不断建立完善工程建设管理制度。针对水利项目多、资金大、关注高的实际,制定了《公益性水利工程项目法人管理办法》等12项制度,建设管理制度体系逐步完善。二是全面推行水利工程建设管理"三集中"模式。在全区推行了县域水利工程建设项目集中管理、民生水利项目集中打捆招标和工程招标活动集中入场交易的管理模式,得到了水利部肯定并在全国会议上交流经验。三是不断强化水利建设监管力度。实行工程稽查、监督检查、问题排查"三结合",大力推行工程质量第三方检测、突击式专项稽查,强化安全生产监督工作,实现了水利工程全程动态跟踪监管,确保了工程安全、生产安全。四是进一步规范水利工程建筑市场。建立了外省来宁水利施工企业备案和招标代理机构备案制度,全面启

动水利建设市场信用管理，有效规范了水利建筑市场企业和人员行为。

努力完善“四个体系”

（一）完善体制机制和制度体系，持续增强水利发展后劲

建立了稳定增长的自治区财政水利建设基金，宁夏水投集团融资4.2亿元，为重点工程建设提供了资金保障。明确水利工程运行管理经费纳入财政预算管理，全力推进水管单位“收支两条线”，水管体制改革实现重大进展。通过争取政策，加大投入，强化培训，以基层水利服务机构、农民用水合作组织、准公益性专业化服务队伍“三驾马车”为重点的基层水利服务体系日趋完善，被水利部确定在北方地区推广学习。加快推进城乡供水一体化管理，组建了六盘山水务公司，实施秦家沟水库至东山坡抗旱应急补水工程，供水保障能力有效提升，可以说彻底结束了固原供水水质不达标、水量不足的历史，积极推进盐池、中宁等县水务一体化管理。

（二）完善水资源高效配置体系，不断提升供水保障能力

通过引黄、扬黄、跨流域调水及调蓄工程的建设和连通，初步构建了全区引得进、蓄得住、排得出、可利用、可调控的“南北配置、城乡兼顾、丰枯补给”的供水体系。北部引黄灌区依靠内部挖潜，实现地表水、地下水和非常规水的统一调配；中部干旱带拓宽扬黄供水范围，实现扬黄水与当地水的统一调配；南部黄土丘陵区坚持开源节流并重，实现雨洪水资源在流域间和季节性的统一调配。全区通过对渠沟、机井、库坝等不同工程进行联合调度，对黄河水、地下水、雨洪水及中水等不同水源实施统一调配，在确保生活和工业用水安全的前提下，保障了农业和生态用水需求，全面提高了供水的可靠性和保证率。

（三）完善水利防灾减灾体系，筑牢防洪抗旱安全屏障

层层落实防汛工作责任制，全面加快黄河近期治理、中小河流治理、病险水库除险加固和山洪灾害防治非工程措施项目等实施，通过大力配套完善防洪工程和非工程体系，进一步提高了重点城市、重点水库、重要河段防洪安全标准，使全区水利防灾减灾能力迈上新台阶，保障了人民群众生命财产安全。针对中南部地区持续旱情，争取抗旱资金支持各地有效开展抗灾减灾，通过建设应急水源工程，启动备用水源，在扬水干渠设立免费供水点，为水窖补水，出动车辆为学校、特困户送水，确保了大旱之年未发生水荒。

（四）完善水生态环境保障体系，构建人水和谐生态圈

加大水土保持生态建设，创新治理模式，将水土保持与产业发展、农民增收相结合，更加注重生态、经济和社会效益“多赢”，打造了精品亮点工程，今年共完成治理水土流失面积1161平方千米。加快完善城乡生态水系，结合沿黄城市带建设，综合整治沿黄湖泊湿地0.46万公顷，努力构建人水和谐的大生态圈。坚持水资源节约保护优先，加强水功能区限制排污总量控制监督管理，强化入河排污口设置审批管理，严格控制入河排污总量。加大引黄灌区县界取水、排水、地下水位监测设施建设，新增25处县界断面，入河排污口监测超过60%。

一年来，在做好水利各项工作的同时，进一步强化行业能力建设，不断夯实发展基础。加快推进依法治水，出台了《宁夏抗旱防汛条例》，水法规体系不断完善，我厅荣获全区“五五”普法先进单位。深入实施科技兴水战略，与清华大学、中国水科院联合建立宁夏黄河水沙研究与水资源高效利用院士工作站，成立宁夏水利专家工作站，加大重点项目攻关和技术推广交流。全面加大水利信息化工程建设力度，进一步完善规划、整合项目、成立机构，启动水利电子政务平台建设，加快推进现代水利发展。切实加强水文监测能力建设，实施中小河流水文监测系统项目，投入2亿元对水文测站等基础设施进行大规模改造。水利普查取得阶段性成果，通过水利部验收。关心基层职工生活、加大基层设施条件改造力度，水管单位70%以上的站所段点实施了改造，基本实现了饮水安全全覆盖，一线职工生活生产条件明显改善。大力发展水利综合经营，努力改善职工生活待遇。

我们深切地感受到，水利工作成绩的取得，得益

于自治区党委、政府的坚强领导和高度重视，得益于水利部等国家有关部委的亲切关怀和鼎力支持，得益于自治区有关部门、各市县党委政府及社会各界的高度关注和大力支持，得益于全区水利系统广大干部职工的团结奋斗和苦干实干。

虽然2011年水利工作取得了一定成绩，但我们也清醒的认识到水利发展中还面临着许多困难和矛盾、存在着不少问题。主要表现为：一是水资源供需矛盾日益加剧。由于受气候变化影响，干旱加剧，黄河来水呈减少趋势，国民经济发展用水需求快速增加，供用水矛盾日趋尖锐，缺水瓶颈日益凸显。二是水利基础设施条件依然薄弱。因长期投入不足，水利工程建设标准低、老化失修等问题仍未从根本上解决，加快水利建设任务十分繁重。三是水资源利用率和效益还不高。农业用水量占全社会用水量的90%以上，使得用水结构严重失衡，公众节水意识还不强，不同程度地存在着水资源浪费现象，强化水资源管理更加紧迫，节水型社会建设亟须加强。四是水生态环境问题不容忽视。干旱持续，洪水频发，灾害加重，水土流失和水污染尚未得到有效遏制。五是中央1号文件有关政策落实还不到位。从土地出让收益计提10%等政策落实困难，市县配套资金到位率低，影响了水利工程建设投入。六是行业自身发展能力不足。水利工程重建设轻管理的现象程度不同地存在。基层单位工作生活条件差、环境艰苦。水管单位经费短缺，影响了职工队伍稳定。水利机构不合理、人员不足、人才短缺，与水利改革发展形势不相适应。

二、2012年水利工作再上新台阶

2012年，是加快水利改革发展的关键一年，我们将在自治区党委、政府的正确领导下，深入贯彻落实科学发展观，按照中央和自治区加快水利改革发展决策部署，继续以节水型社会建设为统揽，以民生水利为根本，加大水利建设，强化水资源管理，深化水利改革，不断开创水利跨越发展新局面，为建设和谐富裕新宁夏提供有效的水利保障。

目标任务：争取全社会水利投资50亿元以上。解决30万农村人口饮水安全问题和生态移民用水，力争全部解决原规划220万人的饮水不安全问题。保障引黄灌区50.67万公顷农田灌溉和工业、城市、生态供水安全，灌溉水利用系数达到0.45。完成中部干旱带高效节水补灌项目7.67万公顷建设任务，新增灌溉面积0.67万公顷，高效节水灌溉面积达到6.67万公顷，改善灌溉面积13.33万公顷。治理水土流失面积1000平方千米以上。

重点工作：

（一）突破难点扭住关键，确保中央和自治区决策部署落到实处

着力抓好中央和自治区加快水利改革发展决定、中央和自治区水利工作会议精神的贯彻落实。一是狠抓责任落实。对照自治区《决定》责任分工，逐项梳理检查，明确办结时限，实化工作措施，加大工作力度，着力抓好落实。二是狠抓政策配套。进一步加强与自治区有关部门沟通协调，积极争取各方面对水利的支持，加大力度、加快进度，让中央和自治区一系列政策举措开花结果。三是狠抓监督检查。对中央和自治区水利决策部署落实、配套政策制定出台和工程建设进度、质量、投资使用进行督察，确保政策执行和任务完成不打折扣。

（二）突出发展民生水利，切实改善群众生活生产条件

一是优先保障生态移民生活生产用水。加大资金投入，加快工程覆盖，全力保障生态移民安置区生活生产用水安全。二是打好农村饮水安全工程建设攻坚战。全面开工建设中南部地区城乡饮水安全水源工程，解决30万人饮水不安全问题。三是继续大兴农田水利建设。创新提升组织和管理机制，深入开展农田水利基本建设，进一步提升农业综合生产能力，实现参与群众更多、声势规模更大、标准质量更高、综合效益更好、社会影响更广。四是全面推进高效节水灌溉。启动百万亩高效节水灌溉示范区建设，整合小农水重点县、高效补灌、节水示范等项目，力争发展滴灌、喷灌等高效节水灌溉面积3.33万公顷。五是着力抓好病险水库除险加固。强化措施，加大督导，落实责任，加快病险水库除险加固建设进度，全面提高防洪安全标准。六是加大水土保持生态

建设。进一步推广成功治理经验，大力推进流域综合治理示范区建设，强化预防监督管理，扩大治理成效，努力实现山变绿、水变清、人变富。

（三）加强灌溉供水管理，保障自治区用水安全

一是切实抓好灌溉管理。积极应对黄河来水日益减少和用水需求不断增加的形势，加快建立辐射全区的水资源统一配置调度系统，强化用水管理，实施精细调度，灵活配置水量，进一步严格工程管理，确保渠道安全运行，保障灌区50.67万公顷农田适时灌溉，确保农业增效、农民增收和粮食安全。二是全面提升供水管理。加快建设红寺堡鲁家窑供水工程，开工建设固原盐化工示范区供水工程，加快完善配套宁东、太阳山等工业供水工程，确保全区经济社会发展供水安全。

（四）加大重点工程建设，不断提升水利调控能力

深入实施项目带动战略，抓紧兴建一批事关自治区经济社会发展全局的重点水利工程。一是继续实施好灌区续建配套与节水改造、大型泵站更新改造、黄河宁夏段近期治理、中小河流治理、沙坡头南北干渠及灌区节水改造等工程。二是全面开工建设中南部人饮安全水源工程、苦水河综合治理、大中型病险水闸除险加固、宁东供水二期、固原盐化工供水工程等项目。三是争取国家支持立项清水河综合治理、黄河宁夏段综合治理等项目。四是继续深化关键技术研究，联合各方力争国家早日决策立项建设大柳树工程。

（五）加速节水型社会建设，不断提高用水效率和效益

一是加快建立完善全社会建设节水型社会工作机制。强化检查、考核、表彰等管理，落实节水有奖、超用受罚激励约束机制，充分调动社会公众支持、参与节水工作。二是全面启动节水型社会建设示范省区建设。完善规划，明确目标、任务和措施，全力争取国家支持，加快节水型社会省级示范区建设。三是不断完善节水型社会建设制度体系。出台《宁夏节水型社会建设管理办法》，加快建立节水补偿和节水器具推广补贴机制。四是进一步加大各业节水力度。继续以农业节水为重点，加快种植结构调整，加大节水改造投入，大力推广节水新技术，发展高效节水农业，加快形成整体节水效益。积极推进工业和城市节水，全面落实节水设施“三同时”制度，不断扩大节水成效。五是不断加强节水载体建设和宣传教育。广泛、深入、持续加大节水宣传教育，加快形成自主节水动力机制。

（六）落实最严格水资源管理制度，促进水资源可持续利用

一是实化水资源管理“三条红线”制度。完成各市、县（区）地表水、地下水分配方案，建立用水定额动态管理体系，完成18个一级水功能区限制排污总量核定，初步形成全区水资源开发利用总量控制、用水效率控制、水功能区限制纳污“三条红线”制度体系。二是强化水资源管理力度。严格实施水资源论证、取水许可和水资源有偿使用制度，对超指标用水市县严肃执行水资源管理责任和考核制度，加快转变传统用水方式。加强水功能区限制排污总量控制监督管理，强化入河排污口设置审批管理，加大城乡饮用水源地管理和保护。三是深化水权有偿转让。进一步完善水权、水价、水市场体系，探索行业间、地区间水权交易试点，逐步建立水资源合理流转机制，在确保粮食安全的同时，实现水资源向高效益、高效率行业和区域转移。

（七）深化水利改革，构建科学发展体制机制

稳定扩大水利建设专项资金，发挥政府投入主渠道作用。全力落实好从土地出让收益（收入）、城市维护建设税提取水利建设资金及扩大水利规费等政策。积极争取中央资金，激活信贷资金，吸引社会投资，鼓励农民投工投劳，多渠道保证水利建设资金需求。按照“收支两条线”的要求，争取将水管单位经费纳入自治区本级部门预算，建立水利良性运行机制。继续加快推进水务一体化改革，推进水资源的高效利用。健全水利基层服务机构，加大对乡镇水利站、农民用水合作组织的扶持力度，加快建立长效发展机制。

（八）强化防汛抗旱工作，增强水利防灾减灾能力

进一步落实防汛工作责任制，抓紧建立防汛抗

旱应急管理机制和专群结合的监测预警体系。北部加快黄河治理和贺兰山东麓防洪体系建设步伐，确保黄河、重点城市及重要设施安全度汛。中部强化抗旱应急水源工程建设，挖掘现有工程的供水潜力，大力推广高效节水补灌技术，提高蓄、供水能力，保障不发生大面积水荒。南部加强山洪灾害防治和中小河流治理，完善防洪调控体系，充分利用雨洪水资源。

（九）推进行业能力建设，提升社会管理和公共服务能力

出台《宁夏水资源管理条例》《宁夏节水型社会建设管理办法》。继续推进科技兴水战略，不断加大科技投入，加强科技创新体系建设，充分发挥科技支撑作用。落实水利建设管理各项制度，严格规范水利建设市场，加大稽查检查和执法检查力度，加快水利建设市场信用体系建设。全面加大水利信息化建设，加快完善防汛抗旱指挥、水资源管理、山洪灾害预警、电子政务等系统，以水利信息化带动水利现代化。积极筹措资金加大对基层水利的投入，解决基层水利单位困难，不断改善一线职工的生产生活条件。

水利厅宣讲中央1号文件

节水型社会建设验收

水利职工进行机电安装

中卫已建新弓湾险工段治理工程

重要文件目录

序号	文件名	文件号及时间
1	自治区党委办公厅、人民政府办公厅印发《关于贯彻落实〈自治区党委、人民政府关于加快水利改革发展的决定〉重点工作分工方案》的通知	宁党办发〔2011〕55号　2011年9月17日
2	关于印发《宁夏节水型社会建设目标责任考核办法(试行)》的通知	宁节水组发〔2011〕4号　2011年5月11日
3	关于印发《宁夏节水型社会载体考核标准(试行)》的通知	宁节水组发〔2011〕5号　2011年5月11日
4	水利厅党委关于在全厅党员干部中开展“以人为本　执政为民”主题教育活动的通知	宁水党发〔2011〕36号　2011年5月20日
5	水利厅党委关于表彰先进基层党组织优秀党务工作者和优秀共产党员的决定	宁水党发〔2011〕45号　2011年6月22日
6	水利厅党委关于认真学习贯彻胡锦涛同志在庆祝中国共产党成立90周年大会上重要讲话的通知	宁水党发〔2011〕47号　2011年7月11日
7	水利厅党委关于印发《水利厅党委关于加强领导干部反腐倡廉教育的实施意见》的通知	宁水党发〔2011〕51号　2011年7月18日
8	水利厅党委关于建立基层党委(总支、支部)书记抓党建工作双向述职的实施意见	宁水党发〔2011〕52号　2011年7月21日
9	水利厅党委关于印发《渠道管理单位2011年度工作考核办法》的通知	宁水党发〔2011〕61号　2011年10月14日
10	水利厅党委关于印发《领导干部任前公示制度(试行)》和《领导干部任职试用期制度(试行)》的通知	宁水党发〔2011〕63号　2011年10月19日
11	水利厅党委关于认真学习贯彻党的十七届六中全会精神的通知	宁水党发〔2011〕65号　2011年11月3日
12	水利厅党委关于印发《水利厅开展进一步营造风清气正的发展环境活动实施方案》的通知	宁水党发〔2011〕78号　2011年12月13日
13	关于印发《水利厅特困职工救助办法》的通知	宁水发〔2011〕10号　2011年1月27日
14	关于印发《水利厅贯彻落实〈自治区党委、人民政府关于加快水利改革发展的决定〉责任分解》的通知	宁水发〔2011〕90号　2011年9月7日
15	关于印发《关于加强高效节水灌溉技术推广的意见》的通知	宁水发〔2011〕102号　2011年10月9日
16	自治区水利厅关于报送《宁夏节水型社会建设管理办法(送审稿)》的请示	宁水发〔2011〕109号　2011年11月1日
17	自治区水利厅关于2010年突发事件应对工作总结评估报告	宁水办发〔2011〕2号　2011年1月18日
18	自治区水利厅关于深入开展中央1号文件学习宣传活动的通知	宁水办发〔2011〕4号　2011年1月24日
19	自治区水利厅关于制定中央1号文件贯彻落实意见分工方案的请示	宁水办发〔2011〕6号　2011年1月30日
20	关于印发水利厅2011年信访工作要点的通知	宁水办发〔2011〕8号　2011年2月17日
21	关于印发水利厅2011年督察工作要点的通知	宁水办发〔2011〕9号　2011年2月16日
22	关于印发《自治区水利厅2011年保密工作要点》的通知	宁水办发〔2011〕10号　2011年3月22日
23	关于开展2011年中央1号文件宣讲活动的通知	宁水办发〔2011〕12号　2011年4月8日
24	自治区水利厅关于印发2011年水利新闻宣传工作要点的通知	宁水办发〔2011〕14号　2011年4月24日
25	自治区水利厅关于落实《分工方案》情况的报告	宁水办发〔2011〕27号　2011年5月30日
26	关于印发《水利厅开展清理和规范庆典研讨会论坛活动工作实施方案》的通知	宁水办发〔2011〕28号　2011年6月21日
27	关于印发《自治区水利厅“六五”保密法制宣传教育规划》的通知	宁水办发〔2011〕39号　2011年9月6日

专 载

领导讲话

自治区水利厅党委书记、厅长吴洪相在 2011 年全区水利规划管理工作会议上的讲话

（2011 年 2 月 28 日）

2011 年全区水利规划计划和建设管理工作会议

同志们：

在全区上下掀起学习宣传贯彻中央 1 号文件高潮和科学谋划“十二五”水利发展之际，水利厅召开会议，总结和安排部署水利规划计划和建设管理工作，着力提升规划计划和建设管理工作执行力，全力推进“十二五”水利跨越式发展。刚才，规划计划处潘军同志、建设管理处麦山同志分别向大会做了工作报告，安排部署了今年的规划计划和建设管理工作，我完全赞成。会议还安排了 7 个单位做交流发言，6 个项目责任主体单位与设计单位签订目标责任书。下午，方彦副厅长还要为大家解读中央 1 号文件，对规划计划和建设管理工作具体要求，规划计划处苏立宁同志还要通报“十二五”规划执行情况。希望大家一并认真领会，学习和借鉴好的经验，切实抓好贯彻落实。下面，我先讲三点意见：

一、充分肯定全区水利规划计划和建设管理工作成绩

2010 年，全区水利系统认真贯彻落实科学发展观，紧紧围绕水利中心工作，超前谋划，精心组织，强化管理，水利规划计划和建设管理工作取得了新的成绩，水利投资创历史新高，工程建设明显提速，工程质量不断提升，工程建设管理日益规范，为加快全区水利发展提供了强有力的支撑和保障。

一是水利发展规划取得重要成果。紧扣国务院《意见》、西部大开发《若干意见》、中央扩大内需政策等重大决策部署，紧密结合“十二五”规划编制，统筹水利长远发展，强化与黄委会、水利部的沟通协调，进一步完善了水利规划体系，并把项目、投资政策、管理措施、资源指标等事关宁夏水利发展改革的战略布局、保障措施落实到规划中，为今后水利发展改革奠定了坚实的基础。“十二五”规划总投资 176.32 亿元，其中续建项目规划投资 85.43 亿元，拟建项目规划投资 90.89 亿元，已有 10 项重点工程已开展前期工作，10 项专项规划已列入国家相关规划，涵盖了事关全区经济社会发展的相关重大问题，为科学安排水利建设提供了扎实的规划基础。

二是项目前期工作成效显著。坚持项目带动战略，不断增加项目储备，黄河宁夏段近期防洪工程可

研国家批复；沙坡头南北干渠及灌区节水改造工程可研国家批复，正在编制初步设计；中南部地区城乡饮水安全水源工程已进入国家立项审批程序。清水河、苦水河综合治理工程列入国家主要支流治理名录中。农村饮水安全、灌区节水改造、农田水利建设、中部干旱带高效节水补灌、中小河流治理、病险水库除险加固、水土保持等民生水利工程年度建设项目前期工作完成，最大限度地满足了年度建设需要。

三是水利投资创历史新高。“十一五”全区水利投资96.3亿元，是“十五”水利投资53亿元的1.82倍，创历史五年计划水利投资总额最高。特别是2010年，全力以赴争取投资，水利投入达31.87亿元，占“十一五”期间总投资的33%，比2009年投资增加7.4亿元，增长了30.2%。争取自治区政府支持，落实中央投资地方配套资金7.35亿元；地方项目通过政府投资、银行贷款、企业投资7.23亿元。水利投资规模快速增长，保障了水利建设资金需求。

四是规划计划管理再上台阶。加强前期工作计划执行力，实行年度建设项目前期工作指导计划制，对落实各项规划目标，规范前期工作秩序，推进前期工作进程，保障建设任务完成取得了有效成果。坚持“整合项目、拼盘资金”的有效做法，进一步优化投资结构，突出建设重点，集中力量解决了事关全区和区域发展的水利问题。切实加强制度建设，颁布了《宁夏水利工程咨询管理办法》和《宁夏水利工程设计变更管理办法》，进一步规范水利建设项目前期工作成果审批制度，规范了项目设计变更及概算调整管理程序。

五是重点水利工程扎实推进。402公里的黄河标准化堤防主体工程完工验收，54座病险水库除险加固全面完工交账，农村饮水安全、水土保持、大型灌区续建配套与节水改造、大型泵站更新改造等项目年度建设任务如期完成。盐环定续建工程有序推进，十一泵站以后人饮和节灌、同心东部、中卫兴仁等综合供水工程顺利实施。红墩子上海庙供水、中南部城乡供水、大武口拦洪库除险加固等骨干工程和中小河流治理、病险水库除险加固、小型农田水利等一大批民生水利项目相继启动，水利发展的基础不断夯实。

六是工程建设与管理不断规范。出台了《关于加强水利工程建设管理工作的意见》和《水利建设市场主体信用管理办法》等八项制度，推动了工程建设的规范管理。在5个县组建了专门的水利建设管理机构，强化了项目管理力量，促进了基层水利部门政事分离、政企分离。招投标监管力度加大，水利项目招标全部实现了入场交易，500万元以上项目招标进入自治区招标交易中心。工程监理市场发展壮大，总监理工程师负责制逐步推行，监理工作走出低谷。

七是行业监管力度持续加大。理顺建设监管机制，基本建立了以水利厅宏观指导，各项目主管部门分工负责，市县直接监管的建设管理模式。完善稽查工作机构，加大违规行为查处力度，推动了工程进度，保证了质量和安全。加强关键节点部位监管，全面推行水利工程建设安全员持证上岗制度。强化工程竣工验收，遗留十年的黄河一、二期防洪工程完成竣工验收，专项规划54座病险水库如期完成验收，人饮、节灌等项目验收工作扎实推进。大力整顿优化工程建设市场，搭建完成了水利建设市场信用平台，清除7家不合格施工企业，促进了公开、公平、公正竞争。

二、趁势而上，统筹安排，提升水利规划和建设管理执行力

“十二五”时期，水利工作既面临难得的历史机遇，也面临严峻的现实挑战。全区经济社会发展对加快水利发展的需求更加迫切，人民群众对加快水利发展的期盼更加强烈，综合国力对加快水利发展的支撑更加坚实。我们要准确把握好中央加快水利改革发展的要求，充分利用国家财力快速增长、建设能力显著提高的有利条件，科学规划水利发展目标、投资规模和建设步伐，全面提升规划计划和建设管理执行力，保障“十二五”规划顺利实施。

（一）提升规划计划执行力，保障“十二五”规划顺利实施

实施和完成好“十二五”规划目标任务，规划计划部门是龙头，要把全面提升执行力作为首要任务，抓基础工作，抓配套措施，抓关键环节。一是深入贯彻水

利发展思路。要把“实施一个战略(分区治水战略)、突出两个关键(节水型社会建设、严格水资源管理)、构建五大体系(水资源可持续利用体系、水资源优化配置体系、城乡供水安全保障体系、水利防灾减灾和水生态环境保护体系)、抓好六项重点(民生水利、项目带动、供水服务、防汛抗旱、水生态建设、水利改革)”的目标任务,持之以恒地贯彻落实到规划计划和建设管理中,进一步引领新时期水利加快发展。二是全面提升水利投资政策的落实能力。要根据水利发展“十二五”规划确定的建设任务,早动手,早谋划,早协调,争取尽快审批一批专项建设规划和项目前期工作,为落实投资奠定基础。要在落实好土地出让收益10%的政策以及扩大水利建设基金规模以及利用市场机制上下功夫,扩大水利投资来源,建立水利投入稳定增长机制。三是提升水利前期工作的组织能力。要继续实行前期工作指导计划制,及时分析经济社会发展对水利的新需求,超前做好项目前期工作,为不断拓宽水利建设领域、扩大投资规模创造条件。要建立完善前期工作组织监督、经费筹措、质量考核等责任机制,确保前期工作质量和责任落实到位。加大前期经费筹措力度,探索建立水利前期经费滚动使用和稳定增长机制。四是提升投资计划执行能力。要继续坚持“整合项目、拼盘资金”的有效做法,突出建设重点,集中力量于综合性水利项目,更大地发挥投资效益。要精细化安排投资计划,强化计划执行进度和监管,确保项目建设及时平稳全面推进。五是提升规划计划管理能力。要进一步完善规划计划管理制度,促进各项工作有章可循,有规可依。严格依法行政,科学论证,不断改进管理方式,提高管理的科学化和民主化。要严格统计制度,要重点抓好水利普查工作,确保各项数据的准确性和时效性。

(二)整合各方力量,全面加强水利工程建设管理

一是整合项目法人力量。要实行项目集中管理,一个县设一个项目法人,统抓所有水利项目建设管理,尽快形成项目管理统筹调配、合力推进的局面。二是整合监理和施工力量。一定区域内同类民生项目监理和施工要打捆发包,保证工程的规模和预期利润,吸引施工、监理单位亲自投标,投入足够的人力物力,保障工程建设力量。三是强化监理管理和服务职能。要将监理作用的发挥作为加强建设管理力量的重要内容,加强对监理履约情况的监管,切实规范监理行为,发挥监理作用。四是要积极推行代建机构和咨询机构参与项目管理的模式。大胆探索在市县水利项目中实行代建制和咨询制,有效加强项目管理力量。

(三)强化监督管理,大力规范水利工程建设管理

一是狠抓建设过程监管。要进一步加强水利工程稽查检查,突出薄弱项目、环节和时段,强化稽查工作的常态化和针对性。要加强质量监督工作,全面推行“第三方”质量检测,对工程质量进行可靠的细化、量化评价。要建立和完善质量巡查制度和质量问题通报制度,以各级质量监督站为主,随机开展质量检查,加大处罚力度。要整顿水利工地,彻底改善水利施工现场面貌,重塑水利工程形象。二是落实项目法人考评制度。要实行日常监管和年终考评相结合,建立考评工作的奖惩机制,以考评促管理。市县项目法人的考评结果要作为水利项目安排的依据,水利厅直属项目法人单位考评纳入事业单位年终考核。对管理规范、建设任务按期完成的项目法人,进行表彰奖励和推优选先。三是加强队伍监管。进一步完善水利建设市场信用平台,要以信用管理为抓手,加强信用行为的收集和记录,切实加大对水利建设企业的监管力度,强化水利建设市场管理。

(四)加强能力建设,为水利工程建设提供坚强保障

要根治水利建设市场结构不合理的顽疾,通过政策引导、市场扶持,促使优秀的水利施工队伍做大做强,鼓励发展代建、咨询、质量检测等中介机构,壮大水利中介服务组织。要加快推进水利技术创新,推进新技术、新工艺、新方法在水利工程建设中的应用,提高水利的现代化水平。要提高水利队伍素质,建立刚性的培训教育制度,定期组织开展水利建设管理轮训,提高水利建设者综合素质。要探索加强水利人才储备的措施,利用水利持续的大投入,用感情、用事业、用待遇留人,千方百计吸收一些青年水利技术人才进入水利行业,逐步解决水利基层职工

队伍老化的难题。

三、加强领导，强化措施，确保完成全年水利规划计划和建设管理各项任务

2011年是“十二五”发展规划开局之年，各级水利部门和规划计划建设管理人员要突出工作重点，加大工作力度，在实践思路谋发展、科学规划促项目、加快前期聚资金、加强管理保建设、管好资金增效益等方面再创佳绩。

（一）加强领导，落实责任

当前中央在加大水利基础设施建设中，不仅投资力度大，而且对项目管理的要求更加严格，对执行有关标准更加严格。主要领导要亲自抓，认真协调解决水利规划计划和建设管理中的重大问题，为顺利推进各项重点工程立项和建设创造条件；分管领导要全力以赴，集中精力抓好水利规划和建设管理的推进工作；要严格责任管理，从水利工程的前期工作、开工准备、建设管理、竣工验收、效益发挥的各个环节，建立阶段目标检查考核制度，保证各项重点工程建设有序推进。要建立严格的奖惩制度和责任追究制度，加强对责任制落实情况的监督检查。

（二）突出重点，狠抓关键

各市县区水务部门要集中解决制约前期工作进度的关键环节，提高工作效率，加快前期工作进度，保证前期工作质量。属于国家审批的项目，明确专人进京催办项目审查审批，做好技术配合工作；属于自治区批项目，要及时组织审查，减少工作周期，提高审批效率；凡是年内开工项目必须尽快完成初步设计审批和投资计划下达。要探索项目法人的约束机制和激励机制，不断完善“建设单位负责、监理单位控制、施工单位保证、政府部门监督”的质量安全保证体系，切实加强多层次全覆盖的工程建设质量和安全管理。

（三）严格管理，确保安全

要进一步完善规章制度，规范工作程序，实行精细化管理，加强对计划执行、资金使用、“四制”执行等经常性的检查监督，及时发现问题，及时整改。特别是要加大对重点水利工程建设进度的督察，将施工进度与工程安排挂钩。各级水利部门要进一步采取措施，多动脑筋、多想办法、多管齐下，严肃认真地督促参建各方认真履行职责，努力加快施工进度。要进一步加大稽查力度，充分发挥审计、稽查、监察等职能部门的作用，建立领导联系、有关部门或处室分片包干督导机制，形成监管合力，确保监管到位。

（四）加强协调，优化服务

各级水利部门要把服务基层、服务工程建设作为工作的重点任务，相互配合、相互支持。规划计划部门要加强前期工作，及时下达投资计划，保证前期工作需要；财务部门要积极配合，协调有关部门，督促水利建设资金及时到位，满足工程建设要求；建设管理部门要强化工程招标投标管理，规范水利建设市场，加强对项目法人的建设管理行为的行政监督；质监部门要强化工程质量的检查监督，坚决杜绝严重施工质量事故的发生；纪检、审计部门要关口前移，提前介入，全过程实施对重点水利工程建设的监督检查，确保工程安全、资金安全和干部安全。

同志们，水利规划计划和建设管理工作是水利发展的龙头和基础，我们一定要统一思想、共同努力，明确任务、扎实工作，认真谋划“十二五”水利发展蓝图，全面完成2011年的规划计划和建设管理各项任务，为加快水利建设、保障全区经济社会又好又快发展做出积极贡献。

自治区水利厅党委书记、厅长吴洪相在水利厅2011年党建暨党风廉政建设工作会议上的讲话

（2011年3月25日）

同志们：

今天的会议很重要，回顾总结了2010年党建和党风廉政建设工作，安排部署了2011年任务，签订了2011年工作目标责任书和党风廉政建设责任书，进挺同志和崔莉同志分别做了党建和党风廉政建设工作报告，我完全同意，希望各单位结合实际，认真贯彻落实。红寺堡扬水管理处等5个单位分别从不同侧面做了大会交流发言，还有6个单位提交了书面交流材料，听了、看了很受启发，希望大家相互借

鉴、共同提高。

过去的一年，我厅各级党组织认真贯彻落实中央和自治区党委关于加强和改进新形势下党的建设的一系列重大决策部署，切实履行党建工作责任制，扎实抓好创先争优、学习型党组织建设和深入实施西部大开发战略大学习等活动，切实加强领导班子和干部、人才队伍建设，积极推进党风廉政建设，广泛开展精神文明建设活动，党建工作取得了明显成效，有力地保证了我区水利又好又快发展，为自治区经济社会发展提供了水利保障。

2011 年是实施“十二五”规划的开局之年，也是贯彻落实中央 1 号文件精神、进一步夯实民生水利基础、推进水利改革发展实现新跨越的关键一年。做好我厅党建和党风廉政建设工作，对于确保我区水利“十二五”规划开好头、起好步，以优异成绩迎接建党 90 周年具有重要意义。

下面，我就抓好我厅党建和党风廉政建设的几个重要方面，再强调一下。

一、深入学习中央 1 号文件精神，切实把思想和行动凝聚到推动水利改革发展上来

《中共中央、国务院关于加快水利改革发展的决定》(中发〔2011〕1 号)，第一次将水利提升到事关经济安全、生态安全、国家安全的战略高度，鲜明提出水利具有很强的公益性、基础性和战略性，进一步明确了新形势下水利的战略定位，水利改革发展的指导思想、主要原则、目标任务、工作重点和政策举措，是新时期指导水利改革发展的纲领性文件。认真学习、大力宣传、全面贯彻中央 1 号文件，是当前水利系统的头等大事。4 月 2 日，水利部宣讲团将来我区进行专场宣讲。随后，厅党委也将适时举办领导干部学习班进行专题学习，并组织宣讲组，到市县、厅属单位进行讲解和辅导。各单位党组织也要通过集中宣讲、专题辅导、研讨交流等方式，有计划、有步骤、有重点地组织好学习。要把学习贯彻中央 1 号文件精神纳入干部教育培训计划，与学习贯彻党的十七届五中全会、中央和自治区经济工作、农村工作会议以及全国、自治区“两会”精神结合起来，与学习贯彻自治区党委十届十一次全会以及全国、全区水利工作会议精神结合起来。通过深入学习，要准确把握、深刻领会中央 1 号文件的精神实质，准确把握新时期我区水利在全区经济社会发展中的战略定位，准确把握我区水利改革发展的目标任务，准确把握制约我区水利发展的突出矛盾和面临的困难，准确把握民生水利的工作重点，准确把握各项政策落实。要按照国务院和自治区关于贯彻落实中央 1 号文件的分工要求，制定水利厅内部责任分工方案，明确责任，明确任务，真正把中央和自治区党委的重大决策部署落到实处，以大学习促进思想大提高，推动水利大发展。

二、扎实推进学习型党组织建设，不断提升推动科学发展的能力

建设学习型党组织是党的十七大提出的一项战略任务。各级党组织要以提升能力为核心，认真落实《水利厅党委关于推进学习型党组织建设的实施意见》，着力在健全制度、完善机制、丰富内容、创新方法、提高实效等方面下功夫，不断把学习型党组织建设引向深入。一要巩固成果。认真总结去年以来学习型党组织建设的好经验、好做法，把学习型党组织建设作为党建的常规性工作抓紧抓好，进一步健全学习型党组织建设的管理、考核评价、情况通报、学习交流等长效机制，使学习由“软任务”向“硬约束”转变、由抓活动向促常态转变，使党员干部牢固树立学习工作化、工作学习化的理念，努力提高学习型党组织的建设水平。今年将在适当的时候召开学习型党组织建设现场观摩会，相互学习、交流，共同提高。二要突出重点。紧紧抓住领导班子和领导干部这个重点，充分发挥党委(总支、支部)中心组和党员领导干部的带动作用，以中心组学习推动党组织学习，以领导干部的学习带动党员干部职工的学习，在全厅营造崇尚学习、重视学习、终身学习的良好氛围。三要注重结合。要把学习理论与解放思想、转变观念结合起来，与深化改革、勇于创新结合起来，与解决工作中的难点问题结合起来，把指导实践、提升工作作为学习型党组织建设的根本目的，把破解水利发展难题作为学习型党组织建设的着力点，切实增强学习的针对性和有效性，提升学习型党组织建设的影响力和推动力。四要注重实效。学习的目的在于应用。领导干部要带头带着问题学、在实践中学，特别是刚走上领导岗位的干部，要认真学习领导方法、领导艺术等知识，不断提高工作水平。要大胆实践、大胆创新，积极探索水管体制改革的新模式，不断开创各项推动水利发展的好做法、新方式，加快现代水利建设步伐。

三、深化创先争优活动，为水利党建工作注入新的动力和活力

基层党组织是党全部工作和战斗力的基础。开展创先争优活动，着眼点在基层，立足点在基层，着力点也在基层。各级党组织要以创先争优为载体，以纪念建党90周年为契机，切实做好抓基层打基础工作，推动各级党组织履职尽责创先进，促使广大党员立足岗位争优秀，为推进全厅基层党的组织建设工作注入新的动力和活力。一要激活基层。各级党组织要把创先争优活动作为一项经常性工作，把基层党组织作为开展创先争优活动的支点，指导基层党组织围绕中心任务、立足水利工作创先争优，坚持“干什么创什么、做什么争什么”的原则，进一步丰富争创内容、创新争创方式、拓展争创领域、提高争创实效、健全争创机制，注意总结推广基层经验，在工作一线选树典型，用身边事教育身边人，充分激发基层的创造活力。今年是中国共产党成立90周年，各级党组织要以纪念建党90周年活动为契机，精心组织开展主题突出、特色鲜明、形式多样的纪念活动，组织学习《中国共产党历史》第二卷，增强党员干部知党、爱党、兴党意识，组织开展慰问老党员、老干部和困难党员活动，大力表彰先进基层党组织和优秀共产党员、优秀党务工作者，真正形成比学赶帮超的良好氛围。二要夯实基础。要通过创先争优活动，找准和解决基层党组织建设中的实际问题，夯实党的组织基础和工作基础。要针对有的基层党组织组织松散、战斗力不强、堡垒作用发挥不好等问题，选好配强党支部书记，解决好不会干、干不好的问题；要针对有的基层党组织工作制度不完善的情况，加大制度建设力度，完善落实措施，形成发挥战斗堡垒作用的长效机制；要针对有的基层党组织活动方法不新、活动招数不多、活动效果不佳的情况，加强分类指导，帮助他们创新活动方式、改进活动手段、提高活动实效，增强基层党组织的凝聚力。三要推动创新。创新是事业发展进步的灵魂和不竭的动力。各级党组织要把创先争优活动同创新水利各项工作结合起来，同完善基层组织体系、激发基层活力、健全工作制度结合起来，同推进学习型党组织建设结合起来，不断改进和创新基层党建工作的思路、内容、方式，把基层党建工作做实、做深、做细、做精，引导广大党员干部在重点工程建设、灌溉管理、安全生产、服务基层和社会管理等工作实践中创先争优，真正把创先争优的成效落实和体现到加快单位发展、化解基层矛盾、密切党群关系、构建和谐水利上来。厅党委将在适当时候召开创先争优总结表彰大会，总结经验，表彰先进，促进工作。

四、进一步加强领导班子和干部人才队伍建设，为水利改革发展提供根本保证

各单位党组织要把抓好班子、带好队伍，选好人、用好人，作为加强党的建设的重要内容和重要职责，坚持不懈地抓紧抓好。

一要强化领导班子建设。要切实加强领导班子和领导干部理论武装工作，不断提高政策理论水平，确保中央、自治区和厅党委各项重大决策部署的贯彻落实。要认真贯彻民主集中制原则，自觉坚持领导班子议事规则和民主决策机制，凡涉及“三重一大”等事项都必须集体研究决定，做到民主决策、科学决策。领导干部要自觉遵守党的政治纪律、组织纪律、财经工作纪律和组织人事工作纪律，严格要求、严格管理、严格监督。要勇于负责，敢于担当，敢抓敢管，敢于碰硬，对发展中的突出问题，要敢啃“硬骨头”，对工作中的失误要勇于负责，对职工群众的诉求，要敢于面对，善于解决；对突发事件，要敢于挺身而出，敢于坚持原则，维护单位利益，决不能遇到问题绕道走。要讲大局，讲团结，俗话说“相互补台，好戏连台；相互拆台，一起垮台”。每位班子成员要始终以大局为重，有容人容事的雅量，多看别人的优点和“亮点”，求大同、存小异，做到思想上合心、工作上合力、行动上合拍，自觉维护团结，努力把领导班子

建设成为上级放心、群众满意的好班子。要进一步完善领导班子和领导干部考核评价机制，充实考核内容，改进考核方法，提高考核效果，强化考核结果的运用。

二要强化干部队伍建设。要认真执行《干部任用条例》和“四项监督制度”，树立正确的用人导向，坚持德才兼备、以德为先的选人用人标准，坚持民主、公开、竞争、择优原则，深化干部人事制度改革，进一步规范选人用人行为，严格干部选拔任用条件和程序，积极推行差额选拔干部制度和票决制，改进干部考核、考察、表决方式，更加注重干部能力考察，做到好中选优，真正把政治上靠得住、工作上有本事、作风上过得硬、品德上信得过、职工群众拥护的干部选拔上来，让能干事者有机会、干成事者有舞台，不让老实人吃亏，不让投机者得利；要进一步加大竞争性选拔干部力度，厅党委今年继续拿出几个处级领导干部职位进行竞争上岗，各单位也应拿出一定比例的科级干部职数开展竞争上岗，努力选拔一批优秀年轻干部，不断提高选人用人公信度；要加大干部交流力度，优化领导班子结构，要通过机关与基层交流、选派挂职锻炼等措施，加强干部锻炼，提高干部的综合素质和工作能力；要认真贯彻中央《关于进一步从严管理干部的意见》，强化干部管理工作。去年发生的几起干部违纪违法案件，影响很坏，这反映出我们在干部管理上还不同程度存在着重选拔使用、轻管理监督的问题。各单位党组织要深入查找干部管理中的漏洞和薄弱环节，切实解决重选拔轻管理和失之于宽、失之于软的问题，加强干部教育、管理和监督，认真落实定期谈心谈话、诫勉、函询、领导干部经济责任审计、重大事项报告、述职述廉、领导干部问责等制度，对党政一把手以及管人、管钱、管物、管项目等关键岗位的干部，要重点培养、重点教育、重点考核、重点监督，对干部身上出现的苗头性、倾向性问题，要早发现、早提醒、早纠正，防止出现“带病上岗”“带病提拔”。

三要继续加大人才队伍建设力度。近年来，随着我区水利发展步伐的不断加快，水利人才需求矛盾日益突出。从我厅及各市县水利人才队伍情况看，主要存在人才总量短缺、人才质量不高、人才结构失衡等问题，人才“断档”现象在各单位普遍存在。反映出我们在加快推动事业发展的过程中，放松了人才培养，出现了“一手硬，一手软”的问题。虽然近几年我们通过“百名高技能人才引进计划”“高层次人才工程”和“学科带头人”选拔等措施，加快了人才队伍建设步伐，但人才短缺的问题仍没有从根本上得到解决，已经成为制约水利发展的重要因素之一。各单位党组织要充分认识加快人才队伍建设的重要意义，增强紧迫感和责任感，围绕“引进、培养、选拔、使用”四个环节，通过不断创新人才工作体制机制，强化继续教育和业务培训，有重点地培养具有专业特长和发展潜力的骨干力量，根据水利事业发展对人才队伍的要求，制定人才队伍中长期发展规划，每年有计划地引进部分高等院校优秀毕业生等措施，面向社会发现人才，敞开渠道吸纳人才，不拘一格使用人才，创造环境留住人才，特别是要把项目建设作为吸引人才的“磁场”、培养人才的“摇篮”、各类人才施展才华的“舞台”，营造鼓励人才干事业、支持人才干事业、帮助人才干好事业的良好环境，造就数量充足、结构合理、素质优良的人才队伍，形成各类优秀人才聚集的“洼地”，为水利改革和发展提供坚强的人才支撑。各市县水利（水务）部门要多汇报、多争取，努力在编制、政策上求得支持，这样，通过几年的努力，使我区水利人才队伍不断壮大，人才结构趋于合理。

五、坚持不懈地加强党风廉政建设，努力营造风清气正的发展环境

加强党风廉政建设是各级党组织必须始终抓好的重大政治任务。水是生命之源、生产之要、生态之基，水利是经济社会发展的重要基础设施，是服务于产业发展的重要保障，是事关人民群众生命、生活、生产安全的公益性事业。因此，水利事业的发展、水利系统党风廉政建设的成效，直接关系党和政府的形象，关系群众利益，也注定备受社会关注和重视。“十二五”时期我区水利将迎来新的发展机遇期，项目多，投资大，风险也大，对党风廉政建设提出了新的更高要求。各级党组织要以高度的政治责任感，切

实担负起党风廉政建设的领导责任，各级行政组织、党员领导干部要把党风廉政建设作为重要任务，与业务工作一起部署、一起落实、一起检查、一起考核，抓紧抓实抓好。要认真组织学习贯彻胡锦涛总书记在中纪委第六次全会上的重要讲话和贺国强同志所做的工作报告，严格执行中央《关于实行党风廉政建设责任制的规定》和《廉政准则》，深入开展党性党风党纪教育、警示教育和岗位廉政教育，积极推进廉政文化建设。要加强民主集中制执行情况的监督检查，扎实推进工程招投标、"小金库"等问题的专项治理。要加强反腐倡廉制度建设，从源头上防治腐败，进一步抓好《建立健全惩治和预防腐败体系 2008~2012 年工作规划》实施办法的贯彻落实，继续抓好廉政风险防范管理工作，严肃查处违纪案件，坚决纠正损害群众利益的不正之风，着力解决党员干部在党性党风党纪方面存在的突出问题。各级领导干部要坚持干干净净干事，始终严格要求自己，自觉遵守廉政准则，自觉接受监督，切实做到行动先于一般干部，标准高于一般干部，要求严于一般干部。今年要重点开展干部任期经济责任审计、工程招投标监督、厅属单位工程公司经营监督、干部选拔政策执行情况监督以及集体民主决策制度执行情况的监督。

优良的作风是推动水利科学发展的重要保证。长期以来，水利行业形成了一种干事能吃苦、工作责任心强、为人朴实无华的好传统、好作风和行业精神。然而，面对更加复杂的社会环境、更加繁重的工作任务、更加严格的制度要求，能否适应和面对，以不变的精神、扎实的作风，勇于担当的责任干好本职工作，这对我们的作风建设提出了新的更高要求。一要大兴勤奋学习之风。要把握学习重点，加强组织保障，引导广大党员干部牢固树立终身学习的理念，坚持学用结合，学以致用，把学习的成效体现在转观念、谋发展、出思路、见实效上，体现在研究解决工作中的矛盾和问题，促进今年各项工作落实，推动水利又好又快发展上。二要大兴改革创新之风。各级党组织和党员干部要进一步解放思想，增强改革意识，树立创新精神，努力适应国情、区情、水情的新发展新变化，紧紧围绕水利中心工作，解放思想，勇于实践，立足实际，积极探索，不断创新党建工作的思路和方法，努力在体制、机制、制度创新上取得新的进展，真正把广大党员干部的积极性引导好、保护好、发挥好。三要大兴求真务实之风。要大力弘扬"务实苦干、务求实效"的作风，加强对重点工作的督察，坚持定期督察和日常检查相结合，抓住不落实的事，追究不落实的人，确保今年各项重点工作任务落实到位。要进一步转变作风，精简不必要的会议、文件、报表、检查、评比，保证基层有更多的精力和时间抓好工作落实。四要大兴服务基层、服务群众之风。要坚持走群众路线，努力做到调查研究在基层、寻访问计在基层、排忧解难在基层、落实任务在基层、开拓创新在基层，认真落实领导干部基层联系点制度，帮助基层解决实际困难和问题。五要大兴提速增效之风。随着地位的提升、任务的加重，对我们的工作质量、工作效率提出了更高要求。各单位、各部门要进一步提高大局意识，自觉加强单位之间、部门之间的协调，相互支持、相互配合，多一点理解和宽容，少一些权力欲和杂念，以对事业、对人民负责的精神，高效率、快节奏、高质量地做好本职工作，共同推动水利大发展、快发展。

六、加强领导，强化责任，进一步把党的建设各项工作落到实处

各级党组织要切实担负起党要管党、从严治党的政治责任，进一步强化"抓好党建是本职、不抓党建是失职、抓不好党建是不称职"的责任意识，努力形成责任明确、领导有力、运转有序、保障到位的工作机制。要定期研究讨论党建和党风廉政建设工作，提出新的措施和要求，不断完善和认真履行党建工作责任制，确保思想到位、措施到位、工作到位，促进党建和党风廉政建设工作科学化、制度化和规范化，不断增强基层党组织的创造力、凝聚力和战斗力。

今天签订的两份责任书，就是要明确责任、明确要求、明确奖惩。各单位党委(总支、支部)书记要切实履行党建和党风廉政建设工作"第一责任人"的职责，突出"书记抓"与"抓书记"，用足够的时间和精力抓好基层党建和党风廉政建设工作，对党建和党风廉政建设工作中涉及全局性的重要工作，要亲自挂帅，协调力量，抓好落实；分管领导要履行直接责任人职责，具体负责抓好党建和党风廉政建设工作；其他班子成员要认真落实好“一岗双责”，抓好职责范围内的党建和党风廉政建设工作，落实好抓党建工作联系点制度，切实加强对党建和党风廉政建设工作的领导和指导，真正形成党委（总支、支部）统一领导、有关部门齐抓共管、一级抓一级、层层抓落实的工作格局。

七、加强和创新社会管理工作，努力营造和谐的水利发展环境

当前，水利改革发展步伐不断加快，各种矛盾也呈现多发态势，特别是近年来因单位改革改制、安全生产事故、工程款拖欠等引发了多起群体性上访事件，造成了很不好的影响。这些事件单纯依靠行政手段已经难以解决，需要依靠加强和创新社会管理工作。各单位必须把加强和创新社会管理、有效化解各种社会矛盾、妥善解决各种社会问题作为一项重大而紧迫的任务，切实抓紧抓好，为水利改革发展创造和谐环境。

一要注重改善民生。保障和改善民生是社会管理的根本。必须坚持以人为本，在加快农村人饮等民生水利建设的同时，更加注重关心基层单位和水利职工的生活，不断改善基层的工作环境，着力解决好职工工作、生活中存在的实际困难和问题，积极发展综合经营，努力提高职工收入待遇，使职工群众更多更好地共享发展成果，确保队伍的稳定。

二要积极化解矛盾。要对灌溉管理、安全生产、工程款结算、土地产权、劳动人事、涉法涉诉等方面的矛盾纠纷进行深入扎实的排查，认真梳理，分析原因，能解决的要抓紧解决，一时解决不了的也要做出安排，让职工群众理解；对职工群众的不合理诉求，要在耐心做好解释和思想教育的基础上，敢于直面，依法调处，努力把问题消灭在萌芽状态，防止矛盾升级、激化、转化。要进一步加大党务、政务、水务公开力度，让职工群众知情，接受职工群众的监督。当前，要重点抓好安全生产和信访稳定工作，加强对吸毒、参与“法轮功”等重点群体的管理，严防重大事故的发生，确保内部稳定。

三要创新工作机制。从近年来我厅发生的群体事件看，有的是没有及时发现和处理，使矛盾累积造成的；有的是干部不会处理，一推二拖，使矛盾激化造成的；有的是干部处置不公，群众不服造成的。这说明一方面我们没有形成有效的矛盾处理机制和制度，使矛盾得不到及时发现和处理；另一方面也要求我们要着力提升干部驾驭和处理复杂问题的能力。各单位党政组织要从制度和机制抓起，落实接访、回访、联系群众等信访工作制度，建立矛盾纠纷排查、预警、应急处置等机制，及时摸清情况，结合实际制定处置预案，实现对各类矛盾纠纷处置的制度化、规范化、常态化。

四要努力提升能力。各单位党组织要发挥总揽全局、协调各方的领导核心作用，行政组织要发挥主体作用，有关部门和群团组织要发挥协同配合作用，形成解决社会管理突出问题的整体合力。各级领导干部要努力学习社会管理知识，不断提高社会管理的能力和水平。

同志们，新的形势、新的任务，对我们提出了新的更高的要求。我们要以贯彻落实党十七届五中全会精神和中央1号文件为动力，以强烈的责任感和使命感抓好我厅党建和党风廉政建设工作，奋力开创水利改革发展新局面，以优异成绩迎接建党90周年！

自治区水利厅党委书记、厅长吴洪相在全区农村水利工作会议上的讲话

（2011年5月9日）

在全区上下深入贯彻落实中央1号文件精神、扎实推进2011年水利各项工作的关键时刻，水利厅召开全区农村水利工作会议，主要目的是：深入贯彻中央1号文件精神，传达学习全国农村水利工作会议精神，总结经验，分析形势，部署工作，动员各方，再掀农村水利建设高潮。上午，大家观摩了灵武市农村水利建设现场，领略了新理念，看到了新做法，受到了新启发。刚才，陈进贤副市长做了热情洋溢的致辞，廷和副厅长就“十一五”农村水利工作做了系统

总结，对“十二五”和2011年工作进行了全面部署，我完全赞同，希望大家认真抓好贯彻落实。

宁夏干旱缺水，农业水利用效率低下节水任务十分繁重，部分地区群众饮水不安全问题仍未得到解决。做好农村水利工作，事关民生，事关“三农”发展，事关全区经济社会发展大局，我们必须抓紧、抓实、抓好。近年来，在自治区党委、政府的坚强领导下，各级水利部门全面落实科学发展观，积极践行治水新思路，大力发展民生水利，着力抓好农村水利工作。以中部干旱带为重点的农村饮水安全工程建设取得了重大进展，七项重点人饮工程建成发挥效益，最干旱、最缺水、最困难地区的177万人告别了“水贵如油”的历史，农村自来水普及率达64%；广泛发动群众、坚持不懈大搞农田水利基本建设，启动实施了14个小型农田水利重点县建设，在组织形式、投入机制、规模声势、质量效益等方面实现了新突破，突出解决了灌水难、排水难、吃水难、行路难等热点、难点问题，有效提高了农业综合生产能力；加大灌区续建配套和中型灌区节水改造，大力推行渠道防渗、水稻控灌、小畦灌、穴播点灌、注水灌等节灌新技术，新增节水灌溉面积15.07万公顷，农业用水效率和效益不断提高，在持续干旱、水量减少、用水增加的情况下，保障了农田灌溉和粮食连年增产；加快实施高效节水补灌工程，同心下马关、中卫兴仁综合供水和26处中小型工程建成，完成高效节水补灌面积4.53万公顷，建成以色列节水示范区0.49万公顷，亩均灌水定额减少5倍，促进了中部干旱带经济增长方式的革命性转变；农村水利改革持续深化，农业用水和小型农田水利工程管理明显加强。农村水利建设的深入开展，为保障自治区粮食安全和农业增效、农民增收、农村社会和谐稳定提供有力的水利支撑。

下面，我就做好农村水利工作讲几点意见。

一、认清形势，把握机遇，切实增强抓好农村水利工作的责任感和使命感

当前，我区正处于大发展快发展的关键时期，农业农村正在发生重大而深刻的变化，同时也对新形势下做好农村水利工作提出了新任务、新要求。

首先，党中央、国务院高度重视农村水利工作，对加强农村水利建设提出迫切要求。中央1号文件特别强调水利是现代农业建设不可或缺的首要条件，明确提出要突出加强农田水利等薄弱环节建设，对农村水利建设、管理、改革作出全面部署，明确了支持农村水利发展的各项政策措施。这是针对农田水利滞后于农业农村发展现状做出的重大决策，为农村水利发展提供了难得机遇，也为今后一个时期农村水利改革发展指明了方向。

第二，日益严峻的缺水形势，对加强农村水利建设提出迫切要求。随着自治区工业化和城市化进程加快，全社会用水量逐年增加，水资源供需矛盾不断加剧。目前，全区缺水形势日趋严峻，特别是中南部地区不仅农村缺水，县城缺水问题也日益突出，西吉、海原、隆德等县城近年屡屡出现用水告急，给人民生活生产带来很大影响。预计到2015年，我区将缺水近5亿立方米，到2020年用水缺口将增至10亿立方米。

第三，保障自治区粮食安全，对加强农村水利建设提出迫切要求。目前我区农村水利建设的步伐与整个社会的发展仍不相适应，农田水利设施还比较薄弱，全区一半耕地还是没有灌溉设施的“望天田”，引黄灌区还有近20万公顷中低产田迫切需要改善灌排条件。要实现全区新增100亿斤粮食生产能力规划目标，最关键的因素是水，最重要的基础是农田水利。

第四，加快节水型社会建设，对加强农村水利建设提出迫切要求。目前我区农业用水粗放，农民节水意识还不强，浪费水的问题依然突出，水土资源利用效率仍不高，节水力度与粮食稳定增产、农民持续增收的要求不相适应，必须加快农田水利基础设施建设步伐，大力发展高效节水灌溉，提升农田水利化和农业现代化水平，保障全区经济社会可持续发展用水安全。

第五，发展民生水利，对农村水利建设提出迫切要求。受自然、经济等条件所限，我区民生水利问题依然较突出。目前，全区还有35万生态移民和123万人饮水不安全问题亟待解决。中南部地区尚未完全摆脱靠天吃饭的局面，灌区部分区域还存在灌溉难问题。我们必须大力发展农村水利，着力解决广大人民群众要求最迫切的水问题，让水利发展成果与民共享。

多年的农村水利建设，使我区农民生产生活条件和农村生态环境得到了明显改善。但与经济社会发展新要求和农民群众新期待相比，农村水利基础设施仍然处于较低水平，农村水利建设管理还面临着一些新矛盾、新问题。一是农村水利统一规划亟待加强。农田水利资金投入渠道多，由于项目整合和行业监管不到位，致使一些项目建设标准不统一，工程质量参差不齐，有的甚至出现重复投资、重复建设的现象。二是项目建设管理需进一步规范。部分项目缺乏规划指导，"四制"管理不严，计划执行和资金管理不规范，影响了工程建设质量和效果。三是项目前期工作滞后，前期投入不足。部分市县抓项目、争投资的意识不强，前期工作不主动，存在等靠的思想，影响了项目立项和建设实施。四是重建轻管现象依然严重。有些县区只注重要项目、建项目，不重视工程建后管护，致使工程效益不能正常发挥。五是农村水利队伍与当前的任务严重不协调。面对大规模建设的任务，许多县区水利专业技术人员严重不足，基层水利单位管理服务能力尤显薄弱。六是市县配套资金到位率低。一些县区不能按国家项目要求足额配套资金，直接影响了工程实施和下一步项目资金的争取。

各级水利部门要充分认识当前农村水利工作面临的新形势和新任务，高度重视存在的新困难和新问题，切实把思想和行动统一到中央、自治区的部署和要求上来，抢抓机遇、开拓进取、扎实工作，奋力开创农村水利工作新局面。

二、突出重点，高效节水，全力推进农村水利新跨越

今年中央 1 号文件对发展节水灌溉再次提出了明确要求。2 月 10 日，温家宝总理在全国粮食生产电视电话会议上提出："要把节水灌溉作为一项根本性措施来抓，下决心加大节水技术的推广力度，不断创新节水机制和节水模式。"陈雷部长要求："要举全部之力推进高效节水灌溉。"今后的农田水利工程建设，将以水资源高效利用和提高农业综合生产能力为目标，大力推广以喷灌、微灌和管道输水灌溉为主的高效节水技术，经济作物区和粮食主产区并重，重点示范和普及推广相结合，资源节约和转变农业发展方式相促进，实行资金倾斜支持，大力推广和普及高效节水灌溉技术。从今年开始，中央将从小型农田水利重点县建设资金中每年安排 50 亿元左右，按照"增量重点用于高效节水灌溉，存量尽量向高效节水灌溉调整"的原则，把小型农田水利重点县建设资金优先用于发展高效节水灌溉。还将通过节水灌溉贷款财政贴息、争取中长期政策性贷款以及落实节水灌溉设备农机具购置补贴政策等，集中支持高效节水灌溉。今年水利部在安排第三批重点县时，将把其中 100 个县专门作为高效节水灌溉重点县，加大中央补助力度，推进高效节水灌溉规模化发展；对认识到位、需求迫切、基础扎实、积极性高、建设管理能力强的市县优先安排；对第一、第二批重点县有条件的可以适当调整原有建设方案，履行变更方案手续，大力发展高效节水灌溉。另外，下一步将从中央财政和土地出让收益中央统筹部分中设立发展高效节水灌溉专项资金，集中支持发展高效节水灌溉。

干旱缺水是我区基本区情，目前农业用水仍占全区总用水量的 90%以上，推广高效节水灌溉既是改变千百年来传统灌溉习惯、压减亩均耗水量、提高用水效率和效益的必经之路，也是加快节水型社会建设的根本举措，更是实现农业现代化的必然要求。对我区来讲，发展高效节水灌溉势在必行、正当其时。这既是一次重大的生产方式变革，又是一次重大发展机遇，也是对水利部门一次重大考验。推进高效节水灌溉，是对传统用水理念、方式、习惯的变革，是一项新生事物，必将面临诸多困难和阻力，有群众接受的问题，与农业种植结构、生产经营方式、供水条件都有着直接的关系。我们要以时不我待、敢为人先的精神，克服困难，迎难而上，把高效节水灌溉作为农村水利的重点、亮点、突破性工作全力推进。

我区周边的新疆、内蒙古、甘肃等省区，以及我区的灵武市、惠农区、中卫市在发展高效节水灌溉方面都先行一步，做了大量有益的探索实践，取得了显著成效，为我区全面推广高效节水灌溉提供了宝贵经验。特别是新疆维吾尔自治区，通过几年的努力，高效节水面积从2000年的不足6.67万公顷增加到目前的66.67万公顷，成为全国农业高效节水灌溉面积最大的省区。从单一的棉花滴灌发展到小麦、番茄、辣椒、果树等多种作物，增产节水效益显著，实现了亩均增产20%以上，亩均节水100立方米以上的目标。

最近我们集中力量组织编制了《全区高效节水灌溉"十二五"规划》，规划到2015年，全区新增以滴灌、喷灌、低压管灌为主的高效节水灌溉面积20万公顷。我区即将启动的第三批小农水重点县建设，将以实施高效节水灌溉为重点；对第一批和第二批重点县的续建，也将以高效节水灌溉为主要方向；对中部干旱带高效节水补灌，有条件的也要提高建设标准，发展特色滴灌。各地要转变思路，认清形势，积极开展高效节水灌溉项目前期工作，加强与相关部门沟通协调，抓好项目申报和资金落实工作。要切实加强宣传教育，把高效节水灌溉的必要性、优越性、实用性等给群众讲清楚、说明白，引导群众积极参与；要抓好示范区建设，及时组织学习考察、观摩交流，做好示范带动，积累经验。同时，要进一步重视灌溉制度的实验研究，完善按作物需水要求和土壤墒情适时、适量的灌溉制度，推广非充分灌溉和水稻"薄、浅、湿、晒"控制灌溉。要积极借鉴和引进区内外先进节水灌溉技术，在消化吸收的基础上，大力研发特色适用、质优价廉的节水灌溉技术和设备，推动高效节水灌溉技术和装备的综合集成和规模化、产业化发展。水利厅将把高效节水灌溉作为"黄河杯"竞赛考核的重要内容，年底对各县节水灌溉工作进行评比奖罚。

三、加强领导，强化管理，进一步提升农村水利工作再上新台阶

农村水利工程具有单个工程规模小、点多、面广、量大、公益性强、事关广大农民群众切身利益等特点。建好、管好、用好农村水利工程，保证长期发挥效益是一项十分重要而紧迫的任务。

（一）进一步加强农村水利工程建设管理

随着中央1号文件的出台和国家经济实力的增强，农村水利投入强度越来越大，建设任务更加繁重，要求越来越严。要切实强化前期工作、投资计划、建设施工、质量安全等全过程监管。一要加强制度约束。加快修订完善农村水利各类重点项目建设管理办法和相关技术标准。对大中型灌区节水改造、大型泵站更新改造以及"千吨万人"以上的农村集中供水工程，要按照工程建设程序，严格执行"四制"管理；对小型农田水利重点县建设，推行"四项制度"和"竞争立项、群众参与、绩效考核、奖优罚劣"的工作机制，同时执行项目公示制、群众质量监督员制度；对分散小微型农田水利设施和饮水工程，要推广项目公示、资金县级报账、主要设备集中采购、巡回监理、农民用水户全过程参与等工作机制，同时积极推广"规划控制、定型设计、定额补助、以奖代补"建设管理新办法。二要强化规划约束。去年以来，我们已经完成了全区节水灌溉、农村饮水安全、库井灌区节水改造"十二五"规划和全区农田水利工程建设规划（2009~2020年），各市县要抓好落实。各地要高度重视农村水利项目前期工作，牢固树立大抓项目、多争投资的意识，切实从人力、财力、技术上予以保证，抓好项目报批和资金落实，为项目科学实施打好基础。今后水利厅将严格按规划安排项目，确保规划的效力。三要加强监督约束。要建立完善符合新形势要求的检查监督机制，加大监管力度，充分发挥检查、稽查、审计作用。加强资金使用监管，严格实行专户存储、专账管理，全面推行财政资金县级报账制，建立信息通报和社会公示等机制，坚决防止滞留、截留、挤占和挪用项目资金。各小农水重点县要学习推广聘请农民监督员的好做法，进一步规范管理行为，有效提高农村水利建设管理水平。水利部、财政部将进一步强化小农水重点县建设稽查，各县要认真履行好职责，确保不出问题。

（二）进一步加强农村水利工程运行管理

一要明确责任。各级水利部门要切实强化建后管理，对于已建农村小型水利工程要按照性质和分类，明晰产权，宜包则包、宜租则租、宜卖则卖、盘活资产，新建工程要落实管理设施与主体工程“三同时”制度。二要落实好编制、人员、资金、制度等。三要明确运行管理经费。要特别重视农村饮水安全工程的运行管护，推广以县为单元建立管理机构、落实运行维修基金、建立水质检测中心三项机制。四要深化改革。建立权责明确、精简高效、制度完善、管理科学的运行机制。要充分发挥好农民用水协会的职能作用，加强指导、监管和考核。五要确保效益发挥。要强化运行管护、水源保护和水质检测，确保工程长期发挥效益，让农民群众喝上安全放心水。要将工程建后管理、运行状况与项目安排相挂钩，今年要开展饮水工程拉网式排查，对已建工程管理体制不健全、管理责任不落实、水价没有核定的县区，将不予安排或压减新建项目。

（三）进一步加强农村水利基础设施建设投入

各市县要按照中央1号文件和有关项目建设的要求，用好公共财政投入政策，发挥政府在水利建设中的主导作用，各市县要切实增加农田水利投入，确保各级财政对农村水利投入的总量和增幅明显提高，保证地方配套资金及时足额到位。要落实好土地出让收益政策，落实好基本建设占用农村水利基础设施、耕地和灌溉水源的补偿政策，探索建立以工促农、以城带乡的农村水利发展机制。各级水利部门要加强与财政、农业等部门的沟通协调，充实、完善农机补贴目录，引导和鼓励农民用足用好这项补贴政策。各地要积极争取扩大农村水利项目财政贴息范围，提高贴息比例，增加农村水利建设信贷资金投放规模。要充分用好“一事一议”政策，调动广大群众开展农村水利建设的积极性。

（四）进一步加强农村水利科技创新和信息化建设

要坚持技术创新，大力推广新技术、新材料、新工艺，着力提高农村水利科技含量。加快完善农村饮水安全、小型农田水利等农村水利管理信息系统，建立有效实时信息报送沟通机制，实行各类重点项目进度定期报告制度、项目完工销号制度和规划计划执行情况监督检查制度。要加大人员培训力度，尽快完成基础数据入库工作，确保2011年农村水利管理信息系统全部投入正式运行，全面提高农村水利项目管理水平，以农村水利信息化带动农村水利现代化。水科所、水文局等单位要积极主动支持服务农村水利工作。

（五）进一步加强农村水利工作的组织领导

各级党委、政府要把农村水利工作摆到更加突出的位置，确保各项建设、管理和改革任务落到实处。要加强与有关部门的协调配合，强化水利统一规划职能和作用，统筹好财政、国土、水利、农牧、扶贫等部门管理和实施的农田涉水项目，共同做好农村水利工作。对重点农水项目、关键改革举措、重要政策制度，要层层建立责任制，落实到单位和个人，严格考核奖罚。农村水利各级干部要深入基层调查研究，倾听干群心声，摸清实际情况，解决突出问题。要加强基层农村水利队伍培训，全面提高农村水利队伍的政治素质和综合素质，更好地胜任农村水利改革发展的繁重任务。要通过各类媒体，采取各种形式，加大农村水利工作宣传，提升宣传效果，营造推动农村水利发展的良好社会氛围。

同志们，农村水利工作任重道远，使命光荣。我们要在自治区党委、政府的坚强领导下，深入贯彻落实科学发展观，开拓创新，务实苦干，努力推动农村水利工作再上新台阶，为服务“三农”、保障民生和推进自治区经济社会跨越式发展做出新的贡献！

自治区水利厅党委副书记、副厅长郭进挺在2011年水利综合经营工作会议上的讲话

（2011年8月15日）

这次水利综合经营工作会议，是在全区上下深入贯彻落实中央1号文件和中央水利工作会议精神、奋力推进我区水利事业跨越发展的关键时期召开的一次重要会议，主要任务是按照中央水利工作会议、中央和自治区关于加快水利改革发展的两个文件精神要求，研究部署下一步的水利综合经营工作。在形式、方法上就是通过实地观摩学习、总结交流经验、分析面临形势、研究落实措施来完成这样一个任务。

从昨天开始，我们用了一天半的时间组织大家

考察观摩了自治区农垦局茂盛草业、永宁县设施果蔬、灵武市长枣种植和5个厅属渠道管理单位的特色种植养殖等综合经营项目,很受启发,倍感鼓舞。前面,唐徕渠、秦汉渠、盐环定、固海、七星渠管理处和太阳山水务公司等6个单位分别介绍了发展水利综合经营的成功做法和典型经验,值得大家学习借鉴。

水利厅党委对水利综合经营工作高度重视,厅党委书记、厅长吴洪相同志一直十分关心水利综合经营工作,多次在不同场合强调要大力发展水利综合经营,并就做好水利综合经营工作提出许多新的要求。前段时间,在中央党校学习时,还就开好这次会议提出了明确要求,今天亲临会议并将做重要讲话,我们一定要认真领会要意,切实抓好贯彻落实。下面,我先讲几点意见。

一、上下协力同心实干,水利经营加快发展

过去的两年,是我区水利发展应对挑战、快速发展的两年,也是水利综合经营开拓奋进、成绩显著的两年。在厅党委的坚强领导下,厅属各单位紧紧围绕水利工作中心,抢抓机遇,深化改革,依托和发挥水土资源、技术和人才等综合优势,以促进水利工程可持续运行为前提,以提高经济效益为目标,以加强水利工程经营管理为重点,转变发展方式,拓宽发展领域,扩大发展规模,强化经营管理,水利综合经营发展步伐不断加快,经营效益明显提高。2009年和2010年,厅属单位综合经营总收入分别达5.56亿元和6.04亿元,分别较前一年增长7.9%和8.6%;实现利润2113万元和2264万元,分别较前一年增长10.2%和7.1%;职工年平均收益分别增加1655元和2299元,分别较前一年增长6.4 %和8.2%,水利行业经济实力不断壮大。特别是今年上半年以来,各单位继续抢抓水利发展历史机遇,拓宽经营思路,调整经营结构,创新经营模式,加快经营发展,全厅水利综合经营在探索中有序推进,探索出了一些具有行业特色、富有活力、效益显著的集约化经营、多元化合作、广领域发展的典型和模式,为水利综合经营注入了新的活力,水利综合经营保持强劲发展势头。

(一)高度重视,综合经营组织领导得到加强

近年来,厅党委始终把水利综合经营工作作为发展水利经济的重要组成部分,作为事关水利事业可持续发展的重要工作任务纳入重要议事日程。2009年3月,召开了全厅水利综合经营工作会议,总结成绩,研究部署工作任务。厅分管领导与厅属渠道管理单位行政主要负责人签订了综合经营工作目标责任书,进一步分解、细化目标责任。同年7月,召开综合经营观摩会,组织各单位负责人对厅属各单位综合经营工作进行现场考察,学习借鉴好做法、好经验,达到了提高认识、统一思想、学习交流、取长补短的目的。在此基础上,分别研究下达了2010年、2011年度水利综合经营目标计划,明确各单位综合经营目标任务。各单位按照厅里的部署和要求,坚持把综合经营工作作为一把手工程,并与供水生产放在同等重要位置,高度重视,加强领导。针对机构调整后撤销职能部门机构编制的实际,进一步强化水利综合经营管理服务职能,配备专业经营人员从事管理工作。同时,明确分管领导及其职责,形成了主要领导亲自抓、分管领导具体抓,部门协调指导、基层组织实施、职工广泛参与的格局,为综合经营深入开展提供了组织保障。

(二)完善机制,综合经营发展活力不断增强

2008年,厅党委审时度势,在全面分析水利改革发展形势的前提下,出台了《关于加快厅属水管单位综合经营发展的意见》,从产业政策、发展方向、经营目标任务和发展机制等方面为水利综合经营发展指明了方向,有力地调动了各单位发展综合经营的积极性。近年来,各单位认真总结综合经营管理经验,坚持以市场为导向,以效益为目标,围绕综合经营项目、内容、计划和目标责任,不断完善体制机制,积极探索经营模式,研究制定了《综合经营管理办法》《综合经营奖惩制度》和《综合经营资金使用管理规定》等管理制度,建立和不断完善了经营管理、检查考核、收入分配、奖惩、投入等符合本单位实际的体制机制,把综合经营任务完成情况同单位评优、干部职工工资挂钩考核,使人人头上有指标、有压力,促进了水利综合经营的健康有序发展。大多数单位

建立了综合经营发展基金，统一管理、集中安排使用，对新项目、好项目给予大力扶持，使有限的资金用在刀刃上，有效解决基层单位发展综合经营资金不足问题。固海扬水管理处等单位出台政策，将各基层单位上缴利润比例下调或加大利润返还比例，让利基层，扶持基层，调动了基层单位发展综合经营的积极性。

（三）优化结构，综合经营发展能力持续提升

两年多来，各单位抢抓水利大发展、快发展的历史机遇，理清经营思路，转变发展方式，优化产业结构，基本形成了以水土资源经营为支撑，以水利工程建设施工、机电维修、监理咨询等为拓展，以房屋租赁等其他副业为补充的经营格局，水利综合经营规模、效益及发展能力不断提升。一是不断扩大水土资源规模。各单位切实提高对水土资源稀缺性和升值空间大的认识，想方设法增加土地储备。一方面，通过对渠道保护范围确权划界，围地造田、回收保护范围内农田，扩大土地拥有规模。另一方面，通过加强与属地有关部门的联系，争取划转、开发土地和荒地，扩大了土地资源存量。盐环定扬水管理处开发治理沙化地 53.33 公顷，积极引种特色经济林。综合分析土地和市场现状，对二干渠东侧近万亩荒地进行规划，打造万亩高效节水示范区。惠农渠、七星渠、西干渠和固海扬水管理处等加大土地储备力度，对渠堤两侧有开发价值的土地、零散荒地，以主动开发方式有效巩固扩大了占地面积。宁东、太阳山、长城等供水企业及银水房地产公司，抢抓工程建设机遇，储备一定数量的水土资源，加大资源开发经营力度，壮大经济实力，为实现公司可持续全面发展奠定了坚实的资源基础。截至 2010 年年底，厅属单位拥有宜耕宜养土地资源已达 413.33 公顷。二是大力发展特色产业。各单位充分挖掘水土资源潜力，调整结构，大力发展特色种植、养殖业，提高水土资源的生产能力和经营效益。固海扬水管理处调整土地经营模式和种植结构，投资 200 多万元，建设苗圃 39.07 公顷，育栽各类景观绿化种树种苗 14 种。目前，苗圃已初具规模，市场前景十分看好，将成为管理处综合经营发展新的增长点。西干渠、盐环定和红寺堡扬水管理处、宁东、太阳山水务公司等单位针对近年来城市、生态绿化用树供需两旺的市场形势的判断，科学决策，大力发展苗木育栽等高效益产业，提高土地效益。汉延渠管理处加强与当地有关部门、兄弟单位的合作，扩大种植经营面积，形成了种植速生杨 26.67 公顷、5 万多株的种植规模。秦汉渠管理处转变经营方式，将以承包果园收回自主经营，发展综合养殖业。七星渠管理处开发建设高干渠梢段千亩节水示范园，通过完善水利配套设施，栽植苹果、核桃、梨、枣、桃等经果林 26000 多棵。积极探索转变经营机制，收回坝子头农场经营权，自主经营套袋苹果 90 余万个，产品销往尼泊尔、蒙古等国家，取得较好效益。同时，充分利用渠堤土地资源，组织职工在干渠两岸空置地栽植速生杨防风林带 16 公里。惠农渠管理处依托东临黄河西靠滨河大道得天独厚的资源优势，通过内引外联发展特色养殖，发展集餐饮、垂钓、观光、旅游“一条龙”的乡村旅游，把项目区发展成为一个集综合养殖、休闲垂钓、田园观光为一体的综合经营基地。唐徕渠管理处有效发挥地理位置优势，在大新渠管理所开办混凝土预制厂，扩大道砖预制规模，提高土地经营收入。上半年，在厅里的大力支持下，唐徕渠、渠首、红寺堡管理处和宁东水务公司等 11 个厅属单位借鉴区外考察学习经验，积极引进山东冬枣种植 33.33 多公顷，大力发展稀有高效产业。盐环定扬水管理处积极与西班牙外商洽谈，在二泵站试种色素甜椒近千亩，积极开展新品种高效益农作物种植实验。三是不断拓展工程建设施工市场。各单位工程公司、检修队、监理公司抢抓水利建设投入大、项目多的有利时机，积极参与灌区续建配套、大型泵站改造、病险水库除险加固等工程招投标，承揽工程项目。坚持“走出去”战略，拓宽工程建设施工市场，积极参与市政、交通等行业和领域的工程建设，取得了较好的经济效益。2010 年，各单位所属工程公司完成产值达5.5 亿元，实现利润 1084 万元，此举不仅锻炼了队伍，而且提高了经营效益。

（四）多轮驱动，经营领域拓宽经营效益提高

各单位坚持以市场为导向，注重分析和研究经营形势，调整经营思路和方向，广开门路，内引外联，

大力发展多样化经营，显著提高了经营效益。固海扬水管理处发挥机电检修优势，抢抓中宁建设汽车城零地价进入的优惠政策，投资800万元发展汽车维修、机械加工等优势产业。成立了农林开发公司，拓展经营项目。红寺堡扬水管理处在形成商业用房租赁稳定发展的基础上，组建了农林开发公司、水电工程材料实验站和物业服务公司3家实体。加强与当地政府的联系，与固海扬水管理处双双参与中宁物流园区招商，建设以机电设备为主的仓储、物流中心，不断扩大经营领域和范围。惠农渠管理处积极吸引社会投资、合作联营发展特禽养殖、农家乐等项目，采取管理所与职工合资入股方式发展肉牛养殖项目。对兴惠农业开发有限公司进行了股份制改造，为公司规范化运作和健康发展奠定了基础。秦汉渠管理处发展品牌加工业，通过生产启闭机、启闭阀等增加固定收入。渠首管理处依托唐正闸国家级水利风景区，引资开发建设田园休闲与民俗风情相结合的"农家乐"项目，大力发展水利旅游，增加了经营收入。厅属各供水企业坚持走"一业为主、多业发展"的道路，在全力做好供水主业的同时，大力发展综合经营，提高企业经营收入。宁东水务公司以职工入股的方式投资建设水质净化絮凝剂加工厂，积极开拓营销领域，打开全区乃至西北地区市场，市场前景十分看好。太阳山水务公司依托地域优势，开办煤炭经销公司，已全面启动运行。这些经营项目，有的虽然目前还未收到大的效益，但大多前景看好，蕴藏着可持续发展的潜力。

（五）因地制宜，大力发展庭院特色经济

坚持把发展水利综合经营作为改善职工生产生活条件、稳定职工队伍、增强行业凝聚力的有效手段，进一步发展庭院经济，切实抓好"粮袋子""菜篮子"工程，较好地解决了基层站所职工吃粮难、吃菜难问题。各单位加大资金投入和项目扶持力度，实施所（站、段）绿化美化和小菜园、小养殖、小果园、小工程等"五小"工程，大力改善职工工作生活环境和条件，让职工在花园式的环境中生产生活，稳定了职工队伍。一些基层所站不等不靠，因地制宜发展综合经营，发动职工自己动手，参与种菜养殖、工程建设项目和实体经营，努力增收节支，基本实现了蔬菜、粮油和肉类自给，提高了职工福利水平。

（六）强化管理，挖掘潜力发展后劲不断增强

各单位坚持在发展中加强管理，努力以管理促发展，使综合经营管理逐步向规范化、精细化转变，经济效益不断提高。一是规范经营合同管理。各单位加强对经营性资产的监督管理和资产经营情况的监督考核，积极开展经营合同清理工作，对承包、合作到期和不符合经营要求的合同进行重新测算，统一印制文本、统一审核、统一归档管理，及时纠正合同中存在的问题，减少了合同纠纷，规范了经营管理工作。尤其对土地、鱼池、房屋等经营性资产的承租，实行了公开竞标承包，提高了土地收益。二是大力实施项目带动战略。各单位树立"水利综合经营发展同样要实施项目带动战略"的思想，通过争取农业、林业和水利等各项资金，组织实施了农田改造配套工程，大大提高了农田生产能力和效益。2010年，各单位共争取落实农田配套改造等各类项目资金、中央造林补助资金400多万元，有力地支持了综合经营发展。三是加强服务指导。建立综合经营季报制度，定期对各单位经营情况进行分析研究。厅领导、有关部门加强平时指导检查和督导服务，督促各单位认真落实措施，实现各项计划目标。全面完成厅属单位水利综合经营状况摸底调查工作，建立全厅综合经营档案库，为实施有效指导和宏观决策提供了依据。加强政策和信息研究，加大对外联系协调力度，努力做好项目引进和对接工作，重点推广发展新兴高效特色产业，培育水利综合经营新增长点。

经过全厅上下的共同努力，我厅水利综合经营工作取得了明显成效，有力地维护了水利职工队伍稳定，促进了水利事业的健康可持续发展。成绩来之不易，这些成绩的取得是厅党委坚强领导和各部门大力支持的结果，是各单位积极探索、勇于创新的结果，是广大水利干部职工艰苦努力、无私奉献的结果。在此，我谨代表水利厅向所有为水利综合经营发展奉献智慧、付出辛劳的同志们表示衷心的感谢！

二、认清形势增强信心，把握机遇谋划发展

水利综合经营是水利工作不可或缺的重要组成

部分。水利部历来十分重视水利综合经营工作，早在2002年就出台了《关于进一步加强水利经营管理工作的若干意见》，把水利综合经营作为水利经营管理的重要内容，摆在了与发展供水、水电同等重要的位置。水利部陈雷部长在全国水利工作会议上多次强调指出，“要充分发挥水土资源优势，积极开展水利多种经营”，这为水利综合经营发展提出了要求，指明了方向。水利厅党委高度重视水利综合经营工作，始终强调要坚持“两条腿”走路，供水生产和综合经营工作要相互促进、共同发展，二者不可偏废。近年来水利发展实践有力地证明，水利综合经营对提高职工收入水平、稳定职工队伍、促进水利单位可持续发展发挥了不可替代的重要作用。多年来，我们通过积极开展水利综合经营实践，积累了一些经验，积淀了一定资源，取得了一些成绩。但也要清醒地看到，在新的历史条件下，水利综合经营与水利事业大发展、快发展的新形势新要求还有很多不相适应的地方，存在诸多问题。一是发展规模小，没有形成支柱产业。水土资源分散，点多线长，集中连片的较少，难以进行集约化、规模化开发和吸引外部投资。施工企业资质偏低，技术人员、机械设备分散，队伍规模小，业务面窄，利润不高。综合经营总体效益低，新的经济增长点尚未形成，行业优势特别是资源优势没有转化为经济优势，整体发展能力不强。二是体制机制不顺不活。事企不分的管理体制还没有从根本上解决，内部经营机制不适应市场经济的需要。由于受事业单位劳资政策和收入分配制度的限制，多数单位经营机制不活，缺乏应有的激励约束机制。三是缺乏支持性政策。事业单位开展综合经营无专项资金投入，特别是系统内发展水利综合经营涉及农水、水保等项目支持与国家政策不能匹配。缺乏研究政策和争取政策的主动性，一些支农惠农、税收、财政补贴等优惠政策没有得到很好的落实。四是发展的主观意识不强。一些领导对水利综合经营工作的重要性认识不够，认为开展多种经营会影响工程管理、供水生产等主业。一些单位开展综合经营的紧迫感和责任感不强，认为守着一条渠完全可以养活职工，“小富即安、小富即满”“等、靠、要”的思想严重，缺乏危机感。五是综合经营管理水平不高。思想观念还不够解放，市场经济意识不强，懂经济、善管理的人才缺乏，导致经营管理水平不高，经济效益有限。这些问题的存在，严重制约和影响了水利综合经营的发展。

当前，我区水利正处于深化改革、加强管理、提升能力、全面推进，由传统水利向现代水利、可持续发展水利转变的关键时期。中央水利工作会议的召开、中央1号文件的出台，标志着中华民族治水史册翻开了崭新的一页，水利事业发展步入了全新的历史阶段。自治区党委、政府出台了《关于加快水利改革发展的决定》，明确要加强水利薄弱环节建设、加快民生水利发展，要建立水利投入稳定增长等加快水利发展的体制机制，提出了加大公共财政对水利投入、广泛吸引社会资金投资水利、加强对水利建设的金融支持，力争今后10年全社会水利年平均投入比2010年高出一倍。这预示着水利的投融资环境将得到极大的改善，水利投入将大幅增加，水利建设必将迎来新的高潮，水利改革发展迎来了又一个新的春天。水利的大投入、大发展同时为水利综合经营提供了更大的发展空间，为加快水利综合经营发展注入了新的活力。我们一定要深刻认识新形势下发展水利综合经营的新要求，进一步增强信心，把握机遇，敢于突破，勇于创新，科学谋划水利综合经营工作。要充分利用难得的历史性机遇和水利行业的特有优势，加快转变发展方式，努力实现水利综合经营的跨越式发展。

三、解放思想强化措施，推动经营纵深发展

今年是实施“十二五”规划的开局之年，是继续实施西部大开发战略的重要一年，又是中央1号文件锁定水利改革发展的重要战略机遇期。根据全区水利工作会议的部署和要求，当前和今后一个时期水利综合经营工作的总体要求是：以科学发展观为指导，深入贯彻落实中央水利工作会议、中央和自治区两个决定精神，紧紧围绕水利工作中心，进一步解放思想，转变观念，创新思路，坚持以提高经济效益为中心，推进资源适度整合、科学合理与规模发展，着力提高经济效益；以深化改革创新体制机制为动力，发挥经济主体的市场能动性，激发发展活力和动

力；以探求支持性政策为支撑，高度重视政策研究，增强争取惠水政策支持、落实项目投资的积极性和主动性，有效改善经营发展环境，加快发展速度，提高发展质量，不断壮大水利行业经济实力和自我发展能力。

（一）解放思想，牢固树立发展是第一要务的理念

解放思想、转变观念是搞好水利综合经营工作的关键。水利综合经营虽然是一个老课题，但却面临许多新情况、新问题，国家对公益性水管单位经营活动进行规范的有关规定，旨在规范水管单位的经营活动，并不是在限制水管单位的经营活动，历来提倡和允许开展与兴办水利工程有关的经营活动，比如利用自身的水土资源、水电资源、人才资源和基础设施等开展诸如水电开发、技术咨询、旅游、餐饮等经营活动。开展经营管理工作既可以弥补事业经费不足，维持机构的正常运转，又可以分流安置富余人员，对实现准公益性水管单位的持续发展有重要意义。发展水利综合经营，既要在开放的市场中寻求突破，又要在政策框架内扎实推进，如果没有敢试、敢闯的勇气，没有不怕失败、永不言败的精神气概，水利综合经营要想取得大的发展，难度不言而喻。去年，我们组织一些单位的同志学习考察了山东、江苏、陕西等省开展综合经营的做法和经验，大家感触很深，感受颇多。联系自身，客观地看，我们与发达地区最大的差距，主要还是思想观念上的差距。与发达地区相比，既有经济社会不发达这种先天不足的大环境条件及相关的影响带来的困难，也有后天努力不够、工作不到位的问题，归根到底还是思想认识上的问题。对此，我们必须有清醒的认识，什么时候都不能忘记坚持经济建设这个中心，不能忘记发展是第一要务，不能忘记发展是解决水利问题的关键。大发展小困难，小发展大困难，不发展最困难。有些同志说："现在制度政策约束多，有钱不能发。"但我认为，要想吃蛋糕，首先要把蛋糕做好做大，最可怕的是想吃蛋糕却没有蛋糕。所以，对发展的问题，不能犹豫彷徨，也不能因循守旧，必须坚持不懈地解放思想，转变观念，坚决破除"等、靠、要"的思想，把水利综合经营发展作为推动自身经济发展的重要内容，抓紧抓好，努力做到供水服务主业和自身经济发展两手抓、两手硬。必须坚持勇于创新，敢下深水，敢破难题，敢走新路，只找方法，不找借口，探索富有特色、富有成效的发展之路。必须坚持做大做强，自觉拉升发展标杆，加大发展力度，提高经营效益，壮大行业经济实力，大力提升职工生产生活水平。

（二）深化改革，建立完善促进发展的体制机制

深化改革、创新机制是实现水利综合经营持续发展的重要保障。水利综合经营要想取得长足进步，就必须深化改革、创新体制机制。要在资源整合、规模经营、多方合作、发挥优势等方面多思考、善谋划、敢为人先。一是要加快建立与完善现代企业制度，使企业真正成为市场主体。各单位企业要按照公司法有关规定，建立健全公司法人治理结构，逐步形成自主经营、自负盈亏、自我发展的工作机制。要建立有效的激励约束机制，最大限度调动职工积极性，增强发展活力。二是要加快产权制度改革，积极探索推进产权多元化。坚持以产权为纽带，加强经济实体产权制度改革，采取自主经营、联合重组、合作、合资、租赁、参股等多种形式，积极引进大公司、大企业参与经营管理，努力实现规模化、集约化经营，不断提高经营效益。大胆探索职工入股，积极支持有实力的职工参与经济实体管理，将职工个人利益同企业经济效益直接挂钩，进一步搞活经济，增加职工收入。三是要加快投融资体制改革，拓宽投融资渠道。创新投融资模式，尝试建立单位资产投资、职工参股的投入机制；积极探索财政担保、水利设施设备融资租赁业务，大力开展供水项目及储备土地未来收益权质押等多种融资方式，多渠道吸引社会资金，逐步建立政府投入、银行融资、企业自筹等多元化、多渠道、多层次的水利投融资机制，从根本上解决项目资金短缺问题。四是要推进经营管理创新，充分调动工作积极性。要逐步建立科学合理的经济指标和考核评价体系，进一步构建灵活、公平、合理的收益分配和奖惩机制，强化对各单位综合经营目标任务考核，对考核成绩突出的单位和有突出贡献的个人进行奖励，对目标任务完成不好的要给予相应的处罚。要尽快研究制定水管单位实行财务收支两条线后，鼓励水利

综合经营发展的办法措施，最大限度地调动发展水利综合经营的积极性。

（三）做活“水”文章，发展壮大特色规模经营

依托自身资源优势是水利综合经营健康稳步发展的必由之路。各单位要紧紧依托涉水资源优势，沿着水路找财路，顺着资源找财源。要充分利用特有的自然资源、区位优势，结合水利主业和行业关联领域，大力发展特色产业，真正把资源优势变成经济优势。一是做大做活水利种养业。水土资源是最为宝贵、最值得珍惜的财富，也是发展水利综合经营的潜力所在、后劲所在。各单位要加强与当地政府部门的协调联系，通过确权、划界等多种途径稳固现有水土资源，通过积极争取扩大工程保护范围、工程辐射区域和公益性水土资源，坚持水土结合，尽可能将新开发、新建设项目覆盖的水土资源纳入开发建设规划，确保水土资源储备。要充分发挥水土资源优势，科学规划，集约开发，因地制宜，加大沿渠、沿河道、水库、水源保护地等水土资源的开发整理和改造力度，突出发展经济林木种植及其深加工、饲草、中药材、水产养殖、畜牧业等项目；要加快经济发展方式转变，加强与区内外有实力企业的合作开发，大力培育和扶持冬枣、甜椒种植等产业，引进和推广一批优良新品种，努力提升传统种植养殖业档次和水平，充分挖掘现有土地资源的价值潜力，使水土资源的开发成为水利发展的“聚宝盆”和“绿色银行”。二是做强水利施工及技术服务业。当前，水利建设项目多、投资大，为水利施工业带来千载难逢的良好机遇。各相关单位要牢牢把握发展新机遇，充分利用水利行业人员、技术、设备优势，发展水利建筑施工、监理、咨询、机电设备安装等优势项目和支柱产业。要通过整合资源，积极扩张，推动资质升级、内部改组和面向市场运营，做大做强水利建筑企业。要积极参与区内外水利水电、公路、市政等工程建设市场的竞争，拓展发展空间，实现多元化经营，提高经营效益。在条件成熟的情况下，水利厅将开展工程公司整合试点工作，为做大做强水利建筑施工业积累经验。三是大力发展城乡供水优势产业。在发挥现有水利工程布局优势的同时，进一步挖掘工程供水潜力，寻求更大的空间，扩大供水服务领域。这个问题需要水管单位和供水企业进一步研究。要积极借鉴山东、陕西等省的经验，巩固城乡一级供水市场的同时，积极开拓二级供水市场，将农村饮水安全工程建设与乡镇供水结合起来，积极抢占城乡供水市场。要完善供水管理，特别是供水终端管理，延伸供水产业链；要调剂工业、农业、城市和生态用水需求，提高供水效益。四是加快推动水利旅游朝阳产业。借鉴山东省“政府主导，市场运作，多元化、多形式、多渠道投入”的水利风景区建设模式，科学调整水利工程建设规划和设计思路，推动水利旅游风景区建设，建成一批水利特色突出、彰显水文化内涵的现代水利工程。加大营销力度，大力发展水利旅游服务业，充分发挥水利工程综合效益。

（四）瞄准市场，拓展新型经营发展领域

要紧紧围绕全区和当地经济发展需求，抓住区域产业发展的机遇，加强与有关方面的对接，努力开展配套项目与服务项目，按照“人无我有、人有我优、人优我特、人特我强”的经营思路，大力培养和发展市场前景广阔、具有较强竞争能力的经营性、服务性项目，积极面向市场发展水利综合经营。要加强与自治区现代产业战略对接，努力在高新技术、高端市场、高效益上实现新突破，大力发展现代特色产业。要充分依托沿黄城市和沿黄经济带的区位优势，精心培育仓储、物流、加工等新兴产业，不断打造新的经济亮点。

（五）坚持项目带动，积极争取项目资金支持

近年来，随着新一轮西部大开发战略和《国务院关于进一步促进宁夏经济社会发展的若干意见》的颁布实施，以及国家和自治区先后出台了惠农支农、产业发展、项目扶持等一系列优惠政策，特别是在农业发展等方面给予很大政策倾斜，项目资金很多。中央和自治区的两个《决定》的出台，明确了支持水利改革发展的新政策新举措，包括财政、金融、税收、土地、价格等各个方面。我们一定要乘风接力，用好用活用足政策，加强与自治区有关部门的联系沟通，力争在农林牧渔、科技服务、节水改造等项目资金的落实上取得突破。只要我们在政策研究上抢先一步，在

信息捕捉上抢先一步，项目争取上抢先一步，完全可以争取到更多更有力的支持，从而以项目资金的有效落实助推综合经营的快速发展。

（六）加强管理，夯实水利综合经营发展基础

科学规范管理是提高经营效益、促进综合经营持续发展的重要保证。要进一步加强综合经营管理工作，切实提高提升经营管理水平。一是加强经营性国有资产监管。要在发展优先的基础上，通过盘活和运营水利经营性资产，通过水管体制改革，对经营性项目、经营性资产实行所有权和经营权分离，采取有效形式，放开搞活，科学运营，确保资产保值增值。大力挖掘水利工程的经营功能，促进水利行业的可持续发展。要强化对外投资审批程序，进一步规范水利经营性国有资产监管。二是加强财务和统计管理。要进一步加强会计管理和财务管理的基础工作，特别要建立企业财务会计报告制度、企业内部监督管理制度和风险控制制度；加强成本管理，促进增收节支；加强审计工作，严格财务纪律。三是加强人才队伍建设和科技创新。新形势下，加快水利综合经营发展，必须组建一批懂经营、善管理的人才队伍。各单位要深刻认识人才队伍建设在经营管理中的基础性和决定性作用，加大经营人才培养、引进和开发力度，建立完善培训教育机制，加强人才使用管理，全面提升经营人才队伍整体素质，培育一批适应新时期综合经营发展要求的经营管理人才团队。要坚持科技创新，注意抓好经营结构调整，注重增加水利经营的科技含量，提高综合经营质量与效益。

同志们，面对新形势，发展水利综合经营意义深远，任务艰巨，责任重大。我们要以科学发展观为指导，深入学习贯彻落实中央水利工作会议、中央和自治区两个决定精神，进一步解放思想，深化改革，勇于创新，大胆实践，以更加负责的态度，更加有力的措施，更加扎实的作风，更加明显的成效，探索出一条适合我厅实际的水利综合经营发展新路子，为水利事业发展做出新的更大的贡献！

自治区水利厅副厅长周京梅在水利厅2011年“小金库”专项治理工作会议上的讲话

（2011年5月27日）

同志们：

今天的会议是在“小金库”专项治理工作进入关键时期召开的一次非常重要的会议。会议的主要任务是，贯彻落实自治区2011年“小金库”专项治理工作会议精神，回顾总结过去两年来我厅“小金库”专项治理工作，对2011年“小金库”专项治理工作进行动员、部署，确保全面完成自治区“小金库”专项治理各项工作任务。首先，我先把自治区召开的2011年“小金库”专项治理工作会议精神简要向大家传达一下。

自治区2011年“小金库”专项治理工作会议于5月24日在银川召开，会议总结前一阶段全区“小金库”专项治理工作，对2011年工作进行动员部署。自治区党委常委、自治区副主席齐同生出席会议并重要讲话。中央治理“小金库”工作领导小组办公室副主任韩文博在会上就“小金库”治理工作相关政策进行了讲解。齐同生指出，今年是开展“小金库”专项治理的收官之年，今年治理工作的主要任务是解决走过场和构建长效机制两大问题。齐同生要求，各地各部门要准确把握中央和自治区的有关精神实质，明确任务，牢牢把握治理工作的关键环节，深入开展复查、强化督导抽查，全力做好今年“小金库”治理工作。年底将对各地各部门治理工作情况、取得的成效进行评价验收，并在全区进行通报。要依法依纪抓好整改落实，各级“小金库”治理机构要对复查整改情况和人员处理情况紧盯不放，一查到底。各地各部门要着力构建标本兼治的长效机制，要把治理工作与厉行节约制止奢侈浪费、遏制消极腐败和不正之风、保障和改善民生、“三公”消费监管等相结合，与纪检监察、财政监察、审计监督等日常监督工作相结合，协调推进，进行综合治理。

下面，我就水利厅2011年“小金库”专项治理工作讲几点意见。

一、水利厅“小金库”专项治理工作取得阶段性成效

按照自治区的统一部署，我厅2009年首先在全厅26家行政事业单位开展了“小金库”专项治理工作，2010年，扩展到3个社会团体和27家厅直属及厅属事业单位所属国有企业。两年来，在厅党委的正确领导下，厅属各单位认真组织部署，狠抓落实，专项治理工作取得了新的成效。截至2010年12月底，我厅共清理出“小金库”12个，涉及违规资金及资产346.13万元。

回顾两年来的治理工作，主要有以下几个特点：

(一)加强组织领导，明确工作方案

两年来，先后根据自治区的统一部署，迅速成立了由财务、监察、人事等部门组成的我厅“小金库”专项治理工作领导小组，根据自治区的“小金库”专项治理实施方案，印发了《自治区水利厅“小金库”专项治理工作实施方案》和《自治区水利厅直属及厅属事业单位所属企业、社会团体“小金库”专项治理工作实施方案》。厅属各单位也迅速成立了“小金库”治理领导机构，认真制定治理实施方案和工作计划，有力保证了“小金库”治理工作的有序开展。

(二)抓动员部署，注重自查自纠

两年来，先后集中召开了4次“小金库”专项治理动员部署会，统一思想，提高认识。通过广泛动员，厅属各单位高度重视，认真开展了全面自查自纠工作，共有26家行政事业单位、27家厅直属及厅属事业单位所属企业和3家社会团体进行了自查自纠。

(三)抓教育培训，注重督导检查

2009年6月，邀请自治区“小金库”治理办负责同志对厅属各单位的参会人员进行了专题培训。2010年11月，水利厅“小金库”治理办负责人对厅直属及厅属事业单位所属企业、社会团体参会人员进行了专门辅导。在2010年重点检查阶段，厅“小金库”专项治理工作领导小组组成督导组对5家企业进行了重点检查，除1家企业外，其他企业均存在“小金库”问题。

总之，在厅党委的坚强领导下，通过各单位的共同努力，我厅“小金库”专项治理工作取得了阶段性成效，得到了上级部门的充分肯定。2009年7月，在自治区召开的“小金库”专项治理工作进展情况通报会上，我厅进行了大会交流发言，在今年国资委召开的2011年国有企业“小金库”专项治理工作会议上，对我厅去年开展的厅直属及厅属事业单位所属企业“小金库”专项治理工作进行了通报表扬。这些成绩的取得是全厅上下共同努力的结果，也是厅属各单位“小金库”治理机构付出了辛勤汗水和艰苦努力的结果，在此，我代表厅党委向大家表示衷心的感谢！

在看到成绩的同时，我们也清醒地认识到“小金库”治理过程中存在的一些问题，主要表现在：个别单位领导对“小金库”的危害性、严重性认识不够，存在走过场问题；少数单位对治理工作的长期性和艰巨性缺乏思想准备，存在畏难、厌战情绪；部分单位重治标、轻治本，长效机制建设进展缓慢等。这些问题我们要在今年的治理工作中认真加以解决。请大家千万不要有厌战情绪，应以高度的政治责任感，全力做好2011年“小金库”专项治理工作，坚持层层签订承诺书、复查结果公示制等规定动作一个不能少，认认真真再来一遍。

二、明确任务，突出重点，全力做好今年“小金库”专项治理工作

2011年是开展“小金库”专项治理工作的第三年。现在已经是5月下旬，距离年底还有7个月时间，我们要完成全面复查、督导抽查、整改落实、机制建设、总结验收五个阶段工作，时间紧、任务重、要求高，各单位必须再加一把力，再使一把劲，坚决不移按照自治区的统一部署，把我厅“小金库”专项治理工作任务完成好、落实好。在这里我想特别强

调几点。

(一)准确把握精神实质

党中央、国务院始终高度重视“小金库”治理工作。今年1月10日,胡锦涛总书记在中央纪委第六次全会上强调,要深化专项治理工作,重点是工程建设领域突出问题和“小金库”专项治理。贺国强同志在中央纪委第六次全会上也对“小金库”治理工作提出了明确要求,指出要巩固治理成果,加强整改落实,推动完善防治“小金库”长效机制。自治区党委、政府高度关注“小金库”专项治理工作的开展情况,张毅书记在自治区纪委十届六次全会上强调,要深化专项治理,切实解决人民群众反映强烈的突出问题,从群众最不满、最关切、最盼望的地方来推进反腐倡廉建设,从具体事情抓起,继续深化“小金库”专项治理工作。王正伟主席在政府廉政工作会要求,深入推进“小金库”专项治理。各单位切实领会中央和自治区领导的重要讲话精神,把“小金库”治理工作当作一项政治任务,以强烈的责任感、使命感和紧迫感抓好贯彻落实。

(二)切实加强组织领导

领导重视是做好“小金库”治理工作的前提条件,各单位要进一步提高思想认识,切实把“小金库”治理工作摆上重要位置,着力健全和完善“小金库”治理责任体系,确保“小金库”治理工作取得实效。各单位要把“小金库”治理工作摆上重要位置,党政主要领导要负总责,做到重要工作亲自部署,重要问题亲自过问,重要环节亲自协调。结合各自的实际,高度重视并自觉承担起治理“小金库”工作的领导责任,增强大局意识、政治意识、责任意识,严肃认真抓好本单位的“小金库”治理工作。

(三)牢牢抓住关键环节

今年“小金库”治理工作的主要任务是:解决走过场和构建长效机制两大问题,把自查自纠“零申报”、重点检查“零问题”的单位列为治理工作的重中之重。具体地说,就是行政事业单位重点要巩固成果、防止反弹;对社会团体和国有企业要抓好整改落实。同时,要注重总结治理经验,建立健全长效机制,探索从源头上根治的有效途径。

要深入开展复查。各单位按照水利厅实施方案的统一要求,全面抓好复查,确保复查面达到100%。做好签订承诺书、进行内部公示等规定动作,把复查工作目标任务分解到部门,落实到人,明确责任,形成层层负责、环环相扣的工作机制。复查工作要继续落实公示制和承诺制,在复查结束后,对复查情况进行公示,单位负责人、纪检负责人和财务负责人要签订承诺书。

要强化督导抽查。各单位要按照抽查工作与督导工作相结合,做好下属单位的督导抽查工作,抽查面必须为100%。今年7月自治区“小金库”治理领导小组将组织督导组到我厅部分单位督导检查,水利厅“小金库”治理机构也要先期进行督导抽查,抽查面不低于50%。

要实施评价验收。今年治理工作结束后,自治区“小金库”治理领导小组将对各地、各部门治理工作情况、取得的成效等进行评价验收,评价验收结果将在全区通报。我厅要先期开展评价验收工作,评价验收结果将在厅属系统内部进行通报。

(四)依纪依法抓好整改落实

“小金库”专项治理工作关键在于坚持处理事与处理人相结合,注重治理实效,既发挥震慑作用,又让干部职工感受到实实在在的成果。因此,今年治理工作我们要继续坚持奖励举报有功人员和单位,自查从宽、被查从严,以及严惩顶风违纪行为的政策规定。要鼓励复查、支持复查,复查发现的“小金库”问题能够及时纠正的,原则上视同为自查自纠,适用从轻、从宽政策,但属顶风违纪的,将区别情况、严肃处理。督导抽查发现的“小金库”问题要从重、从严处理,原则上都要追究责任。要着力加强“小金库”问题整改落实工作,查找主要原因和薄弱环节,明确整改落实任务、责任、措施和时限,立说立行,全面落实。对于重大问题隐瞒不报、压案不查、对抗检查、销毁证据的单位和相关责任人员,要按照有关规定严肃处理。

(五)着力构建标本兼治的长效机制

构建长效机制是“小金库”治理工作的根本任务,也是今年的一项重要工作,要贯穿始终,重点推进，务求实效。

要强化责任。各单位主要领导要高度重视长效机制建设，积极组织协调，督促相关部门抓好落实，从本单位实际出发，统筹考虑逐步推进长效机制建设。

要明确任务。今年长效机制建设任务就是要建立完善一批具体管理制度，制度不一定是多长多烦琐，只要便于操作，便于管理就实用。衡量今年各单位治理工作的成效，就是要看对哪些问题进行了纠正，建立完善了哪些制度，研究落实了哪些措施。

要综合治理。各单位在专项治理工作中，要突出重点、统筹兼顾，确保工作不走过场、不留死角，并注重总结专项治理经验，建立健全长效机制。在开展专项治理工作中，要结合实际，协调推进，努力提高治理工作效率。要把专项治理工作与反腐倡廉工作、领导干部经济责任审计、财务检查、资产管理、规范工资及津贴发放及各类票据、银行账户管理结合起来，整体推进“小金库”专项治理工作。

同志们，治理“小金库”工作任务艰巨，责任重大。我们一定要按照中央和自治区的要求，以高度的政治责任、务实的工作作风、创新的改革精神，不辱使命，不负重望，打好“小金库”重点检查攻坚战，巩固和扩大治理战果，以优异的工作实绩向建党 90 周年交上一份满意的答卷。

自治区水利厅纪委书记崔莉在水利厅党建暨党风廉政建设工作会议上的讲话

（2011 年 3 月 24 日）

同志们：

刚才，郭书记就我厅党建工作做了安排部署，下面，我就学习贯彻自治区纪委十届六次全会和全国水利系统党风廉政建设会议精神，扎实推进我区水利系统党风廉政建设讲几点意见。

一、2010 年党风廉政建设和反腐败工作回顾

过去的一年，厅党委以邓小平理论和“三个代表”重要思想为指导，认真贯彻落实科学发展观，紧紧围绕水利中心工作，以全面落实党风廉政建设责

水利厅 2011 年党建暨党风廉政建设工作会议

任制为龙头，以确保“工程安全、资金安全、干部安全”为主线，突出重点、注重创新、全面推进党风廉政建设和反腐败工作，为水利改革与发展提供了坚强保障。具体来讲，主要做了以下几方面工作：

（一）紧扣三个环节，党风廉政建设责任制进一步落实

厅党委高度重视党风廉政建设和反腐败工作，先后 6 次进行研究部署，年初，印发了《水利厅 2010 年党风廉政建设和反腐败工作责任分工》，将全年工作任务细化为 8 类 35 项，结合厅领导班子成员业务分工和部门职能，逐一落实责任，层层签订责任书。厅纪委紧扣责任分解、责任落实、责任追究三个环节，狠抓落实，先后 7 次深入厅属单位进行督察，及时发现解决存在的问题。年底，对 30 个厅属单位党政领导班子和 150 余名处级干部进行了责任制考核和民主测评，对发生不廉洁行为的单位，实行了一票否决。通过狠抓责任制的落实，各级党组织和领导干部“一岗双责”意识明显增强。

（二）注重“三性”，廉政教育形成水利特色

在发挥领导干部的示范性，增强廉政教育的实效性和长效性上下功夫，把廉政教育作为以人为本的“基础工程”，贯穿水利工作始终，着力构筑党员干部的思想道德防线。结合学习贯彻《廉政准则》，举办了处级干部廉政教育培训班，将领导干部作为廉政教育重点，在全厅掀起了廉政教育热潮。在教育方式上，实施了“按职务分层展开、按岗位分类实施、按时机分段组织”的“三分教育法”。在运行机制上，把廉政教育纳入各处室、厅属各单位整体工作考核，整合

教育资源，把廉政教育纳入职业道德和职业教育培训，变一家独抓为多家参与，形成了党委领导，纪委协调，部门共同参与的运行机制。水利厅荣获全区廉政教育“四位一体”专项奖和《廉政准则》知识竞赛优秀组织奖。

（三）典型引路，廉政文化示范点建设成为驻地人文亮点

根据厅党委确定的原则，厅纪委采取以点带面、典型引路的方法，指导建立了秦汉渠东三所、盐环中心所等廉政文化建设示范点，召开了全厅廉政文化建设现场观摩会，组织厅属单位以“五个一”为载体，广泛开展廉政文化建设。通过用文艺“演廉”、高雅作品“展廉”、红歌“唱廉”、开展活动“兴廉”，使党员干部在“润物细无声”中受到廉政教育，在引黄灌区构建了纵贯南北的“水利廉政文化长廊”，成为驻地的人文景观之一。

（四）注重实效，扎实推进廉政风险防范管理工作

厅党委高度重视，两次专题研究廉政风险防范管理工作，印发了《实施方案》，进行全面部署。机关各处室、厅属各单位精心制定实施细则，采取层层召开动员会、专题学习、出板报等形式广泛宣传，在全厅营造了“人人议风险、找风险、防风险”的浓厚氛围。同时，结合各自工作职责和运行机制，采取自上而下、自下而上相结合的方式，从岗位职责、工作机制、业务流程等方面，分层次逐一查找廉政风险点。固海扬水管理处以“三查四结合”为抓手，发动职工广泛参与。盐环定扬水管理处采取制定廉政风险防范管理网络图、廉政监督公示模块，下发廉政风险防范管理提示表等形式，及时发出预警信号，提前防范。唐徕渠管理处、西干渠管理处制定廉政风险防范等级管理考核办法、季度廉政风险点公示提醒等制度，积极探索建立廉政风险防范预警机制。据统计，全厅共排查出廉政风险点1756个，采取措施1760个。

（五）加强制度建设，着力构筑“防火墙”

在全厅开展了“反腐倡廉制度建设推进年”活动，着力构建用制度管权、管事、管人的体制机制。围绕工程建设，制定了《宁夏水利工程质量检测监督管理办法》《宁夏水利建设市场主体信用管理办法》等9项制度，形成了比较完善的水利工程建设管理制度体系。围绕权力运行，制定了《水利厅党政领导干部问责暂行办法》《水利厅厅管企业领导人员廉洁从业暂行规定》等制度。围绕依法行政，制定了《水利厅政务信息公开暂行办法》《水利厅行政审批责任追究暂行规定》等11项制度。厅属各单位在增强科学性、有效性和可操作性上下功夫，对现有制度进行了梳理，进一步修改完善并狠抓落实。惠农渠管理处组织开展“规范管理年，工作创新年”活动，新修订汇编制度30余项。宁东水务公司组织开展“精细管理年”活动，发动干部职工在执行中查找制度缺陷和漏洞，在查漏补缺中促使企业管理上台阶、上水平。

（六）严格执纪，切实加强信访和案件查处工作

全年共受理信访举报12件（次），直接办结4件，转下属单位核查6件。依据党政纪处分规定，对2名处级干部、1名科级干部进行了调查核实和处理。同时，注意发挥查办案件的惩戒和治本功能，将违法违纪案件在全厅予以通报，以身边事教育身边人；针对暴露出的问题，要求厅属各单位轮岗交流任职期满3年的工程公司经理、财务科长和组织人事科长，做到查处一个案件，教育一批干部，完善一套制度。

（七）整合资源，执法监察力度进一步加大

紧紧围绕水利中心工作，整合监督资源，发挥建设管理、财务审计、质量监督等相关处室（部门）的作用，加大重点工程和民生水利建设项目监督检查力度，组织对2008年以来建设的340个工程，21.2亿元资金进行了执法监察，共排查问题181个；加强对全区各市县水利工程建设领域突出问题专项治理工作的指导检查，检查面达50%，受到自治区专项治理办公室的充分肯定，两次以简报形式予以转发。在这项工作推进过程中，水利厅建设管理处、水投集团、原州区、西吉县、利通区等部门（单位）重视程度高，工作抓得实，收到了比较好的效果。

（八）以民为本，全力推进水利政风行风建设

把政风行风建设作为推动水利科学发展的强有力抓手，着力解决群众关心、领导关注、社会关切的

水利热点难点问题，实现了职工队伍综合素质、工作效率、服务质量、行业形象“四个提高”。广大干部职工发扬“5+2”“白 + 黑”的奉献精神，放弃节假日和休息时间，冒严寒酷暑，顶风沙雨雪，奋战在工地和为民服务一线，以实际行动塑造了良好的水利行业形象。

从一年来的工作看，各市县(区)水务局及厅属各单位都能结合各自工作实际，扎实推进党风廉政建设和惩防体系建设，取得了显著成效。秦汉渠、盐环定管理处等单位的廉政文化建设，防汛办、七星渠、固海扬水、西干渠管理处的廉政风险防范工作，兴庆区、贺兰县、利通区、红寺堡区、泾源县、隆德县、海原县、惠农渠管理处、红寺堡管理处的政风行风建设，建设管理处、惠农渠管理处、宁东水务公司、长城水务公司的制度建设值得各单位学习借鉴。

回顾一年来的工作，我们深刻体会到，取得水利反腐倡廉工作的新进展，必须紧密联系水利实际，认真贯彻落实中央和自治区的各项方针政策和指示精神；必须加强党组织对反腐倡廉工作的领导，认真落实党风廉政建设责任制；必须坚持党委统一领导、党政齐抓共管、纪检监察组织协调、部门各负其责的工作机制，形成工作合力；必须紧密联系水利工作实际，围绕中心，服务大局，突出工作重点，自觉把党风廉政建设工作放在水利改革与发展的大局中谋划部署，为实现工程、资金、干部、生产“四个安全”提供坚强保障；必须坚持关口前移，注重制度建设、惩防并举、重在预防；必须坚持改革创新，适应形势变化，以发展的眼光和改革的思路推进党风廉政建设，不断推进纪检监察工作思路、工作内容和方式方法创新。

在肯定成绩的同时，我们也要清醒地认识到工作中存在的问题：一是部门之间、单位之间反腐倡廉工作发展还不平衡，工作成效差异还比较大；二是带着问题加强对党风廉政建设和反腐败工作的调查研究尚不够深入，未能做到有的放矢；三是制度建设的覆盖面还不够宽，仍需要进一步配套完善；四是个别党员领导干部廉洁从政意识不强，对基层单位的监督管理有待进一步加强；等等。这些问题和不足，需要我们在今后工作中采取有力措施，切实加以解决。

二、2011 年党风廉政建设和反腐败工作主要任务

今年工作总的要求是：以邓小平理论和“三个代表”重要思想为指导，认真学习贯彻《中共中央、国务院关于加快水利改革发展的决定》以及中纪委、自治区纪委六次全会精神，结合水利投入加大、工程项目大幅增加的实际，围绕工程建设、资金管理、质量效益等重点环节，坚持标本兼治、综合治理、惩防并举、注重预防的方针，以强化监督检查为抓手，突出两个重点，加强三项建设，抓好四项工作，不断提高反腐倡廉建设科学化水平，努力营造风清气正的水利发展环境。

(一)以强化监督检查为抓手，严明政治纪律，确保重大决策部署的贯彻落实

各单位党组织要结合工作实际，深入学习贯彻党的十七届五中全会、中纪委和自治区纪委六次全会精神。按照中纪委六次全会关于加强监督工作的新要求，围绕中心工作，综合采用执法监察、效能监察、工程稽查等多种监督方式，积极开展监督检查，保障中央、自治区和水利厅重大决策部署得到扎扎实实的落实。要教育广大党员干部认真遵守政治纪律，坚决维护党的集中统一。

用良好的纪律保证中央 1 号文件的贯彻落实。中央《关于加快水利改革发展的决定》，是当前中央对水利工作最系统、最全面、最重要的纲领性文件。各单位纪委、监察室要围绕中央 1 号文件、自治区经济工作会议和农村工作会议有关水利工作的决策部署以及全区水利工作会议确定的目标任务，紧扣科学发展这个主题，加大对中央水利政策执行情况、重点项目建设情况、资金使用、工程效益等情况的监督检查；结合落实我区“十二五”水利规划，加大对农村饮水安全、病险水库除险加固、中小河流治理、灌区续建配套与节水改造、水土保持治理等工程建设项目的监督检查，及时发现问题、分析原因，责成责任部门或单位整改落实，对工作不力的严肃问责，确保政令畅通，确保中央、自治区和水利厅重大决策部署落到实处。

（二）突出惩防体系和廉政文化建设两个重点，努力从源头上防治腐败

第一，要把惩防体系建设摆在更加突出的地位。今年是建立健全惩治和预防腐败体系的攻坚年。关于这项工作，中央和自治区近期又做出了部署，提出了要求。我厅协助牵头单位完成的5项任务必须在2012年年底前完成。因此，厅纪委将组织机关各处室、厅属各单位认真对照《水利厅构建惩治和预防腐败体系2008~2012年工作方案》确定的工作任务，结合廉政风险防范管理工作，看看哪些工作还未落实，哪些制度还需进一步完善，结合本系统实际，还应采取什么措施。厅属各单位和各市县也要认真梳理，针对尚未开展和尚未完成的工作，制定时间表，明确专人负责，没有开展的工作要尽快组织开展，有明显缺陷的及时补课，需要细化的制定实施细则，加快推进教育、制度、监督、改革、纠风和惩治等方面的制度建设，努力把反腐倡廉建设体现在各项制度之中，逐步建成内容科学、程序严密、配套完备、有效管用的反腐倡廉制度体系。

今年，厅纪委一是将认真组织开展“反腐倡廉制度执行年”活动。切实加强制度执行的推动力度，提高制度执行力，坚决纠正以制度落实制度、以文件落实文件、以讲话落实讲话的做法，牢固树立制度面前没有特权、制度约束没有例外的意识，努力把制度转化为党员、干部的行为准则和自觉行动。要建立健全制度执行的监督机制，每项制度都要明确监督执行的责任部门，使制度执行的监督责任无可推卸，保证反腐倡廉各项制度得到切实执行。各单位纪检机构要加强对制度执行情况的监督检查，把制度执行情况纳入党风廉政建设责任制考核和领导干部述职述廉内容，建立健全制度执行问责机制，严肃查处违反制度的行为，维护制度的权威性。

二是进一步深化廉政风险防范管理工作。认真总结去年的工作经验，结合工作实际和形势发展的需要，紧紧围绕“找、防、控”三个环节，找准廉政风险点，修正防范措施，完善规章制度，强化监督检查，重点加强工程建设管理、计划项目审批、行政项目审批等重点领域和涉及人、财、物、干部选拔等关键岗位的监督管理。积极探索建立以预警防范为核心、以强化管理为手段、具有周期性排查和处置功能，融教育、制度、监督为一体的廉政风险预警防范机制。

三是加强领导干部的教育和监督，引导党员干部讲党性、重品行、做表率。认真贯彻执行党内监督条例，严格执行领导干部述职述廉、诫勉谈话、函询、罢免或撤换等制度，尤其要注重对新提拔的处级领导干部进行任前谈话，早打预防针，确保干部安全；4月份，举办一期处级干部廉洁从政培训班，切实增强反腐倡廉教育的针对性和实效性。

第二，更加重视廉政文化的教化育人作用。各单位要在去年廉政文化示范点建设的基础上，进一步拓宽教育层面，活化教育形式，丰富教育内涵，深入推进廉政文化建设。首先，要完善设施，紧密结合水利工作实际，有重点地补充各种标牌，进一步亮化、美化环境；加强多媒体设施的配置和应用，增强廉政文化宣传的浓厚氛围。其次，要丰富教育内容，紧紧把握时代性，体现先进性，及时更新宣传资料，丰富宣传内容，增强吸引力。再次，要提升创建层次，要把廉政文化建设与水利文化建设结合起来，经常性地开展形式多样的教育活动，大力弘扬“献身、负责、求实”的水利行业精神，充分发挥对内教育引导，对外树立形象的积极作用。

（三）加强三项建设，努力营造风清气正的水利发展环境

1. 加强作风建设，大力弘扬党的优良传统。教育广大党员和领导干部要牢固树立以人为本、执政为民理念，大力弘扬党的密切联系群众、艰苦奋斗、批评和自我批评的优良作风。努力做到“四要”：一要勤政亲民。多深入基层为群众排忧解难，多在工作上动脑筋、想办法，不要在谋取个人名利上费心机、花功夫。二要求真务实。不投机作秀、摆花架子，要察实情、讲实话、办实事、求实效，在增强执行力上下功夫。三要团结进取。要以海纳百川的气度搞好团结，不搞团团伙伙，不使人际关系庸俗化。四要勤俭廉洁。要严格自律，培养健康向上的生活作风。各单位要加强对作风建设情况的监督检查，及时发现和纠正少数领导干部作风方面存在的问题，对工作不负

责任可能造成损失的，要及时进行提醒、教育和批评。因作风飘浮、弄虚作假等失职渎职行为造成不良后果的，要严格追究责任。

2. 加强政风行风建设，切实解决群众最关心、最直接、最现实的利益问题。一要加强领导，强力推进。实行“一把手”负责制，把政风行风工作与业务工作同部署、同推进、同检查、同考核。要认真总结以往工作中存在的突出问题和薄弱环节，加大整改力度，着力解决群众关心、领导关注、社会关切的水利热点难点问题，特别要注重解决好打基础、利长远、惠民生的大事要事。二要加强宣传协调，营造氛围。充分发挥报刊、广播电台、电视台等新闻媒体的作用，广泛宣传，及时推广工作中的新经验和好做法；及时编报政风行风建设工作简报。各单位 9 月底前在宁夏政风行风网刊发信息不得少于 20 篇；要注意加强与各级纠风办、市县“四套班子”的联系沟通，及时报告反馈工作开展情况，主动接受指导，积极争取理解、支持和配合，努力营造全社会关注水利、理解水利、支持水利的良好氛围。三要加强监督检查，抓好落实。各单位纪委要切实发挥组织协调职能，加强对本单位政风行风建设和群众意见建议整改情况的检查，加强对基层站所政风行风工作的指导，从群众关切的实际问题抓起，督促解决好群众最关心、最直接、最现实的利益问题，共同塑造良好的水利行业形象。

3. 加强基层党风廉政建设，以实实在在的反腐倡廉成果取信于民。加强基层站所(队、公司)党风廉政建设。基层站所(队、公司)直接面对人民群众，是民生水利前沿窗口，加强基层站所(队、公司)党风廉政建设，对于密切党群关系、惠及民生至关重要。各单位要结合贯彻厅党委《关于党的基层组织实行党务公开的意见》，切实抓好基层站所(队、公司)党风廉政建设。要以落实群众知情权为重点，以公开为原则、不公开为例外，深入推进基层站所党务公开、政务公开，接受职工群众的监督；要以规范管理为抓手，强化对重点岗位和关键环节特别是工程公司的监督，各单位每年要对所属工程公司进行一次经济责任审计，并将审计结果在职工代表大会上予以通报，给群众一个明白，还干部一个清白；要严肃查处少数基层站所(公司)干部滥用职权、以权谋私、严重侵害群众利益等问题，重点解决和纠正基层站所(队、公司)个别党员干部自律意识不强、廉洁标准不高、自我要求不严、形象不好等问题。

加强厅属企业党风廉政建设。以贯彻《水利厅厅管企业领导人员廉洁从业若干规定》为重点，完善厅属企业权力运行制衡约束机制，坚持重大事项集体研究决定。厅属企事业单位要坚持和完善职工代表大会制度，切实纠正和防止以年终总结会代替职代会的做法，按规定应提交职工代表大会讨论决定的事项，必须通过职代会讨论决定。从今年开始，厅纪委将加大对厅属企业贯彻“三重一大”决策制度执行情况的监督检查，加强对重要经营领域和关键管理环节的监督，促进企业高管正确行使权力，形成依法经营、廉洁从业、民主管理的风尚。

(四)抓好四项工作，保障水利建设健康发展

1. 全面落实党风廉政建设责任制。这个问题我下面还要讲，这里就不再赘述。

2. 严格执行《廉政准则》，切实加强领导干部廉洁自律工作。把《廉政准则》作为约束干部行为的制度红线，作为党风廉政建设责任制和干部考核的具体指标，严肃问责，处理违反者。认真落实领导干部个人有关事项报告制度，坚决整治领导干部违规收受礼金问题，严禁领导干部接受可能影响公正执行公务的宴请及旅游、健身、娱乐等活动，严禁领导干部以各种名义接受管理和服务对象以及其他与行使职权有关系的单位或个人的礼金、有价证券、支付凭证。对构成违纪的，要严肃追究党纪政纪责任。厅纪委拟于 9 月份在全厅开展一次《廉政准则》执行情况的专项检查。

3. 加大专项治理工作力度。深入开展工程建设领域突出问题专项治理。采取集中组建项目法人、同类项目集中打捆招标、推行招标资格预审等措施，规范招投标管理；严肃查处违规审批、虚假招标、转包、违法分包等问题；支持建设管理部门建立水利工程建设违法违纪违规单位和个人黑名单记录，进行公布曝光，着力推进信用体系建设。巩固和扩大事业单位“小金库”专项治理工作成果，配合抓好厅属企业

"小金库"专项治理工作,加大对各单位具有法人资格的小企业、小公司的治理工作力度,健全防治"小金库"滋生的长效机制。认真落实中央和自治区各项规定,严格审批程序,加强经费监管,严格控制各种庆典、研讨会、论坛等活动。认真开展公务用车问题专项治理,重点纠正超编制、超标准配备公务用车和豪华装饰以及公车私用等问题,规范公车管理。

4. 严格执纪,切实加强案件查处工作。加强厅属各单位纪检监察基础工作,规范信访举报受理流程,实行信访核查工作月报制,提高基层受理信访举报的实际能力。切实加强案件查处工作,各单位党政主要负责人是本单位案件查办工作的第一责任人,要亲自过问和督办重要案件查处工作,对有案不查、瞒案不报甚至阻挠办案的,要严肃追究责任。

三、做好今年工作的具体措施和要求

今年的党风廉政建设和反腐败工作任务已明确,关键是加强领导,狠抓落实,确保全面完成任务。

第一,全面落实党风廉政建设责任制。各单位党政组织要认真贯彻落实新修订的《关于实行党风廉政建设责任制的规定》,紧紧围绕本单位党风廉政建设的关键性、深层次问题,干部职工反映强烈的突出问题,党风廉政建设中出现的新情况、新问题,及时调整充实责任内容,不断赋予新的任务,提出新的要求;建立完善反腐败领导体制和工作机制,明确职责分工,推动工作落实。主要负责人要认真履行第一责任人的职责,重要工作亲自部署、重大问题亲自过问、重点环节亲自协调、重要案件亲自督办,管好班子、带好队伍;领导班子其他成员要对职责范围内的党风廉政建设负直接领导责任。要把党风廉政责任制考核与各项水利工作督促检查结合起来,强化平时的检查指导,要进一步修改完善责任制考核内容和办法,努力提高考核范围的全面性、内容的针对性、结果的客观性。按照吴厅长的指示,今年将对厅属单位落实党风廉政建设责任制和推进惩防体系建设的情况进行单独考核,凡对党风廉政建设抓得不紧、问题突出的部门和单位负责人,要严格按照党风廉政建设责任制规定追究责任;对领导干部管辖范围内发生重大问题的,不管是不是当事人,是否直接参与,只要负有失教、失管、失察、失责中任何一种责任,都要严肃追究。

第二,强化党风廉政建设工作的协调配合。水利厅系统许多职能部门都具有监督的职责和手段,要加强协调配合,充分发挥各自优势,共同开展好监督工作。要集纪律检查、行政监察、工程稽查、质量监督、财务检查、内部审计等各方之合力,努力形成分工明确、责权清晰、密切配合、互相支持的水利系统内部监督体系。部门之间要经常通报情况、交换意见、相互支持,既要防止监督检查工作不到位,出现死角和盲区,又要避免不必要的多头检查和重复检查,以减少基层的压力。纪检监察机构要主动加强与所在单位业务部门的协调和沟通,在工作部署、制度制定、对策研究中广泛听取业务部门意见和建议,把廉政建设的各项要求寓于水利各项工作安排之中。

第三,加强纪检监察队伍自身建设。据统计,厅直各单位共有专职纪检监察干部近 50 人。各单位要充分认识加强纪检监察队伍建设的重要性,努力建设一支政治坚强、公正廉洁、业务精通、作风优良的水利纪检监察干部队伍。应当看到,随着纪检监察工作任务不断增加,工作领域不断拓展,工作要求进一步提高,工作量确实在加大。希望各级党组织一如既往地关心支持纪检监察工作,在精干效能的基础上选准配强纪检监察干部,并为他们的工作、学习和成长创造条件。各单位纪检监察干部要加强党性修养,树立正确的事业观、工作观和政绩观,恪尽职守、秉公执纪,同时要围绕当前水利中心任务开展岗位学习培训,丰富纪检监察业务知识,提高政策理论水平和工作突破能力,夯实工作基础。厅纪委将尽可能地为纪检监察干部创造接受业务培训的机会和条件。

同志们,水利党风廉政建设和反腐败工作任重道远,责任重大,使命光荣。让我们团结一心,在各级党组织的坚强领导下,解放思想,求真务实,开拓创新,全力推进水利惩防体系建设,以优异的成绩迎接建党 90 周年。

自治区农建指挥部办公室主任、水利厅副厅长毕廷和在全区农田水利基本建设总结表彰会议上的报告

（2011 年 1 月 13 日）

各位领导、同志们：

按照会议安排，我代表自治区农田水利建设指挥部对近年全区农田水利基本建设工作做总结报告。

近年来，在自治区党委、政府的高度重视和正确领导下，全区各地以提高农业综合生产能力、改善农民生产生活条件和农村生态环境、促进农民增收为目标，紧紧围绕社会主义新农村建设、现代农业发展和打造“黄河金岸”，探索新形势下农田水利基本建设的新思路、新机制、新举措，以前所未有的气魄和力度，“大手笔规划、大额度投入、大兵团作战、大规模整治、高标准建设”，开展了声势浩大的农田水利基本建设。

一、务实苦干，农田水利基本建设取得显著成效

“十一五”期间，全区农田水利基本建设完成投资 89.9 亿元，比“十五”期间增长 220%。投入劳力 8135 万工日、机械台班 220.9 万个，分别是“十五”期间的 134%和 208%。新增和恢复灌溉面积 43.33 千公顷、新增旱作基本农田 145.33 千公顷、新增节水灌溉面积151 千公顷、改造中低产田 202.13 千公顷、治理水土流失面积 5158 平方公里、解决了 165 万农村人口的饮水安全和困难问题。全区灌排条件和农业生产条件明显改善，农田灌溉保证率和农业生产能力明显提高，2010 年与 2005 年相比，全区粮食产量增加 16.7%，引黄水量下降 10.1%，为经济社会发展提供了用水保障。

通过全社会大搞农田水利基本建设，使广大干部得到了锻炼，增强了基层干部执政能力和组织发动能力，加强了农村基层组织建设；使群众受到了教育，培养了农民群众集体主义观念；改善了党群、干群和邻里关系，促进了社会和谐，社会各界对农田水利的关注程度进一步提升。

总结近年农田水利基本建设，概括起来主要做法和经验是：发展完善了“一个思路”，创新建立了“四个机制”，强化了“五个到位”，实现了“六个新突破”。

（一）发展完善“一个思路”

按照“北部节水、中部调水、南部开源”的分区治水思路，坚持因地制宜，注重实效，建管结合，在北部引黄灌区突出“节水、挖潜”，大力实施末级渠系节水改造、排水沟道治理，建设节水型灌区；中部干旱带围绕“水源、特色”做文章，在扬黄灌区内部挖潜节水，向外延伸扩展，建设农村饮水安全重点工程，大力推进高效节水补灌工程建设，构建农村饮水安全和旱作高效节水农业保障体系。南部山区围绕“开源、增效”，以水保生态建设为重点，坚持库、坝、窖、池联合运用，大力开展水库除险加固、库井灌区节水改造、旱作基本农田、小流域综合治理和小型水源工程的配套建设。

（二）创新建立了“四个机制”

一是以奖代补机制。连续在全区组织开展农田水利基本建设“黄河杯”竞赛活动，实行“以奖代补”，奖励资金逐年增加，五年来自治区财政共安排以奖代补项目资金 1.01 亿元，撬动了市县和群众投入 27 亿元，起到了“四两拨千斤”的效果。

二是行政推动机制。各地把大搞农田水利基本建设作为加强基层组织建设和检验各级干部执政能力的具体措施，作为密切党群、干群、邻里关系的重要途径，纳入政府工作考核范畴，与干部考核任用相挂钩，建立主要领导负总责的组织保障体系，强化行政推动。自治区领导多次亲临农田水利基本建设现场调研指导。各市县主要领导都亲自安排部署、督促检查，强化干部带头示范效应。五年来全区干部职工参加农建义务劳动 240 万人次，有力地推动了全区农田水利基本建设深入开展。

三是群众广泛参与机制。用足用活“一事一议”政策，把组织群众参加农田水利基本建设与农村社会事务管理相结合，投工与筹资相结合，人力与机械施工相结合，村队组织形式与协会参与组织形式

相结合,引导群众积极投劳投资,集中解决一村一队难以解决的问题,形成群众广泛参与和自觉参与的机制。

四是项目整合机制。以农田水利建设总体规划为指导,以各级农田水利基本建设指挥部组织牵头,按照“统一规划,统筹项目,各投其资,各负其责,各计其功,渠道不乱,用途不变”的原则,整合水利、农业综合开发、土地整理等项目资金,集中用于农田水利基本建设,连片治理,整体推进,形成了强大合力。

(三)强化“五个到位”

一是综合治理,统筹规划到位。坚持规划先行,自治区农田水利基本建设指挥部统筹制定总体规划,各市县制定了县级农田水利建设五年和十年规划。跳出以往“挖沟清渠,就农田水利干农田水利”的工作模式,把农田水利基本建设与农业特色产业、农村环境整治、农业机械化、新技术推广相结合,综合考虑土地流转、农村劳动力转移等问题,将沟渠整治、道路整修、庄点美化、生态绿化等各项惠及民生的工作打包纳入到农田水利建设当中,实行山、水、田、林、路、庄全面整治,综合治理。各地以大搞农田水利基本建设为契机,把一些多年未治的低产田、荒滩地以及条田档向不规整、灌排设施不配套的地方列为治理重点,通过统一规划布局、打破原有土地界限和条田档向高标准整治,“绘就塞上田园美好蓝图”。一些地区通过治理后,灌排等基础设施显著改善,为土地流转和规模化经营奠定了基础。

二是提早行动,安排部署到位。突出一个“早”字,将四季连为一体,整体安排部署。自治区及各市县每年年初就将农田水利基本建设列入年度工作重点,明确目标任务,制订实施方案、奖励办法和验收考核办法,做到思想早发动、任务早下达、措施早制定、资金早落实、施工早行动。在抓好春季农田水利基本建设的基础上,7 月份就开始谋划秋冬季农田水利基本建设,做好各项准备工作。9 月初开始,各市县抓住时机,放弃节假日,在抢收秋粮的同时,组织开展农田水利基本建设大会战。

三是大造声势,宣传发动到位。充分利用电视、广播、报纸、网络等宣传媒体,广泛宣传,大造声势,使农田水利基本建设深入人心,广大干部群众广泛参与,全区上下形成了轰轰烈烈大搞农田水利基本建设的强大声势和浓厚氛围。一些地区组织动员乡村干部、党员、入党积极分子、种粮大户、致富带头人引领示范,树立标杆,起到了明显的带动效果。

四是严格把关,质量管理到位。自治区制定统一的农田水利基本建设标准和技术要求,坚持高起点规划、高标准设计、高质量施工,落实质量管理责任制。各市县普遍采取先做出样板示范工程,组织乡村干部观摩学习之后推而广之的做法,有效统一了建设标准,提高了施工质量。在抓工程建设的同时,加强了工程建后运行管护,实行工程建设和运行管理同步考核,使工程持续发挥效益。

五是加强督导,督促考核到位。自治区农田水利基本建设指挥部和各市、县加大检查力度,不间断巡回督导,及时掌握动态、检查质量、督促进度、协调解决问题。适时召开现场观摩会,总结经验、宣传典型,起到了激励先进、督促后进、促进平衡发展的作用,使全区形成了比学赶超、争先创优的竞争态势。农田水利基本建设结束后,自下而上逐级严格考核验收,大张旗鼓地表彰奖励,做到工作善始善终、奖罚分明。

(四)实现“六个新突破”

一是山川联动,实现规模范围的新突破。初步转变了以往“川区大干、山区小干”和仅实施国家项目的局面,在引黄灌区进一步加大力度的同时,南部山区和中部干旱带各县区也掀起了群众性的农田水利基本建设高潮。农田水利建设的涉及范围、治理面积、社会影响程度均达近三十年最好水平。

二是连片治理,实现建设机制的新突破。在工程布局上,改变过去单靠人力小修小补和治理区域分散的模式,从群众最急需解决的灌排难题入手,集中整治工程量大、实施难度大的边缘死角和中低产田,实行人机结合、集中投入、连片建设、整片推进,形成规模效应。

三是加强引导,实现群众组织方式的新突破。改变过去以村队出工、劳动力分散的模式,采取“以工换工、以工折资、轮流整治”的方式,以乡镇为单位跨村调集劳动力,实行"大兵团会战",有效解决了劳力少、出工难、效率低等"瓶颈",开创了新时期新形势下组织农民开展农田水利基本建设的有效形式。

四是多方筹措,实现资金投入的新突破。改变过去单靠国家投入和群众投劳的单一化投入渠道,在加大各级财政投入力度的同时,加大社会融资和金融信贷投入力度,实行国家、集体、企业、农民一起上的多元化投入机制,千方百计增加对农田水利基本建设的投入。"十一五"期间,全区农田水利基本建设投入规模达历史之最。

五是创新技术,实现工程质量的新突破。大力推广微喷灌、水稻控制灌溉、高效补灌、激光平地、水表集中联户管理等新措施、新工艺、新材料,有效提升了农田水利基本建设治理标准和技术含量。

六是综合配套,在效益上实现新突破。突出边缘死角、低产田、荒地的治理,实行全面整治、综合配套,向荒滩要良田,做到建一片、成一片、发挥效益一片,实现了综合效益的新突破。

我区农田水利基本建设取得的成绩,是自治区党委、政府正确领导的结果,是各市县高度重视、真抓实干的结果,也得益于各相关部门的密切配合和大力支持,得益于广大干部群众的广泛参与。近年的农田水利基本建设有以下几点启示:领导重视是关键,部门配合是支撑,群众参与是前提,加大投入是保障,激励机制是动力。

虽然我区农田水利基本建设工作取得了显著成效,但也还存在一些不容忽视的问题。一是发展不平衡。个别县对农建认识不到位,有畏难情绪,群众发动不充分,组织不得力,一些地区治理标准有待提高。二是部分涉水项目的质量监管有待加强,项目资金整合有待进一步规范。三是农村水利工程建后维护不到位,许多地区存在重建轻管的现象,没有建立工程维护和良性运行的机制。

二、正确把握形势,充分认识加强农田水利基本建设的重要性

多年的农田水利基本建设,使我区农民生产生活条件和农村生态环境得到了明显改善。但从总体上看,我区农田水利设施仍然处于较低水平,防灾减灾能力脆弱,远远不能满足现代农业发展、农民生活水平提高和全面建设小康社会的需要。我区的区情决定了必须要坚持不懈大搞农田水利基本建设,形势十分迫切,任务十分繁重。分析我区当前农田水利基本建设面临的形势,压力与动力同在,机遇与挑战并存,主要体现在"五个迫切要求,三个有利条件"。

"五个迫切要求":

一是保护和提高粮食生产能力,保障粮食安全,对加强农田水利基本建设提出迫切要求。我区农田水利设施主要建于二十世纪六七十年代,建设标准低,配套不完善,维护更新投入不足,老化失修严重,抗御自然灾害的能力弱,旱耕地比例占到50%以上,还存在133.33多千公顷中低产田,迫切需要改善灌排生产条件,挖掘和提高农业生产能力。

二是发展现代农业,增加农民收入,对加强农田水利基本建设提出迫切要求。当前,我区正在大力调整农业产业结构,推进现代农业发展,实现农业增效、农民增收的目标,迫切需要提供可靠、高效的现代化灌排配套设施。

三是日益突出的水资源形势,对加强农田水利基本建设提出迫切要求。我区高效节水技术推广率低、农业灌溉水利用系数仅为0.42。随着人口增长、经济社会快速发展、工业化和城镇化进程加快,需水量不断增加,水资源供需矛盾加剧,迫切需要建立保障水资源安全的基础设施体系。

四是提高农民生活质量,加快小康社会建设,对加强农田水利基本建设提出迫切要求。目前全区尚有55万原规划内农村人口急待解决饮水不安全问题,同时由于农村水源变化、水污染和水质标准提高等原因,新增68万饮水不安全人口,加之自治区大力实施生态移民战略,35万移民饮水问题亟待解决,全面解决农村饮水安全任务艰巨。

五是改善生态环境,实现可持续发展,对加强农田水利基本建设提出迫切要求。我区自然条件差,生态脆弱,水土流失和水污染、土壤次生盐碱化尚未得到有效遏制,迫切需要加强水土保持生态建设,改土治水,改善生态环境。

"三个有利条件":

一是中央进一步重视和支持三农。2011年,中央决定把农田水利作为农村基础设施建设的重点任务,大兴农田水利建设,为加强农田水利基本建设提出了明确目标,提供了重要的历史机遇。

二是国家将农田水利作为投入的重点,将大幅增加资金投入,制定了一系列政策措施,为加强农田水利基本建设提供了有力保障。

三是近年来我区农田水利基本建设工作已积累了一些经验,形成了好的机制,为加强农田水利基本建设奠定了良好的基础,创造了有利条件。

我们要坚决按照中央和自治区的部署,进一步统一思想,提高认识,强化措施,克服麻痹松懈和畏难厌战情绪,抢抓机遇,真抓实干,切实加强农田水利基本建设。特别是农田水利基本建设相对滞后的县区,要向先进县学习,找准突破口,把农田水利基本建设作为落实中央1号文件的关键措施来部署,作为经济结构战略性调整和转变农业发展方式的基础工程来推进,作为保障和改善民生的重大举措来实施,为自治区经济社会跨越式发展做出新的更大贡献。

三、创新机制,推动农田水利基本建设再上新台阶

今后一个时期的农田水利基本建设,要围绕全区经济社会发展大局,按照跨越式发展的要求,以保障粮食安全、防洪安全、饮水安全和生态安全为目标,多渠道、大幅度增加资金投入,多措施、大力度创新体制机制,多方面、大效力整合项目资金,多层次、大范围动员社会力量,深入开展农田水利基本建设。概括起来就是要统筹实施好“一个规划”,突出“三个重点”,推进“三个创新”,实现“三个增加”。

统筹实施好“一个规划”。即统筹实施好“十二五”规划。以自治区经济社会“十二五”规划为统揽,全面实施农田水利规划。各市县要认真对照已制定的《县级农田水利规划》,认真落实各年度的建设任务,加强规划的指导作用和农田水利基本建设指挥部的职能作用,建立联席会议制度,加强协调沟通,强化各类涉水项目的衔接、整合和监管,全面提高农田水利工程建设的总体水平。要切实加大农田水利工程前期工作力度,为争取项目资金打好基础。

突出“三个重点”。一是加快旱涝保收高标准农田建设。立足高起点、高标准,综合治理。加大末级渠系节水改造和骨干排水沟道的整治力度,因地制宜兴建小水窖、小水池、小塘坝、小泵站、小水渠等“五小”水利工程。切实抓好小农水重点县建设,以县为单位连片配套改造。战边缘、灭死角,对农田排灌和道路设施凌乱的区域,打破现状布局,统一规划高标准综合治理,加快建设旱能灌、涝能排、田成方、渠畅通、沟相连、路平坦、林成网的高标准基本农田,全面提高农业综合生产能力和抗灾减灾能力。二是全力推进农村饮水安全工程建设。按照到2012年解决规划内220万农村人口的饮水安全问题,“十二五”末解决新增68万农村人口的饮水不安全和35万生态移民的饮水问题的目标,积极推进集中供水工程建设和城乡一体化供水,实施集中供水工程管网延伸扩展和小型分散供水工程联网等措施,力争在“十二五”末实现农村自来水基本普及。三是加快高效节水灌溉工程建设。因地制宜,大力推广渠道防渗、水稻控灌、高效补灌、低压管灌、微喷灌、激光平地等高效节水灌溉措施,促进现代农业发展。于2012年提前完成规划的中部干旱带76.67千公顷补灌工程建设任务,保障生态移民和特色农业用水,推进中部干旱带生产方式和经济发展方式转变。

推进“三个创新”:一是推进机制创新。继续深入开展“黄河杯”竞赛,不断创新以奖代补、财政投入、项目整合、一事一议等长效机制,加快建立农民以资代劳、吸引信贷资金以及社会各方面资金投入农田水利建设的机制,确保农田水利基本建设投入持续增长。二是推进技术创新。加强农田水利科技研究,大力引进推广国内外新技术、新材料、新工艺,全面提高农田水利科技含量。三是推进管理创新。坚持工程建设与建后管护齐头并进,同步考核,切实扭转重建轻管的形象。加强乡镇水利服务体系建设,推进小型农田水利工程产权制度改革,加快农村水利信息化建设,保持农田水利基本建设健康发展。

实现“三个增加”。一是投入实现大幅增加。力争今后十年农田水利基本建设投资年均投入比2010

年高出一倍。二是治理规模实现逐年增加。确保农田水利基本建设声势不减,力争治理范围逐年扩大,建设内容和建设规模逐年增加。三是建设效益明显增加。农田水利基本建设的主要效益指标逐年提高,农业农村供水、抗旱防汛减灾和农业综合生产能力明显增强。

各位领导,同志们,成绩只代表过去,新时期赋予我们新的历史使命。我们要深入贯彻落实科学发展观,进一步坚定信心,乘势而上,开拓创新,苦干实干,推动我区农田水利基本建设工作实现新跨越,为自治区经济社会发展做出新的贡献!

自治区水利厅副厅长郭浩在水利部淤地坝现场会议上的报告

（2011 年 6 月 17 日）

宁夏位于黄河流域上游,总面积 5.18 万平方公里,其中水土流失面积 3.69 万平方公里,占总面积的 71.1%,是全国水土流失最严重的省区之一。为有效防治水土流失、改善生态环境,促进山区经济发展,长期以来,特别是 2003 年国家启动实施黄土高原淤地坝试点工程以来,我区把淤地坝作为治理水土流失的一项重要措施,开展了大规模的淤地坝工程建设。截至目前,我区共建成淤地坝 1234 座,分布于全区 14 个县(市、区),其中建成骨干坝 396 座,中型淤地坝 366 座、小型淤地坝 472 座。近年来,在大力开展淤地坝工程建设的同时,我区各级人民政府和水利部门十分重视淤地坝安全运行工作,采取有力措施,加强管理,认真做好淤地坝防汛工作,确保工程安全度汛。

一、主要做法

（一）加强组织领导,认真抓好淤地坝汛前安全大检查

为了加强淤地坝安全度汛组织领导,切实落实责任,自治区水保局在防汛办统一安排下专门下发做好淤地坝的汛前防汛检查和在建淤地坝安全度汛的工作通知,自治区水利厅每年都将淤地坝安全度汛列为重要内容,组织相关处室,由水保、防汛部门牵头分组分片对全区各市、县进行汛前安全大检查。自治区水利厅按照水利部等上级部门的要求,认真组织开展淤地坝安全生产专项检查工作,深入工程现场进行实地察看,发现问题,及时提出整改意见和要求限期落实,并将整改结果报告上级。

（二）完善淤地坝度汛安全各类制度、落实各级各类责任

各县(市、区)政府及水利水保部门将淤地坝安全度汛纳入当地防汛管理体系,实行行政首长负责制。一是逐坝落实以地方行政领导为核心的淤地坝防汛管理各级各类责任制,包括乡(镇)及行政村领导负责人、水行政主管部门技术责任人、工程管理单位及管理、管护人员等,明确岗位责任。大部分县政府对骨干坝及重要的中小型淤地坝防汛责任人在当地媒体上进行了公示,积极做到防汛对象清楚,防汛责任明了,防汛责任人明确。二是按照有关要求修订或编制淤地坝防汛预案,对在建工程编制度汛方案,对坝后有村庄、住户和公路等重要设施的工程提出了预警和人员转移等应急预案,落实防、抢、撤等各项措施,责任到人,防汛预案均经当地防汛部门审批。三是严格实行 24 小时昼夜值班和汛情、险情逐级报告制度。

（三）积极筹措资金,加固维修病险淤地坝

针对淤地坝经过长期运行,一些工程出现老化失修、存在安全隐患这一现实问题,近年来,我区各级水利水保部门把病险淤地坝除险加固和维修工作列为重要议事日程,积极开展相关工作。一是根据水利部要求,认真组织了淤地坝安全大检查专项行动。针对淤地坝存在的不同问题,组织有关人员编制了淤地坝除险加固工程实施方案,为开展病险淤地坝除险加固工作进行了前期准备。二是多渠道筹措资金,加固改造和维修淤地坝。2010 年,我区在继续争取自治区财政维修资金的同时,利用西气东输二线工程水土保持设施补偿费,安排资金 287 万元,对盐池等 5 县（区）17 座骨干坝、3 座中型淤地坝进行了加固改造或维修。同年安排中央预算内水土保持资

金415万元,对西吉等5县(区)20座病险淤地坝进行了加固维修，进一步加大了病险淤地坝除险加固力度。三是对除险加固工程加强管理,对工程初步设计进行严格审批,明确了主管部门、项目法人及各自职责,工程完工及时组织竣工验收,以确保加固改造工程取得实效。

(四)积极探索淤地坝运行管理管护机制与形式

近年来，我区积极探索淤地坝运行管理机制与形式，进一步加强工程运行管理，落实工程管护责任。近年来,西吉、海原、彭阳、隆德等县政府根据水利部和自治区有关水管体制改革精神，结合本地实际，先后制定并出台了有关小型水利水保工程管理体制改革实施意见、细则和方案，积极推行承包租赁、拍卖等方式的淤地坝工程产权制度改革。全区共有152座淤地坝推行产权制度改革，其中承包149座、拍卖3座。一是承包租赁,以坝养坝,对于条件较好的工程,由水利水保部门与承包人签订承包合同,并将管护责任一并移交，即确保最大限度地发挥工程效益,又能落实管护责任,收缴的承包费也可用于淤地坝的维修和养护,其他工程管护的补贴。二是大部分县在淤地坝竣工验收时，由县水利水保部门与受益乡、村签订管理合同,明确乡、村、局三方的责任及义务。也有部分淤地坝就近选定住户群众,签订管护合同,委托其对工程进行管护,水利水保部门负责技术指导和支付费用。三是以大带小,库坝联管,由水利部门统一安排，利用水库管理所等区位优势和管理能力,将淤地坝与水库等水利工程结合起来,统一管理,水资源也可统一调度,既能保证管理到位,又能提高经济效益,做到丰蓄枯补。

二、存在的问题

一是我区300余座水土保持淤地坝工程建设于二十世纪八九十年代,这些淤地坝建设标准低,建筑物老化失修、淤积严重,防洪标准低,拦蓄调节功能衰减,一旦遭遇较大暴雨山洪,可能致使下游群众生命、财产安全受到威胁。

二是淤地坝除险加固、维修管护经费不足。长期以来,骨干坝维修管理经费一直没有得到解决,病险坝得不到及时加固维修，致使一些原本只需花费少量资金即可解决的小问题,逐渐演变为严重问题。病险淤地坝除险加固经费无着落。

三、建 议

一是应将淤地坝除险加固工程与目前开展的中小型水库除险加固等同对待,设立专项资金,按照轻重缓急,分期分批进行改造。

二是研究制定有关淤地坝降等、报废管理办法,允许个别淤地坝工程因条件限制等因素，对已失去调蓄作用的淤地坝降等或报废，以利于淤地坝工程建设健康发展。

自治区水利厅副巡视员陈广宏在2011年灌溉管理工作会议上的讲话

(2011年3月25日)

同志们:

在全区深入学习贯彻《中共中央、国务院关于加快水利改革发展决定》之际,今天水利厅召开引黄灌区2011年灌溉工作会议。这次会议的主要任务是:贯彻落实2011年全区水利工作会议精神，总结2010年引黄灌区灌溉管理工作，安排部署2011年灌溉管理工作。一会儿，吴洪相厅长还要做重要讲话。下面我先讲两点意见:

一、2010年灌溉管理工作任务全面完成

2010年,在自治区党委、政府的正确领导下,在灌区各级政府和有关部门的大力支持下，各市县水务局和各渠道管理处克服引水指标不足、气候异常、时段性用水矛盾突出、工程建设任务重等困难,强化管理,创新工作,全面完成了2010年灌溉管理各项工作任务。灌区引水、耗水量首次实现均不超国家分配指标的目标;成功战胜了“8·11”同心特大山洪灾害，创造了零伤亡的奇迹；切实保障了灌区466.67多千公顷农田的适时灌溉和均衡受益，为全区粮食安全,农民增收和农村社会稳定提供了基础保障。引黄灌区灌溉管理工作取得了显著成效。

2010年夏秋灌自3月1日放水,9月8日停水;

冬灌自10月18日放水，11月22日停水，全年行水228天。共引水63.91亿立方米，比计划65.63亿立方米少1.72亿立方米，减幅2.6%；灌区各市县用水53.86亿立方米，比计划55.06亿立方米少1.2亿立方米，减幅2.2%；2009~2010调度年农业耗水29.12亿立方米，比黄委会分配指标少4.88亿立方米，减幅14.4%，实现了自治区人民政府提出的“不超黄委会分配水量”的目标。灌区粮食总产再创新高，达到230万吨，比2009年增产10万吨，实现了粮食连续7年增产。

2010年灌溉特点明显，主要表现在以下几个方面：

一是夏秋灌前期降水较多，后期偏少，对引用水计划执行影响较大。4~6月份，灌区降雨偏多，尤其是6月份，降雨量比常年偏多2成，是近几年同期降雨量较大的一年。灌区引水大幅减少，各大干渠实际引水偏离年度计划方案较大；7、8月份灌区降雨偏少，全区平均降雨量较常年偏少5成，灌区用水需求旺盛，水利厅积极与黄委会协调，加大灌区引水，基本保障了灌区作物及时灌溉。夏秋灌灌区共引水54.43亿立方米，比计划少1.57亿立方米，减幅2.8%，总体执行情况较好。

二是作物种植结构大幅调整，引用水规律与峰期变化较大。受春雨影响，去年灌区春小麦种植面积减少35.33千公顷，减幅34%，玉米、水稻等秋作物增幅较多，尤其是单种玉米面积增加22.67千公顷，增幅19%。灌区引、用水规律和峰期时段与往年有较大变化，增加了水量调度难度。从引水情况来看，4~6月份日均引水流量比2009年减少45立方米/秒，减幅11%；7~8月份增加54立方米/秒，增幅15%。灌区用水峰期明显向后推移。

三是工业用水增速较快，生态用水趋于稳定。2010年工业供水0.66亿立方米，比2009年多0.25亿立方米，增幅61%；湖泊湿地补水1.32亿立方米，与2009年相比基本持平。

四是用水计划进一步强化，用水过程比较平稳。在灌区各级水利部门的共同努力下，灌区引用水过程控制较好，加减水过程较为平稳，没有出现大起大落的状况，有力地支持了水量调度计划的实施，避免了大幅超引与强行压减交替出现的不良局面。

总结2010年灌溉工作，主要抓了以下几个方面：

(一)加强水权管理，强化计划用水，确保灌区均衡受益

在黄河水量调度形势发生重大变化之后，我区在引黄水量分配及调度管理方面逐年改进，灌区各级水量调度部门创新管理，规范水量分配程序，强化水量调度管理，加强用水管理，促进了节约用水。盐环定扬水管理处严格控制新增用水，统筹各领域用水需求，将区域用水指标落实到各斗口，时段配水量明确到各站所，做到了总量控制、定额管理；西干渠管理处克服引水指标不足、作物种植面积增加、防汛灌溉矛盾突出、葡萄等特色产业需水要求高等困难，创新“渠、库”联合调度模式，较好地保障了灌区40万千公顷农田灌溉用水；渠首等管理处以灌区大局为重，认真执行水利厅调度计划，确保灌区引用水秩序稳定正常；兴庆区、利通区、农垦、监狱系统等市县把作物种植结构调整落在实处，合理组织田间用水，错开灌溉高峰，为灌区节约用水、计划用水做出了表率。今天，我们对2010年10个全区节约用水先进单位进行表彰，其目的就是要通过建立节水有奖、超用受罚的激励约束机制，促进灌区用水从被动压减向自律节约转变。

(二)狠抓安全生产工作，确保了灌溉安全

2010年春季我区发生了持续时间最长的冰冻灾害，在青海玉树发生7.1级地震和甘肃舟曲发生特大泥石流地质灾害后，国家发出通知，要求各省区加强应对各类自然灾害的措施，切实保障好人民群众生命财产安全。水利厅按照通知要求，及时安排部署了渠道安全运行防范措施，分次进行了全面安全检查；各级水利部门进一步强化安全生产责任制，切实将安全生产制度、事故防范预案和整改措施落到实处；灌溉局制定了《渠道防汛调度预案》，明确了各渠道汛期水量调度方案，做到有计划、有准备地防御洪水；西干渠、固海等管理处认真修改完善《渠道防汛抢险预案》，并进行实地演练，提高了职工队伍对突发事件的应急处置能力；各市县加强了支斗渠道

管护，支斗渠安全运行保障率明显提高。“8·11”同心特大山洪灾害发生后，自治区相关领导在第一时间赶赴现场指挥，水利厅迅速组织展开抢险救灾工作，在灾害发生20小时后恢复了渠道供水，创造了零伤亡的奇迹，保证了灌区下游18千公顷农田适时灌溉和20万人的饮水安全。

（三）井渠结合灌溉效果显现，有效解决了干渠梢段灌溉难问题

经过2008年和2009年试点运行，到2010年，灌区共发展井渠结合灌溉片区13个，分布机井659眼，控制灌溉面积10.2千公顷。2010年共抽取地下水近900万立方米，相当于减少引黄水量1800多万立方米，井灌区地下水位平均下降0.5米。通过多年的管理运行，井渠结合灌溉模式初步确立。一是基本建立了井渠结合灌溉管理体制。明确了管、调、用三方责任主体，完善了“井渠同灌”灌溉管理机制，建立了“两水同价”制度，机井电费补贴和维修补助良性运行机制已初步确立。水利厅三年共筹措资金440多万元，对机井运行电费和发生的维修费用进行了补贴。二是井渠掺灌方式已被群众接受。井渠掺灌解决了单纯井水灌溉“凉、贫、慢”的弊端，在干渠供水不足的梢段地区，已得到群众普遍认可。三是机井应用范围不断扩大。机井在春季水稻育秧、设施农业用水等领域得到广泛使用。冬灌期间，由于青铜峡水电厂1号机组改造，河西总干渠供水不足，惠农区等地积极组织群众开启机井340多眼进行冬灌，梢段灌溉进度明显加快，在自流灌区开创了机井冬灌的先例。四是机井管护责任逐步落实。大力推广农民用水协会管理机井模式，机井管护责任得到落实，机井设施损毁、丢失现象较以往明显减少。五是节水保灌、减负增收效果明显。通过调查对比，实施井渠结合灌溉的支斗渠，亩均用水量较未实施的减少引黄水量93立方米，亩均水费减少5.38元；农田适时灌溉保证率提高，土壤盐碱化现象减轻。灌区节水保灌、减负增收效果明显。

（四）密切配合，全面完成冬小麦、葡萄等特色产业关键期的灌溉任务

冬麦北移种植是自治区调整优化农业种植结构的一项重要措施，2010年引黄灌区冬麦种植面积达到46.67千公顷。各市县水务局、各渠道管理处高度重视，积极做好冬麦头水和播前储墒水灌溉，秦汉渠管理处加强与当地农牧、水利部门的联系，掌握冬麦种植分布区域，提前做好冬麦头水灌溉水量调配计划，按时完成了冬麦头水灌溉任务；在冬麦播前储墒水灌溉期间，又结合大田蔬菜等秋作物用水需求，合理调整用水过程，于夏秋灌停水前全面完成了冬麦播前储墒水灌溉任务，有力地支持了冬麦北移种植计划的实施；为支持我区葡萄产业发展，满足葡萄冬灌用水需求，水利厅积极采取措施，适度提前冬灌放水时间，及时解决了灌区近20千公顷葡萄冬水早灌问题。西干渠、红寺堡管理处加大延伸服务力度，督促农户实施有序灌溉，为农户实施压埋越冬保温措施预留了时间，确保了葡萄安全越冬。

（五）进一步规范了农民用水协会参与式管理，协会运行和水费管理工作得到加强

2010年，水利厅根据协会运行现状和存在的问题，认真研究政策，全面安排部署，各渠道管理处、各市县把规范协会运行和水费收缴工作作为继续推进农村水费改革的抓手来抓，取得较好成效。一是在深入调查研究的基础上，及时召开了引黄灌区农民用水协会工作会议。会议分析了当前协会发展面临的形势和问题，并对下一步工作进行了安排部署。二是协会财务管理得到规范。惠农区、贺兰县等地积极推广农村信用社代收水费和定点收费制度，水费征收进度大大提高；沙坡头、利通区等市县实行“村用、乡管、县监督”的协会财务管理办法，较好地解决了村级协会账目不规范、白条入账、滥开乱支等问题，确保了支斗渠水费按规定用途合理使用；七星渠管理处在自流灌区推行凭票供水制，群众“重水、节水、有偿用水”观念更新，解决了农户水费分担不合理的问题，形成了协会以费保水，水管单位以水保费的良好局面。三是抓好延伸服务工作。各水管单位切实加大延伸服务力度，使延伸服务内容具体化，工作常态化。惠农渠管理处通过建立“协会之家”和“会长例会制”等制度，加强对协会工作的指导和服务，协会组织化程度不断提高；唐徕渠管理处以推行“用水户谈

心说事日”为抓手,形成“横向到农田、纵向到支渠、依托协会、多方参与”的全方位延伸服务网络;渠首管理处推行水管单位代管协会财务,获得了协会和灌区群众的好评。这些做法都极大地丰富了延伸服务内容,使延伸服务落到了实处。四是开展专项检查整顿工作。水利厅对灌区群众反映比较集中的水费收缴不规范、返还水费不到位等问题进行专项检查,对查找出来的问题责成有关单位和部门限期整改,以“收据”代替“明白卡”等违反政策的现象得到一定程度的治理。

(六)工程建设任务全面完成,灌区供水安全保障能力和用水效率明显提高

续建配套项目实施13年来,渠道供水安全保障能力和用水效率明显提高,自流灌区干渠砌护率提高了13%,骨干建筑物完好率提高了15%;灌区灌溉水利用系数由0.36提高到0.42,灌溉周期平均缩短3~5天。2010年,大型灌区续建配套项目共砌护骨干渠道40.9千米,改造骨干建筑物18座,当年完成投资9500万元;大型泵站更新改造工程累计完成投资2.25亿元,泉眼山、大战场、田营、扁担沟、五里坡、南山台子6座泵站的更新改造已完成;大柳木和黑水沟2座泵站预计3月底前全部完工并投入运行。随着国家投资的进一步增加,工程改造步伐不断加快,灌区节水改造模式逐步由点向面,由分散建设向集中连片转变,建设标准和节水效益大幅提升,骨干渠道安全运行条件逐步好转,扬水工程机电设备老化失修、运行保障率低的状况得到了极大改善,为灌区经济发展、社会稳定提供了有力的水利支撑。

(七)信息化建设步伐加快,水量调配手段更加快捷

引黄灌区信息化建设步伐进一步加快。2010年,完成了汉延渠灌域信息化工程建设任务,实现了处、所、段3级管理机构计算机网络互联互通,为灌区水情信息的上传下达提供了可靠保障,水量调配手段更加快捷;建设了灌区视频监视系统,实现了各大干渠引水口远程视频监视,提高了干渠供水保证率;开通了宁夏引黄灌区信息网站,为灌区提供了一个宣传水利政策法规和信息交流的平台;开发了引黄灌区水量调度管理系统,为灌区科学调度、动态配水奠定了基础,有效调高了灌区水量调度管理水平。

虽然2010年灌溉工作取得了较好的成绩,但还存在一些问题。一是因长期投入不足,水利工程建设标准低、老化失修等问题仍未从根本上解决,水利基础设施建设任务依然繁重;二是节水意识不强,灌溉管理水平仍较粗放,有利于水资源节约和合理配置的水价机制有待进一步完善;三是水管单位节水与经费短缺的矛盾日益突出,基层单位设施条件亟待改善,节水工作力度还有待于进一步加强;四是灌溉面积逐年增加,作物种植结构单一,灌溉水利用率低,水资源供需矛盾日趋尖锐,缺水瓶颈日益凸显;五是渠道安全隐患依然存在,干渠调控手段和抗旱应急能力弱,安全问题依然突出;六是农民用水协会发展不平衡,农业水费收缴管理还需进一步规范。这些问题,需要我们在今后的工作中逐步研究解决。

二、抢抓机遇,乘势而上,全力做好2011年灌溉管理工作

今年的中央1号文件明确提出:把严格水资源管理作为加快经济发展方式转变的战略举措。“用5~10年时间基本建成水资源合理配置和高效利用体系,基本建立最严格的水资源管理制度,基本建立有利于水资源节约和合理配置的水价形成机制,基本形成水利良性运行机制”是新时期我们水利行业面临的政治任务。引黄灌溉工作要以“三个代表”重要思想为指导,深入贯彻落实科学发展观,把思想和行动统一到中央1号文件和自治区的决策部署上来,以建设节水型灌区为目标,强化灌溉管理,加快工程建设进度,全面推进水管体制改革,抢抓机遇,乘势而上,努力实现我区水利事业跨越式发展的目标。

(一)今年灌溉工作的总目标

今年灌溉工作总体目标是:深入贯彻落实中央1号文件,全面完成476.67千公顷的农田灌溉任务,确保灌区粮食丰收;加快水利基础设施建设,全面完成年度工程建设任务,力保全年干渠安全运行无事故;严格水资源管理,全区耗水总量力争控制在国家分配指标内,引水总量力争控制在水利厅下达的指标内;水资源调配体系进一步优化,农业灌溉水利用

效率和效益进一步提高。

(二)2011 年灌溉面临的形势

今年灌溉面临新的严峻挑战,主要表现在:

一是黄河来水持续减少,水利部黄委会分配我区耗水指标严重不足。根据水利部公布的黄河干流水量调度预案,本年度分配我区耗水量为 35.68 亿立方米,比上一调度年少 1.08 亿立方米,减幅 2.9%。其中,3~6 月份分配我区耗水量 20.52 亿立方米,比近三年同期耗水量少 0.92 亿立方米,减幅 4.3%。加上今年山东、河南等地大旱,黄河年际间丰枯调剂和上游水库拉沙、下游干流调水调沙以及引黄入津、引黄济淀等流域外用水,我区用水还有可能进一步压减。这将加剧灌区用水矛盾,保障农作物适时灌水十分困难。

二是各行业用水需求旺盛,需水量增速加快。近年来,随着自治区工业和城市化进程不断加快,我区工业、生态等行业用水增速较快,2010 年已增至 1.98 亿立方米,相当于两个多盐环定扬水系统的上水量。2009 年灌溉局调查的灌区遥感面积实际已达到 506.67 千公顷,宁夏"十二五"生态移民安置区规划还要新开发灌溉面积 17 千公顷,灌溉面积的增加,必将导致农业灌溉用水逐年增加。这些新增用水需求,都要通过节水途径在总用水指标内调剂解决,难度很大。

三是气候持续干旱,降雨偏少。据气象部门预测,今年灌区 3~5 月气温偏高,降水偏少 1~2 成,出现春旱的可能性较大。因此,小麦需水临界期将会提前,灌区用水量将相对增加,灌溉水量供需矛盾突出。

(三)全力抓好 2011 年灌溉工作

1. 加强对今年灌溉工作的组织领导。针对今年春季干旱少雨、黄河水量分配减少和农时推迟的实际情况,为提高用水效率,水利厅决定自流灌区河西总干渠 4 月 1 日、河东总干渠 4 月 10 日开闸放水,扬水灌区 3 月 31 日开机上水。各市县水务部门、各渠道管理处要加强领导,明确任务,落实责任,加大工作力度。开灌后,各有关部门要成立灌溉工作组,派得力干部深入灌区指导春灌工作,要紧密配合,加强沟通,指导群众早灌头水。要维护好灌水秩序,把各类用水矛盾和水事纠纷处理在萌芽状态,确保灌溉工作有序进行;艾伊河等湖泊湿地补水工作要在 4 月 15 日前完成,不得与冬、春小麦灌溉争水。3 月 15 日,水利厅、农牧厅召开联席会议,针对今年的特殊墒情,研究确定冬小麦开灌日期在 4 月上旬,在 4 月 20 日前要基本完成头水灌溉,以促进冬麦返青壮苗,确保今年冬麦再获丰收;各市县水务部门要进一步加强对稻田养蟹工作的服务和指导,充分利用灌区湖泊湿地、洼地水资源,在渠道供水不能及时保障时,抽取湖水维持河蟹生存。加强养殖户用水管理,严格按照养殖要求开挖环沟蓄存水量,减轻渠道供水压力,避免给群众造成不应有的损失。

2. 抓紧做好灌前各项准备工作。各渠道管理单位要抓紧渠道春修工程建设,做好放水前的各项准备工作,各项工程务必于渠道放水前完成,不得因工程施工原因影响放水。各市县水行政主管部门、农垦系统要切实担负起各类涉水工程建设的组织领导责任,及时掌握工程进度,统筹安排农田水利基本建设、国土资源整治、农业开发等涉水工程项目;要督促乡村、农民用水协会,抓紧时间,尽快完成沟渠清淤和支斗渠改造等农田基本建设任务;要加强和国土资源整治、农业开发等项目管理单位的联系,妥善处理好工程建设与灌溉的关系,提出完工期限要求,不得因工程进度贻误灌水时机,影响春灌进度。支斗渠沟的清淤和支斗渠改造工程,必须在 4 月 10 日前完成。因工程不能按时完工,工作不到位,造成不能按计划放水的,要追究有关市县和管理处的责任。

3. 以水权理论为指导,合理编制水量调配方案。随着黄河来水逐年减少,全区可利用引黄水量刚性减少已经成为一种约束性定式,我们必须转变管水用水思路,要将目前通过增加供水量解决问题的"供水管理",转化为控制需水量且获得最大效益的"需求管理"。水利厅已将黄委会分配全区的黄河水量作为今年控制的总量,以 2005~2007 年实际引用水量为基数,按照丰增枯减的原则分配到了各市县和各干渠。各市县要商水管单位,结合作物布局等实际情况,以文件形式将用水指标全部细化到各支渠、各农民用水协会；各水管单位要按照各支渠供水方案，做好干渠水量调度计划和抗旱应急调度预案，并层层签订供用水协议，实行合同化管理。各市县要结合规范和提高农民用水协会的运行管理，切实加强田间节水工作，按照水利厅颁布的田间用水定额，严格控制用水量；各渠道管理处要严把水资源管理的“三条红线”，从保证灌区可持续良性发展的高度，严格控制新开斗口和新增水量的管理。各市县水务局要认真履行水行政主管部门的职责，加强本地区水资源和已分配水权的管理，督促指导项目建设单位做好水资源论证相关工作，主动参与涉水项目的规划论证，提出行业指导意见，把好需水申请，尤其是新开取水口的申报关，保障灌区可持续发展。

4. 加强水量调度，严肃供水纪律，确保灌区上下游均衡受益。各级水利部门要加强用水管理，严格水量调配制度，严肃供水纪律，确保调度计划的贯彻落实。今年，各级水利部门要把灌区高口高地及干渠梢段灌水难作为灌溉工作的重点工作来抓，要通过强化水量调度，优化运行方式，千方百计地解决好灌水难的问题。在灌溉高峰期，各水管单位要采取严格的交接水和轮灌制度，保障下游市县的用水权，确保灌区上下游均衡用水；各市县要采取有力措施，杜绝砸口偷水、霸口抢水以及强行压闸等现象，以保障灌溉有序进行。需要强调的是：各大干渠的安全运行、供水秩序由各渠道管理处负责；支渠以下的用水管理和稳定工作由各市县负责；各农场的用水秩序和稳定工作由农垦局负责，决不能以加大干渠引水量来转移矛盾。

5. 井渠结合，沟渠联运，实行多水源联合调度，积极抗旱保灌。要充分发挥抗旱机井、机动水泵、沟道补水泵站、湖库调蓄的作用，实行多水源联合调配，发动群众，积极抗旱保灌。今年，要在巩固提高井渠结合片区 10.2 千公顷灌溉面积成果的基础上，保证启用机井 450 眼以上、抽取地下水 1000 万立方米以上的目标任务。平罗、惠农等四县（区）要切实做好机井维修改造工作，机井启用数量和单井抽水量将继续作为硬指标进行考核，井渠结合灌区机井计划抽水量要从该支渠核减，用于本市县其他支斗渠调剂使用。机动水泵、沟道补水泵站要提前做好安装调试工作，做到随调随用；湖库要按照丰蓄枯补的原则，提前蓄水，使其发挥多重功能，缓解用水高峰压力。

6. 强化安全管理，狠抓安全生产。放水前，各渠道管理处要组织对所辖渠道及建筑物进行拉网式检查，对险工险段、渡槽、涵洞、水闸等重要建筑物要特别检查，对发现影响安全运行的隐患要及时排除，确保渠道安全运行；扬水单位要组织对水泵机组、电气设备等逐项进行细致检查和检修，及时消除影响上水的因素，务必确保机电设备放水前处于正常运行状态，所有的春修、春检和放水前检查都要有专人验收、专人签字，确保渠道和设备安全运行；行水期间，要坚持定时定点巡护和领导巡渠查岗制度，坚持“六个严禁”制度。要继续强化安全生产责任制，层层签订安全责任状，把安全指标分解到所、段，落实到人头；对今年开工的灌区续建配套、水权转换项目、涉外工程和岁修工程，尤其是破堤穿渠工程，各单位都要重点设防，指定专人看护，备足抢险物料，确保突发险情及时排除。

7. 加强农民用水协会建设，提高田间用水管理水平。农民用水协会是农村水利管理工作中的一支重要力量，对加强支斗渠运行管理，维护正常灌溉秩序，提高田间用水效率具有重要作用。各市县要加强对协会工作的指导和服务，每年都要组织进行专项检查。在协会灌溉组织、财务管理、水费收缴、工程维护等方面加大督导力度，促进协会管理水平全面提升。各水管单位在放水前都要建立“协会之家”和“会长例会”制度，通过“协会之家”和“会长例会”制度这个平台，加强与协会的沟通和协作，把黄河水情、灌区气象以及干渠配水计划等信息及时传达给协会，帮助协会做好支斗渠用水计划和灌溉管理，协助协会做好水费收缴工作，确保水费足额收缴到位。

8. 加强测量水工作，促进水利行风建设。测量水工作是灌区管理的一项基础性工作，是合理调配水量、准确掌握渠道运行情况的重要手段。测量水工作也关系到水费的计收和农民水费的公平负担，也是水利行风建设的一项重要内容。因此，各渠道管理单位要高度重视测量水工作，从讲政治、促行风的高度来认识测量水工作的重要性，不断加强量水工作，促进灌区行风建设。一是要规范和完善测量水制度。各水管单位结合本灌域的实际运行情况，对过去制定的测量水制度进行认真的梳理，好的规矩要坚持，对存在的问题要用制度来规范和完善，保证测量水工作有据可依、有据可查。二是规范测量水程序。要严格按照水文测验规范要求测流量水、计算水量；努力提高量水精度，切实做到准确计量，合理收费。三是要积极引进先进实用的量水技术和设备，提高量水技术含量，确保量水精度。四是要加大测量水的监督检查力度。对不按制度测水、粗估冒算、随意涂改、有损行风建设和群众利益的做法要坚决制止并严肃处理。各水管单位要配合市县水利部门，开展对农民用水协会的测量水培训工作，保障农民用水的知情权和监督权。同时，要加大水务公开力度，水量账必须做到日清、旬结、月公布，基层所段每10日要合算对口率，确保对口率在合理的范围内，确保测流量水的公正、公平。

9. 做好第一次全国水利普查年度工作。2011年是水利普查的关键之年，今年的核心任务是完成普查对象清查、数据采集和填报等工作。各市县要根据国普办2011年水利普查工作进度安排表，明确关键节点和任务，加大沟通力度，全面完成普查对象清查工作，扎实开展普查台账建设，切实做好普查数据采集与处理以及普查表填报等工作；要严格基础资料安全保密管理，保障水利普查各项工作协调、有序、高效开展。各渠道管理单位要配合各市县普查办做好灌区普查基础数据的整理及相关资料提供工作，协助市县普查办做好数据的复核汇总等工作，确保普查成果的真实完整。

10. 加强各项工程建设管理工作。今年中央1号文件提出要加大资金投入力度，到2020年基本完成大型灌区、重点中型灌区续建配套和节水改造任务。水利部也要求各省区加大规模上报2011年计划，我们已经迎来了灌区续建配套与节水改造工程建设的高潮。今年春天要完成暖泉渠、大清渠、惠农渠永治闸至尾闸、秦渠下桥至郭桥、七星渠王台闸段整治等工程近40千米渠道砌护改造任务，续建配套与节水改造工程任务依然繁重，目前各工程进展顺利；大柳木和黑水沟泵站更新改造工程要在3月底前全面完成，确保工程如期投运，如期发挥效益。各渠道管理处要认真贯彻水利厅有关工程建设管理制度，继续抓好规范化工程建设和施工管理工作，努力提高管理水平和施工质量。要认真履行工程现场管理职责，对工程建设现场事务全面负责，要从全局出发，协调好各方面关系，本着对工程负责的态度，尽最大努力把施工现场有效管理起来。各单位要充分发挥信息化工程的作用，整合已建成的信息化工程资源优势，实现资源共享。要着眼长远，抓紧做好引黄灌区信息化建设前期规划方案的设计工作，为后期信息化工程的实施做好项目储备，不断提高水利信息化工程在灌区管理中的应用水平。

同志们，今年是“十二五”开局之年，也是贯彻落实《中共中央、国务院关于加快水利改革发展的决定》的第一年。我们要在水利厅党委的坚强领导下，深入学习实践科学发展观，深刻领会中央1号文件精神，抢抓中央加快水利改革发展的重大战略机遇，牢固树立大局意识，团结协作，密切配合，切实增强责任感、使命感和紧迫感，全面完成2011年夏秋灌各项任务，为今年农业丰收、农民增收和农村稳定做出新的更大的贡献。

专 文

认真贯彻执行《水土保持法》 奋力建设生态文明先行区

宁夏水利厅党委书记、厅长 吴洪相

今天，是新修订的《中华人民共和国水土保持法》(以下简称《水土保持法》)正式颁布实施之日，标志着水土保持法制建设经过二十年的发展即将步入新的重要里程。切实宣传贯彻落实好《水土保持法》，对于深入贯彻中央1号文件精神，加快水利改革发展，充分发挥水土保持生态建设在统筹宁夏城乡发展，服务农业化、推进工业化、支撑城市化中的作用，奋力建设生态文明先行区具有十分重要的意义。

一、充分认识新修订的《水土保持法》颁布实施的意义

(一)新《水土保持法》颁布实施，是深入贯彻科学发展观，全面落实生态之基的重大举措

水是生命之源，土是生存之本，水土是人类生存和发展的基本条件，是不可替代的基础资源。进入新世纪，随着现代化进程的加快，人口、资源、环境之间的矛盾日益突出，党中央、国务院高瞻远瞩，从可持续发展的高度，对生态建设做出了一系列重大战略决策。新法将党和国家近年来关于生态建设的方针、政策以及各地的成功做法和实践以法律形式确定下来，更加注重水土资源的配置、节约、保护，充分体现人与自然和谐的理念和依法行政的原则，是贯彻落实科学发展观、加强水土流失预防和治理的重要举措，是对中央1号文件水利是生态之基的最有力的落实，必将对水土保持事业健康长远发展产生重要的现实意义和深远影响。

(二)新修订的《水土保持法》颁布实施，是加快宁夏水土保持事业发展，构建西部生态安全屏障的法律保证

宁夏是全国水土流失最严重的省区之一，除引黄灌区外，水土流失遍布全区。水土流失、土地沙化一直是宁夏的头号生态环境问题，也是造成区域经济落后、群众生活贫困的主要原因。多年来，我区坚持“政府引导、项目带动、社会与群众广泛参与”的组织机制，采取“政府推动、资金扶持、法律保障、宣传促动”等多种措施，因地制宜，探索创新，水土保持生态建设取得了突破性进展，实现了生态改善、经济发展和社会进步的共赢，为保障自治区生态安全、促进扶贫攻坚和全区经济社会发展做出了突出贡献。新法的颁布施行，是关于生态建设是西部大开发生命线的最有力保证，是加快构筑西部生态安全屏障的法律保证，必将为尽快实现全区水土流失“总体遏制逆转，局部有效改善”起到重要推动作用。

(三)新修订的《水土保持法》颁布实施，是提升宁夏环境竞争力，建设生态文明先行区的迫切需要

尽管经过长期不懈的努力，我区生态环境逐渐向良性循环发展。但全区生态环境脆弱，水土流失依然严重，目前全区尚有2万多平方千米的水土流失面积亟待治理，生态建设与经济社会的迅速发展不相适应，与人们对生态环境的需求和期望还有很大差距，全社会水土保持意识和法制观念还有待于进一步提高。自治区“十二五”发展规划提出要着力建设生态文明先行区，打造山青、水秀、天蓝、地绿的良好人居创业环境。新法的施行充分体现人与自然和谐的理念和依法行政的原则，不仅强化了政府及主管部门的监管职能，健全了相关管理制度，而且规范了监管程序，加大了违法行为的处罚力度，对水土保持事业加快发展奠定了坚实的基础和法律保障。

二、切实抓好《水土保持法》宣传贯彻落实

(一)深入抓好学习宣传。各地各有关部门要从贯彻落实科学发展观和中央1号文件的高度，切实抓好新法学习宣传。要研究制定学习宣传方案，学习水土保持法制建设历程，学习修订前后内容变化，增强提高贯彻落实的责任感、使命感。要深入学习法律条款，弄清条文精神，适应水土保持工作的新变化。要采取多种形式，开展面向全社会、全体公民的宣传教育活动，为新的《水土保持法》的实施创造良好的环境和社会氛围。

（二）切实做好贯彻执行。新法明确了新时期水土保持工作指导方针，突出了预防和保护，完善和细化了相关规定和制度，而且修订后的新法更加具有针对性和可操作性。各地各部门要透彻领会各自应承担的职责、权利和义务，各级水行政主管部门要透彻领会执法环节的新变化、新要求，自觉做到准确理解法律、自觉遵守法律、正确执行法律。

（三）尽快抓好政策配套。提高新《水土保持法》的可操作性，关键在于修订完善地方配套法规。要按照新法提出的新理念、新要求、新思路，结合宁夏生态建设现状，尽快修订《宁夏回族自治区实施〈中华人民共和国水土保持法〉办法》等配套法规建设，出台相关的规范性文件，进一步深化、细化法律的各项制度，提高执行法律的针对性、操作性。让新法尽快落地生根，落实到加快生态建设的实践中去。

三、努力开创我区水土保持生态建设新局面

在宁夏山川全面掀起学习贯彻中央1号文件高潮的重要时刻，新《水土保持法》的颁布施行率先奏响水利改革发展的强音。要依托新法施行的契机，准确把握水土保持工作面临的新形势、新任务，理清思路，明确重点，努力开创生态建设新局面。

（一）拓展思路抓防治，推动水土保持生态建设科学发展

要按照新法赋予的职能重新定位和中央1号文件的新要求，以“奋力建设生态文明先行区，构筑西部生态安全新屏障”为目标，顺应经济社会发展和广大群众对民生问题的新期待、新要求，围绕农业现代化、新型工业化、特色城市化和生态移民攻坚工程等中心工作，结合扶贫开发、生态移民、水资源保护利用、人居环境改善等部署，拓展延伸发展空间，完善丰富建设内容，扎实推进“北监督、中修复、南治理、局部重点保护、沿黄治理提升”防治思路，使水土保持生态建设成为统筹城乡发展、解决群众生产生活实际问题、惠民生保长远的民心工程，成为构筑西部生态屏障和保障自治区跨越式发展的基础工程，成为实现山更绿、水更清、人更富，人与自然和谐共处美好愿景的亮点工程。

（二）强化监督抓管理，严格控制人为水土流失

按照新的《水土保持法》规定，综合运用行政、法律和经济手段，强化生产建设项目水土保持监督管理。要针对经济发展加快、人为水土流失加剧的实际，少做“亡羊补牢”的事，多干“未雨绸缪”的工作，严格保护自然植被，禁止无序采矿、毁林开荒和开垦草地等行为，做到“防”与“治”两手抓两手都要硬，坚决推进“开发中保护、保护中开发”，遏制人为水土流失。突出经济开发热点区，强化建设项目水土保持“三同时”制度，实行最严格的水土保持监测制度，力争全区大中型开发建设项目水土保持方案编报审批率、实施率和验收率达到100%。

（三）加快步伐抓治理，切实发挥水土保持生态建设主体作用

坚持不懈推进封山禁牧、草原围栏、绿化造林、生态修复治理、水源涵养区保护。引黄灌区大力实施城乡水生态环境治理工程，中部干旱带实施宁东等重点地带生态治理保护工程，南部黄土丘陵区加快实施小流域综合治理等水保生态工程。全面实施山洪地质灾害易发区生态环境综合治理工程，加快推进大六盘生态圈和三河源生态保护工程，实施农村河道综合整治，大力开展清洁小流域治理。“十二五”期间完成治理水土流失面积5000平方千米以上，做到治理一条流域，总结一条经验，推动一方发展，改善一片面貌，造福一方百姓。

（四）提高能力抓执法，进一步提升依法行政水平

要以新法施行为契机，在试点的基础上深入推进“水土保持监督执法能力建设年活动”，完善水土保持监督管理制度文件，要依照新法督促市县确保水保监督机构、人员和经费三到位，健全执法管理机制，强化内部管理，规范监督管理，切实提高水土保持依法行政水平。要结合水土保持专项普查，全面掌握我区水土保持现状，为科学发展奠定基础。

（五）完善机制推进工作，保障水土保持事业可持续发展

要全面落实各级政府的水土流失防治行政首长负责制，建立健全各级水土保持工作领导协调机

制，强化政府领导任期内水土保持目标责任制和部门协作机制，推进水土流失防治。要充分发挥各级水土保持委员会工作职责，完善配套政策，落实各项措施，形成水土流失防治合力。各级水行政主管部门要切实增强工作责任意识，认真履行职责，推进水土保持工作上台阶。要加快建立水土保持生态补偿制度，促进经济建设与生态建设协调发展。完善群众参与水土保持机制，把政府投入与群众投入有机结合起来，发挥受益主体的能动作用，推动全民治理水土流失。

（刊于2011年3月1日《宁夏日报》）

严格管理水资源　推进水利新跨越

自治区水利厅党委书记、厅长　吴洪相

3月22日是第十九届“世界水日”，3月22~28日是第二十四届“中国水周”。联合国确定今年“世界水日”的主题是“城市用水，应对都市化挑战”，我国今年纪念“世界水日”和开展“中国水周”活动的宣传主题为“严格管理水资源，推进水利新跨越”。

《中共中央、国务院关于加快水利改革发展的决定》（中发〔2011〕1号）指出，水是生命之源、生产之要、生态之基，水利是现代农业建设不可或缺的首要条件，是经济社会发展不可替代的基础支撑，是生态环境改善不可分割的保障系统，具有很强的公益性、基础性、战略性，强调要“实行最严格的水资源管理制度”。我们要按照中央和自治区的水利部署，切实统筹处理好水资源开发、利用、配置、节约和保护的关系，有效发挥水资源的经济功能、社会功能、生态功能和环境功能，以水资源的可持续利用保障自治区经济社会的可持续发展。

一、水资源严重短缺问题是我区长期面对的基本区情

宁夏是沿黄地区唯一国土面积全部属于黄河流域的省区，全区多年平均降水量289毫米，蒸发量高达1250毫米，干旱半干旱面积占总面积的70%以上。全区当地水资源总量11.63亿立方米，可利用地下水资源量1.5亿立方米，加上国家分配的40亿立方米黄河水，人均水资源可利用量664立方米，仅为全国平均水平的1/3，严重缺水是制约全区发展的主要因素。主要表现在：一是水资源供需矛盾日益突出。近年来，随着黄河来水量的减少，分配给我区的年度黄河用水指标也相应减了17.5%。随着人口的增长、工业化、城镇化进程的加快及生态建设用水的快速增加，特别是国家西部大开发、沿黄经济区和国家能源金三角等战略的实施，水资源供需矛盾日趋凸显，已不能适应自治区经济社会发展的需要。按照现状用水水平预测，2015年全区缺水近5亿立方米，2020年缺水达10亿立方米，水资源保障任务极为艰巨。二是水资源调控体系亟须完善。由于历史欠账多，水利投入不足，我区水利基础设施依然薄弱，工程老化严重，整体标准低，配套不够完善。全区水资源配置缺乏骨干调控工程，水利工程抗灾减灾能力相对较弱，中南部旱作农业还没有彻底摆脱靠天吃饭的困境。三是水资源管理能力亟待提高。水资源统一管理职能还没有到位，水资源管理考核体系还不健全，与最严格的水资源管理制度要求还不适应。水资源短缺的严重形势还没有成为社会和大众的共识，全社会推进水资源节约和保护的氛围尚未形成。因此，实行最严格的水资源管理制度，有效解决发展需求与水资源约束之间的矛盾，实现水资源的可持续利用，是宁夏实现全面协调可持续发展必须解决的首要问题。

二、落实“三条红线”，实行最严格的水资源管理制度

（一）落实水资源开发利用控制红线，实行总量控制。一是全面落实《宁夏黄河水资源县级初始水权分配方案》。推进取用水户计量设施安装使用，依法对各市县（区）的年度用水实行总量控制和定额管理，对超标取水地区暂停审批建设项目新增取水。二是严格执行水资源论证制度。规划和新建、改建、扩建涉水项目，凡不经水资源论证或论证未通过的，实行用水一票否决制。三是严格落实水资源有偿使用制度。规范水资源费征收、使用和管理，适时调整水

价和水资源费征收标准，充分发挥市场手段在优化配置水资源中的调节作用。四是不断深化水权转换。结合自治区重大产业布局，加快构建水权、水价、水市场体系，积极引导水向“高”处流，加快形成水权流转良性机制，逐步形成结构合理的节水型产业体系。

（二）落实用水效率控制红线，提高用水效率和效益。一是强化节水考核。修订完善用水定额标准体系，强化节水设施“三同时”制度管理，建立节水产品市场准入制度，实行节水责任制和绩效考核制。二是加大节水技术推广。大力发展设施农业和优势特色产业，灌区全面推广控制灌溉、小畦灌、沟膜灌等节水灌溉方式，中南部加快发展穴灌、点灌、注水灌等高效节水灌溉，积极引进推广滴灌、喷灌等高效节水灌溉技术，工业积极推广节水新工艺，大幅提高水循环利用水平，有效提高单方水的产出效益。三是完善公众参与节水机制。充分利用各种媒体，引导和动员社会各界积极参与节水型社会建设。培育和发展用水者协会，鼓励群众参与水量分配、水价制定等决策，逐步形成节约用水的行为规范和社会风尚。

（三）落实水功能区限制纳污红线，加强水资源保护。一是建立水功能区纳污红线指标体系。确定各主要河流、重要湖泊湿地、排水沟的纳污能力和入河限制排污总量，加强水功能区的动态监测和监管，加强入河排污口设置审查和检查，对超标排污地区限制审批新增取水和入河排污口。二是推进水源地和河湖生态的保护。严格饮用水水源保护区制度，开展饮用水水源地保护和安全评估，推进地下水自备水源井封闭工作，完善水污染突发事件应急预案体系，组织开展重要河湖健康评价，切实保护和改善水生态环境。

三、强化保障措施，有效提高水资源综合管理水平

（一）加强水法规体系建设，为严格水资源管理提供法制保障。围绕“三条红线”控制目标，完善水资源管理法规体系，尽快出台《宁夏水资源管理条例》《宁夏实施最严格水资源管理制度管理办法》《宁夏节水型社会建设管理办法》等法律法规，加大水行政执法力度，严厉查处违法取用水、破坏水资源和水工程等行为，强化执法监督，规范水资源管理行为，把实施最严格的水资源管理制度纳入法治轨道。

（二）加快水利工程建设，为严格水资源管理奠定基础保障。全面加快灌区续建配套、大型泵站更新改造、盐环定续建等工程建设，全面开工建设固原地区城乡人饮安全水源、沙坡头灌区南北干渠节水改造等工程，着力抓好农村饮水安全、中部干旱带高效节水补灌、中小河流治理、小型农田水利、水土保持生态建设等工程建设，加快构建完善全区水资源“北扬南引、南北配置、丰枯补济”的体系，有效提升水资源配置和调控能力。全力推进水资源管理信息化建设，逐步建立与“三条红线”管理相适应的水资源监控体系，有效提升水资源监管能力。

（三）深化水利改革，为严格水资源管理构建体制机制保障。实行县级以上地方政府主要负责人水资源管理责任制，全面推进各市、县(区)行政区域内涉水事务统一管理改革，实行地表水、地下水和非常规水资源的统一评价、规划、配置、调度、节约和保护，加快水价形成机制改革，充分发挥水价杠杆调节作用。（刊于2011年3月22日《宁夏日报》）

宁夏水资源情势分析及应对策略

宁夏水利厅党委副书记、副厅长　郭进挺

水是物种起源的摇篮，是人类赖以生存的必备条件，对于人类、对于社会、对于我们生存的地球、对于广袤的宇宙，都至关重要。水虽然是“小分子”，但影响和关联的是“大世界”。水问题历来是国家经济社会发展中的基础性和战略性问题。人们要把握未来，主宰世界，必须理性待水。对水资源能否理性相待，将是能否实现科学发展的一个重大问题。我区是全国水资源严重匮乏的地区之一，做好水资源的科学开发、合理利用和保护，是关系宁夏经济发展、社会进步、民族团结、生态安全、能源安全的重大战略问题。对宁夏的水资源情况进行深入研究与分析，不仅是个重要的理论问题，也是一个举足轻重的实践

问题。

改革开放以来，宁夏水利建设取得了显著成就，以不到40亿立方米的黄河水资源量，保障了全区630万人民、近533.33千公顷灌区以及宁东能源基地、湖泊湿地等的城乡生活、工农业生产和生态的用水，实现经济社会连续多年的高速发展，水利为保障国民经济持续发展发挥了巨大的作用。

但也无法回避这样一个事实：宁夏水资源总量有限，且呈逐年减少的趋势，而经济社会发展用水需求却呈旺盛增长趋势。在当前及今后一个相当长时期内，全区水资源的供需矛盾将会日益尖锐。我区要与全国同步实现全面小康社会目标，又好又快建设宁东基地，实施沿黄经济区战略，改善集中连片特殊困难地区贫困群众生产生活条件，加强生态文明建设，对水资源的开发利用的要求更高，更为严格，也迫切需要对宁夏的水情做认真深入的分析研究。

一、宁夏水资源现状及特点

宁夏地处西北干旱地区，降水稀少、水资源短缺是基本区情。全区水资源总量11.63亿立方米，其中当地地表水资源量9.49亿立方米，地下水资源量2.14亿立方米。当地人均占有水资源量仅185立方米，加上国务院“87”分水方案分配给宁夏的40亿立方米黄河可利用水资源量，人均水资源可利用量658立方米，仅为全国平均值的1/3。主要呈现以下特点：

一是当地水资源量少质差，经济社会发展依赖于限量的黄河水。宁夏多年平均年降水量289毫米，不足黄河流域平均值的2/3和全国的1/2，是我国自产水率最低地区。全区干旱、半干旱区面积占全区总面积的97%。引用黄河水量占全区总用水的90%以上，经济社会发展依赖国家限量分配的40亿立方米黄河水资源。

二是水资源区域分布不均，年内年际变化大。全区降水由南部六盘山区的800毫米，递减到北部引黄灌区的179毫米，水面蒸发量自南向北变化为800至1600毫米，地表径流深由六盘山东南的300毫米向北递减至引黄灌区边缘不足3毫米。地表年径流量70%～80%集中在6～9月。1956年至2000年间最大年径流量与最小年径流量相差3.8倍，常情是“十年九旱”。

三是多年来呈降水明显减少，干旱范围扩大趋势。自20世纪50年代以来，全区气候趋干、趋暖，干旱带和南部黄土丘陵区年降水量、有效降雨次数都呈现明显的、有规律的递减趋势，年降水量减少了100～150毫米不等，400毫米等雨线和风沙侵蚀线整整向南推移了80～100千米，干旱缺水范围扩大、频率增多、程度加重。

四是来水与用水过程不匹配，水资源开发利用难度大。宁夏黄河水资源可利用量40亿立方米。随着黄河来水减少，按照丰增枯减的调度原则，宁夏黄河分配水量不仅呈减少趋势，而且黄河来水的丰水与用水过程不匹配。中部干旱风沙区远离黄河，扬黄灌区用水成本高，代价大，配置难度大。中南部地区当地地表径流含沙量大，极易造成水库、塘坝等淤积，地表水难以拦蓄利用，开发利用难度大。

二、当前宁夏水资源开发利用状况及存在的问题

近10年来，即从1999年至今，全区平均供水量为78.22亿立方米，供水量呈逐年下降的趋势，由1999年的96.88亿立方米逐渐下降至2009年的72.23亿立方米；地下水供水量基本在5亿~6.5亿立方米左右；当地地表水供水基本在0.7亿~1.6亿立方米左右。1999年至2009年，全区平均耗水量为38.15亿立方米，其中耗用地表水量为35.58亿立方米，耗用地下水量为2.57亿立方米。在各行业分项耗水量中，农业耗水量35.74亿立方米，占总耗水量的93.7%，工业耗水量1.39亿立方米占3.6%，城镇生活与农村人畜耗水量1.02亿立方米占2.7%。

2009年宁夏全区总供水量72.23亿立方米，其中当地地表水供水量为0.73亿立方米，引扬黄河水量66.29亿立方米，开采地下水量5.21亿立方米。农业、工业、城镇生活和农村人畜用水比例为92.4：5.1：1.6：0.9。2009年全区总耗水量38.64亿立方米，其中耗当地地表水0.54亿立方米，耗黄河水量35.65亿立方米，耗地下水量2.45亿立方米。农业、工业、城镇生活和农村人畜耗水比例为92.9：4.5：

0.9：1.7。

目前宁夏水利开发利用存在的主要问题是：

一是水资源短缺，供用水矛盾日益突出。全区人均可利用水资源少，黄河来水与用水时不均，缺乏调控工程；中部干旱带十年九旱，扬黄水距离远、扬程高、成本大、覆盖范围小。今后一个时期，我区耗用黄河水指标将从40亿立方米减少到37亿立方米左右，但需水将呈增长趋势，全区供水矛盾势将日趋严峻。同时又存在用水效率低，农田灌溉有效水利用系数仅0.43左右，远低于全国平均值。

二是水利设施薄弱，老化失修得不到根本缓解。黄河部分河段塌岸严重、凌汛形势依然严峻，防洪体系尚不健全。贺兰山东麓防洪设施依然薄弱。全区有90%的中小河流、50%以上小型病险水库亟待除险加固，清水河、苦水河治理滞后。引黄自流灌区骨干渠道砌护率仅23.6%，渠系建筑物破损率达40%以上，农渠砌护率仅有8.1%。部分扬黄工程设备超龄期运行。库井灌区田间配套工程老化失修严重。

三是水土流失、水生态恶化严重。水土流失面积占全区总面积的70%左右。连年干旱致使大部分中小河流常年断流，部分河段功能甚至消失。引黄灌区盐渍化面积大。城市污水集中处理能力仅有56%。

三、宁夏发展必须确立科学开发利用水资源的指导思想和目标

根据宁夏的区情、水情，水资源的开发、利用和保护，一定要有科学的理念：

一是要确定正确的指导思想。要以科学发展观为指导，把水利作为基础设施建设的优先领域，以节水型社会建设为统揽，以民生水利为根本，进一步加强水利建设，实行最严格的水资源管理，着力提高水旱灾害防御能力、水资源合理配置和高效利用能力、水安全保障能力、水利社会管理和公共服务能力，促进水资源可持续开发利用和保护。

二是要坚持正确开发利用原则。牢牢把握并坚持如下原则：坚持以人为本，保障改善民生，把改善和保障民生作为水资源开发利用的出发点和落脚点；坚持分区治水，促进协调发展，按"北部节水、中部调水、南部开源"的治水思路，统筹兼顾，促进山川、城乡协调发展；坚持节约保护，转变发展方式，加快节水型社会建设，实行最严格的水资源管理，促进水资源高效利用；坚持人水和谐，保护生态环境，妥善处理开发与保护的关系；坚持依法治水，强化服务管理，建立完善水法规体系，不断提升依法治水能力。

三是要确定积极科学的目标。力争通过5年到10年的努力，基本建成节水型社会建设示范省区。"十二五"期间，全区耗水总量控制在41.5亿立方米以内；农村水利基础设施大大加强，农田有效灌溉面积达到533.33千公顷，灌溉水有效利用系数提高到0.48；生态移民生活用水和农村饮水不安全问题基本得到解决；中南部地区水土流失治理进一步加强，水生态环境得到进一步改善；最严格的水资源管理制度基本建立，水利投入稳定增长机制进一步完善，合理的水价形成机制基本建立，水利工程良性运行机制基本形成。力争立项建设大柳树水利枢纽工程。到2020年，基本建成防灾减灾、水资源高效配置、城乡一体化供水、水生态环境保护和水利发展制度保障体系，灌溉水有效利用系数提高到0.53以上，水资源可持续利用支撑经济社会跨越式发展的能力大幅提升。

四、未来宁夏水资源可持续开发利用的对策

宁夏水资源匮乏，供需矛盾尖锐，已成为自治区经济社会可持续发展的最主要制约因素。随着西部大开发战略的深入实施和人民生活水平的不断提高，未来的水资源供需形势将更加严峻。因此，解决宁夏水问题的基本对策近期必须大力加强节水型社会建设，采取各种措施促进节水，使有限的水资源发挥最大效益。长期看，还要重视加强水利基础设施建设，坚持远期争取增加黄河流域水资源总量，实施跨流域调水工程，从根本解决制约宁夏经济社会发展的水资源短缺问题。

（一）全面推进节水型社会示范省区建设

宁夏是2005年被国务院确定的节水型社会建设省级示范区。2008年国务院《关于宁夏经济社会发展意见》又明确提出到2020年，全面建成宁夏节

水型社会省级示范区的发展目标，按此目标要求，重视抓好如下工作：

1. 实行最严格的水资源管理制度。一是建立区域用水总量控制制度。严格执行建设项目水资源论证、取水许可和水资源有偿使用制度，对取水总量已经达到或超过总量控制指标的地区，暂停审批新增取水许可。二是建立区域用水效率控制制度。划定用水效率红线。建设项目实行节水设施与主体工程同时设计、同时施工、同时投产制度。限制高耗水型工业项目和粗放型农业用水项目建设。三是建立水功能区限制纳污制度。制定市、县(区)水功能区纳污控制红线和排污控制指标，对排污量超出水功能区限制排污总量的地区，不予审批新增取水项目。四是建立最严格水资源管理责任和考核制度。把最严格水资源管理"三条"红线指标纳入地方政府效能年度考核，考核结果作为自治区有关部门及地方政府相关领导干部综合考核评价的重要依据。

2. 大力推广应用高效节水技术。农业节水要大力调整农业种植结构，发展设施农业和优势特色产业。粮食种植区要推广渠道防渗、水稻控灌、激光平地和小畦灌等节水技术。设施和特色种植区要推广滴灌、微灌、喷灌和管灌等节水技术。工业节水要大力推进老工业企业节水改造，新上工业企业全部采取节水新工艺。城乡生活要大力普及节水器具，加快供水管网系统改造。

3. 充分发挥水价的杠杆调节作用。适时适当提高水价总水平，促进节约用水。加快制定不同分区、不同行业和不同水源的水价核算体系，加快制定分类水价标准，实行差别水价。引扬黄灌区农业水价要达到成本水价。城镇生活与工业、服务业用水实行成本加合理利润定价，城镇生活用水稳步推行阶梯式水价制度，拉大高耗水行业与其他行业的用水差价。

4. 建立政府推动全社会参与的节水工作机制。自治区建立节水型社会建设联席会议制度，各市、县(区)和各部门主要负责人对本行政区域、本部门节水工作负总责。把节水型社会建设工作纳入政府效能年度考核。各级财政把节水型社会建设投入纳入财政预算，建立节水激励和补偿机制。

(二)推进大柳树水利枢纽工程和南水北调西线工程建设

1. 黄河大柳树水利枢纽工程。这项工程是国家发展战略性工程，在优化国土开发，保障国家能源、粮食、生态安全和民生，推进西部大开发具有不可替代的作用。这项工程又是国家《黄河治理开发规划纲要》规划的黄河干流七大骨干工程之一，也是七大骨干工程中三大最为关键、但唯一未开工建设的流域性控制工程。实施该项工程对维持黄河健康生命具有不可替代的作用。该工程建设将使宁夏中部干旱带 77.27 千公顷扬水灌区改自流灌溉、90.33 千公顷扬水灌区降低扬程 19～158 米，每年节省扬水用电 6.22 亿度。经过 60 多年研究论证，目前黑山峡河段的开发任务和功能已经明确。宁夏将积极争取国家早日决策，争取 2020 年以前开工建设，使之早日造福宁夏人民。

2. 南水北调西线一期工程。从长远看，宁夏资源型缺水的现实将难以改变，必须实施跨流域调水工程，以增加宁夏水资源总量。实施南水北调西线工程，可为黄河流域尤其是宁夏增补水源，有效缓解水资源紧缺形势，将成为宁夏经济社会可持续发展、西部大开发战略实施的重要基础条件。南水北调西线工程的研究工作已经开展了 50 多年，进行了大量勘测、规划和研究工作。2001 年 5 月，《南水北调西线工程规划纲要及第一期工程规划》通过审查，并纳入国家南水北调工程总体规划。《黄河流域水资源综合规划》中，南水北调西线一期工程将配置给宁夏黄河水量 15.3 亿立方米。目前南水北调东、中线工程已开工建设，即将发挥效益。宁夏要积极争取国家 2030 年以前开工建设南水北调西线一期工程，从根本上解决宁夏干旱缺水问题。

(三)加强民生水利等薄弱环节建设

1. 继续抓好农村饮水安全建设。加快中南部地区城乡饮水安全水源连通配套工程建设，实现西吉等县(区)城乡管网连通配套，着力解决好缺水地区的饮水安全问题。加快建设城乡供水一体化工程，加快建设一批集中供水工程，延伸集中供水工程管网，提高城乡供水保证率和农村自来水普及率。

2. 坚持不懈地大搞农田水利建设。到2020年，基本完成青铜峡、沙坡头和固海扬水3个大型灌区、重点中型灌区和中南部库井灌区的续建配套与节水改造任务；基本完成固海扬水等大中型灌溉排水泵站和中小型泵站更新改造；中部干旱带大力推广高效节水补充灌溉技术；加快推进小型农田水利重点县建设，抓好灌区末级渠系节水改造和田间工程配套。

3. 强化防灾减灾薄弱环节建设。加快完善黄河防洪(凌)和贺兰山东麓防洪排水综合体系，实施清水河、苦水河重要支流治理工程和中小河流和山洪沟道治理。加强城市防洪排涝工程建设。完成小(Ⅰ)型、启动小(Ⅱ)型病险水库除险加固项目，实施大中型病险水闸除险加固项目。

(四)加快水利基础设施建设

1. 加快实施黄河综合治理工程。加快黄河防洪工程建设，形成集“水安全、水环境、水景观、水文化、水经济”五位一体的景观河段，推动“黄河金岸”建设，支撑沿黄经济区发展。

2. 抓紧水资源配置工程建设。加快建设中南部地区(固原地区)城乡饮水安全水源工程，基本建成大中小微工程并举的配置体系。在引黄灌区内、贺兰山沿线及灌区周边有条件地方建设大中型水库调蓄工程和连通配置工程，提高水资源保障能力。配套完善宁东等工业供水工程，保障能源基地供水。

3. 搞好水土保持和水生态保护。坚持不懈推进封山禁牧、草原围栏、绿化造林、生态修复治理、水源涵养区保护。引黄灌区大力实施城乡水生态环境治理工程；中部干旱带实施宁东等重点地带生态治理保护工程；南部黄土丘陵区加快实施小流域综合治理、坡耕地整治、淤地坝建设等水土保持生态工程。加快推进大六盘生态圈和三河源生态保护工程。

(刊于2011年11月《宁夏党校》)

领导讲话目录

序　号	题　目	讲话时间
1	自治区副主席郝林海在全区农田水利基本建设表彰大会暨水利工作会议上的讲话	2011年1月13日
2	自治区水利厅党委书记、厅长吴洪相在2011年水利综合经营工作会议上的讲话	2011年8月15日
3	自治区水利厅党委书记、厅长吴洪相在全区水利系统“五五”普法总结暨“六五”普法工作会议上的讲话	2011年9月23日
4	自治区水利厅党委书记、厅长吴洪相在全区秋冬农田水利基本建设大会战动员大会上的讲话	2011年9月28日
5	自治区水利厅党委副书记、副厅长郭进挺在2011年反恐维稳工作会议上的讲话	2011年3月1日
6	自治区水利厅党委副书记、副厅长郭进挺在水利厅2011年“安全生产月”活动启动仪式上的讲话	2011年6月1日
7	自治区水利厅党委副书记、副厅长郭进挺在全厅开展进一步营造风清气正的发展环境活动动员大会上的讲话	2011年12月2日
8	自治区水利厅纪委书记崔莉在水利厅2011年纪检监察工作会议上的讲话	2011年1月26日
9	自治区水利厅副厅长周京梅在2011年全厅公务用车专项治理工作会议上的讲话	2011年5月27日
10	自治区水利厅纪委书记崔莉在2011年信访保密工作会议上的讲话	2011年3月1日
11	自治区水利厅纪委书记崔莉在水利系统吴忠、中卫片政风行风工作会议上的讲话	2011年4月12日
12	自治区水利厅纪委书记崔莉在水利系统银川、石嘴山片政风行风工作会议上的讲话	2011年4月18日
13	自治区水利厅纪委书记崔莉在水利厅纪检监察工作会议上的讲话	2011年11月25日
14	自治区水利厅副厅长毕廷和在全区农村水利工作会议上的讲话	2011年5月9日
15	宁夏水利厅副厅长毕廷和在全国基层水利服务体系现场会上的发言	2011年8月31日
16	自治区水利厅副厅长郭浩在全区水利系统“五五”普法总结暨“六五”普法工作会议上的讲话	2011年9月23日
17	自治区水利厅副巡视员陈广宏在2011年引黄灌区冬灌工作会议上的讲话	2011年10月19日

机构与组成人员

水利厅厅级干部名单

（2011 年 12 月 31 日在职）

厅级干部

党委书记、厅长　吴洪相
党委副书记、副厅长　郭进挺
副厅长　周京梅（女）
纪委书记　崔　莉（女）
副厅长　毕廷和
副厅长　郭　浩（满）
副厅长　方　彦
总工程师　薛塞光
副巡视员　李洪山
副巡视员　闫国伟（回）
副巡视员　陈广宏
自治区防汛抗旱指挥部
办公室主任　朱　云

水利厅处级干部（含企业高管）名单

（2011 年 12 月 31 日在职）

水利厅机关

办公室

主　任　张林海
副主任　王岚海

组织人事与老干部处

处　长　部涌权
副处长、厅团委书记　李小龙
调研员　张玉铭
副调研员　金秀英（女、回）
副处级干部　李　毅

规划计划处

处　长　潘　军（女）
副处长　李　东
副调研员　郭文锋
副调研员　鲁小清（女）

水政水资源处

处　长　苏立宁
副处长　王景山
调研员　王连生
调研员　冯　平
副调研员　史燕斌
副调研员　刘槐亮

财务审计处

处　长　王正良
副处长　撒玉红（女、回）
调研员　安力华（女、回）
副调研员　张增强

科技教育处

处　长　江　静（女）
副处长　赵东辉

建设管理处

处　长　麦　山
副处长　李新山
调研员　寇效忠

农村水利处

处　长　徐宁红（女）

副处长　高　宏
副处长　李振琪
调研员　李有成

监察室

主　任　王文秀
副调研员　姚宁生
副调研员　李宗会
副处级干部　柴向东

机关党委、水利工会

专职副书记、工会主席　李茂书
副处级干部　胡永喜

水利厅厅属单位

宁夏回族自治区防汛抗旱指挥部办公室

主任(副厅级)、党支部书记　朱　云
副主任　王新军
副主任　张国军

宁夏回族自治区节约用水办公室

主任、党支部书记　陆　军
副主任　司建宁

宁夏回族自治区水利厅灌溉管理局

局长、党支部书记　徐光儒
副局长　杨海宁(回)
副局长　马晓阳(回)

宁夏回族自治区水利厅水土保持局

局长、党支部书记　张亚峰
党支部副书记(正处级)　魏　兴
副局长　卜崇德
副局长　张　宁

宁夏回族自治区水利厅经济管理局

局长、党支部书记　宋正宏
副局长　刘建勇
副局长　蒋　锋

宁夏回族自治区水库移民管理办公室

主任、党支部书记　尚中琳
副主任　李建国

宁夏回族自治区大柳树水利枢纽工程前期工作办公室

副主任(主持工作)　王新军
副主任　付正峰
副主任　李颖曼(女)

宁夏回族自治区水利厅机关服务中心

主任(副处级)、党支部书记　张建华

宁夏回族自治区水利工程建设中心

主任、党总支书记　张　刚
副主任　孙建军
副主任　周小生
副主任　张　旭

宁夏回族自治区水文水资源勘测局

党委书记　张　元
局　长　周伟华
党委副书记、纪委书记　杨　富
副局长(聘)　魏礼宁
副局长(聘)　李　硕
副局长　马如国(回)

宁夏回族自治区水利电力工程学校

党委书记　杨克胜
校长、党委副书记　柳钧正
党委副书记、纪委书记　张建保
副校长　蔡　瑜
副校长　吕旭日
副校长　陈建国

宁夏回族自治区水利科学研究所

所长、党总支书记　杜　历
党总支副书记、副所长　何卫东
副所长、总工程师　刘学军
副所长　鲍子云

宁夏回族自治区艾依河管理局

局长、党支部书记　高建国
副局长　黄国锋
副局长　孙敬祯

宁夏回族自治区唐徕渠管理处

党委书记　李　兵
处　长　杨　志
副处长　马朝阳(回)

纪委书记　海天相(回)
副处长　朱宝荣
副处长　王文刚

宁夏回族自治区西干渠管理处

党委书记　高铁山
处　长　叶廷平
副书记(正处级)副处长　刘志强
副处长、总工程师　吴晓峰
纪委书记　尤金萍(女)
副处长　李海军(回)

宁夏回族自治区惠农渠管理处

党委书记　周有寿
处　长　马德仁(回)
副处长　马维都(回)
副处长　李　明
副处长　李银才

宁夏回族自治区汉延渠管理处

党委书记　梁福贵
处　长　袁　斌
纪委书记　孙培之(女)
副处长　张晓林
副处长、总工程师　牛保安
副处长　吴国万

宁夏回族自治区渠首管理处

党委书记　唐凤琴(女)
处　长　张建斌
副处长　王玉寿
副处长　杨国雄(回)
副处长　郝明辉
纪委书记　尹　婷(女)

宁夏回族自治区秦汉渠管理处

党委书记　霍鹏喜
处　长　张建桥
副处长　哈　斌(回)
副处长　张建勋
副处长　俞　武
纪委书记　杨秀梅(女)

宁夏回族自治区盐环定扬水管理处

党委书记　窦元之
处　长　李克文
副书记、纪委书记　毕高峰
副处长(聘)　杨永春
副处长　周跃华
副处长　侯树增

宁夏回族自治区七星渠管理处

处　长　陈旭东
副处长(聘)　余　洋
副处长　朱　洪
纪委书记　甄德隆
副处长　薛立刚

宁夏回族自治区固海扬水管理处

党委书记、处长　和志国
党委副书记、纪委书记　杨永福(回)
副处长　张　峰
副处长(聘)　尹兴安
副处长　陶　东
副处长　李建宏
副处长(聘)　温鸿浦

宁夏回族自治区红寺堡扬水管理处

党委书记　刘福荣
处长、党委副书记　赵　欣
副处长(聘)　马　林
副处长　马玉忠(回)
副处长(聘)　桂玉忠
副处长(聘)　张玉忠
副处长　张海军(回)
纪委书记　訾跃华

宁夏回族自治区水利水电建设工程质量监督站

站　长　吴永花(女)

企业高层管理人员

宁夏水务投资集团有限公司

董事长、党委书记　杨　国(回)
监事会主席　邱少宣

总经理、党委副书记　顾耀民
党委副书记、纪委书记、
工会主席　李礼善
副总经理　李昌盛
副总经理　马　渊(回)
副总经理　张志军
总工程师　田建林

宁夏回族自治区水利水电工程局

局长、党委副书记　陈学斌
党委书记、副局长　余自业
副局长(聘)　许文其
副局长　张忠智
总工程师(聘)　尚海平
总会计师(聘)　傅连林
纪委书记　柴兴旺
副局长、总经济师　顾　宁
副局长　高维力
局长助理　王　尧

宁夏宁东水务有限责任公司

党委书记、董事长　郝建志
监事会主席　姚玉成
总经理、党委副书记　王学福
党委副书记、纪委书记　许　飚
副总经理　王敬尧
副总经理　阮锦超
总工程师　齐敦哲

宁夏太阳山水务有限责任公司

董事长、党总支书记　曾风发
监事会主席　方吉良(兼)
总经理、党总支副书记　徐　林
副总经理　夏进喜
副总经理　尚艳芝(女)

宁夏新海水务有限公司

总经理、党总支书记　王效军
副总经理　沈光勇
副总经理　张天鹏(回)

宁夏长城水务有限责任公司

董事长　王兆农
监事会主席　钱大愣
总经理　杨文勇
党支部副书记　马长仁(回)
副总经理　黄继军
副总经理　严生军

宁夏六盘山水务有限公司

党委书记、董事长兼总经理　马　渊(回)
监事会主席、纪委书记　许志军
副总经理　倪万户
副总经理　李学军
副总经理　李立新
总工程师　张永旺
工会主席　罗　鹏

宁夏银水房地产开发有限责任公司

董事长　徐光儒(兼)
监事会主席　赵　欣(兼)
总经理、党支部书记　王　玲(女)
副总经理　沈全周
副总经理　梁　琳
副总经理　史苏寅

宁夏水利水电勘测设计研究院有限责任公司

党委书记、董事长　哈岸英
总经理　李　治
党委副书记、纪委书记　贾光林
副总经理　顾　军
副总经理、总工程师　刘　文(满)
副总经理　孙建书
副总经理　胡莲英

宁夏青龙管业股份有限公司

党委书记、董事长、总经理　陈家兴
党委副书记、纪委书记、
副总经理　方吉良
副董事长、副总经理　杜学智
副董事长　路立新
副总经理　栾新祥
副总经理　王　力
副总经理　李　浩

宁夏沙坡头水利枢纽有限责任公司

董事长　孙国胜
副董事长　杨　国(回)
副董事长　牛　儒
总经理　冯志军
党委书记、副总经理　刘　华
党委副书记、纪委书记、副总经理、工会主席　许　荣
副总经理　徐宪平
副总经理　王世钦
副总经理　张　敏
总会计师　张　华

宁夏宁西供水有限公司

董事长、总经理　牛　儒
党总支书记　张　敏
副总经理　郭玉明
副总经理　芮加强
总工程师　魏光辉
总经济师　郝素芝
工会主席　马吉山(回)

宁夏水利水电工程咨询公司

经　理　张　旭(兼)

水利厅社团组织机构人员名单

宁夏水利行业协会

会　长　任　福
常务副会长　花向阳
副会长　陈光华
副会长兼秘书长　王玉寿

宁夏水利学会第六届理事会名单

名誉理事长　吴洪相
理事长　薛塞光
副理事长　田军仓
副理事长　郭建繁
副理事长　周　涛
副理事长　徐光儒
副理事长　哈岸英
副理事长　杜　历
副理事长　卜崇德
秘书长　江　静(女)
副秘书长　赵东辉
副秘书长　苏立宁
副秘书长　刘学军

宁夏水土保持学会

理事长　郭　浩
副理事长　江　静(女)
副理事长　张亚峰
副理事长兼秘书长　卜崇德
副理事长　蒋　齐

市县(区)水务局干部名单

(2011 年 12 月 31 日在职)

银川市水务局

党组书记、局长　喇宏敏(回)
副局长　李建荣
副局长　杨全林(回)
副局长　雍　辉
纪检组长　肖晓华

兴庆区水务局

党支部书记、局长　周泽云
副局长　朱占才

金凤区农牧水务局

局长　邓彦林
党委书记、副局长　吴春江
副局长　孙岩龙
副局长　马文静(女、回)

西夏区农牧水务局

党工委书记、局长、防汛抗旱指挥部办公室主任　郭锁华
党工委副书记、纪工委书记　常东胜
副局长、防汛抗旱指挥部办公室副主任　伏志军
副局长　侯小成
副局长　马志强(回)

贺兰县水务局

党支部书记、局长　马进林
副局长　闻国焘
副局长　李永红(女)

永宁县水务局

局长、党总支副书记　周孝忠
党总支书记　蒋　河
副局长　唐清宁
副局长　哈玉忠(回)
防汛抗旱指挥部办公室主任　韩向成

灵武市水务局

党委书记、局长　周玉斌
副局长　杨　斌
副局长　王忠平
防汛抗旱指挥部办公室主任　范永胜

石嘴山市水务局

党组书记、局长　路东海
党组副书记　蒋学安
副局长　李占清

惠农区水务局

党支部书记、局长、防汛抗旱指挥部办公室主任　刘占强
副局长　任存东
副局长　王家邦

大武口区园林和农牧水务局

局　长　王晓明
党委书记、副局长　杨俊丽(女)
副局长　韩俊德
副局长　张鸿图

平罗县水务局

局　长　朱　敏
党委书记　郭福平
副局长　卢军国
副局长　李自斌
副局长　陈小龙

吴忠市水务局

局　长　严万祥
副局长　孙武刚
副局长　严清宁
副局长　蒋习忠
副调研员　马文林(回)

利通区水务局

党委书记、局长　田　昇
副局长　马光义(回)
副局长　马铁斌(回)
机关支部书记　张建业
局长助理　马新民(回)

青铜峡市水务局

局　长　姚自宏
党总支书记　侯金廷
副局长　戴良斌
副局长　唐思军
副局长　李海文

同心县水务局

党委书记、局长　杨彦炜(回)
党委副书记、副局长　杨　林(回)
副局长　杨正武(回)
副局长　周晓生(回)
总工程师　马　旭(回)

盐池县水务局

局　长　袁书义
党委书记　宋来发
党委副书记　张建军
副局长　李鹏程
副局长　张德龙
副局长　彭文霄

红寺堡区水务局

局　长　张启伦
副局长　杨彦俊
副局长　伏志梅
水务综合服务中心主任　宋立忠
水务综合服务中心副主任　王志清

中卫市水务局

局　长　黄积银
党委书记、副局长　韩建业
副局长　李学明

副局长　张彦龙
副调研员、总工程师　常　军

中宁县水务局

党委书记、局长、水库移民管理办公室主任
扶贫扬黄办公室主任　陈天鸿
副局长、防汛指挥部办公室主任　田安国
副局长、扶贫扬黄办公室副主任　孔　刚
副局长、水库移民管理办公室副主任
何宝贵
党委副书记　胡志仁
工会主席　沈天德

海原县水务局

党委书记　单进虎(回)
局　长　任广业
副局长　田兴明(回)
副局长　马应财(回)
副局长　李　创

固原市水务局

党组书记、局长　杨自平
副局长　张志利
副局长　龚国栋
副局长　李喜生

原州区水务局

局　长　李广平
党委书记、副局长　金　琳(回)
副局长　薛光成
副局长　刘杏萍(女)

西吉县水务局

局　长　赵玉宝
党委书记、副局长　田玉才(回)
副局长　赵宗荣
副局长　冯建洲
工会主席　马　存(回)
总工程师　何建勋

隆德县水务局

局　长　刘　彤
党总支书记　李桂芳
总工程师　苏生科
副局长　陈国光
副局长　魏先学

泾源县水务局

局　长　禹恩宽
党支部书记、副局长　于三学
副局长　兰长东

彭阳县水务局

党总支书记　郑小义
党总支副书记、局长　王永贤
副局长　杨志让
副局长　虎维军
总工程师　杨存祥
工会主席　马国林(回)
水政监察大队大队长　赵登成
固原东部农村饮水安全重点工程
彭阳县项目区办公室副主任　王捷轩
水土保持工作站站长　张志科
水土保持工作站党支部书记　周凤勤
水土保持工作站副站长　王金堂

2011年水利厅处级干部、企业高管任免名单

朱　云　兼任自治区黄河整治工程指挥部办公室主任。

张亚峰　兼任自治区水土保持生态环境监测总站站长。

周伟华　兼任自治区水环境监测中心主任。

刘东亚　免去自治区水利厅组织人事与老干部处调研员职务。

李　东　任自治区水利厅规划计划处副处长，免去自治区水利厅规划计划处副调研员职务。

李振琪　任自治区水利厅农村水利处副处长，免去自治区水利厅规划计划处副调研员职务。

李建国　任自治区水库移民管理办公室副主任。

马晓阳　任自治区水利厅灌溉管理局副局长、党支部委员，免去宁夏红寺堡扬水管理处副处长、党委委员职务。

张　恭　任宁夏西干渠管理处党委委员。

李　明　任宁夏惠农渠管理处副处长、党委委员，免去宁夏盐环定扬水管理处副处长、党委委员职务。

俞　武　任宁夏秦汉渠管理处副处长。

薛立刚　任宁夏七星渠管理处副处长、党委委员。

张海军　任宁夏红寺堡扬水管理处副处长、党委委员。

张志军　提名为宁夏水务投资集团有限公司副总经理、任党委委员，不再担任宁夏太阳山水务有限责任公司副总经理职务，免去党总支委员职务。

田建林　提名为宁夏水务投资集团有限公司总工程师，不再担任宁夏长城水务有限责任公司副总经理职务。

王学福　提名为宁夏宁东水务有限责任公司总经理，任党委副书记。

马长仁　任宁夏长城水务有限责任公司党支部副书记，免去宁夏惠农渠管理处副处长、党委委员职务。

王兆农　免去宁夏宁东水务有限责任公司总经理职务。

樊玉峰　不再担任宁夏水利行业协会副会长职务。

孙敬祯　任宁夏艾依河管理局副局长、党支部委员。

马　林　聘任为宁夏红寺堡扬水管理处副处长，解聘宁夏盐环定扬水管理处副处长职务，免去党委委员职务。

王　尧　聘任为宁夏水利水电工程局局长助理（副局级）。

甄德隆　任宁夏渠首管理处纪委书记，免去宁夏渠首管理处副处长职务。

吴克亚　免去宁夏秦汉渠管理处纪委书记、党委委员职务。

王新军　任自治区大柳树水利枢纽工程前期工作办公室副主任。

付正锋　任自治区大柳树水利枢纽工程前期工作办公室副主任，原任自治区水利水电工程建设管理局前期处副处长职务因机构调整自然免除。

毕高峰　任宁夏盐环定扬水管理处党委副书记。

杨永福　任宁夏固海扬水管理处党委副书记。

李生玉　聘任为自治区水利厅灌溉管理局总工程师，原聘任的自治区水利水电工程建设管理局质量安全处副处长职务因机构调整自然免除。

冯　平　任自治区水利厅水政水资源处（水政监察总队，行政审批办公室）调研员，免去自治区水利厅水政水资源处（水政监察总队，行政审批办公室）处长职务。

张　元　任自治区水文水资源勘测局党委委员、书记，免去宁夏唐徕渠管理处处长、党委委员职务。

杨　志　任宁夏唐徕渠管理处处长、党委委员，免去宁夏盐环定扬水管理处处长、党委委员职务。

李克文　任宁夏盐环定扬水管理处处长、党委委员，免去宁夏七星渠管理处党委书记、委员职务。

周伟华　免去自治区水文水资源勘测局党委书记职务。

花向阳　免去宁夏渠首管理处党委书记、委员职务。

鲁小清　任自治区水利厅规划计划处副调研员。

李宗会　任自治区水利厅监察室副调研员。

李颖曼　任自治区大柳树水利枢纽工程前期工作办公室副主任。

温鸿浦　聘任为固海扬水管理处副处长，任党委委员。

苏立宁　任自治区水利厅水政水资源处（水政监察总队，行政审批办公室）处长，免去自治区水利厅规划计划处调研员、副处长职务。

唐凤琴　任宁夏渠首管理处党委委员、书记，免去宁夏惠农渠管理处纪委书记、党委委员职务。

甄德隆　任宁夏七星渠管理处党委委员、纪委书记，免去宁夏渠首管理处纪委书记、党委委员职务。

李振玺　免去自治区水文水资源勘测局副局长、党委委员职务。

张　恭　解聘宁夏西干渠管理处副处长职务、

免去党委委员职务。

许志军　免去宁夏七星渠管理处纪委书记、党委委员职务。

翟　军　免去宁夏红寺堡扬水管理处纪委书记、党委委员职务。

郭文峰　任自治区水利厅规划计划处副调研员，免去自治区水利厅农村水利处副调研员职务。

花向阳　提名为宁夏水利行业协会常务副会长。

杨秀梅　任宁夏秦汉渠管理处党委委员、纪委书记。

尹　婷　任宁夏渠首管理处党委委员、纪委书记。

訾跃华　任宁夏红寺堡扬水管理处党委委员、纪委书记。

黄金栋　建议撤销党内职务，并建议解聘党外职务。

郝　青　免去自治区水利厅组织人事与老干部处副调研员职务，退休。

马　渊　提名为宁夏六盘山水务有限公司董事、董事长、总经理，任党委委员、书记。

许志军　提名为宁夏六盘山水务有限公司监事、监事会主席，任党委委员、纪委书记。

倪万户　提名为宁夏六盘山水务有限公司副总经理，任党委委员。

李学军　提名为宁夏六盘山水务有限公司副总经理，任党委委员。

李立新　提名为宁夏六盘山水务有限公司副总经理，任党委委员。

张永旺　提名为宁夏六盘山水务有限公司总工程师，任党委委员。

罗　鹏　提名为宁夏六盘山水务有限公司工会主席。

李平顺　免去宁夏水利工程建设中心副主任、党总支委员职务，不保留副处级待遇。

李海军　任宁夏西干渠管理处副处长、党委委员。

侯树增　任宁夏盐环定扬水管理处副处长、党委委员。

阮锦超　提名为宁夏宁东水务有限公司副总经理，任党委委员。

严生军　提名为宁夏长城水务有限公司副总经理。

水利厅副处级领导（企业高管）竞争上岗笔试

水利厅领导干部培训班

重点工程

【黄河宁夏段防洪工程】 2011年4月8日，宁夏发改委以宁发改审发〔2011〕111号文件对黄河宁夏段防洪工程初步设计报告进行了批复。批复建设内容为：加高培厚区段干流堤防114公里，新建支流堤防31.55公里，合并改造穿堤建筑物281座，其中直接利用16座，改造加长87座，改扩建169座，新建9座。对34处重点河段进行整治，新建坝垛165道，改造利用21道，新建护岸12.52公里，工程长度28.83公里；新建和改造管理房屋2036平方米，配套防汛抢险机械22辆，观测、通讯等设备30台(架)；进行河道断面及地形测量，加强河段演变特点研究。批复投资64494万元。2011年，黄河宁夏段防洪工程共下达投资46494万元，其中，中央预算内投资25060万元，地方配套21434万元。截至2011年年底，完成投资16600万元，累计完成投资37500万元。截至2011年年底，干流堤防加固工程结合全区黄河标准化堤防建设已全面完成。河道整治工程分三期实施，杨家湖、双桥、赵滩、永丰等8处河道整治工程于2011年4月25日完成招标，5月进场，7月底全部完工并通过分部工程验收，10月通过单位工程验收，累计完成砼四脚体抛投4.9万立方米，格栅土枕进占9.4万立方米，土方回填14.5万立方米，石方8.2万立方米。2011(第一批)年建设项目七星渠口、刘湾、四排口等15处河道整治工程，于10月25日完成招标，11月进场，预计2012年5月底完成主体建设。

（杜正礼）

【宁夏沙坡头水利枢纽南北干渠及灌区节水改造工程】 2011年4月份，编制完成初步设计报告；5月17~19日，水利部水利水电规划设计总院在北京对初步设计报告进行了审查；8月12~17日，国家投资项目评审中心来宁对初步设计概算进行核定。9月份，国家发改委、水利部以发改投资〔2011〕2002号文件下达年度投资计划20000万元，其中中央预算内投资10000万元，地方配套资金10000万元。10月15日，工程开工仪式在中卫市沙坡头水利枢纽坝下举行。11月份，国家发改委以发改投资〔2011〕2472号文件核定工程概算总投资66169万元，其中中央预算内投资定额补助35600万元，地方配套30569万元。

（陈金蛟　朱迎胜）

【宁夏灌区续建配套与节水改造工程】 2011年，国家发改委、水利部以发改投资〔2011〕1134号文件下达年度投资计划23750万元，其中中央预算内资金19000万元，地方配套资金4750万元，自治区发改委、水利厅以宁发改农经〔2011〕557号、851号文件下达了分解计划，项目实施范围为青铜峡灌区和固海灌区，安排干渠单项工程24项，计划砌护渠道90.9公里及建筑物改造工程。安排支渠单项工程3项，计划砌护渠道34公里。2011年，编制完成东干渠、西干渠、汉延渠、第二农场渠、昌滂渠、汉渠、七星渠共7条干渠整体节水改造可行性研究报告及青铜峡灌区信息化工程初设报告共13项前期工作，并通过宁夏水利厅的审查，涉及工程投资22亿元。2011年全年完成投资2.4亿元，砌护干渠96.1公里，砌护支渠34公里，改造骨干建筑物16座，年度完成干渠砌护量为历年最大，大清渠、暖泉渠、固海五干渠完成整体改造。4月份，完成唐徕渠南绕城高速公路段、暖泉渠、惠农渠尾闸段、昌渠、汉延渠二排渡槽段、机四渠、大清渠、秦渠下桥段、七星渠朱台闸段、固海五干渠等渠道砌护工程，共完成投资1.0亿元，渠道砌护改造40公里及13座骨干建筑物的改造；10月份，完成了唐徕渠平罗县城段、暖泉渠上段、惠农渠永治闸上段、汉延渠永清沟渡槽下段、汉延渠中干沟渡槽段、大清渠下段、固海五干渠上段、固海一二六干渠等砌护工程56.1公里，完成中宁南北渠、青铜峡蒋新渠、利通区四支渠，砌护34公里，完成投资1.4亿元。7月份，镇北堡拦洪库、河西总排干上段、芦草洼整治工程通过竣工验收。11月份，国家对2012~2020年宁夏大型灌区续建配套与节水改造工程规划控制投资进行了核定。项目实施使干渠砌护率提高了13%，建筑物完好率提高了15%，灌溉水利用系数由0.35提高到0.43，灌区引水量由1998年的87.8亿立方米减少到2010年64.6亿立方米，减少了22%。改善了灌溉条件，使每轮灌水时间缩短了3~5天。初步消除了险工段，渠道安全隐患基本解除，渠道安全运行得到有效保障。灌区续建改造10多年来，取得了引水量大幅度下降、耗水指标不断降低、工程状况不断改善、用水效率不断提高、管理改革不断深化的显著成效。

（陈金蛟　朱迎胜）

七星渠王台闸段砌护工程

【宁夏大型泵站更新改造工程】 2011年，国家发改委、水利部以发改投资〔2011〕1571号文件下达年度投资计划10000万元，其中中央预算内投资8000万元，地方配套2000万元。宁夏发改委、水利厅以宁发改农经〔2011〕558号文分解下达了投资计划，其中固海续建泵站3座，投资7125万元；南山台子续建泵站2座，投资1375万元；扁担沟续建泵站3座，投资1500万元。4月1日，固海大柳木和黑水沟泵站

固海大柳木泵站整体图

更新改造工程竣工并按时通水；同时固海大战场、田营、大柳木、黑水沟4座泵站综合自动化建成投运。5月份，中国灌溉排水发展中心在北京组织召开了全国大型灌溉排水泵站更新改造项目第九批安全鉴定复核会议，甘城子泵站通过安全鉴定复核；11月份，甘城子泵站更新改造工程可行性研究报告编制完成。7月初，固海古城、唐圈、泉眼山、扁担沟二泵站、南山台子一二泵站等改造工程开工建设；12月底，泵站主体工程和设备制造基本完成，共完成水泵电机更新33台套，3处泵站计划2012年3月底全部完工并投入使用。通过对固海、南山台子、扁担沟泵站更新改造，扬水工程提水能力逐步恢复，供水保证率提高，能源单耗降低，初步改善三大扬水灌溉面积5.67万公顷，灌区30多万农村人口和60多万头牲畜的饮水水源得到保障，为中部干旱带4万公顷高效节水特色农业提供水源保证，初步提高了宁夏扬水工程抗御干旱等自然灾害能力，同时为泵站的科学化、规范化管理和工程良性发展奠定基础。

（朱迎胜）

【大中型病险水闸除险加固工程】 2011年2月份，编制完成12座中型病险水闸除险加固工程初步设计报告；3月份，黄河水利委员会来宁对宁夏第一批病险水闸—惠农渠进水闸和唐徕渠小湾桥节制闸除险加固工程初步设计进行审查，并以黄规计函〔2011〕13号文件核定概算总投资2611万元，其中惠农渠进水闸1481万元，设计流量90立方米/秒，加大流量123立方米/秒，为9孔钢铁复合闸门，配卷扬式启闭机，闸室形式为开敞式；唐徕渠小湾桥节制闸1130万元，设计流量115立方米/秒，加大流

量127立方米/秒,7孔钢铁复合闸门，配卷扬式启闭机,闸室形式为开敞式。12月份,国家发改委、水利部以发改投资〔2011〕2395号文下达年度投资计划2611万元,其中中央预算内资金2089万元,地方配套资金522万元。12月底,宁夏大中型病险病险水闸除险加固工程正式启动实施。通过病险水闸除险加固改造,消除水闸安全隐患,对提高防洪、灌溉和水资源调控保障能力，确保当地人民生命财产安全,增加农民收入,提高粮食安全生产能力,保障灌区节水,有效解决水资源的供需矛盾,促进宁夏经济社会发展和民族团结、社会稳定具有重要作用。

(陈金蛟　朱迎胜)

【农村人饮安全项目】 2011年,宁夏水利厅争取国家农村饮水专项资金1.72亿元,其中中央预算内投资1.29亿元,地方配套0.43亿元。自治区财政厅落实农村自来水"百村千户"入户工程资金0.79亿元。全区建成贺兰金鑫、原州张易盐泥、西吉县大沙河等集中供水工程72处,完成工程投资2.72亿元,解决了34万农村居民饮水安全问题，完成年度任务的113%，同时解决了127所农村中小学4.07万师生的饮水问题;开工建设农村自来水"百村千户"入户工程20处，解决了150个村3.52万户17.3万群众的自来水入户问题,完成年度任务的101%。中部干旱带七项农村饮水安全重点供水工程全部建成,隆德、中卫两个国家级农村饮水安全示范县建成,银川、石嘴山、吴忠及中卫市沙坡头区等15个县区原规划内人口基本实现饮水安全全覆盖。

(李建国　解　勇)

建设中的金积高闸水厂

【中部干旱带高效节水补灌项目】 中部干旱带高效节水补灌项目分为重点工程和面上项目，面上项目主要为小农水及现代农业专项资金项目以及农发专项资金项目。重点工程。2011年国家发改委下达资金19000万元（下马关8500万元，兴仁10500万元),其中中央预算内投资15000万元(下马关6500万元,兴仁8500万元),要求地方配套4000万元(下马关2000万元,兴仁2000万元)。下马关项目建设规模1.01万公顷,批复投资24730万元,截至2011年年底,主要完成了以下建设内容:扩建及新建泵站3座,新建压力管道7.23公里,建设蓄水池3座320万立方米,铺设干、支、斗860公里,配套各类建筑物935座;项目实施后,新增高效节水补灌面积10.07千公顷,农产品产量达到38580万公斤,其中马铃薯15480万公斤,红枣3600万公斤,瓜菜19500万公斤,年净效益7022万元。兴仁项目建设规模2.55万公顷,批复投资29440万元,截至2011年年底,完成了以下建设内容:改造干渠15公里,新建进水闸1座,新建引水管道1.57公里,新建泵站8座,新建蓄水池3座305万立方米，新建片区蓄水池10座34.45万立方米,铺设干、支、斗管道648公里,配套各类建筑物354座;项目实施后,新增高效节水补灌面积25.6千公顷,农产品产量达到116703万公斤,其中红枣2725万公斤，马铃薯7905万公斤，瓜类103500万公斤,枸杞1200万公斤,其他1373万公斤,年净效益13159万元。小农水及现代农业专项资金面上项目。财政部、水利部从小型农田水利建设补助专项资金中安排8100万元,从中央财政现代农业生产发展资金7490万元,宁夏配套7674万元(全部为县级财政配套资金及群众自筹资金)，总投资23264万元。用于续建中宁县白马鸣沙、中卫市永康、中宁县大青山、盐池县王乐井等4处高效节水补灌工程，安排投资3896万元，续建规模8.81千公顷;新建红寺堡区阎家庙子海子塘设施滴灌、中卫市宣和、盐池县城北、原州区甘沟、中宁县天景山、同心县满春、同心县窑山深沟、吴忠市孙家滩横沟、彭阳县草庙、同心县余家梁、海原县高崖、海原县郑旗、灵武市红墩子等13处高效节水补灌工程，安排投资19368万元，建设规模9.65千公顷。共计新建泵站

23座，蓄水池46座205万立方米，机井40眼，铺设管道1090公里，配套建筑物6540座。项目实施后，农产品产量达到24391万公斤，其中瓜类9746万公斤，红枣1209万公斤，马铃薯6132万公斤，高酸苹果504万公斤，蔬菜6800万公斤，产值2.2亿元，净效益5730万元。农发专项资金面上项目。安排资金4875万元，其中中央资金3569万元，匹配资金894万元，县级以下412万元，用于新建原州区三营鸭儿沟、盐池县花马池镇郭家沟、海原县高崖乡、红寺堡海子塘、彭阳县白阳镇老庄、西吉县兴隆镇、中宁县红梧山7处补灌工程，建设规模2.39千公顷。共计新建泵站6座，蓄水池11座51万立方米，机井10眼，铺设管道270公里，配套建筑物1622座。项目实施后，农产品产量达到6047万公斤，其中瓜类2416万公斤，红枣300万公斤，马铃薯1520万公斤，高酸苹果125万公斤，蔬菜1686万公斤，产值5229万元，净效益1420万元。（丁学岐）

【小型农田水利项目】 2011年，宁夏小型农田水利项目共计投入4.4亿元，其中，中央财政2.38亿元，宁夏配套2.02亿元（自治区财政1.02亿元，县级财政0.58亿元，群众投劳折资0.42亿元）。资金支持方向包括四个方面：三批重点县项目（17个县）、第一批重点县奖励项目（3个县）、农业水价综合改革示范项目（2个县）和中部干旱带高效节水补灌项目（6个县）建设。并整合现代农业、国土整治、农业综合开发、千亿斤粮食等项目资金20亿元。第一批重点县建设节水灌溉面积7.75千公顷，其中高标准农田5.93千公顷，高效节水灌溉面积1.87千公顷。第二批7个重点县建设节水灌溉面积7.6千公顷，其中高标准农田2.91千公顷，高效节水灌溉面积4.7千公顷。第三批3个重点县建设节水灌溉面积4.65千公顷，全部为高效节水灌溉面积。2011年，新开发灌溉面积8.4千公顷，改善灌溉面积152.87千公顷，改造中低产田54.13千公顷，建设旱涝保收高标准农田36.8千公顷，新增旱作基本农田15.53千公顷，治理水土流失面积1161平方公里。工程的建设调动了各方积极性，对骨干工程已经改造的大中型灌区田间工程进行配套，充分发挥骨干工程效益，改进农业产业结构调整，助推了新农村建设。（王新立）

【农业综合开发中型灌区节水配套改造项目】 2011年，宁夏农业综合开发中型灌区节水配套改造项目启动实施了青铜峡市甘城子扬水和隆德县渝河灌区改造项目。两个项目于2012年10月底全部建设完成。青铜峡市甘城子扬水灌区改造项目。批复投资1565万元，其中中央财政资金1000万元，地方财政资金400万元（其中，自治区财政配套320万元），自筹165万元。甘城子扬水灌区灌溉面积5.21千公顷，主要建设内容为砌护干渠3条长6.13公里，支渠4条28.32公里，配套渠系建筑物114座，安装全渠道测控一体闸14处。项目实施后，改善灌溉面积5.21千公顷，新增节水灌溉面积5.21千公顷，渠系水利用系数由0.47提高到0.6，年节水1219万立方米，年增粮食生产能力58.6万公斤，年增其他农产品生产能力454.2万公斤，年增产值937.07万元。隆德县渝河灌区改造项目。批复投资1510万元，其中中央财政资金1000万元，地方财政资金400万元（其中，自治区财政配套360万元），自筹110万元。渝河灌区灌溉面积3.47千公顷，主要建设内容为铺设管道23.35公里，配套建筑物30座，首部设备92套，水源井31眼，各类阀井101座。项目实施后，恢复灌溉面积1.59千公顷，改善灌溉面积1.88千公顷，新增节水灌溉面积3.47千公顷，渠系水利用系数由0.5提高到0.67，年节水450万立方米，年增粮食生产能力355.2万公斤，年增其他农产品生产能力1841万公斤，年增产值996.37万元。（丁学岐）

【水土保持及生态工程】 水土保持生态建设工程包括中央预算内水土保持项目和农业综合开发水土保持项目（2009~2011年农业综合开发水土保持项目

隆德县清流河清洁型小流域治理情况

和 2010~2012 年陕甘宁地区水土流失综合治理项目）。2011 年，中央预算内水土保持项目计划下达投资 6466 万元，其中中央资金 5000 万元，地方配套 1466 万元，涉及 15 个县（区）17 条流域综合治理、2 个坡耕地综合治理试点项目和新建 2 个骨干坝水资源综合利用工程、1 座淤地坝，新增治理水土流失面积 79 平方公里；农业综合开发水土保持项目计划下达投资 823.57 万元，其中中央资金 3800 万元，地方配套及自筹资金 5023.57 万元，涉及 9 个县（区）12 个项目区 15 条小流域（片区），新增治理水土流失面积 92.43 平方公里。截至 2011 年年底，中央预算内水土保持项目（含 2010 年度部分）完成投资 5946.92 万元，完成治理水土流失面积 97.74 平方公里；农业综合开发水土保持项目完成投资 7650.16 万元，完成治理水土流失面积 91.31 平方公里。（贾爱冬）

【中小河流治理项目】 宁夏共有流域面积 200～3000 平方公里的中小河流 99 条，列入《全国中小流治理专项规划》有 69 条，其中：一期 2009~2011 年试点项目，治理中小河流 19 条，项目总数 19 个，总投资 2.7 亿元；二期 2011~2012 年实施方案，治理中小河流 19 条，河流名录与一期相同，项目总数为 25 个，总投资约 4.75 亿元。三期 2013~2015 年规划项目，治理中小河流 50 条，涉及项目 61 个，总投资 13.5 亿元。2011 年，按照国家整体安排，宁夏启动实施了中小河流治理试点项目，先后完成了项目初步设计工作审查和批复工作，批复中小河流治理资金 3.204 亿元，开工建设了石嘴山市汝箕沟、平罗县大水沟、青铜峡市滑石沟、银川市高家闸沟和桑园沟、隆德县渝河、彭阳县茹河等 19 条中小河流治理项目，新建加固堤防 148 公里，新建加固护岸 153 公里，清淤河道 245 公里，完成土方 1154.9 万立方米，石方 63.84 万立方米，混凝土方 3.24 万立方米，综合治理河长 320 公里。项目建成后，疏通了河道行洪断面，提高了防洪标准，有效保护沿岸的村镇、农田，部分项目还有效整合城市建设、园林绿化资金，建成了集防洪、排涝、城市景观、生态保护为一体的综合整治工程，改善了区域生态环境和人居环境，发挥了巨大的社会效益、经济效益和生态效益。（李 岷）

治理后的隆德渝河县城段

整饬有序的同心县梁家川水库建设现场

【病险水库除险加固项目】 2011 年，宁夏争取列入国家病险水库除险加固规划的中小型病险水库 207 座，其中中型 4 座，小（Ⅰ）型 61 座，小（Ⅱ）型 142 座。截至 2011 年 12 月底，4 座中型水库初步设计批复完成；61 座水库除险加固初步设计批复和招标工作完成，开工建设 47 座，完成主体工程建设 22 座；重点小（Ⅱ）型水库完成初步设计批复并开工建设 27 座。中小型水库除险加固项目累计争取国家和自治区项目投资 6.1 亿元，累计完成投资 1.2 亿元。累计完成土方 201 万立方米，石方 5.2 万立方米，混凝土 2.6 万立方米。已完成的 27 座小（Ⅰ）型水库全部除险，水库大坝、输水、泄洪建筑物以及坝前防护、坝后排水、管理和监测等设施全部配套齐全，防洪标准均达到设计标准。可新增和恢复库容 7000 多万立方米，保护水库下游 35 万人、66.67 千公顷农田的防洪安全。同时，新增灌溉面积 1 千公顷，新增年供水量 569 万立方米。（杨远志）

党建与精神文明建设

【概况】 2011年，自治区水利厅党委牢固树立“紧贴中心抓党建，抓好党建促发展”的理念，坚持落实党建工作责任制和“一岗双责”，以加快水利发展为中心，以学习型党组织建设为载体，以提高党员干部素质为根本，以干部队伍建设为重点，以创先争优为抓手，以党风廉政建设为保证，统筹谋划，认真研究，科学安排，把党建工作纳入效能考核目标，层层分解，加强督察考核，做到党建工作与水利工作同部署、同落实、同考核，相互促进，共同发展，党建工作取得了明显成效。 （王文刚）

【学习贯彻落实中央1号和自治区35号文件精神】 一是强化学习宣传，提高思想认识。为学习好、贯彻好、落实好中央、自治区关于加快水利改革发展的重大决策部署，水利厅党委及时召开党委会学习讨论，专题研究部署，先后以水利厅党委文件下发了两个学习贯彻《通知》，厅党委中心组多次组织学习，并邀请水利部领导来宁做专题报告，水利厅成立了四个宣讲组，由厅领导带队赴各市县做专题辅导报告8场次，参加人员达万人，迅速在全区掀起了学习贯彻热潮。二是完善规划，落实配套措施。根据党的十七届五中全会和中央、自治区两个《决定》精神，水利厅党委立足区情、水情，进一步修订完善了全区水利“十二五”规划，确立了6大方面39项具体目标任务，初步规划“十二五”期间全社会水利投资320亿元，涵盖了事关全区经济社会发展和人民生命财产安全的重大水问题。同时，主动加强与有关部门的沟通、协调和配合，出台了《自治区水利建设基金筹集和使用管理办法》《关于从土地出让收益中计提农田水利建设资金管理办法》等4个相关配套措施，确保了中央和自治区重大部署落到实处。三是以民生水利为重点，加快推进水利发展。水利厅党委紧紧围绕自治区实施35万生态移民重大决策，按照“搬得出、稳得住、能致富”的要求，制订了生态移民水资源规划，督促支持各县市（区）加快实施生态移民供水工程，确保生态移民人饮安全和农田灌溉用水。人饮安全工程建设取得新成效，全面解决了32.4万人的农村饮水安全问题，解决了17.3万人的自来水入户问题，人民群众喝上安全洁净水。水利投入再创历史新高，抢抓历史机遇，“跑部进京”，跑项目、争投资。全区水利投入达45.93亿元，比2010年增加14.13亿元，增加了44%。其中争取中央投资20.34亿元。项目带动战略取得重大突破，一大批事关自治区经济社会发展大局的重点水利工程获国家批复或开工建设，水利发展后劲不断增强。 （王文刚）

【学习型党组织建设】 以建设学习型党组织为目标，以提高党员干部素质为根本，坚持以处级以上领导干部为重点，进一步深化学习型党组织建设。积极组织开展“创建学习型党组织、争做学习型党员”活动，以水利厅党委中心组理论学习为龙头，着力抓好“主题读书月”“领导干部大讲坛”“普通党员讲党课”三个载体，举办了处级以上领导干部理论学习班，邀请区内外专家来水利厅做专题辅导报告，选派了20多名厅、处级干部到区内外院校参加理论培训，不断提高党员干部领导水利科学发展的能力。通过举办专题培训班、专题辅导报告、主题读书月、网络培训等多种形式，组织党员干部和职工认真学习中国特色社会主义理论体系，党的十七届四中、五中、六中全会精神，胡锦涛总书记在建党90周年大会和在十七届中纪委第六次全会上的重要讲话；认真学习中央和自治区水利重大决策部署；认真学习自治区党委、政府重大决策、决议。深入推进基层学习型党组织建设，健全计划、培训、档案、督察等各项制度，做到学习时间、内容、责任、考核“四落实”，在工作中学习，在学习中工作，形成了理论武装工作多层次、立体化的格局，有效提升了党员干部思想政治理论水平。（王文刚）

【创先争优活动】 进一步深化创先争优活动。坚持立足实际，突出特色，以“迎接建党90周年，学典型、争先进、比贡献”为载体，以“打造一流队伍、培育一流作风、创建一流业绩”为总体目标，把创先争优活动与“创建学习型党组织、争做学习型党员”、深化“三服务一推进”主题实践活动、“讲党性、重品行、做表率”活动结合起来，不断创新活动形式，丰富活动内容。在水利厅机关开展了“走出机关，服务基层”活动，建立了党员领导干部创先争优联系点，从厅领导到机关处室工作人员主动深入基层，开展“三同”实践锻炼，帮助基层职工群众解决实际问题，密切了干群关系。在厅属窗口单位开展了以“三问”(问政于民、问计于民、问需于民)、“三亮”(亮身份、亮标准、亮承诺)、“三创”(创优秀服务标兵、创群众满意窗口、创优质服务品牌)、“三评”(领导点评、党员互评、群众评议)为主要内容的为民服务活动，切实改进工作作风，提高服务质量，保证了工农业用水安全。把树立、推广典型作为推进创先争优活动的重要措施，召开了庆祝建党90周年暨表彰大会，隆重表彰了先进党组织、优秀共产党员、优秀党务工作者，结合开展向杨善洲同志学习活动，深化党员示范窗口、岗位创建，在全厅广泛开展了向身边先进人物学习活动，营造了“比学赶帮超”的良好氛围，实现了创先争优活动全覆盖。（王文刚）

【基层党组织建设】 进一步推进党基层组织建设。认真落实基层党建工作责任制，层层签订目标责任书，坚持实行基层单位党委(总支、支部)书记和行政负责人“一岗双责”，细化工作任务，量化考核目标，把基层党建工作落到实处。制定了水利厅基层党组织党务公开实施方案和实施办法，明确党务公开指导目录，在全厅积极推行党务公开，进一步扩大了党内民主，保障了党员职工的民主权利。切实加强党员教育管理，做好发展党员工作，提高党的组织生活质量和党员队伍素质。加强党务干部队伍建设，提高了基层党建工作的规范化、科学化水平。加强工会、共青团、水利行业协会等群团组织建设，支持他们独立负责开展工作。（王文刚）

【党风廉政建设】 2011年党风廉政建设工作紧扣责任分解、责任落实、责任追究三个环节，狠抓落实，印发了《水利厅2011年党风廉政建设和反腐败工作责任分工》，将党风廉政建设和反腐败工作任务细化为16类48项，形成了一级抓一级的廉政建设责任机制。按照“年初有布置、平时有检查、年终有考核”的要求，水利厅纪委把检查考核与深入基层调研、指导工作结合起来，定期不定期地深入厅属单位进行督察，年底，对30个厅属单位党政领导班子和150余名处级干部进行了责任考核和民主测评，干部职工对反腐倡廉的满意率达到96%以上。坚持把廉政教育作为以人为本的基础工程，着力抓好领导干部示范教育，印发了《关于加强领导干部反腐倡廉教育实施意见》，举办了水利厅处级领导干部廉政教育培训班，并通过开设廉政专栏、发廉政短信、举办廉政书画展、制作廉政电脑屏保、评选廉内助等多种形式加强廉政教育。进一步深化惩防体系建设，在全厅开展了“反腐倡廉制度建设推进年”活动，制定了《水利厅党的基层组织党务公开实施办法(试行)》及《实施方案》，要求重大决策、重要事项都通过会议纪要、情况通报、党员干部大会等形式及时向党员干部和职工予以通报。结合业务工作的新要求，各单位对廉政风险进行了再查找，防范措施进行了再修订。全厅33个单位共排查出1993个廉政风险点（一级风险点是159个，二级风险点536个，三级风险点1298个)；共制定各类防范措施2075条，其中厅机关及有行政管理职能的部门制订防范措施579条；厅属其他单位制订防范措施1496条。积极探索建立水利工程建设领域廉政风险防控长效机制，推行水利工程建设整县项目集中管理、集中打捆招标、招标活动集中入场交易的“三集中”管理模式，开发建立了水利工程建设和市场信用管理综合软件平台，推行水利工程招标资格预审制、中标单位人员“锁定”制和水利建筑企业信用等级评定制。为切实抓好《廉政准则》的贯彻执行，水利厅纪委下发了《关于开展〈中国共产党党员领导干部廉洁从政若干准则〉贯彻执行情况专项检查工作的通知》，采取“五看”的办法，对厅属单位贯彻执行《廉政准则》情况进行了专项检查督导，抽查率在35%以上。2011年2月，自治区党委对水利厅落实党风廉政建设责任制和推进惩防体系建设情况考核为优良，在全厅上下形成了风清气正的发展环境。（姚宁生）

【纪检监察工作】 2011年纪检监察工作紧紧围绕贯彻落实中央和自治区《关于加快水利改革发展的决定》，整合监督资源，发挥建设管理、财务审计、质量监督等相关处室（部门）的作用，组织开展了学习贯彻党的十七届五中全会精神、贯彻落实中央1号文件、政治纪律执行情况、加快转变经济发展方式、水利效能目标责任落实情况等专项监督检查。与自治区监察厅联合成立了监督检查工作领导小组，下发了《关于加强对两个〈决定〉贯彻落实情况监督检查实施方案和2011年监督检查工作计划》，采取召开座谈会、查阅资料、现场检查相结合的方式，对全区各市县贯彻落实两个《决定》的情况进行了专项督察。配合自治区纪委对中央扩大内需项目、工程领域突出问题专项治理、生态移民等重点项目的建设管理和资金使用进行了检查。组织开展了工程建设领域突出问题专项治理工作调研，并以专题报告报自治区纪委。加强对重大水利工程建设、大宗物资采购、工程招标投标的执法监察，监督招标投标123次，金额6.3亿元；对厅属单位副处级干部竞聘上岗、人员招聘、技术职称评审等工作进行了全程监督；会同水利厅安委会对水利安全生产和安全事故进行了全程调查。

加强信访和案件查处工作，对重要信访件，主要领导亲自批示、亲自督办。全年共收到信访件5件（次），重复1件，直接办结1件，转下属单位核查办理3件。依据党政纪处分规定，对1名处级干部、1名科级干部进行了调查处理。同时，注重发挥查办案件的惩戒和治本功能，将违法违纪案件在全厅予以通报，以身边事教育身边人，做到查处一个案件，教育一批干部，完善一套制度。（姚宁生）

【水利政风行风建设】 2011年全区民主评议政风行风，水利厅在自治区政府21个参评部门中名列第六。印发了《宁夏水利系统2011年民主评议政风行风工作实施方案》，在吴忠、固原、银川三市分片召开水利系统2011年民主评议政风行风工作会议，对政风行风建设工作进行了安排部署。组织、协调市县区水利部门、厅属单位在宁夏行风网、宁夏水利网编发政风行风信息600余条，编印政风行风建设工作简报11期，推广了彭阳县店洼水库管理所、惠农渠、七星渠行风建设中的好做法和好经验，其中第7期《水利厅推行“两好四服务”构建和谐灌区》被区纠风办转发；各市县和厅属各单位、用水协会召开行风座谈会108场次，散发各类宣传资料3万余份。水利厅领导3次走进宁夏电视台《新时空·行风面对面》直播间，通过热线交流与群众直接对话，宣传水利政策、水利建设管理、服务民生等水利中心工作情况，解答社会关注的热点问题。全年水利系统收到群众各类意见、建议260条，全部得到整改；受理自治区行风网“投诉建议咨询”栏投诉件6件，办结6件，办结率为100%，做到了事事有结果、件件有回音。水利政务大厅全年受理行政审批事项326件，按规定时限已办结315件，测评满意度100%。集中力量，解决群众关注的热点、难点问题。克服引黄指标核减、冬春夏三季大旱、用水需求增加等困难，确保了46.67万公顷农业灌溉及生态用水。农村饮水安全工程通过拓展范围、互联互通，推进“城乡同网、同源”供水，保障了6万生态移民生活生产用水，15个县区原规划内人口实现饮水安全全覆盖，34万群众喝上安全洁净水；水库移民后扶直补资金于6月底一次性拨付到各市县，6.5万移民受益；高效补灌工程为亘古旱塬送去了宝贵的水资源，使石头缝里长出了“致富瓜”、黄土地里生出了“金蛋蛋”，有力地推动了硒砂瓜、红枣、葡萄、马铃薯等特色产业的发展；农田水利基本建设在规模范围、建设机制、组织方式、资金投入、工程质量、效益发挥六个方面实现新突破，解决了一批群众最关心最直接最现实的灌水难、排水难、饮水难、行路难等热点、难点问题，以“惠民、为民、便民、富民”的实际成效，彰显了水利行业新风貌。

（姚宁生）

【文明创建活动】 坚持不懈开展文明创建活动，努力构建和谐水利。唐徕渠、红寺堡管理处通过自治区文明单位复验，七星渠管理处等三个单位开展全国文明单位创建活动，有力地推动了全厅文明创建工作深入开展。切实加强职工思想政治工作，大力开展社会主义核心价值体系教育。围绕庆祝建党 90 周年，开展了“学党史、铭党恩、跟党走”“迎接建党 90 周年,学典型、争先进、比贡献”等系列活动，召开了水利厅庆祝建党 90 周年暨表彰大会，使广大党员爱党敬业、创业干事、争当一流的先锋模范作用得到更好发挥。旨在弘扬传承水文化的水利博览馆历时两年建设全面完成，成为全景集中展示宁夏治水辉煌历史的平台，其规模、信息量之大在全区各行业中为数不多，结束了宁夏无水博馆的历史。广泛开展“六小”建设，有效改善了基层职工生活条件，全年发放职工大病医疗救助金 4.5 万元，对 21 名职工进行了救助。组队参加了水利部水利法制宣传文艺汇演获得优秀奖、优秀组织奖，组织开展了职工文艺汇演、书法美术摄影作品展和体育竞赛等丰富多彩的文体活动，活跃了职工文化生活。积极做好扶贫支教工作，筹措资金切实解决扶贫村群众行路难、灌溉难、上学难的问题，赢得了地方政府、群众的好评。面对任务繁重、压力加大的形势，广大水利干部职工充分发扬“特别能吃苦、特别能战斗、特别能奉献”的水利精神，冒酷暑、战严寒，奋战在水利建设工地、供水工作一线，豪迈的工作激情和昂扬的精神风貌成为推动水利事业发展的巨大力量。

（王文刚）

【工会工作】 一是学习教育活动。2011 年全区水利系统各级工会深入开展“创建学习型组织、争做知识型职工”活动，认真组织广大职工学习党的十七届五中、六中全会精神和中央 1 号、自治区 35 号文件。水利工会为厅属单位统一征订了《工会基础知识读本》等学习资料，组织全厅 3000 多名职工参加了“铁人杯”全国职工工会知识竞赛，受到中国农林水利工会的表扬。二是建功立业活动。各级工会广泛开展“当好主力军、建功十二五”主题劳动竞赛活动和“工人先锋号”创建活动，团结动员广大职工立足本职岗位、争创一流业绩。认真组织开展技术革新、技术改造、岗位练兵、合理化建议等群众性经济技术创新活动和“创双优”活动。水利工会组织 2000 多名职工参加了全国工会“安康杯”知识竞赛和全区职工“12·4”法律知识竞赛活动,获得优秀组织奖。秦汉渠管理处马玉柱获得自治区“五一劳动奖章”。三是保障职工的合法权益。深入开展调查研究，对涉及职工切身利益的问题，提出工会的建议，推动了职工最关心、最直接、最现实利益问题的解决。水利工会对水文水资源勘测局和 10 个水管处的 372 个测站、管理所、泵站职工饮用水问题进行了调研，撰写了专题调研报告，结合农村人饮工程建设，提出了解决基层职工饮水安全问题的建议，得到厅党委书记、厅长吴洪相的批示，推进了基层职工饮水问题的解决。截至 2011 年年底全区水利厅系统大多数基层职工已喝上了清洁水。健全完善劳动管理制度，畅通职工利益诉求渠道，及时化解矛盾，协调劳动关系。宁东水务有限责任公司获得“全国农林水利系统劳动关系和谐企业”称号，水文水资源勘测局、红寺堡扬水管理处获得“全国水利系统和谐企事业单位先进集体”。四是帮扶工作。水利工会进一步完善了水利厅特困职工档案，修订下发了《水利厅特困职工救助办法》，2011 年共收缴救助金 298260 元，救助大病职工 29 人，发放救助金 150220 元。争取自治区总工会专项资金 5 万元，慰问困难职工 100 人；“金秋助学”资金 3.1 万元，资助 9 名困难职工子女上大学，为 50 名困难职工发放“爱心卡”30600 元。2011 年，全厅共筹集送温暖资金 110 多万元，走访慰问职工 2800 多人次。五是文化建设。各单位工会把“职工书屋”建设作为提高职工综合素质的重要载体，积极争取行政资金，投入“职工书屋”建设，通过流动书箱的形式，把各类书籍定期送到基层职工。水文水资源勘测局、水利科学研究所获得自治区总工会“职工书屋”示范建设单位，唐徕渠管理处被全国总工会授予“全国工会职工书屋示范点达标单位”。不断完善“职工之家”。各单位把“职工之家”建设与创建和谐单位结合起来，从基础设施、环境卫生、饭菜质量抓起，大力实施“小果园、小菜园、小养殖园、小食堂、小环境”等“五小工程”建设，积极争取和筹集资金，改造基层所(泵站)段基础设施，为基层职工配备了电冰箱、消毒柜、洗衣机、热水器、煤气灶、办公桌椅等生活用品，改善了职工的生产生活环境。2011 年水利工会组织举办了全区水利系统职工文艺汇演、厅机关及局办文体比赛、水利厅春节团拜会的体育活动和文艺演出、水利厅“清凉宁夏”广场文艺专场演出、水利厅建党 90 周年歌咏比赛、自治区抗旱防汛条例宣传启动仪式文艺演出、水利厅第四届职工羽毛球运动会等活动，充分展示了广大水利职工的精神风貌。六是发挥女职工作用。水利工会在全厅组织开展了“三八”国际劳动妇女节 101 周年纪念活动，组织参加了区直机关女工委、自治区妇联举办的庆祝“三八”国际劳动妇女节“巾帼歌手风采大赛”，召开了水利厅纪念“三八”国际劳动妇女节 101 周年座谈会，总结交流女职工工作，对 12 个先进女职工组织和 28 名优秀女职工进行了表彰奖励。七是加强自身建设。9 月 5 日至 6 日，水利工会组织召开第五次代表大会，选举产生了新一届工会委员会、经费审查委员会、女职工委员会。选派 10 名工会主席分别参加了中国农林水利工会和自治区农林水财工会举办的工会干部培训班。汉延渠管理处工会主席岳志强被评为“全国农林水利系统优秀工会干部”，水利电力工程学校党委书记杨克胜被评为“全国农林水利系统优秀工会之友”。加强工会经费管理使用工作。自治区总工会经费审查委员会对水利工会 2009 年和 2010 年经费收缴使用管理情况、资产管理情况进行了审计，对水利工会经费的使用管理工作给予了充分肯定。　（李茂书）

【共青团工作】 2011 年水利厅团委把学习贯彻中央 1 号文件、中央水利工作会议、《自治区党委、政府关于加快水利改革发展的决定》及党的十七届六中全会精神作为团员青年理论武装工作的重点，深入开展青年马克思主义者培养工程。分批组织团干部、优秀青年骨干参加了区内外举办的理论学习及实践教育，通过演讲比赛、歌咏比赛、知识竞赛、文艺演出等多种形式，开展党情、国情、区情、水情教育，进一步激发了团员青年的民族自信心和自豪感，自觉弘扬新风正气，积极维护社会和谐。积极开展青年创优增效行动。各级团组织把创先争优活动与优质服务、岗位练兵、技能竞赛、技术改造等活动紧密结合起来，在参加第四届全区水利行业职业技能大赛中，多名优秀青年凭借过硬技能，发挥自我优势，取得了优异成绩。“安全生产月”期间，水利厅团委组织各级团组织结合实际，开展了安全知识竞赛、主题演讲、安全演练、“百里巡堤”等系列活动，并在全厅范围内开展了“安全生产示范岗”及“安全生产标兵”评选活动，以典型引路，进一步强化了青年安全生产意识，营造了浓厚的安全生产氛围。围绕加强能源资源节约和生态环境保护，各级团组织全面深化保护母亲河行动，积极组织团员青年参加植树造林活动，承担绿化管护任务，管好现有“青年林”。深入开展青年志愿者活动，3 月 2 日水利厅团委举行了“弘扬雷锋精神、参与志愿服务”活动动员大会，并组织 100 多团员青年进行了义务献血活动。组织团员青年志愿者深入灌区、敬老院、学校送温暖、献爱心。举行“五四”运动 92 周年纪念大会，表彰了第六届“水利厅十杰青年”，表彰了 2010 年度水利厅五四红旗团委、团支部、优秀团干部和优秀共青团员。在水利厅团委六届七次全委(扩大)会议上，表彰了 2009~2010 年度水利厅青年文明号集体，通报表扬了自治区青年文明号集体。以《宁夏水利青年》为窗口，及时反映、宣传各单位共青团工作和活动开展情况，以及全厅各类优秀青年人才和优秀青年集体的先进事迹。全年共编发《宁夏水利青年》两期，采用团员青年稿件 200 多篇。按照《水利厅团建基础工程实施方案》的要求，加强党建带团建，逐步建立健全与水利发展改革相适应的基层团组织体系。2011 年，先后指导 3 个单位团组织及时换届，健全了基层团组织。完善团员团干部教育管理的长效机制，加强培训工作，采取举办团员培训班、座谈会、交流会和观摩学习等形式加强团员队伍建设。　（李小龙）

组织人事

【队伍建设】 1.抓班子，议大事，增强领导班子的领导决策能力。坚持把加强领导班子思想政治建设放在首位，坚持中心组学习制度，着力在学理论、议大事、转观念、理思路上下功夫，把学习的成果转化为谋划工作的思路、促进工作的措施、做好工作的本领。认真学习中国特色社会主义理论，党的十七届四中、五中、六中全会精神，胡锦涛总书记在建党90周年大会和在十七届中纪委第六次全会上的重要讲话及工作报告，深入学习中央、自治区水利工作会议精神和中央、自治区《关于加快水利改革发展的决定》等重大决策、决议，加强社会主义核心价值体系教育，不断提升领导班子思想政治理论水平。认真贯彻民主集中制，建立重大问题征求意见、重要情况反映通报等制度，提高了决策的科学化、民主化水平。认真开好专题民主生活会，深入开展批评与自我批评，抓好厅党委和厅属单位民主生活会整改措施落实，增强了领导班子的整体合力。完善领导班子、领导干部年度考核评价机制，对基层领导班子和领导干部进行了全面考核。2.抓监督，促规范，提高选人用人公信度。认真贯彻执行《干部任用条例》，继续组织开展规范用人行为试点工作，积极探索和推行“四差额、一票决”办法选任干部。进一步加大竞争上岗工作力度，拓宽选人用人视野，提高选人用人公信度。同时，加大干部交流轮岗，改善基层领导班子结构。强化干部工作监督，严格执行“四项监督制度”和领导干部报告个人有关事项等制度，坚持厅领导与基层单位主要负责人谈话、新任干部集体谈话和廉政谈话制度，全面实行了领导干部双向述职和干部选拔任用工作“一报告两评议”制度。加强干部任期(离任)经济责任审计，对5名处级干部进行了任期(离任)经济责任审计。全年采取无记名票决方式任免处级干部(企业高管)48名，通过差额选拔方式选任处级干部(企业高管)25名，通过竞争上岗选拔2名副处级领导干部、2名企业高管。 (张玉铭)

【机构改革】 一是水管单位“收支两条线”工作取得实质性进展。认真学习领会中央和自治区《决定》精神，全力推进水管单位“收支两条线”政策的落实，多次深入各单位征求意见和建议，认真核实各单位人员、经费等情况，针对人员超编、维修经费缺口较大等问题，积极寻找政策依据，制定了多套工作方案和具体措施，多次与自治区编办、人事厅、财政厅进行沟通、协商，已经就“收支两条线”、人员编制、经费来源等初步达成了共识。二是机构编制工作取得新成效。认真落实中央1号文件精神，积极推进水资源管理体制改革，编制完成了水资源管理局、水文局、农建办等机构改革意见，并上报自治区政府。落实了盐环定、大柳办、水博馆的机构编制，自治区编办对10个水管单位人员编制自治区编办也已给予明确答复。同时组织开展了厅属25家事业单位评估工作，拟定了清理规范意见，得到的肯定。及时组织完成了机关和事业单位机构年检工作。 (李小龙)

【水利厅机构编制工作】 2011年水利厅系统在职职工5739人，其中厅机关内设10个处室，行政编制64名；厅直属事业单位25个(其中渠道管理单位10个)，厅管企业9个、管理党组织的企业3个。水利厅有厅级干部12名(其中：厅级领导干部8名，副巡视员3名，防汛办主任高配1名)，厅管干部(处级干部和企业高管)176名。水利厅党委直属自治区党委管理，厅党委直属基层党组织33个(其中：基层党委20个、总支5个、支部8个)，共有党员2635名。厅属企事业单位现有各类专业技术人员1942人(不含厅机关)，其中正高职高级工程师40人、高级职称297人、中级职称666人。有5人获国务院特殊津贴，3人获自治区政府特殊津贴，5人入选自治区“313人才”(不重复计)。 (李小龙)

1. 水利厅机关机构设置。水利厅机关内设：办公室、组织人事与老干部处、规划计划处、水政水资源处、财务审计处、科技教育处、建设管理处、农村水利处、监察室9个处室和机关党委。行政编制64名(含纪检监察编制3名)，领导职数：厅长1名、副厅长4名、纪委书记1名、总工程师1名、副巡视员2名；正处级领导职数10名(含纪委副书记兼监察室主任1名、机关党委专职副书记1名)，副处级领导职数11名；非领导职数：核定调研员4名、副调研员12名(含1名团委书记专项职数、1名机构改革使用的专项职数、3名军转干部专项职数)。截至2011年年底水利厅机关有公务员63名(含监察室3名)，实配厅级领导干部1正7副，副巡视员3名，处级领导干部10正9副，调研员6名(有2名是专项职数)，副调研员9名。

2. 水利厅厅属事业单位机构设置。水利厅有直属事业单位25个，其中正处级单位22个(含灌溉局、节水办)，科级单位1个，不定级别单位2个；25个单位事业编制4059名(含聘用编制36名)，实有在职职工4305人；共核定正处级领导职数33个，副处级领导职数73个，实配副厅级领导干部1名(自治区防汛办主任)，正处级领导干部28名，副处级领导干部70名。25个事业单位中财政全额拨款事业单位14个，分别为自治区防汛抗旱指挥部办公室、自治区节约用水办公室、水利厅灌溉管理局、水利厅水土保持局、自治区水库移民办公室、水文水资源勘测局、水利厅经济管理局、水利科学研究所、水利电力工程学校、大柳树水利枢纽工程前期工作办公室、艾依河管理局、水利水电工程质量监督站、水利厅机关服务中心、水利信息中心，核定编制565名，实有532人；财政定额补助事业单位3个，分别为固海扬水管理处、红寺堡扬水管理处、盐环定扬水管理处，核定编制1973名(含聘用编制36名)，实有1825人；自收自支事业单位8个，分别为唐徕渠管理处、西干渠管理处、惠农渠管理处、汉延渠管理处、渠首管理处、秦汉渠管理处、七星渠管理处、水利工程建设中心，核定编制1521名，实有1911人。

3. 水利厅厅属企业情况。2011年，自治区级水利企业12个，企业职工1408人，其中厅管企业9个，企业高管44名，9个企业分别是：宁夏水务投资集团有限、宁东水务有限责任公司、太阳山水务有限责任公司、新海水务有限公司、长城水务有限责任公司、六盘山水务有限公司(2011年成立)、银水房地产开发有限责任公司、水利水电工程局、水电工程咨询公司；另3个企业，沙坡头水利枢纽有限责任公司为参股企业、青龙管业股份有限公司为上市私企、水利水电勘测设计院有限公司为改制私企，这3个企业的党组织关系一直保留在水利厅。 (李小龙)

院士工作站座谈会

【人才工作】 坚持“人才是第一资源”的理念，大力实施人才兴水战略，积极落实《水利人才“十二五”规划》，进一步完善了人才引进、培养、评价办法。积极与清华大学、中国水科院加强联系，成立了“黄河水沙研究与水资源高效利用院士工作站”，建立了“宁夏水利专家工作站”。加大招才引智工作力度，继续实施“百名高层次人才引进计划”，建立了工作人员“凡进必考”录用机制，面向全国公开考录高学历专业人才66名，其中硕士研究生7名，大大改善了人才队伍结构。积极推荐争取，1人获自治区政府特殊津贴、1人入选自治区“313人才”工程，推荐1人为

“西部之光”访问学者。开展了水利行业特有工种技能鉴定和“首席技师”“金牌工人”评选工作。宁夏水利厅的做法在全国水利人才工作会议上交流发言，宁夏水利厅组织人事与老干部处被评为全国水利系统人才工作先进集体。（李小龙）

【人事劳资工作】 一是组织完成2011年2名正高职高工、43名高级工程师、85名工程师的晋级聘用工作。二是及时征求意见，慎重落实厅属事业单位在职干部职工和离退休人员一次性津补贴工作和未休公休假补贴工作。三是在反复征求意见的基础上，制定了厅属事业单位实施绩效工资指导意见，组织兑现了2010年和2011年绩效工资，稳妥解决厅属水管单位绩效工资补发和实施中的问题。四是制定印发了《水利厅事业单位技能人员等级鉴定及岗位聘用管理办法》，加强和规范培训鉴定工作，下半年组织培训鉴定泵站运行工、渠道维护工、水文勘测工620名。五是认真做好人事劳资信访工作，全年共接待信访150余人次，妥善化解了矛盾。六是认真做好工作人员工资晋升、人事劳资统计等工作。七是加强干部出国(出境)管理工作，先后安排35名干部出国(出境)考察学习。（李小龙）

【离退休老干部工作】 认真落实离退休干部政治和生活待遇，千方百计筹措资金，改善老干部活动中心，组织79名离退休干部到区内外考察，观摩全区水利发展成果，参与重大水利工程项目建设、咨询、监理工作，献计献策，发挥余热，创先争优，使他们老有所学、老有所乐、老有所养、老有所为。（金秀英）

水利厅离退休老干部到新海水务公司调研

【定点帮扶和支教】 按照自治区扶贫开发领导小组《关于开展新一轮定点帮扶工作的通知》(宁开发〔2011〕5号)和自治区支教领导小组《关于开展新一轮区级单位定点支教工作的通知》(宁支教〔2011〕1号)，要求水利厅2011~2012年度定点帮扶海原县七营镇南堡村、南堡村小学。水利厅组织人事处选派固海扬水管理处扩灌十二泵站党支部书记王志彪、水利学校教师马守国2名同志赴海原县七营镇南堡村驻村开展定点帮扶、支教工作。2011年5月和8月，厅组织人事处先后两次深入南堡村，与驻村工作组召开党建及村民代表座谈会，认真听取村民代表对帮扶支教工作的意见和建议，出资3000元对1村渠道塌陷进行了简单维修，解决了影响灌溉的燃眉之急，并研究制定了2011~2012年帮扶支教计划。2011年10月26~28日，水利厅党委书记、厅长吴洪相带领厅组织人事处及有关处室负责人开展下基层驻村调研工作。在调研期间，吴洪相厅长与当地群众同吃同住同劳动，并先后走田间，慰问学校师生，调研人饮安全工程和修路修渠现场，与干部群众座谈交流，亲切拉家常，现场解决问题。一是向南堡小学捐赠60套新课桌凳，10套新办公桌椅，篮球10个、排球10个、足球10个及羽毛球、乒乓球等体育器材，价值3万多元。同时为学校安排人饮安全用水项目，解决学校吃水难、饮水不安全问题。二是投资7万多元对南堡村村道0+2.1KM段洪水冲刷造成沟岸路基塌方进行维修，消除了交通安全隐患。三是投资10万元对南堡村1组1000米塌陷渠道进行砌护改造，解决了上千亩地的灌溉难问题。四是在生态移民方面，积极协调，实施完成七营镇南堡生态移民供水工程4.5万立方米高位蓄水池工程并开闸蓄水。该工程分为人畜饮水工程和农业灌溉工程，人畜饮水工程解决了安置区移民242户1074人和剩余自然村800多户人口的饮水安全。农业灌溉工程将为七营镇南堡生态移民新村373.33公顷农田的灌溉提供保证，水利厅固海管理处负责该工程的供水补给工作，确保了稳定的水源。五是积极争取项目资金帮助解决南堡村剩余800多户群众自来水入户问题，年底完成400户人饮入户。（李小龙）

规划计划

【概况】 2011年是“十二五”的开局之年，中央和自治区分别出台了加快水利改革发展的决定，对加快水利改革发展做出了全面部署。全区水利规划计划部门深入贯彻落实科学发展观，积极践行分区治水思路，围绕水利改革发展中心任务，努力把中央和自治区的决策部署落到实处，扎实做好水利规划编制与审批，大力推进项目前期工作，切实加强规划计划管理和基础工作，开拓创新，奋发进取，各项工作取得了显著成就。（张 伟）

【水利规划】 1. 宁夏水利发展“十二五”规划。自2009年11月全面启动规划编制工作以来，历经项目筛选、征求意见、规划初审、上报汇总、修改完善等多个阶段修改完善后，2011年10月19日通过了自治区发改委组织的专家审查，12月26日经自治区政府第108次常务会议审议通过印发实施。高效节水灌溉、防洪、农村饮水安全等13项专项规划同期编制完成。

2. 黄河流域综合规划。配合黄河水利委员会完成黄河流域综合规划修编，经多次努力协商大柳树水利枢纽工程、固原地区城乡饮水安全水源工程等涉及自治区长远发展的重大工程进入流域综合规划，为长远发展奠定了基础。同时，编制完成清水河、苦水河、祖历河、渭河、红柳沟5个黄河一级支流综合规划。

3. 专项规划。完成《2013年~2015年中小河流治理工程规划》编制工作，并经水利汇总，计列中小河流50条，计列投资13.5亿元。完成《宁夏“十二五”大型水库和中型水库建设规划》编制工作，经黄河水利委员会汇总并上报水利部审核，初步计列中型水库4座，投资11亿元。完成《宁夏“十二五”高效节水灌溉工程建设规划》，并在北京召开了由节水灌溉领域的院士、专家参加的高层次咨询审查，规划发展高效节水灌溉面积206千公顷，投资48亿元。完成《宁夏生态移民安置工程供水方案规划》《宁夏大中型水库移民后期扶持规划》（2011~2015）。正在开展《宁夏水利扶贫规划》《宁夏水土保持规划》《宁夏水中长期供求规划》等规划编制工作。

4. 重点专题研究。开展了加快水利改革与发展专题调研，完成了《自治区党委 人民政府关于加快水利改革与发展的决定》（代拟稿）起草工作。开展了水利信息化、渠道砌护、灌区面积遥感测量、水权研究等基础专题研究工作。（张 伟）

【水利前期】 1. 重点水利工程前期工作。2011年报请国家发改委、水利部、黄委审查审批重大水利工程7项，总投资56.87亿元。中南部地区城乡饮水安全水源工程：项目建议书经国家发改委批复，项目可行性研究报告经水利部审查，经国家发改委投资评估中心评估，估算工程总投资17.11亿元；黄河宁夏段近期防洪工程：初步设计概算经国家发改委复核，核定工程概算总投资6.45亿元，比可研批复估算投资增加了1912万元，现国家资金3.51亿元已全部落实到位；沙坡头南北干渠及灌区节水改造工程：初步设计报告经水利部审查报送国家发改委，国家发改委评审中心核定概算投资6.62亿元，比可研批复估算投资增加了4264万元。工程于10月15日正式开工建设，现已落实中央资金1.0亿元；苦水河流域防洪治理工程：项目可研经水利部黄河水利委员会审查，项目估算投资7亿元。十一届全国人大四次会议列为重点建议办理议案（第4761号）并进行了现场办理。争取到苦水河综合治理一期工程2011年建设项目投资计划1.33亿元；清水河流域防洪治理工程：列入国家重要支流治理名录中，2011年10月编制完成可行性研究报告并上报水利部，水利部水规总院对可研报告进行了审查，项目估算总投资16.6亿元；大中型病险水库除险加固工程：2011年完成了滚钟口、丁家二沟、下坪三座中型水库除险加固工程初步设计，并经黄委复核，总投资1.36亿元；大中型病险水闸除险加固工程：2011年完成了12座中型水闸除险加固工程初步设计，项目总投资1.73亿元，已经黄河水利委员会复核初步设计概算2座。

2. 报送自治区发改委审查文件。2011年，水利厅向自治区发改委报送项目审查意见49项，总投资规模21.86亿元，其中：重点项目6个，投资15.55亿元；农村饮水安全项目14个，投资1.89亿元；灌区续建配套与节水改造项目8个，投资2.12亿元；水土保持项目18个，投资1.16亿元；中小河流水文监测项目3个，投资0.89亿元；大中型病险水闸项目1个，投资0.26亿元。

3. 自治区发改委批复文件。2011年，自治区发改委批复水利项目45项，总投资14.10亿元。其中：重点项目5个，投资8.72亿元；农村饮水安全项目15个，投资2.29亿元；灌区续建配套与节水改造项目3个，投资0.77亿元；水土保持项目15个，投资0.90亿元；中小河流水文监测项目3个，投资0.88亿元；节水灌溉示范项目2个，投资0.28亿元；大中型病险水闸项目2个，投资0.26亿元。

4. 水利厅批复项目。2011年，自治区水利厅批复水利项目165个，总投资17.42亿元。其中：重点项目1个，投资1.32亿元；农村饮水安全项目16个，投资2.10亿元；灌区续建配套与节水改造项目3个，投资0.77亿元；水土保持项目2个，投资1.19亿元；中型病险水库除险加固项目3个，投资1.36亿元；小型农田水利项目27个，投资3.11亿元；中型灌区节水改造项目2个，投资0.31亿元；中小河流治理项目8个，投资1.92亿元；小（Ⅰ）型病险水库除险加固项目61个，投资2.85亿元；小（Ⅱ）型病险水库除险加固项目27个，投资0.61亿元；山洪灾害防治非工程措施项目2个，投资0.36亿元；高效节水补灌项目9个，投资1.23亿元；现代农业生产发展优质粮项目4个，投资0.31亿元。（张 伟）

【水利投资】 1. 水利总投入。2011年全区全社会水利总投入538485万元，是2010年的129%，其中争取中央水利投资计划315369万元（其中中央预算内资金129833万元，中央财政资金78562万元，地方配套106974万元），自治区地方水利项目投资计划62210万元，整合国土整治、农业综合开发等各类项目资金160906万元用于水利建设（见附表1、图1、图2）。

2. 中央水利投资情况。2011年全区水利行业共争取中央水利投资计划315369万元，其中中央资金208395万元（中央预算内资金129833万元，中央财政资金78562万元），地方配套资金106974万元（见附表2、图3）。

3. 地方水利投入。2011年全区地方水利投入（市、县及以下）12.58亿元，其中银川市本级水利投入超过4亿元，石嘴山市、灵武市本级水利投入超过1亿元（见附表3）。（张 伟）

附表1 2011年全社会水利总投入汇总表

单位：万元

资金来源	投资计划				
	小计	中央预算内项目	中央财政项目	地方水利项目	其他行业
合计	538485	200128	115241	62210	160906
中央资金	328947	129833	78562		120552
地方资金	209538	70295	36679	62210	40354

图 1 2011 年全区水利建设投资构成

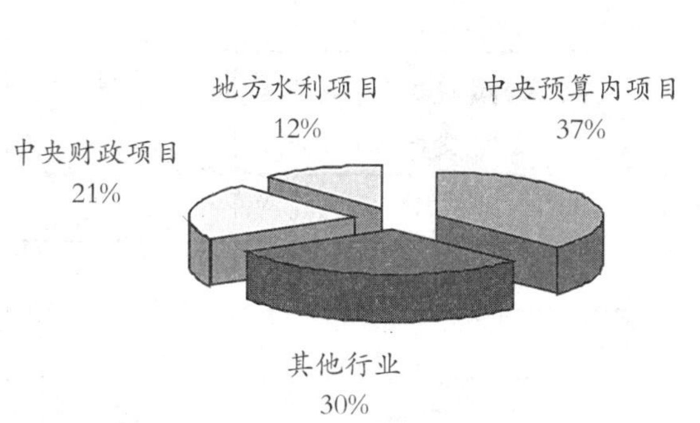

图 2 2010~2011 年全区水利建设投资增长

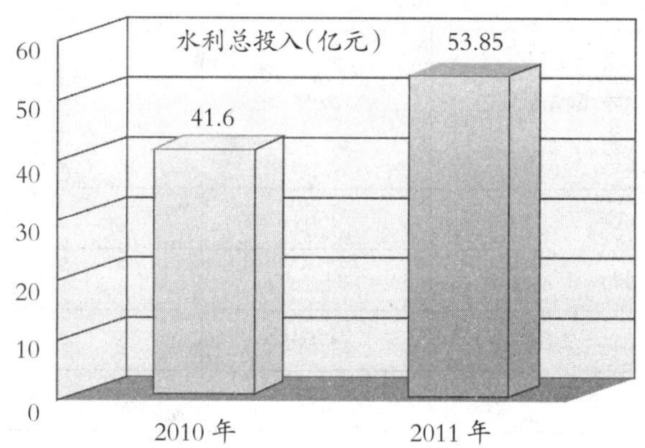

附表 2 2011 年中央水利建设项目投资构成

单位:万元

小计	黄河近期防洪工程	苦水河治理	中小河流治理	水库除险加固	大中型病险水闸除险加固	引黄灌区续建配套	大型泵站更新改造	其他灌溉除涝项目	人饮工程	水保及生态	防汛抗旱	机构能力建设	移民后扶
315369	46494	13333	16250	23455	2611	23750	10000	115990	17160	15074	5400	17540	8312

注:(1)其他灌溉除涝项目包括中型灌区、小型农田水利工程、高效节水灌溉工程等。

(2)机构能力建设包括水文、水政、中小河流监测、山洪灾害非工程措施等。

图 3 2011 年中央水利建设项目投资构成——工程类型

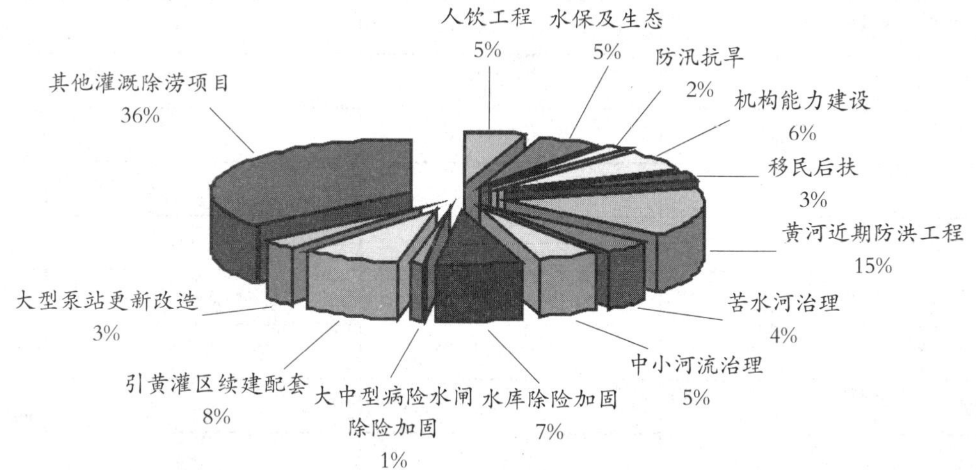

附表 3 2011 年地方水利投入——区县构成

市县名称	合计	县级财政		其他
		县级财政一般预算内资金	县级水利建设基金等政府性基金	
全区合计	125842	38678	51778	35386
银川市本级	41064	1771	37649	1645
兴庆区	3706	3706		0
金凤区	151	151		0
西夏区	855	752.14		103
灵武市	14827	5295	9532	0
永宁县	6428	6428		0
贺兰县	3463	3098.04		365
石嘴山市本级	16990			16990
大武口区	249		248.59	0
惠农区	4595	547.00		4048
平罗县	9486	4590.27	1834.97	3061
吴忠市本级	5157	996.00		4161
利通区	6930	6930.00		0
青铜峡市	2280	2280		0
同心县	1923		1923.30	0
盐池县	200	110	90	0
红寺堡区	455			455
中卫市本级	0			0
中宁县	880	880.00		0
海原县	760	75.00		685
固原市本级	2870		500.00	2370
原州区	0			0
西吉县	248	248.00		0
隆德县	120	120.00		0
泾源县	20	20.00		0
彭阳县	2185	681.15		1504

【水利统计】 1. 水利统计。全面完成2010年水利统计年报工作，出版刊印了《2010年度宁夏水利统计资料》。圆满完成了2010年度水利服务业统计工作，全面反映水利行业发展状况。按时向水利部、区发改委、区统计局报送2010年年报、2011上半年的旬报以及下半年的月报信息24期。初步完成2011年度主要水利数据统计工作。

2. 水利普查。对全区范围内的水利工程设施、河湖开发治理保护、经济社会用水、水利行业能力建设、灌区和地下水取水井等7个专业的24类普查对象进行了现场清查和内业提取，完成了普查对象清查工作，并通过了水利部的审查验收；完成台账建设对象名录汇总审核工作，并如期上报国务院普查办和黄委会普查办；开展全面调查，分批分期上报普查数据工作，圆满完成了2011年全国水利普查节点工作(图4)。 (张 伟)

图4 2011年地方水利投入构成

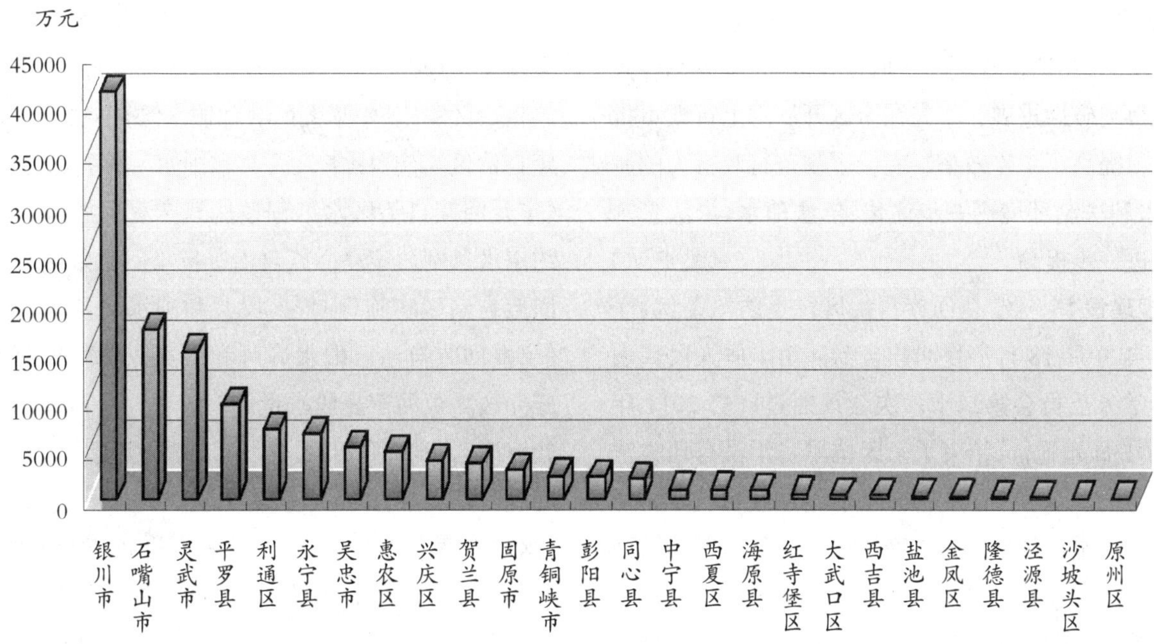

水政水资源

【概况】 2011年,《宁夏回族自治区抗旱防汛条例》颁布实施,“五五”普法工作取得好成绩,水事案件查处取得突破性进展,率先在全区开展网上行政审批工作,提高了工作效率,完善了规范行政行为的制度,水利法制环境进一步优化,依法治水、依法管水能力进一步提高。 (史燕斌)

【法规建设】 《宁夏回族自治区抗旱防汛条例》于2011年9月18日宁夏回族自治区第十届人民代表大会常务委员会第二十六次会议通过,自2011年11月1日起施行,结束了全区抗旱防汛没有地方法规的历史。《条例》的颁布施行,标志着全区抗旱防汛工作进入更加规范管理的新阶段,对新时期自治区防灾减灾事业发展具有重要的现实意义和深远的历史影响。《宁夏回族自治区节水型社会建设管理办法》报自治区人民政府审议。依据宁夏回族自治区人民政府2011年立法工作计划,水利厅协调自治区人大、政府完成《宁夏回族自治区实施〈中华人民共和国水土保持法〉办法》《宁夏回族自治区水资源管理条例》区外调研,起草了《宁夏回族自治区节水型社会建设管理办法》。至此,自治区颁布实施了《宁夏回族自治区实施〈中华人民共和国水法〉办法》《宁夏回族自治区实施〈中华人民共和国水土保持法〉办法》《宁夏回族自治区水工程条例》《宁夏回族自治区节约用水条例》《宁夏回族自治区抗旱防汛条例》《宁夏回族自治区实施〈中华人民共和国水文条例〉办法》《宁夏回族自治区取水许可和水资源费征收管理实施办法》《黄河宁夏段水量调度管理办法》和《宁夏回族自治区艾依河管理办法》9部地方法规、规章和政府规范性文件。 (史燕斌)

立法调研

【水政监察】 完成全区水政监察设备招标工作,招标资金100万元,采购台式电脑47台、摄像机41部、照相机42部、望远镜40个、录音笔80个、打印机40台、复印机3台、便携式电脑4台。全区县级以上26个水行政主管部门的水政执法机构和厅属单位具有行政执法职能的16个水政执法机构的执法装备进一步完善。2011年水政监察工作突出以查处河道管理范围违规建筑为重点,确保行洪安全和人民生命财产安全。组织开展了黄河宁夏段管理范围建设项目普查,共检查建设项目76个,现场下发停止违法行为通知书13份。依法查处了平罗县塞上江南博物馆、贺兰县金马河湿地公园、灵武黄河生态园、中宁枸杞园等黄河管理范围重大违规建筑案,拆除违章建筑7200余平方米。据统计,2011年度全区共发生水事违法案件230件,处理211件,挽回直接经济损失700余万元。 (史燕斌)

组织参加全区公务员法律知识考试

【法制宣传与“五五”普法】 充分利用“世界水日”“中国水周”“12·4”全国法制宣传日等纪念活动的时机，结合水利工作实际，围绕主题，在《宁夏日报》发表吴洪相厅长关于严格水资源管理署名文章，在宁夏电视台播放新闻话题，各市县(区)水务局、厅属各单位结合工作实际，在群众主要集中的广场，人群流动的通道等广泛开展水利法律法规、区情水情宣传。邀请新闻媒体集中开展水利法律法规宣传报道。2011年3月18日邀请自治区专家、自治区有关部门召开纪念第十九届“世界水日”和第二十四届“中国水周”专题研讨会，为严格水资源管理出谋划策。“五五”普法成绩突出，自治区水利厅和宁夏红寺堡扬水管理处被评为自治区“五五”普法先进单位，平罗县水务局、水利厅水政水资处被评为全国水利系统先进单位，水利厅水政水资源处史燕斌和红寺堡扬水管理处吴志伟被评为全国水利系统“五五”普法先进个人。召开了全区水利系统“五五”普法总结和“六五”普法启动工作会议，表彰了12个“五五”普法先进单位和52名先进个人。印发了全区水利系统“六五”普法规划。60名参加全区法律知识考试的公务员全部通过考核，并取得好成绩。厅属各单位结合工作实际，召开了“五五”普法总结暨“六五”普法启动工作会议，表彰“五五”普法先进单位和先进个人，制定了“六五”普法规划，全区水利系统“六五”普法工作全面展开。（史燕斌）

全区水利“五五”普法总结表彰暨“六五”普法工作会议

【水资源状况】 2011年全区年降水量284毫米，折合降水总量为146.91亿立方米，比2010年减少3.2%，较多年平均偏少1.7%。2011年当地地表水资源量6.91亿立方米，比2010年减少1%，较多年平均偏少27%；地下水资源量21.99亿立方米，水资源总量8.89亿立方米，地下水与地表水资源之间的重复计算量20.01亿立方米。2011年全区总取水量72.34亿立方米，比2010年72.37亿立方米减少0.03亿立方米。2011年全区总耗水量35.77亿立方米，比2010年35.79亿立方米减少0.02亿立方米。2011年全区人均取水量1131立方米，万元GDP(当年价)取水量351立方米，农业灌溉亩均取水量839立方米，工业万元增加值(当年价)取水量63立方米。2011年黄河干流宁夏段实测入境水量为277.37亿立方米，实测出境水量为241.20亿立方米，进出境水量差为36.17亿立方米。灌区引扬黄河水量64.14亿立方米，灌区排水量34.13亿立方米，引排差30.01亿立方米，比2010年31.41亿立方米减少1.40亿立方米。(以上数据最终成果以2011年宁夏水资源公报数据为准)（史燕斌）

【水资源管理】 1.制定实行最严格水资源管理制度实施方案，建立市县水资源管理责任和考核制度，提出了自治区“十二五”实行最严格水资源管理制度的总体要求和主要目标，初步编制完成《宁夏最严格水资源管理制度实施方案》。

2.严格取水总量控制。制定了2011年引、扬黄河水年度用水计划，分配到各市县(区)，年度全区取水总量控制在黄河水利委员会分配的指标内。

3.开展了地下水开发利用总量和行政区域耗水量测算工作。制定了2015年、2020年、2030年用水总量控制指标。

4. 严格水功能区监督管理制度。完成了水功能区确权划界和全区现有入黄河排污口调查，沟道入河排污口监测率达 57%，超额完成 40%的目标值。协商黄河水利委员会调整了黄河宁蒙省界和葫芦河宁甘省界水质监测断面，制定了 2015 年、2020 年自治区一级水功能区达标控制指标。

5. 建立水资源管理责任和考核制度，将水资源管理“三条红线”指标纳入节水型社会建设考核中，实行水资源管理行政首长负责制。建立用水效率控制制度，完成自治区节水型社会建设试点水利部验收工作。印发了农业灌溉用水定额；确定了全区 2015 年用水效率控制指标。

6. 严格取水许可和水资源有偿使用制度。督促吴忠市关闭金积工业园区企业自备井 10 眼。完成了自治区水利厅直接管理的 43 家取用水单位取水许可证换发工作。

7. 扎实推进水资源论证工作。协商黄河水利委员会一次审查通过固原地区城乡饮水安全水源工程、宁东供水工程水资源论证报告书。对马莲台电厂、灵武电厂等工业项目开展了后评估工作。全面完成第一批生态移民 15 个安置区水资源论证工作，审批园区规划水资源论证 3 个、建设项目水资源论证 17 个。

拆除贺兰县金马河违章建筑

8. 加大水权转换力度，运用市场调节等手段，积极探索以工补农节水改造长效机制。完成水洞沟、鸳鸯湖电厂水权转换节水工程马莲渠、大清渠改造任务。全年落实水权转换资金 1.09 亿元。协调黄河水利委员会审批了神华宁煤集团间接液化项目水权转换可研报告。审批了甲醇制烯烃、聚甲醛、枣泉电厂等 7 个水权转换项目，转换水量 5865 万立方米，储备水权转换资金 7.35 亿元。

9. 利用中央水资源费 600 万元，安排了引黄灌区县界取水、排水、地下水位监测设施建设。

（史燕斌）

财务审计

【概况】 2011年水利财务审计工作以全区水利工作会议精神为指导，全面贯彻落实中共中央1号文件和自治区关于加快水利改革发展的决定，强化财务预算管理，加大检查监督力度，争取水利资金投入，真抓实干、履行职责，按照《宁夏水利厅效能目标管理考核办法》的要求，不断加强效能建设，提高服务保障水平，确保全年各项任务全面完成。

（张增强）

【财务管理】 一是2011年度的部门预算编制工作，严格按照自治区财政厅统一要求，注重提高部门预算编制工作的科学性、规范性，从思想上树立“先有预算、后有支出”的意识，使财政分配更加公开透明，经费支出的内容更加细化，资金的使用更加严格，确保年度预算较上年度不减少。部门预算批复后，指导监督各单位严格执行。二是宏观控制水管单位的财务收支。按照年度水量分配预案和上年度的实际支出，对水利工程管理单位的年度财务收支计划进行认真核定，并做好监督执行工作。结合各单位实际，制定增收节支各项措施，压缩非生产性支出，严格控制贷款额度，加大还款力度，力争做到量入为出，精打细算，为确保年度工作的顺利完成奠定基础。三是按照上级部门及自治区财政厅的要求，2011年3月高标准完成各类决算报表8套，其中：水利部3套（地方水利经营及收费报表、财政性资金投资基本建设项目决算报表、地方水利财务报表），黄河水利委员会1套（财政性资金投资基本建设项目决算报表）、自治区财政厅4套（行政事业单位部门决算、企业决算报表、财政性资金投资基本建设项目决算报表、政府采购统计报表），行政事业单位部门决算获得一等奖，企业决算报表获得三等奖，财政性资金投资基本建设项目决算报表获得一等奖。起草了决算报表编制考核评比办法。四是贯彻落实自治区35号文件精神，积极与自治区财政厅就加大公共财政投入问题沟通协商，拟定的《水利建设基金筹集和管理使用办法》（宁政发〔2011〕116号）和《宁夏回族自治区从土地出让收益中计提农田水利建设资金管理办法》（宁财综发〔2011〕891号）已下发各市县执行。争取自治区水利专项资金由2010年的2亿元增加到2011年的3亿元；争取部门预算外资金320万元，解决了宁夏水利水电工程局多年的离退休职工住房补贴问题；落实宁夏水利电力工程学校专项经费500万元，缓解了学校经费紧张的局面；争取水土保持专项资金468万元。五是成功组织召开了全区水利财务工作会议。5月11日，全区水利财务工作会议在银川市召开。会议传达了全国水利财务工作会议精神，对全厅2008年以来水利财务工作进行全面总结，对当前水利财务工作面临的形势进行了分析，对今后一个时期水利财务工作进行了安排部署。会议表彰了12家先进集体和41名先进个人，5家单位在大会进行了交流发言。六是认真开展“小金库”专项治理复查工作。根据2011年全区“小金库”专项治理工作会议精神的要求，对水利厅机关、厅属各事业单位及其所属企业、厅直属企业和社会团体共计58家单位开展了“小金库”复查工作，其中行政事业单位24家，厅属各事业单位所属企业、厅直属企业31家，行业主管社会团体3家。自治区水利厅于5

月 27 日召开了水利厅“小金库”专项治理工作会议，会议传达了自治区 2011 年“小金库”专项治理工作会议精神，对全厅 2011 年“小金库”专项治理工作进行了安排部署，下发了《自治区水利厅“小金库”专项治理工作实施方案》。七是积极稳妥推进“公务用车问题”专项治理自查工作。按照《宁夏党政机关公务用车问题专项治理工作实施方案》的要求，结合厅属单位类型多、情况复杂的实际，及时制定了《自治区水利厅公务用车问题专项治理工作实施方案》，明确了清查的范围、内容和工作要求。5 月 27 日，召开专题会议，对厅属 24 个行政事业单位公务用车问题专项治理工作进行全面动员部署。经查，自 2005 年以来自治区小汽车管理办公室共下达水利厅车辆编制 65 辆。24 家行政事业单位共清查各类公务用车 109 辆，其中小轿车 7 辆，越野车 45 辆，其他车辆 57 辆。八是认真协调规范北京“四合院”的经营管理。按照水利厅领导指示，结合北京“四合院”近年来经营与管理不景气的状况，组织人员对“四合院”的经营管理情况进行了认真核查，采取措施解除了经营合同，对以前年度的财务收支情况进行了清理，草拟了下一步的经营方案，理顺了管理职能。（张增强）

自治区水利厅公务用车问题专项治理工作会议

【财务监督检查】 对 2009~2010 年度水管单位国有资产管理情况进行了检查；按照财政要求和年度工作安排对厅属全额拨款事业单位 2010 年度决算报表真实性、账表一致性及以前年度专项资金结余情况进行了调查核实。6 月份组织对惠农区、平罗县等 15 个市县（区）2010 年度的水利专项资金进行了检查，重点对已建成的病险水库除险加固工程的资产移交、维修经费落实等情况进行检查，下发检查通报 15 份。（张增强）

【内部审计】 一是配合国家审计署驻西安特派办做好各项审计工作。二是配合自治区审计厅完成吴洪相同志任中经济责任审计工作。三是对唐徕渠管理处和盐环定扬水管理处原处长进行离任经济责任审计，对秦汉渠管理处、西干渠管理处处长和水利电力工程学校校长进行了任中经济责任审计。四是对固海扬水管理处和盐环定扬水管理处 2008~2010 年病险工程维修改造资金进行了专项审计，审计资金额 1900 余万元。五是委托中介机构对水利电力工程学校新校区建设项目、贺兰农业产业园区供水管网建设项目、水权转换唐徕灌域节水改造等 6 项工程进行了竣工决算审计。（张增强）

【业务培训】 一是加强财会人员廉洁自律的教育、职业道德教育，牢固树立服务意识，努力提高执行财经纪律和法规的自觉性。二是针对厅属单位会计基础工作薄弱和审计专业知识欠缺的实际，4 月 25~29 日，组织全区水利行业的 46 家单位的 68 名财务骨干人员在上海国家会计学院进行了培训；10 月份组织 11 名内审业务人员参加水利部专题审计业务培训；在水利电力工程学校举办 2 期财务和审计业务培训班，培训 280 人次。三是动员鼓励水利行业广大财会人员开展调查研究，积极参与学术研讨，与自治区财政厅联合成功举办了宁夏水利行业第一届财会有奖征文活动。（张增强）

全区水利行业第一届财会有奖征文表彰暨交流研讨会

科技教育

【概况】 2011年水利科技教育工作以新技术引进推广为重点，强化水利科技支撑能力；以职工教育培训为抓手，为水利改革发展提供智力保障，不断丰富工作内容，强化工作措施，各项工作取得新成效。全年承担国家科技部、水利部科研项目5项，自治区重点项目7项，水利厅工程带科研项目23项，落实各类水利科技资金540万元。 （张晓玲）

【科技项目】 争取国家"十二五"科技支撑项目"宁夏干旱半干旱区现代节水高效农业关键技术创新与示范"1项，水利部科技推广计划"宁夏引黄灌区高效节水技术集成与示范"1项，水利部公益性项目"宁夏中部干旱带扬黄灌区节水技术集成研究"1项；2010年国家公益性水利科技项目"宁夏中部干旱带扬黄延伸区限额灌溉技术研究"和"宁夏扬黄灌区水量分配及水权研究"、自治区科技攻关项目"艾依河补水机制及水平衡调控研究"和"高含沙条件下双吸离心泵转轮优化设计研究"，自然科学基金项目"节水灌溉条件下扬黄灌区延伸区特色作物土壤水分运移规律研究"和"气候变化背景下宁夏降水时空变化及其对农业灌溉的影响研究"等项目进展顺利。

（张晓玲）

组织开展水利部公益性项目宁夏中部干旱带扬黄延伸区限额灌溉技术研究

全区水务管理研讨班

【职工教育】 争取自治区财政"新型农民及基层水利管理人员"培训资金50万元用于实施基层水利科技人员继续教育。各水利企事业单位足额提取职工教育经费，用于基层水利职工培训。修订完善了《水利厅职工教育统筹经费征收使用管理办法》。举办了工程施工、建设管理、防汛减灾、水土保持、水文监测、项目法人、农村饮水、泵站运行、水政执法、水利信息化及水利普查等培训班40余期，培训6500多人次。加强市县(区)水务局长的培训，通过请进来举办全区水务管理研讨班、滴灌技术应用讲座和走出去开展病险水库除险加固技术研修班等，不断强化市县(区)水务局长的履职能力。向水利部推荐"十一五"水利职工教育优秀调研成果7篇。被中国水利教育协会评为"十一五"水利职工教育先进集体。

（张晓玲）

【技术规范】 开展了《宁夏引黄灌区渠系工程安全评价与维修养护技术标准》《宁夏艾依河景观水体水质标准》和《宁夏灌区渠道砌护工程技术导则》3 项水利标准编制工作。 (张晓玲)

【水利科技交流】 开展"节水技术推广年"活动,与水利部科技推广中心、水利厅有关处室和单位开展技术推介和新技术推广应用,编制《宁夏水利科技推广总体方案(2012～2014)》上报水利部,《宁夏引黄灌区高效节水技术集成与示范》实施方案,首次列入水利部 2012～2013 年科技推广计划。一是加强引进、消化、吸收再创新,不断促进成果转化与推广应用。启动实施节水技术推广年。开展 2011 年"节水技术"推广年活动,举办了推广年启动暨"水利部科技推广中心宁夏推广工作站"揭牌仪式。宁夏水科所分

2011 年"节水技术"推广年启动暨"水利部科技推广中心宁夏推广工作站"揭牌仪式

别与深圳市微润公司、长沙圣华科技公司签订了微润灌溉、新型保水剂技术合作意向书,宁夏艾依河管理局与北京森富高科公司联合在艾依河护岸开展生态护坡示范项目应用,种植中富 1 号柳树 10 万株;举办全区微灌技术研讨会、高效节水灌溉技术交流会,邀请水利部农田灌溉所、中科院地理资源所等 5 家企事业单位专家讲解微灌技术应用,并建立了对全区节水示范区进行技术指导的联系机制。制定《关于加强高效节水灌溉技术推广的意见》,由自治区水利厅与农牧厅、科技厅、林业局等联合印发,为"十二五"高效节水灌溉技术推广开好头、起好步。组织了水质监测和水处理工艺设备、金属和非金属格栅及生态护坡产品及滴灌过滤设备 3 个推介会。编印《宁夏水利先进实用技术推广指导目录》推介实用技术 22 项。便携式水体综合毒性测试技术、天然矿物质免再生除氟设备以及格栅护坡技术、通捷过滤设备等 5 项技术已在相关工程建设中应用;在青铜峡市开展渠道砌护防渗新技术竹塑复合渠道和玻璃钢渠防渗示范工程。二是积极实施引进来、走出去战略,不断推进科技合作与交流。引进中科院院士、清华大学博士生导师王光谦等 5 人团队,建立宁夏黄河水沙研究与水资源高效利用院士工作站;成立宁夏水利专家工作站,与中国工程院院士、中国农业大学教授康绍忠及其团队合作开展宁夏农业节水灌溉技术研究;邀请中国工程院院士王浩、中国水科院水资源研究所博士王建华等专家学者赴宁做实施最严格水资源管理制度、节水型社会建设理论与实践学术报告。召开 PCCP 管道阴极保护技术、管道排气补气阀应用技术研讨会,组织专业技术人员赴新疆考察滴灌技术的推广;与黄河水利委员会国科局联合组织了欧盟九国政府代表团赴宁夏开展黄河水资源开发、利用和保护的考察交流活动;开展 2011 年水利论坛暨水利优秀论文及调研报告征集评选活动,编辑出版 50 余万字的《2011 年宁夏水利论坛学术论文集》;参加全区自然科学优秀论文评选,22 篇水利科技论文获自治区第十一届自然科学优秀论文一、二、三等奖;组织 15 篇水利优秀科技论文在《中国水利》上交流。与自治区科协联合举办主题为"爱护母亲河,节约保护水资源"科普系列活动,举办了"节约保护开发水资源"科普展、"我眼中宁夏最美的水"摄影展,和由全区各行业高层专家参加的宁夏高效节

宁夏水利厅高效节水灌溉学术研讨会

水灌溉战略研讨会，自治区领导崔波、郝林海出席活动启动仪式并参观展览。编印了《宁夏水资源节约与保护文集》和两个“决定”精神宣传单，在宁夏电视台、宁夏人民广播电台开展水利科技宣传。

（张晓玲）

【水利科技进步奖评选】 “水稻节水灌溉理论及调控模式创新与应用”获全国农业节水科技一等奖；“宁夏农业高效节水灌溉技术研究与集成示范”获全国农业节水科技三等奖；“宁夏半干旱区降水资源高效利用技术研究与集成示范”获2011年度水利部大禹科学技术三等奖。11月水利厅组织开展了2011年度宁夏水利科技进步奖评审工作，经评审及公示，评定出一等奖1项、二等奖2项、三等奖4项。“宁夏引黄灌区灌溉面积及作物种植结构遥感调查”获得一等奖，“北方寒冷地区支斗农渠衬砌结构优化定型研究”“农民用水协会运行体制机制研究”获得二等奖，“大柳树生态经济区水资源合理配置研究”“宁夏引黄自流灌区设施农业（日光温室）节水灌溉制度试验研究”“扬水泵站水泵叶轮静动平衡试验分析研究”“引黄低浊水混凝集成处理技术的研究和应用”获得三等奖。

（张晓玲）

【2011年度宁夏水利科技进步奖表（宁夏水利厅颁发）】

序号	获奖等次	获奖项目	参加单位	获奖者
1	一等奖	宁夏引黄灌区灌溉面积及作物种植结构遥感调查	宁夏水利厅灌溉管理局 宁夏遥感测绘勘查院	郭　浩　陈广宏　薛塞光　徐光儒 吴加敏　张建斌　马晓阳　杨海宁 张永庭　田成龙　孙学平
2	二等奖	北方寒冷地区支斗农渠衬砌结构优化定型研究	宁夏水利科学研究所 宁夏水利厅农水处 银川市水利设计院	陆立国　侯　峥　顾靖超　朱思远 徐宁红　高　宏　刘学军　任卫东 刘　荣
3	二等奖	农民用水协会运行体制机制研究	宁夏汉延渠管理处	袁　斌　张文堂　张朝阳　王瑞斌 牛保安
4	三等奖	大柳树生态经济区水资源合理配置研究	宁夏水利科学研究所	薛塞光　汤　英　杜　历　鲍子云 张红玲　徐立岗　马海峰
5	三等奖	宁夏引黄自流灌区日光温室主要果树和蔬菜膜下滴灌灌溉制度试验研究	宁夏水利科学研究所 宁夏水利厅农水处 宁夏中卫市水务局 宁夏永宁县水务局	何宝银　张上宁　刘学军　鲍子云 侯　峥　周立华　李学明
6	三等奖	扬水泵站水泵叶轮静动平衡试验分析研究	宁夏红寺堡扬水管理处	道　华　刘福荣　赵　欣　桂玉忠 朱文军　岑少奇　王荣华
7	三等奖	引黄低浊水混凝集成处理技术的研究和应用	宁夏宁东水务有限责任公司	郝建志　王学福　齐敦哲　刘　江 王金山　倪　瑞　吴福臣

建设管理

【概况】 2011年宁夏水利在建设管理方面创新民生水利工程项目管理,全面推行“三集中”管理模式;大力推进项目带动,争取3座中型和142座小(Ⅱ)型水库列入除险加固规划,总投资4.76亿元,为加快改善水利基础设施条件奠定了基础;加大水利工程稽察检查工作力度,取得了工程建设全年无质量安全事故的好成绩;进一步加强水利行业管理和市场监管。配合自治区公共资源交易中心,实现500万元以上水利项目招标全部入场交易;启动水利市场信用管理,完成104家施工、监理、质量检测和招标代理机构信用等级评定;对16家从业单位和44名从业人员市场违规行为进行处罚,初步建立了诚信激励、失信惩处的市场新秩序;加强重点工程验收工作。编制竣工验收标准化文本;强化河道采砂管理基础工作。组织完成自治区首部《河道采砂规划》经黄委会审定,制订《宁夏河道采砂管理办法》;抓好水利工程建设领域突出问题专项治理工作。按时完成专项治理各种统计、信息报送工作,制定解决政府投资水利建设领域普遍性问题实施方案,结合制度建设、工程招投标、信用管理、稽察检查工作,加快推进治理普遍性问题长效机制的建立。 (杨远志)

【建设管理】 针对全区民生水利项目点多、面广,水利施工、监理力量相对不足的实际,在水利工程项目建设中全面推行了“三集中”管理模式。一是推行整县水利项目集中管理。制定印发了《关于加强民生水利项目建设管理工作的通知》,在全国率先推行整县水利项目集中管理模式,指导和监督全区25个市县(区)完成了专职项目法人的组建,整合了县域内工程管理和技术力量,改变了水利工程多头管理、力量分散、步调不一的局面。将项目法人基本信息全部在网上公开,接受社会监督。二是推行民生水利项目集中打捆发包。划大标段,调高定额人工工资标准,加大了单项合同工程投资额度,降低了工程建设管理成本,促使了企业加强技术力量和施工设备投入。今年以来,病险水库除险加固、灌区续建配套、黄河治理等项目,每标段投资保持在300万元以上,中小河流治理项目每标段投资在500万元以上,部分市县对同类项目整体发包。在大规模水利投资形势下,有效保障了管理、施工力量的调配,保证了工程质量。三是推行招标活动集中入场交易。积极配合自治区公共资源交易平台建设,将水利招标全部纳入自治区招标投标交易服务中心进行,利用交易中心场所条件,强化对资格审查、专家抽取、开标、评标等招投标全过程监管,有效推进了工程建设项目交易活动的公平、公正。水利“三集中”管理模式,被列为2011年全国水利建设管理会议重点交流内容,被自治区

全区病险水库除险加固暨中小河流域治理工作会议

纪委以简报形式在全区推广。（杨远志）

【创新机制】 创新工程质量和安全生产管理机制，突出经费保证，全面提高工程质量和安全管理水平。一是推行水利工程质量“第三方”检测。扶持成立宁夏红扬水利工程质量检测中心，检测中心作为水利厅指定“第三方”质量检测单位，受项目法人单位和水行政主管部门委托在工程建设过程中，对工程质量进行跟踪抽检，同时复核施工、监理检测结果。工程质量检测费在项目初步设计批复概算中单列来保证。2011年，在全区中小河流治理、病险水库除险加固、灌区续建配套、黄河近期防洪等民生水利项目中启动了水利工程“第三方”质量检测。二是推行水利工程安全文明施工激励机制。出台《宁夏水利工程安全文明工地评审办法》，在项目初步设计批复概算中单列1.5%作为安全文明施工费，对安全文明施工措施费独立报价、独立结算，与主体工程同步实施，对获得“安全文明”工地称号的企业给予信用奖励，改善了水利工地场容场貌，提振了水利行业工程建设形象。三是推行水利建设企业质量、安全体系认证。为使全区水利建设单位质量、安全控制标准一致，水利厅启动了对区内水利施工、监理企业的质量体系、职业健康和环境安全体系认证工作，2011年底水利建设企业认证率达到65%。（杨远志）

水利工程安全文明工地创建

【市场监管】 一是推行招标资格预审，把好工程招投标入口关。将投标人资格审查前置，重点审查企业投标委托代理人资格、拟投入工程人员数量、执业资格及登记从业状态，依据社保部门出具的养老保险缴费证明，确定企业与人员的劳动关系。配套中标人员“锁定”机制，企业一旦中标，拟投入工程人员将被登记“锁定”在宁夏水利在建工程人员信息库，工程不完工，人员不“解锁”，不能参与其他工程招投标。2011年有7类水利工程项目的187个标段采用了资格预审，从源头上遏制了资质挂靠和人员挂靠等行为的发生，促进了工程现场管理人员到位。二是推行外省区来宁施工企业信用备案制。针对外省来宁从业企业底数不清、情况不明等管理难点，实行水利行业进宁备案制。在自治区建设厅备案的基础上，重点审查登记企业在宁从业人员资格和社保缴费状况，非经水利厅审查备案人员不得在水利建设市场从业。2011年，备案施工企业5家，有效解决了外来施工队伍流动从业、难于监管的问题。三是推行工程稽查检查常态化。联合自治区监察厅组织开展贯彻落实中央1号文件精神监督检查2次，组织各种稽查、督察和专项检查15次，配合水利部、黄委会稽查督察4次，先后组织8次工程建设突击检查。大力推行质量问题通报制，下发工程检查通报8份，通报施工、监理单位13家，从业人员38人，责令整改或返工12例，及时消除了工程隐患，保证了工程进度、质量和安全，促进了各项政策制度的落实。（杨远志）

全区水利工程建设信用管理平台操作人员培训班

【诚信体系建设】 根据《宁夏水利建设市场主体信用管理办法》，2011年初为全区74家水利施工、监理单位评定了信用等级，向守规企业发放了信用等级证书，初步建立起了以从业行为为评价指标的动态水利市场诚信体系。建立了信用管理与招投标、资质审查、市场行为联动机制，有效规范和约束了从业行为。信用等级不达标不能进入水利建设市场，信用等级在工程评标中直接换算为评标分值，对工程监督检查中发现问题的企业，在按照有关规定一次性处理的同时扣除该企业信用等级分值。多措并举，使企业市场信用行为与经济利益紧密联系，提升企业诚信经营的自觉性。2011 年，水利厅下发《水利建设市场行为记录公告》3 期，对 16 家水利施工、监理单位和 44 名从业人员进行了信用处罚。同时，对工程建设中表现优异的 2 家企业予以表彰，给予信用奖励。大力推动水利建设市场风清气正、诚实守信良性机制的形成。（杨远志）

【信息化管理】 为了切实提高行业监管水平和效率，实现工程项目资源的共建、共管、共享和项目信息公开，启动了宁夏水利工程建设管理综合业务系统。目前，已基本建成了企业信用、工程项目建设管理、工程质量安全管理 3 大模块，构建了全区水利工程建设企业和人员、水利工程项目、工程质量和安全 3 大数据库。计划到 2012 年底，实现水利市场队伍和从业人员从业活动跟踪监控，企业、人员的信用及从业信息实时记录和发布，工程项目建设全过程跟踪等五项建设管理行为的网络办公。通过网络信息化与水利工程建设管理相关规定的有机结合，提高工作效率、规范建设程序，有力推进水利工程精细化管理，促进了全区水利工程建设管理水平的进一步提升。（杨远志）

【项目验收】 加强与项目法人沟通协调，指导和督促加快验收准备工作。组织完成具备竣工验收条件的镇北堡拦洪库、河西总排干上段、芦草洼排水整治和同心豫海水库 4 项重点工程竣工验收，工程验收滞后局面逐步扭转。在工程验收工作中，严把验收程序和标准，强化工程质量监督检查，确保工程建成一处、验收一处、合格一处、发挥效益一处。推行验收工作规范化管理，编制了竣工验收标准化文本，细化了竣工验收工作程序，提高验收工作质量和效率。（杨远志）

【病险水库除险加固项目】 积极组织中型、小（Ⅱ）型水库的规划立项和前期工作，争取 3 座中型和 142 座小（Ⅱ）型水库列入国家病险水库除险加固规划，规划总投资 4.76 亿元，2011 年落实建设资金 2.88 亿元。指导和协调 56 座中小型水库开工建设，完成 23 座小型水库主体工程建设任务，完成投资 1.8 亿元。起草《宁夏小（Ⅱ）型病险水库除险加固项目和资金管理办法》，调整项目管理模式，下放小（Ⅱ）型项目审批和监管权限到五市，加快推进项目安全鉴定和初步设计工作，确保病险水库除险加固目标任务按期完成。（杨远志）

病险水库除险加固工程建设

【工程运行管理】 先后组织对公益性水利工程数量和维修养护工作量进行摸底调查，核实统计公益性水利工程维修养护费落实情况，3 次到水利部专题汇报，争取到中央补助资金 758 万元。加强河道采砂管理工作，组织编制完成《宁夏黄河河道采砂规划》经黄委会审定纳入国家规划，组织起草了《宁夏河道采砂管理办法》，加强河湖水域岸线执法检查，配合水利部、黄委会对平罗县塞上江南博物馆和贺兰县金马河湿地公园违规占用黄河河道行为进行查处。（杨远志）

农村水利

【概况】 2011年，是宁夏水利厅认真贯彻落实中央1号文件精神，抢抓中央、自治区水利工作会议召开和《自治区党委、人民政府关于加快水利改革发展的决定》出台的有利契机，从解决群众最关心、最直接、最现实的问题入手，强化规划指导，加强前期工作，狠抓工作措施落实，出色地完成了年度各项目标任务。全年共争取国家和自治区农村水利投入10.52亿元，比上年增加1.27亿元，增长13.8%，拉动地方各级财政和社会各界投入达30.7亿元，比2010年增加10.18%，创历史新高。农田水利建设、农村饮水安全、高效节水灌溉和农村水利管理等方面均呈现出效益提升、发展加快的强劲势头，为实现全区粮食产量“八连增”、农民收入“八连快”做出了贡献。

（何　锋）

【农田水利基本建设】 坚持继承和创新相结合，紧紧围绕自治区经济社会发展大局，创新机制、完善措施、加强领导、加大投入、广泛动员、严把质量，继续在全区深入开展农田水利基本建设“黄河杯”竞赛活动。把农田水利基本建设与生态移民相结合，与打造“黄河金岸”相结合，与发展现代农业相结合，与新农村建设相结合。整合小农水重点县等项目资金，实施沟、渠、田、林、路、庄综合治理。通过延伸四大扬水工程、新建泵站、配套灌溉体系和开发荒地等措施，发展灌溉面积；延伸农村饮水工程管网，为安置生态移民创造条件；通过战边缘、灭死角、整治黄河沿岸河滩地，改造低产田，打造“黄河金岸”；通过大力发展滴灌、喷灌等高效节水灌溉，为设施农业、特色农业提供现代化的供水条件，实现传统农业向现代农业的转变；通过对农村环境的综合整治，建设环境优美的社会主义新农村。

全年累计投入劳力1631万工日，投入机械89.5万台班，完成土石方2.06亿立方米，清挖各级沟道3.5万条2.1万千米，清挖渠道7.6万条5.0万千米；整修农路4.5万条2.6万千米；砌护各级渠道2.4万条9938千米。共开发灌溉面积8.4千公顷，新增节水灌溉面积69.67千公顷，改善灌溉面积152.87千公顷，改造中低产田54.13千公顷，建设旱涝保收高标准农田36.8千公顷，新增旱作基本农田15.53千公顷，治理水土流失面积1161平方千米。各项任务超额完成，在规模范围、建设机制、组织方式、资金投入、工程质量、建设效益等方面实现了新突破。一大批灌水难、排水难、吃水难、行路难、环境差等问题得到有效解决。

（何　锋）

灌区渠道整治

【节水灌溉】 组织编制了《宁夏高效节水灌溉“十二五”规划》，对现有相关规划和项目实施方案进行了修编，以小农水重点县建设为平台，整合节水示范、现代农业等项目资金，大力度推广滴灌、喷灌等高效节水灌溉技术。

召开了全区农村水利工作会议，与各市县签订了《农村水利建设目标管理责任书》，将全区农村水利建设的目标任务落实到县。通过积极争取，海原、盐池、泾源3县列入国家第三批小农水重点县，使全区重点县达到17个，占全区县市的77%，基本覆盖了全区重点农业县和贫困县，完成重点县年度建设任务。同心下马关高效节水灌溉示范区和中卫兴仁重点补灌工程建设任务全面完成，建成红寺堡阎家庙子、中卫市永康等面上补灌工程11处，同心余家梁、彭阳县草庙等9项补灌工程开工建设。完成了灌区续建配套灵武梧支渠、青铜峡西贴渠等11条支渠的砌护改造任务。完成了农垦局黄羊滩和平罗县陶乐中型灌区节水配套改造项目，青铜峡甘城子和隆德渝河中型灌区节水改造工程开工建设。完成了西吉县马莲、惠农区路家营两个节水示范项目建设任务，红寺堡上塬葡萄滴灌和中卫沙坡头达茂枣树滴灌项目列入国家2011年规模化节水灌溉增效示范项目。按期完成了盐池、海原两县牧区水利项目建设任务。完成了15个县区退耕还林基本口粮田项目年度建设任务。贺兰、灵武、中宁三县和贺兰原种场等4个现代农业优质粮基地水利配套项目开工建设。完成了世行贷款二期节水灌溉项目实施计划(PIP)报告编制工作并上报，通过了现场查勘和可研报告的技术评估，项目《环境影响报告书》获国家环保部批复，国家发改委已基本同意项目《可研报告》成果，2012年启动实施。

移动喷灌

通过以上工程建设，建成节水灌溉示范区15个，新增节水灌溉面积69.67千公顷，其中高效节水灌溉面积17.53千公顷、中部干旱带高效节水补灌面积27.53千公顷。建设畦田126.67千公顷，实施水稻控制灌溉56.87千公顷，激光平地20.07千公顷，超额完成了计划任务。有力地促进了土地流转，推动了自治区设施农业、硒砂瓜、葡萄、枸杞、红枣等特色农业的发展。在持续干旱、黄河来水减少、灌溉面积增加的情况下，保障了506.67千公顷农田灌溉，粮食总产量再创历史新高，达到358.9万吨，实现连续8年增产。 （何　锋）

灌区农田配套建设

【农村饮水安全】 自治区政府继续将解决农村饮水安全问题作为10项民生计划的重要内容，列入为民办的30件实事之首。自治区水利厅继续以解决南部山区、中部干旱带群众饮水困难和解决引黄灌区水源水质不达标问题，推进自治区中南部生态移民规划的顺利实施为重点，通过利用城市水源、黄河水、扬黄水、库坝水和泾河水等水源，新建规模化集中供水工程，延伸并联小型供水工程等措施，农村饮水安全工程实现与城市居民同源或同网供给，加速推进了城乡一体化进程。中卫兴仁重点供水工程全面建成，创新了干旱地区农民生活生产用水统筹解决的新途径。建成贺兰金鑫、原州区张易、西吉县大沙河和青铜峡甘城子等面上集中供水工程30处，解决了34万人的饮水安全问题，同时解决了127所农村中小学4.07万师生的饮水问题。全区22个县全部建立了农村饮水管理站，有11个县建立了维修基金，建成隆德、沙坡头区、灵武市等7个县级水质检测中心。全区22个县落实了农村供水用电执行农业排灌电价政策。在建设过程中,全面落实规划建卡制、社会公示制、集中采购和招投标制、工程监理制、资金报账制、管理责任制等“六项”制度,严把设计审批、施工队伍、材料采购、质量检查和工程验收等“五个关口”,确保了建成一处,合格一处,受益一处。

(何　锋)

同心西部农村饮水安全工程管沟开挖

【农村水利改革】 制定了《宁夏高标准基本农田建设标准(试行)》《宁夏回族自治区从土地出让收益中计提农田水利建设资金管理办法》等一系列规章制度,进一步规范了农村水利管理。以建设高素质的水利科技人才队伍和改善工作条件为目标,实施水利科技推广服务功能提升项目和水利科技人员继续教育培训工程。组织召开了全区基层水利服务体系建设座谈会。为兴庆区大新、海原县高崖等33个水利工作站配备了办公设备,为金凤区丰登、同心县韦州等45个站配备了科技服务车,实现了编制内124个乡镇水利工作站计划安排服务设备、服务车全覆盖。支持了30个农民用水者协会的服务能力建设,举办农村饮水工程建设管理与新技术推广、高效节水灌溉等技术培训班6期,培训基层水利科技人员300余人次,形成了较为完善的县、乡、村三级水利服务体系,水利科技服务功能不断提升。继续开展小型水利工程管理体制改革,落实工程管理责任。通过承包、托管等方式,完成了1500处小型水利工程改制任务。水利部在宁夏召开了全国基层水利服务体系建设(北方片)现场会,推广了全区基层水利服务体系建设的做法和经验。

灵武市高效节水补灌过滤器

(何　锋)

防汛抗旱

【概况】 2011年，宁夏气候较为异常，极端天气过程频繁。中南部地区遭受了严重的冬春夏三季连旱，固原地区出现特大气象干旱，1～6月份降雨量为1961年以来同期第二个少雨年。固原市城区、西吉县城发生供水困难，中南部地区夏粮减产。汛期，局地强降雨、短时暴雨冰雹共发生12次之多，16个县（市、区）农作物受灾，道路及水利工程损毁严重，黄河30多处坝垛及防洪工程不同程度受损，洪旱灾害给全区经济社会发展和人民群众财产造成较大损失。汛情特点有以下几方面内容：一是降水量大，分布不均。中南部地区降水量与去年同期相比偏多2成到3倍；北部地区降水量与去年同期相比偏少2~3成。二是大范围降雨过程增加。先后出现6次大范围中到大雨过程。三是局地暴雨冰雹频发、量级大。全区共发生局地暴雨、冰雹天气过程12次，最大量级为7月28日海原关桥、三分湾1小时降雨量70毫米、2小时降雨量110毫米。四是黄河来水不稳，水位变幅大，防洪工程多处出险。受区域暴雨及上游来水影响，黄河宁夏段水位变幅大，河势摆动频繁，淘噬坝垛根石基础。 （朱　云）

【汛情灾情】 据统计，入汛以来全区泾源、西吉、海原、同心等16个县、市（区）38个乡镇134个村遭受严重冰雹洪涝灾害，共造成14.93万人受灾；21.83千公顷农作物受灾，绝产4.53千公顷；死亡大家畜450头（只）；山区多座水库坝体及泄洪设施水毁冲刷严重，4.8千米道路被冲毁，4条乡村公路被迫中断交通。同时，黄河宁夏段中卫、中宁、吴忠、青铜峡、灵武、永宁、银川、平罗、惠农等县市33处坝垛及防洪工程受损，塌岸3.65千米，冲刷堤防16千米，塌毁农田10公顷。据初步估算，入汛以来，因暴雨洪水造成直接经济损失8400万元，其中水利、防洪设施损失5200万元。 （朱　云）

【防汛防凌工作】 一是全面部署，落实责任。首次组织召开了全区防汛抗旱异地视频会议，公示了行政责任人，逐级落实了以地方行政首长负责制为核心的各项责任制，强化了责任落实。二是排查险点，消除隐患。组成4个联合督察组，分片对备汛工作进行了督察。通报了各地非法侵占沟道和人为设障事件，下达了专项通知，组织查处泄洪沟道设障问题，保证了行洪畅通。三是完善预案，预筹措施。组织修订完善预案27个，进一步提高预案的科学性、实用性和可操作性，形成了较完善的预案体系。组建区、市、县三级专业应急抢险队29支，群众机动抢险队184支，抢险人员1.2万人。采取集中储存、分散代储等多种形式，储备了防汛物资。组织防汛应急演练，提高应对突发汛情能力和协调作战能力，为做好全年

2011年宁夏防汛抗旱会议

防汛工作奠定了基础。以防汛抗旱和河道管理法规为主要内容，举办了河道管理和黄河防凌知识培训班，进一步增强了防汛人员法制意识。

2011～2012年度凌汛期，宁夏气温变化大，冷暖交替，2011年12月13日，黄河宁夏段石嘴山麻黄沟首次出现流凌，较多年平均推迟10天。至2月10日，封河长度达到最大171千米，较多年平均长21千米。2012年2月19日青铜峡坝上河段首次出现开河12千米，与多年平均基本持平。截至3月6日，封河河段全线开通，为文开河，较多年平均推迟5天。一是加强领导，周密部署。2011年11月22日，召开了全区防凌工作会议，对全区防凌汛工作进行了全面安排部署，下发了《关于加强黄河宁夏段防凌工作的意见》，进一步强化了防凌责任，规范了防凌管理，细化了防凌措施，增强了防凌意识。二是突出重点，强化检查。凌汛前，县（市、区）防指重点检查了河段防凌责任人落实，滩区人口、涉河建筑物、沿河水利工程和险工险段，组织加固坝垛50多座，封堵穿堤建筑物230座，拆除浮桥2座，封闭渡口，撤离滩区作业及居住人员，对历史上多次出现冰坝的河段布置专门力量重点防守。检查了防凌应急抢险预案制定、应急抢险队伍组建、物资储备、穿堤建筑物封堵、水毁工程修复情况。自治区防汛抗旱指挥部多次组织水文、气象等部门进行会商，分析凌情发展趋势，研究确定防御措施。水文和各地水利防汛部门利用标准化堤防交通便利的条件，增加巡堤查险次数，加大隐患排除力度，做到防早、抢少。三是完善预案，落实措施。对容易出险河段、险情种类、抢护方法、现场指挥、机械设备及土料场位置等，再次进行了细化、明确。成立了防凌机动抢险队15支，落实抢险队员1.1万余人，并划分了防凌责任段，明确了任务。储备铅丝260.5吨、编织袋71万条、木桩5万根、块石4万立方米、砂石料10万立方米，落实挖掘机、载重汽车等其他各类机械设备387辆，奠定了防凌工作的坚实基础。加强与驻地部队的联系和信息互通，宁夏军区和武警宁夏总队也积极做好各项应对准备。四是加强监测，确保信息畅通。全面执行24小时值班制度，密切关注水情、凌情变化，并实行防凌动态每日报告制度。气象部门定期发布防凌气象专报；水文局每日发布凌汛通报，并加强水情和冰情预报。（朱 云）

【旱情灾情】 2011年，自治区各地降水量总体偏少，气温偏高，第一场透雨5月8日才来临，较2010年推迟20多天，主要河道、沟道基本未发生洪水，各类水利设施蓄水持续偏少，土壤墒情严重不足。1月至8月下旬，全区各地降水量在70.2毫米～389.6毫米，较常年偏少3～4成。尤其1月至6月下旬，银川以北地区降水量不足10毫米，较常年偏少6成以上，出现了特大气象干旱。固原地区平均降水量71毫米，较常年偏少5成，为1961年以来仅次于1962年同期第二个少雨年。持续不断加剧的旱情，造成固原市区供水水源地水量明显偏少，供水能力急剧下降，供需矛盾显现。贺家湾水库日入库水量减至1000立方米，蓄水量仅有20万立方米；海子峡水库蓄水量不足10万立方米，市区日需水量15000立方米缺水量达8000立方米，约1.5万户4.5万人发生停水及供水水压不足现象。据气象部门6月18日测墒表明，各地墒情均低于近5年平均值，中部干旱带大部分地区墒情不足8%，南部山区的固原墒情不足6%，隆泾地区15%左右。据统计，6月中旬中南部各类水利设施蓄水3100万立方米，较多年偏少30%左右，且蓄水集中在个别水库，85%以上水库干涸，40%水窖只剩养窖水。

受严重干旱影响，全区农作物受旱面积35.01万公顷，占全区总播种面积的42%。其中轻旱22.67万公顷，重旱12.4万公顷，夏粮减产10.9%。严重干旱时有28乡（镇），81个行政村，19万人，32万头大家畜不同程度发生饮水困难，有9.4万多人饮水要靠远距离拉水解决。据初步统计，全区因旱造成直接经济损失2.26亿元。（朱 云）

【抗旱工作】 周密部署，积极应对，保证了大旱之年没有发生水荒。面对春夏秋三季连旱，积极采取有效措施，充分发挥参谋职能作用，有效地应对了旱情。一是实地调查，及时会商，分析旱情，为领导决策提供了科学依据。二是强化措施，科学抗旱，修订完善抗旱预案，落实抗旱责任，加强应急水源工程建设，协调抗旱服务队拉水送水。三是组成4个联合工作组,深入旱区指导帮助各地开展抗旱救灾工作。协调财政部门,下达特大抗旱补助资金,支持各地抗旱。积极协调水管单位,科学调度,力保灌溉,搭设80多处供水点,免费为扬黄干渠沿线及周边地区群众供水。四是高度关注固原市城市缺水问题。预估形势,提前部署,深入实地,分析原因,研究对策,强化措施,及时启动应急水源,有效应对了缺水局面,没有发生大面积水荒。

深入调研,积极协调,自治区颁布了《宁夏回族自治区抗旱防汛条例》,标志着全区抗旱防汛工作走上了规范化、法制化进程。组织制定了《防汛抗旱工作督察办法》《关于加强市县级防办能力建设意见》《市县级防办能力建设实施办法》《关于进一步落实防汛抗旱工作责任制的通知》等7个规范性文件。认真制定考核方案,完善办法,细化内容,组织对全区防汛责任体系进行了考核,进一步促进了防汛工作的规范化。以强化防凌措施为契机,举办了河道管理和黄河防凌知识培训班,狠抓河道管理工作。

(朱　云)

《宁夏回族自治区抗旱防汛条例》宣传启动仪式

【抢险救灾】 2011年7月27日接到强降雨天气预报后,自治区党委、政府高度重视,自治区党委书记张毅做出重要批示,要求防汛指挥部安排好全区防汛、防涝、防泥石流等防灾工作,要加强值班值守,健全落实应急机制,一旦发生灾情及时果断处置,确保人民群众生命安全,将灾害损失降到最低限度。同时自治区防汛抗旱指挥部副总指挥、水利厅吴洪相厅长主持召开防汛会商会,安排部署应对工作,要求各地认真做好各项应对工作。各级政府立即行动,强化、细化防汛措施,开展全面摸排,切实排除隐患,做好防大汛、抢大险、救大灾的各项准备。主要领导深入重点防洪部位,部署检查防汛工作,各级政府防汛行政责任人及时上岗到位,深入险情灾情第一线,掌握防汛工作的重点和难点,及时解决问题,落实防汛措施,指挥抢险救灾。

加强对极端灾害性天气的监测力度,完善防汛会商和预警机制,成功预报了"7·28"等多次暴雨冰雹,及时会商并向各地进行预警,将预警信息以最快的速度发送给有关人员和广大群众,为防汛抢险赢得了宝贵的时间。

面对严峻的旱情,自治区党委、政府高度重视,张毅书记做出批示,自治区政府召开专题会议,各部门派出工作组采取各种措施积极应对,受旱地区干部群众发扬拼搏苦干的精神,采取有力措施,全力组织开展抗旱自救。3月22日,自治区党委书记张毅带领水利厅厅长吴洪相及相关部门领导一行,调研了中南部城乡饮水安全水源工程。6月1日,自治区党委常委、副主席刘慧带领民政、财政、人社、交通等部门负责同志,到同心县等受灾地区调研抗旱救灾工作。6月19日,自治区党委常委、常务副主席齐同生针对固原城区缺水情况,组织相关部门和固原市政府召开专题会议,研究部署固原城市抗旱工作。6月20日,自治区主席助理刘云赶赴旱情较重的固原市检查旱情、灾情,再次部署抗旱救灾工作。6月21日,自治区党委书记张毅深入灾区,了解旱情、灾情,对抗旱工作做出重要指示。6月24日,自治区党委副书记于革胜做出批示,要求一定要想办法解决好群众的吃水问题。

(朱　云)

节水型社会建设

【概况】 2011年中央出台《关于加快水利改革发展的决定》的1号文件和召开中央水利工作会议，提出要加快建设节水型社会，把节约用水贯穿经济社会发展和群众生活生产的全过程。在自治区党委、政府的领导下，自治区节水型社会建设有了新进展，节水型社会建设试点通过国家验收。

（司建宁　张瑞鹏）

【节水型社会制度实施情况】 一是自治区党委、人民政府出台《关于加快水利改革发展的决定》（宁党发〔2011〕35号）把全面推进节水型社会建设作为加快水利改革发展的首要任务，提出力争通过5~10年的努力，基本把自治区建成全国节水型社会建设示范省区，提出了要实行最严格的水资源管理制度、大力推广应用高效节水技术、充分发挥水价的调节作用、建立政府推动全社会参与的节水工作机制四大重点任务。二是自治区出台国民经济和社会发展第十二个五年规划纲要，把节水型社会建设工作作为“十二五”规划建设的重点工作之一进行详细论述。三是印发《宁夏节水型社会建设目标责任考核办法（试行）》，建立了节水型社会建设目标责任考核制度。四是出台《宁夏节水型社会载体考核标准（试行）》，明确了自治区节水型灌区、节水型城市（镇）、节水型企业、节水型单位、节水型学校以及节水型社区考核标准，为大力创建各类节水型载体提供了依据。五是起草《宁夏节水型社会建设管理办法（草案）》，进一步建立政府主导、部门负责、社会参与的节水型社会建设工作机制，推进农业、工业、服务业各行业全面节水，该《草案》已上报自治区人民政府。

（司建宁　张瑞鹏）

【节水型社会建设实施目标考核】 一是第一次召开全区节水型社会工作会议，总结“十一五”宁夏节水型社会建设成效，部署“十二五”宁夏节水型社会建设工作，对涌现出的节水型社会建设先进的市县、单位和个人进行表彰奖励，调动各方面的积极性，不断扩大节水型社会建设覆盖面，促使节水型社会建设深入推进。二是自治区政府分别与5个地级市人民政府和6个厅局签订了《2011年节水型社会建设目标责任书》，首次把严格水资源管理纳入节水型社会建设目标责任书，落实到各地市和自治区有关部门。全区所有市、县（区）相继成立了节水型社会建设工作领导机构，逐级分解工作任务，签订目标责任书，节水型社会建设初步实现了由部门推动为主向政府全面推动的历史性转变。三是加强监督、督办和考核，自治区人大加大节水型建设督办检查力度，深入基层督办各级政府节水型社会建设情况，自治区节水型社会领导小组充分发挥各成员单位的职责，加

全区节水型社会建设工作会议

大检查和考核力度，确保 2011 年节水型社会建设目标任务的完成。（司建宁 张瑞鹏）

2011 年节水型社会建设目标责任书

【节水型社会建设试点通过国家验收】 在全区上下的共同努力下，全区节水型社会建设试点工作完成了《宁夏节水型社会建设规划》确定的任务，实现了水权转换、产业结构优化、水资源管理、水资源调配与综合利用、价格杠杆调节、农民用水户参与等“六个突破”，形成的用水总量控制、整体性水权转换、产业结构战略性调整、全方位组织管理等“四条经验”，为全国“十二五”节水型社会建设提供了示范，试点工作达到了预期目标，2011 年 11 月 14 ~ 16 日全面通过国家验收。（司建宁 张瑞鹏）

宁夏节水型社会建设试点工作验收

【节水宣传】 围绕贯彻落实中央 1 号文件，开展第 19 届“世界水日”、第 24 届“中国水周”大型宣传活动，并利用第 20 个“城市节水宣传周”和“6·5”世界环境日积极宣传节水，编印读本万余册，发放节水主题宣传画和节水知识宣传册 3 万份。平罗、银川、灵武等地开展了“节水用水，从我做起”倡议活动，深入学校开展节水宣传进校园系列活动。青铜峡市举办“塞上水韵”文艺演出，中卫市组织宣传队深入辖区进行广泛宣传，盐池县利用宣传车队深入各乡镇集市进行宣传等。在宁夏水利博览馆展示节水型社会建设的成就和节水实物，成为自治区节水宣传教育的新基地。（司建宁 张瑞鹏）

【节水技术推广】 加强以农业节水为主的节水工程建设，砌护各级渠道 1.42 万千米，建设畦田 13.33 万公顷；积极引进节水设备和技术。建设农业节水示范区 15 处，新增节水灌溉面积 3.33 万公顷，新增高效节水补灌面积 2.24 万公顷；引黄灌区发展井渠结合灌溉 1.35 万公顷，利用浅层地下水 1886 万立方米，减少引黄水量 3700 多万立方米；建成集中供水工程 67 处，解决了 33.73 万农村人口饮水安全问题。编制了《全区工业企业水平衡测试工作方案》，向 41 家工业企业提出了分期分批开展水平衡测试工作的要求，2 家企业完成水平衡测试。建成运行污水处理厂 9 座，中水厂 2 座，全区城市污水处理能力 98.5 万立方米 / 日，中水生产能力 27.2 万立方米 / 日，改造供水管网 60 千米；城市供水管网漏失率降低到 13%；新建建筑全部采用节水器具，建成节水型企业、单位、社区 24 家，关闭企业自备水源井 38 眼，取缔了 4 家水源地保护区内工业企业，各大排水沟的水质均有不同程度的好转，黄河宁夏段稳定保持在Ⅲ类水质。（司建宁 张瑞鹏）

【节水效果】 通过一年的建设，全区农业耗用黄河水 33.49 亿立方米，比黄河水利委员会下达指标少 0.51 亿立方米，总用水量维持在 2010 年的水平，城市污水处理率达到 70.4%，中水回用率达到 18%，城市节水器具普及率达到 65%以上。城市供水管网漏失率降低到 13%；新建建筑全部采用节水器具，城市节水器具普及率达到 65%以上。以有限的水资源支撑了全区经济社会的快速发展。

（司建宁 张瑞鹏）

灌溉管理

【概况】 1. 气象信息。2011年宁夏各地平均气温为5.9℃~10.9℃。与常年同期相比，大部分地区偏高0.1℃以上，其中惠农、银川、永宁、中卫、吴忠、中宁偏高1.0℃~1.5℃。全区平均气温为8.7℃，与常年相比偏高0.7℃，是1997年以来连续第15个偏高年。年内气温阶段性变化大，冬季气温略偏低，夏季气温偏高，和2006年同为1961年以来同期第1高值年。9月气温为2000年以来同期第1低值年，11月气温为1961年以来同期第3高值年。各地降水量为110.6毫米~730.4毫米，银川及其以北地区、中宁、同心及其以南大部地区偏少1~3成，其他地区偏多1成以上。全区平均降水量为276.6毫米，接近常年。各地日照时数为2060~3106小时，与常年同期相比，除惠农、陶乐偏多35~64小时，其他地区偏少26~351小时。全区平均为2636小时，偏少159小时。

回顾2011年气候事件，归纳为六大主要特点。第一，冬春季节，阶段性低温较为罕见。1月上中旬宁夏气温异常偏低，平均气温、平均最高气温之低为1961年以来之最。3月全区平均气温较常年同期偏低1.7℃，列1961年以来同期第6低值年。第二，夏季气温异常偏高。夏季全区平均气温为22.3℃，较常年同期偏高1.8℃，与2006年同为1961年以来最高。8月上旬中北部出现大范围持续高温天气，累计日数之多、范围之大，创历史同期纪录。第三，夏末秋初雨日之多同期少有。8月11日~9月20日，各地累计降水日数为9~19天，全区累计降水日数为1961年以来第3高值年。其中石炭井、兴仁降水日数创1961年以来同期最高纪录。第四，中、南部初霜日期明显偏早。9月19日海原、兴仁、西吉、隆德、泾源等地出现轻霜冻，出现日期之早列1961年以来第2。9月18日，海原以南地区出现今年首场雨夹雪天气，初雪出现时间之早创1961年以来记录。第五，秋末中南部降水异常偏多。每年进入11月以后各地降水较前期明显减少，但2011年11月上旬，大部地区降水量在8毫米~53毫米之间，除六盘山比常年偏多5成以外，其他地区均偏多4倍以上，其中中宁、盐池、兴仁、麻黄山、韦州偏多10倍以上。第六，阶段性气象干旱严重。1月至4月全区降水异常偏少，大部地区达重度以上干旱，其中中卫与中南部大部达特旱标准；5月7~9日全区迎来首场透雨，中南部地区旱情缓解。此后至8月上旬，各地虽然出现了几次降水过程，但降水仍明显少于常年，加之气温持续偏高，同心及以北地区再次出现重旱。据统计：干旱灾害造成中南部地区11个县(区)63.1万人、55.3万头大家畜饮水困难，16.6万公顷农作物绝收。8月中旬以后，全区进入多雨时段，截至11月中旬全区无气象干旱出现。

2. 黄河水情。黄河流域主要来水区合计来水369.3亿立方米，较多年同期均值偏少23%。其中，上游265.3亿立方米，偏少12%；中游104亿立方米，偏少41%。水利部《黄河可供耗水量年度及非汛期干流水量调度计划》(水资源〔2010〕464号)分配宁夏2011年逐月引水指标为：1月0.0亿立方米，2月0.0亿立方米，3月0.4亿立方米，4月4.8亿立方米，5月11.85亿立方米，6月12.93亿立方米，7月

11.25 亿立方米，8 月 7.71 亿立方米，9 月 1.1 亿立方米，10 月 0.94 亿立方米，11 月 9.59 亿立方米，12 月 0.0 亿立方米。

3. 作物种植。2011 年，宁夏引(扬)黄灌区灌溉面积 506.67 千公顷。其中水稻种植面积 66.67 千公顷，小麦种植面积 93.33 千公顷，单种玉米种植面积 140 千公顷。各渠系作物种植结构情况如下：唐徕渠水稻 14.33 千公顷，小麦 14.6 千公顷，单种玉米 11.13 千公顷；西干渠水稻 4.23 千公顷，小麦 4.27 千公顷，单种玉米 12.27 千公顷；惠农渠水稻 16.6 千公顷，小麦 14.4 千公顷，单种玉米 9.47 千公顷；汉延渠水稻 4.17 千公顷，小麦 8.73 千公顷，单种玉米 2.27 千公顷；渠首水稻 2.97 千公顷，小麦 3.2 千公顷，单种玉米 2.13 千公顷；秦汉渠水稻 11.42 千公顷，小麦 14.27 千公顷，单种玉米 9.87 千公顷；七星渠水稻 3.37 千公顷，小麦 4.6 千公顷，单种玉米 8.87 千公顷；跃进渠水稻 1.49 千公顷，小麦 2.18 千公顷，单种玉米 2.97 千公顷；固海扬水小麦 10.35 千公顷，单种玉米 39.65 千公顷；盐环定扬水单种玉米 6.33 千公顷；红寺堡扬水小麦 1.69 千公顷，单种玉米 18.33 千公顷。 (金大川)

【水量调度与管理】 1. 水量分配。在严格执行《黄河水量调度条例》和黄委会下达的引、耗水指标的情况下，按照“以供定需、丰增枯减”的原则。编制下发了《引黄灌区 2011 年 3~9 月份水量调度预案》和《引黄灌区 2011 年冬灌配水计划》，全年分配各大干渠引水指标 63.01 亿立方米，其中：夏秋灌分配 54.03 亿立方米，冬灌分配 8.98 亿立方米。灌区各大干渠分配引水指标详见表 1。

2011 年引黄灌区冬灌工作会议

2. 调度原则。(1)黄河干、支流水量实行统一调度原则。(2)计划用水与同比例“丰增枯减”原则。严格按照水利厅下达的用水计划实施水量调度。若水情发生变化，按照黄委会下达的指令，依照同比例“丰增枯减”的原则实时调度。(3)河道引水总量与出境断面指标“双控”原则。严格执行《黄河水量调度条例》，河段引水总量和黄河石嘴山断面交水指标严格控制在计划之内。(4)均衡受益原则。县际断面和干渠控制断面实行“先交后用，交够再用”原则，保障灌区上下游均衡用水。(5)湖泊湿地及水库提前补蓄水原则。在 4 月 15 日前全面完成补蓄任务，之后不得再与农田灌溉争水。(6)红寺堡黄河水源泵站的开启运行，视黄河可供水量及七星渠供水情况确定。

3. 灌区引(用)水。2011 年灌区引水 64.6 亿立方米，其中：夏秋灌引水 55.64 亿立方米，冬灌引水 8.96 亿立方米。灌区各大干渠实际引水情况详见表 1。各市县用水 53.52 亿立方米，其中：自流灌区用水 46.67 亿立方米，扬水灌区用水 6.85 亿立方米；具体各市县用水情况详见表 2。

4. 灌区排水。2011 年灌区各排水沟直接排入黄河水量 34.19 亿立方米，其中卫宁灌区排水量 7 亿立方米，青铜峡灌区排水量 26.72 亿立方米。各主要排水沟情况如下：中卫第一排水沟 1.45 亿立方米，中卫第九排水沟 0.796 亿立方米，北河子沟 0.22 亿立方米，南河子沟 1.068 亿立方米，红柳沟 0.105 亿立方米，清水沟 1.547 亿立方米，苦水河 1.11 亿立方米，第一排水沟 1.952 亿立方米，第二排水沟 0.641 亿立方米，第三排水沟 1.976 亿立方米，第四排水沟 1.663 亿立方米，第五排水沟 1.015 亿立方米。

5. 井渠结合灌溉。采取维修配套设施、争取补贴政策等措施，继续巩固平罗、惠农、灵武、贺兰、暖泉农场五地的井渠结合灌溉规模，发展井渠结合灌溉片区 14 个，控制灌溉面积 1.35 万公顷。共维修机井 148 眼，启用机井 492 眼，累计运行 38.5 万小时，全年抽取地下水 2102 万立方米，比年初下达计划 1070 万立方米多抽水 1032 万立方米，有效解决渠道梢段的供水难和灌溉难问题。机井用电量 289 万千瓦时，单方水抽水电费 0.03 元，机井抽水电费共

62.9万元。（全大川　孙学平）

【工程管理】 1. 重点工程建设。灌区续建配套与节水改造工程。2011年,国家发改委、水利部以发改投资〔2011〕1134号文下达年度投资计划23750万元,其中中央资金19000万元，地方配套资金4750万元，实施范围为青铜峡和固海灌区。编制完成东干渠、西干渠、汉延渠、第二农场渠、昌滂渠、汉渠、七星渠共7条干渠的节水改造整体可行性研究报告,并通过水利厅审查。2月份，开工建设唐徕渠李银桥段、惠农渠永治闸下段、汉延渠二排渡槽上段、秦渠下桥段、大清渠、暖泉渠、固海五干渠等砌护改造工程,4月中旬完成建设任务并投入运行;8月份,开工建设汉延渠中干沟段,唐徕渠平罗县城段,固海一、二、六干渠等砌护改造工程,10月中旬完成建设任务并投入运行。全年共砌护干渠96千米,改造骨干建筑物16座,完成干渠砌护量为历年最大,大清渠、暖泉渠、固海五干渠完成整体改造。7月份,镇北堡拦洪库、河西总排干上段、芦草洼整治工程通过竣工验收。11月份,国家对2012~2020年宁夏大型灌区续建配套与节水改造工程规划控制投资进行核定。(1)沙坡头水利枢纽南北干渠及灌区节水改造工程。4月份,编制完成初步设计报告;5月17~19日,水利部水利水电规划设计总院在北京对初步设计报告进行审查;8月12~17日，国家投资项目评审中心来宁对初步设计概算进行核定;9月份，国家发改委、水利部以发改投资〔2011〕2002号文下达年度投资计划20000万元,其中中央资金10000万元,地方配套资金10000万元;10月15日,工程开工仪式在中卫市沙坡头水利枢纽坝下举行，水利部副部长李国英出席仪式并讲话，自治区党委副书记崔波宣布工程开工,自治区人大副主任马秀芬、自治区政协副主席解孟林、自治区主席助理刘云出席开工仪式;11月份,国家发改委以发改投资〔2011〕2472号文核定工程概算总投资66169万元，其中中央资金35600万元,地方配套资金30569万元。(2)大型泵站更新改造工程。2011年,国家发改委、水利部以发改投资〔2011〕1571号文下达年度投资计划10000万元,其中中央资金8000万元,地方配套资金2000万元。4月1日,固海大柳木和黑水沟泵站竣工通水;同时固海大战场、田营、大柳木、黑水沟4座泵站综合自动化建成投运。5月份,中国灌溉排水发展中心在北京召开全国大型灌溉排水泵站更新改造项目第九批安全鉴定复核会议,甘城子泵站通过安全鉴定复核。11月份，甘城子泵站更新改造工程可行性研究报告编制完成。7月初,固海古城、唐圈、泉眼山、扁担沟二泵站等改造工程开工建设,12月月底泵站主体工程和设备制造基本完成。(3)中型病险水闸除险加固工程。2月份,编制完成12座中型病险水闸除险加固工程初步设计报告;3月份,黄河水利委员会来宁对宁夏第一批病险水闸——惠农渠进水闸和唐徕渠小湾桥节制闸除险加固工程初步设计进行审查,并以黄规计函〔2011〕13号文核定概算总投资2611万元,其中惠农渠进水闸1481万元,唐徕渠小湾桥节制闸1130万元。12月份,国家发改委、水利部以发改投资〔2011〕2395号文下达年度投资计划2611万元,其中中央资金2089万元,地方配套资金522万元。12月底,宁夏中型病险病险水闸除险加固工程启动实施。

引黄灌区续建配套渠道砌护现场观摩会

2. 渠道安全生产。认真组织开展安全生产“三项行动”和“三项建设”活动,结合渠道放水、汛期、建党90周年、国庆节及第二届中阿经贸论坛、元旦、春节等重要时段的特点和要求，下发安全生产通知4个,开展渠道安全大检查5次,及时排除事故隐患,全面落实安全生产责任。

3. 涉外工程管理。严格按照《引黄灌区骨干渠道涉外工程建设管理办法》，通过采取督促检查、现场抽查、参与验收等方式，形成全程管控体系，切实加强项目监管，确保工程质量和工期。全年共批复涉外工程 75 项。

4. 渠道绿化。督促水管单位制定渠道绿化规划，有计划、有步骤地对宜林段老化坏死树木进行更换补栽。全年共筹措资金 286 万元，育苗 32.4 公顷，绿化干渠 63 千米，有效美化了渠(河)道周边环境。

5. 岁修工程建设。督促水管单位筹措资金 2986 万元，完成渠道清淤 75 千米，渠堤加固 60 千米，建筑物维修 506 座，维修更换闸门及启闭机 81 台，维修斗口 18 座，维修机电设备 785 台套，大修水泵 32 台，改造其他附属电器设施 600 多台，切实提高了灌区供水保障能力。　　(朱迎胜　孙学平)

【经营管理】 1. 财务管理。引黄灌区自流水管单位供水服务实行自收自支，自负盈亏，扬水单位实行财政预算补助的财务管理体制。自流灌区供水收入包括干渠以上水费收入和干渠以下水费收入，干渠以下水费收入由国有水管单位统一收取后，按照执行水价文件标准，返还乡村、农民用水协会管理使用。

2. 水费收缴。水利厅直属水管单位、中卫市水务局和宁西供水公司，全年共收水费 28779 万元，其中自流灌区水费 18492 万元，扬水灌区水费 10287 万元。自流灌区水费中，由国有水管单位支配水费 16415 万元，由乡村、镇农民用水协会用于支斗渠运行管理支出 2077 万元。固海等四大扬水工程管理单位获得自治区财政补助收入 10136 万元，水利厅直属大中型自流灌区水管单位获得自治区财政补助收入 300 万元。

3. 单位供水成本。水利工程供水成本费用包括人员工资、原水费、修理费、动力燃料费、折旧费、其他直接费和期间费用。2011 年，自治区电网销售贫困县农业排灌用电仍执行上年政策，即在 1 千伏～10 千伏期间，电价为 0.269 元 / 千瓦时，在 35 千伏～110 千伏期间，电价为 0.259 元 / 千瓦时，固海及固海扩灌、盐环定、红寺堡四大扬水电价标准为 0.083 元 / 千瓦时，鉴于扬水灌区现状，由政府协调执行 0.0715 元 / 千瓦时的优惠电价，差额部分由自治区财政负担。2011 年，干渠单位供水成本，自流灌区为 0.063 元 / 立方米，固海及扩灌扬水灌区为 0.304 元 / 立方米，盐环定扬水为 0.610 元 / 立方米，红寺堡扬水为 0.287 元 / 立方米。因固海扩灌和红寺堡固定资产未移交，单位成本不含折旧费。

4. 灌区水价改革。水利工程供水价格在水管单位实际供水成本的基础上，扣除折旧项，考虑灌区农民经济承受能力，执行政府定价。2009 年 1 月 1 日起灌区水价执行新标准，即：

自流灌区：(1)农业灌溉用水(粮食作物、经济作物、林草地)、为农村人畜饮水工程供水每立方米 3.05 分。其中干渠水价每立方米 2.50 分，支渠水价每立方米 0.55 分。(2)水产养殖业、生态用水每立方米 3.40 分。其中干渠水价每立方米 2.80 分，支渠水价每立方米 0.60 分。(3)旅游、城镇和工矿企业用水每立方米 5.95 分。其中干渠水价每立方米 3.74 分，支渠水价 1.61 分，沟道排水费每立方米 0.60 分。

七星渠渠道砌护现场

扬水灌区：(1)农业用水(粮食作物、经济作物、林草地)、为农村人畜饮水工程供水，以支渠进水口为计量点计价，固海、固海扩灌扬水工程每立方米 13.7 分，盐环定扬水工程每立方米 15.7 分，红寺堡扬水工程每立方米 13.5 分。(2)城镇、工矿企业、旅游用水，以支渠进水口为计量点，固海扬水工程每立方米 30 分，盐环定扬水工程每立方米 45 分，红寺堡扬水工程每立方米 30 分，固海扩灌扬水工程每立方米 45 分。(3)生态用水价格。以支渠进水口为计量点，固海、固海扩灌扬水工程每立方米 15.7 分，盐环定扬水工程每立方米 17.7 分，红寺堡扬水工程每立方米 15.5 分。

超定额用水价格：自流灌区农业用水超定额加价每立方米2.0分；水产、生态超定额用水加价每立方米4分；旅游、城镇、工矿企业超定额用水每立方米加价8分；扬水灌区农业用水超定额加价每立方米5分；城镇、工矿企业、旅游超定额加价每立方米12分；生态用水超定额加价每立方米12分。

（刘耀武）

【灌区改革】 1. 深化水管体制改革。为贯彻落实宁党发〔2011〕35号文件精神，充分发挥水利工程综合效益，在赴陕西、甘肃、内蒙古等省区收集资料、分析研究的基础上，组织编制了《自治区编办、财政厅、水利厅关于区直属水管单位经费实行"收支两条线"的实施意见》，争取将自治区直属水管单位经费实行收支两条线，差额部分由财政给予补贴，并纳入自治区财政预算管理。

2. 规范协会运行管理。切实加大延伸服务力度，以"协会之家"建设为抓手，不断完善"会长例会"制度，及时协调解决用水纠纷，强化供用水管理，达到节水与增效的双赢效果。全灌区共成立"协会之家"156家，通过推行"一把锹"淌水、实行干支渠轮灌等措施，明显提升了支斗渠用水管理水平。

（周 涛 金大川）

表1 2011年引黄灌区各干渠引水量统计表

单位：亿立方米

单 位	2011年全年计划引水量	2011年全年实际引水量	2010年同期实际引水量	与计划相比		与2010年相比	
				增减用水量	增减比例	增减用水量	增减比例
灌区合计	63.01	64.60	63.84	1.59	2.5%	0.76	1.2%
自流灌区	55.27	56.73	56.57	1.46	2.6%	0.16	0.3%
扬水灌区	7.74	7.87	7.27	0.13	1.7%	0.60	8.3%
唐徕渠	10.50	10.57	10.43	0.07	0.7%	0.15	1.4%
惠农渠	8.82	9.37	9.23	0.54	6.1%	0.14	1.5%
汉延渠	5.29	5.17	5.18	−0.12	−2.3%	−0.01	−0.2%
西干渠	5.74	6.08	5.95	0.34	5.9%	0.13	2.3%
渠 首	3.14	2.97	3.03	−0.17	−5.5%	−0.06	−2.0%
秦汉渠	10.78	11.16	11.09	0.37	3.5%	0.07	0.6%
七星渠	3.62	3.57	3.49	−0.05	−1.4%	0.08	2.3%
跃进渠	2.24	2.25	2.28	0.01	0.3%	−0.03	−1.3%
中卫城区	5.13	5.60	5.91	0.47	9.2%	−0.30	−5.1%
固海扬水	4.45	4.49	4.27	0.04	0.8%	0.22	5.1%
盐环定扬水	0.83	0.92	0.75	0.08	9.8%	0.17	22.8%
红寺堡扬水	2.45	2.46	2.26	0.01	0.5%	0.21	9.2%

注：1. 数据统计为渠首年终整编数据，日期为灌区开灌至冬灌停水；2. 秦汉渠引水量中不包括盐环定扬水取水量；3. 七星渠引水量中不包括羚羊寺、大战场、红寺堡、固扩取水量；4. 惠农渠引水量中包括小扬水取水量；5. 渠首引水量中包括总干直开口取水量。

表 2　2011 年灌区各县(市、区)用水量统计表

单位:亿立方米

单　位	2011 年全年计划用水量	2011 年全年实际用水量	与计划相比	
			增减用水量	增减比例
灌区合计	53.25	53.52	0.27	0.5%
固原市	0.08	0.09	0.01	10.0%
原州区	0.08	0.09	0.01	10.0%
中卫市	8.71	8.81	0.10	1.1%
海原县	0.62	0.69	0.07	11.3%
中卫城区	4.79	5.00	0.21	4.4%
中宁县	3.31	3.12	−0.18	−5.5%
吴忠市	14.38	13.51	−0.88	−6.1%
盐池县	0.46	0.54	0.08	16.7%
同心县	1.93	1.92	−0.01	−0.7%
红寺堡区	1.86	1.68	−0.19	−10.1%
青铜峡市	5.89	5.58	−0.31	−5.2%
利通区	4.25	3.80	−0.45	−10.5%
银川市	14.69	14.70	0.01	0.1%
灵武市	2.54	2.85	0.31	12.2%
永宁县	4.35	4.33	−0.02	−0.4%
兴庆区	1.67	1.49	−0.18	−10.8%
金凤区	0.92	0.76	−0.16	−17.5%
西夏区	0.66	0.70	0.04	5.5%
贺兰县	4.54	4.57	0.02	0.5%
石嘴山市	6.70	7.34	0.64	9.6%
平罗县	4.73	5.33	0.61	12.8%
大武口区	0.42	0.53	0.11	25.5%
惠农区	1.55	1.48	−0.07	−4.7%
农垦系统	5.52	5.63	0.11	1.9%

水土保持

【概况】 宁夏是全国水土流失最严重的省区之一，除引黄灌区外，水土流失遍布全区。全区水土流失面积36849平方千米，占国土总面积的71.1%。因水土流失每年平均输入黄河泥沙约1亿吨。严重的水土流失是造成水土资源破坏，库坝淤积，洪水与干旱灾害频发以及中部干旱带和南部山区生态环境恶化、人民生活贫困的主要原因，也是制约全区经济社会可持续发展、新农村建设和全面建设小康社会的重要因素。

2011年，自治区党委、政府出台了《关于加快水利改革发展的决定》，按照自治区党委、政府的安排部署和水利部的有关要求，宁夏以新《水土保持法》的实施为契机，以“奋力建设生态文明先行区，构筑西部生态安全新屏障”为目标，紧扣发展民生水保的主题，深化水土流失分区防治战略，突出预防保护，加快治理转型，全区共完成治理水土流失面积1061平方千米。在34个项目区开展了34条水土保持流域综合治理项目建设，其中，开工新建14项，续建20项。（管文斌）

水利部水保司副司长金大钟（右一）调研彭阳县小流域综合治理情况

【综合治理】 2011年，宁夏继续开展农业综合开发水土保持三期、农发陕甘宁坡改梯、中央预算内资金水土保持等项目建设，其中：农业综合开发水土保持项目续建了原州区杨达子沟等4县区4个农发水保三期项目，彭阳县柴沟等8个农发坡改梯项目，共完成水土流失综合治理面积93.31平方千米，其中农发水保三期完成治理面积42.09平方千米，陕甘宁坡改梯项目完成49.22平方千米。中央预算内资金水土保持项目续建8条小流域综合治理项目，新开工建设11条小流域治理项目，2个坡耕地水土流失综合治理项目，完成治理面积29.88平方千米。

组织对全区2010年度农业综合开发水土保持三期项目及陕甘宁坡改梯共12个项目区建设任务开展了年度验收，对灵武市黄河生态工程石峡子小流域、水土保持补偿费返还治理项目旗眼山水库综合治理等项目进行了竣工验收。对原州区等7县（区）2008~2009年巩固退耕还林成果旱作基本口粮田建设项目进行了检查验收。分3次对2010年度中央预算内专项资金水土保持项目14个流域治理工程、9个试点示范项目和5县区病险淤地坝加固改造项目进行了检查督导，通过督察和验收，对项目实施中存在的问题及时纠正并督促整改，有力促进了项目的实施，保证项目按时完成并发挥效益。西吉县聂家河小流域深化库、坝、池、窖高效利用水资源发展节水农业等治理模式，积极扩展治理范围，辐射带动周边群众参与生态建设，得到了自治区主席王正伟的肯定。彭阳县在南山生态经济型小流域建设中采取将新农村建设、区域经济发展、当地群众意愿、建设大花园大果园四项内容有机结合，综合效益突出。隆德县清流河水土保持综合示范园区建设进一步升华，集城市水土保持、生态产业开发、科技试验示范和改善人居环境等多功能为一体，为宁南山区城郊型水土保持生态建设树立了典范。原州区杨达子沟农业综合开发水土保持项目区把水土保持与农业综合开发相结合，采取水库库水提灌与高效节水灌溉相结合，大力发展枸杞种植及高效节水农业，治理区成效显著。西吉县郎岔坡改梯项目区狠抓项目建设质量和进度，集中连片大规模开展机修梯田，秋覆膜保墒增效技术跟进，当年新修梯田，当年见到效益，深受群众欢迎。 （管文斌）

全区水土保持重点项目建设工作座谈会

隆德农发坡改梯机修梯田覆膜保墒

【预防监督】 一是生产建设项目监督管理进一步加强。按照新修订实施的《水土保持法》，坚持预防为主，综合运用行政、法律和经济手段，强化建设项目水土保持"三同时"制度，坚持推进"开发中保护、保护中开发"。2011 年，宁夏申报大中型生产建设项目水土保持方案 152 个，审查审批 140 个，方案申报审查数量较 2010 年增加 40%。对 18 个生产建设项目进行了水土保持设施验收评估，验收 11 个。征收水土保持设施补偿费 1584 万元。区、市、县三级水行政主管部门统一组织，联合行动，在全区范围内对已批复水土保持方案的 168 个在建大中型生产建设项目进行全面监督检查，吴忠、灵武等市对太阳山、宁东等开发建设项目集中地区，开展拉网式检查，对 20 多家存在问题建设单位下发了限期整改通知，督促开发单位依法进行恢复治理。

二是监督管理能力建设全面提升。分两批在全区开展水土保持监督执法能力试点工作，第一批吴忠等 6 市县通过试点工作，完善了地方配套法规体系，健全了监督管理制度，增强了监督管理机构能力，规范了监督管理工作，达到了水利部水土保持监督管理能力建设标准，通过了水利部验收。

三是监督管理领域有了新扩展。石嘴山、青铜峡、灵武、泾源等市县城市水土保持工作力度不断加大，市政建设中的城市道路、水厂、天然气管道、通讯光缆等基础建设项目纳入水土保持方案审批，水土保持监督管理覆盖面进一步扩大。

四是水土保持宣传工作深入推进。集中开展新《水土保持法》学习宣传，组织全区水利系统集中参加水利部学习贯彻新《水土保持法》视频动员会，对全区学习宣传贯彻《水土保持法》活动进行安排部署。向全区下发了《关于认真开展学习宣传贯彻〈水土保持法〉的通知》和《宁夏学习宣传贯彻新法实施方案》，举办了全区学习贯彻《中华人民共和国水土保持法》讲座，52 个单位 160 多名同志参加讲座。投入资金 20 多万元印制发放《水土保持法》、新法辅导读物等 2 万多册，在电视、广播、报刊等媒体播放、刊发水土保持专刊、《水土保持法》等内容，在媒体开展大规模宣传活动，集中宣传《水土保持法》和全区水土保持生态建设取得的成效。安排资金 210 万元，在市、县水土保持项目区、交通要道等地设立 20 多处大型宣传牌。盐池、灵武、同心、青铜峡等市县积极开展水土保持宣传面向社会、下基层活动，在机关、乡镇、学校、集市、车站、工业园区、建设项目工地等张贴《水土保持法》。持续推进水土保持国策宣传进党校活动。2011年,继续在自治区党校开设水土保持讲座,培训各地处级领导干部30多人。固原市水土保持宣传进党校活动深入开展,在春季和秋季学期对市属5县区乡镇及村级党政基层干部近600名开展水土保持教育培训,为水土保持生态建设培训了一批有经验的基层领导干部。

五是《水土保持法》地方配套法规修订工作取得重要进展。向自治区政府法制办提交了《关于修订宁夏回族自治区〈水土保持法〉实施办法》的报告,并列入自治区法制办2011年调研计划。自治区人大、政府法制办等部门积极组织有关领导专家赴外省开展了《宁夏实施〈水土保持法〉办法》地方立法修订调研。完成了宁夏办法修订草案主要内容的起草工作,并与自治区人大、政府法制办等单位举行座谈会,对办法修订草案内容和修订工作进行研讨。

(管文斌)

宣传新《水土保持法》

【水土保持监测】 一是完成了全区水土保持监测网络二期工程建设。全区共建设水土流失监测点15个,其中,新建10个,与水文共建 4 个,改造1个。二是按期高质量完成了年度全区水土保持普查工作。按照水利部和自治区水利普查办公室的要求,成立了水土保持专项普查办公室,制定了专项普查实施方案,确定了技术协作单位,收集了普查所需各种图件及资料,对各市县调查人员进行了技术培训,组织开展了外业调查工作,风力侵蚀、水力侵蚀普查工作基本完成,水土保持措施、侵蚀沟调查等工作按期

彭阳县王洼乡科技示范园区水土保持科普宣传教育

开展,普查总体进度处于全国领先位置。三是严格执行开发建设项目水土保持监测制度,水土保持方案实施率大幅提高。2011年,宁夏开展监测的大中型生产建设项目共计75项,其中:水利部审批的大型生产建设项目,实现了全覆盖。自治区审批的项目,监测率达到70%以上。严格的监测制度,为科学管理,动态掌握全区生产建设人为水土流失情况提供了科学依据。四是积极开展黄土高原宁夏西吉县聂家河小流域典型坝系监测、农业综合开发小流域治理等项目监测,对122座水保骨干坝开展库区淤积量调查监测,取得了大量第一手资料,为生态项目实施效果评估,有关部门项目决策提供了科学依据。

(管文斌)

【前期工作】 启动了全区水土保持规划编制工作。组织审查了海原县九彩坪等12个小流域综合治理工程实施方案、原州区张易项目区等5个坡耕地水土流失综合治理试点项目实施方案、隆德县打食沟等5个农业综合开发水土保持项目可行性研究报告。其中,农业综合开发水土保持四期隆德县打食沟等5个项目通过水利部组织的审查,原州区、西吉县被水利部列入2011年坡耕地试点县并开工建设。2011年,共争取国家水土保持投资1亿元,其中,落实并到位中央财政预算水土保持项目投资5000万元,国家农业综合开发水土保持项目投资3800万元,自治区财政水土保持投资1200万元。自治区财政水土保持投资较2010年净增加2倍。(管文斌)

水利经营

【概况】 2011年，水利厅厅属渠道管理单位水利经营取得了新的进展。供水、建筑施工、农林牧渔及其他水利经营收入稳步攀升，水利经营收入继续保持较好的增长势头，有力地推动了水利事业的发展。截至2011年底，10家渠道管理单位资产合计15.6亿元，净资产8.5亿元，负债3.6亿元，所有者权益11.3亿元。拥有建筑工程机械35台，出租房面积30735平方米，实有土地面积3600公顷（包括：耕地2751公顷，果园230公顷，养鱼面积456公顷，造林面积163公顷）。全年新开耕地111公顷。年度水利经营总收入7.5亿元，较上年增长20.1%。综合经营利润1937万元。 （马健全）

【完成的主要经济指标】 1.供水经营状况。2011年水利厅厅属渠道管理单位供水收入达2.9亿元，占水利经营收入总额的39%。其中：农业供水收入2.8亿元，工业生态供水收入978万元，城乡供水收入92万元。供水亏损1.06亿元，较上年增加1995万元。

2.建筑业经营状况。2011年水利厅厅属渠道管理单位实现建筑业收入达3.2亿元，较上年增长25.2%，占水利经营收入总额的43.1%，实现利润1407万元，较2010年增长12.4%。

3.农林牧渔及第三产业经营状况。2011年水利厅厅属渠道管理单位农林牧渔收入1331.5万元，利润307万元，第三产业收入1945.2万元，利润222万元。农林牧渔及第三产业经营收入和利润分别较上年增长11.3%和10.3%。 （马健全）

【厅属水管单位综合经营】 2011年，水利厅厅属渠道管理单位综合经营总收入达3.58亿元，较2010年增长26.9%，实现利润1937万元，较上年减少6.8%；施工企业实现产值达3.2亿元，较上年增长23.1%；种养业收入稳中有升，土地等经营资产管理进一步规范，工程咨询、监理、施工等技术服务范围逐步扩大，房屋租赁、商业经营、机变电设备检修服务等行业稳步推进。

水利综合经营种养殖业

1.高度重视，不断加强对水利综合经营的组织领导。水利厅党委始终把水利综合经营工作作为发展水利经济的重要组成部分，作为事关水利事业可持续发展的重要工作任务纳入重要议事日程。研究下达2011年度水利综合经营目标计划，明确各单位综合经营目标任务。各单位按照水利厅的部署和要求，坚持把综合经营工作作为一把手工程，并与供水生产放在同等重要位置，高度重视，加强领导。同时，明确分管领导及其职责，形成了主要领导亲自抓、分管领导具体抓、部门协调指导、基层深入开展、职工广泛参与的工作格局，为综合经营工作深入开展提供了组织保障。

2. 完善机制，加强政策引导不断增强经营活力。各单位认真总结综合经营管理经验，不断完善体制机制，积极探索经营模式，研究制定了《综合经营奖惩制度》和《综合经营资金使用管理规定》等管理制度。大多数单位建立了综合经营发展基金，统一管理、集中安排使用，对新项目、好项目给予资金扶持，使有限的资金用在刀刃上，有效解决基层单位发展综合经营资金不足问题。固海、盐环定扬水管理处出台政策，将各基层单位上缴利润由过去的70%下调至15%，让利基层，扶持基层，极大地提高了基层单位发展综合经营的积极性。

3. 优化结构，不断提升综合经营发展能力。一是不断扩大水土资源规模。各单位切实提高对水土资源稀缺性和升值空间大的认识，想方设法增加土地储备。一方面，通过对渠道保护范围确权划界，围地造田、回收保护范围内农田，扩大土地拥有规模。另一方面，通过加强与属地有关部门的联系，争取划转、开发土地和荒地，扩大了土地资源存量。二是大力发展特色产业。各单位充分挖掘水土资源潜力，调整结构，大力发展特色种植、养殖业，提高水土资源的利用率和经营效益。固海扬水管理处调整土地经营模式和种植结构，投资苗圃已初具规模。七星渠管理处积极探索转变果园经营机制，收回坝头子农场经营权，自主经营套袋苹果90余万个，取得较好效益。唐徕渠、渠首、红寺堡管理处等单位借鉴区外先进经验，积极引进山东冬枣种植30公顷，大力发展稀有高效农业。盐环定扬水管理处积极与西班牙外商洽谈，在二泵站试种色素甜椒近50公顷，积极开展新品种高效益农作物种植实验。三是不断拓展工程建设施工市场。各单位工程公司、检修队、监理公司抢抓水利建设投入大、项目多的有利时机，积极参与灌区续建配套、大型泵站改造、病险水库除险加固等工程招投标，承揽工程项目。同时，坚持“走出去”战略，拓宽工程建设施工市场，积极参与市政、交通等行业和领域的工程建设，取得了较好的经济效益。

4. 多轮驱动，拓宽领域提高经营效益。各单位坚持以市场为导向，注重分析和研究经营形势，调整经营思路和方向，广开门路，内引外联，大力发展多样化经营，显著提高了经营效益。固海扬水管理处发挥机电检修优势，投资发展汽车维修、机械加工等优势，建设以机电设备为主的仓储、物流中心，不断扩大经营领域和范围。红寺堡扬水管理处组建了红扬农林开发公司、水电工程材料实验站和物业服务公司3家实体。

5. 因地制宜，大力发展庭院特色经济。进一步发展庭院经济，切实抓好“粮袋子”“菜篮子”工程。各单位加大资金投入和项目扶持力度，实施所（站、段）绿化美化和小菜园、小养殖、小果园、小工程等“五小”工程，大力改善职工工作生活环境，让职工在花园式站所中生产生活，稳定了职工队伍，基本实现蔬菜、粮油和肉类自给，提高了职工福利水平。

6. 强化管理，挖掘潜力增强发展后劲。一是规范经营合同管理。各单位加强对经营性资产的监督管理和资产经营情况的监督考核，积极开展经营合同清理工作，对承包、合作到期和不符合经营要求的合同进行重新测算，及时纠正合同中存在的问题，减少了合同纠纷，规范了经营管理工作。二是大力实施项目带动战略。各单位树立“水利综合经营发展同样要实施项目带动战略”的思想，通过争取农业、林业和水利等各项资金，组织实施了农田改造配套工程，大大提高了农田生产能力和效益。2011年，各单位共争取落实农田配套改造等各类项目资金、中央造林补助资金1000多万元，有力地支持了综合经营发展。三是加强服务指导。建立综合经营季报制度，定期对各单位经营情况进行分析研究。水利厅领导、有关部门加强平时指导检查和督导服务，督促各单位认真落实措施，实现各项计划目标。加强政策和信息研究，加大对外联系协调力度，努力做好项目引进和对接工作，重点推广发展新兴高效特色产业，培育水利综合经营新的增长点。（马健全）

安全生产

【概况】 2011年，在自治区党委、政府的正确领导和自治区安监局的指导帮助下，水利厅认真贯彻落实国务院、自治区和水利部安全生产工作会议精神，牢固树立科学发展、安全发展理念，紧紧围绕水利中心工作，以深入开展“安全生产年”活动为主线，以“三深化”和“三推进”为重要抓手，认真落实安全生产责任制，积极探索安全生产监管模式，完善安全生产制度体系，强化安全生产教育培训，夯实安全生产工作基础，圆满完成了安全生产各项工作任务，水利安全生产继续保持了稳定持续向好态势。全年全区水利系统未发生较大以上生产安全事故。（巩林虎）

【组织保障】 年初，召开了全区水利安全生产工作会议，传达学习国务院、自治区和水利部安全生产工作会议精神，总结成绩，交流经验，表彰先进，安排部署安全生产工作任务。水利厅安委会先后5次召开会议，第一时间传达学习国务院、自治区和水利部的工作部署以及中央和自治区领导关于加强安全生产工作的一系列指示精神，及时通报安全生产工作情况，安排部署各阶段水利安全生产工作。将水利安全生产工作纳入《自治区水利发展“十二五”规划》，统筹谋划，全力推进。制定印发了《水利安全生产“十二五”规划》《2011年水利安全生产工作要点》《关于开展全区水利系统严厉打击非法违法生产经营建设行为专项行动的通知》《关于深入开展水利安全生产大检查的通知》等30个文件，及时对重点领域、重点环节、重点时段和重要部位的水利安全生产工作提出具体要求、做出专项部署，明确工作目标、任务、要求和措施。年中，相继召开了水利工程建设管理工作会议、冬春灌工作会议和防汛抗旱工作会议，对重点、特殊时段、节点水利工程建设安全、运行管理安全、渠道灌溉安全和防洪度汛安全等，及时做出全面部署和要求，有力地促进了水利安全生产深入开展。

（巩林虎）

全区水利安全生产工作会议

【责任落实】 一是层层分解责任。年初，修订完善了《水利厅安委会工作规则》，扩充了水利厅安委会成员单位，根据各自工作职能，分解和明确了相应的安全生产监管责任。按照“一岗双责”的要求，水利厅领导与五市水务局、厅属单位签订了安全生产责任书。汛前，联合自治区监察厅对全区大中型水库和重点防汛设施责任人进行了公布，进一步落实了防汛安全责任。一年来，水利厅领导和各成员单位各司其职，加强协调配合，形成了安全生产综合监管和专业监管的合力。水利厅党委书记、厅长吴洪相自觉履行水利安全生产第一责任人的职责，经常听取安全生产工作汇报，帮助解决工作中存在的问题，亲自督促检查安全生产工作。其他厅领导按照安全生产“谁主管，谁负责”的要求，切实抓好分管部门和单位的安全生产工作，常深入基层督察检查，做到了安全生产与业务工作同部署、同检查、同考核、同落实。厅安委会成员单位充分发挥职能，加强日常安全生产监管，对目标责任的落实进行实时跟踪督察，有效促进了安全责任的落实。各级水利部门和单位普遍重视抓责任落实，层层签订安全生产责任书，将安全生产目标责任落实到每一个岗位、每一个过程、每一个环节、每一个职工，构建了主要领导亲自抓、分管领导具体抓、相关部门协同抓，一级抓一级、层层抓落实的安全监管工作机制。据统计，全区水利系统共签订安全生产目标责任书7000余份。二是加强责任考核。认真落实安全生产行业监管责任、属地管理责任和生产经营单位主体责任，将安全生产工作分别纳入市县农田水利基本建设“黄河杯”竞赛考核和厅属单位年度文明单位考核之中，将检查考核情况作为安全生产目标管理和评价基层单位整体工作的重要依据，坚持定期考核、抽查考核和平时检查考核相结合，实行安全生产动态管理和全方位监控。实行安全生产一票否决制。通过强化安全生产工作检查考核，切实把安全生产工作的重点从事后处理转移到事前防范上来，把事故隐患消灭在萌芽状态，有效防范和遏制了较大以上生产安全事故的发生。三是强化责任追究。按照“四不放过”原则，调查处理了暖泉渠、西干渠决口两起一般性事故，追究了责任单位和责任人的责任。（巩林虎）

【制度建设】 先后制定完善了《水利职工伤亡事故调查处理与统计报告制度》《关于进一步加快水利工程建设管理的意见》《水利工程安全生产监督检查导则》《宁夏水利工程“安全文明工地”评审办法》和《水利重大安全生产事故应急救援预案》《厅属单位安全生产考核细则》等一系列安全管理制度和规范性文件，为加强安全生产监管提供了基本制度保障。按照安全生产报告制度，坚持定期向自治区安委办和水利部报告安全生产情况。建立完善了水利厅安全应急值班制度，设立专门值班室，在宁夏水利网公布了值班电话和值班人员名单，每周安排一名水利厅领导担任值班领导，厅机关处室人员轮流值班。各级水利部门和水管单位在总结往年工作经验的基础上，制定、修订和实施了《安全工作制度》《渠道维护考核管理办法》《机电运行考核管理办法》《防汛管理办法》《水库调度工作规程》《车辆交通管理办法》等多项安全生产规章制度，逐步建立健全和完善安全生产管理规章制度和安全隐患排查工作的长效机制。为使安全管理制度落到实处，各单位还制定了相应的实施细则，细化了相关应急措施、预案，进一步规范了安全生产行为，构建了用制度管人、用制度管事，确保水利安全生产的有效机制。（巩林虎）

【安全监管】 一是加强水利工程建设安全监管。严格执行水利工程建设项目法人负责制、招投标制、监理制和合同管理制“四制”，将工程建设安全生产纳入合同管理，认真落实工程建设安全生产责任制，明确项目法人、施工单位、监理及水行政主管部门的安全责任。认真贯彻落实《宁夏回族自治区企业安全生产费用提取和使用管理办法》，结合水利工作实际，增加水利工程建设安全措施费用，将水利工程安全措施费用由原来的1%提高为1.5%，要求安全文明施工措施作专项设计，企业投标独立报价，与主体工程同步施工，独立结算，为水利工程建设安全生产提供资金保障。二是启动“安全文明工地评选”活动。细化、量化考评指标，以典型带动和考评激励力促施工安全文明措施的落实，推进水利安全文明工地建设，从工程建设一线消除安全生产隐患。下发了《关于加强水利建设企业资质使用管理的通知》，建立了水利工程建设安全员考勤制度，实行项目法人按月检查汇总、施工单位项目经理和安全员到岗报告制，保证工程建设现场安全生产管理人员到位。三是加大工程设施更新改造和黄河、中小河流治理资金投入。针对全区大多数水利工程老化失修严重、安全隐患较突出等问题，通过积极争取项目资金，实施了灌区续建配套、固海大型泵站改造项目，投入改造资金3.5亿元，完成砌护渠道65千米，翻建改造大型建筑物283座，排查各类隐患1328项，整改1300项，整改率达到98%，有力地提高了水利工程安全生产能力。争取落实资金5.6亿元，组织实施了病险水库除险加固项目。已开工建设水库除险加固工程55座，完成投资 13990 万元，有力地提高了水库大坝安全运行和防洪度汛能力。组织实施了黄河宁夏河段近期防洪工程 2011 年(第一批)建设项目,完成投资近 3 亿元,进一步完善了中卫、中宁、青铜峡等六县、市(区)黄河段的防洪工程体系,消除区域段落的河道险情。组织开展中小河流治理,完成投资 3.24 亿元。取得了显著的防洪减灾成效。四是加强水利工程设施运行安全监控。明确全区大中型水库、淤地坝、水电站、渠道和重点防汛设施责任,指导各市县落实水库、河(沟)道、湖泊、滞洪区等水利工程的安全监管责任。各市、县政府,水利部门认真履行职责,加强职责范围内水利工程设施的日常监督管理，提前做好灌溉干渠及其建筑物、机电设备和汛前水库、淤地坝以及行洪道、排滞洪区、河(沟)道的安全措施的落实,实行新建、改建工程安排 24 小时专人看护制度,加强险工险段的巡护,严格职工劳动纪律、值班、检测和调度等制度,有效防范和杜绝违章作业,确保水利工程设施运行安全。五是加强防汛抗旱安全监督管理。加强对极端灾害性天气的监测,完善防汛会商和预警机制,定期公布降雨、黄河水量、洪水、凌汛和干渠引水信息,为经济社会发展提供水情信息服务。成功预报了“7·28”等多次暴雨冰雹,及时会商并向各地进行预警，将预警信息以最快的速度发送给有关人员和广大群众,为防汛抢险赢得了宝贵的时间。全面完成山洪灾害普查,危险区划定、预警指标的确定,完成市、县(区)预案编制,安装完成 35 处雨水情监测预警点建设。水文部门加强了对黄河、清水河、苦水河及贺兰山东麓汝箕沟、苏峪口、大武口沟等重点中小河流、山洪易发区的监测，充分发挥了防汛“耳目”和“尖兵”的作用。各级防汛部门严格执行 24 小时值班制度和领导带班制度,严明值班纪律,认真及时做好雨情、水情、灾情等报送工作,确保信息畅通。协调指导各市县配备防汛物资,组建防汛群防体系,大力宣传避灾自救知识,提高自我防范和应急抢险能力。全力推进山洪灾害防治工程建设,在全国率先编制完成了全区 21 个山洪灾害防治县的实施方案,并全部列入国家建设名单,列入国家建设的项目比率为全国最高。全面开展了 2010 年、2011 年度的 12 个县区的群测群防体系建设,及时下达了项目中央补助资金 4800 万元,落实配套资金 1200 万元,确保项目顺利实施,发挥效益。六是进一步完善安全生产保障措施。为切实保障职工生命财产安全,各级水利部门和单位积极筹集资金，改善职工生产生活条件,淘汰落后不安全设施,提高安全保障能力。针对消防安全、冬季值班取暖等隐患,投入资金配置消防设施、更新改造取暖设施、用电线路、漏电保护设施,为生产值班室和职工宿舍购置安装了一氧化碳报警器等,提高了冬季取暖安全保证率。（巩林虎）

【隐患治理】 全力抓好元旦、春节和全国“两会”、汛前及建党 90 周年、中阿经贸论坛、国庆期间等重大节日、重要时段的安全生产督察检查,维护了水利系统的安全稳定。先后 9 次组织开展了以水利工程建设、运行管理、防洪度汛、病险水库、水保淤地坝、水文测验、勘测设计、机电设备、车辆交通、机关学校、后勤服务、消防以及冬季“四防”等为重点的水利安全生产大检查活动,督促有关单位落实整改措施,切实消除安全生产隐患。西吉“1·29”重大道路交通事故发生后，及时研究制定水利安全生产大检查实施方案，在全区范围开展了春节水利安全生产大检查活动。5 月份,成立 5 个防汛安全督察组,对全区 26 个市、县(区)及引黄灌区防汛备汛工作进行了督查检查。针对防汛检查中发现的桑园沟银巴高速公路施工段、平罗县崇岗工业园段贺兰山洪沟、西吉县大滩水库段、彭阳县茹河店洼水库、海原苋麻河水库段等河道(沟道)违章行为,采取强有力措施,及时落实整改责任人,跟踪督察督办,严查整改方案的落实,使违章行为得到了清理和整改,消除了安全隐患,确保度汛安全。8 月份，为深入贯彻落实国务院 165、173 次常务会议和自治区党委 26 次全体（扩大)会议精神,组成 5 个联合检查组,对全区水利系统安全生产和防洪工作进行了全面系统的安全生产大检查,督促落实防范措施。入冬以来,下发了《关于切实做好第四季度安全生产工作的通知》,对冬季“四防”工作、水利工程建设安全、运行管理安全、消防安全等做出部署，组织安委会成员单位进行了安全生产大检查,确保冬季安全生产。各级水利部门和单位结合工作实际，组织开展了多层次、全方位的安全生产大检查活动，对人员密集场所、消防、取暖、生产设施（备）、危险化学品储存使用管理以及应急措施方面存在的隐患和缺陷进行了彻底排查治理，及时消除了一批事故隐患，有效防范了各类事故的发生。全年各级水利部门和单位共排查各类隐患1328项，整改1300项，整改率达到98%。对没有整改的，做到了整改责任、时限、措施、资金和应急预案“五落实”。

（巩林虎）

【专项行动】 加大行业安全生产整治力度，在全区水利系统组织开展了水利建设施工安全生产百日专项整治行动和打击非法违法生产经营建设行为专项整治活动，突出水利工程建设事故易发的高边坡、隧洞、基坑、起重机、塔吊机、模板、脚手架、易燃易爆品等关键环节，开展工程建设安全生产专项督查检查12次，涉及水利建设项目90多项，下发检查通报6份，责令整改或返工12例，通报施工和监理单位13家，从业人员38人。对违反水利建设安全生产准入条件、违反建设项目安全设施“三同时”规定、违反水利技术标准强制性条文规定、无证上岗等行为，采取有力措施，依法依规进行了查处。针对贺兰县金马河生态园等影响河道防洪的非法建设行为，多次开展联合执法行动，限期予以整改，有力地打击非法违法行为。加强有限空间作业和危险化学品的安全监管，在全面分析研判水利工程建设管理、机关及生活小区污水清理清淤、危险化学品管理和使用等可能产生和存在隐患的基础上，逐级逐层开展拉网式排查，做到防患于未然。9月份，召开了危险化学品管理现场观摩会，组织相关单位实地学习考察水文局、宁东水务公司等单位危险化学品管理经验，提升了水利行业危险化学品管理水平。（巩林虎）

水利厅召开危险化学品管理现场会议

【应急救援】 为进一步增强应对事故突发情况的救援处置能力，各级水利部门和单位进一步完善水利安全生产应急预案体系，建立安全事故预警和应急救援机制，积极开展应急救援演练。修订完善了《宁夏水利厅生产安全事故应急预案》《水利工程建设重大质量与安全事故应急预案》和《反恐维稳预案》，并针对近年来防汛抗旱形势和水情、雨情变化，对山洪灾害防御、城市防洪等预案进行了修订完善，在全系统开展大规模、全方位的安全生产事故应急演练，有力检验和提高了各类预案的可操作性和针对性。“安全生产月”期间，各级水利部门和单位结合工作实际，联合当地驻军、企事业单位和村民，围绕水文监测、水利工程建设、运行管理安全等易发事故，设计假想险情，开展洪水漫堤、洪水侵入泵房、冲毁压力管道、渠道决口等抢险仿真实战演练。强化防汛抗旱抢险应急管理，采取有力措施，扎实有效地做好防大汛、抗大洪、抢大险准备工作，建立健全防汛组织，储备防汛物资，完善群防体系，落实防汛责任，与当地群众签订联防协议、紧急调用购销协议、义务报汛协议和斗口紧急散水协议，组建联合抢险队伍，落实抢险人员，做到了有备无患。水利学校组织开展了地震应急演练，进一步增强师生的防震减灾意识，培养自我保护、自救互救、团队协作的基本能力。全年水利系统共组织各类应急演练120场次。通过开展应急演练活动，检验了各单位抢险实战能力和应急反应能力，锻炼了职工队伍，强化了安全意识，提高应急处置能力和水平，取得了良好效果。（巩林虎）

【宣传教育】 一是大力宣传安全文化。充分利用《宁夏日报》、水利简报、水利厅办公楼电子屏、宁夏水利网等媒介，大力宣传安全生产政策法规、安全知识以及各单位推进安全生产的先进做法和成功经验，营造安全生产舆论氛围。6月1日，隆重举行了全区水利系统“安全生产月”活动启动仪式，水利厅机关处室、厅属单位、市县水务局等单位领导和职工代表200多人参加了活动，聆听了职工家属致水利职工的一份家书，并进行庄严宣誓和签名承诺，拉开了“安全生产月”活动的序幕，促进了活动的深入开展。《中国安全生产》杂志、《宁夏日报》等新闻媒体对启动仪式进行了报道。活动得到了水利部和自治区安监局领导的高度评价。当晚，水利系统广大干部职工收看了自治区副主席齐同生发表的电视讲话，并进行了讨论交流。在银川市光明广场设立水利安全生产咨询点，通过展板、挂图、咨询服务、散发安全生产宣传册等形式，向职工和群众开展水利安全生产咨询。其间，各级水利部门和单位以“安全生产月”活动为载体，组织开展了巡回演讲、安全知识图片展等形式多样、内容丰富的宣教活动，广泛宣传安全生产法律法规和知识，使广大职工牢固树立起了安全就是发展、安全就是效益、安全就是福祉的理念。“安全生产月”活动期间，各级水利部门和单位共购买学习书籍2000余册、安全教育光盘100多套，印制散发安全宣传材料20000余份，开展安全知识竞赛18场次、安全演讲12场次，组织安全知识咨询36次，达到了“以点带面、整体推进”的效果。二是积极开展安全文化活动。在全区水利系统组织开展了以水利安全生产为主题的征文活动，征集安全征文46篇，向水利部推荐37篇优秀征文参赛。组织全区水利干部职工参加全国落实企业安全生产主体责任知识竞赛，收集答卷6000多份。组织33家水利单位434名职工参加了水利部安全生产知识网络竞赛，对先进单位和个人进行了通报表扬。在全厅青年职工中开展了以“安全生产、青年当先”为主题的争创“水利厅青年安全生产示范岗”、争做“水利厅青年安全生产标兵”活动，在提高青年职工安全生产素质，促进单位安全生产管理等方面取得了积极成效。三是加强安全生产培训教育。结合水利工作实际，全厅共举办各类安全生产、业务培训班37期，培训近4000人次。其中，集中举办水利施工安全生产“三类人员”培训班2期，水利施工企业“五大员”培训班2期，工程建设安全生产研修班1期，全面提高了从业人员的文化素质。组织开展了施工企业健康安全管理体系认证(OHSMS18001)工作，全区45家水利施工企业通过认证，提升了施工企业安全生产规范化管理水平。 (巩林虎)

【工作成效】 一是实现了防汛防洪安全无事故。各级防汛部门切实落实以行政首长负责制为主要内容的防汛安全责任制，完善落实防汛预案等安全度汛措施，加强雨情、水情、灾情的测报工作，抢险及时、调度有力，确保黄河、大中型水库、银川市、石嘴山市城市及重要设施的防洪安全。二是实现了水利工程建设安全无事故。参建各方狠抓施工安全管理，完善水利工程建设安全生产规章制度，深入开展安全质量标准化活动，进一步完善齐抓共管的工作格局，推行投标人安全生产许可和项目经理安全生产考核合格的审查制度等五项制度，采取定期与不定期检查相结合的方式，加大监督检查力度，有效消除安全隐患，确保了水利工程建设无安全事故。三是实现了水利工程运行安全无事故。在水管单位和供水企业中积极推行精细化管理，建立健全安全生产责任制和各项规章制度，加大安全生产投入，更新改造工程设施。加大监督检查力度。克服工程设施老化失修严重、黄河来水不足等困难，认真开展渠道巡护工作，对重点险工段采取加巡、勤检、盯守等，确保了引黄灌区近533.33千公顷农田的适时安全灌溉，促进农业增产、农民增收和农村稳定。四是实现了水库安全运行无事故。进一步完善了以地方政府行政首长负责制为核心的水库安全责任体系。切实加大病险水库除险加固力度，与市、县地方水行政部门、项目法人层层签订了目标责任书，落实和公布了水库除险加固项目行政责任人，严格落实各级水利单位安全生产责任，确保水库安澜。五是实现了车辆交通安全无事故。认真贯彻《道路交通安全法》等交通安全法律法规，全面落实机动车辆管理措施，明确职责，严格考核，加大驾驶员安全教育和培训，增加投入，改善职工交通条件，有效地保证了全厅机动车辆交通安全，多年无较大交通伤亡事故。 (巩林虎)

信息化建设

【概况】 2011年在中央1号文件和中央水利工作会议精神的指导下，自治区水利厅党委提出“以水利项目带动水利信息化，以水利信息化促进水利现代化”的发展思路，坚持“统一筹划、整合项目、集中资金、整体推进”的建设原则，对全区水利信息化建设总体布局、实施计划、管理体制及机制等问题进行深入研究，确定了今后信息化建设基本思路、总体布局和实施方案。 （姜维军）

【水利信息化建设】 1. 前期工作。2011年开展了总体规划和分项实施方案设计，修订完善《宁夏水利信息化建设总体规划》，完成《宁夏水利信息采集站网布设方案》《宁夏水利信息化通信传输专网建设工程初步设计》《宁夏水利数据中心工程项目初步设计报告》的设计工作，对全区22个市县《县级山洪灾害防治非工程措施实施方案》和《中小河流水文监测系统实施方案》进行整合，编制了宁夏水利信息化建设一期工程实施计划，并对全区22个市县区水务局开展水利信息化建设现状情况摸底调查和信息化建设意见征求工作，为宁夏水利信息化工作的全面推进奠定了基础。

2. 建设项目。(1)宁夏水利数据中心工程项目初步设计。宁夏水利数据中心是在利用现有资源的基础上，建设基础数据库、专业数据库和元数据库中心系统、数据检索与发布系统，建设应用服务平台和应用系统、信息安全体系和完善运行环境等，建立水利数据中心技术标准和建设规范。本项工程设计内容主要包括1个区级水利数据中心，5个市级22个县(区)级和1个厅属单位数据分中心。包括技术规范体系、网络管理平台、各分类数据库、应用服务平台、数据检索与发布系统、信息维护共享等内容。项目3月份启动，3月中旬编制完成了工程设计招标文件并通过审查，3月29日公开发布招标公告，4月28日进行设计招标评标活动，5月16日与中标单位签订合同，确认编制范围、规模和内容，协助设计单位对厅属单位和部分市县水务局进行现状和需求调研，5月月底完成5个县级数据分中心方案设计初稿，6月3日组织专家进行了初审，6月10日设计单位提交了设计工作大纲，6月28日初步设计基本通过审查。

(2)全区水利电子政务系统一期工程建设。5月份启动全区水利电子政务系统建设工作，先后邀请了3家公司就水利厅电子政务一期工程项目进行了方案论述和产品演示。6月3日，召开了电子政务一期工程建设方案审查会，确定了项目实施单位；6月7日，向全区水利系统单位发放“电子政务系统初始化数据采集表”，确定了试点单位；6月10日，召开协调会，确定一期工程建设范围，落实资金渠道；7～12月软件定制开发及功能测试工作。

(3)宁夏水利信息化一期工程项目建设。按照“水利项目带动水利信息化，水利信息化促进水利现代化”的发展思路，以“统筹规划、整合项目、集中资金、整体实施”为建设原则，将山洪灾害非工程措施项目与中小河流治理水文监测系统、防汛决策指挥系统、大型灌区信息化、病险水库除险加固监测系统建设统筹实施，把建设项目划分为信息采集监测系统、通信网络系统、水利数据中心、业务应用系统和安全保障系统五大模块，统一平台，统一实施，全面推进水利信息化工作。信息采集监测系统：在对信息采集范围、内容做出统一部署的基础上，对现有采集站点进行整合扩建，将水利信息采集站点分为水情、工情、旱情、灾情及灌溉类监测站点。以县(区)为单元建设布局合理、功能齐全、高度共享的水利信息综合采集体系。全区共布设水利信息采集站点8823处，其中灌溉系统取水口、泵站、水闸、干渠支斗口等采集点5114处，水文站、水位、雨量、地下水、水质、水源地、水库、人饮工程、视频等采集点3709处。采集数据以无线传输方式为主，统一传输到自治区水利数据中心，再向下交换到市县水利数据分中心。11月中旬完成《宁夏水利信息采集站网布设方案》编制修改工作，方案已通过水利厅初审。11月28日已完成山洪灾害防治县级非工程措施和中小河流水文监测系统中采集监测站点招投标工作。通信网络系统：结合宁夏水利实际需求分三部分进行建设，一是依托灌区信息化建设、大型泵站改造、盐环续建等工程沿灌溉渠道自建水利专用光缆，形成贯穿全区的“一纵四横”水利骨干网络体系，连通厅属单位、干渠沿线的市县区；二是自建光缆不能连通的市县区或厅属单位以租用运营商光纤资源的形式接入水利骨干网；三是以租用的形式组建水利信息无线传输专网，用于8823个水利信息采集点的数据无线传输。数据中心：在6月份数据中心初步设计的基础上，规划建设数据中心27处，其中自治区水利数据中心1处，地市级水利数据分中心5处，县级水利数据分中心21处。应用系统：应用系统主要是根据各部门的具体业务需求开发应用系统，包括防汛抗旱、水资源管理、人饮、农村水利管理、电子政务等，计划按照综合业务应用的需求进行建设，依托资源共享服务平台实现功能的个性化、资源共享与业务协同。公用软件统一开发，各市县平台统一标准、分步建设，形成宁夏水利统一应用平台，一个窗口服务。安全保障系统：包括标准规范体系、安全保障体系、运行维护体系、机制体制创新、关键技术研究、人才队伍建设等内容，保障水利信息化系统安全稳定运行。

水利信息化一期工程已启动，制定了《宁夏水利信息化一期工程总体实施计划》，完成了信息采集系统1331个监测站点的工程和监理招标工作(含山洪灾害防治县级非工程措施和中小河流水文监测系统)，水利通讯网络的招标文件正在进行，水利数据中心及山洪预警系统、水资源管理系统的应用软件招标工作也已全面开展，计划一期工程于2012年12月30日全面完成。 (姜维军)

【工程建设管理】 为进一步贯彻落实中央1号文件和中央水利工作会议精神，加快全区水利信息化建设步伐，水利厅党委成立了水利信息化建设领导小组，由厅党委书记、厅长吴洪相任组长，副厅长方彦和总工程师薛塞光任副组长，直接领导水利信息化工作，成员单位由厅办公室、规划计划处、建设管理处、科教教育处、自治区防汛办、灌溉管理局、水土保持局、水文水资源勘测局、水利信息中心组成，领导小组下设办公室，设在自治区水文水资源勘测局，为水利信息化建设项目法人单位，水文局局长任办公室主任。明确了信息办各部门负责人、工作人员的职责和任务，负责水利信息化建设规划和年度计划，组织实施全区水利信息化项目建设，解决建设工作中出现的重大问题。

水利厅信息化系统实行统一管理和分级、分部门管理相结合的管理模式，确保系统安全运行。按照“统一管理，各负其责”的原则，水利厅信息办、信息中心负责管理水利厅机关信息系统、全区骨干网络工程、信息化重点专项工程和信息化公用部分的项目建设、管理和维护工作；厅属各单位负责本单位的局域网络建设和专用项目的建设、管理和维护工作。 (姜维军)

水文化建设

【概况】 2011年,水利厅党委深入贯彻落实十七届六中全会精神和自治区关于文化强区的战略部署,千方百计克服资金紧缺、建设任务重、布展时间紧、文物缺乏等困难,强力推进布展工程,顺利完成布展工程建设任务。9月24日举行了预开馆仪式,标志着宁夏水利博览馆基本建成,成为宣传宁夏水利历史和文化的主要窗口和平台。

(郭 浩 刘建勇 鲍旺勤)

【布展方案完善】 为金线串珠地展示宁夏水利在移民屯田、巩固边防、稳定一方、发展经济、兴水塞上的征程中,历尽艰难而又发展壮大、源远流长而又积淀深厚的治水历史和文化,博览馆筹建组在广泛吸纳区内外有关专家及社会各界意见建议的基础上,历经半年加班加点的工作,对布展方案进行了40多次修改。明确了主副展线之间的关系,增加了四大文明古国、先秦水利工程等内容,对宁夏水利进行了历史定位;删减了唐太宗大会百王、西夏黄河水运、青铜峡水利枢纽和沙坡头水利枢纽沙盘内容,增加了唐徕渠引水形势图、西夏《天盛律令》等,使布展内容与展现主题更加突出;在安全疏散门的问题处理上,巧妙地设计了明朝水利衙门、70年代水利建设指挥部,保持了展线立面的自然过渡。在深挖历史的同时,筹建组人员利用相互交底、现场检查、会议审定的机会,多次对宁夏水利史和水文化进行了详细介绍,使施工单位人员对整体布展思想、主题和时代背景等有了深刻领会。对水行政管理、治水人物服饰等进行了考证,为完成"天下黄河富宁夏"序厅浮雕,蒙恬、郭守敬等6个人物雕塑,"敢教日月换新天"大型油画,"塞上江南新天府"大型沙盘等设计及施工奠定了基础,丰富了展现形式和内容。

2011年4月布展领导小组在北京审查水博馆沙盘制作情况

布展工程分设六个既相对独立又相互联系的主题,集中展示了宁夏唯水生存、依水发展、唯水而富的深刻内涵,弘扬了宁夏人民历代以来矢志不渝治水兴水的奋斗精神,展望了宁夏水利发展的美好未来。

1. 序厅:设计了星象穹顶,揭示当地人民遵循自然规律发展水利,改造自然现状,实现富民兴区的美好愿望;设计了宁夏地面沙盘,揭示宁夏处于黄土高原向蒙古高原过渡,西北东三面环沙、黄河由西南向东北贯穿的自然地理概貌;设计了卷轴式立体浮雕,揭示了天下黄河富宁夏的深刻内涵。

2. 千秋流韵:通过文明之源、天堑通流、塞上美誉、昊王开渠、长渠流润等五个单元,文明之源、蒙恬开疆、汉武实边、刁雍凿渠、唐渠流玉、昊王开渠、郭公浚渠、边镇治水、康乾兴水、落日余晖等十个分组,运用水洞沟古先民逐水而居场景、汉代陶形水管、刁雍造船运粮微缩景观、唐徕渠引水工程电子挂图、明清时代引黄灌区水系示意图、水利碑林等展示形式，展示了远古到民国时期的宁夏流淌的治水史。采取主、副展线相结合方式，重点介绍了宁夏秦渠、汉渠、唐徕渠、美利渠、七星渠、大清渠、惠农渠等现存7条引黄古渠的历史。

3.盛世伟业：采取图片、实物、多媒体相结合手段，通过兴水在即、大河截流、治水方略、大干快上、水载跨越、阔步前行、节水建设、关怀鼓舞等八个单元，详细介绍了引黄古渠改造、新渠建设、水利枢纽、山区水库、扬水工程、人饮工程、工业及城市生态供水工程建设，以及建设节水型社会的阶段性成效，展示了建国60多年以来宁夏水利取得的巨大成就和对经济社会发展的巨大贡献。

4.水利未来：通过水之利害、国之要策、任之重远、水之幸福等四个单元，摘要介绍国家西部大开发会议、关于宁夏经济社会发展的若干意见、中央1号文件、宁夏“十二五”水利发展规划精神，展示了宁夏水资源紧缺的现状和未来发展的美好前景。

5.水利文化：通过水利诗歌、水利摄影等两个单元，运用书法、电子翻书等形式，展示了宁夏水利源远流长的水文化。

6.治水人物：通过“古代人物”“当代劳模”“当代专家”“历任厅领导”等四个单元，展示了宁夏水利发展进程中，铸就事业长城的水利典型代表人物。

（郭　浩　刘建勇　鲍旺勤）

【布展招标及施工】 2010年12月23日，宁夏水务投资集团公司在《宁夏日报》发布了招标公告。北京清尚建筑装饰工程有限公司、北京天图设计工程有限公司等5家建筑装修工程专业承包一级、设计专项甲级的施工单位报名参加投标。2011年1月21日，按照水利博览馆布展工程设计施工招标公告，严格组织了布展工程设计施工开标。由宁夏新技术建筑设计院，区造价协会等4名建筑造价专家，特邀水利文化专家水利部原办公厅主任顾浩、黄河博物馆馆长王建平以及水务投资公司相关人员，共9人组成评标委员会。经无记名投票选举刘建勇为评标委员会任主任。经评议、打分，北京清尚装饰设计公司的方案由于主题突出，内容和形式统一协调，创意紧扣水利主题，基本满足大纲要求，版式设计有节奏感，展线流畅，得60.51分，为第一名，为中标单位，中标价1265万元。监理单位仍由银川方圆工程监理咨询有限公司中标。随后按照评标委员会意见进行了商务谈判，明确了计价的基本原则等事宜。

2011年2月20日，北京清尚装饰设计公司组织工人及设备进场，开始布展工程施工。挑选优秀工作人员组成项目部，担任现场负责，将施工任务一一落实到各小组和人头。施工过程中，严格按照设计图纸和有关施工质量验收规范要求，强化施工管理，认真做好各项隐蔽工程验收记录，严格遵守前、中、后三项控制，注重工序和施工质量，做到了安全文明施工。克服了工期紧、材料运送远等一系列的困难，同年11月24日完成整体施工及布展任务，并经建设、监理、施工等单位共同初步验收，装饰装修部分、展览展示部分、电气部分、智能控制部分等工程均合格。整个布展工程设计创意和形式生动，场景及历史发展脉络清晰，突出展示了宁夏水利光辉的印迹和深厚的水文化底蕴。（郭　浩　刘建勇　鲍旺勤）

【文物征集发掘】 为全面反映宁夏水利发展足迹，见证宁夏水利历史脉搏。水利厅在《宁夏日报》《中国水利报》、新华网、地市级日报等10多家媒体发布文物征集启示基础上，并召开文物征集动员大会，组织人员对厅属各单位、各市县水务局文物征集工作进行了全面的督促落实，逐一考证了秦渠、汉渠、唐徕渠、汉延渠、七星渠、美利渠、大清渠、惠农渠等古渠

蒙恬雕像

进水口以及古秦渠、西夏昊王渠、明代猪嘴码头、明代清水沟芦洞等遗迹遗址。搜寻了北魏刁雍造船场地、元代郭守敬创制的木闸堰、明代汪文辉建造的汉唐二坝、清代设置的黄河青铜峡大山嘴水尺以及通智设立的“准底石”等遗迹遗址。与此同时,在水利厅的大力支持下,四处奔走,加强与地方文管部门、厅属单位的联系,将海原县文管所“宋代灰陶水管、水盆”,固原博物馆“汉代陶漏斗、排水管、陶井”,青铜峡文管所“民国渠绅碑”在博览馆借展,将渠首、七星渠管理处的“汉渠碑首”“钮公德政生祠碑”等收藏在博览馆。购买了贺兰山岩画、新石器时代陶罐、新石器时代石斧等文物,复制了唐代铁牛、古老水车等文物,有力揭示和见证了宁夏水利发展的厚重历史。共抢救性收集文物(实物)550 多件。

组织有关人员在有关地方史志、诗集、水利志中收集水利诗词、赋 150 多首,水利碑记 28 篇,整理完成《宁夏水利诗词集》和《宁夏水利碑记集》,为水文化传承和保护发挥了应有的作用。

(郭　浩　刘建勇　鲍旺勤)

【水文化宣传】 自 2011 年 9 月以来,先后分批分次组织全区水利系统干部职工 6500 多人次走进博物馆,领略了宁夏水利千秋流淌的历史和建国 60 多年来取得的成就,特别是 2000 年以来节水型社会建设取得的成绩。共接待国家、自治区及社会各界参观人员 1 万多人次,传播了宁夏源远流长的水利历史,宣传了宁夏水利建设的辉煌成就。与北京大学、河海大学、宁夏大学、宁夏水利电力工程学校师生,黑龙江发改委、新疆吐鲁番组织部、内蒙古阿拉善盟、山西水资源管理中心、内蒙古河套灌区管理总局领导开展了水文化研究、建设、宣传交流。全国政协副主席张梅颖,人资环委副主任张基尧、任启兴及全国人大环资委副主任张文台,民革中央副主席、外事委副主任齐续春,教科文卫委副主任石宗源,水利部副部长胡四一、黄委会副主任苏茂林、水利部老领导杨振怀、敬正书,自治区党委书记张毅、自治区副主席郝林海、自治区政协副主席解梦林、自治区主席助理刘云、自治区离退休省级老干部等视察指导工作,高度赞扬:宁夏水利事业改革发展不仅走在了全国前列,宁夏水文化建设也站在了一定的高度,这是一件相当了不起的事情。　(郭　浩　刘建勇　鲍旺勤)

对小学生进行水文化教育

水利厅直属单位

宁夏回族自治区防汛抗旱指挥部办公室

【概况】 宁夏回族自治区防汛抗旱指挥部办公室（以下简称“防汛办”）成立于1985年，增挂自治区黄河整治工程指挥部办公室和宁夏防汛机动抢险队的牌子，是自治区水利厅所属处级事业单位，经费为财政全额预算拨款。防汛办核定人员编制19名，2011年在职职工18人，其中，专业技术人员12人，管理人员4人，工勤人员2人。主任1名（副厅级），副主任2名（副处级），内设4个科室：综合科、业务科、计划财务科、抗旱科。

2011年防汛办在国家防汛抗旱总指挥部的大力支持下，在自治区党委、政府的正确领导下，防汛抗旱再创新佳绩，黄河治理再上新台阶，重点工程建设取得新成效，重大项目推动取得新突破，党建精神文明取得新发展，荣获自治区水利厅2011年度效能目标考核一等奖。（朱　云）

【防汛工作】 一是全面部署，落实责任。首次组织召开了全区防汛抗旱异地视频会议，公示了行政责任人，逐级落实了以地方行政首长负责制为核心的各项责任制，强化了责任落实。二是排查险点，消除隐患。组成4个联合督查组，分片对备汛工作进行了督察。通报了各地非法侵占沟道和人为设障事件，下达了专项通知，组织查处泄洪沟道设障问题，保证了行洪畅通。三是完善预案，预筹措施。组织修订完善预案27个，进一步提高预案的科学性、实用性和可操作性，形成了较完善的预案体系。组建区、市、县三级专业应急抢险队29支，群众机动抢险队184支，抢险人员1.2万人。采取集中储存、分散代储等多种形式，储备了防汛物资。组织防汛应急演练，提高应对突发汛情能力和协调作战能力，为做好全年防汛工作奠定了基础。以防汛抗旱和河道管理法规为主要内容，举办了河道管理和黄河防凌知识培训班，进一步增强了防汛人员法制意识。（朱　云）

【防凌工作】 一是加强领导，周密部署。2011年11月22日，召开了全区防凌工作会议，对全区防凌汛工作进行了全面安排部署，下发了《关于加强黄河宁夏段防凌工作的意见》，进一步强化了防凌责任，规范了防凌管理，细化了防凌措施，增强了防凌意识。二是突出重点，强化检查。凌汛前，市（县、区）防汛抗旱指挥部重点检查了河段防凌责任人落实，滩区人口、涉河建筑物、沿河水利工程和险工险段，组织人员加固坝垛50多座，封堵穿堤建筑物230座，拆除浮桥2座，封闭渡口，撤离滩区作业及居住人员，对历史上多次出现冰坝的河段布置专门力量重点防守。检查了防凌应急抢险预案制定、应急抢险队伍组建、物资储备、穿堤建筑物封堵、水毁工程修复情况。自治区防汛抗旱指挥部多次组织水文、气象等部门进行会商，分析凌情发展趋势，研究确定防御措施。水文和各地水利防汛部门利用标准化堤防交通便利的条件，增加巡堤查险次数，加大隐患排除力度，做到防早、抢少。三是完善预案，落实措施。对容易出险河段、险情种类、抢护方法、现场指挥、机械设备及土料场位置等，再次进行了细化、明确。成立了防凌机动抢险队15支，落实抢险队员1.1万余人，并划分了防凌责任段，明确了任务。储备铅丝260.5吨、编制袋71万条、木桩5万根、块石4万立方米、砂石料10万立方米，落实挖掘机、载重汽车等其他各类机械设备387辆，奠定了防凌工作的坚实基础。加强与驻地部队的联系和信息互通，宁夏军区和武警宁夏总队也积极做好各项应对准备。四是加强监测，确保信息畅通。全面执行24小时值班制度，密切关注水情、凌情变化，并实行防凌动态每日报告制度。气象部门定期发布防凌气象专报；水文局每日发布凌汛通报，并加强水情和冰情预报；和气象部门、水文部门实现信息互通，定期进行会商，并为防凌决策提供了技术支撑，有力保证了防凌工作的顺利开展。

（朱　云）

全区河道管理及防凌知识培训班

【抗旱工作】 面对春夏秋三季连旱，积极采取有效措施，充分发挥参谋职能作用，有效地应对了旱情。一是实地调查，及时会商，分析旱情，为领导决策提供了科学依据。二是强化措施，科学抗旱，修订完善抗旱预案，落实抗旱责任，加强应急水源工程建设，协调抗旱服务队拉水送水。三是组成4个联合工作组，深入旱区指导帮助各地开展抗旱救灾工作。协调财政部门，下达特大抗旱补助资金，支持各地抗旱。积极协调水管单位，科学调度，力保灌溉，搭设80多处供水点，免费为扬黄干渠沿线及周边地区群众供水。四是高度关注固原市城市缺水问题。预估形势，提前部署，深入实地，分析原因，研究对策，强化措施，及时启动应急水源，有效应对了缺水局面，没有发生大面积水荒。

自治区颁布了《宁夏回族自治区抗旱防汛条例》，标志着全区抗旱防汛工作走上了规范化、法制化进程。防汛办组织制定了《防汛抗旱工作督察办法》《关于加强市县级防办能力建设意见》《市县级防办能力建设实施办法》《关于进一步落实防汛抗旱工作责任制的通知》等7个规范性文件，并组织对全区防汛责任体系进行了考核，进一步促进了防汛工作的规范化。以强化防凌措施为契机，举办了河道管理和黄河防凌知识培训班，狠抓河道管理工作。

（朱　云）

宣传《宁夏回族自治区抗旱防汛条例》

【工程建设】 1.切实加快中小河流治理。一是组织制定了相关制度办法，强化了工程建设管理指导。二是变管理为服务，变单一的督察为强化沟通协调，重心下沉，关口前移，减少环节，督促征地费用落实，优化建设环境。三是组织监察检查18次，专题会议7次，约谈县区13个，下发通报、专报15期，强力推进工程进展。根据国家计划安排，2011年，宁夏共需完成中小河流治理19条，总投资2.7亿元，涉及17个县(市、区)。已批复的17个项目全部开工建设，其中大河子沟、茹河、渝河等12个项目已完成主体工程建设。累计完成土方1552.66万立方米，石方50.53万立方米，综合治理河长306千米，完成工程投资2.52亿元，占批复投资的84%。

2.积极稳步推进山洪灾害防治项目建设。山洪灾害防治县级非工程措施项目是水利部、财政部贯彻落实中央1号文件，加强防洪减灾薄弱环节建设的又一重点任务。一是在全国率先编制完成了21个县区实施方案，并纳入《全国山洪灾害防治规划》，项目覆盖比例居全国之最。二是制定了“建设管理办法”“验收管理办法”和相关“指导意见”，规范了项目建设管理。三是将 2010 年度、2011 年度 12 个项目集中招标、整体推进。2011 年群测群防体系主体内容全部完成,编制县、乡、村预案 512 个,宣传培训教材 49448 册、演练脚本 12 套。

3. 全面启动防洪工程。一是配套完善了 10 项制度办法,进一步夯实了管理基础。二是积极推行市场信用评价机制,实行了监理、施工"互评互学"考评奖罚制度,开展了比、学、赶、超,促进了管理水平的提升。三是超前谋划,强化服务,完善技术方案,协调工程占地、道路交通、施工用电等,保证了工程高效推进。四是强化科技支撑。积极引用土工格栅材料替代传统工艺,全面提高了施工效率,加快了工程进展。五是以创建文明工地为抓手,以交通安全、临水作业、施工用电、饮食卫生、防煤气中毒等为主要内容,健全管理体系,细化管理措施,完善设施配置,强化培训演练,树立了水利工程建设新风貌。

4. 率先完成吴忠段综合治理。黄河吴忠市区段综合治理工程是吴忠市推动建设滨河生态水韵城市的重点水利项目,也是自治区跳出"就防洪谈防洪、就水利干水利"传统模式,积极开发利用黄河独特自然资源,贯彻落实自治区"打造黄河金岸、建设沿黄城市带"战略部署的重要举措。一是超前介入,从建设标准、方案各方面给予技术支持,指导完成了工程前期研究。二是全程跟进,主动寻求政策支撑,强化部门间沟通,积极予以资金支持,确保了工程高起点、高标准、高速度的实施。工程的建成,给滨河水韵城市再添新彩,丰富了"黄河金岸"内涵,为黄河综合治理提供了示范和借鉴。

5. 如期完成金沙湾护岸工程。一是周密部署,与勘测设计单位并肩作战,及时组织完成了工程实施准备工作。二是主动协调,细化施工组织,优化施工方案,提高了工效,节省了工期。三是加强监管,强化质量,严格施工,细化目标责任,及时解决施工难题。克服封冻、技术复杂等一系列困难,在 70 天的时间内,完成了工程建设,为"中华黄河坛"增添了一道靓丽的彩带,得到自治区领导的高度评价。继续组织实施了黄河疏浚,完成疏浚量 9.6 万立方米。(朱　云)

【应急保障能力建设】 1. 配合水利厅信息办完善了 12 各县区项目监测站点和应用平台建设方案,细化了实施管理方式,完成了站点建设招标,提高了灾害预警能力和实战能力。2. 在全国范围率先编制完成了全区 21 个县级实施方案,并在此基础上,通过细致工作和积极努力,争取全部进入了《全国山洪灾害防治规划》,纳入了项目建设名录,项目覆盖比例达 95.4%,居全国之最。3. 进一步完善了防汛抗旱预案,加快了监测预警体系建设。组织指导各地进一步修订完善防汛抗旱预案,形成了区、市、县配套的三级预案体系。4. 充分发挥了水库调蓄作用。树立资源意识、责任意识和安全意识,指导各地深入研究水库汛期调度运行方式,科学制定汛限水位,在确保安全的前提下,及时下闸蓄水。5. 举办了全区防汛抗旱统计报表系统培训班,制定印发了旱情报表制度,细化和规范了旱情信息统计上报;采购抗旱拉水车 27 辆、旱地龙 24 吨。起草的《宁夏抗旱防汛条例》于 9 月 18 日通过自治区十届人大常委会第二十六次会议审议,11 月 1 日正式颁布实施,为推动全区抗旱防汛工作开展提供了法制保证。6. 组建区、市、县三级专业应急抢险队 29 支,群众机动抢险队 184 支,抢险人员 1.2 万人。组织对受旱地区 28 处水源工程进行了维修,并搭设 80 多处供水点,组织基层抗旱服务队出动车辆 260 台次,送水 1200 吨。

(朱　云　张国军)

【前期工作】 1. 启动了黄河综合治理可研。统筹防洪防凌、城市建设、航运开发、土地资源利用、生态景观建设、水环境治理,完成了黄河综合治理可研报告编制。总投资 45 亿元。2. 加快清水河、苦水河治理前期工作。一是以落实全国人大重点办理提案为契机,精心组织、集中突破,短时间内编制完成了苦水河防洪可研。二是克服困难、细化安排,完成了 2 条河道 534 千米的勘测,研究确定了建设方案,协调区内外相关单位同步跟进,及时完成了项目环评、水保等专题报告。清水河、苦水河防洪可研已通过水利部审查。苦水河初审投资 7.4 亿元,已落实中央资金 8000 万元。清水河初审投资 18 亿元。总投资约 70 亿元的黄河、清水河、苦水河治理前期工作齐头并进,开创了"三河"治理的新局面。(朱　云)

【科研成果】 一是开展了“黄河宁夏段河道治理技术应用集成与研究”，已经通过了自治区水利厅初验。二是与自治区发改委研究中心共同合作，开展了“黄河宁夏标准化堤防工程建设研究”项目。三是开展了“土工格栅在河道治理工程中引进与应用试验研究”工作。 （朱 云）

【党建与精神文明建设】 1. 加强党组织建设。严格党内组织生活，认真落实中心组学习、“三会一课”制度和党员目标管理责任制。启动了营造风清气正发展环境活动，制订了实施方案。全年中心组学习共计18次。加强对工会工作的领导，积极支持工会开展群众性文体活动，参加水利厅工会组织的各项活动，展示职工精神风貌。及时组织慰问退休职工和生病住院职工，尽最大努力解决职工实际问题。2. 认真贯彻落实党风廉政建设责任制。成立以主要负责人为组长，分管领导为副组长的党风廉政建设工作领导小组，构建“一把手”负总责，齐抓共管的机制，签订了《党风廉政建设责任书》，将责任落实到具体科室、岗位。深入开展了“以人为本、执政为民”“向杨善洲同志学习”等主题廉政教育活动，完善了惩治与预防腐败体系。全年无一例违规、违纪现象发生。3. 严格干部任用程序，进一步营造风清气正的用人环境。严格执行干部选拔任用“一报告两评议”制度，充分发扬民主，严格程序，规范操作，全年任用科级干部1名。4. 积极开展教育活动，进一步提高思想政治素质。学习了党的十七届三、四、五中全会精神，中央1号文件和中央水利工作会议精神，学习了胡锦涛总书记关于向杨善洲同志学习的重要指示，《廉政准则》及《实施办法》、领导干部报告个人有关事项等党纪条例等，进一步坚定了理想信念。以纪念建党90周年为契机，以创先争优为载体，组织开展了“记党史，铭党恩”和重温入党誓词、回顾党的奋斗历程等活动，进一步激励了广大干部职工工作热情。5. 以政务信息为平台，全力做好对外宣传工作。宣传工作稳步开展，全年编发各类简报信息109期，各类报纸、网络宣传100余篇次；政务公开、党务公开更加透明，加强了沟通，扩大了影响，赢得了社会各界对防汛抗旱工作的关心和支持。 （朱 云）

宁夏回族自治区节约用水办公室

【概况】 2011年，宁夏回族自治区节约用水办公室（以下简称“节水办”）紧紧围绕自治区水利厅中心工作，以科学发展观为指导，深入贯彻中央1号文件和中央水利工作会议、自治区水利工作、自治区节水型社会建设工作会议精神，创新机制，完善制度，强化措施，落实责任，全力推进自治区节水型社会建设，较好完成了全年各项工作任务。节水办现有在编人员8人，管理人员处级领导1正1副。按专业技术职务分正高职高级工程师1人，高级工程师2人，工程师1名，助理工程师4人。2011年，荣获“全区节水型社会建设工作先进单位”。 （司建宁 张瑞鹏）

【构建节水型社会建设机制】 一是做好第一次全区节水型社会工作会议的各项工作，总结“十一五”节水型社会建设成效，部署“十二五”节水型社会建设工作，对涌现出的节水型社会建设先进的县市、单位和个人进行表彰奖励，调动各方面的积极性，不断扩大节水型社会建设覆盖面，促使节水型社会建设深入推进。二是自治区政府分别与5个地级市人民政府和6个厅局签订了《2011年节水型社会建设目标责任书》，首次把严格水资源管理纳入节水型社会建设目标责任书，落实到各地市和自治区有关部门。全区各市县区成立了节水型社会建设工作领导机构，签订目标责任书，全区节水型社会建设初步实现了由部门推动为主向政府全面推动的历史性转变。三是自治区人大加大节水型建设督办检查力度，深入基层督办各级政府节水型社会建设情况，自治区节水型社会领导小组充分发挥各成员单位的职责，加大检查和考核力度，确保2011年节水型社会建设目标任务的完成。 （司建宁 张瑞鹏）

【节水型社会建设试点验收工作】 认真梳理《宁夏节水型社会建设规划》实施情况，全面总结2006年以来试点建设的进展和成效，编写完成了《宁夏节水型社会建设试点自评估报告》以及相关附件材料，9月13～17日自治区节水型社会建设试点通过水利部专家评估，11月14～16日通过水利部和国家发改委组织的验收，水利部副部长胡四一以及自治区人大、政府、政协的领导参加了验收会。水利部总结自治区节水型社会建设试点实现了水权转换、产业结构优化、水资源管理、水资源调配与综合利用、价格杠杆调节、农民用水户参与等“六个突破”，形成的用水总量控制、整体性水权转换、产业结构战略性调整、全方位组织管理等“四条经验”，节水型社会建设试点成效显著，在解决自身水问题，增强区域水安全保障的同时，探索出一条西北干旱半干旱地区在更广范围、更多领域建设节水型社会的，积累了宝贵的经验，对全国“十二五”节水型社会建设具有很强的示范作用。（司建宁　张瑞鹏）

节水宣传进校园

【节水宣传】 充分利用电视、报刊、互联网等新闻媒体和第十九届“世界水日”、第二十四届“中国水周”、第20个“城市节水宣传周”“6·5世界环境日”等活动，开展声势浩大的节水宣传。共编印宣传读本万余册，发放节水主题宣传画和节水知识宣传册3万份，发布节水工作信息116条，媒体报道节水型社会建设30篇，编发简报15期，并在《中国节水》杂志刊登自治区节水型社会建设的好经验、好做法。（张瑞鹏）

【取得的节水效果】 2011年全区农业耗用黄河水33.49亿立方米，比黄河水利委员会下达指标少引0.51亿立方米，总用水量与2010年持平，城市污水处理率70.4%，中水回用率18%，城市节水器具普及率65%以上。城市供水管网漏失率降低到13%；新建建筑全部采用节水器具，城市节水器具普及率65%以上。（张瑞鹏）

【水资源费征收】 编印《宁夏水资源费征收实用手册》，规范水资源费征收流程，明确水资源费征收各环节相应文书格式；实行用水户用水月报制度和收费人员定期抄表制度，建立用水和水资源费征收台账；加大水资源费征收和拖欠水资源费催缴、追缴力度，督促中冶美利纸业公司、美利浆纸公司、银川自来水公司等3家拖欠水资源费企业分别做出补缴承诺，并补缴拖欠水资源费260万元。水资源费征收3893万元。（张瑞鹏）

【党建与精神文明建设】 坚持理论学习制度，积极开展党史学习教育活动，开展读书月活动。参加了建党90周年党史党建百题知识竞赛活动，参加了水利部2011年中央1号文件学习知识竞赛答题。全年共组织集中学习13次，党员上党课1次。深入开展主题教育活动，扎实推进党建和精神文明建设工作。参加了水利厅机关党委组织的纪念建党90周年系列活动。认真贯彻党的民主集中制，切实加强党风廉政建设。组织召开了党员领导干部民主生活会，开展了民主评议党员活动。（张瑞鹏）

宁夏回族自治区水利厅灌溉管理局

【概况】 2011年宁夏回族自治区水利厅灌溉管理局（以下简称“灌溉局”）在自治区水利厅党委的正确领导下，坚持以科学发展观为指导，紧紧围绕“抗旱保灌”和“节水改造”中心工作，全力做好灌溉保障工作，重点抓好节水改造工程建设，不断深化水管体制改革，为促进灌区经济社会发展提供了有力保障。灌溉局隶属于自治区水利厅，为正处级全额拨款事业单位。内设办公室、计划财务科、水利管理调度科、工程管理科和机电排灌科5个科室。核定人员编制32名，领导职数1正2副，科级职数5正5副。实配领导1正2副，科级4正。实有人员28人，空编4人。2011年荣获“全区节水型社会建设工作先进单位”“黄河上中游流域取水许可管理先进集体”等荣誉称号。（周　涛）

【灌溉管理】 2011年夏秋灌于3月27日放水，9月

8日停水;冬灌于10月20日放水,11月20日停水,全年行水198天。累计引水64.6亿立方米,圆满完成506.67千公顷农田灌溉任务,为农业增产、农民增收和农村社会稳定提供了有力保障。共耗用黄河水32.56亿立方米,比黄河水利委员会分配指标少1.08亿立方米,连续两年实现引黄耗水量不超国家分配指标。

1. 科学编制调度预案。按照"总量控制"和"同比例丰增枯减"的原则,把黄委会分配宁夏的引水指标,全部分配到各大干渠和各市县,明确供用水双方的职责和任务,为灌区有序用水奠定了基础。

2. 加强水量调度。通过采取集中供水、干渠轮灌、支渠轮灌等措施,不断强化水量调度,优化干渠运行方式,严格执行所段交接水制度,切实保证下游地区的用水权益。

3. 实行多水源联合调度。在平罗、惠农、灵武、贺兰四地,继续扩大井渠结合灌溉规模,新增井渠结合灌溉面积3.33千公顷,启用机井492眼,控制灌溉面积13.53千公顷,全年抽取地下水2102万立方米。镇北堡拦洪库等调蓄水库累计蓄水1500万立方米,高峰期向下游干渠补水700万立方米,有效解决了渠道梢段的灌溉难问题。

4. 调整农业种植结构。水利厅与农牧厅联合印发《全区种植业生产及结构调整指导意见》,引导灌区调整作物布局、优化种植结构,确保圆满完成供水保障任务。（仝大川）

【项目建设】 1. 续建配套与节水改造工程。通过成立领导小组、完善管理制度、建立效能考核体系等措施,加强项目组织保障。采取现场联合办公、点对点监控等措施,充分发挥运行管理单位作用,强化对施工现场的管理和控制。全面实行招标资格预审和第三方检测制度,初步建立"六方"联合控制和"三方"旁站监理的质量控制体系。全年完成唐徕渠李银桥段、固海五干渠段等干渠砌护96.1千米,较计划任务超额完成46.1千米。

2. 大型泵站更新改造工程。采取成立项目建设领导小组,引入现场管理机制、强化现场管理组织,建立效能考核体系等措施,加强项目组织保障。牢固树立"质量效益"理念,通过构建"六方"监控体系,开展评比、竞赛和通报活动,切实强化安全生产意识。全面完成固海大柳木、黑水沟2座泵站更新改造任务,开工建设了唐圈等3座泵站更新改造工程,年度建设任务超额完成。

固海大柳木泵站

3. 水闸除险加固工程。年初,组织完成12座水闸的初步设计报告,经水利厅审查后报水利部、黄委会复核。上半年,黄委会对惠农渠进水闸和小湾桥节制闸除险加固工程进行了初步设计复核,自治区发改委已批复初步设计报告。工程前期及招标工作已全部完成。

4. 沙坡头南北干工程。4月份,编制完成《沙坡头水利枢纽南北干渠及灌区节水改造工程初步设计报告》。8月份,国家投资项目评审中心完成《初步设计报告》评审,核定工程概算总投资6.62亿元,其中中央定额补助资金3.56亿元,较可研批复中央补助资金增加0.76亿元。年内,国家下达投资2亿元,开工建设沙坡头南北干工程。

5. 基础设施改造工程。组织编制完成《2011~2013年引黄灌区基础设施改造实施方案》,在2011年续建配套计划投资中,安排8处管理所基础设施改造,改善一线职工的生产生活条件。

6. 水利信息化建设。编制完成《青铜峡灌区信息化工程初步设计》《固海扬水泵站信息化工程技术施工设计》报告。完成了汉延渠灌域信息化和固海扬水大战场、田营、大柳木、黑水沟4座泵站的站级自动化工程建设。

7. 项目验收工作。镇北堡拦洪库、河西总排干上段扩整改造、芦草洼改造工程竣工验收工作于7月份完成;2010年度续建配套工程通水验收、固海大战场和田营泵站单位工程验收、固海大柳木和黑水沟泵站机组启动验收工作于4月份全部完成。

（陈金蛟）

【前期工作】 1.工程前期工作。创新工作方式,以各大干渠为单元，编制整体可研报告，破解前期工作“瓶颈”制约。完成2011年度续建配套工程前期工作；甘城子泵站更新改造工程安全鉴定报告已通过水利部复核,可行性研究报告编制完成。

2.争取项目投资。续建配套、大型泵站、大中型水闸和沙坡头南北干项目共落实中央资金3.9亿元(其中:续建配套1.9亿元,大泵改造0.8亿元,大中型水闸0.2亿元,沙坡头南北干1.0亿元),较2011年计划任务增加0.4亿元,增幅17.3%。（陈金蛟）

【工程管理】 1.岁修工程建设。督促水管单位筹措资金2986万元，完成渠道清淤75千米，渠堤加固60千米,建筑物维修506座,维修更换闸门及启闭机81台,维修斗口18座,维修机电设备785台套,大修水泵32台,改造其他附属电器设施600多台。

2.安全生产工作。严格落实安全生产制度,深入开展渠道安全生产大检查。抽调人员对渠堤险工段、水工建筑物、山洪入渠处、通讯遥测设施等重点部位进行逐一排查,切实发现问题、查找不足、整改隐患。强化在建工程管理,确保安全施工、文明施工。

3.渠道绿化工作。积极争取自治区林业资金,对渠道宜林段进行绿化，充分发挥林木的生物固堤和美化环境功能。各水管单位共投入造林资金212万元,栽植乔木、灌木22.5万株,育苗、绿地12.87公顷,绿化渠道46.8千米。

4.涉外工程管理。严格按照相关程序,规范工作流程,受理各类涉外工程75项。通过采取督促检查、现场抽查、参与验收等方式,形成全程管控体系,切实加强项目监管,确保工程质量和工期。（周　涛）

【灌区改革】 1.深化水管体制改革。为贯彻落实《自治区党委、人民政府关于加快水利改革发展的决定》(宁党发〔2011〕35号)精神,充分发挥水利工程综合效益,在赴陕西、甘肃、内蒙古等省区收集资料、分析研究的基础上,组织编制了《自治区编办、财政厅、水利厅关于区直属水管单位经费实行“收支两条线”的实施意见》,争取将自治区直属水管单位经费实行收支两条线,差额部分由财政给予补贴,并纳入自治区财政预算管理。

2.规范农民用水者协会运行管理。切实加大延伸服务力度,以“协会之家”建设为抓手,不断完善“会长例会”制度,及时协调解决用水纠纷,强化供用水管理,达到节水与增效的双赢效果。全灌区共成立“协会之家”156家,通过推行“一把锹”淌水、实行干支渠轮灌等措施,明显提升了支斗渠用水管理水平。

（周　涛　孙学平）

【党建与精神文明建设】 1.党建工作。深入开展“创先争优”“组织工作水平提升年”“讲党性、重品行、作表率”“以人为本、执政为民”主题教育、“中央1号文件”学习宣传,进一步营造风清气正的发展环境等活动。认真贯彻执行《干部任用条例》,调整和聘任科级干部4名,发展中共预备党员1名,实施科室内部人员轮岗,激发了干部职工的工作热情。组织党支部中心组学习12次，召开领导班子专题民主生活会1次。选送12名职工赴外省参加培训学习,专业技术人员参加继续教育51人次。组织各渠道管理处负责人,分两批赴云南、四川、湖北、海南等地考察和培训,提升灌区管理水平。

2.精神文明创建活动。在紧张的工作之余,组织职工参加阿拉善左旗马兰花节，与红寺堡扬水管理处联合举行党员集体活动，提高了全局党员的宗旨意识和责任意识。贯彻落实《2010~2015年职工健身活动实施方案》,不定期开展业余文体活动,强化工会阵地建设。节日期间,组织慰问基层水管单位、灌溉外协单位和水利建设工地，增强广大职工的凝聚力和向心力。

3.党风廉政建设。认真贯彻落实党风廉政建设责任制规定,年初签订《党风廉政建设责任书》,按照工作分工将廉洁自律工作和“一岗双责”制度落实到人。组织职工认真学习了中央纪委第六次全会精神和《中国共产党党员领导干部廉洁从政若干准则》,开展了党员领导干部报告个人有关事项工作。

管理局党支部党员大会

4. 人大议案和政协提案办理。严格按照《人大建议政协提案承办制度》,办理自治区政协九届四次会议《关于尽快解决中粮酒业宁夏项目实施中存在问题》的提案。 (周 涛)

宁夏回族自治区水利厅水土保持局

【概况】 宁夏回族自治区水利厅水土保持局(以下简称“水保局”)为自治区水利厅直属事业单位,处级建制,内设办公室、计划财务科、综合治理科、预防监督科和水土保持监测科5个科室。人员编制27名,专业技术人员20名,其中正高职高级工程师3名,副高职称12名,中级职称3名,初级职称2名。

2011年,水保局围绕年度目标任务,深入开展创先争优活动,以新《水土保持法》的实施为契机,以“奋力建设生态文明先行区,构筑西部生态安全新屏障”为目标,紧扣发展民生水保的主题,深化水土流失分区防治战略,积极推动工作体制机制创新,突出预防保护,加快治理转型,水土保持生态建设各项事业取得了新的进展。2011年,全区共完成治理水土流失面积1061平方千米。在34个项目区开展了34条水土保持流域综合治理项目建设,其中,开工新建14项,续建20项。

2011年,水保局获得自治区水利厅先进基层党组织和全区水利“五五”普法先进集体表彰。

(管文斌)

【综合治理】 一是召开了全区水土保持重点项目建设工作座谈会,彭阳、原州、隆德、西吉、海原、泾源、盐池、同心、红寺堡9县(区)水利水保部门交流了2010年水土保持重点工程建设进展及预防监督、监测、国策宣传教育等水土保持工作开展情况,水保局对2011年水土保持项目前期工作、重点项目建设管理等工作进行了安排部署。二是克服项目计划与资金下达晚等不利因素,积极推进水土保持重点项目建设。水保局组织指导西吉等县区开展农业综合开发水土保持三期、农发陕甘宁坡改梯、中央预算内资金水土保持等项目建设。农业综合开发水土保持项目续建了原州区杨达子沟等4县区4个农发水保三期项目,彭阳县柴沟等8个农发坡改梯项目,共完成水土流失综合治理面积93.31平方千米,其中农发水保三期完成治理面积42.09平方千米,陕甘宁坡改梯项目完成49.22平方千米。中央预算内资金水土保持项目续建8条小流域综合治理项目,新开工建设11条小流域治理项目,2个坡耕地水土流失综合治理项目,完成治理面积29.88平方千米。三是加强项目建设管理,保证项目按期建成并发挥效益。水保局组织对全区2010年度农业综合开发水土保持三期项目及陕甘宁坡改梯共12个项目区建设任务开展了年度验收,对灵武市黄河生态工程石峡子小流域、水土保持补偿费返还治理项目旗眼山水库综合治理等项目进行了竣工验收。对原州区等7县(区)2008~2009年巩固退耕还林成果旱作基本口粮田建设项目进行了检查验收。分3次对2010年度中央预算内专项资金水土保持项目14个流域治理工程、9个试点示范项目和5县区病险淤地坝加固改造项目进行了检查督导,通过督察和验收,对项目实施中存在的问题及时纠正并督促整改,有力促进了项目的实施,保证项目按时完成并发挥效益。四是总结继承,提升转化,综合治理呈现新亮点。西吉县聂家河小流域深化库、坝、池、窖高效利用水资源发展节水农业等治理模式,积极扩展治理范围,辐射带动周边群众参与生态建设。彭阳县在南山生态经济型小流域建设中采取将新农村建设、区域经济发展、当地群众意愿、建设大花园大果园四项内容有机结

光伏发电项目种草保持水土

合，综合效益突出，受到了水利部水土保持司领导的关注。西吉县郎岔坡改梯项目区狠抓项目建设质量和进度，集中连片大规模开展机修梯田，秋覆膜保墒增效技术跟进，当年新修梯田，当年见到效益，深受群众欢迎。（管文斌）

【预防监督】 一是生产建设项目监督管理进一步加强。按照新修订实施的《水土保持法》，坚持预防为主，综合运用行政、法律和经济手段，强化建设项目水土保持"三同时"制度，坚持推进"开发中保护、保护中开发"。2011 年，全区申报大中型生产建设项目水土保持方案 152 个，审查审批 140 个，方案申报审查数量较 2010 年增加 40%。对 18 个生产建设项目进行了水土保持设施验收评估，验收 11 个。征收水土保持设施补偿费 1584 万元。区、市、县三级水行政主管部门统一组织，联合行动，在全区范围内对已批复水土保持方案的 168 个在建大中型生产建设项目进行全面监督检查，吴忠、灵武等市对太阳山、宁东等开发建设项目集中地区，开展拉网式检查，对 20 多家存在问题建设单位下发了限期整改通知，督促开发单位依法进行恢复治理。二是监督管理能力建设全面提升。召开了全区水土保持监督管理能力建设座谈会，分两批在全区开展水土保持监督执法能力试点工作，第一批吴忠等 6 市县通过试点工作，完善了地方配套法规体系，健全了监督管理制度，增强了监督管理机构能力，规范了监督管理工作，达到了水利部水土保持监督管理能力建设标准，通过了水利部验收。三是监督管理领域有了新扩展。石嘴山、青铜峡、灵武、泾源等市、县（区）城市水土保持工作力度不断加大，市政建设中的城市道路、水厂、天然气管道、通讯光缆等基础建设项目纳入水土保持方案审批，水土保持监督管理覆盖面进一步扩大。四是水土保持宣传工作深入推进。集中开展新《水土保持法》学习宣传，组织全区水利系统集中参加水利部学习贯彻新《水土保持法》视频动员会，对全区学习宣传贯彻《水土保持法》活动进行安排部署。向全区下发了《关于认真开展学习宣传贯彻〈水土保持法〉的通知》和《宁夏学习宣传贯彻新法实施方案》，举办了全区学习贯彻《中华人民共和国水土保持法》讲座，52 个单位 160 多名同志参加讲座。投入资金 20 多万元印制发放《水土保持法》、新法辅导读物等 2 万多册，在电视、广播、报刊等媒体播放、刊发水土保持专刊、《水土保持法》等内容，在媒体开展大规模宣传活动，集中宣传《水土保持法》和宁夏水土保持生态建设取得的成效。安排资金 210 万元，在市、县水土保持项目区、交通要道等地设立 20 多处大型宣传牌。盐池、灵武、同心、青铜峡等县市积极开展水土保持宣传面向社会、下基层活动，在机关、乡镇、学校、集市、车站、工业园区、建设项目工地等张贴《水土保持法》。持续推进水土保持国策宣传进党校活动。2011 年，继续在自治区党校开设水土保持讲座，培训各地处级领导干部 30 多人。固原市水土保持宣传进党校活动深入开展，在春季和秋季学期对市属 5 县区乡镇及村级党政基层干部近 600 名开展水土保持教育培训，为水土保持生态建设培训了一批有经验的基层领导干部。五是《水土保持法》地方配套法规修订工作取得重要进展。向自治区政府法制办提

煤化工项目水土保持设施竣工验收

交了《关于修订宁夏回族自治区〈水土保持法〉实施办法》的报告，并列入自治区法制办2011年调研计划。自治区人大、政府法制办等部门积极组织有关领导专家赴外省开展了《宁夏实施〈水土保持法〉办法》地方立法修订调研。完成了《宁夏实施〈水土保持法〉办法》修订草案主要内容的起草工作，并与自治区人大、政府法制办等单位举行座谈会，对修订草案内容和修订工作进行研讨。（管文斌）

【水土保持监测】 一是完成了全区水土保持监测网络二期工程建设。全区共建设水土流失监测点15个，其中，新建10个，与水文共建4个，改造1个。二是按期高质量完成了年度全区水土保持普查工作。成立了水土保持专项普查办公室，制定了专项普查实施方案，确定了技术协作单位，收集了普查所需各种图件及资料，对各市县调查人员进行了技术培训，按期开展工作，普查总体进度处于全国领先位置。三是严格执行开发建设项目水土保持监测制度，水土保持方案实施率大幅提高。2011年，宁夏开展监测的大中型生产建设项目共计75项，其中：水利部审批的大型生产建设项目，实现了全覆盖。自治区审批的项目，监测率达到70%以上。严格的监测制度，为科学管理、动态掌握全区生产建设人为水土流失情况提供了科学依据。四是积极开展黄土高原宁夏西吉县聂家河小流域典型坝系监测、农业综合开发小流域治理等项目监测，对122座水保骨干坝开展库区淤积量调查监测，取得了大量第一手资料，为生态项目实施效果评估，有关部门项目决策提供了科学依据。（管文斌）

宁东矸石电厂集沙仪样品收集

【前期工作】 启动了全区水土保持规划编制工作。组织审查了海原县九彩坪等12个小流域综合治理工程实施方案、原州区张易项目区等5个坡耕地水土流失综合治理试点项目实施方案、隆德县打食沟等5个农业综合开发水土保持项目可行性研究报告。其中，农业综合开发水土保持四期隆德县打食沟等5个项目通过水利部组织的审查，原州区、西吉县被水利部列入2011年坡耕地试点县并开工建设。2011年，共争取国家水土保持投资1亿元。其中，落实并到位中央财政预算水土保持项目投资5000万元，国家农业综合开发水土保持项目投资3800万元，自治区财政水土保持投资1200万元。自治区财政水土保持投资较2010年净增加2倍。（管文斌）

【自身建设】 一是制定了《水保局绩效工资分配考核办法（试行）》，建立了绩效考核和绩效工资分配制度，激发职工工作积极性和主动性，提高工作效能和工作质量。二是组织开好职工大会，增强民主管理、民主监督意识。组织职工积极参与审议年度工作报告、财务报告、职工大会提案和建议办理情况等报告。三是不断加强干部职工队伍建设。2011年，水保局有30人次参加了水利部、黄委会、水利厅等上级部门组织的业务培训和岗位教育。举办了全区新《水土保持法》学习宣传、开发建设项目、水保普查等培训班6期。四是围绕水土保持中心工作，以抓效能建设促作风转变，完成了涉及水保工作的人大议案办理、厅长办公会议要求事项落实、政务大厅批转行政审批、重要文件精神学习贯彻等各项工作。五是深化党务、政务、信息公开，所有不设密的事项均向职工和社会公开，增强了决策和工作透明度。积极开展法制宣传，启动了“六五”普法活动，利用世界水日、法制宣传日等开展了新《水土保持法》等水利水保法规宣传。六是坚持依法行政，提高服务意识，生产建设项目水土保持方案审批有关事项程序规范、办事迅捷。七是加强水土保持调研和宣传，配合开展调研、媒体采访，在报纸、电视、互联网等多种媒介开展宣传，刊发水土保持新闻、信息112条，水利厅交办的各项工作件件有落实，事事有结果。（管文斌）

【党建与精神文明建设】 一是党的建设不断加强。

认真开展学理论、学党史、学业务、学法规、学典型活动。积极开展“讲党性、强作风、作表率、争优秀”和“以人为本、执政为民”等主题教育活动，将党员公开承诺和创先争优活动结合起来，创造条件开展业务培训和继续教育。坚持民主集中制原则，重大决定实行集体研究，科学决策。二是党风廉政建设不断深入。全面落实党风廉政责任制，领导班子与科室、科室负责人层层签订党风廉政建设责任书。认真执行领导干部重大事件报告制度。强化对水土保持工程建设管理、计划项目审批、项目检查验收、监督执法和监测建设等关键环节的监督，进一步巩固扩大廉政风险防范成果。严格执行“收支两条线”规定及水土保持项目管理制度，加强对重点水土保持专项资金的监督检查，防止违规违纪现象发生，确保工程安全、资金安全、干部安全。三是坚持以人为本，加强精神文明建设。与水利厅组织人事与老干部处、科技教育处和水利科学研究所联合开展了“登巍巍贺兰，唱不朽红歌”庆祝建党 90 周年主题教育活动。积极参与水利厅组织的羽毛球等体育比赛和文体活动。坚持关心职工生活，春节等重要节假日走访慰问退休和困难职工家庭；坚持定期为在职和退休职工进行体检和为职工过生日等送“温暖”活动，倡导快乐工作，健康生活。（管文斌）

宁夏回族自治区水利厅经济管理局

【概况】 2011 年，宁夏回族自治区水利厅经济管理局(以下简称“经济局”)在自治区水利厅党委的正确领导下，坚持以科学发展观为指导，深入学习贯彻中央 1 号文件和自治区 35 号文件，中央、自治区水利工作会议精神，顺应水利大发展之势，以“拓展发展领域，增强保障能力”为目标，强化管理职能，在改进中提高，在创新中发展，水利安全生产、国有经营性资产监管和综合经营、水利风景区建设管理指导服务工作迈出新步伐，水利博览馆建设全面建成预展，党支部建设和精神文明建设不断加强，各项工作取得了新成效。

经济局属自治区水利厅正处级全额事业单位，内设综合科、经营管理科、资产管理科 3 个科室，人员编制 23 名，现有人员 22 人。（杨继雄）

【水利安全生产】 一是认真谋划，全面部署。组织召开了全区水利安全生产工作会议，传达学习自治区和水利部安全生产工作会议精神，总结成绩，交流经验，表彰先进，安排部署工作任务，签订安全生产责任书。制定印发了《2011 年水利安全生产工作要点》《关于深入开展水利安全生产大检查的通知》等 33 个文件，及时对重点领域、重点环节、重点时段和重要部位的安全生产工作提出具体要求，做出专项部署，明确工作目标、任务、要求和措施。二是明确责任，狠抓落实。加强对《国务院关于进一步加强企业安全生产工作的通知》的贯彻落实，积极推进安全生产监管体制机制建设。修订完善了《水利厅安委会工作规则》，扩充了水利厅安委会成员单位，根据各自工作职能分解和明确了相应的安全生产监管责任。建立完善安委会成员单位联席会议制度，组织召开了 5 次联席会议，及时通报情况，分析形势，研究部署工作任务。认真抓好自治区《企业安全生产费用提取和使用管理办法》的贯彻落实，与水利厅建设管理处协商提出了提高水利工程建设安全文明施工费用提取标准方案并予以出台，从根本上保证了施工企业安全措施费用投入。三是加大力度，深入开展安全生产监督检查。全力抓好元旦、春节和全国“两会”、汛前及建党 90 周年、中阿经贸论坛、国庆等重大节日、重要时段的安全生产督察检查，维护了水利系统的安全稳定。先后 9 次组织开展了以水利工程建设、运行管理、水库大坝、车辆交通、消防以及冬季“四防”等为重点的水利安全生产大检查活动，督促有关单位落实整改措施，及时消除安全生产隐患。9 月份，召开了危险化学品管理现场观摩会，组织相关单位和企业观摩了宁夏水文水资源勘测局、宁东水务有限责任公司危化品管理工作，交流了经验。活动得到了自治区安监局的高度肯定。四是加强宣传，积极营造良好氛围。6 月 1 日，隆重举行了全区水利系统“安全生产月” 活动启动仪式，200 多名职工现场聆听了职工家属致水利职工的一份家书，并进行庄严宣誓和签名承诺,拉开了“安全生产月”活动的序幕。在银川市光明广场设立水利安全生产咨询点，通过展板、挂图、咨询服务、散发安全生产宣传册等形式，向职工和群众开展水利安全生产咨询。组织开展了以水利安全生产为主题的征文活动，征集安全征文46篇,向水利部推荐37篇优秀征文参赛。组织全区水利干部职工参加全国落实企业安全生产主体责任知识竞赛，收集答卷6000多份。有33家水利单位434名职工参加了水利部安全生产知识网络竞赛，对先进单位和个人进行了通报表扬。指导各单位开展各类应急实战演练,锻炼了队伍,检验了应急处置突发事件的能力。（巩林虎）

【水利综合经营】 全年水利厅厅属水管单位综合经营收入达2.52亿元,实现利润2075.7万元,分别较去年增长12%和10.4%，全面完成了年初制定的计划任务,全年新增土地面积101.2公顷。一是精心组织,全力做好指导服务工作。研究制定了2011年综合经营目标计划。组织召开了2011年水利综合经营工作会议，全面总结近两年来水利综合经营工作成效,观摩学习了自治区农垦局畜草种植、永宁县设施农业和灵武市特色枣业、水利厅厅属单位种养业等项目,安排部署了今后一个时期的工作任务。认真谋划水利经营工作,起草了《宁夏水利经营发展“十二五”规划》和《宁夏水利综合经营收益分配及奖惩办法(试行)》等文件,为水利综合经营发展提供制度保障和政策支持。组织开展了土地经营开发、工程公司资源整合等专题研究,形成了资源、资产和人才优化配置的初步方案。二是加强协调,积极为水利厅厅属单位争取项目支持。先后申报并批复了133.33公顷人工造林补贴项目和宁东水务有限责任公司373.33公顷国家森林抚育资金项目，争取补助资金116万元。在深入调研的基础上，编制了水利厅厅属单位“十二五”及2011年综合经营项目申报计划,申报农水、水保等项目19项,申请资金达1114万元。三是积极尝试,拓展水利综合经营领域。分片区在水利厅厅属单位引进试种山东优质冬枣26.67余公顷,加强田间管理服务,聘请山东冬枣专家跟踪指导,苗木生长旺盛、成活率高。积极发展高效农业,联系引进西班牙PIMURSA公司山东分公司在盐环定扬水管理处种植色素甜椒近46.67公顷，土地收益达3133元/公顷,积累一定的种植经验。通过尝试发展优质高效种植业，引导水利厅厅属单位土地资源不断向高效益配置。（马健全）

【水利风景区建设与管理】 一是建立完善水利风景区储备库。对全区各市县、厅属单位包括水工程、水库、湿地、河湖、灌区、水保示范园等类型水利风景资源开展了调查摸底工作,筛选出自然条件较好、建设管理规范的22处景区纳入区级水利风景区储备库,做到情况明、底数清。二是首次启动了自治区级水利风景区的考察和评价工作。组织召开了水利风景区领导小组第一次工作会议，成立了宁夏水利风景区评审委员会,制定了《宁夏水利风景区评审委员会工作规程》,组建了评审专家库,形成评建良性运行机制。开展自治区级水利风景区评审考核工作。中卫腾格里湖、沙湖获得国家级水利风景区。三是加强水利风景区建设与管理工作研讨。在银川组织承办了全国水利风景区建设与管理工作研讨会、全国湿地水环境保护工作座谈会暨专家咨询会，邀请国内知名专家对宁夏水利风景区的建设与管理把脉。四是加大景区推介宣传力度。编制上报了宁夏水利风景区旅游精品线路，加强与旅游部门和媒体的沟通、联系,开展了中国水利杂志编辑部景区采访组稿工作,全力推介宁夏水利风景区建设成果。（马健全）

自治区水利风景区评审工作会议

【水利经营性资产监管】 一是建立完善企业经营快报制度。坚持企业经营月报制度,组织水利厅厅属企业每月上报财务报表和生产经营数据，通过及时对各类数据统计梳理、汇总分析和研究，编发《企业经营快报》，全面准确反映企业经营状况，为领导决策提供依据。二是加强日常监管和协调服务。按照水利厅党委的要求，认真履行监管职责，主动加强与各企业的沟通联系，及时了解和掌握企业生产经营情况，协调解决有关问题，积极参与企业决策。三是开展全区小水电监管工作。开展了全区农村小水电现状调查，编制完成全区小水电增效扩容实施方案草案，为争取宁夏3座小水电列入增效扩容改造项目奠定基础。 （杨继雄）

【水利博览馆建设】 一是加快前期工作进程。依据博物馆建设的固有特性，学习借鉴先进经验，及早抓好展陈大纲编制、布展方案初步设计、设计施工招投标等前期工作，为2月22日正式开工布展建设节约了宝贵的时间。二是突出做好布展方案的优化。按照总体布展设计方案，召开专家论证、方案审查会议达多次，对设计方案中展厅布局和展现立面、浮雕、沙盘、模型等的表现方式、艺术手法、展示内容、布展风格等进行修改完善，使布展方案得到不断优化合理，确保了良好的展示效果。三是严格工程建设管理。严格执行工程建设“四制”，加强现场管理，严格控制布展质量、施工安全和进度，提高工程建设管理水平，打造精品工程。进一步完善附属及配套设施，增建了外围水系、微缩黄河等景观，增强了水利博览馆的观赏性，提升了建筑层次。四是全方位征集水利文物。广开门路，搜集和网罗文物。组织在全区水利系统和干部职工中征集具有一定价值的水利文物500余件，协调有关市县文物管理部门借展珍贵文物10余件，丰富了博览馆馆藏内容。五是扎实做好运营准备工作。在全厅范围遴选讲解人员3名，派到宁夏博物馆专业培训并组织开展上岗模拟讲解。加强设备调试、布展消缺和试运营管理工作，会同渠首管理处组建临时管理机构。自9月24日预展以来，接待各级领导和游客达2000余人次，并得到了自治区、水利部的高度评价和社会各界的充分肯定。

（杨继雄）

领导及来宾参观水利博览馆

【党建与精神文明建设】 一是加强理论学习，提高党员干部政治理论素质。年初，制定了党员理论学习计划，明确了学习重点和要求。采取中心组集中学习与个人自学、写心得体会、交流研讨相结合等方式，组织党员干部职工认真学习中国特色社会主义理论体系，党的十七届五中、六中全会精神，胡锦涛总书记在建党90周年纪念大会和在十七届中纪委第六次全会上的重要讲话；认真学习中央、自治区水利工作会议精神和中央、自治区关于加快水利改革发展的决策部署，领导干部带头学习、带头辅导、带头讨论，帮助大家学习领会文件精神。结合学习交流，组织撰写了3篇解读辅导材料。全年中心组学习12次，党员干部记读书笔记12万字以上，撰写心得体会18篇、调研论文6篇。二是加强班子建设，不断提高服务发展的能力。切实加强思想政治建设，深入学习贯彻自治区、水利厅党委的决策部署。认真执行民主集中制，完善议事规则，做到重大事项、重点工作、干部任用等集体研究、民主决策。切实加强班子成员之间的沟通协调，分工负责，相互配合，增强了领导班子的整体合力。认真开好专题民主生活会，开展批评与自我批评，达到了沟通思想、增进团结、凝心聚力的目的，形成了团结务实、风清气正的良好风气。三是优化结构，进一步加强人才队伍建设。坚持正确的用人导向，严格干部选拔任用程序，实行差额推荐、差额考察制，选拔聘任了1名科级干部。通过公开招聘，招录了4名专业人员，充实了职工队伍，优化了人才队伍结构。注重职工培训教育，在经费十分有限的情况下，根据业务需要和知识储备要求，先后选派10人次参加了区内外的业务培训，开阔了视野，提升了业务技能。四是积极开展创先争优，不断增强党建工作效果。坚持把创先争优活动与“讲党性、重品行、做表率”主题实践活动有机结合,深入开展了向杨善洲同志学习活动,教育引导党员干部在实际工作中做表率、争先进。认真落实党建责任,创新工作方式,积极探索新时期基层党组织发扬党内民主、推进党内监督的有效途径和方式,实现了“阳光”操作,通过“公推直选”方式选举产生了经济局党支部委员会。健全“三会一课”制度,加强党员教育管理,提高党组织生活质量。丰富党建活动内容,分别与太阳山水务有限公司党总支、水利厅组织人事与老干部处党支部开展了庆“七一”联合党日和水文化教育活动,组织党员干部参观了盐池革命历史纪念馆和宁夏水利博览馆,重温入党誓词,接受党史、水历史、水文化教育,增强了党员意识和干部职工行业荣誉感。五是严格要求,进一步增强党员干部廉洁从政意识。认真落实党风廉政建设责任制,与班子成员和科级干部签订了廉政责任书。强化廉洁从政教育,组织观看廉政教育片,领导班子公开廉政承诺。充实和丰富廉政文化墙内容,全方位打造崇廉尚廉的工作环境和舆论氛围。开展了“小金库”专项治理,扎实推进廉政风险防范管理,制定风险防范措施。积极推行党务政务公开,对于干部职工普遍关心的党费收缴、公积金、住房补贴等事项予以公开,让群众明白,自觉接受群众监督。规范水利博览馆项目招投标和建设管理工作,确保了“干部安全、资金安全、工程安全”。六是丰富载体,进一步加强精神文明建设。切实加强职工思想政治工作,积极开展社会主义核心价值体系教育,职工的团队意识明显增强,形成了务实苦干、团结拼搏的良好氛围。大力实施效能问责制,实行周计划和定期例会制度,促进了工作效率和质量的提高。关心职工生活,积极开展生日送祝福和送温暖、献爱心等活动,及时看望慰问住院职工,组织干部职工向灾区或贫困地区捐款捐物、参加无偿献血等活动,有12人申请参加党员志愿者服务队。丰富职工文化体育生活,举办了职工羽毛球比赛,增进了友谊,加强了团结,提高了单位凝聚力。(杨继雄)

宁夏回族自治区水库移民管理办公室

【概况】 2011年,宁夏回族自治区水库移民管理办公室(以下简称“移民办”)在自治区水利厅党委的正确领导下,认真贯彻落实《大中型水利水电工程建设征地补偿和移民安置条例》和《国务院关于完善大中型水库移民后期扶持政策的意见》。随着《宁夏大中型水库移民后期扶持规划(2011~2015年)》(以下简称《后扶规划》)的全面实施,水库移民工作进入“巩固成果、规范管理、全面落实、扩大效果”的新阶段,移民收入增长较快,生产生活条件明显改善,移民后期扶持工作取得了显著成绩。移民办现有职工6人,其中高级工程师3人、工程师2人,工勤人员1人。(张　荣)

【扶持人口】 按照《宁夏大中型水库农村移民后期扶持人口核定登记办法》,兴庆区、金凤区、西夏区、贺兰县、永宁县、灵武市、大武口区、惠农区、平罗县、利通区、青铜峡市、同心县、盐池县、红寺堡区、隆德县、彭阳县、泾源县、沙坡头区、中宁县等19个县(市、区)核定2011年度资金直补人口33435人,较2010年减少227人。平罗县、利通区、青铜峡市、同心县、盐池县、红寺堡区、原州区、西吉县、隆德县、彭阳县、泾源县、沙坡头区、中宁县、海原县等14个县(市、区)和14个国有农场项目扶持人口65630人。(张　荣)

全区大中型水库移民后期扶持工作会议

【政策兑现】 2011年,兑现大中型水库移民后期扶持资金5952.46万元,其中通过政府直补农民“一卡通”兑现直补资金 2006.万元，项目扶持资金 3946.36 万元，占《后扶规划》总投资 31185 万元的 19.9%；库区和移民安置区投入大中型水库移民后期扶持结余资金 2939 万元。累计完成坡改梯 114 公顷；砌护各类渠道 188.58 千米、开挖沟道 100.35 千米、铺设各类滴管管道 433.65 千米、配套各类建筑物 6612 座；硬化巷道(4 米宽)60.64 千米；硬化晒场 37326 平方米；建农贸市场 1 座；改建水禽养殖场和文化站各 1 处；种植经果林 142 公顷；培训移民 800 人次，累计受益移民达 11.08 万人次。（张　荣）

【监测评估】 根据《关于开展大中型水库移民后期扶持政策实施情况监测评估工作的通知》(发改农经〔2011〕1033 号)要求，移民办 2011 年度政策实施情况效果和移民合法权益保障进行监测评估。经监测评估结果表明，2011 年度全区大中型水库移民人均纯收入占全区农村居民人均收入的 94%，相比 2010 年全区农民人均纯收入提高了 9%；人均住房面积与当地居民住房面积基本持平；移民对政策实施的效果满意率为 91%；移民的知情权、参与权等合法权益得到了保障。（张　荣）

全区大中型水库移民后期扶持项目建设管理现场会

【党建与精神文明建设】 一是坚持思想政治理论学习，坚持每周学习制度，重点学习了党的十七大精神和十七届五中、六中全会精神，中央 1 号文件，胡锦涛总书记在庆祝建党 90 周年大会上的重要讲话精神，认真学习领会自治区党委、政府关于加快水利改革发展等重大战略部署和自治区水利工作会议精神，全年组织集体学习 32 次，党支部学习 16 次，撰写心得体会 26 篇。二是认真执行党风廉政建设责任制，做好廉政防范风险登记和公开承诺。认真执行工程“四制”管理，加大招投标、项目建设和资金管理等监管力度，确保“三个安全”。三是以创先争优为载体，以纪念建党 90 周年为契机，积极开展了“记党史，铭党恩”党建活动，组织党员干部重温入党誓词，进一步增强了党支部向心力和凝聚力，增强了职工的自豪感和责任感。（张　荣）

宁夏大柳树水利枢纽前期工作办公室

【概况】 2011 年 1 月和 8 月，自治区机构编制委员会办公室下发《关于自治区移民工作机构编制有关事项的通知》(宁编发〔2011〕6 号)、《关于调整自治区大柳树水利枢纽工程前期工作办公室机构编制事项的通知》(宁编办〔2011〕27 号)，将宁夏水利水电工程建设管理局更名为自治区移民局，原在宁夏水利水电工程建设管理局挂牌的自治区大柳树水利枢纽工程前期工作办公室调整为自治区水利厅所属正处级事业单位，核定全额预算事业编制 10 名，主要领导职数 1 名(正处级)、副主任领导职数 2 名(副处级)。2011 年 4 月水利厅组织重新组建了大柳树水利枢纽工程前期工作办公室(以下简称“大柳办”)，年底在册人员 9 人、退休 1 人，其中：高级职称 5 人、中级职称 2 人、初级职称 1 人、高级技工 1 人。大柳办主要职责是承担大柳树水利枢纽工程立项前期工作。2011 年重点针对工程立项建设工作长期以来一直难以取得实质性进展的状况，按照行业主导、广泛参与、多措并举、共同推进的原则，加强工程前期技术工作研究，并不断强化宣传报道，加快推动工程立项建设工作。（李颖曼）

【主要工作】 1. 机构建设基础工作。完成办公室机构设立及干部(职工)调动审批、工资转移、机构组织审批、银行开户等基础工作。制定了科室岗位职责和相关规章制度，细化了内部事务管理工作流程和标准要求。

2. 工程技术研究。针对工程技术研究方面存在的主要分歧，从黄河流域、工程区域社会经济发展的地位、作用,以及工程移民和设施恢复补偿等具体技术问题,提出40多个研究子课题;针对2010年12月中科院向国务院上报的《关于黄河黑山峡河段开发问题的建议》提出争执的关键问题,突出工程反调节和冲沙减淤等基础功能,组织清华大学、北京大学、中国科学院、黄河水利科学研究所等13家单位完成了《多沙支流突发性产输沙对黄河干流的影响研究》《黄河上游水库群调节对宁蒙河道水沙过程的影响》《宁蒙黄河治理对策研究》等8个专题研究工作大纲和审查,全面启动了课题研究工作;积极配合黄河勘测设计有限公司完成了《黄河黑山峡河段开发论证报告》(2011年10月),以及《功能定位和开发任务论证专题报告》《黄河黑山峡水库调水调沙运用方式和作用分析专题报告》《宁蒙地区节水研究专题报告》《水库淹没及移民安置专题研究报告》《黄河黑山峡河段开发关键环境问题研究报告》5个方面的专题报告,2011年10月按水利部讨论修改意见再次上报水利部待审。

3. 沟通交流。加强与国家相关部委、相邻省区交流。多次前往郑州、北京与水利部黄委会、综合事业局、黄河勘测设计院等有关单位和专家就工程前期工作推动进行协商交流,及时了解和掌握国家有关部门工作动态。7月和11月分别与甘肃省黄河黑山峡工程开发领导小组办公室座谈,并就建立双方长期、稳定的沟通协商机制,积极推动两省区高层沟通等事宜达成了共识。组织起草了宁、陕、蒙三省(区)联合上报文稿的起草工作。

4. 宣传工作。组织完成《宁夏大柳树水利枢纽工程研究工作志》提纲编写和审核。组织完成自治区有关领导和水利部原部长杨振怀、钮茂生,长江三峡电力投资集团以及全国政协调研组考察调研活动。配合中央统战部西部生态水环境专题调研活动的准备工作,以及自治区政府参事室围绕黄河大柳树水利枢纽工程建设与西北中东部地区发展为主题,组织完成了"西部城市经济论坛"交流材料的编写。

5. 初步确立合作推动体制。水利部综合事业局局长王文珂于3月书面向自治区党委书记张毅、主席王正伟和水利部副部长刘宁表达了希望参与组织并自筹资金开展大柳树水利枢纽工程前期工作,根据宁水发〔2011〕50号文件精神,大柳办积极探索研究水利部综合事业局参与前期工作的模式和途径,实现任务共定、成果共享。结合11月23日水利部综合事业局局长王文珂在宁向自治区政府做相关工作汇报,政府明确同意水利部综合事业局参与大柳树前期工作。双方研究提出了具体合作方案,细化了合作内容、方式和机制,并交换意见,初步达成一致。

(李颖曼)

宁夏回族自治区水利厅机关服务中心

【概况】 2011年,宁夏回族自治区水利厅机关服务中心(以下简称"服务中心")在自治区水利厅党委的正确领导下,在分管厅领导和厅办公室的指导和各处室大力协助下,紧紧围绕水利工作大局,以"管理科学、服务优质、保障有力"为标准,全力做好基础设施建设和维护运行,不断增强服务意识和提高服务质量,全面履行职责,提供了较好的后勤保障服务。

服务中心是具有独立法人资格、财政全额拨款的事业单位,主要负责水利厅机关的车辆管理、文档打印、美化绿化、安全保卫、环境卫生、职工食堂、会务服务、水利厅办公楼和营业房的物业管理及社区工作等,协助水利厅办公室及各部门做好重大活动及大型会议的后勤保障和服务工作。服务中心现有人员共37人,其中,占编制6人,借调19人,文印、会务及保洁聘用人员7人,食堂聘用人员5人。

(吴敏君)

【机关服务】 1. 抓好机关水、电、暖服务保障工作,加强消防监控。一是认真落实物业服务岗位责任。加强日常检查,及时对水利厅机关办公楼和营业房的水、电、暖及其设备设施进行检查、维护、维修。二是加强消防安全教育和检查工作。对重点设施设备进行了日常维护。不间断地全面检查办公楼内各办公室和营业出租房,清理了消防通道隐患,张贴警示牌,保证了消防通道畅通。

2. 加强机关职工食堂管理。签订了《食堂管理安全责任书》,认真落实食堂各项管理制度。规范食堂食品卫生、饭菜质量、服务标准、就餐环境。“五一”假日休息期间,对机关食堂厨房、饭厅等进行了全面改造,更换了设备,粉刷了墙面,增加就餐窗口。对食堂饭菜、服务、卫生质量开展问卷调查,满意度达95%。

3. 做好爱卫会、绿化造林工作。加强日常保洁工作,及时清理环境卫生。在重大活动和节日前,组织对环境和室内卫生进行大扫除,并摆放花卉、喷水池内投放观赏鱼、户外挂条幅、灯笼等;绿化机关庭院,新移植栽种景观树17棵、灌木花卉2600株、花草8000株。加强栽植后期维护,成活率达80%以上。两次组织厅机关干部120多名,参加中阿经贸论坛会址绿化义务植树活动,共植树400多棵。

4. 加强机关车辆的管理。签订安全行驶责任书,规范用车制度,定期检测车况,及时报修,确保安全行车;根据车型、排气量确定百千米油耗,制定节油指标,单车耗油与2010年同比节约3.3%;全年安全行驶56.1万千米,加班860天。安排5名司机参加技师培训;选派5名司机参加“全区机关事业单位汽车驾驶员职业技能竞赛”,2人进入决赛获优秀奖,水利厅获“优秀组织奖”。

5. 做好文印保密工作。全年共打印文件3.18万页,印刷18万页,复印18.1万页,比2010年增长20%,没有发生泄密事件。

6. 加强机关安全保卫。加强保安人员管理教育,签订了安保协议和责任书,坚持出入办公大楼人员登记管理、办公大楼夜巡和电话预约制度;强化日常监督检查,直接与保安费挂钩;建立健全应对突发事件的工作预案,配合厅办公室做好来访人员接待工作,处理影响机关办公和正常秩序的突发事件。安保工作得到了水利厅安委会充分肯定,有1名同志获水利厅安全生产先进工作者,水利厅获银川市兴庆区富宁街办事处综合治理先进集体。

7. 做好福利发放工作。做好水利厅机关职工和离退休职工福利发放工作,淡季一个月、旺季半个月为厅机关、局办及老干部分发新鲜蔬菜,丰富职工的菜篮子。（吴敏君）

【物业管理】 1. 做好出租房屋维护,共维修上下水4次,更换水暖配件10余件,维修电路5次,为租户提供了良好经营环境。

2. 完成了水利厅基建办办公场所的装修。对厅老干部活动中心进行整体维修,更换配置了活动器材、办公用品等。（吴敏君）

【会议服务】 承担了2011年全区水利工作会议,自治区对水利厅2010年、2011年效能目标考核大会及在水利厅召开的重大会议的后勤服务保障工作;承担了水利部、自治区等领导调研水利工作的后勤接待服务保障工作。协助厅有关处室和单位完成了全区防汛抗旱先进表彰大会、全国基层水利服务体系建设现场会(北方片)、节水型社会建设试点验收会、厅工会第五次代表大会等会务服务工作。共提供会议服务825次,制作会议会标91条1795字。

（吴敏君）

【节能降耗】 加强公共机构节能工作的协调、督促和落实。一是对节能工作进行统筹规划和安排,明确工作目标、工作任务和方法步骤,确保节能工作取得实效。二是围绕“节能我行动、低碳新生活”主题,开展了节能宣传周活动。三是统计上报“2011年度公共机构节能降耗统计月报表”。四是把节约水、电、油、气作为机关日常工作来抓。与2010年同比,人均用水、电、车辆油耗和办公用品分别减少55.4%、3.3%、3.3%和21.6%,用气量增长98%(原因是就餐人员大幅增加所致)。各项指标除用气量外,其余均达到自治区降耗3%的要求。水利厅被自治区人民政府评为“十一五”自治区节能降耗先进单位,奖励节能降耗专项资金30万元,其中奖金5万元;1名同志被评为“十一五”自治区“优秀节能工作者”。

（吴敏君）

【党建与精神文明建设】 围绕中心抓党建,创先争优促发展,把学习型党支部建设作为根本性、基础性工作来推动,把党员干部队伍建设作为关键性、系统性工作任务来加强,把“三个一”“五个好”党支部创建等主题实践活动作为推动工作的良好契机,通过开展“七一”重温入党誓词、唱红歌、与基层站所联谊座谈等活动,增强了党支部战斗堡垒作用和党员先锋模范作用。服务中心党支部被水利厅党委授予“先进党支部”。加强机关后勤作风建设和精神文明建设。牢固树立“机关后勤无小事”的观念，强化责任，周密计划，确保服务周到细致。积极参加水利厅工会组织的各项活动，丰富职工业余生活。慰问退休职工和生病住院职工，尽最大努力解决职工实际问题，调动了职工积极性，激发了爱岗敬业精神。（吴敏君）

宁夏水利信息中心

【概况】 宁夏水利信息中心（以下简称“信息中心”）成立于2004年7月，是自治区水利厅所属事业单位，经费由财政全额预算拨款。内设《宁夏水利》编辑部。自治区编办核定人员编制8名，现有在编在职职工5人，其中具有大学本科以上学历4人，占职工总数的80%。具有中级职称4人，初级职称1人。2011年，信息中心按照自治区水利厅党委提出的“以水利项目带动水利信息化，以水利信息化促进水利现代化”发展思路，编制完成《宁夏水利数据中心项目工程初步设计》和《宁夏水利信息化通信传输专网建设工程初步设计》报告，完成对《宁夏水利信息采集监测站网布设方案》审查，开展了山洪灾害防治县级非工程措施与中小河流水文监测系统信息化建设的整合工作。网络维护工作有条不紊，水利网站宣传与政务信息、简报工作稳中求进，水利杂志按期编辑印刷。（苏　海　姜维军）

【网络维护管理】 1. 网络设备维护及数据安全备份工作。信息中心网络系统日常维护主要包括机房交换机、路由器、服务器、防火墙等网络设备，LED电子屏、会商室网络设备、终端计算机、打印机日常维护及内外网数据安全备份工作。涉及的系统有防汛骨干网，水利外网、内网，电子政务专网，党政内网，“大组工网”等。每天及时监测网络状况，保障设备正常运行。按期进行数据备份，保证数据安全。按时对数据库进行异地备份，对系统运行情况进行定期检查，保障网络畅通和安全运行。3月份，按照水利部IP地址统一规划，对原有网络地址进行了重新配置。用时3周更改了水利厅机关办公楼内200余台办公电脑网络配置信息及机房42台网络设备，更改了分布在全区五市、16个厅属单位140余台网络设备的配置，为后续信息化项目建设做好准备。对会商系统屏幕进行维修维护管理，全年处理会商系统故障5次，保障会商室正常会议110余次，保障异地视频会议10余次。

2. 计算机安全保密工作。3月份以来，按照《自治区党委办公厅、人民政府办公厅关于组织开展专项保密检查的通知》（宁党办综〔2011〕8号）要求，信息中心组织人员对水利厅机关办公楼内涉密计算机和非涉密办公电脑进行了认真的梳理，对不符合保密要求的计算机进行了处理，杜绝计算机泄密事件发生。计算机网络系统保密工作得到了自治区保密局的充分肯定。（苏　海　姜维军）

【水利网站】 2011年，宁夏水利网站继续发挥在宣传宁夏水利工作方面的主窗口、主阵地作用，不断进行优化调整，结合新形势新任务，新增中央1号文件专题网页、水利普查专题网页，在首页进行链接；新增2011年全区水利会专题和新闻发布会专题；“建设管理处”子页新增“突出问题治理”“市场信用平台”“建设管理平台”专栏；“政务公开”子页新增“规范性文件”“依申请公开”专栏；首页新增“电子政务窗口”并链接OA办公自动化平台；增加庆祝防汛抗旱条例颁布实施移动广告和宣传中央1号文件、自治区文件精神对联广告等，总计变动九项（次）。全年网站共发布信息2700余条。其中：新闻类信息1760余条，政务信息280余条，新增栏目更新栏目内容100余条，其他栏目更新栏目内容550余条。2011年5月，宁夏水利网站被自治区经济和信息化委员会选为典型网站向国家工信部推荐，信息中心报送了网站建设和管理经验材料。截至2011年12月28日，宁夏水利网点击次数由2010年74万余人（次）上升为93万余人（次）。（姚　彤）

【政务信息、简报、快报】 2011年，水利厅厅属单位报送信息6015条，编辑上报120条。其中中央办公厅采用3条，国务院办公厅采用2条，水利部办公厅采用6条，自治区党委办公厅采用75条（领导批示

5 条,好信息 2 条),政府办公厅采用 40 条(领导批示 2 条,优秀信息 1 条);编辑下发简报 90 期,水利快报 42 期(912 条信息)。在自治区党委办公厅、政府办公厅 2011 信息考核中分别名列第八位。

(李海英)

【水利刊物与其他重要信息】 1. 全年完成了《宁夏水利》杂志全年 4 期的编辑、印刷工作,共接收登记稿件约 150 份,校对稿件 120 份,申请杂志刊号 4 期,给区内外 100 多个单位赠送约 3000 本。

2. 加强信息工作的指导与交流。结合 2011 年水利工作重点,拟定了水利信息工作要点,对信息工作进行了部署,提出总体要求,明确了信息工作任务和信息报送的方向。

3. 加强信息报送的组织工作。通过系统组织、建立机制、月度考核等手段,加强信息报送工作。2011 年报送信息比 2010 年增加了 3%以上。

4. 注重信息的时效性、针对性和可采用性。对动态信息及时准确地组织报送;对综合性信息、调研类信息提早筹划,精心准备。 (黄春芳　李海英)

宁夏水利工程建设中心

【概况】 2011 年,在自治区水利厅党委的正确领导下,宁夏水利工程建设中心(以下简称“建设中心”)以邓小平理论、“三个代表”重要思想为指导,全面贯彻落实科学发展观,紧扣水利厅党委中心工作,以陕甘宁盐环定扬黄续建工程建设为重点,不断创新工作理念,团结带领全体干部职工,较好地完成了全年各项工作任务。一是陕甘宁盐环定扬黄续建工程主体完成进入收尾阶段,累计完成投资 3.99 亿元,占计划投资的 90.5%。宁夏专用人饮输水总干管及已建成的大水坑、青山和高沙窝 3 个供水片区的配水管网,已实现向革命老区盐池县及部分乡镇供水,供水范围涉及盐池县及 5 个乡镇、37 个行政村、153 个自然村,受益群众达 8 万余人。二是基层水利党建精神文明创建进一步深化,基层党组织凝聚力、战斗力不断提高,党风廉政体系建设不断完善,精神文明建设科学化水平实现新提升。参加自治区水利厅第四届羽毛球比赛,获得团体第二名。

建设中心是自收自支事业单位,内设办公室、规划计划科、工程管理科、质量安全科、财务科,在职职工 57 人,其中:高级工程师 11 人,工程师13 人,助理工程师 9 人,技术工人高级工 11 人,技师 2 人,后勤管理人员 11 人。 (韩永兵)

【综合经营】 建设中心本部全年完成综合经营收入 67.5 万元;华正监理中心在区内共承接七大块监理任务,签订监理合同总金额达 556 万元,完成产值 375 万元;夏禹公司承揽项目 12 项,完成合同金额 2439.71 万元;诚安招标中心完成盐环定扬黄专用、共用工程的设备材料、宁夏引黄灌区续建配套与节水改造工程等项目的招标代理任务,完成招标工程投资 7 亿元,完成产值 450 多万元。 (韩永兵)

【党建与精神文明建设】 一是加强干部职工政治理论学习,制定下发了《建设中心 2011 年政治理论学习安排》,科学制订了培训计划,形成了爱读书、读好书、善读书的良好氛围。二是以“创先争优”主题教育活动为重点,深入开展“以人为本、执政为民”“忆党史铭党恩、创先进争优秀、强党性做表率、强基础促党建”“唱红歌,永远跟党走”等主题实践活动,不断提升基层党建工作的科学化水平。三是以纪念建党 90 周年活动为契机,组织近 50 名干部职工排练歌曲参加了自治区水利厅纪念建党 90 周年红歌大合唱比赛,获优秀组织奖。四是明确目标,强化责任,切实加强党风廉政建设,年初印发了《建设中心党总支 2011 年工作要点》,组织召开了 2011 年度党建暨党

建设中心工会第三届第一次会员大会

风廉政建设工作会议，对全年党建和党风廉政建设工作进行了安排部署。建设中心主要领导与分管领导、5个科室负责人及所属公司负责人签订了党风廉政建设责任书。五是扎实开展精神文明创建活动，建立了党总支统一领导、工团紧密配合，引导广大干部职工积极参与精神文明建设的联运机制，以元旦、春节、“三八”“五一”“十一”及建国、建党等重大节假日为契机，通过开展丰富多彩的文体活动，不断提高精神创建活动针对性。六是以人为本，关心职工生活，组织全体干部职工开展献爱心活动，积极为华正监理公司职工渠立锋1岁9个月的女儿捐款29300元，全年看望生病职工6人次，为1名职工申请办理了自治区总工会爱心卡，组织全体干部职工进行了体检。（韩永兵）

宁夏回族自治区水文水资源勘测局

【概况】 宁夏回族自治区水文水资源勘测局（以下简称“水文局”）内设办公室、组织人事科、计划财务科、测验与规划建设科、水情科、水政水资源科、地下水监测科、水质化验科、数据库管理科、总工办、监察审计室共11个科（室），群团组织健全。下设固原、吴忠、中卫、银川、石嘴山5个分局。全区现有水文站45处（其中国家基本水文站28处），黄河水位站8处，雨量站179处，蒸发站16处，地下水动态监测井230眼，水质监测断面87处，引黄灌区县（区）界排水监测断面25处。另有水情、雨情、墒情、冰情测报点79处，洪水及排水调查断面71处。

全局编制234名，实有在岗在编223人，离退休112人。在职人员中：处级干部6人，科级干部36人，专业技术人员178人（包括部分管理干部），工勤人员41人；专业技术人员中高级职称25人，中级职称57人；另外有不占编制的委托观测人员414人。

2011年，水文局在水文测报、水资源监测、水文服务、基础建设、信息化建设等方面取得了新的成效。一是圆满完成水文测报任务。全年共实测大小洪水93次，实测流量3786份、泥沙3977份，其中新增25个县（区）界排水监测断面实测流量824份。发送水情信息5.5万条，发布水情简报9期、凌汛简报75期、土壤墒情简报15期。发布了宁夏水资源公报、宁夏主要水体水质简报、地下水动态简报等多期。二是圆满完成水环境监测任务。全年完成25个引黄灌区主要排水沟县（区）界水质水量同步监测任务，首次开展黄河宁夏段水功能区水质监测工作。水质监测的断面数从原来的38个增加到87个，检测水样由28个增加到99个，全年检测水样近3000个。特别是对宁夏黄河二级水功能区的水质监测，为沿岸各市县履行水资源监管、保护职责及其防污治理责任提供了重要依据。三是扩大水文技术服务领域。水文局以服务民生水利为立足点，主动争取技术服务项目，扩大服务领域，完成了一批重要的科研项目和规划报告，开展了一系列水文分析、水量计算、水权转换、水资源论证及调查评价工作。先后完成水权转换报告6项、防洪评价报告6项、水资源论证报告27项、水文分析计算报告104项。其中《宁夏“十二五”中南部地区生态移民水资源论证报告》的编制工作，得到自治区水利厅领导的充分肯定。四是综合经营收入实现新突破。水文局在积极争取对外科技咨询服务项目的同时，通过房屋出租、土地开发、种植养殖等多种形式的综合经营，广开创收渠道，增加收入，为弥补事业经费的不足和提高职工福利水平创造了条件。五是积极完成各阶段水利普查工作。水文局不仅承担着宁夏水利普查办公室的日常工作，而且承担了水利普查8个专项中的6个，全年培训全

宁夏第一次全国水利普查鸣翠湖容积测量

区各级普查办各专项负责人和执行人共计 438 人次，先后 15 次对全区水利普查工作进行督导检查，共上报清查对象 350732 个，普查清查数据成果通过国家级阶段性验收，空间数据采集和标绘走在全国前列，数据录入名列全国第三。六是信息化建设步入新阶段。根据自治区水利厅党委整合资金，实施水利信息化建设的决定，水文局确定了水利信息化建设的基本思路、总体布局、实施方案和管理体制。完成《宁夏水利信息化一期工程总体实施计划》，并启动了水利信息化一期工程建设；完成信息采集系统 1331 个监测站点的施工招标和监理招标工作；编制完成水利通讯网络的招标方案和招标文件；制定了水利数据中心及山洪预警系统、水资源管理系统的应用软件招标方案。七是基础设施建设实现新跨越。水文局抢抓自治区中小河流治理机遇，争取到全区中小河流治理项目 22 个，资金 1300 多万元，开工改造建设彭阳、黄家河、王团、鸣沙洲、苏峪口、西吉 6 处水文站及 17 处水文监测断面，完成投资 1000 万元，占总投资的 76.9%。完成 2011 年中小河流水文监测系统建设方案，启动了水文监测系统水文站改造工程、水位站和雨量站建设工程。

2011 年，水文局分别获得自治区水利厅先进基层党组织、全区水利系统安全生产先进集体、全区“五五”普法先进集体、全国水利系统和谐企事业单位先进集体、全国水利系统信息化工作先进集体等荣誉称号；水环境监测中心被自治区妇联授予“巾帼文明岗”荣誉称号。（翟金龙）

【水文测报】 继续加强汛前准备和汛期测验工作，加大对测验工作和水文资料的监督检查力度。4 月份下发《水文局关于做好 2011 年水文汛前准备工作的通知》，对各分局、水文站、巡测队汛前准备工作进行了安排部署。5 月份，组织对全区汛前准备工作和汛前经费使用情况进行了检查，对载人缆车和备用电源所存在的安全隐患进行专项治理。为各水文站的过河缆车加装安全设施，统一检修电力线路，为备用电源安装双头开关。组织对近年来引进的各项先进仪器设备进行对比观测，为以后引进同类仪器设备提供科学依据。2011 年汛期与往年相比较为平稳，全年未发生较大暴雨洪水。但受降雨影响，泾河源等 10 个水文站均出现洪水过程，洪水发生后及时组织分局开展洪水调查，并及时对所测资料进行检查。完成《全国省界断面水资源监测规划》《全国地市界断面水资源监测规划》宁夏有关材料报送和部分编制工作。根据水利部水文局《关于补充完善水文事业发展规划的通知》精神，组织人员对《宁夏水文事业发展规划》进行了修改完善，并上报水利部水文局和黄河水利委员会水文局。编制完成《宁夏引黄灌区排水监测实施方案》，在自治区水利厅的安排下，计划对灌区所有排水沟道分批进行基础设施建设，对入黄及市县界排水沟道进行全面监测。根据国务院水利普查办河湖组的统一安排，认真完成河湖普查对象清查阶段的工作。10 月份，根据国家普查办河湖组的安排，结合全局的实际情况，组织各分局对全区水面面积在 1 平方千米以上的 15 条湖泊进行了容积测量，积累了宝贵的第一手测量资料。（李光伟）

【汛情监测】 2011 年水文局共布置各类报汛站 133 处，中央报汛站 15 处，通过实时水情计算机广域网、传真、电话发送各类水情报文近万次、发送水情短信近 20000 条；通过宁夏水文信息网站发布雨水墒情简报 12 期，水文要闻 8 篇，凌汛期情报 75 期。根据全区 30 个代表站资料统计分析：5～9 月份总降雨量石嘴山最低 119.9 毫米（大武口水文站），泾源最高 499.2 毫米（泾河源水文站），降水主要集中在 7 月、8 月、9 月，与多年均值比：全区大部分地区较多年平均接近到偏少 6 成。

2011 年汛期各山洪沟来水量除泾河源水文站外较常年偏少，6～9 月总径流量、除泾河源水文站比多年均值偏多 4 成外，其余各水文站偏少 5 成至 1 倍。降水时空分布不均，大范围降雨过程偏少，局地暴雨洪水较少。全区共发生大小洪水 93 次，其中实测 63 次、调查洪水 30 次；实测最大洪峰流量为 8 月 23 日固原张湾水文站 97 立方米每秒，调查最大洪峰流量为 7 月 28 日海原关桥 62.7 立方米每秒。

2011 年春夏，气温偏高，有效降水偏少，中部干旱带蒸发强烈，土壤失墒严重。水文局加强了对南部山区和中部干旱带土壤墒情的测报工作，人工监测站点每10日一观测，实时监测传输各站土壤含水量，共发布宁南山区旱情实况12期，通过简报、宁夏水文信息网等形式及时对外发布了宁南山区的土壤墒情状况，准确地为各级防汛部门抗旱减灾决策提供了科学依据。

2011年凌汛期黄河宁夏段气温变化较大，1月份气温较多年同期偏低2℃~4℃，2010年12月15日黄河宁夏段首次出现流凌，一天内石嘴山至青铜峡坝下河段212千米河段流凌，青铜峡坝上至金沙湾13千米河段同时流凌，黄河宁夏段累积流凌河长280千米。总封河长度226千米，分五段封河：其中麻黄沟至石嘴山大桥以下2千米处封河18千米，石嘴山大桥以上8千米处至永宁通桥封河124千米，太中银铁路大桥至叶盛黄河大桥上游1千米处封河23千米，青铜峡坝下累积封河165千米，青铜峡坝上封河54千米，沙坡头坝上封河7千米。封河日期多年平均日期提前10天，封河速度快、距离长、持续时间长。开河日期较多年平均日期推迟14天。

（张　芳）

【地下水监测】 按照水利部、黄河水利委员会的要求，编制完成《地下水通报》3期、《地下水月报》12期和《宁夏地下水2010年动态分析报告》。编制完成《宁夏地下水监测井网总体规划》，规划在贺兰山倾斜平原、地下水水源地、大型扬黄灌区、井灌区等监测空白区规划新建地下水监测站326个，其中包括国家地下水监测工程规划新建地下水监测站106个，届时全区将有地下水监测站556个，形成覆盖范围广、布局合理、高效快捷的地下水监测网络。根据水利部水文局《国家地下水整编软件培训班》的会议精神，举办了国家地下水整编软件培训班，从2011年资料整编起使用全国地下水资料整编程序。按照自治区水利普查办公室统一安排，开展地下水取水井专项普查工作。检查落实地下水取水井清查名录审核、清查普查数据质量控制。初步统计规模以上机电井9829眼，规模以下机电井11万眼，人力井22万眼，规模以上水源地29个。（陈玉春）

【水环境监测】 一是为宁夏水资源质量监督管理提供技术支撑。通过努力，黄河水利委员会考核宁夏黄河出境断面由内蒙古乌素图上移21千米，调整至黄河宁夏的实际出境断面惠农麻黄沟；2011年8月，完成黄河宁夏段出境断面麻黄沟的考核，实现左右岸分别考核，进一步分清了左右岸宁夏与内蒙古的水环境防污治理责任；2011年10月20~24日，黄河水利委员会副主任廖义伟带队一行15人的调研组对宁夏水资源监测能力建设情况进行工作调研，将宁夏水环境监测中心固原分中心列为2012年黄河流域水资源保护局第一批共建共管单位。二是立足规范管理，提升质量管理水平。2011年4月宁夏水环境监测中心通过国家计量认证复查评审；宁夏2010年度水质资料整编成果于2011年5月通过流域机构的评审汇总；参加水利部水文局化学需氧量、氨氮、氰化物、汞四个水质盲样考核，参加黄河流域水资源保护局六价铬、氨氮、氰化物三个项目的盲样抽查考核，合格率均100%。三是认真履行职责，完成上级部门下达的工作任务。完成全区主要地表水50个常规例行监测断面、黄河宁夏段6个监测断面、引黄灌区25个主要排水沟县（区）界监测断面、黄河流域监测中心委托监测6个省（区）界监测断面，共计87个监测断面99个水样、每月1次的水质全分析的检测任务，全年共检测分析水样3000多个；完成2010年度全国水资源公报、黄河流域水资源公报、黄河流域水功能区质量公报及宁夏水资源公报水质部分的编写工作；自6月开始，在自治区水利厅内部发布每两月一期的《宁夏主要地表水体水质简报》，填补了全区没有地表水水质公报的空白。四是加强监测能力建设，提升现代化监测水平。购置目前国内最先进的全自动四灯位注射式荧光仪、红外测油仪各一台，提升了水质检测自动化的水平；购置便携式多功能水质分析仪、便携式多参数水质分析仪、便携式等比例采样器各一台，进一步强化了应急监测快速反应能力。五是完成上级部门安排的项目。完成"宁夏入河排污口核查、宁夏国家重要饮用水源地监测、省（区）界断面委托调查监测、黄河流域实验室间比对实验、黄河流域水质监测质量控制报告编制及宁夏重点水功能区委托监测"等共计6个项目的工作任务。六是服务民生水利，面向社会发挥公益作用。主要完成《宁夏水功能区及省(区)界河流监测实施方案》《宁夏入河排污口核查和监测实施方案》《宁夏银川南部水源地2012年安全保障建设实施方案》《宁夏水功能区纳污红线制度建设总体方案》《宁夏重点饮用水水源地综合管理与安全应急预案》《宁夏水利普查——入河排污口普查》等十几份报告的编制工作。 （李占生）

【基础设施建设】 2011年宁夏中小河流整治项目中安排了水文局部分水文站改造和水文监测断面建设工程，共批复项目22个，资金达到1300.46万元，年末完成大部分工程量。根据水利部安排，水文局近年来上报的《宁夏水文基础设施"十二五"建设规划》等被列入宁夏中小河流水文监测系统建设中。项目批复建设40个水文站、84个水位站、870个雨量站、6个水文信息中心站、3个水文巡测基地、1个省级水文应急监测队及69个中小河流洪水预报系统。计划2011~2013年3年内完成，项目总投资为20093万元。自治区发改委已对2011年项目进行了批复，中央第一批资金5544万元和地方配套资金已经到位。在银川、石嘴山、吴忠分局的配合下，完成25处县(区)界排水监测断面水位计安装调试、试运行和验收工作。通过项目带动，购置了部分超声波水位计、遥测水位(雨量)计、缆道测流控制系统、直读流速仪、声学多普勒流速剖面仪(ADCP)等，提高了水文工作的科技含量。 （李光伟）

中小河流治理工程——鸣沙洲水文站办公楼主体工程建成

【水文资料整编】 3月初组织进行了资料复审验收工作，出台《水文测报评比、奖罚办法》，对各分局资料整编情况进行评比。6~8月份组织人员分别参加了《水文年鉴》4卷2册、7册、8册的流域汇编及成果验收工作，水文局作为参编单位继续保持了较好成绩，受到了黄河水利委员会水文局的通报表彰。10~11月份组织人员参加了全国水文年鉴资料终审工作，参加了西北地区暴雨洪水调查资料审查验收工作，对全局多年来积累的暴雨洪水资料进行整理成册。 （李光伟）

【水文科技咨询】 按时编制完成并上报2010年《中国水资源简报》《中国水资源公报》《黄河流域水资源公报》宁夏部分图表及文字说明，编制完成2010年《宁夏水资源公报》。参加了水利部公益性行业科研项目《扬黄灌区供水水量调配技术研究》；参与了《宁夏"十二五"中南部地区生态移民供水工程规划》《宁夏工业园区需水预测分析及水资源初步配置报告》《黄河流域水量分配方案》的编制工作；完成《2011年县级山洪灾害实施方案》和《宁夏水利信息监测站网布设方案》的编制。完成青铜峡广武等16个生态移民区供水工程水资源论证报告书；完成国网能源宁夏煤电有限公司甜水河矿井、国电英力特积家井矿区宋新庄煤矿等建设项目水资源论证项目12项、宁夏中小河流治理工程及水库除险加固工程水文分析报告80多项；完成中卫黄河大桥改造、中宁黄河大桥改造、石嘴山市黄河自动监测站等工程防洪评价报告8项；完成中电投石嘴山煤矸石热点联产项目、宝塔石化PTA项目水权转让报告6项。 （张万宝）

【党建与精神文明建设】 一是深入开展创先争优系列活动。在全局党员中开展了"比学习，创一流素质；比工作，创一流业绩；比创新，创一流水平；比服务，创一流作风；比奉献，创一流形象"的"五比五创"活动。在全局副科以上干部中开展了"精读一本好书、开展一次调研、撰写一篇调研报告、开展一次谈心、讲一次党课、做一场学习辅导、建立一个联系点、接受一次警示教育"的"八个一"学习教育活动。在全局职工中开展了"学政治，提高思想素质；学业务，提高工作能力；改进作风，提高工作效率"的"两学一改三提高"主题活动。二是加强党员干部教育管理。制定了《科级干部考核办法》，组织部分党员干部，赴革命

召开思想政治研讨会

圣地延安开展红色教育活动，开展向水文局获得全国防汛抗旱先进个人的葛青海学习，“七一”邀请离退休老党员讲党史、讲水文五十多年的发展历程，开展革命传统教育。三是开展学习观摩活动。6月份组织部分科室和各分局主要负责人赴甘肃、陕西省水文局考察学习。9月份组织相关科室、各分局、测站负责人共30人到各分局、水文站和渠道管理单位学习观摩。四是加强思想政治工作。组织召开了全局思想政治研讨会，坚持把加强职工思想政治工作与解决实际困难相结合，为职工办实事、办好事。主汛期和重大节日坚持慰问一线职工，为职工送粮送菜，改善生活；研究制定了职工体检的规定，坚持每年为女职工做一次妇检，每两年为全体职工进行一次体检。五是狠抓党风廉政建设。在全局广泛开展廉政教育和反腐倡廉宣传教育，开展廉政文化建设。对局属4个分局行政负责人2010年度任期经济责任进行了审计加强单位内部管理，扎实推进廉政风险防范管理。六是抓好精神文明建设。组织干部职工开展文体娱乐、书法绘画、手工制作等活动，组织开展了全局第一届职工运动会、庆“十一”小型运动会、卡拉OK比赛、书法绘画作品展等活动。在各类节日组织职工开展读书学习、小型运动会等文体等活动。重视离退休党员干部职工工作。春节、重阳节走访慰问离退休老干部和职工。（马永刚）

宁夏回族自治区水利电力工程学校

【概况】 宁夏回族自治区水利电力工程学校（以下简称“学校”）内设办公室（工会、监察审计室连署办公）、教务处、土木与水利工程系、电力与电气工程系、继续教育处、培训与技能鉴定中心、素质教育处（团委、艺术团连署办公）、招生办公室、资产财务处、青少年拓展训练中心。学校共有在编职工94人，非编职工41人；其中校级领导6人，管理人员55人，专业技术人员72人。

2011年，学校在自治区水利厅党委的领导下，认真贯彻科学发展观、中央1号文件精神和《国家中长期教育改革与发展规划纲要》，以就业为导向，以服务为宗旨，以能力为本位，积极争取国家中等职业教育改革发展示范学校建设计划项目，在提高教育教学质量、加强师资队伍建设、提升内涵发展、增强办学基础能力和精神文明建设等方面取得了新成效。完成了年度工作任务：坚持“一个目标”（即以培养合格+特长的技能人才为目标）；突出“两个重点”（内涵建设和提高质量）；实现“四项突破”（实训条件改善上有大的突破、教学效果提升上有大的突破、校园网和多媒体数字化教学上有大的突破、校园文化建设和文体建设上有大的突破）；完成“四项指标”（招收中专生1600人、培训鉴定4000人、各项收入600万元、争取项目资金600万元）；办好“六件实事”（为全校教职工办理了50元/人人身意外伤害保险；开办了教职工餐厅；基本为专职教师人手配备一台电脑；改善学生就餐环境；组织45岁以上教职工体检；安排部分骨干教师外出考察学习。2011年荣获“全区教育系统先进集体”、自治区水利厅“先进党支部”“全区职业培训工作先进单位”等称号。（刘佩玲）

【教学改革】 学校着力加强教学工作内涵建设，将工作重心放在打造高效课堂上。一是不断创新教学模式。坚持以市场为导向，以学生为中心，以能力为本位，及时地调整专业设置、培养目标、教学计划、教学大纲、教学方法、考核评价、实训条件、教师素质等，努力使培养的学生能够满足市场发展变化需求。注重深化课程和教学方法改革，改变传统的一支粉笔、一本教材、一块黑板的教学方法为案例教学、模块教学、现场实操教学等符合职教"理实一体化"特点的教学手段，使学生由被动学习变为主动学习。二是注重实践性教学成果。始终遵循职业教育规律，按照"校企合作、工学结合"要求，加强企业实习基地建设，使企业实习基地真正成为学校教育教学的有机组成部分，并在教学计划上严格落实学生顶岗实习制度，切实提高学生实践教学质量。三是积极开展教研活动。注重开展"跟踪新技术"教研活动，将相关企业的新理论、新技术、新工艺、新材料引入课堂，强化教科研管理和指导，鼓励教师参与科研课题研究，力争多出高水平成果。全年组织教师参加各类继续教育培训 44 人次，在国家核心期刊和校刊上共发表文章 75 篇，开展教研交流 25 人次、科研课题 10 项。四是开展"教学质量提高月"等主题活动。坚持以提高教师能力为目的，创新活动形式、内容、措施和效果，营造以职业教育为主要特征的校园文化氛围。全年开展公开课、示范课、观摩课等 45 节次，举办教案评比，说课、板书比赛等 15 场次。五是逐步完善学生学业综合评价机制。六是以赛促教，以赛促学。参加全区第三届职业教育技能竞赛、全国第三届职业院校技能大赛、全国水利第三届职业技能大赛，并获得 12 个奖项。承办了全区工程算量和工程测量两个项目的比赛，为学校争得了荣誉。校内举办了计算机技术操作、CAD 工程制图等 12 个项目的技能竞赛，参赛学生占 60%以上。

参加全区中职学校运动会

随着学校新校区建成投入使用，硬件设施居全区职业教育一流水平，办学规模日益扩大，师资队伍不断壮大，办学质量成效显著，教育厅、人社厅将学校列为申报国家中等职业教育改革发展示范学校建设计划重点学校之一。暑假期间，学校成立实施国家示范校建设计划项目领导小组，组织相关人员集中力量，放弃节假日，加班加点，围绕建设背景与基础、建设目标与思路、重点建设内容等六方面完成了《国家中等职业教育改革发展示范学校建设计划编制方案》和《申报书》。申报了水利水电工程技术、电气设备安装与维修等三个主体专业项目及心理健康教育和青少年拓展训练两个特色项目，被教育部、人社部、财政部拟确定为国家中等职业教育改革发展示范学校建设计划示范校。11～12 月份，学校按照教育部部署，重点围绕上述六方面完成了《国家中等职业教育改革发展示范学校建设计划建设方案》和《任务书》，以上 4 份申报材料达 23 万余字、1.2 万个数据。（刘佩玲）

【强化学生教育】 学校坚持"德育为先、教学为重、师生为本"的工作中心，重视学生职业道德、职业精神、职业素养的养成教育和思想道德教育，一切为学生的"成人、成才、成功"服务。进一步加强学生工作队伍建设。学校以落实《班主任聘用考核管理办法》为契机，坚持周一班主任例会制和班主任经验交流会，加大对班主任的考核力度，形成了强有力的学生管理队伍。同时抓好团支部建设和学生会队伍建设，齐抓共管，形成合力，共同管好学生。

创设工作载体，提高育人质量。一是制度育人。坚持落实《学生素质教育手册》，严格"七查一评"，规范学生行为，提高育人水平。二是阵地育人。加强校园网络、广播、文化长廊、教室园地等阵地建设。三是文体活动育人。开展"第二课堂"和文体活动丰富多彩；坚持举办运动会、球类比赛等多种形式的体育竞赛；坚持开展书画、演讲、征文、文艺表演等活动；坚持开展街舞、架子鼓、腰鼓、舞蹈、书法绘画、心理健康教育等社团活动等。同时，通过主题班会、国旗下的演讲、心理健康教育个体和团体辅导、阅览室读书看报等，对坚定学生理想信念，引导学生学会做人、学会做事、学

参加全区第三届职业教育技能大赛

会生活方面起到了促进作用。全年学生管理部门和团委共开展各类活动 87 场次。四是安全教育育人。作为人群密集单位,学校时刻绷紧安全这根弦,牢固树立“安全第一,预防为主”意识,始终将安全放在各项工作首位。认真落实“五级”值班制,经常性地在师生员工中开展安全法制教育、紧急疏散演练、安全生产月活动。通过广播、网络、宣传栏、宣传条幅、教室园地、“致家长的一封信”等多种途径开展安全教育。全年开展各类安全教育 54 场次、紧急疏散演练 3 次、安全大检查 8 次,召开安全专题会议 6 次,32 次行政例会上都要强调和安排安全工作。（刘佩玲）

【培训鉴定工作】 学校利用有限的培训和鉴定资源,立足水利系统,业务扩展到社会培训鉴定,健全完善了相关工作制度和实施方案。举办水利系统领导干部培训、财会人员继续教育培训、水政执法人员培训等培训班 6 期 932 人次;开展宁夏通信管理局、平安保险公司、泰康人寿保险公司等社会培训班 10 期 3137 人次,组织鉴定 3096 人次;开展通用工种岗位培训 3 期 158 人次、水利行业特有工种岗位培训 23 期 1020 人次,组织鉴定 1167 人。组织校内学生鉴定 486 人次,使学生持双证毕业,增加了就业机会。（刘佩玲）

【拓宽学生就业渠道】 2011 年,教育厅下达学校中职招生任务 2000 人。学校通过制定招生工作方案,召开座谈会、动员会,利用报刊、网络、招生简章、手机短信等措施,宣传工作辐射到陕、甘、内蒙古周边省份。走访县市级中学 127 所,行程 3.6 万千米。共招收学生 2237 人,超额完成任务 11.5%,创建校之最。招收高职生 182 人,使在籍学生达 4300 余人。

为做好毕业生就业工作,学校成立机构,安排专人负责学生就业工作。在稳固已有 20 余家校企合作单位的基础上,不断拓宽就业渠道,新增校企合作单位 8 个。通过组织学生参加人才交流会、邀请企业来校面试等多种方式,积极推荐学生就业。毕业生就业率达 96.8%。（刘佩玲）

参加全区第三届职业教育技能大赛

【师资队伍建设】 推进教育教学改革,教师是关键。2011 年学校将师资队伍建设作为工作的重中之重,一是注重师德师风建设,认真贯彻《关于加强教师职业道德建设的若干规定》和《教师专业标准》,强化教师的职业理想和职业道德教育,引导广大教师树立正确的人生观、价值观和职业道德观。全年组织中青年教师参加国内骨干教师培训,举办讲座、公开课、示范课,交流学习体会,看录像,组织院校间交流等 530 人次,进一步培养了教师的敬业精神。二是健全完善工作机制,修订出台了《师资队伍规划建设意见》《专业带头人和骨干教师选拔培养与管理办法》《教学科研成果奖评选奖励办法》等 4 项工作制度。三是实施“校内名师制”,集中打造校内骨干科研、教学和管理团队。首次在校内选拔了 4 名专业带头人和 3 名骨干教师并颁发了聘书。四是积极开展走出去活动,利用一切可能的机会和条件,选派中青年教师参加各种类型的继续教育。全年校领导、教师外出培训 32 人次。五是加强教科研工作。六是注重师德评价机制建设,按照《教师教学工作百分制考核细则》,把师德状况、教学规范、育人要求等纳入到岗位聘任、职称评定、业绩考核、奖惩管理等制度中。七是加强班主任队伍建设。八是加强人文关怀，注重心理辅导，切实培育奋发进取、理性和谐、开放包容的校园公众心态。九是认真开展"比学习、比教学、比服务、比创新，争创师德师风优、教学质量优、育人环境优，让师生满意、社会满意"为主要内容的"四比三优两满意"活动。

（刘佩玲）

【党建与精神文明建设】 2011 年，学校党建工作的主题是：以迎接建党 90 周年为契机，进一步深化争先创优活动，不断提高党建科学化水平，切实加强学校党建暨党风廉政建设工作。

在学习型党组织建设中，坚持做到"五个结合"，即树立新的学习观，把学习与提高领导水平相结合，以推动学校科学发展；把学习与解决思想、工作和生活中存在的问题相结合，不断提高解决自身问题的能力；把学习与生活方式相结合，培养终身学习的理念；把学习与校园文化建设相结合，推进学校精神文明建设；把学习制度与学习方法相结合，不断提高学习效果。全年党委中心组理论学习 12 次，观看胡锦涛总书记"七一"讲话解读片 70 人次，撰写杨善洲先进事迹等学习心得 48 篇，校领导撰写调研报告 10 篇，组织教职工、学生观看安全教育片，播放电影、心理健康教育片等 3000 多人次，购发《中国共产党历史》等教材 245 册，征订各类报纸杂志 163 份，添置图书 936 册，国旗下的演讲 32 次，制作各种宣传展板 360 块，教师在国家核心期刊上发表文章 21 篇，党员干部和教职工完成了规定的学习笔记和学习心得，开展对学生的思想政治教育 73 场次。通过学习，使广大党员干部、教职工和学生增强了政治意识、大局意识和责任意识。坚持办好"一刊一讲坛"。一刊就是《素质与就业》，一讲坛就是"综合素质讲坛"。全年办校刊 4 期、举办讲坛 4 期。

在开展创先争优活动中，坚持"两个突出"。突出开展向杨善洲同志学习；突出树立身边的典型。在全校选树了"党员示范岗""教书育人先锋岗"。在党支部建设上坚持以正常工作为基础，以创新工作为推动，坚持党建工作联系点制度，完善《党支部工作手册》，认真落实"三会一课"，民主评议党员等制度，坚持开展党员公开承诺活动。开展丰富的党组织活动，组织党员参加党史知识问答、"旗帜颂"征文、义务植树、在红柳湾度假村举办大党日活动、举办入党积极分子培训班，组织党员参观银川市科技馆、图书馆，瞻仰烈士陵园并在陵园前重温入党誓词、慰问联办学校师生、到兄弟院校调研学习、开展群众性体育文化娱乐活动。重视发展党员工作，在优秀青年教师和高职学生中发展党员，积极培养入党积极分子，并建立党员联系积极分子制度。全年发展党员 4 名，有 18 名师生递交了入党申请书，其中 14 名被确定为入党积极分子。学校团委被自治区水利厅团委授予"五四红旗团委"、2010 级机电(1)班团支部被授予"优秀团支部"。庆祝建党 90 周年之际，开展了"七个一"系列活动，即一次专题系列党史为主题的教育活动。组织教职工、学生观看《中国共产党历史》光盘 2200 人次。一次广泛宣传展览活动。组织党员干部和学生参观三馆两中心 340 人次。一次向党旗宣誓活动。一次以在"党旗下成长"为主题的演讲比赛活动。"五四"开展了学生演讲比赛，参赛学生 65 人次。一次以"旗帜颂"为主题的征文诗歌朗诵活动。共征集教职工和学生诗歌 35 篇，部分被《素质与就业》校刊采用。一台庆祝建党 90 周年文艺演出活动，表彰了 1 个"先进党支部"和 5 名"优秀党员"、2 名"优秀党务工作者"，"党员示范岗""教书育人先锋岗"各 1 个。学校行政党支部被自治区水利厅党委授予"先进党支部"，3 名教师分别被授予"优秀党员"和"优秀党务工作者"；组织教职工参加自治区水利厅"七一"红歌赛荣获第一名；组织学生参加教育厅主办的"党在我心中"全区第二届学生合唱艺术节大中专组合唱比赛暨大学生合唱艺术展演获二等奖。全年校内表彰奖励优秀女职工、优秀班主任、技能大赛指导教师等 40 名，还对积极向核心期刊和校刊投稿的教师给予适当奖励。表彰奖励了 206 名参赛学生选手、学习标兵、"三好"学生、团干部、团员以及文艺表演中的优胜者等，营造了崇尚先进、积极进取的人文环境。

在精神文明创建中，学校以社会主义核心价值观为引领，树立全新的教学理念，将培育教师良好的职业精神、科研文化成果、图书馆建设、校园绿化美化等作为精神文明和校园文化建设的重要内容来抓。利用校园网、文化长廊、广播站、第二课堂、心理健康教育中心、青少年拓展训练中心、名人名言警句标牌等载体，全面带动精神文明建设、校园文化建设。学校积极争创银川市级文明单位；参加和承办全区第三届职业竞赛被教育厅授予“技能人才培养奖”和“最佳组织奖”；组织学生参加教育厅全区中高职冬季越野赛，教职工参加教育厅、水利厅举办的乒乓球和羽毛球比赛等，共获得5个奖项。宁夏水电技师学院被人保厅授予“自治区职业教育与培训先进单位”称号。坚持开展“文明宿舍”周评、“文明班级”评比活动。学校投资10多万元用于校园绿化美化工程。

在党风廉政建设工作中，以反腐倡廉制度执行年为契机，认真抓党风促廉洁，努力营造风清气正的教育环境。一是严格落实《党风廉政建设暨师德师风建设责任制》，层层签订责任书，并深化考核监督。认真执行《廉政准则》等规定，进一步建立健全教育、制度、监督并重的惩治和预防腐败体系。学校领导经常过问反腐倡廉工作，听取汇报，掌握情况，指导和协调解决重大问题，保证了学校的政令畅通。二是注重加强对党员干部和党员教师党性、党风、党纪教育，努力从源头上预防腐败，把党风廉政建设作为中心组学习和民主生活会、党员组织生活会的重要内容。三是重视廉洁文化教育，坚持开展“清风进校园”活动，充分发挥廉政教育宣传栏等阵地作用。通过制作廉政教育专栏、廉洁教室园地，征集廉政论文、观看警示教育片、国旗下的廉洁讲话、编发廉政简报、发放廉政笔记本、短信平台等方式，突出廉洁教育的覆盖面，对教育党员干部、教职工和学生筑牢思想道德防线起到了积极作用。四是认真开展“以人为本、执政为民”主题教育活动，深入开展民主评议政风行风建设工作。五是深化廉洁风险防范管理，坚持领导个人重大事项报告等制度。六是重视常规监察，参与人事任免、教师职称评定及评先、招标及大宗物资采购、“小金库”治理、审计监督等“五大环节”的监控工作。设立举报箱，向全校公开监察审计室信箱，认真调查取证。进一步完善校务公开制度，努力营造风清气正的教育环境。

（刘佩玲）

宁夏回族自治区水利科学研究所

【概况】 2011年，宁夏回族自治区水利科学研究所（以下简称“水科所”）围绕水利科研中心工作，坚持以党建带科研，以项目促发展，认真学习宣传贯彻中央2011年1号文件和宁夏回族自治区《关于加快水利改革发展的决定》，狠抓科研项目执行与落实，水利科研实现新突破。全年共执行科研项目和技术服务项目50项，其中科技部项目1项、水利部项目4项、自治区自然科学基金项目2项；年度项目计划经费突破1000万元。建立水利科研、示范基地5个；申报成立了“宁夏黄河水沙研究与水资源高效利用院士工作站”和“宁夏水利专家工作站”。完成4项科研项目验收，7项技术服务项目通过审查；在公开刊物发表科研论文6篇。主持申报了2012~2014年水利部公益行业科研专项经费项目3项、水利部节水技术推广项目1项，宁夏回族自治区科技攻关项目1项、自然科学基金项目2项、科研院所专项经费项目1项。主持完成的“十一五”国家“863”计划重点项目“宁夏半干旱区现代节水农业技术研究与集成”获水利部大禹水利科技三等奖；主持申报的“宁夏农业高效节水灌溉技术研究与集成示范”获水利部2011年度农业节水科技二等奖。

水科所内设7个科室：水资源环境研究室、灌溉排水研究室、水土保持研究室、水工研究室、中国灌溉试验宁夏中心站、科研管理科、综合办公室。核定人员编制60名。

（殷　锋）

【科技创新】 1.首次申报并主持实施“十二五”国家科技支撑计划项目“宁夏干旱半干旱区现代节水高效农业关键技术创新与示范”，在同心县王团镇和海原县高崖乡建成53.33公顷国家级现代旱作节水农业科技园区，开展“优势作物非充分灌溉技术研究与示范”等研究，构建了节水高效农业生产综合关键技术体系，引领西北现代旱作节水高效农业的发展。2.合作承担的水利部公益行业科研专项经费项目“宁夏扬黄灌区水量分配及水权研究”，创新性提出扬黄灌区基于多种节水措施综合效益分析情景下的节水与转让潜力测算分析新方法。3. 首次作为主持单位编制《宁夏灌区渠道砌护工程技术导则》，统一宁夏灌区渠道砌护工程的技术标准，成为自治区 2011 年地方标准；首次将土工格栅引进并应用到宁夏黄河河道治理工程中；编制《宁夏引黄灌区渠系工程安全评价与维修养护技术标准》，成为自治区 2012 年地方标准；开展的“防渗新材料在宁夏灌区末级渠系衬砌中的研究与应用”，首次引进具有国内领先水平的玻璃钢、竹塑渠道，进行示范应用，中国水利网、《中国日报》《中国水利报》等多家网站和报纸进行了报道。（殷　锋）

宁夏黄河水沙研究与水资源高效利用院士工作站成立

【水利科研】 1. 科学研究与试验稳步推进。开展的“宁夏中部干旱带扬黄延伸区限额灌溉技术研究”“宁夏中部干旱带扬黄灌区节水技术集成研究”“宁南山区坝系水资源联合调度及高效利用研究”“宁夏灌区优势特色作物需水规律及节水灌溉制度试验研究”“湿陷性黄土地区均质土坝加坝技术集成与研究”等科研项目，进展顺利，取得初步研究成果。

2. 技术推广与示范初见成效。建立水利科研、示范基地 5 个。在北部引黄灌区与惠农区水务局、中粮屯河集团宁夏番茄原料生产基地合作建设宁夏引黄灌区番茄膜下滴灌综合节水技术集成与示范基地 966.67 公顷。在中部干旱风沙区建立了同心县下马关高效节水补灌区试验示范基地 66.67 公顷，并与固海扬水管理处灌溉试验站合作建设试验示范基地 5.33 公顷。在南部山区建立隆德县好水乡试验示范基地 15.33 公顷，开展坝系水资源联合调度、水资源的高效利用技术集成、示范与监测评价研究。编制的《宁夏灌区支斗农渠衬砌定型图集》广泛应用于小型农田水利建设项目、国土整治项目、农业综合开发项目中。开展了风力提水和无动力提水技术设备推广工作。水利科技示范与推广在全区实现了点面结合，逐步推进。

3. 科技服务逐步延伸。2011 年，在同心县下马关高效节水灌溉示范区举办“高效节水补灌技术与运行管理”培训班，编制《高效节水补灌技术手册》，发放 5000 余份，培训 1200 人次，做到科技培训到乡村一线。承担水土流失监测工作 4 项，开发建设项目水土保持竣工验收技术评估工作 20 项，水土保持方案编制 4 项，水保技术服务得到持续拓展。申报取得了水文水资源调查评价乙级资质，承担水资源论证项目 8 项，开展水权转换项目 2 项，水资源论证服务内容由工业建设项目拓展到工业、农业、生态移民、规划项目及水利水电工程建设项目，开拓了水资源论证新领域。

4. 主动出击，争取大项目取得新进展。主持申报了 2012~2014 年水利部公益行业科研专项经费项目“宁夏引黄自流灌区输配水关键技术研究”“宁夏引黄自流灌区高效节水关键技术集成研究”和“宁夏引黄自流灌区水资源高效配置技术研究”；主持申报了水利部节水技术推广项目“宁夏引黄灌区高效节水技术集成与示范”；主持申报了自治区科技攻关重大专项项目“宁夏干旱区旱作节水高效农业关键技术研究与示范”和自治区科研院所专项经费项目“宁夏水土流失分区治理关键技术研究”。（吴海霞）

科研项目成果表彰会

【科技人才培养】 加强职工专业技能培训和继续教育，利用两周时间举办了水利科研高技能人才培训班。先后邀请茆智院士和国内多名知名专家到水科所进行科技交流。采取以老带新、项目锻炼和送出去、引进来、专题培训等有效措施，有计划、有重点地培养学科带头人和科研骨干，1 名学科带头人成功申报西部访问学者，1 名学科带头人申报享受宁夏回族自治区政府特殊津贴。充分发挥高层次人才作用，2011 年水科所有 3 名高层次人才被聘为自治区第四批专家服务团成员。 （吴海霞）

水利高级研修班

【党建与精神文明建设】 1. 隆重开展建党 90 周年纪念庆祝活动，组织科研一线工作人员前往革命圣地延安参观、学习，进行党史知识和党性教育，开展纪念建党 90 周年系列活动。“七一”期间与共建单位联合开展了主题为“登巍巍贺兰、唱不朽红歌”的庆祝活动。聘请宁夏党校教授给全体党员讲主题为“学习党的历史、坚定理想信念”的党课。

2. 深入开展“学习型党组织”建设和“创先争优”活动。按照《宁夏水科所 2010～2012 年推进学习型党组织建设三年工作规划》加强人才培养，采取送出去、引进来、专题培训、技能培训、外出交流等形式，选择有潜质的高技术人才进行重点培养。在承担国家、自治区重点项目、科技推广、技术服务项目等数量较去年增加 30%，人员少、时间紧、任务重、工作量大的情况下，科研人员争先恐后下乡，牺牲休息时间，开展作物种植、节水灌溉试验设施布局、水工新技术推广。2 名副所长亲自在下马关、王团开辟试验点，带领年青科研人员与农工一同劳动，“创先争优”

水利科技发展战略研讨

活动掀起新高潮。

3. 精神文明创建工作呈现新气象。捐赠图书、物资，武装辖区居委会，配合西夏区开展文明城市创建活动。组织开展系列文体娱乐活动和迎春团拜会；与固原军分区开展军民共建活动，集体参观了六盘山红军纪念馆和六盘山国家森林公园，进行了登山和打靶训练，参观了王团和固海两个试验站点，并到固海扬水管理处进行了学习交流。关心离退休干部职工，班子集体走访慰问老党员、老职工，看望生病老同志，邀请离退休职工参加迎春团拜会。 （殷 锋）

宁夏回族自治区艾依河管理局

【概况】 宁夏回族自治区艾依河管理局（以下简称“管理局”）为自治区水利厅所属全额拨款处级事业单位，核定人员编制 23 名，内设办公室、工程管理科、防洪调度科、银川管理所 4 个科级机构，管理局设处级干部 3 名(1 正 2 副)，科级干部 8 名(4 正 4 副)，现有在职职工 20 人，退休职工 1 人。2011 年，管理局以科学发展观为指导，认真贯彻落实中央 1 号文件精神，创新思路，扎实做好河道管理各项工作，保证了河道的安全运行。投资 133 万元，实施了艾依河下段贺兰县洪广镇第三排水沟治理、南梁沟尾水铅丝笼溢流堰加高、河道绿化等项目，整治荒地 33.3 公顷，植树46630 株，全年补水 2334 万立方米。

（吴正光）

【河道管理】 1. 依法管理河道。管理局按照《艾依河管理办法》的有关规定认真做好河道管理工作，通过加强巡护，及时掌握河道突发情况，依法处理河道运行中存在的各类问题，消除安全隐患，确保了河道、建筑物、工程设施的安全运行。2. 科学调度水量。制定《2011年艾依河水量调度计划》，做好河道沿线湖泊湿地补水工作，全年与河道沿线用水户签订用水协议20份，向沿线湖泊湿地及用水户补水2334万立方米，较好地解决绿化、养殖及灌溉用水难题。3. 严格水政执法。充实了执法人员，配置了必要的工器具。执法人员通过明察暗访，严密掌控河道动态，对破冰网鱼、非法捕捞、破坏水利设施以及私自排污等违规违法行为进行坚决查处和有力的打击。全年出动260人次，车辆行程9000多千米。查处水事事件16起，制止私自取土、取水18人次，没收各种渔具32条，有效保证了河道安全。4.加强绿化管理。在阅海闸建设绿化灌溉泵站2座，专变一台，铺设预制板渠2千米，PVC管道10千米。全年开展了春秋2次植树活动，栽种垂柳、火炬等各类苗木46630株，种植苜蓿0.3公顷，草坪0.2公顷，绿化总面积达3公顷，完成绿化投资10万元。加强绿化管理，认真做好树木灌水、除草、病虫害防治等工作，全年完成5次灌水任务，苗木成活率超过90%。 （吴正光）

平整后的荒地已具备农业种植条件

【防汛工作】 一是制定预案。制定了《艾依河防汛抢险预案》和《艾依河水污染应急预案》，对防汛指导思想、组织机构、抢险队伍、应急办法等进行了明确规定，做到一有险情，从容应对、妥善处置。二是加强值班。汛期坚持24小时值班制度，与各级水利调度部门建立联系，确保水量调度和防汛信息及时互通。与河道沿线单位签订防汛联防责任书，共同做好防汛工作。三是加强检查。通过日常河道巡查和专项检查及进行防汛实战演练等，及时发现并排除安全隐患。四是完善设施。做好防汛抢险器具、物资储备工作。全年工程投资123万元，实施了艾依河下段贺兰县洪广镇第三排水沟治理工程、南梁沟尾水铅丝笼溢流堰加高工程，保证了艾依河安全度汛。 （吴正光）

局长高建国（右一）带领有关人员开展安全检查

【安全生产】 1. 落实责任制。在管理局安全生产领导小组的统一领导下，实行"一把手"负总责，分管领导具体抓，各科（室、所）各负其责的工作格局，层层签订安全生产责任书，明确职责，落实责任。2. 开展安全宣教。积极参加"安全生产月"启动仪式和安全生产咨询日活动，现场发放宣传材料8000多份。暑期印制10000份宣传单发放到河道沿线有关单位、居民和学生手中，宣传安全防范和自我保护意识。3. 加强安全检查。全年开展了6次全方位河道安全大检查，对检查发现的船闸部分接地装置阻值偏高、部分水位监测数值不准、视频监测系统不稳定、蝶阀启动关闭时行程不能自动分离等问题，逐项进行了解决，做到不留死角，不留隐患。 （吴正光）

【科技教育】 1. 科技项目实施。艾依河水源人工湿地净化技术研究和艾依河科学补水机制及水平衡调控研究进展顺利，建立了大盐湖项目示范区，5月份在艾依河上中段2个断面建12口地下水位观测井。引进北京森富高科林业发展中心水环境保护与农业面源污染防控示范项目，在阅海闸上下游临水面种植10万株中富1号柳树插穗，营造艾依河优美风景。2. 加强职工教育。制订2011年职工教育培训计划,组织职工积极参加各项理论学习和业务培训。举办了学习中央1号文件、RTK测量技术、食品安全知识、生活工作礼仪等4期培训班,派员外出参加培训班5期26人次,全年班子成员撰写调研文章3篇,职工心得体会34篇。（吴正光）

【船闸运行管理】 1.做好船闸机电设备维修保养工作。严格执行机电设备维修保养制度,在春季设备专项检修中,对阅海、于祥、洪广营三级船闸的设施进行全面检修维护。在船闸冬保中,采用新型蝶阀坑电加热方式,保温效果良好,保证了船闸设施安全越冬。2.进行船闸操作人员培训。结合设备检修,采用现场讲解、实际操作演练相结合的方式,对船闸设备操作人员进行技能培训。（吴正光）

技术人员对洪广营船闸荒地进行实地测量

【党建与精神文明建设】 管理局以“五个好”和“五带头”为目标,加强党支部建设,抓班子团结,抓民主集中制原则的执行。规范党务工作,制定了管理局党务公开实施办法和工作方案,使党支部工作置于职工群众的监督之下,确保党务工作公开透明。深化“创先争优”活动,开展了党员责任区工作评比、领导点评党员、党员民主评议及党员公开承诺等活动。“七一”前夕,组织党员赴革命圣地延安接受党的优良传统教育,6月30日在洪广营闸召开了庆祝建党90周年座谈会。关心职工利益,解决职工现实问题。投资2万元,为三级船闸管理房添置生活用具和文体器材。开展给职工送生日蛋糕活动。（吴正光）

宁夏回族自治区唐徕渠管理处

【概况】 2011年,宁夏唐徕渠管理处(以下简称“管理处”)全面学习宣传贯彻中央1号文件精神,明确任务,落实责任,狠抓管理,全年引水10.57亿立方米,斗口实量9.32亿立方米,圆满完成了8万公顷农田灌溉和1.27公顷湖泊湿地的补水任务;完成供水收入3232万元;争取资金3341万元,完成了灌区续建配套工程唐徕渠宝湖路桥至六盘山路桥等三项渠道全断面砌护现场施工管理任务;管理处下设7个科室、10个管理所,现有职工359人,其中:管理人员66人、各类专业技术人员99人,工勤技能人员225人。2011年管理处被中华全国总工会授予“全国工会职工书屋示范点达标单位”。（刘 贤）

【灌溉管理】 唐徕渠于4月2日开闸放水,11月20日停水,全年行水182天。针对2011年天气持续高温、没有有效降雨,加之灌域作物种植结构变化较大、用水种类增加、干渠引水不足等不利因素一是以节水型社会建设为抓手,采取“一案两协议三联合”措施,加强灌溉管理工作。一案:制定管理处灌溉应急抗旱调度预案。按照自治区水利厅2011年水量分配方案,及早做好黄河水情、干渠水情宣传,共印发宣传单1.5万份;督促各市、县、乡做好种植结构调整、压减水稻种植比例以及抗旱设施维护等工作;明确水权,严肃供水的计划性和时效性。两协议:坚持《供用水管理办法》,合理制定用水商品率目标,分别与各管理所、各用水协会签订用水商品率目标协议

管理处领导现场协调灌区续建工程施工难点

和供用水协议，明确了供用水双方职责，进一步加强水量调度和用水管理工作，确保上下游均衡受益。三联合：采取干渠轮灌、上下游轮灌、井渠结合“三联合”的调度方式，利用干渠节制闸进行调节等措施，解决高口高地的灌溉；重视井渠结合、以沟补灌等多水源灌溉方式，在平罗、惠农等下游梢段推行井渠联合调度，机井数由去年 153 眼增加到 208 眼，控制灌溉面积3333.33 公顷，共启用机井 1210 次，抽水 457 万立方米，有效地缓解了干渠来水不足的问题。二是服务大局，切实做好湖泊湿地补水工作。严格按照《供用水管理办法》，规范程序，落实主体，实行补水申报制，核定湖泊补水计划，初步扭转了唐徕渠湖泊湿地补水的被动局面；坚持跟踪服务。在春灌前，管理处针对干渠引水流量小、引水口高的湖泊的实际，果断采取工程措施，在渠道内筑坝 5 道，先后为艾依河、宝湖、丽景湖和星海湖等 17 个湖泊进行补水；在灌溉间隙期，调配水量，适时给艾依河等湖泊湿地换水。全年共向湖泊供水 6751 万立方米，保障了城市的生态文明。三是以“四查四规范”为突破，切实做好灌溉管理。一查支渠水位流量关系曲线，规范了测水量水工作，提高了量水精度；二查支斗渠供水证观测记录和计算，规范了水量测量计算；三查斗口管理，规范了用水秩序，杜绝了跑、冒、滴、漏、少放多记、多放少记或粗估冒算等现象；四查水务公开，规范了供用水环境，实现了水量、水账、水价、水费、面积“五公开”。四是灵活调度，科学预测用水形势。坚持每周召开调度值班例会，研究分析水情，制定阶段用水计划，既保障了作物适时灌溉，又节约了水量，使灌溉管理一直处于主动地位，全年共召开调度例会 26 次，首次实现了大旱之年灌域“无受旱、无上访、无水事纠纷”的目标。（刘　贤）

【工程建设与管理】 投资 1330 万元（渠道涉外工程、渠道绿化等），完成 173 项岁修工程建设；完成了灌区续建配套工程唐徕渠宝湖路桥至六盘山路桥、唐徕渠平罗县城市段、暖泉渠渠道全断面砌护现场施工管理任务；为唐徕渠安全灌溉奠定了物质基础；完成 3 个管理所 4 个管理段的环境进行了改造。

（刘　贤）

唐徕渠平罗县城段渠道砌护工程

【防汛抗旱】 按照《国家防汛抗旱应急预案》等有关规定，重新修订了《唐徕渠管理处防汛预案》，健全防汛组织，周密部署防汛工作。共召开防汛工作联系会 3 场次，落实群防组织 11 个签订联防协议，防汛抢险精干人员 570 人，机械设备 36 台；开展防汛演习 1 场次，积极筹措资金 27 万元，购置储备防汛物资，疏通排洪沟道，做到了组织、人员、物资、预案、措施“五落实”。（刘　贤）

【安全生产】 坚持“安全第一、预防为主、综合治理”的方针，调整安全生产领导小组，完善管理体系，明确目标和任务，深化“三项行动”和“三项建设”，为全年安全管理奠定了扎实的基础；开展“安全日”“安全月”等活动，召开座谈会 6 场次、安全例会 25 次，发放安全常识读本、宣传画册、安全警示函 7 万余份，形成了人人学安全、个个讲安全的浓厚氛围，安全生产深入人心；以“4·26”事故为戒，查漏补缺。4 月 26 日，乌海—银川焦炉煤气管线穿越暖泉渠发生决口事故后，管理处以“4·26”事故为戒，采取措施，狠抓整改落实。一是于 5 月 2 日组织全处干部职工召开安全生产现场会，认真分析总结“4·26”事故原因和教训，按照“四不放过”的原则，从思想上找原因，从制度上查漏洞，从措施上找不足，共召开三次专题会议，深刻剖析，严肃处理当事人，并提出整改措施，在全处范围内进一步落实安全责任，层层签订安全责任书，形成了处、所、段“三级安全监控网络”；加强安全制度落实，进一步完善《新建工程抢险应急措施》等制度。二是以除险加固、排除隐患为重点，认真开展渠道巡查活动。2011 年仅渠道巡护人员在巡查中,发现和处理鼠洞、管涌、斗口塌陷及涵洞漏水等安全隐患23处,避免了安全事故的发生。三是加强安全专项整治工作的落实。先后对渠道、建筑物、在建工程、机动车辆、安全用电等进行了拉网式安全大排查。全年共开展安全专项检查5次,排查各类事故隐患67项,对11座节制闸、泄洪闸进行反复调试,并聘请专业人员对老化线路及配电箱进行了更换;高度重视“五防”工作,处、所、段坚持24小时值班制度,安装煤烟报警器等措施,使安全隐患消除在萌芽状态。 (刘 贤)

【水管体制改革】 对灌域23个“协会之家”统一了管理制度和《协会工作手册》,举办协会人员培训班2期,培训率达100%;抽调业务骨干参与指导协会工作,共召开“协会之家”例会100多场次,及时把灌溉矛盾化解在“协会之家”;筹资10万元,为井渠结合灌溉的机井配置设施;全年向农民用水者协会返还干渠以下水费329万元;坚持管理处领导包所、管理所负责人包段、段长包协会的责任机制,把淌水难支渠作为干部职工的责任区,提高协会的组织化程度。 (刘 贤)

【科技与教育】 全年投资17.5万元,先后购置了水泵自闭阀44套,电磁流量计1套;在秋季暖泉渠续建工程中,首次使用土工格栅;推广DLP监控系统、ADCP流速仪、GPS等先进技术的应用,配合自治区水利厅开展信息化建设前期基础性工作,进一步提升了科学管理水平;与宁夏水利科学研究所联合完成了“唐徕渠第二农场渠灌域农业水资源可持续利用研究”课题,为二农场渠的灌溉、防汛、建设与管理提供技术支撑。完善了《职工教育管理办法》,改进职工教育管理方式,将学习成绩与绩效工资挂钩,全年考取建造师、监理工程师、监理员等资格证书的达64人;强化教育培训,举办测量水、财会、安全等培训班4期,培训人数达420人,组织43名职工参加了工人晋级考试。 (刘 贤)

【水政与水资源管理】 一是加大水行政执法力度,切实维护水利工程安全和单位合法权益。2011年管理处投入125万元,对唐徕渠、二农场渠重点管理段落进行了清障整治。聘用法律顾问,全年审定涉外工程、土地、拆迁补偿、占用水利工程补偿协议130份,查处水事违法案件7起,拆除违章建筑1处,整治渠道5千米,收回土地2公顷、房屋拆迁补偿费108万元,承办2起民事诉讼。二是认真做好水法宣传和普法教育。总结“五五”普法工作,召开“六五”普法动员会,以“世界水日”“中国水周”为契机,在集镇、广场集中开展宣传活动10次,发放宣传品11万份,在《法治新报》编辑专版,扩大宣传范围。三是加强综合治理工作。完善社会治安综合治理工作目标考核办法,层层签订责任书,认真落实排查制度。全处实现“无重大治安案件”“无刑事犯罪案件”“无民事转刑事案件”、无“黄、赌、毒”“法轮功”及非法传销等“四无”目标。 (刘 贤)

【综合经营】 制定了《十二五综合经营发展规划》,明确了发展目标;整合水土资源优势,投资100多万元,在满达桥、南梁管理所渠道管理范围开发土地13.33公顷,既增加了土地种植面积,增加经济收入,又维护了渠道保护范围;投入10多万元引种冬枣4公顷,开辟了新的经营项目;重视小环境、小菜园、小养殖建设。种植各类蔬菜1.76公顷、经营果园4.73公顷,养鸡、鸭等家禽1035只,养鱼3600尾,改善了职工生活条件;支持唐徕水利水电建筑安装工程公司等处属企业,拓展经营范围,增强市场竞争力。工程公司共承揽工程21项,完成产值2818万元;监理公司全年共承揽工程监理费180万元,中标金额和完成产值比2010年增加40%。全年完成综合经营收入2190万元,实现利润219万元,人均创利6000元,超额完成了自治区水利厅下达的计划指标。

(刘 贤)

【财务管理】 完善制度,规范财务程序。制定《财务管理办法》,明确财务支付程序,进一步完善了工程款合同、审核、支出,规范了工程资金的使用,制定了《水费收缴管理办法》等三项制度,建立了水费收入登记制、每月登记表报告制、每周五统计制,进一步促进了水费收缴工作。截至12月9日,实收水费3039万元,返还干渠以下水费260万元;强化财务监督,明确基层管理所财务主管由副职担任,落实了内部管理制约措施;加强资产管理,深入开展资产清查工作，盘清了家底，有效地提高资产精细化管理水平。利用半年时间对全处土地资源进行全面清查，建立土地档案，规范了土地管理。（刘　贤）

【党建与精神文明建设】 坚持创建学习型党组织，重点学习了党的十七届五中、六中全会，中央1号文件，胡锦涛总书记“七一”讲话以及中央、自治区水利工作会议精神。全年中心组学习12次，举办专题讲座4场，副科级以上干部撰写心得体会109篇。坚持抓好班子带队伍，重大事项集体讨论决定。坚持党管干部，注重德才兼备和平时教育管理，向自治区水利厅党委推荐干部1名，选拔副科级干部3名，调整交流11名，解聘2名。认真落实党风廉政建设责任制，层层签订《廉政建设责任书》54份。加大监督力度，开展廉政谈话54人次，离任经济审计6次，开展效能督察8次，督办事项130件。全处11个管理所在当地的行风评议中，排名比2010年均有提升，有两个管理所排名第一。坚持创先争优求实效，紧贴管理处实际，设立“创先争优示范窗口”8个、“党员示范岗”71个，实行公开承诺和领导点评。

坚持文明创建不放松。以创建文明单位为目标，广泛开展精神文明“八个创建”等健康有益的活动，弘扬主旋律，共编辑出版《唐徕之声》小报15期，采用稿件520篇，在中国水利网、《宁夏日报》等区内外主流媒体刊发177篇。顺利通过了自治区文明单位复验。坚持党建带工建团建。召开了职代会，审议通过了“唐徕渠管理处绩效工资分配办法”；加大政务公开工作力度，规范程序，及时对职工关心的子女就业、职称评定、干部任用、住房补贴、电话费、车辆耗油等情况进行张榜公布，落实职工的知情权、参与权和监督权。充分发挥“职工书屋”的作用，全处11个“流动书箱”周传达55次，被中华全国总工会授予“全国工会职工书屋示范点达标单位”；组织参加了全区水利系统职工文艺汇演和庆祝建党90周年红歌比赛，分别荣获三等奖和优秀奖；完善职工困难档案，走访、慰问困难职工和离退休人员175人次，送慰问金5.76万元。管理处团委充分发挥生力军和突击队作用，成立青年工作部，向党组织推荐入党积极分子5名，开展了“灌区青年手拉手，创先争优一起

管理处召开2011年度总结表彰大会

走”主题活动，充分展示了唐徕青年的良好精神风貌。坚持把思想政治工作与解决基层生产生活条件相结合，先后对3个管理所、4个管理段的院落进行整治美化，改造漏雨房屋22间，解决职工安全饮水4处，为全处职工发放了住房补贴，制作了统一工装，添置办公设施，集中采购所、段生活用煤，安装了煤烟报警器，为职工补助米面油等实事好事，改善了职工生活生产条件，激发了职工的工作热情。

（袁　媛）

宁夏回族自治区西干渠管理处

【概况】 宁夏回族自治区西干渠管理处（以下简称“管理处”）设7个职能科室和6个基层管理所及一个工程公司，工、团群众组织健全。全处现有职工218人，离退休174人。2011年，管理处在自治区水利厅党委的正确领导下，以学习贯彻中央和自治区两个“决定”和中央、自治区两个“水利工作会议”精神为契机，管理处紧盯发展目标，发扬“团结、务实、创新、高效”的西干精神，攻坚克难，求真务实，拼搏创新，砥砺前行，圆满完成了各项工作任务，为灌域农业丰收、农村发展、农民增收做出了积极贡献。管理处荣获银川市2006~2011年法制宣传教育“先进单位”称号，荣获全区水利系统“五五”普法“先进单位”称号，荣获自治区水利厅庆祝中国共产党成立90周年歌咏比赛三等奖。（张根喜　王升龙）

【灌溉管理】 管理处认真落实自治区水利厅灌溉工

作会议精神,积极应对灌域冬春夏三季连旱、作物用水量增加和用水要求高等困难,采取“五抓五做到”措施,确保了灌域46.67千公顷农田适时灌溉和上下游均衡受益,为灌域农业增产、农民增收做出了积极贡献。一是抓灌前准备,做到科学配水。为应对不利的灌溉形势,管理处提前准备,干部职工及时深入乡镇、场(站)、协会发放宣传单,宣讲水情灌情旱情,进一步强化灌域群众节水意识,并积极宣传引导灌域群众进行作物布局和种植结构调整;干渠适度提前开灌,满足了冬麦和葡萄提前灌溉的需求,为后续灌溉缓解了压力;及时对镇北堡拦洪库和部分湖泊湿地进行补水,安排经果林提前灌溉,错开用水高峰,提高了灌溉效率。二是抓灌溉管理,做到均衡受益。根据灌域作物种植结构、分布区域,采取支斗口、上下游编组轮灌,缓解了干渠供水压力,确保了均衡收益;夏秋灌期间,镇北堡拦洪库充分发挥了调蓄功能,有效解决了干渠梢段6.67千公顷农田灌溉难问题,灌域内机井累计补灌520万立方米,有效缓解了旱情;合理调整配水计划,确保灌域11.33千公顷葡萄优先灌溉,助推这一特色产业健康发展。三是抓调度创新,做到信息迅捷。搭建起了以“飞信”为载体的处所段信息共享平台,通过飞信群发及时将灌溉、天气等信息适时共享,提升了灌溉调度水平和服务质量;把每周灌溉例会内容以《安全水情通报》的形式下发各管理所,促使干部职工掌握全处灌溉情况常态化、灌溉管理规范化,效果较好。四是抓内部管理,做到奖罚分明。严格执行干渠直开口和扬水站供用水管理办法,处所采取日常检查与突击检查相结合的方式,坚决查处多供少记、偷水、私放人情水等行为,努力提高水商品率;细化水量分配,配水到各支斗渠,在灌溉高峰期实行交接水奖罚制度,确保调度计划实施和指令畅通;加大了测量水管理力度,新购置了5台流速仪专门用于管理所交接水断面施测,重新修订绘制了各交接水断面曲线图,建立了准确的水位流量关系,解决了管理所之间引配水矛盾。五是抓行风建设,做到和谐发展。广大干部职工深入灌域了解灌情,主动协调化解矛盾,维护灌溉秩序;处所积极与地方水利部门及用水协会加强沟通协调,切实做好延伸服务,得到了受益单位的认可;所段坚持水务公开,提高供用水透明度,定期公布水量、水费收缴情况,接受群众监督。西干渠全年安全行水192天,总引水量6.08亿立方米,比计划多引0.71亿立方米,商品率达86%,计收水费1683万元。

(张根喜　王升龙)

【工程建设与管理】 一是投资200多万元,实施岁修工程58项,对三棵树、机一段等2千米渠道重点险工段进行了培土加固,翻修了7座斗口进出口护坡,更新了15套斗门启闭机,进一步提高了干渠安全输水能力。整修渠堤路面13千米,维修了泄洪闸,干渠防汛标准逐步提高。二是积极争取续建配套项目,实施所段基础设施建设,完成了拦洪库管理所新建及搬迁入住工作。经过多方努力镇北堡拦洪库除险加固工程已立项实施,计划2012年建成。三是强化涉外工程管理,严格按照规定程序办理了涉外工程审批工作,并按批文实施了加固工程。四是适时开展渠堤、庭院和库区植树绿化工作,全年共栽植各类树木2.3万棵,树木成活率达85%,完善了树木管护档案。

(张根喜　王升龙)

处长叶廷平检查渠道渗水情况

【防汛工作】 管理处干部职工严阵以待,科学防控,确保了干渠安全度汛。一是完善防汛预案体系,切实落实防汛责任。修订了《西干渠管理处2011年防汛预案》,层层签订防汛责任书,逐一落实防汛责任、预案制度、抢险队伍、巡查措施、物料通讯等,做到了“宁可备而不用,绝不用而无备”。二是全面检查防汛工程。各管理所对辖区内行洪沟道、排洪涵洞、蓄滞洪区、泵站闸室等进行了全面检查,确保防汛工程、设备正常使用。三是坚持24小时值班和领导带班制。汛期领导坚持到岗到位,基层所段按照"大事及时报,小事定期报,无事报平安"的要求,全程跟踪雨情、水情、汛情,为主动防汛抢险提供了决策依据。四是扎实开展防汛演练。汛前和汛期各管理所因地制宜、"因所制宜"多次开展了防汛演练,极大地提高了干部职工应急处置能力,收到良好的效果。8月份,贺兰山东麓发生两次山洪,管理处严阵以待、主动防御,未造成灾害,确保了安全度汛。

(张根喜　王升龙)

【安全生产】 管理处切实落实安全工作措施,坚持做到"三个到位",抓安全管理,保安全发展。一是宣传教育和强化管理到位。深入开展了"安全生产月"等活动,通过设置安全宣传展板12块、悬挂横幅7条、张贴标语260条等,广泛宣传安全生产法律法规和安全知识,干部职工安全责任进一步提高,安全意识进一步增强,安全行为进一步规范。二是组织领导和职责落实到位。管理处继续建立完善安全管理制度,明确职责,逐级签订安全责任书,层层落实安全责任。三是安全检查和隐患处置到位。管理处先后20余次对渠道、渠系建筑物、涉外工程、重点险工段、防汛设施和在建工程进行了检查,及时处置隐患4处、加固渠堤2千米、捕杀獾鼠2只、避免了4起险情的发生;开展了冬季"四防"检查和机动车辆、摩托车及锅炉安全检查,为基层单位购置安装了42台一氧化碳报警器,预防了冬季取暖安全事故的发生。四是从渠堤决口事故中汲取教训、认真整改。10月24日,干渠108+440处发生决口事故,经调查该事故是因为中国石油天然气管道局第三工程分公司违规顶管施工导致渠道决口的事故。由于现场采取抢险措施得力,尽快恢复了渠堤及渠道输水,并汲取事故教训采取多项措施确保渠道安全。

(张根喜　王升龙)

【水管体制改革】 一是继续深化干部人事制度改革,选拔任用了4名科级干部。二是加强干部的监督管理。认真执行干部述职、述廉、廉政谈话、重大事项报告和信访举报制度,切实加强对科级干部的全面监督。全年对32名科级干部进行了集中廉政谈话,对新提拔聘任用的科级干部进行了任前廉政谈话。三是创新干部管理的体制机制,实行"52111"考核模式,对单位(科室)及科级干部的工作进行全面考核。

(张根喜　王升龙)

【科技与教育】 一是创新学习方法,强化考核,增强培训效果。管理处紧密结合工作实际,大力开展职工教育培训,不断总结经验,创新学习方法,强化学习考核,严格按照《职工教育管理办法》设定的奖罚标准,进行以考促学,进一步完善了考学机制。二是建立激励机制,提升学历层次继续加强多种形式的学历教育,创造条件促进广大职工参加高层次学历教育,积极鼓励支持职工参加继续教育和在职培训学习,提高职工队伍的学历层次和整体素质。三是借助职业技能竞赛平台,管理处组织19名工勤技能人员参加水利厅组织的水利行业技能人员晋级培训和鉴定,并参加技能等级评聘考试。四是开展各类业务培训,2011年管理处投入资金19.6万元,共举办各类培训班17期,培训966人次。(张根喜　王升龙)

【水政与水资源管理】 一是健全机制,确保普法措施落实。管理处成立了"六五"普法工作领导小组、制定了"六五"普法工作规划、召开了"六五"普法工作动员会,确保普法工作顺利开展,有序推进。二是坚持标准,切实落实各项普法工作。加强了与属地司法局的联系,征求指导意见,确保高标准开展普法依法治理工作。与自治区水利厅水政处联系,为没有的水政执法资格的水政监察人员办理水政监察执法证。三是结合实际,积极开展依法治理工作。管理处严格落实水行政执法,严肃查办违法行为。四是强化监察,依法查处水事案件。依法治理了树新林场在干渠保护范围内挖湖事件,确保了干渠安全行水。

(张根喜　王升龙)

【综合经营】 管理处充分发挥行业特色,围绕"水土"做文章,对渠道保护范围确权划界、重新丈量核实出租土地面积、上调土地租赁价10%、回收出租土地8公顷、库区开发荒地6.67公顷,进一步扩大了土地的存量。支持基层管理所段职工种植蔬菜、养殖家禽,基本实现了时令蔬菜和肉食自给。管理处工程公司抢抓水利建设投入大、项目多的有利时机,不断拓宽工程施工市场，积极参与灌区续建配套工程建设，取得了较好的经济效益。全年完成产值1540万元，较2010年增长了50%。（张根喜　王升龙）

党委书记高铁山（右一）检查所段“四小工程”建设

【财务管理】 一是坚持重大经济事项民主决策。管理处严格遵守财经纪律，凡固定资产购置、大宗物资采购等重大经济事项集体研究审定，民主决策意识和透明度进一步增强。二是坚持不断完善财务、审计规章制度。结合实际修订完善了《西干渠管理处水费收缴管理办法》等制度，确保管理处资金安全。三是坚持开展财务审计、财务检查。管理处采取定期检查、随时抽查、主动自查等形式，对处属各单位执行财务计划情况、水费收缴、非生产性开支、“小金库”及公务用车专项治理工作等督察检查，发现问题，及时纠正，不断提升财务管理水平。四是坚持开展增收节支活动。管理处按照先有预算后有支出的原则，严格控制行政成本，压缩“三项经费”，全年车辆运行费、公务接待费较往年压减了5%。

（张根喜　王升龙）

【党建与精神文明建设】 一是突出重点，落实学习任务。各党支部组织开展集中学习10次以上、座谈交流4场次、党员干部职工每人撰写心得体会4篇以上。举办和选派人员参加了区内外举办的各类学习班22期900余人次；组织全处77名渠道维护工开展了冬季职工业务知识培训活动，把职工培训学习成绩与绩效工资挂钩，职工整体素质得到进一步提高。二是深入推进创先争优活动。继续深化“三基一化”活动，全面推行党务公开；吸收预备党员7名，按期转正党员1名；建立了领导点评、党支部和党员自评、群众测评和组织考评以及党支部书记、副书记抓党建工作双向述职制度，形成了党建工作的新机制；广泛开展了党员示范亮牌、“八区四岗”责任制、“党员奉献日”等活动，督促党员将责任和工作落实到位。三是广泛开展纪念建党90周年活动。邀请专家讲党史；开展了党史知识答题、竞赛、读红书和唱红歌活动；开展了“我喜爱的党课”评比活动。四是加强思想政治和精神文明建设工作。管理处投入资金近10万元，为基层所段配置更换了电冰箱、灶具、桌椅等生产生活设施；大力实施“四小工程”建设，发展庭院经济；筹措资金13万元，为全处在职职工和离退休人员392人进行了体检；组织全处离退休人员参观了黄河世纪坛、宁夏水博馆等水利风景区；对第二管理所、拦洪库管理所进行了宣传布展，营造了健康向上的水文化环境；第二管理所被属地评为“文明单位”、第四管理所被属地评为“平安单位”。五是充分发挥工会、共青团的桥梁纽带作用。资助了3名灌区贫困学生；成功举办了“三八”妇女联谊会、职工趣味运动会等文体娱乐活动。六是加强党风廉政建设和反腐败工作。广泛开展了“以人为本、执政为民”主题教育活动和第四个廉政文化宣传月活动，形成了制度约束、个人自律、内外监督相结合的反腐倡廉的监督机制。

（张根喜　王升龙）

宁夏回族自治区惠农渠管理处

【概况】 2011年，宁夏回族自治区惠农渠管理处（以下简称“管理处”）以“规范、创新、改革、发展”为主线，以开展“制度落实年”活动为抓手，抢抓中央1号文件和自治区《关于加快水利改革发展的决定》出台的机遇，紧紧围绕节水抗旱保灌，求实创新、扎实工作，圆满完成了全年各项工作任务，被评为自治区水利厅先进单位、“五五”普法先进集体。管理处设办公室、防汛工程科、灌溉管理科、组织人事科、计划财务科、水政科、监察审计室7个职能科室和8个渠道管理所、1个扬水管理所、1个工程公司，管理所下设32个管理段。共有职工313人，其中各类技术人员

71 人，具备初级职称的 50 人，中级职称的 15 人，高级职称的 6 人。（段利华）

【灌溉管理】 2011 年惠农渠灌区控制面积76000 公顷，在册灌溉面积 41199 公顷。作物种植面积 41006 公顷，其中水稻 13621 公顷，小麦 10610 公顷，玉米等其他旱作物 16775 公顷。灌域内水稻、玉米等作物种植面积持续增加，小麦种植大面积减少，灌区作物需水规律、灌溉模式发生了重大变化，灌溉工作面临引水受限、需水增加和调整用水方式的三重挑战。管理处坚持“统一领导、科学调配、水权集中、以供定需”的工作思路和“控上、稳中、保下”的工作要求，紧紧围绕灌溉“六字”方针，积极予以应对：一是紧抓一个“早”字，抓早动快超前工作。及早召开了灌溉会，及早督促乡村做好作物结构调整、支渠清淤、砌护等工作，及早落实应急补灌措施，及早编制水量调度方案。二是突出一个“严”字，严格配水科学调度。坚持用水申请及申报制度，严格按计划配水供水，维护良好用水秩序。三是把握一个“难”字，上下兼顾突出重点。把高口、高地及末梢灌水作为灌溉重点来抓，倒排灌期，缓解灌溉矛盾。处所段三级调度充分利用周例会、灌溉例会、会长例会互通用水信息，总结经验教训，解决灌溉难点。四是体现一个“活”字，因势而变灵活调配。惠农渠渠系较为复杂，采取上下游、昌惠渠、昌滂渠轮灌，缓解高峰期用水矛盾。五是落实一个“补”字，实施多水源调控补灌。全面落实井渠结合“三个责任主体”，加快井渠结合灌溉技术的推广。适时启用兴惠、礼和、引五济惠、引五济官泵站补水，发挥多水源调控补灌作用。六是盯住一个“准”字，确保公正公开公平。对 38 台测流仪器进行了校核，对量水曲线进行了校验，举办了 U 型渠道测量水培训，对 196 名协会人员进行测量水培训，与乡镇协会联合组建了测量水监督小组，实施双向监督。全年干渠计划引水 8.83 亿立方米，实际引水 9.37 亿立方米，供水 7.83 亿立方米，商品水率 83.6 %。

（段利华）

【工程建设与管理】 争取续建配套工程投入 3950 万元，完成昌渠、惠渠永治闸下 24 千米砌护改造及梢段裁弯取直、永一洞、宝丰沟涵洞翻建。在自治区水利厅的支持下，投资近 500 万元，建成二、三所办公用房和设施配套。完成 8 项涉外工程的勘验审批工作，争取涉外工程资金砌护、整治渠道 500 米。投入岁修资金 279 万元，实施渠道除险加固工程 222 项。协助设计单位完成了昌(滂)渠改造、大闸改造、信息化建设等前期工作。（段利华）

【防汛抗旱】 认真落实各项防汛责任制，做到思想到位、责任到位。积极主动与乡村有效衔接，落实防汛抗旱联防组织。组织扬水泵站职工开展了防汛演练，加强日常巡护检查等，实现了安全度汛。

（段利华）

【安全生产】 坚持组织领导和职责落实到位。层层签订安全责任书，实行处所领导包片划段，明确安全责任。建立了病险建筑物“病历卡”，设立了安全警示标志和水事险情报告电话。完善了抢险应急预案，与乡村签订了抢险联防协议，落实了抢险物料和机械，确保出现险情时联防队伍拉得起、物料机械用得上、处置应对反应快。以“安全月”为契机，开展安规学习、安全征文、集市咨询、知识竞赛、抢险演练等活动。举办“惠农讲坛”安全专题交流和现场警示教育，扩大安全宣传和教育的影响力。全年共开展各类安全专项检查 481 次，投入抢险资金 28 万元，成功处置险情 31 处。成功处置了五香节制闸底板渗水管涌较大险情。坚持巡渠查岗和警戒控制到位。加强巡渠查岗督查，合理调整断面水位变幅，保证了险情的及时发现和不超警戒水位行水。（段利华）

五香节制闸抢险

【水管体制改革】 1. 农村水费改革。一是强化“协会之家”建设。在 2010 年成立 14 个“协会之家”的基础上，新成立“协会之家”8个，实现了建家全覆盖。二是规范水费收缴方式。建立金融机构代收水费的相关信息网络，强力推进金融机构代收水费，代收率达91%。第五管理所、第六管理所选择地处偏僻的协会实行水费坐收，探索了水费收缴新模式。第四管理所试行代管村级协会人员工资新模式，探索解决协会人员工资返还难问题。2. 水管体制改革。实行管养经费与养护质量挂钩，基本完善了管养分离考核监督机制。（段利华）

【科技与教育】 以灌域水资源合理配置工作研究为课题，开展灌溉制度研究。通过田间实测，掌握灌域范围气象变化、田间地下水位和土壤含水率变化情况、5种主要作物灌溉现状和亩均用水量、引用水情况。完成了课题外业观测工作，进入数据实验分析阶段。投入职教资金15万元，开展业务集训9场次，阶段性专技、岗位培训14期，培训596人次；组织参加区外及水利厅举办的培训班15期，培训161人次；工勤技能人员晋级培训58名。（段利华）

【水政与水资源管理】 2011年管理处被自治区水利厅评为“五五”普法先进集体。制定了“六五”普法规划，普法进入新阶段。制定出台《经济合同管理办法》，建立重大问题法律咨询制度，共审查重要合同28份，通过法律顾问对4项重大事项进行了代理和咨询。开展了水政执法专项治理活动，集中拆除违章临时性建筑19处，制止违章建设、违章取土5起，随意取用水2起，追回土地补偿款13万元，责令赔偿6000元，规范治理工作取得阶段性成效。（段利华）

【综合经营】 一是完善机制明确职责，规范管理强化考核。制定《综合经营发展十二五规划》，将创收目标层层分解到各基层单位和部门，从奖励和分配机制上入手，加强对各单位的经营绩效考核。二是积极拓展资源优势，挖掘潜力提升效益。管理处对兴惠泵站河滩地开发种植水稻21.2公顷。各管理所结合实际，通过发展养殖业、整合土地资源等方式提高经营效益。三所开发荒地增加收入5万元。四所、六所将耕地划分等次进行竞租，收益分别较2010年增长了73%和33%。五所职工集资购买23头牛，发展绿色养殖，形成了一定的规模。以奖代补支持所段发展“四小工程”，养殖家禽家畜1459只（头），种植时令蔬菜0.8公顷。三是强化管理树形象，参与市场求发展。组建了监理公司，拓展了增收渠道。加强对工程公司的指导和监管，公司管理进一步规范，市场竞争能力明显提升。全年承揽项目8项，合同额达3000万元。全年全处完成综合经营产值2200万元，利润186万元。（段利华）

【财务管理】 1. 严格执行年度预算，严格审批程序，实行公用经费包干。紧缩车辆、会议、差旅费支出等措施，挖潜增效，全年公用经费节支2%。编制了工程维修定额，有效控制了工程建设成本。2. 坚持监督检查，自我完善。对基层各单位财务工作进行多次检查，对发现的问题限期整改，并进行复查。抓好会计电算化的安全运行和软硬件的维护工作，对财务软件和收费系统软件进行了升级。3. 与各管理所签订水费目标责任书，将收入包干到所，明确目标，落实责任。全年共完成供水收入3166万元（含干渠以下水费438万元），供水支出4291万元（含干渠以下水费438万元）。（段利华）

机关工作人员到兴惠泵站植树

【党建与精神文明建设】 管理处党委以统一思想，提供保证为目的，坚持理论武装头脑，坚持抓班子带队伍，落实党建工作责任，夯实了党建工作基础；丰富党建活动载体，加强职工队伍培训，坚持以人为本，加大宣传工作力度，强化党风廉政建设，加强工团工作的指导。（段利华）

宁夏回族自治区汉延渠管理处

【概况】 2011年，宁夏回族自治区汉延渠管理处(以下简称“管理处”)有职工233人,聘专业技术人员76人(其中正高级1人,副高级5人,中级41人,初级29人)。内设7个科室(办公室、组织人事科、灌溉管理科、防汛工程科、计划财务科、水政科、监察审计室)及工团组织,基层设有5个管理所、1个红星试验站、4个公司（宁夏汉延水电工程有限公司、宁夏坤水园林绿化有限公司、宁夏华正监理中心汉延分公司及宁夏鸿翔林业发展有限公司)。汉延渠全长88千米。灌域灌溉面积24666公顷。2011年,管理处认真贯彻落实自治区水利厅决策部署,强化管理,落实责任,取得了较好成绩。全年干渠累计引水5.17亿立方米,支渠供水4.3亿立方米,商品水率83.1%,结算干渠水费1333万元,综合经营产值2800万元,利润140万元。实现了渠道安全行水、灌区均衡受益、单位及灌域和谐稳定。2011年获自治区水利厅安全生产先进单位、全区农业灌溉节约用水二等奖、水利厅青年安全生产示范岗。（李小玲）

【灌溉管理】 2011年,管理处始终坚持推进节水型社会建设,加强灌溉管理,完成了24666公顷灌溉任务,计划用水5.293亿立方米,干渠实际引水5.17亿立方米,支渠供水4.3亿立方米,商品水率83.1%。一是结合灌域作物种植结构调整，制定切实可行的配用水计划,内部实行引水量和流量双指标控制。二是加大灌前水情宣传,督促支渠早引早灌,合理拉长灌溉周期,缓解供水压力。三是优化水量调度,坚持“上下游交替、高低口轮灌、有闸段灵活调控、无闸段集中配水”的水量调配方案,确保上下游均衡受益。四是充分发挥节制闸和干渠水位遥测仪的调控、监控作用,确保干渠平稳有序输水。五是进一步规范测量水工作程序,加大监督检查,提高计量精度,做到水账日清日结,不断提高水务公开透明度和时效性。（李小玲）

【工程建设与管理】 一是加强春秋修工程的建设管理。2011年全处春秋修工程计划总投资53.92万元,实际完成投资78万元。春秋修工程共完成土方12124立方米,浆砌石66.7立方米,砼436立方米。二是切实抓好续建配套工程的建设管理。管理处承担汉延渠银东渡槽至二排渡槽段砌护改造等工程施工阶段的现场管理任务，三项工程都经受了行水考验,发挥了正常的工程效益。三是做好各类涉外工程的协调管理工作。对掌政镇孔富路桥等4座跨渠桥梁及哈纳斯天然气管道穿渠等11余项涉外工程项目进行协调管理。四是争取自治区水利厅各项建设资金和续建配套项目，并做好管理处基础设施改造规划。五是做好管理所、段基础设施修缮工作,对部分管理所、段漏雨房屋进行了维修。六是做好树木管护工作。对渠道树木进行了清查,进一步整理规范树木登记卡,落实管护责任。（李小玲）

【防汛抗旱】 1.防汛。完善了防汛抢险工作领导小组,明确了分工及职责,重新修订了管理处防汛应急预案,检查落实防汛抢险物资,并与沿渠受益单位签订《抢险协议》。进一步加强安全生产应急管理,落实安全生产应急措施。6月份,组织开展了防险抢险实战演练。

2.抗旱。面对持续的冬春夏三季连旱、无有效降水,灌期时段性引水严重不足的灌溉用水形势,管理处进一步加强支渠用水管理,强化水量调度。及时与受益单位签订供用水合同,明确双方责任,有针对性地制定水量调度预案,用水高峰期采取有力措施,拉长灌溉周期,避免用水叠加,提高了灌溉效率,较圆满地完成了全年的抗旱灌溉任务。（李小玲）

【安全生产】 一是强化安全生产责任制，细化分解安全生产工作目标,编制安全生产工作计划,针对存在的问题及时制定相应的整改措施，切实将各项安全生产工作制度、事故防范措施落到实处。二是以“安全生产月”为契机,广泛开展形式多样、针对性强的安全生产教育活动。三是强化调度指令,严格执行操作规程,确保干渠安全运行。高效发挥水情测报等信息系统的监控作用,为科学调度、安全灌溉提供了基础性保障。四是做好财产物资及水费安全管理工作,认真落实五防内保各项措施。五是加强对机动车驾驶员的安全教育和管理,邀请交管、消防专业人员就交通安全及消防安全知识做了专题讲座。通过全方位抓好安全生产工作,实现了职工人身、车辆、财产无事故,干渠连续26年安全行水的目标,荣获自治区水利厅安全生产先进单位。（李小玲）

【水管体制改革】 2011年,管理处把为农民用水者协会人员办事提供便利、指导帮助协会搞好灌溉征费作为延伸服务的首要任务。全处管理所、段都建立了协会之家,并紧紧围绕加强协会组织建设这一中心,切实落实“协会之家”和“会长例会”两个制度,着力抓好规范金融机构代收水费,推广“一卡通”缴费办法;探索预购水票制试点,破解部分协会水费征收难题;严格执行水费收缴政策,加大水务公开力度这“三项工作”,切实把水管单位延伸服务内容落到实处,切实推进协会建设。（李小玲）

【科技与教育】 牢固树立水利科学发展的思想,围绕水利管理中心工作,积极开展科研工作。一是自筹资金5万元开展了“农民用水者协会运行体制机制研究”科研项目,形成了15万字的技术研究成果报告。该项目获得了自治区水利厅科技进步二等奖。二是继续做好“汉延渠灌域信息化工程建设”项目的建设与管理工作。三是积极争取自治区水利厅的支持,立项开展了“灌域面积减小及设施农业发展对汉延渠灌域可持续发展的影响研究”的课题研究工作,并已形成了阶段研究报告。四是加大对党政人才、专业技术人才和经营管理人才的培训,全处共举办和外派参加学习班31期300余人次,投入教育培训资金17余万元。（李小玲）

【水政与水资源管理】 加强水政监察能力建设,积极探索文明、和谐、灵活执法方式,规范水行政执法。利用“世界水日”开展依法治理专项整治。开展五项执法专项检查,有效预防水事违法案件,维护水工程安全和灌区稳定。以“世界水日”“中国水周”宣传活动为契机,积极开展水利政策、法律法规宣传教育,聘请自治区法制办领导讲解依法行政、依法管理方面的法律知识。认真做好“五五”普法和“五五”保密法制宣传教育的收尾工作,积极部署和启动“六五”普法和“六五”保密法制宣传教育及五年工作规划。积极谋划部署社会治安综合治理工作,层层签订社会治安综合治理责任书,做好五防内保基础工作,采取10项措施推进平安建设,为管理处水利改革发展提供保障。（李小玲）

【综合经营】 水利经济稳步发展。全处共完成综合经营收入2800万元,实现利润140万元。宁夏汉延水电工程有限公司和坤水园林绿化公司积极参与招投标。工程公司中标四项工程,坤水园林绿化公司中标三项工程。监理公司完成监理项目四项。各所站利用自身优势在土地经营、房屋出租、小型工程承建等项目中不断加强综合经营发展。（李小玲）

【财务管理】 2011年,全处供水总收入为1569.99万元,上级补贴收入180.7万元,供水成本费用总支出2462.29万元,净亏损711.6万元。一是强基础,抓规范,充分发挥会计的核算和监督职能,严格原始凭证及报销手续的审核,规范会计科目和会计档案管理。二是量入为出,统筹兼顾,合理安排年度财务收支计划,大力压缩各种非生产性和一般性支出。三是做好资金筹集和分配工作,在确保单位正常运转和人员工资发放的前提下,灵活调节资金余缺,严格控制支出规模,最大限度地缓解资金供需矛盾。四是加强财产物资的管理,定期对财产物资进行清查盘点。五是按照相关规定,依法完成了对处属2个企业的年度经营情况审计。（李小玲）

【党建与精神文明建设】 一是抓学习。以建立学习型党组织和学习型领导班子为目标,全年共组织中心组学习9次,配发各类学习材料10种600多册。领导干部共计下基层200余人次,完成调研报告8篇。二是抓队伍。严格按照《党政领导干部选拔任用条例》规定,开展“海选公推”干部工作,并将选拔的10名科级干部充实到基层。三是抓党建团建。开展党建工作规范化建设,进一步规范议事程序。吸收预备党员2名,按期转正党员3名。以创先争优活动为主线,推进“讲党性、强作风、做表率、争优秀”主题教育活动,开展庆祝建党90周年系列活动和管理处党委与基层党支部的“结对共建”活动。完成汉延渠第三届团委及各团支部换届选举工作。四是抓廉洁。认真学习贯彻中纪委十七届六次全会和自治区纪委十届六次全会精神,进一步落实党风廉政责任制,积极开展科级干部廉政谈话。五是抓思想。大力弘扬党的光荣传统和优良作风，及时掌握离退休人员的思想状况，做好离退休党支部工作。六是抓宣传。全年编发工作信息131条，全处组织参加宣传活动25次，编印《汉延渠畔》小报4期。七是抓民生。全年召开职代会两次，征集提案18条，对其中11条提案进行了落实，对暂时还不能落实的7条提案进行了认真答复。全年投入19.8万元慰问职工，为考入高等院校的职工子女发放了助学补助金，安排离退休职工进行身体健康检查，为每位职工送生日祝福。

（李小玲）

宁夏回族自治区渠首管理处

【概况】 2011年，在自治区水利厅党委的正确领导下，宁夏回族自治区渠首管理处（以下简称“管理处”）坚持以科学发展观为统领，深入学习贯彻中央、自治区关于加快水利改革发展的决定和全区水利工作会议精神，以“强化管理树形象、奋力拼搏创辉煌”为目标，较好完成了全年各项工作任务。宁夏引黄灌区4月2日开闸放水，11月20日停灌，安全行水202天。青铜峡和沙坡头两灌区13条干渠共引水60.71亿立方米，较2010年多引0.56%；渠首灌域实引水量2.254亿立方米，较2010年少引2.13%。全年实现供水收入1684万元，综合经营产值2600万元，利润150万元。管理处设组织人事科、灌溉管理科等7个科室，大清渠、大坝等6个基层管理所，工会、共青团2个群众组织和工程公司、监理公司2个经济实体，现有科级干部36人（15正21副），干部职工223人。2011年荣获“黄河上中游流域取用水统计先进集体”荣誉称号。

（陆　超）

【灌溉管理】 1. 水量调度有新进步。认真制定水量调度预案，严格按指标、指令调水，做到调度及时、准确无误。投资10万余元对管理处调度室进行信息化改造，新购置计算机、投影仪等设备，重新核定宁夏引黄灌区灌排系统图和灌区水量调度技术参数，采取电子屏实时显示各干渠的动态流量，搭建短信群发平台，及时向管理处领导及各级调度人员发送气象、水情、灌溉进度等动态信息，为科学调度、安全输水提供了有力保障。2. 灌溉管理有新举措。科学编制用水计划，加强与政府、乡镇、农民用水者协会的协调沟通，及时通报水情，严格管理各干渠直开口、扬水泵站取水口，确保了农田适时灌溉，灌区均衡受益。灌溉期间，实行灌溉工作例会制，通过听取汇报，相互点评，查找不足，及时整改，进一步明确阶段性目标任务，达到了取长补短、促进工作的目的。3. 水文整编工作有新成效。执行水文测验、数据整编工作责任制，采取实地校测、评述交流等方式定期督察，编印了《干渠水文测验工作参考手册》，提升了水文测验工作水平。投资6万余元，更新配备了水文遥测相关设备，对水文资料管理软件进行研发升级，实现了水文资料管理系统与水位遥测系统的有机结合，数据无纸化录入，提升了工作效率，实现了水文整编成果的零错误，得到黄河水利委员会的通报表彰。

（陆　超）

【工程建设与管理】 1. 加强续建配套工程现场管理。2011年，积极争取自治区水利厅节水改造资金4000余万元，对大清渠18.6千米进行了全断面衬砌改造，翻建斗口67座，灌域节水灌溉工作成效凸显。2. 加强岁修工程建设管理。2011年，管理处投资76万元，实施了渠道清淤、大闸维修、险工段加固等工程82项，在大清渠新砌护渠堤两岸栽植树木6000余棵，成活率达90%以上，加固了渠堤，有力提升了水工程安全行水能力。

（陆　超）

渠道防汛抢险演练

【防汛抗旱】 认真学习贯彻《自治区抗旱防汛条

例》,建立健全防汛组织体系,修订了防汛预案,签订了联防协议,全面开展了突发事件应急演练和防汛抢险实战演练,覆盖率达100%,职工队伍应急抢险能力明显提升。新购置了潜水泵、草袋等防汛物资,做到了防汛组织、队伍、物资、通讯、预案、机械六落实。（陆　超）

【安全生产】 1. 加强安全教育培训。通过开展演讲比赛、安全知识及闸门操作技能竞赛、"安全生产月""青年安全生产示范岗"等形式多样的主题活动,加强安全培训,普及安全知识,增强了干部职工安全意识。2. 落实安全生产责任制。召开安全生产工作会议,层层签订责任书,建立健全了分管领导负总责,各部门分工负责,岗位人员具体负责的安全生产责任制,形成了"人人抓安全、时时想安全、处处保安全"良好氛围。3. 加大安全隐患排查力度。坚持领导带班、巡渠查岗、定期安全检查制度,并将安全检查内容细化量化为4大项23条,逐条对照、检查落实,确保了隐患排查全面彻底、不留死角。全年开展安全专项检查8次,落实资金47万元,排查治理隐患96项,检修进退水闸22座。（陆　超）

检查大闸机械设备运行安全

【水管体制改革】 创新农村水费改革的良性运营模式,组建了大清渠所瞿靖段、小坝所龙门桥段等5个协会之家。在大坝、泰民渠管理所开展了"凭票供水"试点工作,制订了实施方案,明确了工作流程,深入村队宣传动员、赢得支持,落实"先购买水票、再申报水量、后开口用水"的管理机制,增强了群众的水商品意识,实现了"淌放心水,交明白费"的工作目标,受到了各界一致好评。（陆　超）

【科技与教育】 1. 加大科技投入,提高工作效率。科技投入30余万元,新安置水位报警屏、超声波水位传感器等,购置了单反照相机、摄像机、计算机、打印机等办公设备,在办公楼门厅安装了LED电子屏大屏,高标准完成了调度室的信息化改造,为高效快捷的开展各项工作奠定了坚实基础。2. 加强业务培训,提升素质能力。投入教育经费16.3万元,组织各类专业技术人员参加区内外培训48人次;针对不同岗位,先后举办电工、公文写作、水文测验等培训班4个,培训职工260余人次,进一步提升了职工的业务能力。（陆　超）

【水政与水资源管理】 严格水政监察执法,有效制止在渠道管理范围内取土、栽杆、堆放杂物等违法事件发生,查处各类水事案件18起,挽回经济损失40多万元。认真开展普法宣传教育和依法治理工作,开展"法律大家谈"等活动,全面总结了"五五"普法成果,顺利启动"六五"普法工作。（陆　超）

【综合经营】 做大做强工程公司,积极参与工程投标,承揽实施了惠农渠渠道砌护等工程5项,完成产值2380余万元,利润达110万元,施工企业信用等级被评定为AA级。注册成立监理公司,承揽了青铜峡市滑石沟整治等工程项目,完成产值50万元。对全处71宗果园、农田、房屋、鱼池进行清查摸底、核实面积,统一竞标租赁,实现收入45.5万元。（陆　超）

组织观摩交流各所综合经营情况

【财务管理】 1. 严肃财经纪律,提升财务管理水平。科学编制年度和月度财务收支计划,通过经费包干、资产清查、定期开展财务收支情况检查等措施,着力压缩非生产性开支，筹措资金还清贷款400万元，摆脱了长达14年债务负担。2.建立激励机制，加快水费收缴进度。修订完善了水费收缴管理办法，签订了目标管理责任书，明确了5月、7月、11月底三个阶段的考核指标，建立了奖罚激励机制，极大地鼓舞了基层管理所的收费积极性，7月底水费收缴进度较上年同期提高20%，11月底圆满完成了水费收缴任务。（陆　超）

【水文化建设】 充分利用得天独厚的地理优势，把大坝水利风景区、水利博览馆的管理工作与水利中心工作相结合，坚持两手抓、两不误、两促进。一是强化大坝水利风景区建设管理，积极协助恢复了古龙王庙的重建，较好承办了2011年引黄灌区"放水节"仪式，全年高标准、高质量地接待了欧盟部分成员国、水利部、中纪委、自治区等参观考察团体60余批次、2000余人次。二是在代管宁夏水利博览馆工作中，积极抽调9名职工，组建了管理机构，新建了黄河景观水道，通过月度评比、反复试讲等提高讲解质量，较好完成了水利部副部长胡四一的调研指导和博览馆预展剪彩等接待保障任务，宣传展示了宁夏治水新成就和水利新形象。（陆　超）

【民生建设】 管理处始终把改善基层干部职工的生产生活条件作为工作重点，列入议事日程，办实事、办好事。一是多次协调将管理处家属楼、办公楼、招待所供暖接入城市管网，接通了家属楼天然气，解决了供暖、供气难题，方便了职工生活。二是投资38万余元，对机关大院红旗沟上段150米进行回填整治，消除了安全隐患。三是投资20余万元，更换办公楼门窗，清洗大楼外墙，安装电子屏和视频监控系统，亮化了办公环境。四是投入10万元，购置摄像机、照相机等设备，统一更换基层段点灶具、电脑等设备，改善了工作生活条件。五是投入10万元，将废弃闲置锅炉房整修为职工活动中心，定期组织羽毛球、乒乓球、象棋等文体比赛，极大丰富了职工业余生活。六是组织全处职工进行了健康体检，建立了健康档案。七是实行绩效工资倾斜基层，让一线职工得到了实惠。（陆　超）

【党建与精神文明建设】 1.团结务实讲和谐，班子凝聚力进一步提升。坚持中心组学习制度，执行民主集中制原则，抓大事、办实事，认真规划管理处发展蓝图，在选人用人、评先选优等问题上，坚持客观公正，集体研究决策。全年中心组学习11次，撰写调研报告5篇。2.强化党风廉政建设，为单位发展保驾护航。制订《反腐倡廉教育三年工作规划》，开展《廉政准则》自查整改和6名科级干部内部审计工作，加强"三重一大"的监督管理，签订《工程建设廉政协议》25份；创办《廉政荐文月月读》，建立廉政文化示范点，层层签订党风廉政建设责任书52份，形成了以责任落实促廉政建设的长效机制。3.强化组织建设，发挥好战斗堡垒作用。及时印发党委工作要点和党支部工作手册，安排部署党建工作。各党支部坚持"三会一课"制度，规范党员管理，接受预备党员2名，预备党员转正6名；结合创先争优等活动，建立了党员活动室、党支部宣传阵地，促进党支部工作取得实效。4.强化干部管理，营造风清气正的用人环境。通过中心组带科级干部学习、建立"周五讲坛"、向科级干部赠书等方式，不断提高干部综合素质；将科级干部考核与单位、科室年度考核挂钩，切实增强干部责任感、使命感；推行科级干部公开竞争上岗，选拔科级干部9名，交流干部18名。5.强化作风建设，增强单位发展后劲。管理处党委开展了"干部教育　规范管理年"活动，按照干部教育、制度建设和规范管理3大主题，细化分解工作要点和目标责任，编撰了《管理处规章制度汇编》，实行了"月汇报、季考核"制度，将效能督办延伸到所段，提升了单位规范化管理水平。6.强化行风建设，树水利行业良好形

举办安全生产知识竞赛

象。加大党务、政务、水务公开力度,采取召开群众代表座谈会、发放征询意见表等措施“开门评风”,行风评议满意率达98%,受益乡村送来了锦旗和感谢信,大坝、大清渠管理所在青铜峡市民主测评政风行风建设水利类评比中获得第一、第二名的好成绩。7.强化工会、共青团建设,发挥桥梁纽带作用。管理处工会按期组织召开职代会,征集提案32条,采纳28条,举办了迎新春文艺汇演,表彰了优秀女职工和文明家庭;建立了职工子女接受高等教育奖励制度,不断丰富职工之家“建家”内涵,获得自治区农林水利系统“模范职工之家”荣誉称号。管理处团总支从创新团建工作入手,深入开展“青年文明号”创建活动,大坝水利管理所、大清渠水利管理所永涵管理段分别被授予自治区和水利厅“青年文明号”荣誉称号。 (陆　超)

宁夏回族自治区秦汉渠管理处

【概况】 2011年,在自治区水利厅党委的正确领导下,宁夏回族自治区秦汉渠管理处(以下简称“管理处”)深入学习贯彻党的十七届五中、六中全会精神,始终坚持“抓班子带队伍、促和谐谋发展”的工作思路,积极提升职工素质、灌区管理服务水平,灌区呈现作物适时灌溉、均衡受益,灌区社会稳定、经济发展和民族团结的向好态势。全年安全行水177天,引水11.1亿立方米,实现供水收入3472万元,完成计划的103%,当年完成产值4578万元,人均创收125769元。管理处内设7个科室、2个群众组织,下辖10个管理所、1个工程公司和1个维修养护大队,现有在职干部职工359人,离退休人员93人,专业技术人员78人。先后荣获“水利厅先进基层党组织”“全区依法治理示范单位”和“全区水利财务工作先进集体”称号。 (朱　丽)

【灌溉管理】 一是明确职责,科学合理调度。实行管理处领导包渠系、科包所制度,强化领导监督职责。提前编制《水量调度应急预案》,实行干渠编组轮灌,干渠内部进行上下游轮灌。二是加强协调,全力以赴保灌溉。加强与受益市县、乡镇和农民用水者协会联系沟通,深入一线,与市县、乡镇及农民用水者协会人员共同解决灌溉难点。三是强化管理,维护灌溉秩序。不断加大干渠直开口的管理力度,严格水量计量。继续在灌区干渠直开口和扬水泵站推广应用防盗启闭机和扬水防盗阀。四是引入科技,提高量水精度。新购6台流速仪对69条干渠直开口进行测流,将管理处控断面的水尺统一更换为国标水尺,并抽调专人抽测和监测,提高了测流的准确性和科学性。投资105万元,建立了河东灌区渠道安全运行数字信息管理系统,实现了6处干渠及重点山洪预警远程视频24小时实时监控。五是延伸服务,建好协会之家。在各基层管理所、段建设农民用水者协会之家37处,覆盖率达到100%,并设立了15万多元协会之家运行保障专项基金。 (陈晓波)

井渠结合灌溉

【工程建设与管理】 全年渠道岁修工程实际完成334项,其中渠道清淤35.4千米,渠道加固5.7千米,翻建斗口5座,维修斗口142座,更换启闭机57套,维修大闸9座等,管理所、翻建管理段2处,维修雨量监测点及安装水位视频监测点11处。完成土方107341立方米,浆砌石918立方米,混凝土348立方米,投资约236.2万元。经管理处工程建设领导小组的验收全部达到合格要求。 (唐　娟)

【防汛抗旱】 以行政首长负责为核心,把防汛工作职责分解到各单位、部门,并严格按照渠道建筑物安全等级将巡护责任落实到岗位,具体到个人。坚持“建重于防、防重于抢”的原则,积极开展春修工程建设,切实提高渠道调控能力和工程防汛减灾能力。做好滞洪水库等病险工程改造与治理的前期工作，争取及早列入自治区水利厅改造计划。加强预案动态管理，于6月21日开展了有针对性的预案演练，涵盖了防汛布置、水情调度、抢险预案实施、后勤应急保障、退水出路及灾后处置5方面内容。（唐 娟）

开展防汛大练兵活动

【安全生产】 按照"谁主管、谁负责"的原则，进一步明确责任，层层签订《安全生产目标责任书》60份，建立了渠道水工建筑物安全等级册，切实把安全责任分解细化到每个人。继续严格落实渠道及建筑物巡护检查、巡渠查岗制度。进一步修订完善《秦汉渠管理处2011年防汛抢险应急预案》《秦汉渠管理处2011年"安全生产月"活动实施方案》《秦汉渠管理处安全生产应急预案》等应急救援预案。冬灌期间，为基层管理所购买了140套一氧化碳报警器，落实险工段安全防护措施，确保无火灾事故的发生。大力开展形式多样的安全生产宣传教育活动，组织干部职工观看"安全生产月"活动主题宣传片《安全责任、重在落实》和安全生产事故警示教育系列片。

（唐 娟）

【科技与教育】 一是职工素质教育得到强化。注重把多样性、实用性与趣味性、哲理性相结合，组织开展日常礼仪、健康知识、安全常识讲座。坚持党委中心组带科级干部、机关带基层、党员干部带职工的学习方法，采取"走出去学"和"请进来教"的方式，建立多层次、多渠道、立体式学习机制，加大培训教育力度，全年举办各类培训班14期，培训1000多人次。二是引入科技，提高信息化程度。新购6台流速仪对69条干渠直开口进行测流，将交水断面水尺更换为标水尺。继续在灌区干渠直开口、扬水泵站推广应用防盗启闭机和扬水防盗阀。投资105万元，建立灌东灌区渠道安全运行数字信息管理系统，已安装使用。与中国电信合作建立了6处干渠及重点山洪预警远程视频点，实现了干渠24小时适时监控。

（毛淑娟）

【水政与水资源管理】 总结"五五"普法工作，对2个先进单位、6名先进个人进行表彰了奖励，并启动了"六五"普法工作，制定了"六五"普法规划。在"六五"普法启动过程中注重发现和培育典型，确定管理处水政科、秦渠第一管理所作为"六五"普法依法治理示范单位，分类指导，做到先行示范。充分运用各种媒体，利用宣传日、宣传周、宣传月等多种形式集中组织开展系列宣传活动，为"六五"普法开好局营造浓厚氛围。加强维稳工作，做好"两排查一分析"的基础性工作，完善台账资料的具体要求，减少渠道及树木等违法行动的发生。（张 琦）

【综合经营与财务管理】 一是加大水费征缴力度。细化量化水费收缴目标，做到"定目标、定任务、定责任、定时限、定奖罚"，签订《水费收缴目标管理责任书》，继续执行水费收缴奖惩办法。二是加强财务收支管理。坚持"一支笔"审批制度，大力开展增收节支活动，加强公务费用管理，坚持民主集中制，对大宗物资进行集体和招标采购，实现了物资质量有保障，费用开支最小化。三是加快综合经营发展步伐。以东干渠两处14.67公顷果园为基地，建立了综合经营示范园，年内实现了职工福利"十个一"目标，自治区水利厅综合经营观摩团对管理处综合经营示范园给予了充分肯定。鼓励支持秦汉水利工程公司面向市场，多渠道承揽项目，争取效益最大化，全年完成工程建设项目15项，产值达3180万元，实现利润108万元。（查永乐）

【党建与精神文明建设】 一是基层组织建设得到加强。严格落实"三会一课"和民主评议党员制度，吸收预备党员5名，预备党员转正5名；以纪念建党90周年为契机，开展了"学党史、增党性、做奉献"系列活动，举办红歌比赛、党史讲座、观看党史文献片、开展党建征文等，激发了广大党员的政治热情，增强了

召开2011年党建暨党风廉政(行风)建设会议

宗旨意识;设立"党员示范岗、党员示范窗口",组织领导点评和群众评议,深入开展"亮承诺、践承诺""三亮三创三比三评"活动;进一步完善了农场渠管理所"创先争优"示范点,自治区党委调研组对管理处创先争优活动的做法给予充分肯定;通过选树先进典型,制作先进集体和先进个人光荣榜,编印"十优"岗位标兵事迹宣传册,组织"十优"标兵到西安世园会参观学习等形式,大力宣传先进典型事迹,党员干部创先争优意识不断增强。二是廉政文化建设水平不断提升。不断丰富廉政教育载体和手段,设计编印了《廉政风险防范手册》300本。不断充实和完善管理处3处廉政文化教育示范点内容,全年约有2039人次接受教育,自治区党委常委、纪委书记陈绪国,自治区党委调研组、自治区纪委、水利厅等领导先后调研参观,并给予充分肯定。三是精神文明建设不断深化。组织了春节文艺汇演;召开"三八"妇女节座谈会,举办了职工维权知识讲座;开展庆祝建党90周年歌咏比赛;组织全处455名在职职工和离退休人员体检;组织向吴忠市慈善基金捐款2.81万元;开展学习宣传李潇、纳振东见义勇为先进事迹活动;举办了职工书法、摄影、手工制作展,不断丰富职工业余文化生活;坚持以创促建,开展了全国文明单位创建活动。整理归档近3年各类档案资料129盒,通过了吴忠市文明委的初验和自治区文明委的检查验收。 (哈权宏)

宁夏回族自治区盐环定扬水管理处

【概况】 2011年,宁夏回族自治区盐环定扬水管理处(以下简称"管理处")在册干部职工429人,其中:管理人员61人,专业技术人员107人,工勤人员283人,新进人员7人,退休1人。全年上水149天,引水9155万立方米,供水收入1519万元;综合经营产值3166万元,实现利润209万元,引水量、供水总量及水费收入均创历史新高。管理处被自治区党委评为"全区先进基层党组织",获水利厅"综合经营先进集体""全区引(扬)黄灌区节水用水先进单位""全区水利财务工作先进集体"称号,获吴忠市"五五普法先进集体"称号。 (李鸿志)

【灌溉管理】 盐环定扬水工程自4月5日开机上水,11月13日冬灌结束,全年实际供水量8315万立方米,其中:农业供水6798万立方米、生态供水172万立方米、工业供水1057万立方米、人饮供水171万立方米;实际灌溉面积1.27万公顷,商品水率达87.48%,亩均耗水351立方米。

落实最严格的水资源管理制度,遵循水量分配指标和供水原则,将用水指标层层分解,明确到斗口,确保均衡受益。推进节水型灌区建设,加强同地方政府和水管单位的沟通协调,引导灌区农民优化作物种植结构,推广小畦灌溉,增强节水意识。合理调配水量,协调各用户分时段用水,减少用水高峰期"争水"的矛盾,保障了受水区农业灌溉和人饮、工业、城镇、生态安全供水。 (李鸿志)

【防汛抗旱】 1.修订完善防汛抢险应急预案,落实各级防汛责任和领导带班值班制度,开展防汛抢险和突发事件应急演练。为基层单位维修、新配发四轮拖拉机9辆,配备潜水泵、胶管、编织袋、铅丝、雨衣、救生圈、水泥、砂袋等物料,全处防汛物资共投入14万元。与受水区地方政府及群众签订群防联防协议,建立联防工作机制,落实抢险人员和机械,形成防汛工作合力。2.争取防汛费10万元,自筹资金133.5万元,加固修复工程32项,维修抢险道路58千米。3.面对受水区遭遇春夏连旱的形势,全处上下积极行动,系统加大负荷,开足马力,拉长供水周期,满足了各领域用水需求;各站(所)在干渠沿线设立便民供水点,为周边群众无偿提供生活用水,实现大旱之年无大灾。（李鸿志）

【安全生产】 1.抓责任落实。层层签订安全生产责任书,实行"一岗双责"和月查、季评、年终考核的工作机制,使安全生产成为衡量工作的硬指标、硬任务。2.抓安全教育。以安全知识竞赛、有奖征文、隐患排查治理等活动为载体,进一步普及安全知识,开展职工安全培训,对特种作业人员做到了持证上岗。3.抓安全监管。发挥"三级"安全网络的职能作用,把定期检查与泵站自查、集中检查与随机抽查、全程监督与日常管理结合起来,开展安全隐患排查治理,使在工程建设高峰期,施工人员多达2000余人的情况下,未发生一起施工安全事故。（李鸿志）

党委书记窦元之(右二)、处长李克文(右一)、副处长杨永春(左一)安全设备春检工作

【机电运行与管理】 投资73万多元,完成机电主附设备维修965台(套),设备完好率达99.89%。严格设备专责和"两票"管理,编制《安全生产工作手册》,规范安全生产台账。扬水力率为0.97,能源单耗4.32千瓦时/千吨米。（李鸿志）

【工程建设与管理】 1.按期完成续建工程建设任务,累计完成投资1.06亿元,调度中心办公楼改扩建工程全面完工,机电设备更新改造、渠道水工建筑物维修治理任务基本完成,实现了泵站机电自动化控制,工程设备安全运行保障率明显提高。初步建成了涵盖16个基层单位的广域网络系统。2.争取自治区财政专项资金530万元,对病险工程进行除险加固处理,解决了影响工程安全的突出问题。3.自筹资金180多万元,更换压力管道103节。安排岁修资金147万元,维修建筑物107项,使渠道淤积、滑塌及渡槽漏水、压力管道漏筋等工程缺陷得到进一步治理。4.沙沟小流盐环定扬水二干渠东侧片区治理项目获自治区发展和改革委员会批复,安排项目资金268.22万元,管理处规划2012年全面实施。（李鸿志）

【科技与教育】 采取请进来与送出去、理论讲解与现场培训相结合的办法,邀请设备厂家技术人员和区内外专家,集中开展自动化知识和各类业务培训,组织职工全程参与续建设备安装和调试,做到边建设边培训,续建与培训同步,增强了培训的针对性和实效性,提高了职工业务技能。全年投入培训经费22万元,举办各类培训班14期,受训职工922人次。重视人才队伍建设,聘用大学生6名,外送培训专业技术人员和技术工人98名。（李鸿志）

【水政与水资源管理】 加强水行政执法队伍建设,11名水政人员通过培训取得了水政执法资格证。查处工程范围内违法施工、取土案件3起,整治管理范围内违规种植、开地行为4起。建立并完善了工程全线重要桥梁的警示标志、在明显位置设立防溺水警示标志80余处。总结"五五"普法,启动"六五"普法工作,开展水利社会治安综合治理及平安建设工作,实现了单位全年无刑事治安案件、无灾害性事故、无群体性事件、无重大矛盾纠纷、无违法违纪事件的目标。（李鸿志）

【综合经营】 1.抓住水利建设高峰期和盐环定扬水续建机遇,指导工程公司不断开拓市场,参与工程投标,年内承担秦渠13标砌护、汉延渠砌护板预制工程等10多项,产值、利润再创新高。2.改变土地经营模式,实行自主经营与租赁经营相结合,培育发展色素辣椒、枸杞、马铃薯特色高效作物种植和枣树、苗木栽植。全力整合土地资源,新开、治理沙化土地53.33公顷。3.发挥职工的专业技术特长,承揽设备安装调试和泵站运行代管业务,多渠道创收。4.发展庭院经济,因地制宜,种植蔬菜3.4公顷,投资13万元,新建蔬菜拱棚7座。投资27万元,栽植常青树、

花灌木等树木1000余株，种植草坪1000多平方米，实施了四泵站、十一泵站庭院绿化美化工程。全处综合经营完成产值3166万元，实现利润209万元，分别超额完成计划指标的102%和42%。（李鸿志）

【财务管理】 坚持财务预决算制度，全年自治区财政拨工程运行补助费887万元，供水收入1521万元，供排水支出4563万元。加强固定资产管理，按权限及时处置固定资产。大力开展节约型单位建设，实行经费包干，压缩非生产性支出，保证资金的合理使用。多途径培训财务人员，加强财务工作监管，对“小金库”专项治理工作进行认真复查、总结验收，没有违规违纪现象。（李鸿志）

处长李克文（左二）、党委副书记毕高峰（左一）调研职工饮水安全情况

【党建与精神文明建设】 1.以学习贯彻十七届六中全会精神和中央1号文件、中央水利工作会议、自治区水利工作会议精神为重点，着力推进学习型党组织建设。开展“为民服务，创先争优”活动，开展大走访、建言献策、“一讲两评三亮”和“学先进 做贡献”等主题活动。扎实推进党风廉政建设，深入开展“以人为本、执政为民”和“七个一”为主题的廉政教育活动，完善惩治与预防腐败体系，建立“4343”风险防控机制。2.注重精神文明建设和文化建设，开展纪念建党90周年系列活动和“五一”文艺汇演、红歌赛等文化活动，管理处在自治区水利厅组织的纪念建党90周年歌咏比赛中获三等奖，在水利厅工会组织的职工羽毛球比赛中获优秀组织奖。积极参与社会公益活动，向吴忠市慈善机构捐款2万元。（李鸿志）

宁夏回族自治区七星渠管理处

【概况】 2011年，宁夏回族自治区七星渠管理处（以下简称“管理处”）在自治区水利厅党委的正确领导下，以邓小平理论和“三个代表”重要思想为指导，全面贯彻落实科学发展观，紧紧围绕中心工作，抢抓机遇，以中央、自治区水利工作会议精神为动力，以精细化管理为抓手，以落实经济责任为目标，以安全生产为目的，不断深化学习型党组织建设和“创先争优”活动，解放思想，真抓实干，团结奋进，锐意进取，圆满完成了各项工作任务，为宁夏中部干旱带经济社会发展提供了强有力的水源支撑。全年引水8.244亿立方米，其中，自流灌区引水3.57亿立方米，比计划少引水0.05亿立方米；扬水灌区供水4.674亿立方米，创历史新高。干渠商品水率达86.2%。全年实现总收入3489万元。其中：供水收入1624万元；综合经营收入1865万元，利润99.32万元，人均创收10.91万元，人均创利5808元。

管理处下设组织人事科、办公室、灌溉管理科、防汛工程科、计划财务科等7个职能科室和工会、共青团两个群众团体，5个基层管理所，3个综合经营实体。全处在职职工167人，其中，管理人员26人，专业技术人员62人，技术工人79人。大学专科以上学历98人，中级以上职称41人。2011年管理处获“全区水利工作先进集体”。（王治涛）

【灌溉管理】 面对三季连旱、黄河引水受限、引水指标减少、扬水上水量增加的不利局面，管理处坚持以民生为本，深化精细化管理理念，切实加强供用水管理，上下游均衡供水，确保灌区适时灌溉。一是深化调度精细管理，量化目标促灌溉。将全年计划、月旬计划与应急微调相结合，制定各段面用水计划指标，严格落实供水计划。坚持领导带班和机关科级干部轮流值班制度，及时解决灌溉中存在的矛盾和问题，保证了灌溉有序进行。严格执行调度管理办法，对所际断面交接水实行日均流量变幅和小时变幅双控制，加强各控制性水闸的运行管理，保证了干渠水位和流量稳定。强化直开口两级调度管理，提高段面交

接水保证率。二是深化供水精细管理，落实制度促规范。签订了直开口供用水合同、高田明口和小高抽安全管理协议，将用水指标和干渠直开口最大可供水指标逐日量化到各直开口和协会，扭转了昼灌夜不灌的陋习。加大测量水管理力度。维修改建测量水设施 16 处，校核测量仪器 20 部，提高量水精度。加大支渠计量督查力度先后 6 次检查支渠计量工作，进一步规范了水账记载、计算、结算等工作，杜绝了多放少记或少放多记等违规违纪行为的发生。加大对农民用水者协会工作指导力度。注重协会人员的培训和发挥协会之家的作用，建立会长例会联系制度，对部分灌溉困难的斗口在工程建设方面给予大力支持，解决淌水难问题，推进供水管理体系良性运行。三是深化服务精细管理，统筹兼顾保供水。面对扬水和自流用水矛盾突出的特点，采取压减自流用水指标、编组轮灌等措施，确保了三大扬水供水。用水高峰期，及时召开抗旱保灌会议，分析旱情、水情，实行处领导、科室负责人进所入段包干制度，深入田间地头组织灌溉，有效缓解供用水矛盾，保障了灌区上下游均衡供水。深化凭票供水工作，改进收费程序，供交同步，实现水停费清。（王治涛）

处长陈旭东与灌区群众查看水稻长势

【工程建设与管理】 2011 年，在自治区水利厅相关处室和部门的大力支持下，管理处争取投资 1400 余万元，完成了灌区续建配套与节水改造项目——七星渠王台节制闸至单阴洞沟渠道砌护整治；自筹资金220 万元完成岁修工程 69 项，改善了渠道、闸门、基础设施和工程带病运行问题，渠道安全输水能力和供水保证率进一步提高。认真落实《造林绿化管理办法》和《造林绿化目标责任书》，强化责任管理，适时对树木进行浇水、修剪，建立树木档案登记制度，提高了植树质量和管理水平，充分发挥了生物固堤作用。抢抓春秋季植树的有利时机，投资 21.6 万元，职工义务植树 15270 株，存活率、保存率分别达到 95%、98%。抓好苗圃基地建设，发展苗圃 5.2 公顷，培育新疆杨、樟子松等 8 个苗木品种。（王治涛）

【防汛抗旱】 2011 年，管理处修订完善《安全事故应急处理预案》《防洪调度预案》《扬水泵站跳闸停机应急预案》，进一步健全了突发事件应急机制。与当地乡（镇）、村及驻军组建了 21 支专群联防队伍，落实大型机械 34 台（辆）、聘请义务报汛员 17 名，落实防汛抢险人员 800 多人。投入 6.5 万元，储备铅丝、木桩、发电机等抢险物资，为渠道一线人员全部配备了救生衣，组织开展防汛预案演练，检验协同作战和应急处置能力，做到了组织、队伍、物资、通讯、预案、机械六落实。有效应对了 8 月 22 日白马地区六条山洪沟道爆发山洪的险情。（王治涛）

【安全生产】 2011 年，管理处紧紧围绕“安全责任、重在落实”的主题，紧抓“落实责任建体系、建立规章强监督、加强教育增素质、开展活动造氛围、精细管理促运行、全面排查除隐患、多措并举度汛期、全面动员保安全”等工作机制，强化安全生产管理，形成了上下联动、各尽其责、密切配合的安全生产管理体系。处、所、段层层签订了安全生产、综合治理、摩托车双管、施工安全等责任书，明确各单位、各部门安全及防汛职责，建立了主要领导亲自抓、分管领导全力抓、业务部门具体抓、相关科室协同抓、上下联动一起抓的安全生产管理网络。通过举办安全生产启动仪式、安全承诺签名、安全生产知识培训班、安全知识竞赛、开展事故隐患排查、防汛演练等活动，将安全知识学习和教育融入干部职工工作、生活的每一个环节，增强了干部职工的安全意识。“安全生产月”期间，全处共挂主题横幅 8 幅，悬挂宣传旗42 面，出黑板报 18 期次，刷写标语 108 条，发放宣传材料 2000 多份，办安全专刊 1 期。2 名职工参加中宁县安全生产演讲并获奖。共修改完善安全制度7 项。继续强化水利工程运行管理、灌溉调度、后勤服务和综合经营等领域的安全专项整治活动，采取相邻所所互查、段段互查的方式进行了10次安全大检查，对查出的8处隐患制定了相应预案，指定专人巡查。认真开展消防隐患排查专项整治工作，聘请专业人员开展消防知识培训及演练，新购置灭火器41件，重点建筑物、重点场所全部配备消防设施或设备。

（王治涛）

处领导检查施工施工进度

【水管体制改革】 管理处认真落实《七星渠管理处水利工程管理体制改革实施方案》，进一步深化水利工程管理体制改革，推动了全处水利各项工作的稳步推进。细化完善渠道及建筑物维修养护标准，采取维修养护大队与各管理所协同维修养护的新办法，投资8.5万元，完成了宣和东月桥至唐家湖、高干渠轿子山段等37千米标准渠堤维护任务。（王治涛）

【科技与教育】 管理处加大新科技、新技术引用，提升科技应用水平。一是积极推动工程带科研项目，编制完成了《七星渠高干渠轿子山段渠道大掺量粉煤灰砼砌护试验研究工程实施方案》和《七星渠上段拓展增流实施方案》。二是完成了灌区工程考核科研项目，为管理处建立了一整套详尽的灌区建筑物和渠道现状资料。三是积极与农科院开展合作，规划设计了清水河坝头子农场节水灌溉工程。四是积极配合宁夏水利水电勘测设计院，对管理处所有渠道及建筑物进行现场勘察，为"十二五"规划项目方案制定和实施提供了第一手资料。五是积极争取项目资金，实施高干渠梢段农场节水灌溉工程，引进小管出流节灌技术，提高水资源利用率。六是应用新材料SPC聚合物砂浆，对鞑子沟渡槽进行了漏水处理，效果良好。同时，管理处切实抓好职工教育培训工作，提高队伍整体素质。坚持"请进来"与"送出去"相结合的培训方式，集中组织开展职工轮训，投入职教经费17.3万元，狠抓科级干部、专业技术人员、技术工人三支队伍的教育培训。采取安排技术骨干外出学习，聘请工程建设、灌溉管理、安全生产、水行政执法、财务管理、公文写作等专家开展全员培训；共举办培训班37期，培训职工564人次，开阔了视野，增长了见识；抓住工程建设和监理项目，选派专业技术人员参与工程施工和监理，加大职工岗位培训，锻炼了队伍，激发了职工学业务的热情，形成了学技术、比技能、赶先进的浓厚氛围，提高了职工业务素质，为单位发展奠定了坚实的人才基础。（王治涛）

【水政与水资源管理】 2011年，管理处狠抓三项举措落实，强化水政执法工作，有效遏制水事违法行为，营造了良好的水事环境。一是加强水法规宣传。认真开展"六五"普法及依法治理工作。投入1.9万元，为职工配置了普法教材、学习笔记，开展普法宣传，增强干部职工法制意识。深入开展"世界水日""中国水周"和"六五"普法等活动，开展集中宣讲5场次，出动宣传车10辆(次)，发放宣传资料8000余份，张贴宣传标语120条，刷写固定标语30条，营造了浓厚的水法规宣传氛围，提高了群众的水法制意识。二是狠抓渠道清障工作。出台了《渠道管理保护范围管理办法》，对渠道管理范围内的涉外工程登记造册，规范了水行政执法和水利工程建设管理工作，严厉查处"四乱"(乱打井、乱取土、乱建违章构筑物、乱排污水)行为。开展以渠道清障为主的专项联合执法行动，与驻地乡镇派出所，依法对243处743立方米非法侵占渠堤堆放的杂物进行了强制清除，确保了渠道及防汛通道畅通。三是加大水行政执法力度。依法调处涉外涉水事件15起，有效遏制了水事违法行为的发生、扩大，维护了水事合法权益。管理处严格水资源管理，科学合理调配水量，优化配置水资源，进一步落实直开口两级配水制度，降低水量损失，切实提高水资源的利用率。科学合理调整自流与扬水灌区供水关系，优先保证扬水灌区用水，确保灌区均衡供水。

（王治涛）

【综合经营】 2011年，管理处建立健全水利经济目标责任考核体系，层层签订综合经营管理等目标责任书，加大经营指标考核力度，全员参与经营，提高经营发展能力，夯实发展基础。一是充分发挥工程公司、监理公司在综合经营发展中的龙头作用，千方百计增加收入。承揽工程施工和监理项目，实现收入1721万元。二是园林绿化公司加大果树管理、新科技、新技术的引进与应用，打造全区一流精品果园，向管理要效益，向科技要效益，实现收入110万元。三是鼓励基层单位充分利用渠道、宜林荒地扩大速生杨栽植项目，发展小种植、小养殖、苗木繁育等，实现收入34万元。 （王治涛）

恩和管理所竣工揭牌

【财务管理】 管理处财务工作按照一抓制度、二抓管理、三抓监管的思路，修订完善财务管理制度20多项，新制定《会议费管理规定》《加强所属企业经营活动监督管理的暂行规定》《内部审计管理办法》《公务用车管理办法》等制度。严格落实"一支笔"审批与多支笔会签支付核报程序。结合"小金库"专项治理、公务用车专项整治等工作，对基层单位财务及经营情况进行全面检查，强化了综合会计核算、合同履行、工程结算等方面的监管。科学合理制定财务计划，对非生产性开支实行经费包干，强化计划管理，减少公务开支，保证了管理处各项工作目标和任务的全面完成。2011年，自治区水利厅下达供水收入计划1575万元，实际完成1632万元，其中：自流灌区水费收入957万元，扬水灌区水费收入667万元（同心扬水173万元，红寺堡291万元，固扩203万元），泉眼山电厂水费收入8万元。 （王治涛）

【党建与精神文明建设】 2011年，管理处党委不断深化学习型党组织建设和"创先争优"活动，切实加强党建基础工作，增强引领事业发展的能力。一是狠抓党建工作目标管理责任制、"三会一课" 等党建制度的落实，确保党建各项工作的顺利开展。制定了《基层党组织党务公开实施办法》和《实施方案》，明确公开的内容、形式、程序、时限、原则、重点，公开事项178项。按照发展党员工作制度，大力实施"双培工程"，发展党员4名。坚持"党建带工建、党建带团建"，加强对工会、共青团工作的领导，积极支持工团组织依照法律和各自章程开展工作。深入开展"党群共建、创先争优"、真情助困进灌区、创建青年安全示范岗、"当好主力军，建功十二五"劳动竞赛等活动，充分发挥了工会的桥梁纽带和共青团的生力军作用。切实加强干部队伍建设，积极探索完善干部考核管理机制，把干部日常考核与年度考核相结合、个人素质考核与所在单位业绩考核相结合，构建了干部能上能下、职务能升能降、充满生机与活力的选人用人机制。以增强责任意识为着力点，对科级干部进行了民主测评，激发干部创先争优、干事创业的激情。坚持德才兼备、以德为先的选人用人标准，按照干部选拔任用规定，选拔任用、调整交流科级干部4名。组织开展纪念建党90周年系列活动，增强了宗旨意识和党员意识。举办了以"举党旗、颂党恩、跟党走"为主题的唱红歌比赛、召开建党90周年庆祝大会、组织党员到盐池革命纪念馆参观学习，接受红色洗礼，深刻缅怀党的丰功伟绩和光辉革命历程，激发干部职工爱党爱国爱水利的热情。召开了以"强党性、做表率、促发展"为主题的专题组织生活会和"坚持以人为本执政理念，发扬密切联系群众优良作风"为主题的专题民主生活会，党组织引领事业发展的核心作用和党员的先锋模范作用进一步发挥，党员敢于在工作中挑重担、唱主角、打硬仗。二是切实加强党风廉政建设。层层签订党风廉政责任书35份，承诺书37份，对新任职科级干部进行廉政谈话和廉政承诺。按照领导干部"凡离必审"的原则，对1名科级干部进行了离任经济责任审计，对3名科级干部进行了任期经济责任审计，对2个经济实体年度经营

红歌演唱会

情况进行了审计。以“三个一百”打造水利特色廉政文化精品为主线，建成廉政文化示范点4个、廉政宣教室7个、书画作品297幅，形成了全方位、多层次、广覆盖的“廉政宣教”格局。深入推行政务公开，全年公开事项340件次。三是扎实推进学习型党组织建设和创先争优活动向纵深发展。紧紧围绕“安全灌溉、经济发展”这一中心，扎实做好党组织和党员公开承诺及“党员示范窗口”“党员示范岗”创建工作。全处10个党支部及68名在职党员，结合工作和自身特点，全部进行了公开承诺。选树典型2名。将创先争优活动与学习宣传中央1号文件、《自治区党委、政府关于加快水利改革发展的决定》和中央、自治区水利工作会议等事关水利改革发展的决策部署相结合，统一思想认识，凝聚发展合力。制定了管理处《“十二五”水利发展规划（纲要）》《高干渠梢段农场经营发展规划》《人才队伍发展建设规划》等，为管理处长远发展奠定了基础。认真开展了“以人为本，执政为民”“为民服务创先争优”“讲党性、强作风、做表率、争优秀”主题教育活动和向杨善洲同志学习活动，干部职工工作作风明显转变。处领导对各单位创先争优活动开展情况及各项工作进行认真点评，推动了活动向纵深发展。

管理处着力加强水文化建设。一是扎实开展文明创建，努力提升单位形象。按照“巩固、提高、延伸、辐射”的工作思路，以创建全国文明单位为着力点，大力推动基层单位文明创建工作。恩和管理所被评为中宁县文明单位。二是广泛开展群众性精神文明创建活动。举办了以“强体魄、展风采、增合力、促发展”为主题的第十一届职工运动会，丰富职工文化生活，展示职工的精神风貌，激发了干部职工立足岗位创先争优，推动管理处事业又好又快发展的工作热情。参加了水利系统职工文艺演出、中宁县“唱红歌、颂党恩”广场演出，获得优秀奖。参加了中宁县纪念建党90周年“信合杯”乒乓球比赛，取得男子和女子团体第一名的好成绩，展示了单位形象。开展军民慰问联欢活动，与驻地部队建立联防应急分队。重视女工工作，管理处女工委和一名女工受到宁夏水利工会的表彰奖励。开展“捐资助残、奉献爱心”活动，为中卫市残联积极募集善款4390元。为中宁县教育基金捐款3万元。三是坚持解决思想问题与解决实际问题相结合。积极争取续建配套项目资金64万元，实施了恩和管理所改建工程，改善了基层职工办公生活环境；投资11.62万元，为基层职工配备了电脑、桌椅等办公设施，进一步改善了基层职工办公条件；争取资金12万元，自筹资金2万元，实施基层段点人饮工程，解决了部分段点职工饮水安全问题，职工吃上了放心水。

强化效能监督，扎实推进政风行风建设。以政务监督台为平台，督办会议安排、文件安排等事项120项，确保了各项工作件件有着落、事事有回音。实行政风行风工作“一把手”负责制和“一票否决制”，逐级落实政风行风建设责任。共设置意见箱6个，监督台23个，向社会公开投诉电话6部，聘请行风监督员11名，建立政务、水务公开栏25个，公开服务承诺。召开政风行风座谈会，主动接受社会监督、评议和指导。广泛开展“以人为本、内强素质、外树形象”“三农事为先、服务是宗旨”“诚信水利、情润万家”等主题实践活动，受到灌区干部群众好评。认真落实整改方案，群众满意度测评100%。五个基层管理所通过了中卫市和中宁县的行风评议。

强化治安综治，推进平安创建工作。层层签订社会治安综合治理责任书、内保工作责任书，将综合治理责任层层分解到人，形成党政工团齐抓共管、上下联动、通力配合、各负其责的良好工作局面。投资3000余元，新增监控设施6部，完善安全监控系统。全年未发生治安、刑事案件，管理处被评为“中宁县依法治理示范单位”。

加强宣传工作，提升水利行业形象。制定《宣传工作管理办法》，明确水利宣传重点，强化目标考核。投入2.17万元，完成自治区水利厅和中宁县下达的党报党刊征订任务。编发《简报》57期、《七星园》小报8期、手机电子内刊22期，办宣传橱窗11期；中国水利网、宁夏水利网、宁夏政风行风网等网络媒体采用信息229条；《中国水利报》《法制新报》《中卫日报》等报刊刊登稿件7篇。通过宁夏电视台、中宁电视台对外宣传4期次。（王治涛）

宁夏回族自治区固海扬水管理处

【概况】 2011年，在自治区水利厅党委的正确领导下，宁夏回族自治区固海扬水管理处（以下简称“管理处”）坚持以邓小平理论和“三个代表”重要思想为指导，坚持科学发展观，以创先争优活动为契机，以扬水安全生产、抗旱保灌为重点，克服困难，强化责任、创新管理，狠抓制度落实，圆满完成了全年各项工作任务，为宁夏中部干旱带经济社会可持续发展做出了积极的贡献。管理处机关设11个科室，基层设29个泵站和工程公司、检修队、灌溉试验站、管理所共33个科级单位。在册职工为981人，其中处级干部7人，科级干部116人，高级工程师13人，工程师62人，助理工程师73人。全年安全行水170天，引水4.492亿立方米，配水3.914亿立方米，收缴水费5437.88万元，耗用电量3.67亿度。机电设备安全运行率100%，渠道安全运行率99.8%。粮油总产量达68.23万吨，农林牧总收入达25.47亿元，再创历史新高。单方水经济效益6.5元。

管理处被中国水利教育协会授予“十一五”水利职工教育先进集体；被自治区水利厅授予“全区节水型社会建设先进集体”“全区水利系统财会工作先进集体”“五五”普法先进集体；被黄河上中游管理局评为“用水管理先进单位”；管理处团委被授予自治区“五四”红旗团委。（谢海宁）

【灌溉管理】 2011年管理处针对灌区60年一遇的严重旱情，以扬水安全生产为中心，以支持灌区经济发展、维护民族团结、营造和谐环境为己任，强化管理、提高服务水平，把影响灌溉工作的热点、难点问题作为重点工作来抓，做到旱情在一线调查、工作在一线落实、问题在一线解决，确保了灌溉供水任务圆满完成。

1. 种植结构调整力度加大。积极与地方政府协调沟通，深入灌区大力宣传动员作物种植结构调整，与各县（场）、乡镇、受益村签订了种植结构调整目标责任书，使夏粮种植面积比2010年增加6000公顷，极大地缓解了灌溉高峰期供用水矛盾。

2. 灌溉配水更加精确。管理处高度重视灌溉配水工作，强化水权分配管理，细化水量指标，完善水量应急调度预案。投资20万元，对固一干等5个测水点安装了超声波遥测水位仪和自动雨量计，加强对重点测水断面的监控，提高量水精度。校测量水堰106座，维修改造量水堰10座，实现了灌区群众无疑虑，水管单位无争议的“双无”目标，水资源利用效率进一步提高。

3. 水量调配进一步优化。管理处制定了两大系统水资源的优化互补调配方案，向固海系统补水84.2万立方米，缓解了吴家河湾、李旺灌区灌溉矛盾。加强灌溉日常工作的检查监督力度，每天核算各干渠配水流量、水损及商品水率，不定期检查各干渠各斗口配水流量，杜绝违纪行为的发生，商品水率明显提高。

4. 全面推行阳光水务。做到水价、水费、水量和供水指标“四公开”，组织召开不同层次、不同形式的灌溉工作座谈会、协调会24场次，接待群众来访36次。与群管组织共商灌溉大计，应对旱情，确保了灌区均衡受益。（谢海宁）

【防汛抗旱】 督察指导各单位做到组织、制度、人员、物资、预案及措施六落实。投资37万元完善防洪工程、储备，配置充足的防汛抢险物资。完善处站两级防洪抢险应急预案，建立应急联防体系，组织开展预案演练40场次，提高泵站和职工应急反应能力，增强了防汛工作的主动性。

2011年，全区干旱少雨，旱魔肆虐，位于中部干旱带的固海灌区尤为严重，灌区农业灌溉用水频频告急，群众生产生活因“水”而困难。在严重的旱情面前，管理处多措并举，全力保障灌区农业灌溉、生态、人饮等用水需求。同时，在灌区设立无偿供水点18个，为灌区及周边山区27万人、10万大家畜提供用水260多万立方米，为灌区粮食丰收、社会稳定、生态环境建设和经济社会发展做出了应有的贡献。

（谢海宁）

【安全生产】 1.切实落实安全责任和措施。落实领导、科室、泵站安全生产责任，落实各工种、各岗位安全职责，全员签订安全生产责任书，建立了管理处领导和生产科室安全管理责任制，坚持每周值班查岗，每周通报安全生产情况，保证将安全制度、安全责任、安全措施落到实处。先后组织安全检查25次，建立安全隐患排查销号制度，将隐患查改与年度考核挂钩。全年共排查各类隐患705项，整改693项，整改率98.8％。下发工程隐患通知书整改项目34项，发安全检查情况通报21期，事故及违纪处罚资金32000元。

2.深入开展安全生产各项活动。以管理处开展的“安全生产建设年”和“规章制度落实年”活动为主线，开展了“安全生产流动红旗评比”“青年安全文明岗位竞赛”“千次操作无事故竞赛”等活动。并对3个“安全生产流动红旗竞赛”活动优胜单位和63名“安全操作技术能手”进行了表彰。促进了扬水安全生产各项任务的顺利完成。

3.全方位治理安全环境。完善组织，成立了“安全生产办公室”，专门负责安全生产工作，形成了“主要领导亲自抓，分管领导具体抓，主管部门带头抓，业务部门全力抓，上下联动一起抓”的深层次、宽领域的安全生产工作格局和机电运行、渠道维护、灌溉服务、交通安全、生活用电、饮食卫生、治安保卫以及大泵改造、续建配套改造工程建设全覆盖的安全生产网络。开展了安全知识培训、事故案例分析、安全知识答卷、安全演讲、防汛和安全生产应急预案演练等活动，全年共办安全知识培训班33期、安全知识竞赛和演讲比赛41场次。（谢海宁）

【机电运行与管理】 1.检修工艺“精”。在机电设备检修工作中，严格执行班组、泵站、主管科室三级验收和“谁检修、谁负责、谁验收、谁签字”的工作制度，层层把关，确保质量。全年共投入机电维修资金208万元，完成4586个单元的机电设备检修任务。

2.机组匹配“准”。通过对固海扩灌系统和新改造泵站技术改造、调整运行方式等措施，使扩灌系统、同心系统各泵站级间匹配良好，弃水和频繁开停机的问题得到了改善。投入资金对新改造的大柳木、黑水沟2座泵站的9台水泵进行调节流量改造，达到了设备运行安全、高效的目的。

3.运行管理“细”。严格执行“两票三制”，严肃规章制度，严明劳动纪律，及时消除安全隐患。加大机电安全基础，固海系统能源单耗4.6千瓦时/千吨米，扩灌系统能源单耗4.3千瓦时/千吨米。机电设备完好率96.43%，主机组累计运行37.3万台时。

（谢海宁）

【工程建设与管理】 2011年，中央1号文件的颁布实施、中央水利工作会议的召开以及自治区党委35号文件的颁布，为实现固海扬水事业的跨越式发展提供了强有力的政策保障和财力支持，固海扬水工程改造步入了“快车道”，迎来了加快改革发展的春天。全年按计划完成了大泵改造、续建配套改造等工程建设投资1.17亿元，改造泉眼山、古城和唐圈泵站3座，固六干等渠道35.37千米。完成内部维修工程投资507万元，维修工程208项，改造危桥3座，管理房3处及部分渠道维修工程。涉外工程完成15处中贵线天然气管道穿越干渠工程，海原人饮工程穿越干渠14处。完成中宁汽车城三期600平方米检测车间建设，工程合格率100%。改造工程点多、面广、工期紧、任务重，管理处作为工程建设及管理运行单位，成立了专门的工程管理组织机构，抽调60多名技术人员组建了5个现场管理办公室，为工程施工质量、安全和进度提供了组织保障。施工队伍风餐露宿，科学安排施工节点，与时间赛跑，实现了“质量”和“进度”的双赢。（谢海宁）

【水管体制改革】 2011年，根据固海大型泵站更新改造实际情况，将新、老黑水沟泵站合并，统称为黑水沟泵站。大战场泵站通过更新改造进行扩容，将羚

羊寺泵站5立方米每秒的流量并入大战场泵站，大战场泵站流量增加到8.5立方米每秒；成立了正源监理公司。（谢海宁）

【科技与教育】 与宁夏水利科学研究所协作完成了《宁夏中部干旱带扬黄灌区节水技术集成研究》项目，开展了玉米、油葵畦灌、交替隔沟灌等灌溉制度与灌水技术试验研究工作，投入15万元，建设试验小区135个，采集各种基础数据20300个，取得了阶段性成果。投入经费50万元，举办各类培训班73期1405人次，还选送12人次到设备生产厂家和高等院校进行培训学习。在大泵改造设备安装和调试过程中，集中技术骨干现场跟班学习，培训出了一批适应新改造泵站运行管理要求的业务骨干。（谢海宁）

【水政与水资源管理】 进一步完善了《矛盾纠纷排查调处制度》《重大事项报告制度》等12种制度，建立表册、台账20余种。在“世界水日”“中国水周”宣传活动期间，举办水法规专题宣传6场次、张贴宣传标语1100条、发放宣传资料12000份。加强水政执法，积极与地方政府联系，并会同地方执法部门，协调处理水事纠纷23起，有效维护了水工设施的安全和灌区的灌溉秩序。（谢海宁）

【综合经营】 按照“一业为主，多业发展，项目带动”的理念，紧紧依托水土资源、技术和人才等优势，抓机遇，调结构，促改革，在发展中促转变，在转变中谋发展，全处水利综合经营取得了长足发展，建成了一批打基础利长远的发展项目。投资93.5万元，在黑水沟新建了14.7公顷的苗圃。在自治区水利厅的大力支持下，投资8.4万元在黑水沟种植冬枣3.3公顷，形成了田营和黑水沟38公顷的苗圃基地，该基地已成为宁夏最大的专业化苗木生产基地之一。在中宁汽车城项目区投资632万元，先后建成了52套84间4500平方米的汽修综合楼和汽车二级维护车间，这也是管理处水利综合经营的“点睛之笔”，为综合经营发展培育了新的增长极。全年宁夏固海水利建筑安装工程公司对外承揽工程46项，完成产值3019万元，利润211万元。宁夏固海检修队对外承揽工程14项，完成产值42.2万元。宁夏正源工程监理有限公司创收83万元。全处共种植蔬菜4.4公顷，为6个单位建蔬菜小拱棚和小果园，为扩灌9个泵站购置了温棚材料。大部分单位种植的蔬菜品种多、数量足，不仅解决了职工吃菜难的问题，还美化绿化了泵站的环境。（谢海宁）

灌区作物喜获第一镰

【财务管理】 管理处继续本着“量入为出、保工资、保灌溉、保安全和厉行节约”的原则，包干下达了工程维修费、机电设备检修费、公务费等经费，做到量收而支。一是结合管理处实际，资金使用实行“谁管理、谁使用、谁负责”，强化民主理财和责任意识，提高资金使用的计划性和透明度，杜绝了超计划支出的现象发生。二是通过经费包干，压缩经费，从严各项开支。坚持计划审批制度，严禁先支出，后审批，杜绝不经审批支出现象的发生。三是坚持以人为本，挖潜增效，严格执行财务计划，牢固树立厉行节约，勤俭办事“过紧日子”的思想，积极筹集和回笼资金，对内勤俭持家，对外积极配合争取资金。同时，以落实《会计法》为着力点，进一步规范了财务核算程序，夯实了会计基础工作。通过这些措施的实施，使有限的资金得到了严格的管理和合理使用。（谢海宁）

【党建与精神文明建设】 1. 着力推进理论武装工作。以科级以上干部为重点，深入学习党的十七届五中、六中全会，中央1号文件和自治区党委、政府关于进一步加快水利改革发展的决定，全区水利工作会议精神等内容。通过学习教育，切实把党员、干部的思想统一到自治区水利厅党委的要求上来，增强了各级领导班子和领导干部驾驭工作全局和推动扬水科学发展的能力。管理处属各党支部过组织生活265次，讲党课86场次，写学习心得748篇；党委中心组集中学习 10 次,举办讲座、培训班 2 期,受培科级干部 234 人次。

2. 着力推进基层组织建设。坚持以科学发展观为主线,以“创先争优促发展、迎接建党 90 周年”为主题,紧紧围绕扬水中心工作,以“六好”党支部创建为载体,以“党员责任区、党员先锋岗、党员示范窗口”为抓手,开展了“四讲四比四争”“四查三促进”等党性实践活动。组织各单位主要负责人到红寺堡、七星渠管理处等单位观摩学习,在全处形成了比学赶帮超的良好局面。通过分类创建,选树典型,促使党员的先锋模范作用在生产一线得到较好发挥,涌现出了龙湾泵站等 7 个先进党支部和罗廷红等 15 名优秀共产党员,受到自治区水利厅党委、管理处党委的表彰奖励。认真贯彻民主集中制,严格按照议事规则,对大型泵站更新改造项目、大宗物资采购、综合经营发展、干部选拔任用等重大事项,召开不同层次会议研究讨论,集思广益,增强班子科学决策的能力。严格按程序召开党委班子民主生活会,认真开展评议党员工作,深入推进党务公开;重视老干部工作;注重组织发展,新发展党员 8 名,预备党员转正 9 名,培养入党积极分子 16 名。重视工团组织建设,定期研究指导工团工作,组织召开了五届六次职代会,对《绩效工资考核发放管理办法》等事关职工切身利益的重大事项均提交职代会表决通过,使代表提案及职工关心的热难点问题得到认真答复、解决,增强了职工参与管理工作的积极性和主动性。

3. 着力推进两个主题年活动。分 6 个阶段在全处开展了“制度落实年”和“安全生产建设年”活动。在推进实施中,以近年来发生的水淹泵房、机电误操作、职工意外伤亡等事故为反面典型案例,层层动员,抓学习教育、抓整改落实,促管理水平提高,先后召开动员会 36 场次、专项督察整改 7 次。管理处领导到基层开展针对性调研,通过现场办公、一线指导、面对面解难题等形式,先后解决了扩五等 3 个泵站的 3 种型号 7 台主水泵因设计不合理导致频繁停机检修及黑水沟、大柳木等 8 个泵站级间机组不匹配等事关扬水安全生产和影响灌区灌溉的难点问题,并对扩七等 6 个泵站已瘫痪多年的二次电气系统进行了彻底改造。

4. 着力推进精神文明创建和综合治理。在全处 12 个岗位组织开展“模范岗位”创建、“青年安全生产示范岗”“文明卫生食堂”评比等活动,在全处开展了以“唱红歌、颂党恩、比贡献”为主题的演讲比赛、诗词朗诵、征文竞赛和“情系水利、畅想固海”等一系列活动,组队参加了自治区水利厅庆祝建党 90 周年歌咏比赛,取得了第二名的好成绩。争取全国总工会和自治区工会 10 万元投资,建起了高标准的“职工书屋”。强化档案管理工作,投资 15 万元,对建处 30 多年来的档案资料按照《档案达标考核管理办法》标准重新登记、整理归档,经自治区档案局验收,达到国家三星级档案达标单位,实现了档案管理规范化、标准化。全年发《简报》88 期、《固海扬水》小报 23 期,办板报 756 期、宣传专栏 412 期,被《宁夏日报》《中国水利报》、宁夏水利网等新闻媒体刊发稿件和信息 473 篇次,在宁夏电视台“宁夏新闻”和“新闻话题”重点栏目各报道一次。

5. 着力营造风清气正的良好发展环境。结合干部年度考核实绩,坚持干部能上能下、能进能出机制,先后对 21 个基层单位、4 个部门的 28 名科级干部进行了调整交流,其中交流正科级干部 17 名、副科级干部 11 名。对工作能力不强,考核排名末位的进行诫勉谈话,对 3 名干部降职使用;层层签订了《党风廉政建设责任书》,对 2011 年党风廉政建设和反腐败工作进行责任分工,任务分解到领导,细化到部门,落实到人头。认真开展《党员领导干部廉洁从政若干准则》专项检查,加大了对公务用车、“小金库”治理等重点领域、关键环节和重要岗位的监督检查;加强对干部选拔任用工作的监督,严格落实党员领导干部廉政谈话、任前谈话、述职述廉和责任追究等制度,全年共开展廉政谈话 39 人次,其中任前廉政谈话 28 人次;对 13 名科级干部任期经济责任进行了审计,资金达 4661 万元;加强内部工程分包、招投标和大宗物资采购监督,监督资金 3800 多万元。加强廉政文化建设。投入 12 万元,在基层建立廉政文化室 2 个;廉政文化墙 120 平方米、廉政文化宣传板 38 个、文化长廊警语漫画 65 幅。在灌区建立廉政文化宣传墙画 80 米、党务政务公开栏 36 个，为科级干部电脑装设廉政警言警句屏保和配发了廉政台历。在机关大楼制作廉政文化和扬水文化牌 100 多个。加强警示教育，播放廉政电教片 8 场次、讲廉政课 43 次，受教育党员干部和职工达 945 人次；加强行风和效能建设。分 4 个片组织召开了由水管单位、灌区乡镇、行政村水管人员参加的政风行风建设工作会，广泛征求意见。发放征求意见表 707 份，聘请评议监督员 31 人，设立意见箱 33 个，公开举报电话处级 2 部，基层 33 部，自觉接受灌区监督和评议，努力营造风清气正的良好环境。（谢海宁）

宁夏回族自治区红寺堡扬水管理处

【概况】 2011 年，宁夏回族自治区红寺堡扬水管理处(以下简称“管理处”)内设办公室、组织人事科、计划财务科、机电管理科、灌溉调度科、工程管理科、水政科、后勤保障科、监察审计室 9 个部门和检修队、工程队、水利工程维修养护大队、红扬水利水电建筑安装工程公司、红扬水利水电工程材料检测站、1 个水管所、14 个泵站，以及工会和共青团 2 个群众组织。全处在册职工 427 人，其中处级干部 8 人，科级干部 58 人；具有大专及以上学历 291 人，专业技术人员 138 人，正高职工程师 1 人，副高级工程师 14 人，中级职称 36 人，助理级 87 人。

2011 年，红寺堡扬水工程共上水 156 天，上水量 24621.63 万立方米，灌溉面积 39.21 千公顷；机电设备完好率 99.05%，工程完好率 97.80%，安全运行率 100%；泵站效率 63.26%，商品水率87.62%，渠道水利用率 88.94%，能源单耗 4.3 千瓦时 / 千吨米，用电率 0.93；计收水费 2912.33 万元，水费收缴率 100%；综合经营产值 1920.7 万元，利润150.4 万元。管理处先后荣获全国水利行业技能人才培育突出贡献奖、“十一五” 水利职工教育先进集体、2011 年中央 1 号文件知识竞赛优秀组织奖、全国水利系统和谐企事业单位、全区“五五”普法先进集体、全区水利工作先进集体等荣誉称号。（高佩天）

【灌溉管理】 2011 年，计划上水 174 天，实际上水 156 天；计划上水量 26831.52 万立方米，实际上水量 24621.63 万立方米，比计划少上水 2209.89 万立方米；计划配水量 21332.20 万立方米，实际配水量 21572.86 万立方米，完成计划的 101.13%；灌溉面积 39.21 千公顷，比 2010 年增加 3.96 千公顷；商品水率 87.62%，干渠水利用率 88.94%，分别比2010 年提高 0.38%、0.15%。管理处针对灌区持续高温干旱，供需矛盾十分突出的实际，在强化管理、科学调配、挖潜增效、优质服务上下功夫，通过采取准确编制计划、严格管理指标、提早化解矛盾、灵活调配水量等措施，保障了灌区农田灌溉和人饮、生态等用水需要，促进了灌区经济社会的稳定和发展。

（高佩天）

灌区作物长势喜人

【防汛抗旱】 1. 防汛。汛前彻底清理泵站排水通道，封堵停运机组电机冷却风道出口、电缆廊(沟)道和其他有可能进水到厂房的通道，修堵了站区防洪工程和压力管道范围行洪区域，维修了潜水泵、退水闸等排水设备。清理被淤积沟道排洪涵洞及排洪槽8座，疏通泄洪沟道 115 米。逐级下达明确防汛工程责任区，实行专责管理和责任追究制。严格执行防汛值班制，并对险工险段和重点隐患部位安排专人巡护。与灌区协调建立“联防联动”机制，全处开展防汛和事故应急救援演练 18 场次。

2. 抗旱。黄河泵站 6 月 8 日开机补水，共运行 72 天上水 7518.79 万立方米；7 月份，启动《抗旱应急预案》，实施大流量、高水位运行方案，增大供水量；同时针对灌区不同土质、作物、旱情，优化水量调配方案，优先解决最急、最难问题，使有限的水资源发挥了最大抗旱效益。2011年系统最大运行方式7大1小，最大流量24.4立方米每秒，最大运行负荷8.65万千瓦；为灌区及其周边地区提供人畜饮水26万立方米，为下马关等高效节水补灌区供水320.95万立方米。实现了无受旱、无上访、无水事纠纷的目标。（高佩天）

【安全生产】 逐级落实安全工作责任，共签订《安全生产责任书》396份（人），开展安全宣传教育活动20多项，基层泵站累计举办安全知识培训班110天。管理处安全领导小组开展安全检查13次，泵站（所）开展自查互查395次，共排查处理隐患缺陷298项。建立"安全风险点"管理机制，共监控安全风险点169个。树立"安全生产标兵"9人，建立安全档案321份，在高压线路上安装了驱鸟器和防盗螺母；为14个泵房冬季值班室配置空调，为职工宿舍安装煤气报警器103个。每灌季开灌前的投送电、机泵开启均由泵站负责人带队检查，现场主持操作；开机上水后，对新修设备和工程安排专人看守；夏秋灌高峰期，针对机组运行负荷大、渠道水位高的实际，勤查勤巡，精心维护，确保了安全运行。（高佩天）

【机电运行与管理】 2011年机电设备完好率99.05%，安全运行率100%，泵站效率63.26%，能源单耗4.3千瓦时/千吨米，用电率0.93；共投运机组790台次累计运行167786小时，投运主变压器73台次累计运行65982小时，系统最大运行负荷8.65万千瓦；共执行操作票2032张、工作票138张，合格率100%。共投入资金200余万元大修电动机11台（次）、水泵45台（次）、阀门8台次，改造出水阀门12台、低压泵站机组启动柜15台，安装10千伏厂用变压器1台、10千伏柱上开关1台，涂护水泵12台；为14个泵站整理汇编印发电气图纸113册。10月12日，历时5年的宁夏扶贫扬黄灌溉工程综合自动化及通信系统改造工程通过竣工验收。（高佩天）

【工程建设与管理】 全年共投资456.67万元，完成岁修工程74大项，其中改造、维修、翻建水工建筑物33座，加固渡槽出口2处，混凝土现浇加固渠道300米，渠道清淤30千米，更换节制闸、退水闸铜螺母20个，更换渡槽止水橡皮399米，维修渠道混凝土板7000平方米，完成红寺堡二、三泵站出水渡槽出口加固砌护及其渡槽基础场地整治、红一泵站压力管道出口弃土整治等工程，干渠沿线安装安全警示牌65个。为泵站增建职工宿舍15间，修缮改造红二、三泵站管理房2000平方米。争取宁夏扶贫扬黄灌溉工程建设总指挥部投资100万元为红寺堡一泵站引渠安装了自动清污机。工程完好率97.80%，安全运行率100%。渠道工程运行管理由泵站负责，岁修及养护由养护大队负责。（高佩天）

管理处领导查看红一泵站自动清污机运行情况

【水管体制改革】 根据管理工作需要，将安全管理和职工培训工作职能由组织人事科划到机电科；制定出台了季度工作考核办法，对机关科室和基层单位阶段性工作任务完成情况实行量化考核奖励，激发了工作活力；深化干部人事改革，4个科级干部职位（1正3副）进行了竞争上岗。（高佩天）

【科技与教育】 1.科技。一是开展水泵叶轮静、动平衡试验分析研究并获得宁夏水利科技进步三等奖。二是建成红寺堡扬水灌区信息化管理技术示范项目并通过宁夏水利科技项目验收。三是联合宁夏大学开展了红二、三泵站出水竖井开机瞬间"喷水"试验分析研究。四是成功更新改造了红四泵站6台出水阀门。五是成功改造了新庄集二泵站2台24SA－18型水泵转子。六是在红一泵站进水前池安装了自动清污机。

2.职工教育。以泵站一事一训、冬季集中培训、送出去培训、学历教育等形式开展职工培训教育。2011年，共投入职工教育经费31.9万元，选派159

人次参加自治区水利厅及区内外学习班 10 期 413 课时；管理处集中办班 10 期培训人员 474 人次，基层泵站(所、队)办班 2800 课时受培 2400 人次；函授在校本科人员 42 人，参加面授学习 2 期 182 课时；专科 37 人，参加面授学习 2 期 182 课时。(高佩天)

【水政与水资源管理】 管理处针对工程建设用地和保护范围权属不清、移民破坏水工程、侵占保护范围等不法行为频发的实际，继续推进确权划界和土地办证工作；9 月份召开加强工程保护范围管护和林木管理专题会议，分析形势、落实工作；"世界水日""中国水周""12·4"法制宣传日期间，集中开展水法规宣传活动 9 场次；主动与灌区地方政府及部门加强联系，联合执法，清理了 3 起侵占保护范围的违法行为。 (高佩天)

开展水法宣传活动

【综合经营】 管理处对所属经济实体下达年度利润指标，实行目标责任考核管理，并上调了基层单位综合经营利润分配比例。红扬水利水电工程材料检测站全年签订检测协议 50 多份；红扬农业节水示范区新栽植苹果等 6.67 余公顷、大棚冬枣等 0.4 公顷，生产温棚水果、蔬菜 48 万斤；全处植树 2 万棵，新育植苗木 10 万株。红扬水利水电建筑安装工程公司通过了全国 ISO9001 质量安全体系认证，中标承揽了固海唐圈泵站更新改造、泉眼山泵站压力管道安装、东干渠砌护混凝土板预制等 6 项工程建设任务。完成综合经营产值 1920.7 万元，实现利润 150.4 万元。 (高佩天)

【财务管理】 管理处按照"量入为出、厉行节约"的原则和保生产的要求，科学编制财务计划，严格执行预算指标和控制指标，对公务费、办公用品、车辆和生产能耗等划定指标，责任到人，严肃奖惩；坚持每月集中办公报账，及时分析各项开支和生产成本升降原因，发现问题立即纠正，使资金发挥了最大效益。财务收入 5176 万元，其中水费收入2912 万元，补贴收入 2264 万元，共支出 5758 万元(供排水生产支出)，利润 – 583 万元。 (高佩天)

【党建与精神文明建设】 1. 党建。一是成立了红扬水利水电工程材料检测站、红扬农林开发有限公司 2 个党支部。二是认真执行《水利厅基层党组织党务工作手册》，制定了基层党支部(党小组)工作考核细则、基层党组织党务公开实施办法和基层党组织负责人党建工作双向述职制度并严格落实。发展新党员 6 名。三是推进"学习型党组织"建设，建立读书交流制度，开展了 4 次读书交流活动。以"隆重纪念建党 90 周年"为契机开展了 9 项庆祝活动。将创先争优活动贯穿到扬水生产工作中，开展了"共创共建""示范窗口"等富有特色的活动。

2. 党风廉政建设。一是以开展"反腐倡廉制度执行年"活动为契机，健全长效机制。二是以贯彻落实《廉政准则》为重点，规范从政行为。三是以廉政风险防范管理为抓手，强化监督管理。四是以开展"以人为本、执政为民"主题教育活动为契机，强化勤政廉政教育。五是 12 月 7 日召开开展进一步营造风清气正发展环境活动动员会。

3. 精神文明建设。一是做活职工思想政治工作。按照"人性化"管理的思路，注重人文关怀和心理疏导，投资 80 余万元完善了泵站硬件设施。二是以社

举办第七届职工篮球运动会

会主义核心价值体系教育和水文化建设为重点，开展“六个文明”创建活动，自治区文明单位创建工作顺利通过复验，红一泵站被命名为中宁县级文明单位；举办了职工篮球、台球及趣味运动会。三是加强宣传工作，在新华网、中国水利报（网）等刊发稿件64篇次，在宁夏水利网、宁夏政风行风网等刊发稿件149篇次。四是加强行风建设，参加驻地评议的红五泵站在同心县韦州镇获第三名，中心所、新庄集总站在红寺堡区分别获第五、第九名。（高佩天）

宁夏水务投资集团有限公司

【概况】 2011年，宁夏水务投资集团有限公司（以下简称“集团公司”）以推进项目带动战略，逐步扩大资产规模，全面提高生产经营效益和集团化管控水平为目标，深入贯彻落实中央1号文件精神和自治区加快水利改革发展重大战略部署，统筹各子公司发展，紧紧围绕年初确定的工作思路和年度目标，积极应对供水市场需求不足、南部山区旱情告急、国家紧缩信贷等严峻挑战，立足主业、奋力攻坚、强化管理、狠抓落实，企业呈现出良好发展态势。2011年共实现营业收入6.88亿元，完成固定资产投资4.26亿元，供水项目营运顺畅，在建项目稳步推进，项目前期工作有序开展，圆满完成了全年工作目标。2011年，集团公司由三个全资子公司——宁夏水利水电工程局、宁夏新海水务有限公司、宁夏六盘山水务有限公司，三个控股子公司——宁夏宁东水务有限责任公司、宁夏太阳山水务有限责任公司、宁夏长城水务有限责任公司，一个参股公司——宁夏沙坡头水利枢纽有限责任公司，一个分公司——吴忠金积供水分公司组成。集团公司本部下设综合部、发展规划部、企业管理部、投资财务部、人力资源部、工程建设管理部六个职能部门，员工总人数1066人（含各子公司），本部总人数65人，专业技术人员35人，其中工程技术专业22人、经济专业3人、会计专业6人、档案专业1人、政工专业3人。（雍　蕾　张馨月）

【完成的主要经济指标】 集团公司2011年共实现营业收入6.88亿元，较上年度增长69%，亏损2110万元，较上年度减少亏损2603万元，减亏幅度为55%，集团生产经营工作超额完成年度目标。截至2011年底集团公司资产总额为33.34亿元，较2010年末增加6.79亿元，增幅25%；净资产合计5.6亿元，较2010年末增加1.77亿元，增幅46%。供水业实现供水1.19亿立方米，供水收入2.41亿元。实际单日供水峰值达50万立方米，覆盖供水人口65万，日供水能力突破100万立方米。施工业实现收入4.17亿元，超额完成年度计划。

（张国花　张馨月）

水投集团与农业银行宁夏分行签订银企合作协议

【完善管理机制】 为加强规范管理，按照现代企业制度的要求，2011年集团公司全面开始预算管理，通过滚动预算编制、进度控制、年度目标控制等措施，推进精细化管理，达到有效控制成本和增强经营效益的目的，确保公司整体经营目标的实现。为进一步强化企业内部管理，实现降本增效，逐步推进《企业内部控制基本规范》，提高企业经营管理水平和风险防范意识，集团公司根据自身发展战略，试行资金活动内控管理和采购业务内控管理，以提高投资效益，确保资金安全和有效运行。（焦　龙）

【安全生产】 2011年，集团公司不断强化安全生产责任制，加大定期和不定期安全检查力度，全年未发生重大安全生产责任事故。一是组织全集团范围内安全生产及文明工地建设大检查活动，每月对各在建及运营项目进行不定期检查，及时排查安全隐患并限期整改，有效促进了工程施工规范化管理，营造出重安全、抓质量、讲文明、促和谐的水利工程建设环境。二是进一步规范安全管理规章制度体系。定期召开安全生产专题工作会议，层层签订《安全生产目标责任书》，编制《员工安全知识手册》等，规范了项目建设与运行。三是编制、修订完善各类应急预案11个，组织消防、防汛抗洪、溺水事故等突发事件应急演练20余次，配备应急物资，将加强生产安全与强化应急处置相结合、事前预防与事后及时抢修相衔接。四是组织开展“安全生产月”活动、“三项行动”（安全生产执法行动、治理行动、宣传教育行动）和“三项建设”（安全生产法制体制机制建设、保障能力建设、监管监察队伍建设）、安全知识竞赛、安全自救知识宣传、安全教育培训等活动，普及《安全生产许可条例》《安全生产法》等相关法律法规和知识，营造“人人讲安全、人人学安全、人人重安全”氛围。

（焦　龙　张馨月）

【工程建设与管理】 1. 泾源县秦家沟水库工程是宁夏固原地区（宁夏中南部）城乡饮水安全水源工程的重要组成部分，于2009年11月26日开工建设，2011年8月2日完成大坝、泄洪塔、输水隧洞、进场道路等主体工程，并已全力投入到后期的建设中，截至2011年底累计完成投资4812万元。

2. 红寺堡鲁家窑供水工程于2011年8月份启动，项目前期工作已全部完成审批，由太阳山水务有限责任公司具体负责全面建设实施，计划2012年6月底建成水库大坝、输水管道及泵站主体部分，实现原水直供，年底建成主体工程和附属工程。

3. 青铜峡水博馆工程于2010年4月20日开工建设，2010年完成土建部分并通过单位工程验收，2011年2月20日开始进行装修布展工作，10月完成，并配合自治区水利厅经济管理局完成布展工程验收，11月18日开馆试运行。

4. 海原新区供水工程于2011年1月底完成了工程结算审计工作，并开展财务竣工决算报告编制工作。全面组织开展工程环评、水保、消防等竣工专项验工作。

5. 完成了同心统和供水工程、吴忠金积供水工程收尾项目的建设，并全面开展工程结算和竣工验收工作。

6. 太阳山萌城供水工程于2011年2月开工建设，2011年6月建成并实现全线通水，运行正常。共完成43千米管道安装、4000立方方蓄水池、2座加压泵站、91个阀井及34处穿沟、过路等建筑物的建设。

7. 上海庙、红墩子供水工程是上海庙能源化工基地建设重要基础设施之一。工程于2010年4月开工建设，2010年10月水源工程建设基本完成，并于2011年1月蓄水；净水厂主体工程和管理生活设施于2011年10月全部完成，12月投入使用。2011年完成投资2.31亿元。

（王雪峰　张馨月）

《宁夏固原地区（宁夏中南部）城乡饮水安全水源工程水资源论证报告书》审查会

【项目前期工作】 2011年度公司开展项目前期工作7项，共计完成前期投资约800万元。

1. 宁夏中南部城乡饮水安全水源工程。项目自2009年启动以来，在自治区各部门的指导下，经过集团公司3年多的不懈努力，国家发改委于2011年7月中旬批复了工程项目建议书。工程可研报告已经水利部审定，国家发改委已委托评估中心开展评估工作。工程可研涉及的环评、土地预审、水资源论证等17项可研审批要件正在抓紧办理，大部分已审批完成。2011年度共完成前期工作投资约450万元。

2. 固原盐化工示范区供水工程。工程是固原盐化工示范区重要基础设施，园区规划水资源论证报告已经自治区水利审批；供水工程水资源论证报告已经自治区水利厅初审，正在修编；工程项目建议书、可研报告均已编制完成，并上报自治区发改委、水利厅待审批。2011年完成前期工作投资100万元。

3. 城乡水务一体化工作。(1)固原水务一体化项目。2011年4月26日，集团公司与固原市签订了《推进水务一体化合作框架协议书》和资产划拨协议,顺利完成了资产移交,净资产增加1.72亿元。9月9日，宁夏六盘山水务有限公司揭牌仪式在固原市举行,该公司的成立为推进区域水务一体化,实现区域水资源统一管理、统筹调度、优化配置、高效利用有着重要的示范作用。(2)中宁城乡一体化供水工程。按照自治区水利厅和中宁县政府达成的共识,集团公司积极开展中宁县城乡水务一体化整合、资产移交及新项目开发建设工作，为顺利移交奠定了良好基础。

4. 疆煤进宁(中卫)能源化工基地供水工程。疆煤进宁是宁夏、新疆两省区共同推进,开发新疆煤炭资源的重要举措。供水工程是其建设和发展的前提和基础。2011年5月底,按照基地初步总体规划,基地供水方案已基本确定,规划报告初稿已编制完成,待基地产业布局和总体规划修编完成后，将继续开展供水工程前期审批工作。

5. 固原地区城乡饮水抗旱应急“引秦入东”补水工程。固原市是宁夏南部的政治经济和文化中心，2006年建成的东山坡引水工程近年来产流减少,无法保障受水区用水需求，因此规划实施秦家沟水库调水补入东山坡引水工程。项目实施方案报告已编制完成,并于2011年11月经自治区发改委审批,11月份开工建设。

6. 红寺堡鲁家窑供水工程。该工程是自治区建设“黄河善谷”宁夏弘德工业园区的重要水源工程。项目可研报告于2011年10月得到自治区发改委审批，初设报告于2011年11月得到自治区水利厅审批,已全面开工建设。

7. 宁东供水二期工程。经反复论证和研究,2011年10月工程可研报告编制完成；经多方沟通协调，于2011年12月上报宁东管委会审批。 （康金虎）

【财务管理】 一是积极争取和落实自治区给予的资本金增量、运营补贴和贴息的优惠政策,运用土地估价注资、项目资本金注资等方式全力解决资本金不足问题。二是加强银企合作,借助与国家开发银行等多家银行建立的战略合作伙伴关系，建立银企信息动态沟通机制,通过规划贷款、项目贷款、流动资金贷款、融资租赁、委托贷款等方式,争取银行贷款。三是逐步推行财务集团化管理。以资产为纽带,对子公司推行财务预算管理和目标管理，从过去的事后监督与反映转到事前控制;签订生产经营目标责任书，分解落实任务目标并进行考核；召开季度生产经营例会，定期到子公司进行检查督导；开展全面复查“小金库”治理工作,基本建立了集团防治“小金库”长效机制,确保了国有资产保值增值。

（张国花　张馨月）

【科技与教育】 2011年,集团公司按照项目带动科技,科技支撑项目的原则,积极开展有关建设项目的科学技术研究工作。先后开展了海原水处理工艺研究分析、新区南坪水库大坝回填分散土研究、宁夏中南部城乡饮水安全水源工程引水规模论证及对下游影响分析、宁东地区供水安全保障规划等课题的资料收集、研究准备工作。狠抓人力资源保障工作,建立健全激励机制,改变传统薪酬分配方式,发挥薪酬的激励作用;以岗位技能培训为重点,采取多种培训方式，加强人才培养力度，共举办各类专题培训班13余期,知识竞赛1次,参培人员达705人(次),外派骨干参加学习班共计25期,受训68人(次);充分挖掘内部人才,组建集团内部师资库,储备讲师43人,建立健全了内训提升机制;开展业务知识竞赛、技能比武、培训分享等活动,激发广大员工学业务、比技能的积极性,人才培养机制逐步形成。

（康金虎　丁海红）

【党建与企业文化建设】 1. 完善党建目标责任制。定期研究党建工作,明确工作任务,强化工作责任,党建工作的合力进一步加大，凝聚力和执行力不断提高。

2. 深化创先争优工作。不断加大创先争优工作力度,创新工作思路,丰富活动载体,通过评选设置金积供水分公司党支部为党员示范窗口、发展规划部为党员示范岗,召开了“七一”表彰会,落实党委委员联系点制度，划分党员责任区等有效载体，使党组织的战斗堡垒作用和党员的先锋模范作用进一步提升。

3. 加强基层组织建设。加强各级领导班子建设，深入开展"四好"领导班子创建活动，组织召开民主生活会，对征求到的意见建议制定整改措施。及时在新海水务、六盘山水务、金积供水分公司等新单位成立党组织，指导开展党建工作。在重要岗位和生产一线发展新党员，壮大党员队伍。基层党组织积极开展普通党员讲党课、入党积极分子讲心得等各类活动，党组织凝聚力和战斗力进一步增强。

4. 推进惩防体系建设。加大《国有企业领导人员廉洁从业若干规定》学习贯彻力度，深入开展效能监察、水利工程建设领域专项治理、清产核资以及"小金库"自查自纠等专项活动，促进各项生产任务目标全面完成。成立廉政风险防范管理领导小组，制定实施方案，并针对查找出的廉政风险点逐个制订防控措施，企业各级领导人员权力运行进一步规范。

5. 抓好思想政治建设。以"七一"党组织系列活动、召开学习大会、学习杨善洲先进事迹、高层管理人员讲党课、鼓励员工为企业发展献计献策等活动为载体，开展有特殊意义的党史、党性教育和企业命运教育，剖析集团公司面临的机遇与挑战。利用《水投》《金水源》《铁军》《太阳山水务》、集团公司简报等载体，使思想政治工作的主张得以及时传播。

6. 充分发挥工青妇组织桥梁纽带工作。2011 年 5 月，集团公司健全了工会和共青团组织。组织"三八"妇女节专题活动，"看胡杨美景，学胡杨精神，促企业文化"主题活动，开展劳动竞赛、岗位练兵、技术比武，举办"让理想在水利事业中永放光芒"主题演讲比赛，"超越自我、熔炼团队"拓展训练等主题活动，以丰富多彩的活动团结广大员工，将企业精神通过寓教于乐的方式渗透到员工工作、生活、学习中。这些活动的开展，为构建和谐稳定、积极健康的企业氛围奠定了基础。 （雍　蕾　张馨月）

宁夏回族自治区水利水电工程局

【概况】 2011 年，宁夏回族自治区水利水电工程局（以下简称"工程局"）拥有注册资本金 6050 万元，资产总额2.1598 亿元。局机关设五处二室，分别为：人力资源处、工程管理处、质量安全监督处、项目开发核算处、财务计划处、综合办公室、法律顾问室。全局下设六个子（分）公司，分别为：机电安装工程公司、工程开发公司、盛昌房地产开发公司、宏景监理公司、机械设备材料租赁公司、宏禹工程检测公司。全局在职职工 442 人，其中高级职称 46 人，中级职称 58 人，初级职称 95 人。国家一级注册建造师 17 人，二级注册建造师 82 人。大学以上文化程度 121 人。2011 年，工程局深入贯彻落实科学发展观，以中央 1 号文件和自治区水利工作会议精神为指引，以增强企业综合实力和提高职工待遇为出发点和落脚点，紧紧围绕宁夏水务投资集团有限公司确定的主要目标，全面完成 2011 年度各项工作任务，被自治区工商局和银川市工商局评定为年度守合同重信用企业；被自治区企业和企业家联合会评为宁夏 100 强企业；被银川市地税局评定为 A 级纳税企业。

（刘　佳）

【完成的主要经济指标】 2011 年，工程局实现总产值 4.17 亿元，实现利润 326 万元，安全生产无重大事故，国有资产保值增值。全年共参与投标 105 项（不含联营合作），中标 25 项，中标率 34.29%，中标金额 2.2 亿元；联营合作中标 11 个，中标额 7738 万元。 （张敬宏）

【完善管理机制】 一年来，工程局着力加强制度建设，项目法施工管理日趋成熟，管理体系文件日臻完善。尤其是人才队伍建设、合同管理、财务资金管理、审计管理和企业法制建设等方面工作得到了强化，为企业发展提供了有力保障。一是紧紧围绕全局生产经营任务制定相应的目标，把任务落实到不同的生产经营实体和不同的职能部门。二是完善各项规章制度，规范工作程序。以完善规章制度为突破口，注重流程管理，细化工作程序，明确责任主体，量化工作时限及质量标准，为目标的完成提供了依据。三是加大落实及监管力度，努力做到职责明晰化、工作程序化、操作规范化、管理标准化，成效显著。

（刘 佳）

【工程建设】 黄河宁夏河段防洪工程2011年(第一批)建设项目河道整治工程中卫市七星渠险工(一标段)，自11月25日开工至2012年4月21日完工，未发生任何安全、质量事故，工程进展顺利并取得了良好的经济效益。多次在业主组织的工程质量、安全、文明施工检查评比中，获得第一名的好成绩，得到业主的好评和肯定，被确定为全区堤防标准化样板工程。青海片区的德令哈巴音河河道治理工程，从2011年4月开工到6月完工，施工期间克服工期短、人员少、力量弱、资金不到位、高海拔等诸多困难，向管理要效益，3个月共完成工程投资1700余万元，除工程局提18%管理费以外还有盈利，人均季度完成产值超过100万元，创新纪录。格尔木温泉水库除险加固工程，以先进技术为支撑，以严格管理、苦干实干为保障，克服高海拔带来的重重困难，工程得以提前2个月完工，受到了业主、设计及监理单位的高度评价。项目共完成投资3200余万元，除工程局提22%的管理费以外，还有很好的盈利。新疆片区的准东五彩湾工程，积极推行施工现场安全生产标准化管理，特别是在项目管理上认真做好成本预测、成本核算及分析，有效地实施了项目成本控制。伊犁河南岸干渠17#干管工程，技术有创新，工程效益较好。

（刘 佳）

【安全生产】 防微杜渐，安全生产始终受控。一是签订《安全生产目标责任书》，明确了目标、分清了责任、强化了机制、加大了监管。二是制定了工作规程和统一标准，加强了重要部位及特殊工序方面安全实施方案的审批及监管。三是通过加大安全、选择有资质的分包队伍、加强职工及其他施工人员安全培训等硬性措施，夯实安全生产基础。四是针对关键部位和薄弱环节的安全生产问题，始终坚持施工资质、人员资格、工程措施三到位原则，严格执行相关规程，加强监督检查，确保安全生产。全年未发生重大安全事故，安全生产态势良好。

（贾应龙）

举办项目法施工现场观摩会

【综合经营】 一年来，工程局内引外联，综合实力持续提升。一是优化、整合内部资源，对机电安装、水利监理、检测等子(分)公司，鼓励其提升资质并大力拓展业务范围。12月份，宏禹检测公司取得了水利工程质量检测混凝土类甲级实验资质；积极推进黄河中路房地产项目开发步伐。二是充分利用资质优势，通过联营合作充分利用外部资源，努力开拓市场。一年来，除原有的联营合作企业深圳的海南通城公司、四川重庆新绿水电公司继续发挥积极作用外，还在内蒙古、海南、云南、安徽、山东、山西等省、区、市注册了分公司或办理了备案准入手续并开始参与投标。与上海水利工程集团公司、四川重庆新绿水电公司续签了3年合作协议，进一步扩大了全国水利市场。

（刘 佳）

【改制与创新】 为了提高在施工中新工艺、新材料、新技术推广和应用，工程局成立了以基础处理项目部为责任部门的QC小组，发布的秦家沟水库"泄洪隧洞顶拱回填灌浆施工工艺改进"QC课题成果，荣获2011年全国水利系统一等奖。青海省德令哈黑石山水库渠道工程，引进钢模台车施工工艺，大大加快了施工进度，且提高了砼的浇筑质量。新疆准东五彩湾项目部在土建施工中采用模板支撑加固充分利用钢支具的方法，减少了周转材料浪费，加快了施工进度，水下砼工程模板利用全丝对接螺杆，解决了渗水问题。宏禹检测公司为不断适应和满足市场需求，购置了数显回弹仪等先进的检测设备，保证了数据的精准性和可追溯性，同时也使检测工作更加便捷，效率更高。

（张兴凯）

【科技与教育】 一是高标准严要求招聘工程专业的大中专毕业生,2011 年招聘 13 人,5 人本科毕业,8 人专科毕业。二是大胆启用年轻技术人员走上项目经理、技术负责人等关键岗位,有 6 名年轻技术干部担任重要工程的项目经理或技术负责。三是加强现有人员的培训力度，全年支出培训经费近 50 万元。（张敬宏）

【党建与企业文化建设】 2011 年,工程局党委在自治区水利厅党委的正确领导下,坚持“围绕生产经营抓党建,抓好党建促生产经营”的总体目标,全面贯彻落实科学发展观和中央 1 号文件精神，以创先争优、建设学习型党组织和纪念建党 90 周年活动为契机,全面加强党的建设。在文化建设方面,2011 年是建局 60 周年,从2010 年 9 月开始,结合企业文化建设广泛组织职工开展“为局庆 60 周年做贡献”劳动竞赛活动;举办“局庆杯”系列活动,并于 2011 年 1 月 15 日成功举行庆祝建局 60 周年大型庆典活动,影响深远、意义重大。结合 60 周年局庆这个平台,工程局进一步加强企业文化建设，并成功创立《铁军》小报,加大宣传力度,全面展示全局新形象,为全局营造了一个团结稳定、和谐发展的氛围。（张朝峰）

宁夏宁东水务有限责任公司

【概况】 宁夏宁东水务有限责任公司(以下简称“公司”)是由宁夏水务投资集团有限公司、国网能源宁夏煤电公司、神华宁夏煤业集团有限责任公司、宁夏发电集团有限责任公司以货币形式共同出资（宁夏水务投资集团有限公司占 56%），按照现代企业制度组建的具有独立企业法人资格的有限责任公司。公司实行董事会领导下的总经理负责制，公司股东会、董事会、监事会和经理层职责明确,形成各负其责、协调运转、有效制衡的法人治理结构。公司现有员工 125 人,设综合办公室、财务部、发展规划部、工程管理部、运营管理部、人力资源部、客户服务部等 7 个职能部室和水源泵站、鸭子荡水库、宁东水厂、调度中心、检修工程公司、管网公司、污水处理厂、后勤服务公司等 8 个基层单位。2011 年是公司扭亏为盈的第一年,也是开展“管理提升年”活动、全面提升公司管理水平的关键之年。一年来，在自治区水利厅、宁夏水务投资集团公司的正确领导和各股东单位的关心支持下，深入贯彻落实中央 1 号文件精神和自治区加快水利改革发展重大战略部署，紧紧围绕安全运行和二期工程筹建中心工作，较好地完成了全年各项工作任务,荣获“2011 年全区节水型社会建设先进集体”荣誉称号。（李　珺）

【完成的主要经济指标】 全年实现供水 9943 万立方米,较计划 8640 万立方米增加 1303 万立方米,超计划 15%；其中工业供水 8824 万立方米，较计划 7600 万立方米增加 1224 万立方米；绿化供水 929 万立方米，较计划 900 万立方米增加 29 万立方米。供水量超计划完成的主要因素是供水范围扩大、宁东基地各企业持续高负荷运行。全年完成营业收入 20195 万元，较计划 17750 万元增加 2445 万元,超计划 13.7%;盈利 4425 万元,应收账款回收率 97%,首次实现了年度扭亏为盈。截至 2011 年年底,公司总资产 85578 万元,净资产 11405 万元,资产负债率 79.8%,较去年的 86.7%下降了 6.9 个百分点。

（李　珺）

【完善管理机制】 深入推进精益化管理，全面提高公司管理水平。成立了精益化管理工作小组,聘请厦门英斯捷企业管理顾问公司，制定了精益化管理实施方案,在公司推行精益化管理,公司管理水平显著提升。全面梳理和优化了公司的各项管理制度、运行规程、工作流程及岗位职责,补充完善了各项工作表单,整理编辑制度汇编,已编制完成《标准化与流程表单化管理流程篇》《制度篇》《表单篇》《岗位手册》四本指导手册;细化岗位设置、工作权限、主要职责及考核标准等内容,使员工实现岗位与责任的统一;实施生产现场的可视化管理，对各生产运行单元的巡检点、操作流程、工作要求等内容进行现场标示，逐步实现生产运行管理工作的规范化；全面发挥精益化管理的指导、规范作用,将“精益化管理”理念渗透到公司的每一项工作中，通过一系列的培训学习以及工作实践，管理人员的管理水平得到了有效提高；在优化和梳理工作流程、岗位职责的过程中，深入挖掘部门工作潜力，查找管理工作“短板”，提出改善措施，改进公司管理工作中的不足，全面促进部门工作提速增效，内部精益化管理氛围逐渐形成，“建设管理、技术、人才、环境一流的水务企业”正在逐步实现。（李　珺）

召开精益化管理实施动员大会

【安全生产】 水源泵站全年上水7次，共计189天，宁东水厂安全供水365天，生产运行无重大事故，无人身伤亡事故；工程建设安全无事故；无交通安全事故和人身、财产安全事故；无责任性火灾事故；无水质安全事故。一是强化机制，落实责任，安全生产管理工作规范有力。强化公司安全生产管理工作机制，细化、分解了各级岗位的安全生产职责，结合岗位职责分析提出了保障安全责任落实的具体措施；加强运行安全工作的标准化、表单化管理，共修改、制定表单11张，编制完成了《宁东水务公司电工手册》和《员工安全知识手册》；坚持安全活动日和安全分析会，及时发现问题，处理问题，总结经验，制定防范措施；在重点时段、节假日前开展安全生产专项检查，全年共组织各类安全检查22次；坚持领导人员值班制度，加强现场监督，有效遏制和减少了人的不安全行为和设备设施的不安全状态。二是宣教结合，紧扣主题，安全意识深入人心。根据公司安全生产工作实际，深入开展“每周一次培训，每月一个主题”系列教育活动；组织员工系统学习安全生产法规、规章制度和操作规程，全面推广安全生产工作中的好经验、好做法；以“安全生产月”活动为契机，广泛宣传安全生产相关知识，组织了“安全责任、重在落实”主题演讲比赛；聘请专业人员开展了“交通安全、消防安全、用电安全”主题教育培训，进一步提高了运行人员的安全意识；严抓员工安全技能培训，新员工岗前培训率达到100%，积极联系有关单位完成重要岗位员工的取证工作，2011年共有10人取得安全资格证，26人取得起重设备特种作业证，16人取得电工作业进网许可证，保证了特种作业和重要岗位人员持证上岗。三是保障水源泵站冬季上水安全。1月3~30日水源泵站完成了2011年的第一次上水工作，开创了宁夏大型扬水泵站“数九寒天”开机抽水的先河。由于气温较往年同期偏低，金水源泵站所在的黄河河段先是出现了大面积、高密度流凌，随后又出现了工程建成投运以来的首次封河现象，给上水工作增加了许多困难。在此基础上，公司组织人员开展了排气阀、调压塔保温方案的研究和实施，有效改善了保温效果，保证设备正常运行；开展了黄河取水口除冰设备的研究，制作安装了冰鼓，有效解决了冰凌淤塞流道、影响机组正常启动甚至破坏水泵运行等问题；通过不断的研究、解决问题，总结运行经验，为今后常态化的冬季上水工作积累了丰富的经验，确保冬季上水安全。四是结合实际，突出重点，严抓隐患排查治理工作。对总长26公里共4398节PCCP管道进行钢丝完整性检测，检测出严重断丝的43节，更换了其中31节。开展了大面积隐患排查治理工作，全年共排查出安全隐患132项、已治理128项，缺陷处理率98 %，有效改善了安全生产条件；完成了《安全生产应急管理体系》初稿，内容涵盖供电线路、防凌、防汛、大坝安全、危险化学品管理、消防安全、水质监测、维稳反恐等方面，进一步落实安全责任、规范抢险物资和设备设施管理，保证事故应急处理的及时、有效和可操作性。五是加强监督、严抓落实，有效预防各类事故发生。加强对特种设备的安全监督管理，修订了特种设备管理制度和维护标准，建立健全了23台天车的设备档案，并在银川市质量技术监督局进行了注册；定期邀请消防队、质检局、安检局、供电局等相关部门技术人员，对各类特种设备进行检查、维护，确保设备运行安全；严格执行危险化学药品管理制度，与生产厂家签订了液氯采购合同，坚持先备案后采购，保证液氯采购程序规范、合法，加强对危险化学药品在运输、使用和储存等各个环节的安全监管，保证危险化学药品的使用安全；着力防范有限空间作业事故的发生，制定了作业规程和防范措施，对各单位涉及有限空间作业的工作内容，严格要求操作人员按照规程进行作业，严防有毒、有害气体中毒事件的发生；严格执行在建工程的安全监管程序，坚持与施工单位签订安全生产责任书，加强对施工人员的安全教育，全面提高对施工现场的安全管理水平和事故处理能力。六是完善事故预案演练，提高事故应急处置能力。针对事故应急处理工作中的薄弱环节，通过完善预案、加强演练、总结经验等方法逐步提高事故抢险工作效率。每月开展一次事故演练，公司每季度组织一次总结交流会议，及时总结，查找不足，并对预案进行补充修改，邀请宁东消防大队消防人员，现场观摩漏氯事故演练，深入查找演练中存在的问题和不足，及时改进完善；定期检查抢险物资及工器具的储备情况，合理添置抢险物资及备品备件，为事故抢险工作提供了物资保障，保证了事故抢险工作效率。七是加强监测，分析研究，确保供水水质安全。按时完成常规水质指标、全分析指标以及黄河水、水库原水水质的日常检测工作；化验室在完成溶解氧、PH 值等五项常规指标检测外，增加了藻类检测，全面掌握原水水质变化情况，及时对检测结果进行对比、分析，有针对性地开展试验，提出解决措施，确保出厂水质 34 项主要指标均符合国家标准，水质合格率达 100%。（李　珺）

【设备运行管理】 一是开展了水源泵站水泵叶轮优化及抗磨蚀技术研究，完成了离心泵传统设计方法的分析及优化设计方案，该项目成果已通过自治区科技攻关项目验收。根据研究结果，采用两种涂护方法，自主完成了水源泵站 6 台主水泵的泵体涂护、修复工作，找到了适宜有效的水泵涂护方法。二是针对黄河源水低温、低浊、微污染的特点，公司组织开展了“引黄低浊水混凝集成处理技术的研究和应用”的项目研究，针对沉淀池工艺程序及鸭子荡水库原水水质变化情况，研究得出助凝剂与混凝剂集成处理的除浊成果，同时解决了宁东水厂原水藻类污染问题，该项目被水利厅评为科技进步三等奖。三是为了确保 PCCP 管道安全运行，降低维护、维修费用，增加管线的有效利用率，公司开展了供水管线运行现状调查，制定了《PCCP 管道阴极保护试验段实施方案》，并实施了 2 公里管道阴极保护试验，取得了阶段性成果，为进一步制定 PCCP 管道阴极保护方案提供了依据。四是完成了水源泵站 35KV 供电线路、宁东水厂 10KV 备用电源项目改造，提高了生产运行可靠性；针对水源泵站水泵充水系统效率低的情况，积极组织人员对 4 台充水泵进行更新，使之更好地发挥管道充水和流量调节的作用；结合金水源泵站冬季运行工作的实际情况，自行设计了冰鼓，经试验，对解决黄河流凌对运行工作带来的影响效果显著。（李　珺）

【工程建设与管理】 完成了宁东污水处理厂工程、宁东水厂 2# 滤站扩建工程、鸭子荡水库附属工程的消缺工作及收尾工程；完成了鸭子荡水库至任家庄乡村道路工程，铺筑道路 7.3 公里，完成投资 372 万元；完成了宁东水厂第二电源 10KV 电力线路 7.3 公里架设工作，完成投资 137 万元；完成煤化工园区 3 公里 1600 厘米供水管线工程建设；完成古窑泵站 2 公里 700 厘米供水管线工程。完成总投资 3192 万元，一期工程供水能力达到 50 万立方米 / 天。水务一体化配套设施建设趋于完善。一年来，公司先后就宁东水厂搬迁、客运站压覆配水管线、中太铁路银川联络线建设改移灵古供水管线等 13 处交叉项目进行了方案论证、比选，提出了较为准确的依据和数据，向相关的部门和单位进行了汇报和解释，寻求支持和理解，在服从和服务于宁东基地的建设前提下，最大限度地维护公司的利益。（李　珺）

【项目前期工作】 在完成宁东基地用水需求调研和规划预测的基础上，编制完成了宁东供水二期工程建设规划，二期工程可研报告（分为水源工程和净配水工程两部分），已报宁东管委会审批。净配水工程初步设计国内招标已完成，与多家金融机构接洽，已初步拟定资金筹措方案。宁东供水二期工程筹建工作全力推进。（李　珺）

【生态绿化】 完成了鸭子荡水库附属工程、古窑泵

站及宁东污水处理厂绿化工程项目，新增绿化面积4.93公顷，完成投资145万元。（李　珺）

【财务管理】 以加强成本管理和资金管理为工作重点，严格规范财务管理，多方筹措资金，努力增收节支，有效保障了公司各项工作的顺利开展。多次与相关部门联系沟通，寻求支持和帮助，共争取到宁东污水处理厂等多个工程建设项目的财政补助资金1658万元；完成了宁东能源化工基地地税局对公司2011年度6302万元土地使用税的免税工作，减免了管道断丝检测合同各项税款45.6万元，有效节省了费用支出；提前与用户协调沟通，按时足额收缴水费，缓解了公司部分还贷压力；补充、完善了资产管理手续，设置资产明细会计科目，建立了1208项资产卡片，规范了资产账务管理工作；对“小金库”专项治理工作进行了全面复查，无“小金库”现象发生。在对宁东基地供用水情况进行分类统计的基础上，开展了资产盘点和运营成本分析，完成了水价测算的基础工作，完成了《宁东供水工程水价测算报告》，上报自治区物价局，物价部门已进行审核，将于2012年6月调整水价。（李　珺）

【科技与教育】 以运行人员岗位技能培训为重点，全年组织培训18项，参训523人次；完成了与长安大学联合开办的“给排水”专业本科班的全部教学课程；邀请中科院教授举办了“水处理工艺及技术”讲座；组织危险品安全管理人员资格证培训、电工入网作业职业资格证、化验设备使用等专业取证培训65人次；举行了技术总结交流会，总结宁东供水一期工程的设计、施工、技术及运行管理等方面的经验；组织员工参加宁夏水务投资集团有限公司举办的“水利工程建设管理知识竞赛”，取得了第一名的好成绩，运行人员岗位技能和业务素质得到显著提升。

（李　珺）

【党建与企业文化建设】 一是以人为本，和谐发展，员工思想政治工作有序开展。召开了思想政治工作研讨会，在公司上下广泛征求开展思想政治工作的意见和建议；建立健全了思想政治工作领导体制和工作机制，明确了高管人员联系点和定期下访制度，完善了思想政治工作考核评价制度。二是创新思路，拓宽载体，党的建设上新台阶。公司党委抓好党建系列活动的实施，扎实推进学习型党组织、学习型领导班子建设，坚持执行党委中心组学习；以开展“创先争优”活动为契机，加强党员队伍建设，全面提高工作效能；召开了庆祝建党90周年暨“两优一先”表彰大会，联合水利厅科教处、自治区人社厅专业技术处党支部，开展了纪念建党90周年共建活动，组织党员赴延安接受“红色教育”；及时组织召开了领导班子、党员领导人员民主生活会；开展创建“党员示范窗口”“党员示范岗”等活动，推进了党建工作整体水平的提高，更好地服务于生产运行中心工作。三是围绕中心，服务大局，党风廉政建设成效显著。加强对领导干部的廉洁自律教育，结合“学《廉政准则》促廉洁从政”主题教育活动，认真学习了胡锦涛总书记《在十七届中央纪委六次全会上的重要讲话》《中央纪委全会报告》等文件精神；加强对贯彻执行《廉政准则》情况的监督检查，党员领导人员严格对照“八个严禁”“52个不准”进行了全面深入的自查自纠，同时注重抓好重点岗位人员的警示教育和职业道德教育；严格落实公司中层以上管理人员廉政谈话制度；建立了领导人员廉政档案，制定了《宁东水务公司廉政档案管理办法》和《领导人员廉政档案管理规定》，公司中层以上管理人员均按照要求填写了廉政档案信息采集表；加强廉政文化建设，提高反腐倡廉建设科学化水平，创办了党风廉政建设橱窗、“廉政文化墙”，在公司《金水源》报上开设党风廉政建设专栏，在公司上下营造出崇廉尚廉的良好氛围。四是加强领导，创新方法，企业精神文明建设取得新成果。以工会、共青团为纽带，开展了员工心理健康辅导讲座，召开了第五届职工运动会，组织员工参加“拓展训练”；加强文化阵地的建设，积极做好公司的各项宣传工作，拍摄了专题宣传片，积极参加水投集团及水利厅文艺汇演，编辑出版《金水源》报11期，编辑出版了书籍《金水源——造福宁夏之源》，积极倡导构建和谐企业的理念，形成强有力的企业文化核心，总结归纳出了“团结协作、务实创新、服务奉献”的企业精神，“诚信、安全、精细、超越”的核心价值观，“服务宁东、造福宁夏、安全发展”的企业使命和“建设管理、技术、人才、环境一流的水务企业，实现员工、股东、用户、社会共赢”的企业愿景，构筑了较为完善的企业文化体系。加强民主管理，发挥职代会的作用，关心员工工作和生活，营造轻松愉快的工作环境，实现员工与企业的和谐发展。（李　珺）

宁夏太阳山水务有限责任公司

【概况】 宁夏太阳山水务有限责任公司（以下简称“公司”）现有员工 55 人，下设 5 个管理部门（综合管理部、总经理工作部、发展规划部、生产技术部和财务产权部）和供水总厂 1 个生产单位。公司实行董事会领导下的总经理负责制，建立了董事会、监事会、经营管理层工作制度和各项管理运行制度，形成了权责明确、职能清晰、协调运行、有效制衡的法人治理机构和精干高效、运转灵活、管理科学、有效激励的管理机制。2011 年公司以“创先争优”活动为抓手，以抢抓机遇、破解困境、加快发展为目标，以推动创新为重点，不断拓宽工作思路，强化管理措施，狠抓责任落实，较好地完成了全年工作，公司生产、经营、管理等各方面均取得了新成效。（石玉广）

【完成的主要经济指标】 2011 年，实现供水 546 万立方米，水费收入 1374 万元，全面完成年初董事会制定的经营目标，水费收缴率 96%，供水量和水费收入两项主要经营指标分别较 2010 年增长 55%和 48%，减亏 755 万元。（李仲茂　徐秀霞）

【完善管理机制】 2011 年，公司制定了《绩效考核管理办法》《效能督办工作办法》等 10 项行政管理制度，修订完善了公司《劳动保护用品管理办法》《公司员工行为规范》《公用经费管理办法》等制度，切实推进用制度管人，用制度管事，促进管理水平的提高。（石玉广　王　婷）

【安全生产】 坚持“安全第一，预防为主，综合治理”的安全生产方针，树立安全就是效益的观念，以落实安全生产责任制为中心，调整充实了安全生产领导小组，召开了安全生产工作会议，细化全年安全生产工作目标，层层签订安全生产责任书，安全生产网络体系健全；结合“安全生产年”“安全生产月”“水利安全三项行动”“隐患排查治理”等活动，通过宣传橱窗、宣传横幅、安全宣传专栏和参加“全国安全生产月”答题等形式，组织开展安全生产知识培训 5 次、专题知识讲座 2 次、安全知识竞赛 1 次、安全应急预案演练 3 次。全年共查出隐患 136 项，全部整改落实。盐池人饮工程全年共查出 238 项，已消除 230 项。（石玉广　李仲茂）

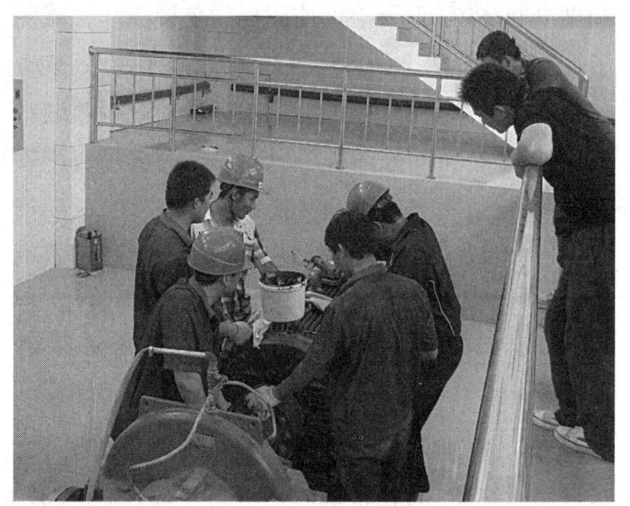

设备维修

【设备运行管理】 年初对供水工程及设备进行了检查维修，并对备用设备进行维护保养，检修统计数据表明，未发现较大隐患。为加强设备运行管理，制定《调度规程》《设备检修规程》《运行管理规程》等生产运行各项规章制度和岗位职责 45 项。（李仲茂　樊恩宏）

【工程建设与管理】 2011 年，完成了萌城供水工程建设任务，建成供水管线 42.35 千米，加压泵站 2 座，4000 立方米高位调蓄水池 1 座，完成投资 4015 万元，工程于 7 月 21 日试通水一次性成功，实现了管道远距离输水一次性成功无任何质量问题的目标。筹措资金 157 万元，在太阳山输水总干管 11+250 处新建了一座 2000 立方米调蓄水池，保证了明年园区供水接口压力。建设了太阳山水泥厂盾安加压泵站，解决了太阳山工业园区管线末端企业用水问题，保证了企业的正常生产。（雍绍文　李仲茂）

【项目前期工作】 充分利用库区的土地、水源及当地丰富的风能、光能和便利的交通条件，积极开展企业间合作、项目规划和储备工作。2011 年完成了刘家沟水库库区高效节水灌溉项目实施方案并报自治区水利厅审批。刘家沟水库库区综合治理(二期)项目也已完成实施方案的编制。（雍绍文　马文涛）

锅炉调温度

【生态绿化】 在公司经营比较困难的情况下，多方筹措资金，完成绿化投资 105 万元，对刘家沟水库下游和太阳山生活水厂外围进行绿化，种植冬枣 1900 株，种植沙柳 38 万株。（马文涛）

【财务管理】 一是严格资产管理。完善财务制度，制定了《经费包干管理办法》《大宗物资采购管理办法》《水费收缴及临时供水管理办法》等，健全财务监管体系。二是加大经费管理力度。对各部门办公经费、业务接待费、差旅费、车辆燃油费全面实行定额包干，加大过程控制，降低了管理成本。三是创新融资方式。全年共落实银行资金 3300 万元，争取盐池县、太阳山管委会财政补贴 350 万元，争取到萌城用水企业先期建设垫付资金 1340 万元。四是保证水费收缴。2011 年累计供水 546 万立方米，实现收入1374 万元。五是太发工贸公司煤炭经营业务运营状态良好，全年累计销售电煤 18 万吨，实现营业收入2645 余万元，实现利润 75 万元。（徐秀霞　欧艳华）

【科技与教育】 一是针对萌城供水工程地形复杂的特点，为有效保证湿陷性黄土区供水管道安全运行，首次采用聚乙烯钢丝网骨架压力管道。二是为降低萌城供水工程的管理成本，工程建设中首次采用了自动远程监控和三级安保系统结合的方式；实现了 2 个扬水泵站完全无人值守的目标，开创了全区高扬程低压泵站管理创新的先河。三是与华北水电学院宁夏函授站合作，签订员工培训教育协议，专门为公司设立城市水务方向给排水专业函授班，40 余名职工将接受学制 3 年的专业培训。大力开展职业技能竞赛活动，进行了为期 2 个月的赛前技术大培训。组织开展了变频器及自动化控制、电工电气知识、现场维护维修等专业知识培训班 8 期，培训员工 100 余人次。（石玉广　范海蛟）

岗位技能竞赛动员大会

【党建与企业文化建设】 2011 年，公司党总支坚持“围绕发展抓党建，抓好党建促发展”的总体要求，加强班子和队伍建设，提高推动企业科学发展的能力，成立了廉政风险防范管理领导小组，制定《廉政风险防范管理实施方案》，层层签订《党风廉政建设责任书》和《党风廉政承诺书》；在全部岗位认真查找了廉政风险点 23 个，研究制定了防控措施 33 条，并张贴上墙增强警示和监督作用。通过“一线工作法”和机关党支部“对口帮扶基层工作法”，深入生产一线，了解基层生产情况，掌握员工的思想动态，及时解决工作、学习、生活中的问题。公司筹措近 250 万元对进场路进行了硬化、亮化，新建文化亭，摆放风景石。发动员工征集企业文化理念、党风廉政警句和水文化名言。利用“世界水日”“宁夏水利网”、水投小报、“太阳山水务”小报、公司“水务信息”等载体，发挥舆论导向作用，及时把公司动态、员工的精神风貌和好经验、好做法对外对内进行宣传，树立公司良好形象。

（石玉广　张瑞萍）

宁夏新海水务有限公司

【概况】 宁夏新海水务有限公司(以下简称“公司”)紧紧围绕 2011 年工作重点,以构建和谐现代化企业为目标,加强公司内部管理,建立健全各项管理制度,不断提高管理水平。2011 年,成立了同心分公司,建立了两个党支部,健全了工团组织,公司下设同心分公司、综合部、运营管理部。公司共有正式员工 37 人,高级政工师 2 人,高级工程师 1 人,初、中级工程师 4 人,技工 5 人,专科以上学历 27 人。2011 年公司制水车间荣获自治区水利厅“安全生产示范岗”,公司荣获宁夏水务投资集团有限公司“精神文明先进单位”,南坪水库被评为宁夏水务投资集团有限公司“先进基层单位”,第一党支部荣获宁夏水务投资集团有限公司 2011 年度“先进党支部”。

(李铭洁)

【完成的主要经济指标】 全年海原水厂累计安全运行 956 天,共向南坪水库蓄水 10 次,累计蓄水 897.5 万立方米,累计向用户供水 104.25 万立方米,其中城市生活供水 46.43 万立方米,农村人饮供水 28.77 万立方米,绿化供水 29.05 万立方米。应收缴水费 249.12 万元已全额收回。截至 2011 年年底同心分公司累计安全运行 741 天,共向调蓄水池蓄水 6 次,累计蓄水 320.97 万立方米,累计供水 187.84 万立方米,其中节灌供水 143.51 万立方米,农村人饮供水 39.73 万立方米,绿化供水 4.6 万立方米。应收缴水费 302.42 万元,实收水费 107.49 万元。2011 年公司收入 586 万元,净利润 -966 万元。 (侯晓丽)

【完善管理机制】 公司内部管理机制不断完善,下设一个分公司、两个部门,明确了工作职责。3 月 14 日同心分公司正式成立。先后制定了《宁夏新海水务有限公司内部机构设置方案》《宁夏新海水务有限公司薪酬方案》《宁夏新海水务有限公司津补贴管理办法》《同心东部综合供水工程维护管理办法》《预防溺水事故应急预案》《预防火灾应急预案》《水厂卫生管理制度》等各项制度及方案。 (李铭洁)

【安全生产】 1. 抓安全生产学习教育。利用学习日、安全生产月、办学习班等,对员工进行安全知识的学习教育,全年共举办安全生产法规、安全生产操作规程、机电设备的运行与维护学习班 2 期,印发安全知识手册 60 册,发放安全知识宣传单 500 份,悬挂横幅 8 条,张贴标语、宣传画 200 幅,进一步强化了员工的安全意识。2. 落实安全生产责任。2011 年公司先后召开 5 次专题会议,安排部署安全生产工作,公司与各部门、泵站,部门、泵站与员工层层签订了《安全生产责任书》,将安全生产工作落实到人,做到安全生产人人有责。3. 认真落实检查制度。运行人员每天定时进行检查,公司每月 23 日开展一次安全大检查,对水库、泵站、蓄水池、车间、输供水管线进行认真检查,并对各类设备、重点部位实行包干,定时、定点检查维护。认真开展安全检查及安全隐患“回头看”活动,全年进行安全专项检查 12 次,发现安全隐患 86 条,均及时做出了整改。4. 开展“安全生产月”活动。在安全生产月活动中,围绕“安全责任,重在落实”的主题,制订活动方案,开展安全生产知识答题、竞赛、征文、安全事故演练等富有成效的活动,达到了以点带面、以月促年的目的。5.加强水质化验检测。每天在线监测两项水质指标,每月对源水进行一次 28 项常规检测,检测结果均符合地表水环境质量标准[GB 3838-2002(III)类],每半年对出厂水进行一次 33 项常规检测,检测结果均符合国家生活饮用水卫生标准(GB 5749-2006)。 (侯晓丽)

消防演练

【设备运行管理】 一是检查设备运行情况。每天定时对制水车间、调度室、供水管线、加压泵站等主要场所进行巡视检查,通过眼观、耳听、鼻闻、手触等主要检查手段，发现运行中设备存在的缺陷和隐患，及时上报并通知相关技术人员处理。二是做好设备检修维护工作。详细制订了春季和秋季检修计划，分别对制水车间、加压泵站、供水管线的主要设备进行了维修保养，并对管床和排水渠进行了杂草和淤泥的清理，确保各类设备的正常运行。三是做好设备运行记录。每天对设备运行中存在的缺陷和隐患进行记录，随时掌握设备运行状态，及时消除缺陷和隐患，提高设备工作率。四是做好设备冬季保温。对制水车间、泵站悬挂门帘、窗帘，安装电热管、电暖器，对水厂及管线沿途的各阀门井铺盖保温膜，确保了供水工作的正常运行。（侯晓丽）

【工程建设与管理】 严格按照"安全可靠、节约投资、技术先进"的原则，对重大工程设计坚持专家论证，广泛听取各方面意见，优选科学、合理、经济的施工方案。工程建设中严格执行"三控制、两管理、一协调"的管理方法，即从工期、质量、成本三个重要因素来控制、加强合同与信息的管理，积极协调各方关系，使后续工程建设顺利开展，全年共完成工程投资269万元，确保了水库及管线的安全运行。一是完成了南坪水库大坝灌浆工程，共完成投资150万元。二是完成了南坪水库大坝监测工程，完成投资38万元。三是完成了自动化消缺工程，完成投资18万元。四是完成了南坪水库非常泄空管延长工程，完成投资54万元。五是完成了南坪水库土地平整、净水厂门口供水点工程，完成投资9万元。六是完成了消防系统的验收工作，顺利通过了消防部门的消防验收。（侯晓丽）

技能培训班开班

【科技与教育】 1. 完善自动化工程。一是完善水处理车间制水和反冲洗的上位机在线监控和设备运行记录、生产数据报表的在线打印功能。二是升级大坝监测系统软件，完善了大坝渗流、水库水位、降雨量、气温气压等数据的采集功能。

2. 加强员工教育培训。一是通过集中学习、专题讲座、公司领导讲课、办学习班、走出去学习等形式，营造浓厚的学习氛围。本年度共派出员工8人次，先后到青海、扬州等地进行学习，培训经费支出4.21万元。二是立足岗位、注重培训效果，根据公司实际情况，针对员工不同岗位，举办岗位练兵学习班。3月中旬，分别在海原水厂、同心分公司举办了两期机电运行、制水工艺、设备维护培训班。（侯晓丽）

第一次会员暨工会成立大会

【党建与企业文化建设】 一是深化创先争优活动。开展了"讲党性、强作风、做表率、争优秀"为主要内容的党性主题教育活动，以党总支创先进带动单位创先进，党员争优秀带动干部员工争优秀，为公司的发展积极建言献策。二是认真贯彻民主集中制，完善基层党组织决策机制，认真落实"三重一大"等决策制度。召开党建暨党风廉政建设会议，签订党风廉政建设责任书。5月上旬，公司召开第一次员工大会，成立了工会委员会。同天召开了团员大会，成立了共青团宁夏新海水务有限公司总支委员会。举行了庆祝建党90周年系列活动。11月22日，召开领导班子专题民主生活会，撰写了领导班子分析检查报告，制定整改落实方案。开展文明单位创建和以文明员工、文明环境、文明食堂、文明宿舍、文明家庭为主要内容的"五个争创文明"活动，开展读优秀书籍、写优秀文章、唱优秀歌曲、看优秀影片系列主题文化活动，开展种瓜种菜、清理杂草活动。组织参加海原县“红宝杯”篮球运动会。全年共接待领导调研、工作检查等人员52批，611人次。充分利用水利网、《水投》报、橱窗等宣传载体，大力宣传公司发展的新成就、精神文明建设的新成果、各项工作的新进展。2011年吸收党员1名，发展积极分子2名，选拔任用中层干部2名，共申报工程类职称4人，评定2人。制水车间再次荣获自治区水利厅2011年安全生产示范岗，党总支书记王效军被评为2011年度自治区水利厅优秀共产党员，员工海永峰被评为自治区水利厅2011年度优秀共青团员。 （李铭洁）

宁夏长城水务有限责任公司

【概况】 宁夏长城水务有限责任公司（以下简称“公司”）是经自治区国资委批准，由宁夏水务投资集团有限公司、鄂尔多斯市水务投资公司、宁东水务有限责任公司共同签订《合资建设上海庙引黄供水工程合作协议》，分别按45%、43%、12%的出资比例，注册资本金9800万元人民币，于2010年3月成立。主要任务是为上海庙、红墩子能源化工基地、生态环境整治提供生产、生活用水。长城供水工程包括水源工程、净水工程和配水管道工程。其中：水源工程以黄河水为水源，调蓄水库坝址选在水洞沟中段，设计库容1224万立方米，坝长1230米，最大坝高29.85米，坝型为均质土坝。净水工程由进厂管道、净水厂及送水泵房组成。水厂净水处理工艺采用混凝+沉淀+过滤+消毒。一期工程总投资6.8亿元，供水规模为20.0万立方米/天，二期总规模达到40.0万立方米/天。配水管道工程：由中途加压泵站和输水管道组成，一期工程供水规模为7万立方米/天。

全年工作呈现以下几个亮点：一是长城供水工程建成了一座水库，形成了三个水源，即主坝水库、尾坝水库和地下水源。主坝水库：黄河水为水源，主要用于上海庙、红墩子能源化工基地供水；尾坝水库：水洞沟沟道水为水源，主要用于生态绿化灌溉；地下水正在进一步开发利用。2011年水库引黄河水718万立方米，向外供水285万立方米。尾坝水库向主坝水库注水327万立方米。公司通过优化配置，使水资源综合利用效果明显，经济效益、生态效益和社会效益凸显。二是针对水洞沟水库“低温、低浊”原水处理难的特点，参考国内外原水水质相近的成功水处理案例，采用以“高效絮凝沉淀池+翻板滤池”为核心的水处理工艺，建成日处理能力为20万立方米的国内先进水处理工艺的水厂。三是为保证水库供水安全，充分发挥水库蓄水效能，通过采用高精度断面法测量和数值模拟相结合的方法。对水库淤积形态进行预测，以便指导水库运行，延长水库使用寿命。四是为了防止水锤对压力输水管道的危害，经过比选论证，已在配水管道工程中应用“箱式双向调压塔”，更好地防止水锤危害，此项技术在宁夏水利史上属首次应用。

公司实行董事会领导下的总经理负责制，公司股东会、董事会、监事会和经营层职责明确，形成各司其职、协调运转的法人治理结构。公司现有员工56人，其中工程技术类8人，占员工总数的14%；财会类3人，占员工总数的5%；政工类3人，占员工总数的5%。机关内设“三部一室”，运行机构由长城水厂、检修队、经营分公司组成。2011年公司获得自治区水利厅“工作先进集体”荣誉称号。

（张 航 李寿山）

【完成的主要经济指标】 水库累计蓄水718万立方米，供水285万立方米，其中，向上源水厂供水263万立方米，向红墩子工业园供水2万立方米，厂区自用水20万立方米。完成销售收入1000万元(已经落实)。 （李寿山）

【投资完成情况】 2011年计划完成投资2.057亿元，实际完成投资2.31亿元，超额完成2530万元。其中：水源工程完成1300万元，净水工程完成6700万元，配水联网管道工程完成5500万元，绿化及灌溉工程完成1000万元，金水源泵站扩建及压力流输水管道工程完成4000万元，独立费用及其他投资完成4626万元。 （李寿山）

【完善管理机制】 一是精简机构，建立科学高效的运营机制。按照岗位编制,新聘录21名专业技术人员。同时,将4个运行单位(长城水厂、调度中心、检修队和服务中心)调整为3个运行单位(长城水厂、检修队和服务中心),精简了运行机构,提高了工作效率。二是健全制度,规范管理。为进一步促进公司管理的合理化、规范化,建立完善了《劳动管理办法》《运行值班制度》《操作票制度》等12项管理制度和操作规程,形成了较为完善的运营管理框架。三是围绕中心,做好公司宣传工作。结合宣传贯彻中央1号文件、“世界水日”“中国水周”以及《自治区抗旱防汛条例》等活动,宣传制作各类宣传材料3000余份,开展各类宣传活动5次,取得了良好的宣传效果。

(张　航)

【安全生产】 长城水厂安全运行1200余小时。公司以工程建设为重点，全面开展安全隐患专项治理活动,落实三级安全教育制度,完善安全生产责任制,强化安全管理,抓好安全生产,与各部门、施工单位签订《安全生产目标管理责任书》30份,全年没有发生任何人身伤亡、工程质量和安全生产事故。

(李寿山)

【工程建设与管理】 一是结合实际,以“三会”控制工程质量。坚持与监理单位、施工单位共同开好“三会”,抓好工程管理,即:每两天召开一次联系会,及时解决施工计划落实情况和存在的问题；每周召开一次施工现场例会,严格控制工程进度,严把工程质量;每月召开一次安全文明施工检查会,对工程进行安全质量文明检查,保证工程施工安全无事故。全年召开联系会150余次,施工现场例会40余次,安全文明检查会10次。勤督促,严管理,加快工程建设进度,完成水源工程3个标段35个分部工程、净水工程3个标段40个分部工程的验收工作,工程合格率100%。二是加强协调,及时解决工程建设中存在的问题。宁东联网工程和金水源泵站扩建工程点多、线长、面广,涉及社会问题较多。为了保证顺利开工,公司积极协调市、旗、镇、村,主动和村民沟通,有效解决群众挡工等突出问题30余起，及时发放补偿款74.7万元,保证了工程建设的顺利实施。三是严格管理,确保试水工作顺利完成。5月29~31日公司与鄂托克前旗上源水务公司完成2次联合试水。9月月底完成整个生产工艺系统闭水试验。试水均一次成功,未出现任何设备和土建质量问题,为后期正式供水打下了坚实的基础。

1. 2011年工程项目有:水源工程,水库工程整体完工,满足蓄水条件,防洪排污隧洞基本完成。2. 净水工程,各单体建筑物已全部完工,工艺设备安装调试完毕,具备供水条件。生活区公寓、食堂、活动中心、会议中心各单体建筑物已完工,具备使用条件。3. 宁东、上海庙能源化工基地联网供水工程,中途增压泵站基本完工,18.3千米输水管线已完成10.7千米防腐钢管和5千米PCCP管铺设，宁夏境内2.6千米管线铺设工作因征地问题尚未完成。4. 金水源泵站扩建工程,部分设备已经到货,计划2012年年初开始安装，金水源—红山石泵站输水管道完成管沟开挖3千米,安装管道1.56千米。5. 红墩子项目区高效节水补灌工程、水库下游沟道综合治理工程。库区水土保持综合治理工程,目前,红墩子项目区高效节水补灌工程已通过宁夏水利厅审批，该项目总投资666万元,国家补助446万元。水洞沟库区水土保持综合治理工程项目已通过宁夏水利厅水保局专家组审查,项目总投资约2070万元,国家补助资金1000余万元,现已落实补助资金200万元。水洞沟下游沟道综合治理项目已开展项目初步设计文件的编制工作。

(张　航)

【项目前期工作】 一是优化工程设计。全年共协调、组织召开技术专题会25次,设计方案讨论会35次,设计审查会18次,工程设计联络会、技术交底会12次。审查施工图2000余张,印发会议纪要30余件,使工程设计科学合理。二是加强招标管理。全年完成7次、32个标段的国内招投标工作。通过市场竞争在国内180余家投标单位中,择优选择了监理单位、施工单位和设备生产厂家共50余家。签订合同96项、设备技术协议33项,涉及合同金额约1.93亿元。同时,加强对中标企业的合同管理,要求合同单位必须出具履约保函和预付款保函，保证了资金安全和工程的顺利实施。

(张　航)

【生态绿化】 水库周边完成53.33公顷防护林建设任务,形成50~70米宽8千米长生态防风林带;完成苗圃建设2.67公顷;水厂、生活区种植景观树木400余株。累计完成PVC管道敷设32千米,滴灌管铺设232千米,苗木种植6万余株。 (李寿山)

【财务管理】 一是加强财务管理,落实费用标准。严格执行《会计法》,认真履行合同支付制度,坚持有计划、有合同、有审批,对重大财务支出实行联签制度,保证了各项财务支出符合财务制度。厉行节约,实行费用包干和指标控制,节约生产成本,实现资金效益最大化。认真开展"小金库"专项治理工作,通过自查、抽查、复查,公司无任何形式的"小金库"。二是落实优惠政策和财政贴息,努力降低工程建设成本。积极协调落实财政贴息政策,落实到位鄂尔多斯市水务投资公司和鄂托克前旗人民政府利息补贴830万元。同时,主动和自治区物价局沟通协商,确定了水价和电价(电价执行0.391元/千瓦时,供水价格3.2元/立方米,原水供水价格2.5元/立方米),为公司的健康发展奠定了基础。 (张 航)

【科技与教育】 公司加强对员工的培训,着力提高管理和运营队伍素质。采取请进来、送出去的方式,积极组织职工参加区内外水利工程建设管理制度、水利建设工程验收等各类培训班,不断提高中高层管理人员管理水平和业务能力,提高运行员工的岗位技能和业务素质。全年共举办培训班3次,参加区内外培训班19期,参加人数90余人次,累计培训61天。 (张 航)

【党建与企业文化建设】 一是加强组织建设,促进管理规范化。加强党组织建设,建立健全群众组织,制定了《党支部工作制度》和学习计划,认真组织党员职工学习十七届六中全会、中央1号文件、自治区35号文件、《中共鄂尔多斯市委、鄂尔多斯市人民政府关于加快全市水利水保改革发展的意见》(鄂党发〔2011〕8号)文件等精神,开展了"重走革命道路,重温入党誓词"红色教育、"举党旗、颂党恩、跟党走"歌咏比赛,和营造风清气正的发展环境等活动,增强了党组织的向心力和凝聚力。二是加强廉政建设,提高拒腐防变能力。开展了形式多样的廉政教育,组织职工到女子监狱接受廉政警示教育,进一步提高了全体员工反腐倡廉的责任意识和自律意识。严格落实"三重一大"制度,并对党风廉政建设任务进行分工,实行一岗双责,落实责任制。与各部门、参建单位、设备厂家签订《廉政建设责任书》《廉政协议》86份,确保党风廉政建设责任制落到实处。三是加强企业文化建设,提升企业软实力。组织开展了"庆三八、强素质"野外体能训练和"庆五四、增素质、强团队"拓展活动,参加了宁东水务有限责任公司第五届职工运动会、宁夏水利厅第四届职工羽毛球赛以及水投集团水利水电建设管理知识竞赛,充分调动了员工的积极性与主动性,形成了健康向上的良好氛围。

(李寿山)

宁夏六盘山水务有限公司

【概况】 宁夏六盘山水务有限公司(以下简称"公司")于2011年9月9日成立,是宁夏水务投资集团有限公司的全资子公司。公司成立是宁夏水利厅、宁夏水务投资集团公司与固原市人民政府贯彻落实2011年中央1号文件精神,合作推进区域水务一体化,实现区域水资源统一管理、统筹调度、优化配置、高效利用的重大举措。公司由原固原市供水排水总公司自来水公司、固原市东山坡引水工程和原州区上店子、冬至河、寺口子水库三部分整合而成。公司主要负责固原城市生产生活供水和水量调度以及城市公共供水设施的运行管理,东山坡引水工程的运行管理,同时负责寺口子、冬至河、上店子三座水库的运行管理工作。截至2011年12月31日,公司资产总值2.31亿元,拥有水库5座,加压泵站3座,净水厂2座,综合供水能力30000立方米/日,实现城市年供水550万立方米,总收入2420万元。

公司按照现代企业管理制度要求,设立董事会、监事会和经营管理层,实行董事会领导下的总经理负责制,建立了权责明确、职能清晰、协调运转、有效制衡的法人治理结构。公司设立了4个管理部门(综合部、规划发展部、工程技术部、财务部)和6个运营部门(运营管理部、客户服务部、水源公司、制水公司、管网公司、工程分公司)。现有工作人员162人,其中具有副高级职称的6名,中级职称的19名;具有大学学历的26名,大专学历的69名。2011年公司被固原市精神文明建设指导委员会评为“市级文明单位”。(许志军)

【工程建设与管理】 2011年,公司工程建设主要包括城市管网改造工程、水源工程、净水工程、抗旱应急工程、防汛抢险工程、城市小区自来水入户工程等,全年实现工程建设维修投入796万元。固原市区城市管网改造,投资639万元,铺设供水管线6.95千米。东山坡输水管线及截引点维修工程,投资40万元。抗旱应急工程,投资112万元,完成了彭堡水源地一眼新机井的配套并网工程,架设供电线路1150米,敷设供水管线1.5千米,日新增城市供水2000立方米。净水工程,投资5万元,年平均出厂水浊度从5.3NTU降至现在的1.0NTU以下,历史性实现了固原城市用水水质各项指标基本达到了国家生活饮用水标准规定。自来水入户工程,实现收入527万元。

工程建设管理方面有了新的突破,制定了各项工程管理制度及办法,加大了工程质量管理,成立了工程建设领导小组。文明施工、安全施工、工程验收程序逐步规范合理,全年无不合格工程。(许志军)

水量调度

【安全生产】 加强安全生产管理,向安全要效益。公司成立安全生产领导小组,制定了《安全生产管理办法》,层层签订了安全生产责任书,进一步明确了安全生产责任分工。确定每月28日为安全生产综合大检查日,由公司安全生产领导小组牵头,对各运行单位的安全生产、电气设备维护保养、运行管理、各种记录等进行综合检查,以通报形式反馈检查情况,对检查出的问题进行限时限期整改,共排查并整改大小安全隐患6处。对水源地、水厂等重点部位,建立健全安全防范制度,一律实行准入制和出入登记制,进一步加强了安全防范工作。加大投入为水源公司、客服部、管网公司、检修中心、水表检定站等外勤人员购置安全帽、安全带、防毒面具、安全警示服等安全保障设施设备,投入专项资金2.3万元。通过以上措施,公司安全生产工作得到加强,全年未发生安全责任事故。(许志军)

【设备运行管理】 确保城乡供水主水源地的供水安全运行。先后完成东山坡输水管线维修及各截引点清淤,贺家湾水库背坡排水,彭堡水源地管网、供电线路维护、设备更换,一水厂维修改造等工程。为保证居民用水安全,公司先后对固原城中山街西四巷、后壕巷用户支管道及计生局家属院等用户表井进行了维修和改造,保证了城市老旧街区居民安全用水。对所接收的5座水库运行情况进行详细检查和摸底,对水库及其附属工程存在的一些隐患进行了维修处理;建立起了水库与灌区的灌溉用水机制,寺口子水库向下游农业灌溉供水110万立方米。

选派水质化验人员去宁东水务有限责任公司、成都等地学习水质化验与运用技术,对现有水质监测人员进行强化培训,提高业务技能;对水源地各截引点的沉沙池进行清淤降浊,并对输水管线进行清污冲洗,从源头上提高了水质;对水厂净水工艺的反应池、絮凝沉淀池、过滤池及滤料进行彻底清洗,提高了净水处理能力;制定降浊处理方案,购置净水药剂,混凝试验搅拌仪等水处理设备,进行原水烧杯试验,并邀请同济大学水处理专家现场把脉指导。

(许志军)

【财务管理】 加强财务管理,进一步规范管理和运行费用开支,降耗增效。实行预算控制,规范了管理费用、运行费用申报审批流程,实行预算审核、计划执行和大额资金会议拨款制度,成立了设备采购小组,对金额较大的设备材料进行竞价和议标采购,进一步规范了支付程序，严格控制了费用开支，实现了财务管理的制度化、规范化、企业化。加强银企合作，积极开展融资工作。向建设银行固原分行申请流动贷款 1000 万元已经到位，向农业银行固原支行申请 1000 万元贷款，为公司资金的使用盘活奠定了坚实基础。全年实现营业收入 2420 万元，其中售水收入 1427 万元。加大水费清欠力度，积极回收水费。积极协调南、北塬供热，六盘山电厂，古雁山庄等单位，共回收历年拖欠水费 140 多万元，回收率达到 95%以上。（许志军）

【人力资源管理】 公司成立后率先在中层管理人员中实行竞聘上岗。成立竞聘工作领导小组，制订实施方案，员工踊跃报名参与，共有 49 名员工报名竞聘，为宁夏水利系统竞聘上岗人数最多 1 次。公司还邀请自治区水利厅组织人事与老干部处、宁夏水务投资集团有限公司的领导及相关专家实地指导并共同组成考评组，经过资格审查、竞聘演讲答辩、职工民主测评、组织考察等环节的层层筛选和多次公示，最终有 15 名优胜者脱颖而出，走上了中层管理岗位。同时，公司根据现有人力资源状况，结合工作实际制定了公司人力资源 3 年规划，通过各种培训教育提高员工的各方面的素质，为公司今后规范化、科学化管理和快速发展奠定了坚实的人才基础。（许志军）

水库管理人员军训

【科技与教育】 公司高度重视科技教育，对员工进行综合培训学习。组织中高层管理人员集中学习了中央 1 号文件和自治区 35 号文件精神，学习企业管理相关知识，组织员工自己编写工作职责、运行规程等制度。先后派文秘、档案管理、水质化验、运行调度、财务及工程技术人员参加专业培训。全年派出培训 12 次 27 人，培训费用 2.3 万元。投入 18 万元购置了 1 台投影仪、23 台电脑、10 台打印机；印发学习资料 640 份。（许志军）

“开展进一步营造公正民主风清气正的用人环境活动”动员大会

【党建与企业文化建设】 坚持创建学习型党组织，抓好班子带队伍，坚持党管干部，加强党建及党风廉政建设工作，建立健全基层党组织，抓好基层党建工作。公司党委根据公司党员分布及时成立了 5 个基层党支部，转正预备党员 2 名。坚持党组织三会一课制度，坚持每月一次党委中心组学习。加强党员的管理教育，稳定职工队伍，确保全年党员职工无违纪违法事件发生。

积极组织员工参与文体活动，先后参加了由自治区城镇供水协会、宁夏水务投资集团有限公司举办的演讲比赛、拓展训练及水利工程知识竞赛活动，取得了较好的成绩。参加了 2011 年自治区水利厅文艺汇演，舞蹈《白牡丹》在水利厅年终汇演中获好评。在 2011 年宁夏水务投资集团有限公司职工运动会上共获得个人单项一等奖 4 个，团体奖 2 个。为 2011 年高考上榜的公司困难员工子女发放了助学金，探望慰问老职工遗属和患病员工。在公司员工杨锁仓患重病期间，公司动员一切力量共筹集爱心款4万多元。（许志军）

宁夏银水房地产开发有限责任公司

【概况】 宁夏银水房地产开发有限责任公司（以下简称“公司”）是由宁夏水利厅下属18家单位出资入股，于2002年6月注册成立的国有股份制法人企业，注册资本2556万元，具有城市房地产开发三级资质。公司下设“一室四部”（办公室、财务部、工程技术部、计划经营部、工程预算部），拥有银水物业、银水工贸两个子公司和银水旅游开发分公司，共有员工112名，其中高级工程师3名，中级工程师7名，初级工程师6名，管理人员16名，员工80名。2011年，面对全国房地产市场调控严峻形势，公司围绕全年发展目标，紧盯市场，灵活调整经营管理思路，抢抓机遇，奋力拼搏，在土地储备、项目开发、内部管理、机制创新、安全生产和党建等方面工作取得了显著成效，推进了公司跻身宁夏房地产开发市场知名企业进程，为宁夏经济社会发展做出了重要贡献。2011年公司荣获自治区水利厅“全区水利工作先进集体”“2008~2010年度全区水利财务工作先进集体”“全区水利系统职工文艺演出二等奖”“庆祝中国共产党成立90周年歌咏比赛三等奖”，荣获宁夏社科联社会组织党委和自治区企业家协会“创先进诚信经营 争优秀科学管理杰出企业”“创优质品牌树诚信楷模企业”，获得自治区银川市穆斯林孤儿院“扶贫救孤 大爱无疆”荣誉。（王建刚 石 鹏）

召开2011年度股东大会暨三届七次董事会

【完成的主要经营指标】 全年计划投资1亿元，实际完成投资1.115亿元（含安置房、廉租房），占总投资计划111.5%。全年开工建设房屋面积5.4万平方米，完成房屋销售面积4.67万平方米（其中商品房2万平方米、安置房2.44万平方米、廉租房0.23万平方米）。全年完成销售额8467万元，回笼资金8209万元，支付各类工程款5305万元，纳税460万元。

（王建刚 石 鹏）

【完善管理机制】 一是严格执行招投标和合同管理，按照招投标程序公开招投标，将工程投资有效控制在预算内。二是加强预算管理，严控合同外费用支出，从工程预算编制、审核、工程单价、材料单价、工程量变更、工程结算等方面严把关口，完善工程变更签证管理制度。三是科学合理组织施工，确保工程量变更在最小范围内，保证各项工程有序进行，重点加强现场签证变更管理，认真论证每项签证计算。四是加强日常资金管理，规范财务报销手续，健全各类合同会签制及工程款支付、财务报销会审会签制度。五是对车辆、办公设备等固定资产进行实地清点核对，定期进行盘点，减少物资浪费。六是规范低值易耗品采购、验收、领用、调拨、处置手续，建立办公费用台账管理和公开制度。七是完善对（子）分公司财务监管制度，定期进行财务稽核，规范（子）分公司财务管理。八是建立周例会制度、月度工作计划制度，完善360度绩效考核管理办法，实现员工一岗一薪、岗责匹配、岗薪挂钩，全员纳入考核。九是组织员工参加安全生产、工程管理、财务税收、营销管理、合同管理等培训班20期，参培100余人次，加强思想政治学习教育，提高员工综合素质。十是健全安全生产管控体系，进一步健全和完善《安全生产文明施工管理制度》《现场处罚制度》《安全评价制度》《安全员制度》等安全生产制度，建立公司、项目部、子分公司三位一体的安全管理网络，制定和完善各类安全生产应急预案。十一是召开安全生产会议和安全生产月专项会议，层层签订安全生产责任书，制作安全宣传展板18份。十二是加强事故预防，坚持每月两次定期安全大检查，全面落实各项目组成员及监理单位每日进行施工现场安全巡查制度。全年组织各类安全检查20余次，查出并整改安全隐患10起，实现全年无一起安全生产事故发生，工程质量合格率、验收通过率均达100%。（王建刚 石 鹏）

【项目开发与经营管理】 1. 项目开发：一是参与宁夏水利调度中心建设工作，水利调度中心前期规划设计、论证等工作有序推进。二是对贺兰县境内唐徕渠管理处 6.67 公顷土地进行规划，总建筑面积 15 万平方米，完成了土地勘测、委托设计等工作。三是对银川、灵武、贺兰、中宁、海原等县(市)房地产市场进行考察调研，为公司发展战略思路和项目开发提供决策依据。四是取得大唐公司房地产项目“朗诗台”开发权，规划建筑面积 10 万平方米，规划方案已获批，完成外立面及户型绿化设计。五是银水物业公司完善制度管理，强化员工业务培训，加强与业主联系沟通，提升服务质量，全年实现经营收入 139 万元，成本费用支出 144 万元，上缴各项税费 7.5 万元。六是银水工贸公司依托总公司房地产主业，调整经营策略，拓展经营范围，开展设备器材营销、地暖安装工程、景观建设工程等经营项目，全年实现经营收入 70.3 万元，实现利润 20.38 万元。七是银水旅游分公司深化镇北堡山泉浴场管理，扩大经营范围，增设鱼池、苗木培育、西瓜、蔬菜种植等项目，积极寻找商机，推动山泉浴场纵深发展。八是开工建设“银水·卓然怡居”二期工程，总建筑面积 5.24 万平方米，总投资 1 亿元，建设 5 栋住宅楼、2 栋商业网点、1 个地下车库、6 栋安置房以及附属配套、景观绿化、育才路建设工程，全部交付使用。“银水·卓然怡居”项目一期商住楼全部售完，二期商住楼销售率达 95%以上。九是启动“银水·朗诗台”项目，总建筑面积 10 万平方米，总投资约 3.8 亿元。

2. 经营管理：一是营销方面，分析市场变化和客户需求，采取让利销售等方式，制定有针对性的营销策略和营销方案，加大宣传力度，扩大项目知名度，打造项目品牌，提高客户认知度。二是服务方面，抓好售前服务和售后服务，加强与金融机构合作，方便客户办理购房贷款，制定一系列售后维修服务制度，完善售后服务体系。三是项目管理方面，健全完善《工程质量管理制度》《项目综合考评及奖罚制度》《工程验收移交及售后维修保障制度》等，加大考核力度，落实项目管理、质量和售后维修管理等目标责任。四是进度控制方面，实行工期节点倒排制度，明确各节点工期内容、目标、完成时限、考核奖罚，完善《工程进度管理制度》，建立施工进度月报制度和现场例会制度，与施工单位签订工期节点承诺书，将工期进度考核与资金拨付挂钩，调动施工单位积极性。五是质量管控方面，抓好监理单位巡检、旁站、报验的施工“三检”制度，将日常检查和不定期抽检相结合，对工程建设质量全过程进行监控，做到问题早发现、早预防、早整改。六是多业发展方面，提升(子)分公司经营管理水平，提高物业、工贸、旅游餐饮经营效益，走多元化发展道路。 （王建刚 石 鹏）

【党建与企业文化建设】 一是公司党支部扎实开展创先争优活动，实行党员承诺、领导点评、群众评议、党员先锋岗制度，发挥党员先锋模范带头作用，激励引导党员干部及员工立足岗位创先争优，增强党支部战斗力。二是庆祝建党 90 周年活动期间，与自治区水利厅财务处党支部、宁夏惠农渠管理处三所党支部联合开展党史知识竞赛；组织学习胡锦涛“七一讲话精神，破四种危险”专题党课；组队参加自治区水利厅庆祝建党 90 周年歌咏比赛获三等奖。三是召开民主生活会，认真开展批评与自我批评，全面落实民主生活会各项整改措施。四是加强党风廉政建设，开展以《国有企业从业人员廉洁从业若干规定》和廉洁自律“七项要求”为重点的党风廉政建设学习教育活动，建立《党支部党务公开办法》《党支部工作制度》等，形成按制度办事，用制度管事、管人及权力制约机制，确保工程安全、资金安全。五是热心社会公益事业，履行企业社会责任，为银川市穆斯林孤儿院

总经理王玲带领党员职工为银川市穆斯林孤儿院儿童献爱心捐款捐物

捐款捐物，并在"七一"建党期间为孤儿院孩子送去慰问品和慰问金，为中宁县教育基金会捐赠助学基金。六是开展文明单位创建活动，全年获自治区水利厅"青年文明号"部门1个、"优秀共产党员"1名、"全区水利财务工作先进个人"1名、"五五普法"先进个人1名、"安全生产先进个人"1名、"安全生产标兵"1名、"优秀共青团员"1名。七是创新企业文化建设，发扬"团结、奋进、务实、创新"企业精神，参加自治区水利厅羽毛球比赛，举办"三八"国际妇女劳动节礼仪和心理健康知识讲座，建立"职工之家"，购买图书、乒乓球桌等文体设施，开展丰富多彩文体活动，节假日慰问工地一线员工，看望生病职工，为职工送生日蛋糕，为工地一线员工增加伙食补贴，为员工发放物价上涨生活补贴，激发员工拼搏干事热情，增强企业凝聚力。（王建刚　石　鹏）

宁夏水利水电勘测设计研究院有限公司

【概况】 宁夏水利水电勘测设计研究院有限公司（以下简称"设计院"）2011年在职人员198人，其中高级以上职称62人，中级职称60人，初级职称及以下76人。公司下设规划、水工、机电、造价、勘察、测绘等7个专业生产部门以及办公室、经营计划处、技术质量处、财务处等4个职能管理部门。2011年签订主营业务合同额13337.98万元，实现主营业务收入7532.42万元，实现利润总额373.03万元，项目计划履约率为95%，顾客满意度为91.1%，项目产品合格率为100%，无勘测设计质量事故。党建、廉政、精神文明建设、社会综合治理等方面都达到上级主管部门和地方政府的要求。

召开第三届第二次股东会

公司通过了全国水利水电勘测行业"AAA"级企业信用等级评价复审；被自治区工商局评为自治区"守合同、重信用"企业；被自治区国税、地税局评为A级纳税信用等级企业。（李福新）

【完成的主要经济指标】 2011年签订主营业务合同13337.98万元，为2011年度目标的166.72%；实现主营业务收入7532.42万元，为2011年度目标的125.54%；实现利润总额373.03万元，为2011年度目标的101.92%。（李福新）

公司党委副书记贾光林带领有关人员深入勘察现场进行安全生产检查

【开拓市场】 区内市场，在积极承揽传统业务的同时，公司还拓展新业务领域，申请取得了地质灾害勘查、设计、监理三项丙级资质。加大了土地整理、水库除险加固、水土保持、水资源论证、水权转换等新业务的承揽力度，新业务合同数量较2010年大幅增长。区外市场，承揽了山西省临汾市吉县柏山寺提黄灌溉工程，与广东河海工程咨询公司和广西桂林华诺工程公司合作，签订了11项中小流域综合治理、水闸除险加固工程和水土保持方案编制等勘察设计项目，合同金额1085.9万元，区外市场自主开发初显成效。（吕　勤）

【技术质量管理】 完成了综合管理信息系统基础调研工作；完成了理正系列、PKPM结构计算、神机妙算造价分析、博超电气设计、水锤计算等已有软件的升级工作；购置了理正岩土系列软件（包括挡土墙设计计算、工具箱软件），大大推进了公司计算机网络及软件的应用程度，提高了工作效率。公司还组织设计人员参加了自治区水利厅举办的“水利工程截渗技术”“高效节水灌溉”等技术交流，公司内部也举办了新材料应用、CAD 软件使用技巧交流、博超电气软件介绍等 6 次技术交流讲座，拓宽了设计人员的知识面。公司还积极参与 6 项自治区水利厅课题研究工作，并承担了其中的水利设计综合信息管理系统平台搭建的关键问题研究工作。顺利完成了年度质量管理体系内部审核和管理评审活动，通过了北京中水源禹国环认证中心质量管理体系复评审核。公司质量体系运行良好，项目产品合格率为 100%，全年无勘测设计质量事故。（苏　强）

【人力资源管理】 录用、试用大学本科以上人员 16 人，其中包括硕士研究生 3 人、工程师 1 人、助理工程师 7 人，涉及水工、水资源、水土保持、勘察、测绘、土工实验 6 个专业。完成了员工职称、技术等级的重新聘任工作；完成了员工培训工作，全年共安排 97 人次参加了各类培训；完成了注册工程师考试工作，组织 65 人参加各类注册考试，其中注册水利水电工程师有 1 人通过专业科目考试，2 人通过基础科目考试；注册测绘师由 2 人通过考试。（侯俊波）

【制度建设】 拟定了《公司员工奖惩办法》《公司员工带薪年休假暂行规定》《公司员工健康体检暂行规定》《公司专业技术职务聘任管理办法》《公司注册工程师管理暂行规定》《公司返聘人员管理暂行规定》等规章制度，填补了多项制度空白，进一步完善了公司管理制度体系。（李福新）

【党建与企业文化建设】 先后组织了“三八”妇女节、“七一”唱红歌比赛和纪念建党 90 周年活动，参加了社区文明单位文艺汇演。组织开展了黄河石林旅游活动。安排了夏冬两季勘、测野外一线职工慰问活动，举办了重阳节退休老同志座谈会，开展了警民共建单位慰问活动。为进一步推进公司企业文化建设，公司还印发了《公司企业文化理念（讨论稿）》和《企业文化理念知识问答》，开展了公司企业文化理念学习讨论活动。（李福新）

公司组织职工赴甘肃景泰黄河石林旅游

宁夏青龙管业股份有限公司

【概况】 宁夏青龙管业股份有限公司（以下简称“公司”）在自治区水利厅及区市各级政府的大力支持和公司董事会及全体员工的共同努力下，子公司宁夏青龙塑料管材有限公司经国家科技部火炬中心、全国高新技术企业认定管理工作领导小组批准，于 9 月 11 日被认定为高新技术企业，证书编号：GR201164000008；公司技术部门积极探索、不断突破，取得国家轻工部科技进步二等奖一项；取得国家发明专利一项：即一种耐热耐磨 PVC 管材，专利号 009101175318.1。

总公司在青铜峡新材料基地投资建设“玻璃纤维增强夹砂管”并于 8 月顺利投产。塑料管材公司响应国家水利部号召为开发节水灌溉项目做了大量前期调研工作和生产线选型、采购和安装工作。新疆分公司完成准东湖北宜化项目供水工程18KM，DN1400（PCCP）管线的阴极防护施工任务；海龙分公司顺利完成南水北调廊涿支线 ¢ 2400PCCP 管材生产销售工作；甘肃项目部完成核工业四零四项目供水工程；陕西咸阳项目部分别完成山西禹门口项目、山西晋中供水项目及陕西杨凌供水项目的生产任务。

2011 年公司主要设置并完善了人力资源部、办公室、生产部、财务部、证券部、企管部、审计部、技术质量部、销售部、市场部、清欠办、采购部、工会等 13 个主要部门为一体的部门机构，截至年底干部职工人数达到 1600 余人，其中获得中、高级职称 68 人，初级职称 69 人。（牟元媛）

召开2011年度年终工作总结暨表彰大会

【完成的主要经济指标】 实现销售收入9.95亿元，较2010年增长19.88%，上缴税收8182.91万元。各个子公司项目的顺利完成及销售人员的不断努力保证了公司整体销售收入的不断增长，员工收入较2010年增长16%。（牟元媛）

【安全生产】 安全生产管理工作建立较为完善的管理体系：以总公司安监科为主体，各子公司安全员及车间安全员为分管的管理体系主抓各项安全管理工作。在此基础上加大员工的安全培训、检查和考核力度，从各个层面确保安全生产工作顺利推进。公司安监科采取的主要措施有：1.坚持“四从、四抓”方针。从员工安全基础知识入手，狠抓安全培训教育；从消除安全隐患入手，主抓现场安全检查管理；从安全标准化管理入手，抓安全管理制度完善和建设；从提高自身综合业务能力入手，不断加强自身学习和沟通能力，切实抓好安全管理工作。公司安监科全年组织安全培训班6期，累计参加培训人员1745余人次；就公司本部参加安全培训教育的人数较上年度增长了25%；全年督导本部公司安全员组织安全大检查32次，累计整改事项515项，同比安全隐患源减少了31%。2.安监科协助企管办在公司各车间有效推行“6S”管理活动，使各车间的生产现场逐渐趋于规范化，补充制定了公司发包或租赁工程项目实施的安全管理制度及安全协议的签订。3.全年对各子公司的安全生产工作进行巡检3次，累计整改事项108项并会同人力资源部修订完善了劳动防护用品发放标准制度，加强了职业病防范管理。安监科通过各类行之有效的培训、检查、考核、整改，较好地提高了员工队伍素质和整体安全管理水平，确保各车间生产安全运行。（牟元媛）

青铜峡市交警大队宣传部主任前来讲解安全知识

【质量管理】 公司成立了质量管理委员会，对全公司质量管理工作进行统一领导。子公司也成立了质量管理委员会，统一指导子公司质量管理活动。为了实现质量管理文件的统一，公司再次修改完善了质量管理文件以及工艺技术操作规程等。相关部门定期开展质量专题会，发现问题及时分析解决。公司重视对质量管理人员的培训，一是意识培训，二是技能培训，再辅之好的经济责任制量化考核。在加强质检队伍建设方面，质检员上岗必须经过培训考试，考试合格后方可上岗，定期对质检员质量意识以及相关质量检验制度文件的培养；在检测设备方面增加新检测设备，加强产品检测，以及管材外防腐；在技术改进方面，公司不断提升产品质量管理，为了缓解PCCP管材钢丝腐蚀，延长管材使用寿命，先后在宁东、新疆等地实行并推广了阴极保护技术，确保公司产品质量。（牟元媛）

【完善管理体制】 2011年公司企管办主要修订了公司职能部门负责人安全考核标准、中层干部考核标准、合同管理办法、计划管理办法、市场信息管理办法、货物运输管理办法，销售业务、广告费用管理办法，销售风险控制，合同货款赊欠授权，管件、胶圈发货管理等办法，以及公司运输业务补充规定等制度。对经营管理过程中不适应的条款进行补充和修订；对2011年主要的市场信息、生产销售计划管理制度、管件发货管理制度、物资管理办法、砼管发货制度、销售合同执行情况等进行了检查。对相关部门在业务链及经营关键环节的执行问题提出了改进和预防措施，以保证经营业务流程的有效性和可控性。通过对制度的修订、检查与考核，主要经营制度总体在执行上有所改进，部分人员的流程制度执行意识有所提升，有些方面还需加强流程的管控和岗位责任意识增强，达到业务链上下游关键点的有效对接，形成简洁可控的流程管理体系。全年技改项目和合理化建议有30多项，这些合理化建议在完善公司管理体制方面起到了很好的作用。（牟元媛）

公司医务人员深入车间现场给职工讲解急救常识

【党建与企业文化建设】 2011年在公司内部对于表现突出的积极分子、优秀的员工发展其成为预备党员，公司党委始终坚持宁缺毋滥的原则，成熟一个发展一个，不断壮大公司党组织队伍，并定期召开党员民主座谈会，倾听大家心声，对于党员们提出的合理化建议及时运用到日常管理工作之中，促进企业发展。根据自治区水利厅党委的要求，结合企业实际情况，公司党委、董事会于2月初召开领导班子专题民主生活会。主要通过对照《企业领导人员廉洁从业若干规定》和公司《干部廉洁自律10条规定》进行对照检查，并根据领导干部在理论业务学习、创新工作方法、提高执行力等方面存在的问题和不足进行讨论，结合年终征求的各部门提出来的意见和建议，按照工作分工，各自对照检查，相互开展批评与自我批评，从而达到个人进步、班子团结、企业发展的目的。公司工会在“三八”“五四”这些特殊节日召开座谈会，认真听取妇女职工及青年、团员们的意见和要求。年底按照风清气正活动统一部署和要求，12月中旬各子（分）公司领导组织召开了部门民主生活会倾听职工意见，鼓励职工提合理化建议，积极谏言献策，并及时向公司反馈各种诉求。年初、年末公司办公室组织青年干部进行企业文化与领导艺术培训班，边学习、边交流。大家在交流中，从车间管理、营销管理、财务管理等各个角度谈了对公司企业文化的认识、建设的意见和建议。（牟元媛）

宁夏沙坡头水利枢纽有限责任公司

【概况】 宁夏沙坡头水利枢纽有限责任公司（以下简称“公司”）成立于1999年，隶属宁夏回族自治区水利厅。2004年9月公司重组，由新华水利水电投资有限公司（控股）、宁夏水务投资集团有限公司、北京能达电力投资公司、宁夏电力建设总公司共同出资组建，注册地在宁夏银川市。公司主要从事水利水电开发、运行管理，工农业、城市供水，已建成黄河沙坡头水利枢纽工程，在建宁西供水工程。

公司本部现设综合办公室、投资计划处、安全生产处、财务资产处4个处室；下设6个二级单位：沙坡头水力发电厂、宁西供水公司、黄河大柳树实业公司、沙坡头假日酒店、西部花园假日酒店公司、大柳树建设开发有限公司。公司在职人员191人，其中30岁以下50人，31～40岁69人，41～50岁52人，51～60岁17人；硕士研究生1名，大学本科90名，大专及以下100名；初级职称及以下142人，中级职称34人，高级以上职称15人。2011年公司被中卫市评为“2011年度安全生产先进单位”；被自治区评为“劳动保障监察优秀企业”。（许小娟）

【完成的主要经济指标】 沙坡头水力发电厂全年发电5.63亿度；灌溉供水水量5.5亿立方米，灌溉保证率100%；全年售电收入（不含增值税）1.2209亿元；跃进渠灌区灌溉面积1.04万公顷，全年引水量2.26亿立方米，水费收缴586万元。公司全年利润1539.89万元。CDM项目收益2755.54万元。（许小娟）

【工程建设与管理】 宁夏沙坡头水利枢纽北干渠续建改造供水工程是准公益性与企业化运作的宁夏重点工程建设项目。工程建成后，总控制灌溉面积6.34

万公顷，年引水总量为7.67亿立方米，其中农业灌溉引水量为6.70亿立方米，工业引水量为0.97亿立方米。沙坡头假日酒店于2006年开业，2011年共接待11754人次。（许小娟）

【安全生产】 公司成功组织实施了拉水冲沙，保证枢纽安全，顺利渡过汛（凌）期，被中卫市评为“2011年度安全生产先进单位”。（许小娟）

【党建与企业文化建设】 公司党委加强班子建设，落实组织机构，充分发挥党支部、工会、共青团组织战斗堡垒作用。关心职工生活，走访困难职工家庭，努力营造和谐企业；强化党风廉政建设和反腐倡廉工作，公司无违纪违法事件。2011年公司被自治区评为“劳动保障监察优秀企业”。（许小娟）

宁夏宁西供水有限公司

【概况】 2011年，宁夏宁西供水有限公司（以下简称“公司”）主要以宁西供水工程西夏渠尾工、西夏水库附属设施工程及坝后取水工程建设和跃进渠灌区农业灌溉运营管理工作为重点，严格目标考核责任制，积极协调，采取多项措施，克服了种种困难，工程建设任务按计划完成，灌区农业灌溉秩序井然，西夏水库按需安全蓄水，内部管理规范有序，圆满地完成了2011年各项工作目标任务。

公司内设办公室、工程建设部、生产运营部、资产财务部、计量收费部、水政监察处和4个渠道管理所以及一个具有三级水利水电总承包资质的工程公司。截至2011年12月30日，共有员工95人，其中专业技术人员49人。（何春玲）

【完成的主要经济指标】 1. 跃进渠灌区农业灌溉。2011年跃进渠干渠计划引水2.1亿立方米（夏秋灌1.86亿立方米，冬灌0.24亿立方米）。实引水量2.17亿立方米（夏秋灌1.93亿立方米，冬灌0.24亿立方米），支渠引水量1.70亿立方米（夏秋灌1.47亿立方米，冬灌0.23亿立方米），干渠全年安全行水172天，商品率达74%。灌区各类作物适时灌溉，秩序良好，没有出现较大旱情和群众集体越级上访事件，粮食作物和经果林再获大丰收，灌溉运营工作得到了受益单位的肯定和社会各界的好评，跃进渠灌区灌溉任务顺利完成。全年完成水费收入585.2万元（干渠水费525.7万元，支渠水费59.5万元），已经全部收缴入库，支渠水费已按规定全部返还各用水协会。

2. 西夏水库蓄水。根据银川市贺兰山水厂筹建办2011年水厂用水计划（2500万立方米），公司制定了西夏水库蓄水方案，西夏水库于5月1～11日进行了本年度首次蓄水，蓄水量达300万立方米；根据银川市贺兰山水厂筹建办《关于贺兰山水厂调试阶段及正式投产运行后预计用水量的函》，贺兰山水厂项目计划于2011年11月初进入设备调试阶段，公司成功安排西夏水库于2011年10月21～30日进行了第二次蓄水，蓄水量230万立方米。前后两次共蓄水达552万立方米。

2011年5月7日西夏水库成功蓄水

3. 供水协议水费收缴。2011年，公司多次向银川市政府及银川市水务局催要协议水费，银川市政府以贺兰山水厂还没有建成，也没有投入运行，没有用水为由，不予兑现协议水费，催要水费工作无法推进。经公司多方努力，自治区政府分别于2011年8月4日、2011年11月23日，召开了由银川市政府、自治区发改委、财政厅、国土资源厅、水利厅等单位参加的政府协调会议，协调会决定，银川市政府务必于2012年5月1日西夏水库供水之日起向宁西供水公司一次性支付2009~2011年的协议水费，共计1.4亿元。至此，自治区政府对协议水费的支付有了明确的答复。

4. 财务管理。完成了交通银行0.5亿元的长期贷款发放手续及资料的完善工作，并做好了银行贷款资金的入账及管理，保证了公司财务资金不断流，为公司各项工作的稳步推进打下坚实基础；完成了自治区水利厅 1000 万元续建配套资金转账工作，在一定程度上缓解了公司资金周转困难的局面。

（何春玲）

深入田间查灌溉

【工程建设与管理】 1. 跃进渠岁修建设与管护。一是投入 26.71 万元，对影响干支渠引水和干渠行水安全的 32 项工程进行了维修建设，确保了干渠安全输水和灌溉任务的完成。二是春灌放水前后，对各类建筑物及险工险段进行了全面的普查，建立了检查维修档案卡片，为工程建设与管理提供了准确可靠的资料和依据。三是严格执行“三勤、四巡、五严禁”及各项管理制度，提高了管护人员的责任心，发挥了制度在管理中的作用，弥补了工程建设投入不足，确保了干渠行水安全。全年领导巡查渠道 45 次，组织安全大检查 6 次，查处较大隐患 5 处，处理 5 处。

2. 西夏渠工程建设及遗留问题。一是完成西夏渠部分工程修复工作。对影响西夏渠正常供水的输水渡槽伸缩缝损坏部分工程进行了全面修复，保证了 2011 年 2 次正常通水。二是西夏渠穿石油管道遗留问题圆满完成。与石油管道公司最终达成一致，在增加了 2 处管桥工程的基础上，将工程补偿款从原协议签订的 268 万元降为 251 万元，并为公司减少征地补偿费用和两处管桥的工程费用 180 万元。2011 年9 月该项工程已由石油公司全部建设完成。三是西夏渠工程结算工作有较大突破。克服结算价分歧大的实际问题，与各标段施工单位面对面核对资料，多次谈判，落实结算价，截至 2011 年 11 月西夏渠共47 个标段已完成了 24 个标段的结算工作。四是明珠园遗留问题有较大进展。在青铜峡市政府的协助下，经与明珠园公司多次协商，最终达成了意向性协议，由青铜峡国土资源局负责将西夏渠及庙山湖退水沟 3.29 公顷土地划拨给公司，公司按照自治区政府规定的西夏渠征地标准向明珠园公司支付土地及地上附着物赔偿费 52 万元。至此，多年遗留的明珠园征地问题得到了圆满解决。

3. 西夏水库工程完成年度计划，具备向银川市水厂供水条件。一是西夏水库尾工及附属工程的建设基本完成。2011 年主要完成了流量控制室至 7# 镇墩区域泄空管道和镇墩的返工处理、副厂房建设及装修、高(低)压配电柜及电磁流量计等设备加工及安装、坝后取水工程等项目的建设。截至年底，除了水库坝后取水工程外，其他项目均已完工。高(低)压配电设备及安装顺利通过供电部门的正式验收，已经正式通电，水库大坝安全监测项目无线电系统通过宁夏无线电委员会的初验。二是西夏水库分部工程验收工作结束。按照建设计划和程序，11 月 15 日，西夏水库监理单位组织各参建单位对西夏水库工程的 8 个分部工程进行了验收。三是西夏水库蓄水安全鉴定工作圆满完成。11 月 21 ~ 26 日水利部大坝安全管理中心、南京水利科学研究院专家组在现场检查、查阅资料、向各参建单位了解情况的基础上交换了意见，水库蓄水大坝安全鉴定顺利通过。

（何春玲）

工程检查

【安全生产】 加强安全生产监管，与各单位签订了

《安全生产目标管理责任书》和《安全防汛目标管理责任书》，明确了安全生产工作目标和责任，各管理所与各管理段及每个职工签订了《渠道巡护安全防护责任书》和《机动车辆目标管理责任书》，建立了公司、管理所、管理段、管理点四级安全生产网络，落实“三定一包”的管理措施；开展了“危险点分析及防范措施”的危险源和隐患排查治理为主要内容的专项安全隐患排查治理工作；修订完善了跃进渠、西夏渠和西夏水库防汛预案，与沿线的防汛指挥机构进行了联系对接，建立了群防组织和队伍；加大执法力度，依法处置水事案件，对发现的水事违法行为，依法、依规及时做出处置，维护了145千米渠道沿线的水事管理秩序。全年处理水事违法案件10件，其中：立案处理2起，当场处理8起。跃进渠干渠全年安全行水172天、干渠安全度汛，西夏渠及西夏水库5月和10月份进行了两次安全通蓄水，干渠安全运行，水库安全蓄水无事故。（何春玲）

专家现场解决问题

【党建与企业文化建设】 根据自治区水利厅党委和宁夏沙坡头水利枢纽有限责任公司党委的安排，主要开展了“争先创优”、建党90周年和“学先进、见行动”等活动；积极联合驻中宁的水利单位参与中宁县文化广场的文艺演出；邀请宁夏电视台公共频道摄影组制作了宁西供水工程专题片；积极参与了自治区党委宣传部组织的《光辉的历程》专刊组稿编撰工作；定期出版《宁西水韵》小报，进一步加大了公司的文化建设宣传力度，展示了公司员工的精神风貌。（何春玲）

宁夏水利水电建设工程质量监督站

【概况】 宁夏回族自治区水利水电建设工程质量监督站（以下简称“质监站”）成立于2008年，自治区水利厅所属不定级事业单位，经费为财政全额预算拨款。自治区编办宁编办发〔2008〕88号核定人员编制6名，其中站长1名。现有在职职工6人。其中，专业技术人员6人；研究生学历1人，大学本科以上学历5人；正高级职称2人，副高级职称2人。质监站按照国家、自治区有关水利工程建设质量安全管理的方针政策和法律法规及技术标准，负责辖区内水利工程的质量安全监督检查工作，协助配合由水利部总站和流域分站组织监督的水利工程的质量安全监督工作，参加受监水利工程的主要分部工程验收、单位工程验收、阶段验收、竣工验收和质量事故处理工作，完成自治区水利厅交办的与其业务相关的其他工作任务。（寇　煜）

【工程监督】 2011年，质监站对2010年办理工程质量监督手续共计32项未完工程及2011年新开72项工程履行了质量监督工作职责。对161个单位工程进行了竣工验收并出具了监督报告；对262个单位工程进行了单位工程验收；对17个单位工程进行了通水前验收；对10个项目工程进行了阶段验收；对796个分部工程进行了分部工程核备；到各施工现场监督检查及参加工程隐蔽工程验收及分部、单位与竣工验收180次；检查了工程实体质量，审查了各参建单位的工程档案资料，并详细做了监督检查记录；共下发监督检查通报、通知81期。其中工程质量通报9期，分别为《关于吴忠（青铜峡）市区段综合治理工程质量监督检查的通知》《关于惠农渠永一涵洞翻建工程检查的通报》《关于石嘴山市汝箕沟河道整治工程质量监督检查的通知》《关于黄河宁夏河段近期防洪工程2010年建设项目监督检查情况的通报》《关于红寺堡区红柳沟治理工程质量监督检查的通报》《关于同心县解放新庄病险水库除险加固工程质量监督检查情况的通报》《关于银川市病险水库除险加固工程及中小河流治理工程质量监督检查的通知》《关于宁夏引黄灌区续建配套与节水改造项目二〇一一年度第一批工程质量监督检查的通知》《关于黄河宁夏段近期防洪工程二〇一一年建设项目质量监督检查的通知》。

宁夏大型灌区续建配套与节水改造工程 2010 年第二批渠道砌护工程；吴忠市太阳山开发区萌城供水工程；黄河宁夏段近期防洪工程 2010 年建设项目；灵武市狼皮梁子生态移民饮水安全供水工程；泾源县秦家沟水库工程；灌区续建配套与节水改造支渠工程；同心县农业综合开发固七干渠中型灌区节水配套改造项目；农垦局 2010 年农业综合开发存量资金土地治理项目；唐徕渠平罗县城段改造工程；汉延渠中干沟渡槽至观湖西路桥段改造工程；固海一至二干渠及六干渠改造工程；全区大中型水库移民后期扶持项目工程；陕甘宁盐环定扬黄续建工程；各市、县大中型病险水库除险加固工程；各市、县农村饮水安全工程、中央财政小型农田水利重点县建设补助项目、现代农业生产发展优质粮食资金项目；各市、县中小河流域治理工程。对 2011 年发文通报工程的质量缺陷均已落实整改。在 2011 年的验收中，有 4 个项目竣工验收，45 个单位工程、3 个分部工程因工程实体与工程档案资料等问题未通过验收，要求施工单位进行限期整改。进一步完善了质量监督工作制度，规范工程质量监督管理程序。为使水利工程质量监督逐步制度化、程序化、规范化，通过实践逐步形成了一系列行之有效的质量监督工作制度，主要包括“质量监督申请制度”“项目划分申报审批制度”等程序性制度和“质量监督责任人制度”“质量监督工作实施计划制度”“质监活动台账制度”等规范性制度。加强对各参建单位的质量管理体系及行为的监督检查。重点检查工程实施过程中，各参建单位是否建立健全质量管理体系，工程质量责任的落实情况和人员到位情况，以及履行相应的质量责任和义务的行为。加大受监工程的质量监督巡查力度，做好工程实体质量监督工作。认真把好工程质量等级评定关，客观反映工程质量。（寇　煜）

【党建与精神文明建设】 组织党员进行集体学习和党建实践活动。深入学习中央 1 号文件《中共中央国务院关于加快水利改革发展的决定》、自治区水利工作会议精神和党的十七届六中全会精神等重要内容，参加唱红歌及进一步营造风清气正水利发展环境等党建活动。要求每位党员完成读书笔记一万余字，撰写心得体会两篇。通过学习和参与活动，自身政治修养得到提高，理想信念更加坚定；廉洁自律和自觉接受监督的意识增强；宗旨意识、责任意识、大局意识、创新意识得到加强；思维方式、工作作风、服务观念得到改进；践行科学发展观、履行岗位职责的能力进一步增强。组织全体党员认真学习《廉政准责》，严格执行《党员干部廉洁自律八不准》《工程建设管理廉洁自律公约》和十条禁令，严格遵守党纪国法，正确处理国家、集体和个人的关系，自觉抵制不正之风。（寇　煜）

宁夏水利水电工程咨询公司

【概况】 宁夏水利水电工程咨询公司（以下简称“公司”）在上级主管部门的业务指导和大力支持下，坚持以全区水利工作会议精神为指导，努力提高咨询服务工作管理水平和服务质量，积极发挥中介作用，2011 年咨询业务以项目咨询评估为主，兼顾规划及专题报告编制，全年完成项目咨询评估七类 110 多项，各类专题报告编制 6 项。重点开展了造价信息编制和工资标准测算调整工作。2011 年公司员工共 14 人，设总经理 1 人，副总经理 2 人，下设 3 个职能部门，分别为综合管理部、技术咨询部、投资评估部以及专家组（非常设机构）。2011 年公司有 3 人分别获自治区水利厅年度“先进个人”、水利厅“前期工作先进个人”、水利厅机关党委“优秀共产党员”荣誉称号。（张　旭）

【水利工程建设咨询评估】 一是精心组织项目咨询评估。咨询评估工作是公司任务的主体部分，受自治区水利厅计划处、农水处等部门和单位的委托，主要完成病险水库、中小河流、续建配套、农村人饮、高效节灌、财政小农水等 7 大类项目，共 110 多项咨询评估任务。公司始终以提高服务质量为目标，克服工作量大、时间紧、任务急等困难，较好地完成了各类工程评审工作。二是积极开展项目专题报告编制。组织编制完成《大中型水库后期扶持规划(2011～2 015年)》《宁夏综合防灾减灾能力“十二五”专项建设规划》等6项规划、专题报告，并及时上报国家有关部委。三是努力提高咨询工作质量。通过规范编审标准，提高评审质量；坚持现场踏勘，优化设计方案；改进评审方式，提高工作效率。（张　旭）

【水利工程定额与造价管理】 一是编制水利造价信息。为动态反映水利工程材料价格信息，及时发布水利工程造价管理相关政策、法规，共出版《宁夏水利工程造价信息》4期，进一步规范了自治区水利工程造价管理工作。二是调整工资等标准。通过水利行业内外对比测算等调研，及时完成自治区水利定额工资标准、安全文明施工措施费和增加质量检测费调整意见，通过了自治区水利厅审查并发布执行，为促进全区水利工程安全文明施工和第三方质量检测工作有效开展提供了取费依据。（张　旭）

【党建与企业文化建设】 一是加强理论学习。通过中心组学习、民主生活会等形式，学习了胡锦涛总书记“七一”讲话、中央1号文件《中共中央、国务院关于水利改革发展的决定》《自治区党委、人民政府关于水利改革发展的决定》等相关文件。结合项目审查，重点加强水库、微灌等方面的技术知识学习，赴新疆考察滴灌先进经验。通过学习，奠定了良好的政治思想和理论基础。二是加强公司内部管理。从公司职能定位、机构设置模式、工程咨询工作程序等方面，较系统地提出了公司运作方案，初步编制完成了公司内部管理制度。坚持周例会制，及时总结和安排咨询工作，有效发挥技术骨干对新聘员工的传帮带作用，促进了公司各项工作全面、有效开展。三是公开招聘技术人员。招聘研究生、本科生4人，提高了公司人员整体素质。四是提高职工福利。组织职工体检，开展打羽毛球等文体娱乐活动，并先后派员工到南京等地参加工程地质勘察培训、病险水库专题培训。（张　旭）

宁夏水利行业协会

【概况】 2011年，宁夏水利行业协会(以下简称“协会”)有会员单位124个，其中会员单位72个，理事单位52个(其中常务理事单位22个)。协会现设专家工作部、政策研究部、办公室，工作人员6名。在自治区水利厅的领导下，在中国水利企业协会和自治区民间组织管理局的指导以及各会员单位的关心支持下，协会全面落实2011年第一届理事会第四次会议确定的工作目标，坚持“服务政府、服务行业、服务会员”的工作思路，围绕水利中心工作，加强协会自身建设，强化行业服务功能，努力提升服务质量，在服务中创先争优，荣获“全区先进社会组织”“全区社会组织先进基层党组织”和“自治区级社会组织党建示范点”等荣誉称号。（王玉寿）

赴中宁、固海调研

【自身建设】 1. 协会坚持周一学习例会制度，学习中央、自治区、水利部、水利厅的重要文件和领导的重要讲话精神；学习国家有关社团管理和水利方面的法律、法规、业务知识，通报工作完成情况；紧紧围绕水利中心工作，树立为会员服务、为行业发展服务的思想，以自治区水利厅的治水思路引领行业协会的工作。

2. 认真召开一届四次理事会。9月27日，宁夏水利行业协会召开一届四次理事会，会议审议通过了任福会长代表常务理事会所作的《2010年工作总结及2011年工作要点》报告；会议表决通过了关于人事任免的决议；报告了2010年度行业协会的会费收支情况；吸收了六盘山水务有限公司等6家新会员单位。

3. 协会党建工作。协会党支部紧紧围绕协会中心工作，充分发挥党的基层组织作用，根据协会工作特点和实际，着力加强党支部建设，组织党员积极参加党组织活动，坚持政治学习，多次与会员单位党组织举行联合党日活动。2011年4月份和6月份，协会党支部分别与西干渠管理处机关党支部、唐徕渠管理处满达桥管理所党支部联合举办了党日活动，重温党史、牢记宗旨、交流经验，更加坚定了理想信念。协会党支部充分发挥战斗堡垒作用和共产党员的先锋模范作用，推动了协会工作，党支部被自治区社会组织工委评为"全区社会组织先进基层党组织"，协会副会长、秘书长王玉寿同志被评为"全区社会组织优秀共产党员"。

与西干渠管理处机关党支部开展联合党日活动

4. 按照上级党组织的指示，认真做好民营企业党建工作。宁夏水利物资公司、宁夏天雨工程招标代理有限公司重组后，没有党员和党组织。2011年8月该公司主动要求将该公司的党建工作纳入水利行业协会管理，9月经请示上级党组织同意，由协会党支部委派党建指导员，对入党积极分子进行培养教育，积极探索在民营企业中开展党建工作的经验。协会党支部党建指导员和公司领导密切配合，从各方面创造条件，向入党积极分子发放党章和有关党建资料27份，进行党课教育和党建指导工作两次。

（王玉寿）

【社会组织服务功能】 1.开展调查研究。先后到7家会员单位开展调查研究，发挥行业协会的桥梁纽带作用，反映会员单位的诉求，主动为会员单位服务，认真做好"三个服务"。5月，协会领导深入秦汉渠、盐环、渠首、固海进行调研；10月到汉延渠管理处及基层所段调研；11月深入六盘山水务有限公司调研和考察，对会员单位的工作情况、存在问题进行了深入调研，为会员单位的发展建言献策。

2. 认真组织开展《宁夏水利年鉴》编纂工作。受自治区水利厅委托，认真抓好基础工作，多次召开会议，分析研究解决编纂工作中的问题。9月29日水利厅召开专题会议广泛征求各方面的意见和建议，认真组织审查《宁夏水利年鉴》2008卷和2010卷清样。在水利系统各单位的积极支持和全力配合下，经反复修改、层层指导把关，反复校对，完成了年鉴编纂工作。

3. 努力开展信息交流服务工作，及时向自治区社会组织工委报送信息，积极向宁夏水利网投稿18期次。

4. 1月19日由协会组织厅属单位16人赴台湾考察水利工作。（王玉寿）

全国水利工程施工管理岗位(五大员)培训班

【职业培训】 受自治区水利厅建设管理处和科技教育处委托，协会急会员单位之所急，想会员单位之所想，精心组织，合理安排。2011年2月举办了全区水利工程建设监理员培训班；3月份和7月份分别举办了两期水利工程施工管理技术岗位人员培训班，对全区13家监理单位和水利水电施工企业的1266名学员1710人次进行了培训。（王玉寿）

宁夏水利学会

【概况】 2011年是宁夏水利学会六届理事会开展工作的第一年，在自治区科协、民政厅、中国水利学会的监督与领导下，在自治区水利厅的关怀和支持下，围绕中心工作，服务发展大局，以促进宁夏水利科学技术的繁荣和发展为宗旨，以促进科技创新人才成长为目标，认真履行学会职责，举办学术研讨会3次，评选水利厅优秀论文64篇，22篇获自治区科协优秀自然科学论文奖。（张晓玲）

水利论坛优秀论文评审会

【主要工作】 一是加强学术交流。举办“宁夏水利论坛”学术交流活动，征集论文99篇，编辑出版了《2011年宁夏水利论坛学术论文集》；组织会员参加自治区第十一届自然科学优秀论文评选，22篇水利科技论文获奖；组织15篇科技论文在《中国水利》交流。与自治区科协联合开展“爱护母亲河，节约保护水资源”科普系列活动，举办“节约保护开发水资源”科普展、“我眼中宁夏最美的水”摄影展和“宁夏高效节水灌溉战略研讨会”，自治区领导崔波、郝林海出席活动仪式并参观展览。在宁夏电视台、广播电台开展水利科技宣传。召开宁夏实施最严格水资源管理制度研讨会，邀请我国著名水文水资源专家、中国工程院院士、中国水利水电科学研究院水资源研究所所长王浩教授，中国水利水电科学研究院流域水环境模拟与调控国家重点实验室筹建办主任王建华博士做学术报告。召开高效节水灌溉学术研讨会，针对宁夏高效节水灌溉中存在的问题进行了探讨。

格栅应用及生态护坡技术(产品)推介会

二是积极服务会员。举办了全区水利工程建设管理高级研修班，聘请小浪底水利枢纽建设管理局杜清平、淮河规划设计研究院唐涛及河南省水电工程建设质量监督站戚世森等专家分别从“如何当好业主”“水利水电工程招投标”及“水利工程质量管理与监督”进行专题讲座。举办全区微灌技术研修班，中国科学院地理科学与资源研究所康跃虎、甘肃大禹节水集团门旗、水利部中国农科院农田灌溉研究所翟国亮、新疆生产建设兵团节水灌溉建设办公室胡卫东和北京通捷机电有限责任公司邹云等5位专家围绕微灌设计、管理、实施和设备等方面分别做了专题报告和技术推介。与水土保持学会共同开展学习贯彻新水保法研修班。举办全区基层水利管理人员培训班，特聘西安理工大学水电学院的教授为培训班授课。举办病险水库除险加固技术研修班，组织人员赴江苏南京学习考察。组织15名专业技术人员赴台湾考察水利，组织5名专业技术人员赴新疆生产建设兵团学习考察微灌技术。

三是加强自身建设。举办了宁夏水利学会2011年迎新春茶话会；召开水利学会六届二次常务理事会，印发了《水利学会专业委员会学术交流活动安排》，建立会员档案网上查询系统，推荐119名中国水利学会荣誉会员；完成自治区民政厅对水利学会的考察评估，被自治区科协列为2012年创新工作试点单位。水利学会获2010年自治区先进学会；推荐1人获自治区优秀科技工作者荣誉称号。（张晓玲）

宁夏水利职工思想政治工作研究会

【概况】 2011年,宁夏水利职工思想政治工作研究会(以下简称"政研会")坚持"围绕中心,服务大局"的工作思路,充分发挥政研会的作用,加强和改进水利思想政治工作,突出和谐文化建设,深入开展理论研讨活动,工作取得了新的进展。（王文刚）

【主要工作】 1.结合进一步深化组工干部"讲党性、重品性、做表率"活动,配合自治区水利厅党委在组工干部中大力开展"三基一化"工作,不断提升组工干部的政治理论素质与业务工作能力。2.把政研活动渗透到文明单位创建活动中,立足水利行业的特点和实际,有计划、分层次地开展了创建文明单位、文明灌区、文明服务示范窗口和文明水文站、文明工地活动。在政研会的指导下,各单位结合工作实际开展了有声有色的创建文明服务示范窗口活动,提升了水利行业形象,深受用户欢迎。3.配合自治区水利厅党委大力开展创先争优活动,组织召开了纪念建党90周年大会,对先进基层党组织、优秀共产党员、优秀党务工作者进行了表彰。同时,配合水利工会、水利厅团委先后组织了职工文艺演出活动,促进了水利先进文化的发展。4.协助各单位大力推进学习型党组织建设,进一步细化考核标准,丰富创建载体,开展了形式多样的活动,有力地推进了学习型党组织建设工作。（王文刚）

市、县(区)水利机构

银川市水务局

【概况】 银川市水务局(以下简称“水务局”)是银川市人民政府水行政主管职能部门,其主要职责是:负责银川市水利建设、水资源管理、防汛治河、水政监察执法、节约用水及水务改革、规划实施工作,负责指导银川市防汛抗旱指挥部办公室和银川市水土保持委员会办公室日常工作,负责指导全市农村水利、人饮解困、农村水费改革及灌区水利工程配套、改造的建设管理工作。下设水政监察支队、水土保持生态环境监测站、节约用水办公室、银西防洪管理所、黄羊滩防洪管理所、桑园沟防洪管理所、河道管理所和银川市水电勘测设计院、银川市水电工程处9个科级事业部门。全局共有干部职工139人,其中专业技术人员106名。

2011年,水务局紧紧围绕银川市委、政府中心工作,进一步深化和完善了新时期以“节水、挖潜、提质、增效”为中心的治水思路,落实最严格的水资源管理制度,不断巩固和扩大节水型城市建设成果,促进节水型社会建设。坚持不懈大搞农田水利基本建设,加快高标准农田建设和中低产田改造,巩固水利基础设施,增强农业发展后劲。加快防洪排水工程建设,完善防洪排水体系,保障城市防洪安全。

2011年,水务局荣获国家节水型城市建设先进单位,自治区农田水利基本建设“黄河杯”竞赛组织奖(八连冠),宁夏第一次全国水利普查2011年度先进集体,全区水利系统“五五”普法先进集体。

(邢　钧)

【完善治水思路】 编制完成了《银川市水利发展十二五规划》,立足于区域经济发展,确立了“以节水为中心”的区域治水思路,并在实践和发展中不断丰富完善,使其更加符合市情、民情、水情需要,更加赋有指导性、约束性、服务性作用。从工业化、城市化发展出发,拓展和延伸水利发展的内涵和外延,实现了从传统水利向现代农业水利、工业水利、城市水利、生态水利的转变。按照市场经济发展要求,实现了由单纯的建管水利向建设、管理、经营综合水利的转变。

(邢　钧)

【工程建设与管理】 全市共争取国家水利工程项目32个,资金达4.56亿元,其中,市级项目5个,投资9600万元,落户各县(市)区项目28个,投资3.6亿元。完成桑园沟治理改造13.28千米,格宾框格护坡8.3千米,维修退水闸1座;第二排水沟治理25.78千米,沟道砌护3.4千米,铺设沟堤道路18.85千米,新建联合分水闸1座,新建配套建筑物73座;永二干沟治理18.58千米,格宾框格护坡1.75千米,铺设道路16.7千米,新建各类配套建筑物96座;高家闸沟(西大沟)治理改造17.33千米,沟道清淤14千米,铅丝笼块石护坡2.5千米,浆砌石护坡0.25千米;新建、维修各类水利配套建筑物61座,新建交通桥2座,生产桥2座,铁路桥1座。完成灵武市大河子沟和东干沟综合治理工程。全市共完成各级渠道砌护2710条,长1183.8千米,新建各类配套建筑物88428座,新增灌溉面积500公顷,改善灌溉面积21.87千公顷。

(邢　钧)

【灌溉管理】 严格实行计划用水、定额配水，对流量1立方米/秒以上的大支渠全部采用流速仪测流，各渠口均设立量水设备，大大提高了量水精度。大力推广和普及畦田灌溉和水稻节水控灌技术，各县(市)区乡镇设水利专管员，实行"一把锹淌水"制度。鼓励并实行渠道经营承包责任制和机井、扬水泵站、渠道经营管理权的拍卖，完善群管和专管相结合的灌溉管理机制，全市共有用水协会259家，乡级农民用水合作社或监事会等26家，共有协会管理人员1032人，管理渠道713条，全面实行"一费制"的水价政策和"一费开原到户"的收费机制，有效地提高了灌溉用水系数，杜绝了滴漏跑冒和"搭车收费"现象，银川市灌溉用水管理逐步走上了科学化、规范化的管理轨道。 (邢 钧)

【农田水利基本建设】 按照"规模更大、标准更高、效果更好"的目标，以解决灌区排水体系不畅、土地产出低下等问题为根本，以"大挖沟，挖大沟"为抓手，以高标准农田建设、小农水项目建设、生态移民安置区水利建设等为重点，采取"行政推动、项目带动、宣传发动、干部行动"等措施，建成高标准农田68个片区共60千公顷，超计划任务135%，其中70%以上的面积为新建片区，超过667公顷的片区达到41片41.33千公顷。改善农田排水面积56.67千公顷，有近8千公顷低产田变为稳产高产田，近2千公顷撂荒地恢复为种植田。砌护渠道5374条2883千米，配套建筑物12万座，建成高效节水灌溉面积3.4千公顷，灌溉水利用系数提高0.01。完成水利建设资金11.2亿元。银川市连续第8次荣获自治区"黄河杯"竞赛组织奖，并取得1个特等奖、2个一等奖、1个三等奖的好成绩。 (邢 钧)

【防汛抗旱】 根据人员变动情况，及时调整了银川市防汛指挥部领导成员，召开全市防汛工作会议，层层签订责任书，明确各级责任人职责，重新修订完善了银川市的防汛预案，制定了各防洪工程在常遇、超标洪水下的抗洪实施方案，明确了各种洪水状态下的防御措施。主要是做到了5个到位：提高认识，超前谋划，防汛准备工作提前到位；详细安排，周密部署，防汛预案修订到位；加强管理，精心施工，防汛工程建设到位；狠抓落实，协调联动，防汛物资储备抢险队伍组建到位；加强领导，健全组织，防汛责任制落实到位，确保了全市安全度汛。 (邢 钧)

【农村饮水安全】 根据全市生态移民工作总体安排部署，重点抓好农田灌溉工程和农村饮水安全工程建设，如期完成贺兰县、兴庆区、西夏区渠道灌溉8.53千公顷，灵武市小管出流666.67公顷，永宁县低压管灌333.33公顷，金凤区300栋温棚滴灌配套建设任务，累计建成高标准农田面积1.85千公顷，顺利完成年度移民安置任务。建设集中供水入户和供水管网延伸工程7处，重点解决了兴庆区月牙湖、金凤区良田镇园子村、西夏区镇北堡镇、永宁县闽宁镇、贺兰县洪广镇、灵武市郝家桥镇等2.9万生态移民的饮水安全问题，辐射受益群众4.1万人。实现了全年生态移民安置区水利工程配套率100%，自来水入户率100%的目标任务。 (邢 钧)

【水资源管理及节水型社会建设】 落实最严格的水资源管理制度，严格取水审批，严格控制城市供水管网内新凿深井，合理开采利用浅层地下水。对市辖区96家自备井取水许可证进行了年度审验和水质监测化验，水表安装率达到了100%。指导完成4项节水技术改造，投资近200万元，节水型企业(单位)覆盖率达38.45%。组织开展水法规宣传活动5次，制作专题展板20块，印发宣传资料22万份。依照程序办理各类行政许可事项118件，受理水事纠纷投诉21件，办结率100%。在当年关停自备井24眼的情况下，全市仍然节水90万立方米，实现节水年增3%的目标。征收水资源费、污水处理费1700多万元。水资源管理更加严格，用水效率更高，实现了由"人水相争"到"人水和谐"的重大突破。2011年全区节水型社会建设目标考核验收，银川市获得6个地级市的第一名。 (邢 钧)

【水土保持】 银川市全面落实水土保持监督管理各项措施，积极抓好市境内开发建设项目水保方案落实情况的跟踪调查和监督执行。系统划分了银川市水土重点防治区和非重点防治区，对水土流失重点区又按标准划分了重点预防区、重点监督区和重点治理区。加大水土保持监督和监察力度，注重加强生态环境的治理保护,当年完成水土流失治理面积45平方千米,进行荒漠化治理30平方千米,退耕还林0.38公顷,恢复耕地87公顷,完成贺兰山东麓及黄河护岸林种草植树300多公顷,完成在建水利、防汛工程项目工程砌护2.83千米,生物措施治理7.6千米。(邢 钧)

【水利普查】 建立健全水利普查工作机构,完善机制,落实责任,开展宣传,明确目标,安排部署了水利普查的各项工作任务。编制完成了《银川市第一次全国水利普查实施方案》,落实水利普查专项资金共100万元,保障了水利普查各项工作顺利开展。水务局专门设立了保密机房,落实水利普查办公室5间,确定了每个专项的负责人和工作人员,保证了普查工作正常运作。完成全市水利普查对象的登记名录造册编制、台账建设及空间数据外业采集工作,普查有关数据已上报自治区普查办。(邢 钧)

【政风行风建设】 进一步加强和改进党风、政风、行风建设,是增强民生水利、服务大局的有力保障。解放思想,转变观念,履行职能,服务群众,是创造和提升水务发展环境的基础。大力推行党务政务公开,推行网上办公,简化办公程序,实行首问负责制、服务承诺制、限时办法制、一次性告知制等制度,重点解决"门难进、人难见、脸难看、话难听、事难办"的衙门作风和推诿扯皮等服务态度差、办事效率低的突出问题。坚持把提高工作效率作为优化发展环境的关键,人人树立"诚信、创新、快捷"的工作理念,立说立行,争创一流,以"快"抓管理,以"快"显优势,以"快"促发展。大力弘扬"献身、负责、求实"的水利精神,积极营造文明和谐、团结稳定、昂扬奋进的工作生活氛围,着力塑造水务良好形象,广大干部职工服务意识进一步增强,工作作风进一步改进,工作效能进一步提高,发展环境进一步优化,水务形象进一步提高。(邢 钧)

【党建与精神文明建设】 坚持以做好干部职工的政治思想教育工作为核心,以勤奋敬业、开拓发展为目标,以廉政自律、强化管理为重点,把党组织目标建设、党风廉政建设、精神文明建设、行风作风建设、效能建设与业务工作共同纳入水务局年度工作考核责任制,实行周安排、周检查、周考核,做到了双促进、双发展。坚持水务局党组中心组每月一次和局机关每周五的学习制度。抓好全局干部职工的思想政治教育和廉政自律教育,加强专业技术人员的业务技能培训,开展公务人员行为准则教育、普法教育和依法行政工作。以抓好基层组织建设为重点,不断加强党组织思想阵地建设,制定了"五好"党支部创建规划,建立了职工之家、党员活动室,制作了党建学习园地,完善了党员联系群众制度、"三会一课"制度和民主生活会制度,建立健全党建长效发展机制。全局集中上党课4次,举办理论学习班5期,组织新党员及入党积极分子培训教育10次。积极开展精神文明创建活动,对帮扶的金凤区良田镇泾龙村农民饮水困难的实际情况,水务局组织专业技术人员进行实地勘测论证,提出解决方案,及时安排落实,予以解决,并对该村11户困难群众进行帮扶慰问,赢得了群众的好评。2011年水务局被银川市委、市政府评为"银川市五创工作先进单位"。(邢 钧)

兴庆区水务局

【概况】 兴庆区水务局(以下简称"水务局")2011年完成重点水利工程8项,完成投资4698.04万元,主要有:中央小农水通贵乡新开渠、新陈渠砌护工程,月牙湖南一支渠砌护工程,春季小农水工程,兴庆区月牙湖生态移民农田整治及供水工程,兴庆区万亩生态奶牛养殖园区供水工程,碱富桥、强家庙、河滩中心村供水工程,掌政镇农村饮水改造工程和兴庆区治沙林场饮水安全改造工程。

(朱占才 郑同华)

【工程建设与管理】 1. 工程建设。一是完成2010年度中央财政小型农田水利专项工程通贵乡新开渠、新陈渠斗农渠砌护工程,该工程于3月25日完成招标工作后开工建设,砌护斗渠9条共1.14千米,砌护农渠96条长22.71千米,配套渠道建筑135座,配套畦田口2460座,清淤支斗沟11条16千米,清淤整治农沟50条15千米,新建沟道配套建筑物54

座，整修农路50条20千米。5月初工程竣工，经试水，运行正常，并通过兴庆区政府相关部门验收，总投资458.94万元。二是实施完成春季小农水工程，为2乡2镇安排资金60万元，实施了各自影响农田灌溉、急需改造维修的农田水利配套工程：①大新镇塔桥六队娥皇渠砌护工程，砌护长0.48千米，配套建筑物3座；②大新镇塔桥村朱家渠砌护工程，砌护长0.44千米，配套建筑物7座，生产桥1座；③大新镇塔桥村十队袁家渠砌护工程，砌护长0.65千米；④掌政镇镇河花卉园区农渠砌护工程，砌护农渠3条，长1.31千米，配套建筑47座，生产桥6座，圆涵桥1座；⑤通贵乡通北村民生渠东配套建筑物16座，生产桥3座；⑥通贵乡司家桥村赵家渠砌护工程，砌护渠道0.38千米；⑦月牙湖大塘南村二斗渠砌护工程，砌护渠道长1.17千米，配套建筑物18座，微弯桥1座。三是完成月牙湖南一支渠砌护工程1千米，投资30万元（2011年兴庆区人大议案工程）。四是月牙湖生态移民工程。①人饮工程，投资63万元完成人畜水源井勘钻、主管道铺设及变压器变频柜安装等工作，铺设主管网3.2千米，委托红宝集团代建完成入巷管道和入户工程。②农田整治工程，完成初步设计并上报自治区发改委和移民局，总规划面积为1890公顷，2011年完成855公顷(其中设施农业180公顷)，2011年实际完成投资3140万元，累计完成平田整地852公顷，占总工程量的98%，砌护农渠完成58个单元，一干渠砌护0.2千米，二干渠砌护0.44千米，北二支渠砌护1.5千米，三斗渠砌护0.5千米，四斗渠砌护0.8千米，铺垫黄土累计完成339公顷，温棚放线累计放线400栋，打温室土墙20栋，焊钢架1030架，温棚拉黄土11.6145万立方米，预制盖板948块，打机井7眼。五是兴庆区万亩生态奶牛养殖园区供水工程。为了解决兴庆区万亩奶牛养殖企业入住建设，生态绿化用水，按照兴庆区区委、政府有关会议要求，水务局完成了2眼饮用水井和3眼绿化用水井的勘钻和管道铺设、泵房建设及变压器、变频柜等配套设备的安装，实现全线、全方位供水，完成投资380万元。六是实施了碱富桥、强家庙、河滩三个中心村供水工程，完成总投资262万元。为解决掌政镇强家庙新村、碱富桥新村、通贵乡河滩新村1400户5585人饮水问题，经水务局多次协调中铁水务集团，决定由河东供水基地加压向三处新村供水，水务局多次勘测概算管线，经政府会议研究由水务局组织实施，工程于2011年10月9日由宁夏建工集团以262万元中标并开工建设，于同年11月月底竣工。

2. 工程管理。一是做好国债项目资金和中央财政农水资金及2008年以来50万元以上项目15项(其中2008年4项、2009年3项、2010年8项)资金的自查自纠工作。二是组织技术人员对2010年以前完成的工程进行资料整理、装订、归档，落实了水利工程管理的三制管理制度。三是按照国家水利部、自治区水利厅有关文件要求，为规范水利工程建设管理，严格落实工程建设项目法人责任制，水务局根据兴庆区实际情况，申报兴庆区政府研究同意，批准成立“银川市兴庆区水利工程建设管理中心”(银兴政批字〔2011〕2号文件批复)作为兴庆区水利工程建设项目法人，具体负责兴庆区水利工程建设。

（门淑霞　俞艳琴　张敬新）

月牙湖生态移民工程建设

【灌溉管理】 1. 农田灌溉。2011年，继续督促协调各乡镇和农民用水协会收缴结清2010年水费，按照自治区水利厅核定的各大干渠灌溉定额，对兴庆区各乡镇全年的灌溉水量进行合理分配。及时解决灌溉输水存在的疑难问题，使农田灌溉秩序井然。

2. 湖系补水。2011年重点开展东南部湖系补水工作，落实经费16万元，安排专人负责，签订协议，确保了湖系春季补水任务高效完成。（李立明）

【农田水利基本建设】 2011年秋,水务局牵头实施兴庆区秋季农田水利基本建设各项工程,对照自治区农田水利基本建设指挥部任务分配实施方案,继续坚持“一条主线、二项推进、三个扩大、四大提升”的工作思路,即围绕滨河大道这一主线;推进现代化农业发展,推进产业规模化经营;扩大高标准农田建设范围、扩大渠道砌护率、扩大秋翻地面积;提升水利配套工程质量、提升沟渠开挖工程质量、提升秋季造林质量、提升农业综合生产能力。共完成建设高标准农田4933.3公顷,清淤支斗农沟514条391千米,清淤支斗农渠749条613千米,整修农路1370条968千米,砌护渠道78条41千米,建配套建筑物750座。清淤整治骨干沟道7条50千米。为加速推进兴庆区现代农业的发展奠定了基础。

(郑同华 白 莹 王丽莉)

秋季农田水利基本建设启动大会

【防汛防凌抗旱】 汛期,兴庆区防汛办认真做好汛前检查工作,迎接了自治区、银川市防汛办的检查。全年共储备铅丝6吨,编织袋4万条,备防石6800立方米,木椽子3100根,麻绳900米,手电筒、雨衣、雨鞋、救生衣各30件,分别储备在掌政镇、通贵乡和月牙湖乡。组织应急抢险队伍三支共800人,分别为掌政镇300人、通贵乡300人、月牙湖乡200人。

4月中下旬,兴庆区防汛办对辖区险工险段进行一次拉网式检查。发现的主要问题是:一是因黄河兴庆区段主河道近年来西移现象,使通贵乡控导码头受损严重,多处丁坝坝头护坡区已坍塌,急需抛石加固;二是月牙湖乡东部拦洪库大堤受风蚀影响,坝身损坏严重,坝体单薄,防洪能力降低,将严重威胁周围群众生命财产的安全。针对以上问题,一是申请自治区防汛办2011年防汛岁修工程资金25万元,用于维修通贵乡受损控导码头以消除安全隐患;二是结合月牙湖小塘口生态移民项目区防山洪安全问题,立项实施月牙湖东部防洪堤维修延长工程,确保月牙湖东部村庄农田及移民安置区安全。(张 郑)

【农村饮水安全】 2011年自治区水利厅共批复兴庆区安全饮水工程3处。一是月牙湖移民安置区安全饮水工程,已投资63万元完成人畜水源井勘钻、主管道铺设及变压器变频柜安装等工作,已完成深井2眼和铺设主管网3.27千米和27个阀门井建设任务。二是兴庆区治沙林场安全饮水工程、掌政镇农村饮水改造工程由自治区水利厅于2011年7月14日捆绑批复,共计批复资金303.1万元,其中国拨资金140万元,自治区财政配套72万元,兴庆区自筹50万元,群众自筹41.1万元,其中掌政镇农村饮水改造工程236.4万元,含掌政镇永固村、碱富桥村、强家庙村,通贵乡河滩村、司家桥村,设各级主、支、入户输水管道42.3千米(其中铺设干管道15千米,支管道20千米,入巷管道7.3千米),穿越沟渠22处,穿越硬化工程13处,穿越主路面工程6处,掏设各类地埋线44处,新建各类阀门、水表井48座(其中阀门井36座,水表井12),购置安装无滴漏水表105块,管道埋设已完成批复任务的99.8%。兴庆区治沙林场安全饮水工程66.7万元,含月牙湖乡月牙湖村、月牙湖乡海陶北村集中养殖园区安全饮水工程,入户率完成20%。三是兴庆区治沙林场安全饮水工程(66.7万元,含月牙湖乡月牙湖村、月牙湖乡海陶北村集中养殖园区安全饮水工程)已由自治区诚安招投标公司在《宁夏日报》发布公告,将于2012年组织实施。完成月牙湖万亩牛场供水工程。为了解决兴庆区万亩奶牛养殖企业入住建设和生态绿化用水,按照兴庆区区委、政府有关会议要求,水务局完成了2眼饮用水井和3眼绿化用水井的勘钻和管道铺设、泵房建设及变压器、变频柜等配套设备的安装,现已全线、全方位供水,概算投资380万元。该工程检查验收后,已全部移交给养殖场管委会管理。

(郑同华 丁奋全)

【农村水利改革】 一是制定水利科技服务人员管理办法和考核办法，继续与乡镇水利管理和技术人员签订农业科技服务承包协议，发放科技服务体系改革聘书，实行人员水务局和乡镇政府双重管理。二是组织2期技术培训，确保基层水利技术人员的整体素质提高。三是积极落实事业单位改革精神。按时完成事业单位岗位设置定员定岗管理工作，实行事业单位岗位与工资紧密挂钩。四是加大水管体制改革力度，落实涉及改革硬性指标(如编制、维修费用、办公条件等)。 （郑同华）

开展水法宣传活动

【水政与水资源管理】 1.水政执法。兴庆区水政执法大队共有编制14人，持有执法证4人，其中专职执法人员1人。2011年通过巡查，共查处制止违法行为29起，纠正27起，性质分别为：①毁坏基本农田范围内配套沟渠路行为27处，其中严重行为12处，通贵乡7处，掌政镇5处。通过与派出所联合执法，立即纠正，在两乡镇群众中引起了较大震动，有效制止了种稻填沟渠行为。②制止在滨河大道辅道西侧立广告牌行为1起。③与月牙湖乡和信访局联合处理了1起关于库区移民上访纠缠事件。

2.普法宣传。一是参加了自治区、银川市学习中央1号文件培训班，并组织了各乡镇的宣传工作，印制发放中央1号文件宣传挂历6000张，水法宣传单8000份，《新水土保持法》大型铝塑板展板300张。二是3月22日“世界水日”“中国水周”组织人员在银川市南门广场开展了节约水资源、水利法律法规普及和中央1号文件的宣传活动。

3.水资源管理。2011年对辖区8家自备井用水户全部进行了年审，对到期应交纳的水资源费进行了全部收缴。

4.沟道管理。安排专人协助银川市建设交通局为红花渠的综合整治工程提供相关数据，并提出科学合理的意见；继续完成并配合银川市水务局完成永二干沟的环境整治和沟道清淤工作；今秋农田水利基本建设中，在政府支持和乡镇配合下清淤整治了7条骨干沟道，清淤长度50千米。

（李立明　丁奋全　邹银山）

【节水型社会建设】 通过月牙湖乡生态移民农田整治工程、灌区续建配套和节水改造等工程项目的实施，改善了兴庆区大部分地区灌溉基础设施，提高了灌溉流速，缩短输水时间，减少渗漏和跑、冒、滴、漏，有效提高了水的利用率，继续推广水稻节水高产控灌技术，努力改变传统的大水漫灌模式，减少蒸发和渗漏，使作物的耗水量大幅下降。2011年兴庆区春夏灌溉计划用水量为1.047亿立方米，比2010年同期减少480万立方米，而实际灌溉水量为1.017亿立方米，用水量节约了7.1%，圆满完成了兴庆区全年的灌溉任务，没有一起因灌溉问题而发生纠纷的上访事件，确保了农业增产农民增收。 （李立明）

银东干沟治理

【水土保持】 一是建章立制，抓好常规制度建设；二是抓好河东地区水土保持生态治理长效工作；三是衔接自治区、银川市水土管理部门抓好常规工作；四是做好宣传工作；五是积极参加自治区、银川市各级部门组织的培训工作。 （丁奋全）

【水库移民】 兴庆区共有符合国家移民政策人员272人，每人每年发放600元补助资金。2011年经调

治理燕鸽湖污染

查核减死亡人数后为266人，已将扶持资金足额核拨下发。协调辖区乡镇解决移民农业生产、就医、上学等实际困难，确保移民政策贯彻落实。（张　郑）

【党建与精神文明建设】 1.党的建设。一是加强纪律作风建设。修改印发了《兴庆区水务局干部职工平时考勤考核办法》。二是加强干部职工业务培训。全年共轮流安排干部职工参加业务培训38人次，其中水利普查培训30人次，内蒙古呼和浩特水土保持培训1人次，北京总部培训2人次，宁夏水利学校人饮工程技术与工程管理培训4人次，自治区水利厅微灌技术培训3人次，防汛工程技术培训1人次，以及“十二五”水利发展规划编制培训等。通过培训不断提高干部职工业务水平和业务能力。三是积极参加兴庆区区委、组织部、宣传部等部门各项创建活动，认真组织好水务局支部出席兴庆区第二次党代会代表和银川市第十三次党代会代表的选举工作。

2.精神文明建设。一是做好精神文明创建活动计划，制定创建考核细则，将精神文明创建工作纳入全局工作统筹计划之中。二是重大节日由支部班子领导带队到离退休党员、困难职工、结对帮扶对象家中走访慰问、探访。慰问离退休老干部、职工7人3500元，结对富宁街低保户3户帮扶资金1500元，帮扶月牙湖残疾户2人600元。三是积极组织职工参加兴庆区典农公园乡镇农民运动会，参加“七一”党建月学习讨论，举办水务局党员职工运动会等活动，陶冶干部职工情操，增强凝聚力。（郑同华）

金凤区农牧水务局

【概况】 2011年，金凤区农牧水务局(以下简称“水务局”)认真贯彻落实科学发展观，积极实践可持续发展治水思路，以保障粮食安全、饮水安全和生态安全为目标，按照创建和谐金凤实现跨越式发展的要求，狠抓生态移民搬迁安置工作和移民安置区安全饮水工程、灌区节水改造配套和小农水维修改造工程建设，农田水利基本建设取得了显著成效。

水务局是由原金凤区国土资源水务局、金凤区农林牧业局于2009年8月合并组建金凤区农牧水务局，现有在职干部职工74人，离退休干部职工69人。辖事业直属部门12个，行政科级6人，在岗在职4人，离岗2人。共有专业技术干部34人，其中副高级职称16人，中级职称13人，初级职称5人。水务局涉水部门主要为水政监察大队、信息中心及基层的丰登镇水利工作站和良田水利工作站，共有干部职工24人。具有中级职称2人，初级职称4人，管理岗位18人。其中：信息中心有专业技术人员2人，管理人员4人，均长期借调外单位工作。水政监察大队(局水务中心)现有专业技术人员2人，管理人员4人；基层的丰登镇水利工作站现有专业技术人员1名，管理岗位5人；良田水利工作站现有专业技术人员1名，管理岗位5人。（何凤鸣）

【工程建设与管理】 为深入贯彻落实《中共中央国务院关于加快水利改革发展的决定》、自治区《关于加快水利改革发展的决定》和全区水利工作会议精神，按照金凤区党委、政府大兴农田水利的安排部署，进一步夯实农田水利基础设施，改善农业生产条件和生态环境，提高农业综合生产能力，增强农业发展后劲，实现农村经济社会可持续发展。2011年水务局按照建设管理程序，组织实施了一大批农田水利及节水灌溉配套工程。完成投资项目建设工程总投资3818万元，其中：国家补助资金199万元，协助银川市完成2700万元，金凤区筹资完成919万元。

1.实施完成了辖区两镇的“一事一议”工程建设项目烈马渠砌护改造1.9千米，配套建筑物85座，完成投资170万元；砌护斗、农渠5条3.5千米，配套建筑物41座，完成投资120万元。

2. 由金凤区政府配套370万元资金，组织实施了2011年农田水利工程建设的渠道砌护工程，砌护丰登镇斗、农渠3条1.5千米，配套水工建筑物28座，完成投资40万元；砌护良田镇斗、农渠5条2.7千米，配套水工建筑物152座，完成投资58万元。

3. 组织实施完成了良田镇自流干渠1.2千米的渠道砌护，配套各类建筑物23座，完成投资84万元。

4. 完成了自治区水利厅重点项目2009~2011年节水灌溉760栋设施温棚滴灌配套建设项目，完成投资380万元(水利厅批复投资199万元)。

5. 实施完成了良田镇3.6千米斗沟开挖，并修建生产路2.8千米，配套建筑物4座，完成投资84万元。

6. 实施完成了生态移民一期300户安全饮水工程，完成投资52万元。

7. 实施完成了生态移民一期300栋设施温棚滴灌配套节水工程建设，完成投资130万元。

8. 协助银川市水务局完成了辖区内桑园沟3.5千米砌护改造综合整治工程，完成投资1050万元。

9. 协助银川市水务局完成了辖区内挡浸沟5.4千米砌护改造综合整治工程，完成投资1650万元。

(何凤鸣)

【灌溉管理】 2011年是大兴水利的起步之年，也是全面推行节水型社会建设的重要之年，加强灌溉管理也是金凤区节水、挖潜的重要举措。金凤区两镇有专职水管人员13名，涉农办事处各有一名专职水管人员，全面负责辖区配、供水计划和农田灌溉秩序，做好农田基本建设、渠道、沟道维修改造，水事纠纷处理等工作，指导监督各用水协会的用水管理和水费征缴工作。实行新的管理体制和水价政策后，群众节水意识逐渐增强，浪费水现象大为改观，节水效率明显提高，同时减少了灌溉纠纷。各干、支渠农民用水协会在涉农办事处和镇管水组织协助下，灌溉管理工作更进一步迈向科学化、制度化、法制化轨道运行。 (何凤鸣)

【农田水利基本建设】 建设高标准农田1千公顷，改善灌溉面积1千公顷。共分为7个片区。其中，良田镇0.73千公顷，丰登镇0.2千公顷，满城北街66.67公顷。清淤灌溉渠道120条80千米，清淤排水沟道120条110千米，整修农田道路120条90千米，改善灌溉面积1千公顷。对各片区农田设施进行全面整治，对影响灌水、排水、生产交通的各级渠道、沟道、农田道路进行全面清淤疏浚和整修加固，完善配套设施，大力开展平田整地，推广小畦田灌溉，确保项目区农田达到高产田标准。砌护改造渠道33条25.6千米，修建配套建筑物333座。其中，丰登镇砌护斗渠9条6.9千米，配套水工建筑物154座，良田镇砌护斗、农渠6条3.9千米，配套水工建筑物179座。加大节水改造配套力度，完成良田镇设施农业节水灌溉设备760套。其中：生态移民安置区配套300栋，泾龙、园林、植物园温棚设施园区配套460栋，改善灌溉面积80公顷，改造小畦田666.67公顷。实施良田镇园林生态移民安置区一期工程300户1200人的安全饮水工程。完成秋翻地2.67千公顷，机深翻2千公顷，秋施肥2千公顷，秸秆还田1.33千公顷、秸秆粉碎还田200公顷。完成43.33公顷补植补造面积，栽植各类苗木40万株，完成造林地整治133.33公顷，完成林地管护533.33公顷。完成农田水利基本建设共投工投劳4.2万人次，投入大小机械8900台次，完成渠道砌护33条25.6千米，清淤开挖斗、农沟242条240千米，清淤斗农渠279条258千米，整修农路386条170千米，撰写各类简报(信息)18期，悬挂横幅标语139条；金凤区自筹资金累计水利投资1118万元，其中，国家补助资金199万元。确保了渠、沟灌排畅通，进一步改善了农田水利基础设施。 (何凤鸣)

【水利普查】 进一步细化和修定金凤区第一次全国水利普查实施方案，使其更具操作性和指导性。制定具体的宣传方案，为水利普查的顺利实施奠定良好的社会基础。完成各种普查对象的调查、校验、上报工作。认真审核充实金凤区范围内的普查对象，确定具体的调查名录，并及时向有关部门上报和反馈。金凤区水利普查包含6项普查和2个专项普查，需完成灌区台账建立的2个、工业企业82个、建筑业和第三产业77个、排污口规模以上2个的调查对象名录，金凤区各类调查对象总计2137个。（何凤鸣）

【防汛抗旱】 依据汛情制定了《金凤区防汛抗旱预案》，实行汛期区、镇、办事处、村24小时值班制度，及时通报汛情和天气状况。筹措专项资金20万元，储备了应急抢险物资，对险要地段进行维修加固整治改造。水务局自筹资金10万元对桑园沟滞洪区线段进行了综合治理，对沟段、堤顶进行了加固，通过对辖区的主要泄洪道桑园沟、四二干沟危险段的综合治理和扩整加固，确保了金凤区辖区内安全度汛。（何凤鸣）

【农村饮水安全】 按照自治区实施移民搬迁安置政策，对金凤区生态移民的安全人饮工程进行了全面规划，对良田镇园林移民安置区750户3000人计划三年内解决安全人饮工程的建设，完成了良田镇园林移民安置区一期300户1200人的安全人饮工程建设。（何凤鸣）

【中、小水利产权制度改革】 为进一步加强灌溉管理，稳步推进了农村中小型水利工程管理制度改革，将支、斗渠、机井、小型泵站继续采取承包、拍卖等形式，交由懂经营、会管理、熟悉当地情况，且在当地有一定经济实力的人去经营管理。通过改革运行，金凤区辖区内16条灌溉渠道完全承包，成立的11家农民用水者协会在中小水利产权制度改革和灌溉经营管理体制方面发挥了应有作用。实现了节约用水，降低了水费，又规范了水费收缴工作。（何凤鸣）

【水政与水资源管理】 加强水资源规划管理，编制了《金凤区水资源保护开发利用规划》《金凤区农田水利基本建设规划》，并下发了《金凤区农田水利基本建设实施方案》的通知，《金凤区农田节水灌溉计划》《金凤区水土保持规划》等，使金凤区水资源管理迈上一个新的台阶。实施取水许可制度和水资源费征收管理制度。完成湖泊湿地保护1.53千公顷，采取沟道、黄河灌溉等补水工作，湖泊补水645万立方米。农民用水者协会11个，用水协会的办事机构、章程制定、人员组成等各项制度得到落实。大力开展节约用水和节水型社会建设等宣传活动，发放宣传材料3000余份，制作展板18副，出动宣传人员130多人次，建立健全了三级管理网络，节水意识已深入人心，群众节水明显得到改观。（何凤鸣）

【节水型社会建设】 金凤区严格执行建设部的“新建、改建、扩建工程项目，节水设施必须与主体工程同时设计、同时施工、同时投入使用”的规定，并对节水“三同时”做出了进一步明文规定。由于各相关部门在项目报批、方案会审、图纸审查、施工管理等全过程所有环节上严格把关，有效地控制了耗水设施的建设，把节水设施设备必须与主体工程的“三同时”真正落到了实处，极大地促进了节水型设施器具的推广应用，推动了节约用水管理工作的有效开展。除了创建节水型企业外，金凤区还开展了节水型社区和家庭的创建活动。为做好节水型城市的创建活动，在全区范围内开展了节水型社区、家庭的培育和创建活动，通过广泛的宣传，提高了节水意识、增强节水管理，促进节约用水，科学地制定用水计划，收到了良好的经济和社会效果。（何凤鸣）

【水土保持】 通过渠道的砌护改造和控水、量水等基础设施建设，减少渠道输水损失，改善供水、管水条件，提高了农民节水积极性，减少亩均用水量，减轻土壤盐碱化。另一方面，大力实施节水灌溉和设施园艺建设，提高了地表植被覆盖度，对于防风固沙、改良土壤、涵养水源和生态环境起到保护作用。在丰登镇大力发展适水产业，营造人工湖、鱼塘，发展农家乐垂钓娱乐产业。既改善了生态环境，同时也促进供水管理体制的完善。（何凤鸣）

【水库移民】 做好519人水库移民核查和帮扶济贫工作。做好后期大中型水库扶持规划；继续认真核实大中型水库移民身份，做好移民后期扶持核查工作，确保扶持资金的合理、安全发放到每一个移民手中；申报了《金凤区2011~2015年大中型水库后期扶持规划》，使水库移民帮扶济贫工作落到实处。

（何凤鸣）

【党建与精神文明建设】 学习中央、自治区两个《决定》和水利工作会议精神，全面落实科学发展观。坚持自学、集中课堂学习制度，加强学习交流，注重学习效果。特别是将全面落实科学发展观，争做“水利人”与“十二五”规划修编工作相结合，组织中心、站办负责人和表现突出技术人员进行大会书面心得交流，提高了干部职工的进取意识，工作成效得到较大提升。邀请银川市党校教授给干部职工做中央、自治区两个《决定》和全区水利工作会议精神，全面落实科学发展观，争做“水利人”。通过西部大开发专题讲座，深化了干部职工的认识。

注重以活动的开展，推进精神文明建设。一是继续加强水利人员培训，有效地提高技术人员的技能水平；二是以创先争优活动为载体，积极推出先进人物和优秀基层站所，激发全体干部职工昂扬向上的精神；三是积极参加银川市和宁夏日报社组织的廉洁从政知识竞赛答卷，既掌握了知识，又强化了廉政意识。

加强信息报送。全年共报送各类信息18期(篇)，其中农田水利建设综合类信息18期。及时将报送的各类信息进行编排，发布到金凤区农牧局网站上，保证了信息的时效性。 (何凤鸣)

西夏区农牧水务局

【概况】 2011年，西夏区农牧水务局(以下简称“水务局”)在自治区、银川市水利业务部门的大力支持下，在西夏区委、政府的指导下，大力开展以节水、抗旱、排涝为中心的农田水利建设，以科技为先导，加强排灌、人饮、堤防等工程建设，使西夏区灌排难、人饮难等问题得到了改善，形成了条田成档，沟渠成网，灌排体系健全，防洪设施健全，建筑物配套，安全解决人饮的局面。

水务局现有在职人员29人，其中：在编行政人员3名，在编事业人员9名(管理岗位)，复转军人1名，借入事业人员2名(工人)，不在编事业人员3人(工人)，合同工4名，“三支一扶”大学生2人，两镇水利工作站人员5名。 (包顺琴)

【工程建设与管理】 1. 完成镇北堡镇小型农田水利改造工程。投资278.64万元，共砌护斗渠3条4.55千米，农渠41条24.4千米，配套渠系建筑物61座，

机械清挖沟道

清挖支斗沟9条8.8千米，整治农沟34条17千米，新建沟道建筑物54座，畦田建设303.53公顷。

2. 完成春季小农水工程。投入资金70.01万元，维修支、斗渠2.6千米，砌护斗农渠2.25千米，开挖斗沟0.6千米，维修建筑物51座，新建建筑物32座。

3. 完成铁路边沟砌护工程。投资136万元，共砌护沟道1200米，新建过公路圆涵桥1座。该工程已于2011年6月完工并投入使用。

4. 完成西大沟斗渠、沟恢复工程。投资80万元，砌护斗渠4条2.1千米，开挖斗沟1条1.7千米，配套各类建筑物42座。该工程已于2011年4月底前完工并投入使用。

5. 非工程措施群测群防体系建设情况。总投资400万元，已完成前期摸底调查工作的山洪灾害普查和山洪灾害危险区调查。 (包顺琴)

【灌溉管理与农村水费改革】 水务局在积极兴修水利的同时，通过进一步落实灌溉管理目标责任制，严格执行用水指标和配水计划，狠抓节约用水，大力推行“一把锹”淌水制度，在黄河来水配额减少的情况下，保障了4400公顷农田的及时灌水，保障了3840公顷农作物种植增收增产。年实际引黄灌溉用水量0.7亿立方米。始终把解决好“三农”问题作为全党工作中的重中之重，成立的8个农民用水者协会都已注册运行。在辖区镇北堡镇和兴泾镇开展节水宣传2次，改制渠道灌溉用水量亩均有所减少。西夏区农村水费改革工作平稳运行。 (包顺琴)

【农田水利基本建设】 全年农田水利基本建设共出

动劳动力5.26万人次，动用机械575台次，共投入资金365万元，较上年度增长10%。完成高标准农田建设1180公顷，清淤支斗农沟216条89千米(其中:清淤骨干农沟5条7.9千米)，清淤支斗农渠385条126千米;整修农田路777条335千米，整修林带9条4公顷;动用土石方量82.6万立方米;完成畦田建设1400公顷。（包顺琴）

【防汛抗旱】 一是及时召开了西夏区2011年防汛抗旱工作会议，并对防汛抗旱工作进行安排部署，对各责任段进行了详细的划分，明确了责任人和责任单位。二是西夏区防汛抗旱指挥部与辖区11家重点责任单位签订了《2011年西夏区防汛目标管理责任书》。三是汛前对所有防汛工程进行全面检查，对影响防洪安全的工程进行岁修，对西大沟水位上升，挡浸沟水位拥阻抬高，造成农田受淹，采取人工和机械对西大沟(良渠梢村西段)沟堤进行加固，使用电潜水泵对农田水进行强排;积极与银川市水务局协调，在西大沟排水口处修建排水泵站；在西马营公司西侧砌护防洪迎水面300米。四是认真做好各类防汛物资储备工作。五是从5月16日起，防汛办安排24小时防汛值班，及时掌握天气变化，对有关单位防汛物资储备和值班情况进行了多次检查。六是及时修订完善《西夏区防汛抗洪抢险应急预案》，为处置重特大汛情、减少灾害损失提供了依据，确保了安全度汛。（包顺琴）

防汛抗旱工作会议

【农村饮水安全】 一是完成兴泾镇泾河村和镇北堡昊苑村农村饮水安全工程后期入户工作，解决西夏区两镇13281人的安全饮水问题。二是完成镇北堡镇新华团结饮水安全改扩建工程。该工程于2011年9月开工实施，11月底完工投入使用。铺设主支管道2.52千米，入巷管道10千米，新建检查井及阀井182座，建设跨沟渠路建筑物33座。三是完成西夏区2011年移民搬迁农村饮水安全工程。工程于2011年6月底开工，已完成打深井1眼，建设泵房和管理房178平方米，铺设主支管道7.86千米，建设过渠(沟、路)建筑物36座。由于施工建设进度等因素，建成房屋138户已全部入户，剩余待2012年春房屋建成后方可实施入户。（包顺琴）

四清沟面貌焕然一新

【水政与水资源管理】 一是加大宣传教育力度，在“世界水日”“中国水周”活动期间，采取上街、下乡设立咨询点，张贴标语，悬挂横幅等多种形式对水利法律法规进行广泛深入的宣传，散发宣传材料、宣传品、宣传画4万余份。二是坚持依法管理，加大案件查处力度。全年累计巡查352人次，调节水事纠纷5起，为维护水利基础设施建设和运行创造了良好的治安环境。（包顺琴）

【节水型社会建设】 成立了由西夏区常务副区长冯彦彪任组长，农牧水务局局长郭锁华任副组长，各相关部门、镇北堡镇、兴泾镇人民政府和6个街道办事处的主要负责人为成员。印发了《西夏区节水型社会建设领导小组及成员单位职责分工》，划分任务，进一步明确职责。按照要求，结合自治区节水型社会建设工作实际，在银川市创建国家节水型城市工作基础上，纺苑小区和宁华园小区2个社区积极申报创建自治区节水型社会载体（社区）。积极组织开展“2011年全国节水宣传周活动”，制作节水宣传展板

4 块，制作横幅 25 条，印制《节约用水条例》宣传单 10000 份，印制宣传单 4 万份，制作节水宣传纸杯 10000 个。（包顺琴）

【水土保持】 坚持统一规划、综合治理、规模推进、注重效益的原则，实行山水田林路综合治理，提高农业综合生产能力，使生态环境逐步得到改善。积极争取国家资金，协助完成贺兰山东麓生态综合治理项目；对西夏热电厂水土保持设施进行监督管理；严格督察贺兰山东麓沿山地带砂石厂内的砂坑恢复，督促种植植被；建立 4 个水土保持监测点。

（包顺琴）

【水库移民】 一是认真组织开展水库移民后期扶持人口年度复核工作，经调查复核，西夏区 2011 年无核减扶持人数。二是完成水库移民后期扶持管理信息系统数据迁移审核工作。三是及时将 2011 年度水库移民后期扶持项目扶持 36 户 151 人 90600 元化肥发放到移民手中。四是及时与西夏区财政局联系将 2011 年水库移民现金直补 7 户 9 人 5400 元转入移民一卡通账户。（包顺琴）

生态移民打井工程

【水利普查】 一是及时组织召开西夏区第一次全国水利普查工作动员会议。二是组织全区 33 名普查指导员和 65 名普查员进行专项培训。三是完成第一阶段 8 大普查专项清查名录确定上报和录入工作，对辖区内 179 家企业、第三产业、建筑业进行台账登记；按照各项清查名录逐一对普查对象进行详细普查。（包顺琴）

【党建与精神文明建设】 1. 党建。一是强化理论学习，争创学习型党组织。制定了理论学习计划，明确了主要学习内容，每周组织一次集中学习，个人自学每周不少于 5 小时，每人撰写学习笔记不少于 3 万字，并撰写学习心得体会 2 篇以上，使广大党员干部职工正确地领会和把握政策。二是扎实开展创先争优活动。认真做好 2011 年公开承诺事项和领导点评工作。认真组织开展“以人为本　执政为民”主题教育活动和“讲党性、强作风、做表率、争优秀”主题教育活动。安排每周四下午组织党员学习党章和党的基本知识，集中学习时间达到 42 学时，进一步提高党员素质，增强党性观念，提升服务科学发展的能力。三是积极组织开展第五个“党建月”活动。组织党员认真学习党史知识，织织开展了一次党史知识答题活动；积极开展“走进基层、深入群众”实践活动；积极组织水务局党员和群众参加唱红歌活动，充分发挥广大党员干部群众爱党、爱国、爱家乡的热情，让红歌人人唱、天天唱，引导激励党员干部凝心聚力、干事创业。认真组织开展“双述双评”活动。四是严格遵守选举纪律，认真按照选举比例、条件，选举出席西夏区、银川市、自治区党代会党代表。五是专派 1 名党务工作人员负责日常党务工作。进一步完善“三会一课”制度，按时收缴 2011 年全年党费，党员组织关系转接登记规范、完整、清晰，分工明确、团结协作，充分发挥了战斗堡垒作用。共召开党工委会议 20 次，党员大会 4 次，民主生活会 2 次，组织生活会 1 次，普通党员讲党课 4 次。六是认真落实发展党员“五项制度”。严格按照程序对 1 名预备党员转为正式党员进行考察，并及时向群众公示。

2. 精神文明建设。一是调整了精神文明建设领导小组，有分管领导和专人负责。召开精神文明建设专题会议 9 次。二是全年发布农牧水务信息 114 期，其中多篇信息被自治区水利厅和西夏区委采用。三是聘用 2 名人员专门负责局机关卫生环境工作，办公环境得到很大的改善，无卫生死角。四是足额完成党报党刊的征订任务，全年各类报刊上发表 6 篇文章，新闻报道 2 次。（包顺琴）

永宁县水务局

【概况】 2011年,永宁县水务局(以下简称“水务局”)落实中央水利工作会议和中央1号文件精神,水利各项目标任务全面完成,实现了“十二五”开门红。全县水利投资高达2.5811亿元,全年征收水资源费240万元,万元工业增加值能耗水耗下降5%,农业灌溉节水率达1.4%,解决了5728户23400人饮水安全问题。全局共有干部职工52人,其中:水务局机关28人,乡镇水利工作站31人。共有专业技术人员22人,其中:副高级职称1人,中级职称3人,初级职称18人。 (王庆茹)

【工程建设与管理】 一是投入资金4524万元,实施生态移民农田水利灌溉工程,新建一、二、三级泵站3座,24.2万立方米蓄水池和3万立方米蓄水池各1座,铺设一二级压力管道9.82千米、节水管道179.4千米,实行管灌的灌溉方式,发展高效节水灌溉面积1004.67公顷。二是投入资金1297.58万元,实施2011年小农水重点县望远节水改造工程,砌护渠道73.62千米,清淤沟道117.04千米,配套建筑物8175座,配套温棚滴灌设施1160栋。三是投入资金330万元,实施2010年新增千亿斤粮食产能项目李俊镇许桥节水改造工程,砌护渠道29.35千米,清淤沟道49.6千米,配套建筑物2869座。四是投入资金1403万元,实施望洪镇节水改造工程,砌护渠道107千米,配套农田口8930座、建筑物388座,机械清淤沟道14.2千米,草土护坡2.2千米。五是投入资金1720万元,实施永清观桥节水改造工程,砌护渠道35千米,清淤沟道25千米,配套建筑物170座,草土护坡2.4千米。六是办结了望洪镇史庄村南渠、胜利乡先锋村26斗渠、杨和镇旺全村三渠子砌护,杨和镇旺全村新三渠跨中干沟渡槽翻建,李俊镇友爱五、六、八队斗渠砌护等5件人大议案建议和王太村10队惠农渠边扬水站翻建、王太村大新渠砌护等2件政协提案建议,砌护支斗渠3.6千米,配套建筑物61座。七是完成了永宁县委、县政府临时交办的板桥、永清、观桥、旺全、魏团设施农业片区水利配套工程,银川至永宁快速通道、望通路、109国道拓宽配套水利工程,李俊镇中渠下段砌护工程、胜利乡西渠上段改造工程、杨和镇民生渠提水坎建设工程和良田渠改线土方工程等6项急难险重任务,砌护渠道23.3千米,配套建筑物794座。 (王庆茹)

新建李俊镇雷台扬水站

【灌溉管理】 组织全县73家农民用水者协会参加培训,圆满完成了协会年检工作。严格执行支斗渠水费“村用、乡管、县监督”的财务模式,进一步规范了返还水费的使用和管理。加强与干渠管理所的沟通联系,积极争取水权,合理分配水权,在自治区分配计划内用水指标较上年减少1900万立方米的情况下,狠抓灌溉管理,推行一把锹淌水制度,严禁洪水入沟,顺利完成2.15万公顷农田灌溉任务,全县农业灌溉用水引水量较上年减少600万立方米,共收缴水费1480.65万元,水费收缴率达100%,全年无水事矛盾纠纷发生。 (王庆茹)

【农田水利基本建设】 采取“政府资金主导,项目资金整合,群众出工投劳,企业投资参与”的方式,进一步加大投入力度;通过原始田的集中连片治理、盐碱洼地低产田的集中连片改造和深挖宽辟、柳桩治理、草土护坡、设施配套、林带保护“一站式”沟道治理措施,夯实了水利基础设施,提高了农业综合生产能力;通过提高工程建设标准、创新工程质量考核奖罚机制,打造了精品优质工程,提升了农建整体档次。建设东至滨河大道、西至贺兰山东麓高标准农田1.59万公顷,全县累计投入农田水利基本建设的资金高达4.7611亿元,投入劳动力295万工日,动用机械6.14万台班,移动土方798.6万立方米,砌护渠道852千米，清淤沟道5365条2949千米，其中：骨干沟道34条99.16千米，配套建筑物5.2万座，清挖渠道8136条5194千米，整修生产道路7684条3732千米。完成秋翻地1.75万公顷，其中机深翻1.46万公顷，秸秆还田9.01千公顷，其中机械秸秆还田2.43千公顷，秋施肥7.67千公顷。全区秋冬季农田水利基本建设大会战动员会在永宁县成功召开，并获自治区农田水利基本建设“黄河杯”竞赛一等奖。 （王庆茹）

新建杨和镇旺全高标准农田

【防汛防凌抗旱】 东治黄河，投入资金1228万元，完成雷台护岸工程、东和险工治理工程、望洪除险加固工程和南方治河控导工程，建设联坝300米，护岸708米，新建维修丁坝7座，确保滨河大道安全；西御山洪，投入资金695.23万元，实施横沟水库、二旗沟水库除险加固工程，建设均质土坝2座1.213千米，新建泄洪闸1座、溢洪道1座、管护房120平方米、防汛道路2.17千米，确保沿山群众生命财产安全；中防雨涝，疏通泄洪干沟4条18千米，清理涵洞3座，确保城市防洪安全。及时召开防汛工作会议，修订完善《永宁县防汛抗旱应急预案》，层层下达任务书。以贯彻落实《自治区抗旱防汛条例》为主要内容，严格执行各项防汛工作制度，补充县、乡防汛物料，储备8#铅丝6.525吨、木桩8500根、砼块3640块、编织袋3.9万条，备防石6000余立方米，落实抢险车辆机械590辆，落实抢险队伍2000人，确保全县安全度汛。 （王庆茹）

【农村饮水安全】 一是投入资金1337.72万元，实施生态移民饮水安全工程，新建水厂1座，铺设主、支、入巷管道272.53千米，砌筑阀井749座，入户率达100%，解决了4328户17800人饮水安全问题。二是投入资金186万元，实施闽宁镇201省道以西散户移民饮水安全工程，解决1400户5600人饮水安全问题。三是投入资金100万元，实施南方新村、东升、雷台3个新庄点农村饮水安全工程，入户1050户。四是强化农村饮水安全工程建后管理，形成了规模化发展、标准化建设、企业化经营、专业化管理、规范化服务的建后管理新机制，农村饮水安全工程走上自主经营、自负盈亏、滚动发展、以水养水的良性循环道路。 （王庆茹）

【水政与水资源管理】 一是开展“世界水日”“中国水周”纪念宣传活动，通过制作宣传展板，悬挂条幅，发放宣传画、节水标识手提袋、纸杯，在永宁有线电视台播放宣传专题片，使水法制观念和节约用水意识深入人心。二是严格执行取水申报、审批程序，全年下达打井取水批复7个。三是加大水资源费征收力度，全年征收水资源费240万元。四是严守用水效率控制红线，加大企业自备水源井监管力度，强制用水企业安装取水计量设施，工业用水做到“总量控制，定额取水，精确计量，明白缴费”，规模以上企业工业用水水循环利用率达95%，万元工业增加值能耗水耗下降5%。五是加强对全县饮用水水源地和湖泊、湿地的保护，开展入河入沟排污口专项检查。六是加大水事违法案件的查处力度，依法制止侵占沟道、毁坏公共水利设施的违法案件2件，处理沿沟乱倒杂物垃圾的不法行为1起。 （王庆茹）

【节水型社会建设】 通过实施小农水重点县项目、千亿斤粮食项目等节水改造工程，积极推广水稻旱育稀植和控灌、小畦灌、滴灌、喷灌等节水灌溉技术，大力发展节水农业。通过加强对农民用水者协会的监管，不断巩固水费改革成果，有力推进管理节水。2011年，在自治区分配计划内用水指标较上年减少1900万立方米的情况下，全县农业灌溉用水引水量较上年减少600万立方米。通过对工业企业用水实行总量控制、定额管理，规模以上企业工业用水水循环利用率达95%，万元工业增加值能耗水耗下降5%。 （王庆茹）

望远镇永清温棚高效节水工程

【水土保持】 大力宣传新《水土保持法》,开展了水土保持专项执法检查,重点抓好贺兰山东麓采砂区、望远工业园区、三沙园、公路建设项目的水土保持管理,有效遏制水土流失。严格执行水土保持"三同时"制度,水土保持方案申报、审查、验收率达90%。（王庆茹）

【水库移民】 一是完成了享受直补扶持的1634名水库移民的复核工作,及时兑付直补资金98.04万元。二是完成2011年水库移民后期扶持项目闽宁镇渠道维修改造工程和李俊镇散水渠泵站新建工程,维修支斗渠8.3千米,新建泵站1座。（王庆茹）

张掖湖沟草土护坡、柳桩治理

【党建与精神文明建设】 扎实开展推进学习型党组织建设工作,建立了"领学、述学、督学、考学、奖学"五种机制,被永宁县推进学习型党组织建设工作协调小组评为学习型党组织建设先进单位,作为全县先进典型接受市委宣传部的督察验收,并被推荐为自治区级学习型党组织建设示范点。扎实开展党建示范点创建活动。将党建示范点创建与创先争优活动相结合,进行了"从我做起,向我看齐,对我监督"公开承诺,开展了争创"党员先锋岗"、争当"水利岗位标兵"活动。扎实开展扶贫济困送温暖活动。利用春节、"七一",走访慰问李俊镇许桥村、东方村及本局困难群众、党员43户,帮扶"少生快富"项目户6户,与民革永宁支部共同为李俊幼儿园捐赠图书、文具、玩具等,开展"牵手助困行动"慈善募捐活动,捐资4330元,被确定为银川市基层党建工作示范点。狠抓党风廉政建设。有效落实党风廉政建设责任制,加强廉政警示教育,修订完善内部管理制度,规范干部职工工作行为,制定印发《廉政风险点防范管理工作手册》,制作廉政风险温馨提示桌牌和廉政漫画、警言警句牌匾,开展了公车治理、小金库专项治理、贯彻落实三个决定自查活动和工程建设领域突出问题专项治理工作。（王庆茹）

贺兰县水务局

【概况】 2011年是"十二五"开局之年,也是贺兰水务发展史上极不平凡的一年。一年来,在贺兰县委、县政府的坚强领导和自治区、银川市水利、财政等部门的大力支持下,贺兰县水务局(以下简称"水务局")以科学发展观为指导,深入贯彻落实中央1号文件和自治区、银川市水利工作会议精神,紧紧抓住中央加大水利投资的战略机遇,全年完成水利建设投资1.31亿元,连续3年荣获自治区农田水利基本建设"黄河杯"竞赛特等奖,不断推动贺兰水利事业迈上新台阶。（岳发鹍）

【工程建设与管理】 重点工程建设:一是中小河流治理工程稳步实施。新建导洪堤和防洪护岸等导洪工程2.695千米,修复砌护金山二号、四号泄洪沟道及沙井子南退水沟道5.162千米;扩整改造沙井子北退水沟道3.8千米;新建沙井子滞洪区防洪堤4.1千米和沙井子滞洪区泄洪沟道1.508千米。二是干沟清淤治理工程全面开展。对四二干沟、四三支沟、第二排水沟、红旗沟等11条103.1千米淤积严重的跨乡镇干沟进行清淤整治,改善排水面积15.33千

北毛渠砌护试运行

公顷，使困扰农业发展的排水不畅、土壤盐渍化高的问题得到有效解决。三是节水型灌区建设全力推进。实施小型农田水利和现代农业发展项目，砌护支、斗、农渠120条134.45千米，改善灌溉面积1.37千公顷，解决了因地形、地貌复杂，灌水条件恶劣地区的灌水难题，在全区小农水绩效考评中获得了第一名的好成绩。四是高效节水灌溉工程实现历史突破。加快高效节水建设步伐，完成立岗镇兰光村高效节水示范区200公顷，取得了良好的经济效益、生态效益和社会效益。兰光高效节水项目区的成功建设为全区引黄灌区发展高效节水工程起到了试验示范作用。五是正源北街打通项目水系配套工程顺利推进。水务局组织技术人员，早准备、早动手、保质量，对纵贯习岗镇、常信乡、洪广镇24.52千米通道两侧水系、水利设施配套进行建设，工程建成后将成为宣传贺兰，提升贺兰知名度、影响力的又一条靓丽风景线。

工程管理：一是严格工程“四制”管理制度。明确贺兰县水利建设管理中心为项目法人单位，按照“公开、公平、公正”的原则，对所有工程均采取公开招标，在委托有资质的监理单位负责项目监理的同时，还专门邀请自治区质监站对质量进行监督，确保高质量完成项目。与施工单位签订《施工合同》，项目工程计量、结算严格实行岗位责任制，做到“工作有人领导，群众有人发动，技术有人指导，问题有人解决”。二是落实管护机制。项目管理实行“农民用水者协会＋农户”的管理模式，村委会具体负责项目的建后管理，聘请具有高中以上文化程度、责任心强的村民进行管理和操作。开展上岗培训，切实做好高效节水建后管理工作，农民用水者协会通过“一事一议”民主决策，统一建设，统一播种，统一管理，确保建得成、管得好、长受益。（岳发鹍）

【灌溉管理】 在农田面积逐年增加、黄河来水逐年减少的情况下，水务局加大灌区节水改造力度，扩大节水示范区建设，既解决了由于黄河来水不足，供需矛盾突出等问题，又确保了作物适时灌溉；坚持以水定发展，以水定结构，继续深化农村水费改革，不断提高农民用水协会灌溉管理水平。一是针对黄河来水减少、各大干渠引水受限的局面，及时编制了《贺兰县2011年抗旱预案》及实施方案，在全县范围内实施井、渠、沟统一调度，以湖补灌等综合措施，确保农作物适时灌溉，均衡受益。二是全面推广渠道砌护、水稻控灌、旱育稀植等节水措施，推进节水型灌区建设。三是继续推行农村信用社代收水费及固定点交费模式，统一收费标准，增加水费收缴的透明度。四是强化协会人员培训和维管费返还管理。全年共组织农民用水者协会培训5次，培训人员316人次。（岳发鹍）

农田灌溉

【农田水利基本建设】 农田水利基本建设累计投入劳力58.7万工日，投入机械15.8万台，在全县“4镇1乡2个农牧场”重点建设了22个高标准农田示范区，完成高标准农田建设20.4千公顷，改造中低产田15千公顷，建设畦田10.8千公顷；改善灌溉面积16.2千公顷，新增灌溉面积1千公顷，新增节水面积15.33千公顷，清淤支斗农沟4930条3080千米，清淤支斗农渠1.5万条1.1万千米，整修农路4870条

2832千米,砌护渠道3200条1449千米,配套各类建筑物5.1万座;迁坟1222穴,造林绿化1.73千公顷,实施秸秆还田19.67千公顷,机深翻24千公顷,秋施肥23.33千公顷。（岳发鹍）

群众投工投劳参加秋冬农田水利建设

【防汛防凌抗旱】 一是坚持做好汛前检查工作,对存在病险隐患的防洪工程及违规建筑物，及时维修和拆除,对行洪淤积严重的行洪沟道进行清淤,确保泄洪畅通。二是做好防汛物资储备工作,有力地保障了防汛防凌工作的需要。三是着力实施防洪防汛工程。实施中小河流治理项目沙井子沟治理工程,区域防洪标准将提高到20年一遇洪水,逐步实现贺兰山东麓贺兰段洪水资源化利用。（岳发鹍）

【农村饮水安全】 实施金鑫、通义、星光农村自来水“百村千户”入户工程,洪广高荣生态移民安置区饮水安全工程,铺设管道210千米,完成入户3700户,在实现农村饮水安全全覆盖的基础上，进一步提高了农村饮水安全工程的建设标准。（岳发鹍）

【农村水利改革】 一是机构设置日趋合理。为了加快水利管理体制改革，水务局对乡镇水利管理体制进行了改革。对堤防工程、沟道工程、渠道工程、泵站工程、人饮工程等水利工程,水务局、基层水利工作站、农民用水者协会、农村供水公司按照集中管理和统分结合的原则,有效保障了工程运行安全。二是经费落实足额到位。落实水利维修工程费60万元用于灌区工程、泵站工程、人饮工程、堤防工程、挖导工程、沟道工程六项工程的维修养护。三是投资渠道日益拓宽。建立“以奖代补”的竞争机制,贺兰县财政拨付1200万元以奖代补资金，支持各乡镇场开工建设,全面推广“一事一议、以资代劳”的农田建设组织方式,有效解决了劳力少、出工难、效率低等制约农田水利建设的瓶颈,实行最严格的水资源管理制度,形成农田建设全方位、多渠道资金投入模式。2011年，种植大户在贺兰县洪广镇金山地区自筹资金500余万元,建设滴管面积333.33公顷,取得了较好的经济效益、社会效益。（岳发鹍）

【水政与水资源管理】 按照《宁夏回族自治区取水许可和水资源管理办法》《银川市水资源管理条例》,批复10家取水户打井申请，并办理了取水许可证。对8家取水单位重新核定取水量,对15家用水户安装计量设施。2011年完成水资源费征收152万元。（岳发鹍）

【节水型社会建设】 通过实施中央财政小型农田水利项目、千亿斤粮食产能项目、现代农业发展项目,建设高标准农田示范区、井渠结合沟水补灌区、高效节水示范区,解决了因地形、地貌复杂,灌水条件恶劣地区的灌水难题,进一步完善水利配套设施,夯实农业发展基础,提高了灌溉水利用系数,为现代水利支持现代农业提供新的支撑点。（岳发鹍）

高效节水

【水土保持】 全面开展水土流失预防、监督和治理工作,制定了《贺兰县关于开展开发建设项目水土保持监督执法专项行动方案》，加大水土保持法律、法规的宣传力度,深入企业、厂矿开展调查摸底工作,对2个园区和9家砂石料厂的水土保持工作存在的问题提出了整改,落实了整改方案,为加大贺兰县水土保持管理工作力度奠定了基础。（岳发鹍）

【水库移民】 在核定登记水库移民工作中，贺兰县水库移民办公室人员在各乡镇村干部的协助下，深入移民区挨家逐户，严格执行移民人口登记政策，对调查的资料进行审查复核，努力做到不错、不重、不漏。经过认真核定登记并经自治区水库移民办公室审定：2011 年度贺兰县被纳入大中型水库后期扶持范围的水库有 7 座，分别是青铜峡水库、寺口子水库、陕西三门峡水库、陕西电石水库、河南丹江口水库、河南赵湾水库、江苏小塔山水库和湖南水府庙水库，核定的后期扶持人口数为 794 户 2763 人。

（岳发鹍）

【党建与精神文明建设】 在基层组织建设上，通过建设学习型党组织以及创先争优活动的开展，有效地提升了党员队伍的整体素质；在精神文明建设上，以保持各项荣誉为目标，建立激励机制，创新活动载体，使精神文明创建活动扎实有效；在行风建设上，以“建一流水利队伍，树一流水利形象，创一流水利业绩”为目标，深入开展了民主评议行风建设活动。“千名党员下基层”“党员连心工程”“进一步营造风清气正的水利发展环境”等内容丰富、形式多样的党建活动的开展，进一步提高了组织建设整体水平。

（岳发鹍）

灵武市水务局

【概况】 2011 年，灵武市水务局（以下简称“水务局”）在灵武市委、市政府的正确领导下，在灵武市人大、政协的监督指导下，紧紧围绕“双争”目标和战略部署，认真贯彻落实灵武市委、市政府确定的 10 件大事和 20 件实事，倾力打造民生水利、生态水利、高效水利，水利各项工作取得了喜人成果：荣获全区节水型社会建设工作“先进集体”，全区水利系统财务工作“先进集体”，银川市“先进基层党组织”，银川市“文明单位”，银川市“节水管理先进单位”，灵武市人大议案办理“先进单位”，灵武市政协提案办理“先进单位”等，有 6 名同志分别荣获全区节水型社会建设“先进个人”，银川市水利工作“先进个人”，灵武市“优秀共产党员”等荣誉称号。

水务局下设防汛抗旱指挥办公室（副科级）、农田管理站、乡镇供水总站、水利技术服务站、水土保持工作站、水政监察大队、水利管理所、水利工程质量监督站、宁东水利工作站、东塔水利工作站 10 个事业单位，核定编制人数 158 人。其中高级工程师 8 人，工程师 21 人，技师 8 人，助理工程师 56 人，高级工 10 人，中级工 18 人，初级工 3 人。（王少清）

【工程建设与管理】 一是实施 2011 年小农水重点县建设和 2010 年度巩固退耕还林基本口粮田建设项目。砌护渠道 109 千米，治理沟道 21.3 千米，铺设各类管道 2350.47 千米，配套各类建筑物 4582 座。二是承办 2011 年人大议案水利工程建设，改造泵站 2 座，补配水泵 6 套，砌护渠道 28.7 千米，解决群众关心的灌溉难问题。三是实施梧干渠节水改造工程。砌护梧干渠 19.9 千米，配套渠道建筑物 91 座，解决了灌区 4.31 千公顷农田灌溉引水困难问题。四是实施西湖淤泥杂物清运工程。完成湖底淤泥清淤 14 万立方米，完成投资 506 万元。五是实施新区水系续建工程。完成土方开挖 23 万立方米，完成投资 220 万元。六是实施郝家桥养羊园区供水工程，完成投资 128 万元，解决了郝家桥镇养羊园区 5 万只羊的用水问题。七是实施狼皮子梁生态移民安置工程。完成安置区供水水源、平田整地、田间配套、人畜饮水和环村绿化供水等基础设施建设任务，完成总投资 9499.38 万元。工程中建水源工程 1 处，人饮工程 1 处，完成高效节水灌溉面积 582.5 公顷。完成水源泵站 1 座，20 万立方米蓄水池 1 座，加压泵站 1 座，铺设 φ600 输水玻璃钢管管道 5.8 千米，安装变压器 5 台套，离心泵 10 台套，变频控制柜 6 台，架设高压输电线路 2 千米，低压输电线路 2.0 千米，打深井 6 眼；铺设安装 PVC 管道 155.49 千米，PE 管 175 千米，滴灌管 3050 千米，安装滴头 305 万个，滴灌带 1050 千米，调压阀 2291 个，砌筑阀门井 203 座、排水井 322 座；人畜饮水工程新打深井 1 眼，铺设主支管道 53.1 千米及入巷管道 36.59 千米，建泵房及管理房 1 座，新建 200 立方米蓄水池 1 座，砌筑阀井 203 座，实现移民区水利基础设施先进、科学、运行管理可操作性强的建设目标。（王少清）

治理后的灵武市白土岗田档子

【灌溉管理】 全市夏秋灌实际用水量为2.34亿立方米，占计划指标的149%，比2010年少引0.07亿，同期环比减少3%。抓好井渠结合项目，有效解决干渠梢段的灌溉难题。启动抗旱机井132眼，有效运行648014小时，灌溉控制面积3千公顷，抽取水量324万立方米。争取各类资金57.66万元。其中争取井渠灌溉结合机井维修资金27万元、机电井运行电费补贴资金11.66万元、农民用水者协会扶持资金20万元。 (王少清)

【农田水利基本建设】 2011年，灵武市紧紧抓住国家加大水利投入的机遇，积极争取中央、自治区项目投入，整合农业综合开发、土地整理、人饮安全、财政小农水、小农水重点县、现代农业、梧干渠砌护、大河子沟治理等项目工程，按照“一线、三段、四块、七片”的总体规划，重点围绕优质粮食、灵武长枣、瓜果蔬菜等优势特色产业，以滨河大道、新杜路、灵白路、下白路为主线，形成梧桐树乡、崇兴镇、郝家桥镇三个重点区段，全力打造梧桐树乡有机大米生产基地，崇兴镇、郝家桥镇优质粮食生产基地，临河镇、园艺场、崇兴镇、大泉林场、北芨滩林场大泉分场等沿山长枣产业生产基地及狼皮子梁生态移民安置区高效节水灌溉等四大板块；高标准建设李家圈、河忠、杨洪桥、沙坝头、沈家湖、吴家湖、枣岗子等七个示范区。完成高标准农田建设16千公顷，发展渠道砌护节水灌溉面积6666.7公顷，发展微灌等高效节水灌溉面积2000公顷，新增灌溉面积1486.7公顷；高标准清淤整治排水干沟31条164千米，治理干沟78.96千米，治理排洪干沟23.8千米；砌护支斗农渠658条535.07千米，配套各类水工建筑物22634座；清挖各级渠道1885条1901千米，清淤各级沟道1923条1922千米，整修道路2987条2539千米，动用土方541.94万立方米，劳动力83.48万工日，累计投入机械3.85万台班；机深翻1.73千公顷，秸秆还田10.67千公顷；秋季造林258.7公顷。 (王少清)

【防汛防凌抗旱】 一是做好防洪工程建设。争取项目资金2682万元，实施大河子沟治理工程建设，完成清淤沟道28.4千米，砌护堤防护岸14千米，新建建筑物52座，进一步提高大河子沟防洪标准。二是实施庙梁子沟水库除险加固工程。维修加固大坝1座，完成坝体护坡600米，新建泄水建筑物1座。三是平稳度过严重的旱情。针对黄河来水偏少，气温持续偏高，各大干渠来水偏少的灌溉形势，投入抗旱资金90万元进行抗旱维修和设备补配；采取沟水补灌、井渠结合等措施，紧急启动抗旱机井90眼、补水泵站23座，全力缓解了旱情。 (王少清)

【农村饮水安全】 一是完成了宁东北三村人饮工程，彻底解决宁东镇古窑子、回民巷、东湾及清水营4个行政村935户6675人的饮水困难问题。二是完成梧桐树乡李家圈村新庄点饮水工程配套任务，完成自来水入户252户。三是创新农村饮水工程管理机制。将白土岗等8处农村饮水安全工程移交有资质的公司进行管理，在全区率先推行农村饮水安全工程企业化管理机制。 (王少清)

灵武市农村饮水安全工程运行管理合同签字仪式

【农村水利改革】 水务局74名科技人员签订了农村饮水、协会管理、设施农业等农业科技服务合同，参与全市49家农民用水者协会，4处饮水工程管理,3 处设施温棚滴灌、管灌等节水技术示范服务,涉及范围达 7 个乡镇 62 个行政村 12.3 万人 19865 公顷。(王少清)

【水政与水资源管理】 举办了“世界水日”“中国水周”“水保宣传周”“世界环境日”“城市节水宣传周”“节能减排宣传周”“滨河大道水系安全宣传”“全区农村水利工作会议”等大型宣传活动。联合银川市节水办、秦汉渠管理处、吴忠市水文局、灵武市自来水公司、灵武市污水处理厂、各用水企业等相关单位,开展中央 1 号文件、新《银川市水资源管理条例》宣传和“十进五送”“节约用水,由我做起”节水宣传进百校专题宣传活动。全年共深入全市 5 个乡镇、26 个单位、4 所学校、10 家大中型企业及 6 个社区,设立咨询点 21 处,制作宣传展板 12 块,悬挂各类宣传横幅 36 条,自制、散发宣传单 2.5 万余份,各类宣传品、册 8500 余份。开展灵武市水资源管理春季专项稽查执法行动,对 11 家非法取水企业和洗车行下发停止违法通知书,责令其限期整改或关闭;对2 家羊绒工业园禁采区内进行非法取水绿化的企业当场进行了强制关停。全年共征收水资源费 16 万元,污水处理费 3.2381 万元,河道采砂费 1 万元。

(王少清)

【节水型社会建设】 完成生态移民狼皮子梁安置区供水水源、平田整地、田间配套、人畜饮水和环村绿化供水等基础设施建设任务。新建水源泵站 2 座,20 万立方米蓄水池 1 座,打灌溉机井 6 眼,建成高效节水灌溉面积 582.5 公顷,自来水入户 1407 户,完成总投资 9499.38 万元。(王少清)

整治后的东沟

【水土保持】 完成灵武市西天河小流域水土保持生态建设项目甜水河片区治理任务,植树造林 43.67 公顷,铺设供水主管道 1 千米,铺设田间管道 150 千米。加强水土流失预防监督工作,积极宣传新《水土保持法》;加大水土保持督察,完成水土保持方案审查 13 个,大中型企业开发建设项目督察 37 个。全年共征收补偿费 252 万元。(王少清)

【水库移民】 全年向崇兴、郝家桥、梧桐树、宁东 4 个乡镇 7 个行政村 14 户 75 人发放直补资金 4.5 万元。组织召开移民群众满意度调查,征求群众意见建议,资金发放足额、及时,受到群众认可。年内,全市未出现一例移民上访事件。(王少清)

【水利普查】 按照普查时点,完成清查登记阶段对象清查、普查数据采集和水土保持野外调查任务,全市确定清查对象 1221 个,完成水土保持野外单元调查 37 个,完成空间数据标绘工作。(王少清)

【招商引资和项目争取】 开展招商引资工作,争取灵武市新南天然气有限责任公司城市管网铺设及基础设施建设项目,引进资金 3000 万元。申报梧干渠改造、中小河流治理大河子沟治理、庙梁子沟病险水库除险加固等项目。全年共争取项目资金 2.02 亿元,其中中央财政资金 1.32 亿元,自治区财政资金 3689 万元。(王少清)

【党建与精神文明建设】 进一步加强领导班子和党员干部队伍建设,加大干部职工的培训力度,做好基层党支部的实绩考核。举办 3 期干部职工政策理论和业务知识培训班,邀请灵武市党校和宁夏水利电力工程学校讲师做了专题讲座。以创先争优活动为载体,切实转变工作作风,树立水利行业良好形象。一是以“创一流业绩、树先锋形象”为主题,将各支部创建“星级”支部的目标分解到分管领导和支部书记的日常工作,实行年终考核与创建任务挂钩的形式开展创先争优。二是以“亮相评星”为载体,通过支部党员相互打分,评选出“德、能、勤、绩、廉”五项综合标准“星级党员”。让有职党员有目标,让无职党员也有责,党员面貌焕然一新。三是大力推行工作日报制,将站所长、一般工作人员每天工作执行和完成情况上墙亮相公示,充分调动了党员干部职工的积极性和主动性。

充分发挥水务局工会、妇联等群团组织的作用，组织开展各类职工娱乐活动。一是组织干部职工参加灵武市委、市政府及宣传部及群团组织举办的演讲比赛、知识竞赛、舞蹈大赛，取得了较好的成绩。二是在“七一”期间以各支部为单位开展了丰富多彩的庆“七一”活动，充分调动干部职工创先争优的积极性。三是贯彻落实《公民道德建设实施纲要》，弘扬社会公德、职业道德、家庭美德，开展以“诚信建设”为主题的“公民道德建设”和“文明礼仪实践”活动，不断提高公民道德素养。四是积极参与银川市创建全国文明城市创建活动。五是加强了院内环境的软件、硬件建设，对办公楼暖气进行维修，为干部职工营造了温暖舒适的工作环境。组织开展“面对面 心贴心”结对帮扶活动。建立困难职工档案，对干部职工患病住院进行探望，对离退休老党员、老干部及家庭困难职工在春节、“七一”前夕组织走访慰问。开展城乡共建活动，积极组织干部职工开展各类捐助活动，一年来共计捐款7000多元，积极为群众办实事、解难事。

（王少清）

石嘴山市水务局

【概况】 水务局辖下属5个事业单位。核定人员编制为72个，其中：行政编制19个，后勤事业编2个，事业编制50个，领导职数19个（正处1个、副处2个、正科10个、副科6个）。现实有人员69个，其中，领导干部32个。大学及以上学历33个，大专学历27个，中专学历8个。高级职称11个，中级职称26个，初级职称15个。

2011年，石嘴山市水务局（以下简称“水务局”）以抢抓中央加快水利改革发展为契机，以为经济社会发展提供有力水利支撑为目标，以项目建设为重点，通过领导苦抓，干部职工苦干，使石嘴山市的水务工作迈上了新台阶。组织实施了星海湖拦洪库除险加固工程、浴山河（三二支沟）扩整治理项目黄河险工险段治理等一批防洪工程，项目批复总投资32031.98万元，年内累计完成23712万元。为确保工程质量、进度和安全，在石嘴山市水务系统开展了“抓质量、促进度、保安全”项目建设管理年活动，强化安全监督管理，确保了全市水利工程高标准、高质量、无事故按期完成。以节水灌溉工程为重点，加快农田水利基础设施建设。全市累计投资6.9亿元，改造中低产田21.53千公顷，新增节水灌溉面积18.67千公顷。以保障民生为重点，加快农村人饮项目建设，全面完成“十一五”规划的农村饮水安全工程建设任务，2011年解决了5.59万人的饮水安全问题，全市已基本实现了村村、队队通自来水的目标。以依法行政为重点，提升水资源管理水平，开展了取水许可专项整治工作，在全区率先开展了建筑施工降水的规范管理和自备井计划用水考核。投资2000多万元启动了地下水资源勘查工作，为石嘴山市经济社会发展提供可持续和强有力的水资源支撑。开展了砂石土开采专项整治工作，依法查处在行洪沟道内非法采砂行为。全面完成水利普查工作的前期准备、清查登记等阶段任务。以“三争双招”为重点，加大项目争取力度。全市争取国家、自治区水利投资项目21项，投资总额3亿元，其中，水务局争取自治区水利厅、财政厅资金近9000万元，有力地保证了水利重点项目的顺利进展。

（周建国　刘根旺）

全市水务系统“抓质量、促进度、保安全”项目建设年暨安全生产大会

【工程建设与管理】 2011年，水务局主要承担了汝箕沟沟道整治工程等5项重点水利项目的建设任务，项目批复总投资32031.98万元，年内累计完成23712万元，其中汝箕沟沟道整治工程和大武口拦洪

库除险加固工程为使用国有资金建设项目。汝箕沟沟道整治工程为2010年续建工程,项目批复总投资5973万元,分两期实施,2012年竣工。2011年,项目完成征地拆迁费2115.63万元,完成工程直接费1500万元,累计完成投资3638万元,一期工程竣工。大武口拦洪库除险加固工程为自治区重点防汛工程,项目批复总投资7028万元,其中争取中央预算内资金5622万元,地方配套资金1406万元,根据安排,该工程分两期实施,2011年实施滞洪区工程。滞洪区坝体加固及建筑物改造工程6月2日完成了招标,6月10日开工建设,2011年项目完成投资2000万元,一期工程竣工。浴山河(三二支沟)扩整治理工程:项目批复总投资4860万元,其中工程直接费2680万元,征地拆迁费2180万元。项目2011年2月26日完成招标,3月16日开工建设,完成投资4880万元,项目8月底全部竣工。浴山潭六分沟、十分沟综合整治工程:项目批复总投资5700万元,其中工程直接费2700万元,征地拆迁费3000万元。该项目8月份全部竣工,形成水面面积675.67公顷,增加防洪库容107万立方米,项目累计完成投资5700万元。星海湖拦洪库标准化堤防工程:项目批复总投资7471万元,其中工程直接费4763万元(招标价),其他费2708万元。项目1月18日完成招标,3月16日开工建设,项目完成总投资7494万元,全部竣工。

在工程建设管理方面,水务局抽调专人成立项目建设管理办公室,对水利项目建设实施集中管理,负责项目建设前期规划设计、审批立项、拆迁协调、施工管理、计划管理和验收审计工作,全面履行项目法人职责,保障了项目建设的快速、有序开展。严格招标管理,促进招投标活动的公开透明,在中国招标网上发布公告。在招标中石嘴山市纪检委、监察局、发改委、财政局、审计局、公证处全过程监督,确保招投标活动的公开、公平、公正。水务局制定了翔实的质量安全监督管理制度,以制度规范管理,在工程监理管理控制的基础上,工程质量监督站、项目办逐级管理,层层把关,保障了项目质量控制、进度控制、投资控制和安全控制。建立水利项目稽查和内审管理机制,组建了项目稽查办公室,建立了水利项目内审管理制度,推行项目内部稽查和内审管理,为规范项目实施提供了保障。组织开展"抓质量、促进度、保安全"项目建设管理年活动,进一步强化质量安全控制,重点解决好水利项目建设在质量管理、进度管理和安全管理方面存在的突出问题和薄弱环节,制订了实施方案,建立了考核机制,切实推进项目建设。

(周建国　李绍锋)

【灌溉管理】 石嘴山市属宁夏青铜峡引黄灌区,位于唐、惠两大干渠末段,灌溉方式主要以自流灌溉为主。平罗陶乐灌区和大武口区沿山灌区属多级扬水灌溉,扬水灌区和自流灌区都有相对独立的引水渠。有耕地面积76.75千公顷,种植面积77.76千公顷,灌溉面积74.07千公顷。有支渠689条,深井138眼,浅井1276眼,扬水站62座,支沟214条,电排站23座。现有农民用水者协会155个。2011年春、夏出现60年以来罕见的异常干旱天气及冬灌干渠开闸推迟情况,抗旱工作异常严峻。水务局指导、协调县区水务部门及农民用水者协会采取了四项措施:一是早安排、早部署,制定抗旱应急措施,及时维修水利设施,积极做好灌溉前期的宣传准备工作,实行支渠配水计划公示制度;二是成立了抗旱服务队,配备流动抗旱泵212台,柴油机85台,投入到各乡镇进行抗旱补水应急;三是采取井渠结合灌溉面积5.5千公顷,启动抗旱机井376眼,有效缓解了用水紧张的矛盾;四是广开水源,利用沟水、湖泊水源进行混灌补水,解决7.33千公顷的抗旱补灌问题。由于措施得力,保证了全市77.76千公顷夏秋作物适量灌溉,完成了全市52.49千公顷农田冬灌任务。全年计划黄河用水量6.7亿立方米,实际黄河用水量为7.34亿立方米,与2010年实际用水量7.33亿立方米相比基本持平。本辖区商品水率100%。

(周建国　乔建宁)

【农田水利基本建设】 2011年,石嘴山市农田水利基本建设共完成改造中低产田21534.4公顷,新增节水灌溉面积18667.6公顷,畦田建设14067.4公顷;清淤渠道15647条9891千米,砌护渠道3284条1895.4千米,清淤沟道10131条6205.5千米,新开沟道185条93千米,整修农路16699条9025.5千米;完成土石方3125万立方米;投入劳动工日444.2万个,投入施工机械43万台班;完成各项水利投资69604.4万元,比2010年增加15%,其中中央和自治区投资39611万元,比2010年增加92%,市、县投资28449万元,比2010年增加16.7%。

(周建国　姚新平)

【防汛防凌抗旱】 2011年6月10日召开了石嘴山市防汛工作会议,石嘴山市人民政府与各县区人民政府签订了防汛工作目标责任书。5月20日全市各级防汛办开始24小时防汛值班,历时133天。全年开工建设的防汛重点工程有:星海湖标准化堤防工程,汝箕沟防洪工程,三二支沟扩整工程,大武口拦洪库除险加固工程,六分沟、八分沟整治及二农场渠涵洞连通工程,大小水沟整治工程和红崖子山拦洪库除险加固工程,惠农区雁窝池、高庙湖拦洪库除险加固项目。全年防汛物资储备编织袋89000条,草袋22000条,编织布6000平方米,彩条布4400米,木桩10000多根,铁锹5100把,铅丝37吨,块石1.8万立方米,机动船1艘及其他各类抢险救灾物资等。石嘴山军分区、市武警支队和消防支队组建市级670人的应急机动抢险队伍,水务局以本局职工及下属公司为基础,组建150人的专业抢险队伍。

(周建国　张亚勇)

【农村饮水安全】 2011年,石嘴山市改善提高农村饮水标准人口5.59万人,其中解决饮水不安全人口4万人。一是平罗县北部饮水安全工程,截至2011年7月底,全部完成建设任务,8月开始调压通水并全部发挥工程建设效益;完成投资1887.5万元,建设水厂1处,安装水质净化设备1套、检测设备1套、加压泵站1座,管网入户10745户,使4万人喝上了安全水放心水。二是实施红崖子乡五堆子生态移民安置区供水工程,完成投资452万元,为安置区1814户8500名移民通上了自来水。三是实施农村人饮整合改造提升工程,完成投资169万元,对平罗县城关沿河、渠口分水闸、崇岗跃进兰丰等四处人饮工程进行整合改造,提高水质和供水保障率,提升了7420人的饮水标准。到2011年年底,实现了全市农村人饮安全全覆盖。(周建国　姚新平)

【农村水利改革】 2011年,石嘴山市农村水利改革主要开展了以下工作:一是落实小型水利基础设施统一管理责任制,充分发挥工程效益。二是全面落实分级管理责任制,按照“谁投资、谁所有、谁受益、谁负担”的原则,进一步推进小型水利产权制度改革,明晰工程所有权,落实工程建设和管护责任,将部分无人承包的抗旱机井交由受益村队的农民用水协会进行管理。三是落实小型水利工程承包、拍卖和租赁管理责任制,有效回收了部分资金。

(周建国　姚新平)

【水政与水资源管理】 1.水政工作。做好水法规宣传工作。组织开展第十九届“世界水日”、第二十四届“中国水周”宣传活动。在大武口区青山公园组织开展了以“严格水资源管理,推进水利新跨越”为主题的宣传活动,设置彩虹拱门1座和立柱2座,悬挂大型宣传标语横幅4副,制作宣传展板6块,发放节水宣传资料4000多份,各种小册子1000多册,张贴画500多张,营造浓厚的宣传氛围。依法办理取水许可审批和取水许可证换发工作。对每一项取水许可申请均严格按审批程序,做到会议研究,集体审批,在规定时限内快速办结,全年未发生投诉事件。共办理取水调查19起,其中经取水许可审批领导小组批准9起,未批准10起,协调供水3起。完成12家企业取水许可证换发工作,增加了换证前的调查程序。完成了红果子工业园区自备井专项治理工作,进行企业调查45起。依法办理水行政、民事诉讼案件3起。开展水政执法人员执法证件年检工作,按要求完成水政执法人员执法培训考核及执法证件的统计汇总及年检工作。组织开展了煤炭市场专项治理工作。开展了行洪沟道整治和执法管理工作。

2.水资源管理。履行辖区水资源及水域、水工程、水源地等相关设施的保护职责,加强执法监督,加大水资源管理执法力度,重点对取水许可、违规凿井、水资源费征收等情况进行专项检查,加大违规取水清理工作。坚持巡查制度,每月不少于4次巡查,全年共计巡查60余次。组织、指导和监督水资源管理及节约用水工作,落实全市水资源勘察、监测、调查、技术档案管理和评价工作。完成辖区166家取水单位432口水源井抄表工作。在原有管理模式基础上,经过不断完善和细化,强化一井、一表、一号、一卡、一数的"五个一"管理长效机制,在全区率先将取水凿井施工单位纳入规范管理,全年完成两费征收1031万元,其中:水资源费876万元,污水处理费155万元。率先在全区实行征收超计划用水加价水资源费,全年共征收超计划加价水资源费12.6万元。水表校验及配置2346件,大力推广先进用水、节水工艺和水处理技术设备,监督取水用水技术和规范的实行。完成星海湖水域5~6个水位、水质监测点和惠农区15个监测点的水位月度动态监测及惠农区水质年度监测工作。通过开展基础技术研究,建立了科学的水资源开发利用管理模式。

(周建国　倪　勇　马秀丽)

在全市砂石土专项整治活动中,成效明显,当地清真寺管委会为表示感谢送上锦旗

【节水型社会建设】 2011年4月与自治区节水型社会建设领导小组签订了目标责任书,编制了《石嘴山市节水型社会建设实施方案》和《石嘴山市2011年度节水型社会建设工作安排》。节水型社会建设目标任务全面完成,建设了节水型灌区12个,节水型企业5家,节水型学校3所,节水型社区3个。根据石嘴山市人民政府2011年工作安排,确定了大武口发电厂和神华宁煤太西机关物业公司2家为2011年自备井关停单位,制定了《关于关停大武口发电厂等单位自备井工作方案》,封停了大武口发电厂6眼自备井,划转大武口园林农牧水务局4眼。对红果子兰山、长城工业园区、汝箕沟口煤炭市场等自备井进行了规范取水许可管理,依法取缔高耗水洗煤企业70多家,关闭了65眼企业的自备水源井。在节水型社会建设年度考核中获得二等奖,荣获全区2011年度节水型社会建设先进集体。　(周建国　李艳敏)

【水土保持】 水务局制定了新《中华人民共和国水土保持法》(以下简称《水保法》)学习宣传方案,在重要街区设立宣传站点,分发新《水保法》单行本及宣传材料3000份;在石嘴山电视台播放新《水保法》公益宣传广告一个月;更新大型宣传牌,营造了较好的水土保持工作氛围。成立了石嘴山市水土保持监察大队,进一步规范了水土保持方案审查审批程序,完成和协助完成水土保持方案审查审批9项;对石嘴山市14家在建大中型生产建设项目进行水土保持监督检查,征收水土保持设施补偿费28.4万元;为确保淤地坝安全度汛,水务局对平罗县红崖子淤地坝进行安全检查,并提出整改要求,确保石嘴山市淤地坝安全度汛;与自治区水利厅水保局共同检查了平罗县三棵柳小流域综合治理项目实施情况,加强对区县的业务指导。2011年6月石嘴山市水土保持监督管理能力建设通过自治区水利厅验收。

(周建国　耿旭光)

【水库移民】 自治区核定石嘴山市水库移民扶持人数2570人,涉及石嘴山市两区一县的15个乡镇80个行政村。扶持方式:资金直补和项目扶持。其中实行资金直补人数为1258人,实行项目扶持人数为1312人。纳入扶持范围的移民每人每年补助600元。对资金直补的农户实行了一卡通直补到户。实行项目扶持人口,在项目的实施过程中,市、县制定一套严格而科学的工程建设管理制度,统筹安排、统一实施、严格管理,确保工程质量。工程竣工后,严格按照相关规定执行验收、审计及监督。(周建国　乔建宁)

【党建与精神文明建设】 以创建自治区文明单位为抓手,以"发挥水务职能创一流、服务山水园林城市当先锋"为载体,扎实推进党风廉政和精神文明建设工作,落实了党风廉政建设责任制,组织参加了庆"三八"巾帼风采唱红歌活动,举办了"水之韵"夏季广场文艺晚会大型文化活动。以"创先争优"为重点,深入开展"改进思想作风、提高党性修养"和

“创先争优”活动，认真开展试点单位党务公开工作，结合水务工作实际，制定了党务公开目录和政务公开目录，确定了65项公开内容，向社会公开承诺，建立健全绩效评估机制，及时掌握党员群众对党务公开的认可度和满意度，为稳步推进党务公开工作提供了坚实的保障，党的建设和精神文明建设得到加强。全市水务系统广大干部职工精神风貌、争先意识、服务大局的意识都有较大的提高。

（周建国　刘根旺）

大武口区园林和农牧水务局

【概况】 大武口区水资源主要由降水、地下水、黄河水、山泉水等组成。农业年用水量为2900万立方米，工业用水量3143万立方米，生活用水量515万立方米，生态与绿化用水量1092万立方米。地下水年储存量为3900万立方米，年可开采量为2800万立方米。

大武口区园林和农牧水务局（以下简称“水务局”)2011年成立了大武口区水利工作站，负责大武口区农田水利、防汛抗旱、水利工程管理、农村水资源管理、农村饮水工程、水库移民、灌溉管理等多项职能。水务局机关有行政人员11人，水利站为全额拨款的事业单位，有编制人员13人。2011年，紧紧围绕中央1号文件和《自治区党委、人民政府关于加快水利改革发展的决定》文件精神，狠抓项目建设，多方筹措资金，共完成7项工程，在水利建设中取得了突破。

（于　静）

【工程建设与管理】 2011年共完成7项工程，总投资2300万元。(1)大武口区星海镇基本口粮田工程，改造中低产田133公顷，砌护渠道3条3.96千米，新建配套建筑物53座。(2)大武口区兴民村渠东支渠节水改造工程，改造中低产田133公顷，砌护渠道10条10千米，新建配套建筑物170座。(3)隆湖九分沟清淤工程，疏通沟道1.4千米，配套建筑物3座。(4)大武口区防汛岁修工程，清淤沟道2.2千米，砌护防洪墙100米，新建涵管1座。(5)石炭井沟清淤工程，清淤沟道2.15千米。(6)大武口区安置农场人饮工程，配置水净化设施1套，建设管理房72平方米，铺设主管网6.9千米，检查井40座，解决了536户1609人的饮水安全问题。(7)贺兰山东麓沟口高效节水工程，新增高效节水面积533公顷，铺设管道88.5千米，各类阀井207座。每项工程都严格按照《大武口区政府投资项目代建管理办法》组织实施，工程均实行招投标和“四制”管理。在工程建设过程中，严格按照工程建设标准进行施工，各类工程制度健全，管护到位，安全生产制度健全，责任措施落实，与施工方签订安全施工协议书，制定安全施工细则。树立安全第一思想，做到警钟长鸣，确保安全生产，没有发生安全生产事故。

（于　静）

石炭井沟清淤整治

【灌溉管理】 制定切实可行的抗旱预案，根据自治区水利厅分配的引水量，结合各乡镇实际种植面积，给各农民用水者协会合理分配用水计划，确保均衡均益。多方争取资金砌护支、斗、农渠，加强工程的维修管护，提高渠道输水能力，缩短灌水周期，提高水资源利用率。加强与水管单位的密切联系，积极协调各乡镇与水管单位的供用水关系，并要求各乡镇做好支斗渠水量调配计划工作，合理安排灌溉用水，确保灌溉有序进行。2011年大武口区种植面积2959公顷，自治区水利厅分配水量2791万立方米，实际用水量2898.21万立方米，亩均用水量653立方米。

（于　静）

【农田水利基本建设】 改造中低产田667公顷，新增高效节水灌溉面积533公顷。改善灌溉面积1440公顷。新增防渗渠道41条33千米，清挖支斗农沟

166 条 168.4 千米，清淤支斗农渠 315 条 123 千米，整修农路 50 条 33 千米，维修、新建各类配套建筑物 243 座。累计投入工日 1.6 万个，出动机械台班 0.021 万个，累计完成土石方 12 万立方米。（于 静）

【防汛防凌抗旱】 制定了岁修计划，检查了险工险段，修订了《大武口区防汛工作应急预案》《大武口区防汛工作安排》，编制了《山洪灾害预案》《险工险段预案》，与各责任单位签订防汛目标责任书。坚持按时值班，每天向各个涉农单位转告天气预报，从严落实值班制度，与各责任单位加强沟通、密切联系，保证人员坚守岗位。在自治区防汛办的大力支持下，积极实施了防汛岁修工程，对辖区内的石炭井沟、桃柴沟、潮湖村沟进行了清淤。共计投入资金 40.83 万元，清淤沟道 10 千米，确保了辖区群众生命财产安全。（于 静）

宣传《宁夏回族自治区抗旱防汛条例》

【农村饮水安全】 续建二站农村饮水安全工程，完成入户工程 1100 户，解决 4300 人的饮水安全问题。实施了安置农场饮水安全工程，配置水净化设施 1 套，建设管理房 72 平方米，铺设主管网 6.9 千米，检查井 40 座，解决了 536 户 1609 人的饮水安全问题。（于 静）

【农村水利改革】 实施水利工程管理体制改革，充分发挥水利工程效益，达到体系明确、组织健全、机制灵活、管理规范、运行高效、服务优质的目标。在重视水利工程建设的同时，加大投资力度，加强工程管理，从根本上解决"重建轻管"的思想。全面理顺了工程管理体系，使工程呈良性运行。为使群众淌好水，交好费，积极推行农民参与式管理。同时，加强农民自我建设、自我管理的意识。各农民用水协会制定了相应的管理制度，明确了管理责任、权利和义务，确保了工程效益的发挥。（于 静）

【水政与水资源管理】 为了合理利用水资源，采取以下措施加强对水资源的管理。(1)在渠系已形成网络的自流灌区和高扬程提灌区，大力推行渠道衬砌、田间工程配套、大块改小畦、合理计收水费等常规节水方法。(2)加大节水宣传力度，提高全社会节水意识。利用悬挂横幅，在广播、电视、报刊、滚动字幕等宣传媒体上进行节水宣传，利用"世界水日""中国水周"发放节水小册子，到村组给农户集中免费授课，增强广大人民群众的节水紧迫感和自觉节水意识。(3)加大供水管网改造力度。加强内部管理和对供水管网的维修养护，及时做好爆漏抢修工作；杜绝跑冒漏现象，减少水资源的浪费。(4)采用高效节水技术。城市和郊区以及公路两侧公共绿地，全部采用喷灌、管灌、滴管高效节水措施，使节水率达到60%以上，发展高效节水面积 1666 公顷。（于 静）

【节水型社会建设】 1. 调整种植结构，根据当地水资源状况引导农民改变传统的产业结构，不种或少种生长周期长、用水量大、产量低、经济效益不明显的农作物；鼓励发展新型的生产周期短、产量高、耐干旱、四季皆宜的农作物。2. 依托节水灌溉项目，实施了兴民村渠东支渠节水改造项目、贺兰山东麓高效节水项目，改善灌溉面积 133 公顷，新增高效节水灌溉面积 533 公顷。3. 大力宣传节水知识，通过采用上街做宣传，利用电视和街上的滚动屏幕做节水公益性广告，散发生活节水小知识等方式，让群众意识到节水的必要性和重要性，积极参与到节水型社会建设中。（于 静）

【水土保持】 协助石嘴山市水务局加大水土保持宣传力度，悬挂宣传横幅 3 条，发放水保宣传单 200 份。（于 静）

【水库移民】 复核了大武口区大中型水库移民后期扶持户数，共 4 户 6 人。其中 2 户 3 人为长胜村 4 组和骏马社区村民，1 户 1 人为隆湖开发区十分沟村十分沟组村民，1 户 2 人为隆湖开发区六站村西组村民。利用一卡通直补到户。（于 静）

【财务管理】 2011年,水务局财务管理工作按照大武口区国库集中支付管理办法要求，紧紧围绕当好家、理好财,努力提高工作效率和工作质量的目标开展工作。开展了水务局事业经费的预算、决算,建立健全了内控制度,做好记账、算账、报账等日常会计事务工作,及时为单位提供翔实的会计信息,促进了各项工作的顺利开展。一是建立机构。严格按《会计法》规定配备了持有会计从业资格证且相对稳定的财会人员2人,具体负责单位的财务工作。二是加强了财务基础工作。强化会计核算和监督,做到账目清楚,账证、账实、账表、账账相符,使财务基础工作规范化。三是完善了财经制度。建立健全财产物资管理、电话管理、车辆管理、接待管理、会计电算化管理、会计档案管理等制度,使全局职工行为有制度约束,规范了财务会计工作;使单位资产有方案管理,保护了国有资产;使会计档案有专兼职人员负责,严格做到了档案保密、防火、防潮、防蛀、防盗。四是开展了内控和审计工作。建立健全内控制度,定期不定期地开展内部审计工作,认真开展自查分析,对不完善的方面及时加以整改。 (蒙慧芳 于 静)

【党建与精神文明建设】 2011年紧扣大武口区委、区政府中心工作,以深入开展创先争优活动、迎接建党90周年为重点,推进制度创新和党建创新。以“建设一流机关、打造一流队伍、培育一流作风、创造一流业绩”为目标,积极探索适应时代要求的党建工作新机制。一是结合“机关党的建设年”以及“强素质、树形象、创品牌、促发展”等主题实践活动,切实解决党员干部职工在思想、党性、作风、能力等方面存在的突出问题，使党员干部职工的政治素质和业务素质进一步提高,宗旨意识和服务观念进一步增强,工作作风进一步改进。二是建立和完善党务公开制度,以党务公开促进政务公开，积极推进党内民主政治建设。健全完善学习培训、督察考核、责任追究等制度,以规范化管理,促进队伍战斗力和执行力建设。三是结合“改进思想作风、提高党性修养”学教活动,切实抓好干部队伍的作风建设。深入开展反腐倡廉教育,严格规范领导干部的从政行为,切实做好领导干部廉洁自律工作。按规定召开专题民主生活会,切实解决广大党员干部在党性、党风、党纪等方面存在的突出问题,不断提高党员干部拒腐防变的能力。四是充分利用信息简报、专栏、网络媒体等宣传思想工作阵地,快速反映党建信息,交流基层经验,把握正确导向。加强党务信息化建设,拓展党建工作沟通互动平台。进一步完善和落实各项规章制度,不断增强基层党组织的创造力、凝聚力和战斗力。 (于 静)

惠农区水务局

【概况】 惠农区水务局(以下简称“水务局”)是惠农区水行政主管部门，机关内设8个站室（综合办公室、河道管理所及防汛办、水利工程建设管理中心、农村供水及灌溉管理站、水利灌排与技术推广服务中心、国土办公室、水利工程队、水利预制厂）。现有在职干部职工44人,其中:党员21名。职称情况:高级职称2名(含行政人员1名),其中:男性2名;中级职称15名,其中:女性4名,男性11名;初级职称20名,其中:女性9名,男性11名;管理人员5名(含行政人员2名),其中:女性1名,男性4名。学历情况:本科学历(含本科学历)以上人员19名,其中:女性9名,男性10名;大专学历人员18名,其中:女性5名，男性13名；中专及中专以下学历5名,其中:男性5名。年龄情况:35岁以下(含35岁)人员有8名,其中:女性3名,男性5名;35岁至52岁人员有28名,其中:女性11名,男性17名;50岁以上(含50岁)有8名,其中:男性8名。

2011年，水务局完成水利投资2.6亿元,比2010年增加0.8亿元。水利工作再创新辉煌,再上新台阶,为惠农区委、区政府建设统筹城乡示范区、经济转型试验区、改善民生先行区提供了坚实的基础保障。 (郑桂琴)

【工程建设与管理】 1.适水产业。依托黄河金岸、尾闸调蓄补灌工程、惠泽湖等水域发展以螃蟹、鱼等养殖为主的高效水产业800公顷,做足做活水文章。

2.小农水重点县建设项目。改造中低产田1.07千公顷,完成砌护三级渠道9条,清挖三级沟道198

条,恢复生产道路 364 条,配套各类建筑物 410 座。

3. 惠农渠砌护工程。完成惠农渠黄渠桥至尾闸 14 千米渠道砌护,配套建筑物 19 座。该项目投资 1300 万元。

4. 中北部土地开发整理项目。全面完成 2010 年度项目建设任务,开工建设 2011 年度庙台乡、红果子镇土地开发整理项目,完成砌护三级渠道 568 条 315.8 千米,清淤三级沟道 453 条 238.7 千米,配套各类建筑物 3633 座,整修田间道路 1102 条 525.3 千米,新增灌溉面积 613.33 公顷。

5. 中粮节水灌溉工程。项目区位于惠农渠末梢惠农区尾闸镇的和平村和下庄子村,灌溉渠系属惠农渠新开渠;建设面积 400hm^2。工程在调蓄水库边建设集中加压泵站 1 座,5 个滴灌系统。架设高低压线路 0.5 千米,安装 30 千伏安变压器 4 台,630 千伏安变压器 1 台。建设 760 立方米钢筋砼进水池 1 座。配套泵房面积 194.7 立方米,安装卧式离心泵 3 台,每台 132 千瓦,流量 720 立方米 / 小时,扬程 50 米,总装机 390 千瓦。田间设 4 座过滤站,每座面积 30.36 平方米,安装 LZ-250(150)自动反冲洗过滤器和 SPG-200 施肥罐;安装 0.6MPa φ500-160PVC 用地埋管道,长 47.57 千米。铺设地面移动支管为 0.25MPa φ90PE 管道,长 27.99 千米;毛管 φ16PE 滴灌带,长 2585 千米。田间配套闸阀井 87 座,排水井 86 座。

6. 官泗渠补水渠砌护工程。砌护渠道 2 千米,全面改造了泵房和电力设施,新建管理房 1 座。

7. 路家营节水灌溉工程。项目区位于燕子墩乡路家营子村和燕子墩村。项目区东起平惠交界,西至第三排水沟,南起平惠分界沟,北至上新渠。工程建设主要内容:砌护支渠 3 条 4.38 千米,砌护斗渠 10 条 11.79 千米。开挖整治支沟 2 条 4.65 千米,清挖斗沟 9 条 8.67 千米,新开斗沟 1 条 1.26 千米,开挖清挖农沟 113 条 45 千米。配套改造渠道建筑物297 座;配套改造沟道建筑物 156 座;平田整地 526.67 千公顷。改造电排站 1 座,维修机井 34 眼,恢复变压器 3 台,补配变压器 2 台,维修水泵 34 套,维修泵房 100 平方米。工程于 2012 年 6 月底建成,7 月份通过自治区水利厅、财政厅验收专家组的验收考核。

8. 高庙湖、雁窝池拦洪库除险加固工程。新建高庙湖拦洪库泄洪闸 1 座、非常溢洪道 1 座、交通桥1 座,加固堤坝 8.54 千米;新建雁窝池拦洪库泄洪闸1 座、非常溢洪道 1 座,加固堤坝 12.48 千米,顺利完成年度建设任务。（郑桂琴）

【灌溉管理】 及时分层次召开灌溉工作会议,进行专题安排部署,统揽全局,不断深入一线加强灌溉工作协调,做到了科学调度、合理配水。全面加强农民用水者协会规范管理,及时足额上缴全年水费,确保了全年灌溉工作进展顺利,全年灌溉工作圆满完成。为了确保抗旱排涝,组织对灌排泵站和灌排抗旱排涝设施进行了维修,先后维修东永固、李岗、宝马、五渠和下营子井渠结合灌区机井 87 眼、水泵及配套设施,恢复启用五渠抗旱机井 13 眼,安装变台 4 台套;维修应急备用抗旱排涝设施 12 台,在灌溉排涝难点地区及时组织架设临时抗旱水泵 13 台套;完成了惠泽湖输水渠道 3 处 3000 米的砌护工作。（郑桂琴）

【农田水利基本建设】 按照自治区、石嘴山市的总体部署,团结带领党员干部群众发扬“敢打硬仗、善打硬仗、打赢硬仗”的惠农精神,全方位整合项目资金,紧紧围绕“一线、二区、四特色”的农田水利基本建设工作架构,攻坚克难、创新突破,扎实开展农田水利基本建设大会战。全年累计砌护三级渠道 804 条 501.4 千米,完成计划任务的 128.9 %;清挖三级沟道 801 条 449.1 千米,完成计划任务的 107.7%,其中:新开挖沟道 35 条 17.5 千米;干砌石沟道治理 4 条 4.5 千米;整修田间生产道路 1621 条 921.5 千米,完成计划任务的 109.2 %;配套各类建筑物 4350 座,建设标准畦田 2.73 千公顷,完成了计划任务的 117%。累计完成土石方 421.6 万立方米,投入机械 2.1 万台,投入工日 67.6 万个。（郑桂琴）

【防汛抗旱】 全面加强防汛工作,充分发挥成员单位职责,及时组织动员有关单位通力协作,密切配合。加强防汛值班检查、暗访,对各责任单位防汛物资储备进行了检查登记,并对郑家沟、雁窝池等行洪沟道进行了清淤和防洪堤坝维修加固,实施了惠农北农场三排口应急抢险工程;完成堤防抢险道路 8

条152米。圆满地完成防凌工作的各项任务,确保了年度凌汛安全。（郑桂琴）

【农村饮水安全】 加强对农村供水管理单位的监督管理，对群众反映的供水问题及时督促管理单位解决。针对部分边远地带供水不足问题,对输水管道进行了整修,每季定期收集报送水质检测报告,确保了群众的生活用水安全可靠。成功立项汪家庄红果子水源净化工程。（郑桂琴）

【全国水利普查】 按要求完成经济社会用水、灌区、河湖开发保护、水利工程、地下取水井、行业能力建设、水土保持7个专项清查登记工作。普查阶段工作进展顺利,台账数据收集到位,数据录入同步进行,空间数据标绘基本完成。（郑桂琴）

【水政与水资源管理】 加强水行政管理，充分发挥水政监督检查的作用,加大检查和处罚力度,对淹滩漫路、纵水入沟及毁坏水利设施事件及时查处,保证了水利设施正常运行,确保灌溉工作有序进行。全年共计发生水事违法案件9起，采用简易程序查处6起,一般程序查处3起。（郑桂琴）

【节水型社会建设】 惠农区地处惠农渠、唐徕渠等五大干支渠末梢，灌溉难是制约惠农区经济社会更快更好发展的最大瓶颈。为有效解决这一突出问题,惠农区先后实施了回归水综合利用、井渠结合、渠道砌护、调蓄补灌和高效节水灌溉、中水综合利用等节水措施。已建成回归水综合利用补水泵站5个,年补水5000万立方米;抗旱机井利用率达90%以上,年取水380万立方米；渠道砌护率达75%，年节水2600万立方米；调蓄补灌工程年蓄水550万立方米;全区发展高效节水灌溉8.27千公顷(农业1千公顷);年实现污水处理720万立方米。2011年,面对60年一遇的特大干旱,惠农区实现农业节水800余万立方米。（郑桂琴）

【水库移民】 按照库区移民后期扶持的有关政策，对核实确定符合条件的2户7人，充分尊重大中型水库农村移民的意愿,通过“一卡通”的形式直接将资金拨付到农村移民手中。（郑桂琴）

【党建与精神文明建设】 一是落实了工作领导责任制。基层组织健全,“三会一课”制度执行较好。认真组织开展“创先争优”和“干事档案”等实践活动。共评出优秀党员和优秀干事、干部10名,表彰了4名。二是大力推进党务公开工作。全面推行党风廉政建设责任制,不断加强廉政风险防范工作。三是成立群众工作站。全年接待来访群众共计23件次,办理23件次,答复23件次。办理人大代表意见建议7件,办结率100%。四是群团组织积极发挥作用。走访慰问困难职工和老党员37名，帮扶慰问金11100多元。帮扶结对困难党员群众10人，落实帮扶资金2000元。（郑桂琴）

平罗县水务局

【概况】 平罗县水务局(以下简称“水务局”)下设平罗县防汛抗旱指挥部办公室、水利灌溉管理中心、水土保持工作站、水政监察大队、农村人饮安全供水工作站5个事业单位、11个乡镇水利工作站和平罗水利工程建筑公司、陶乐吉兴水利水电工程有限公司2个局属国有企业。水务局党委下设6个党支部,党员120名。全局现有工作人员339人,其中在编人员150人,大专以上学历125人,高级工程师3人,中级工程师41人,初级专业技术人员35人。2011年,水务局以科学发展观为指导，认真贯彻落实中央1号文件精神和上级关于水利工作的各项部署，坚持“防洪、供水、生态”安全和城乡统筹发展的理念,进一步强化水利防灾减灾基础功能，提升水资源保障能力,推进重点水利工程建设,切实解决民生水利问题,各项水利工作顺利推进,在农田水利、人饮安全、防汛抗旱、招商引资等方面取得卓越成效,为促进全县经济社会发展奠定了坚实基础。（罗　祥）

【工程建设与管理】 2011年共编制申报水利建设项目25个,项目计划总投资2.95亿元,较2010年增长17%;实际争取落实到位项目17个(含农发、国土),批复各类水利资金24183万元,较2010年增长31.5%。2011年平罗县共开工实施重点水利工程项目15项,即陶乐中型灌区节水改造(一期)工程、黄河平罗段险工险段治理工程、北部农村饮水安全工程、2010年生态移民区供水工程、镇朔湖清淤工程、水库移民后期扶持项目工程、支干沟清淤工程、三棵柳小流域水土保持示范项目、2008~2009年移民结余资金项目、中小河流大水沟治理工程、2011年小农水重点县高仁节水改造工程、高效节水灌溉工程、2011年五堆子生态移民安置区人饮工程、2011年石嘴山市农田水利工程。

为了保证重点水利项目工程落到实处，水务局认真落实“专事、专人、专职、专责”工作法和项目分工负责制，采取对重点水利建设项目实行领导包项目、包资金的目标管理，对重点项目建设情况从项目规划、论证、审批、建设等各个环节实施督察，对项目实施进行全程综合监管，确保项目进度、质量、投资、效益等方面达到要求，如期完成全县重点水利工程建设任务。建立健全工程质量监督体系和质量保证体系，认真落实重点项目法人制、项目招投标制、建设监理制、合同管理制、竣工验收制、跟踪审计制、廉政和安全责任制等各项制度，做到科学施工，严格管理，加强督察，加快进度，确保质量，努力把水利重点工程建设成为“精品工程”和“安全工程”。（罗　祥）

新建黄土梁扬水泵站

【灌溉管理】 平罗县现有耕地面积5.5万公顷，灌溉面积为6.17万公顷，其中自流灌溉面积5.13万公顷，扬水灌溉面积1.02万公顷，纯井灌溉面积233公顷。2011年小麦种植面积为1.373万公顷，水稻面积为1.02万公顷，玉米面积2.61万公顷，其他作物面积1.17万公顷。2011年，在唐、惠两大干渠管理处的大力支持下，面对黄河水资源日趋紧缺的现实，平罗县采取了以调整农作物种植结构为重点和突破口，以蓄水抗旱、机井补灌为补充，大力推广先进实用的节水灌溉技术。着力推广小畦灌溉、水稻控灌、渠道砌护、井渠混灌等节水技术，在种植业方面搞特色种植和设施农业，加大滴灌、喷灌技术和推广力度，做到农艺技术与节水技术同步规划，同步实施，加大节水力度，提高用水效率和效益。2011年平罗县引黄灌区全年计划引水量4.73亿立方米，实际引水量5.33亿立方米，比分配水量超引0.6亿立方米，确保了农业灌溉用水的同时，保证了湖泊湿地、特色种植、生态绿化用水。（罗　祥）

昌润渠砌护工程

【农田水利基本建设】 按照“大挖沟、多砌渠、平整田、植林网、整修路”的总体要求，立足发展节水农业，建设“旱能灌、涝能排、渠相连、路相通、田成方、林成网”的农田新面貌，以高标准农田建设、灌区渠系配套与沟道清淤、节水改造和造林绿化为重点，以项目建设为抓手，通过工程带动、效益驱动、以点带面，强力推进集农、林、水一体化的大规模农田水利基本建设。全年完成砌护渠道2439条1361千米，新开沟道677条393千米，清淤扩整沟道8487条5195千米，整修农路15028条8071千米；建设沟渠系及田间配套建筑物43600座，新打灌溉机井8眼，新建灌排泵站8座；建设农田林网5133公顷，秋季机深翻4万公顷，建设畦田1.13万公顷，激光仪平整土地0.4万公顷；完成改造中低产田1.4万公顷，新增灌溉面积1333公顷，改善灌溉面积2.59万公顷，新增节水灌溉面积1.49万公顷，发展设施农业高效节水灌溉面积2133公顷。（罗　祥）

【防汛防凌抗旱】 按照洪水“进得来、蓄得下、用得着、排得出”的治理原则，在自治区、石嘴山市项目的大力带动下，加快推进“两山一河”防洪保障能力建设。一是加大贺兰山东麓防洪减灾体系建设，投资7683万元，实施了汝箕沟和大水沟中小河流综合整治工程，累计完成整治行洪沟道12.08千米，砌护行洪沟道8.6千米，清淤扩整三二支沟11.45千米、金色河5.7千米、河西总排干沟10.36千米，防洪标准提高到20年一遇。二是强化黄河过境段险工险段的治理，投入资金1300万元，实施了黄河平罗段四排口治理，完成新建护岸人字垛6座，加固维修丁坝3座，治理河道680米，对六倾地、青沙窝、施家台子、东来点等河段进行塌岸治理，有效控导了黄河主流，保护了标准化堤防和水利设施。三是完成了红崖子山病险水库除险加固工程前期各项准备工作，为确保红崖子乡和宁夏精细化工基地防洪安全打下坚实的基础。（罗　祥）

大水沟山洪沟整治工程

【农村饮水安全】 坚持把农村人饮安全工程和生态移民工程建设作为最大的民生实事来抓，让广大人民群众共享水利泽农惠民成果。一是投资3775万元，完成了平罗北部农村饮水安全工程，解决了头闸镇、灵沙乡、宝丰镇、高庄乡、黄渠桥镇5个乡镇43个行政村7.57万群众饮水安全问题。二是实施农村人饮整合改造提升工程，对城关沿河、渠口分水闸、崇岗跃进兰丰等四处人饮工程进行整合改造，提高水质和供水保障率，使7420人结束了饮用不达标水的历史。三是投资452万元，实施了红崖子乡五堆子生态移民安置区供水工程，为安置区1814户移民通上了自来水，确保8500名生态移民喝上安全洁净的自来水。截至2011年年底，全县实现13个乡镇142个行政村自来水受益区全覆盖的目标，使广大农民群众告别了喝苦咸水、不安全水的日子。（罗　祥）

【农村水利改革】 全县共组建农民用水者协会133个，涉及10个乡镇127个行政村，管理全县直开口支斗渠394条，参与协会管理的人员共579人。农民用水者协会经过六年多的运行管理，扭转了以往管理粗放的用水管理体制，有效地加强了全县灌溉用水管理，规范了水费收缴程序，灌溉秩序明显好转，增强了群众节水意识，也减少了浪费水的现象，农村水费改革工作取得了显著成效。（罗　祥）

生态移民区林网建设

【水政与水资源管理】 开展水资源开发利用普查，制定水资源专项整治实施方案，实施水资源论证制度，严格取水许可审批；坚持服务为先、收管并重，超额完成了水资源费和水利工程水费征收任务；集中开展“水行政综合执法”活动，加强对贺兰山行洪沟道、滞洪区及水源地保护区的管理和巡护力度，重点对崇岗工业园区内、汝箕沟行洪沟道沿线企业和加水点进行综合整治，对采砂采石场违反《水土保持法》《河道采砂管理条例》等行为进行专项治理，依法查处影响防洪安全违章行为13起，全年收缴采砂及水土保持设施补偿费1.5万元，征收水资源费230万元，促进了水资源的保护利用。（罗　祥）

【节水型社会建设】 抓好节水型社会建设试点工作，全面开展计划用水、节约用水工作。全县工业用水重复利用率由2010年的60%提高到2011年的63%，亩均灌溉用水量由2010年的930立方米下降到2011年的870立方米，灌溉水利用系数由2010

年的 0.42 提高到 2011 年的 0.44，城镇供水管网漏失率由 2010 年的 23%下降到 2011 年的 20%。

（罗 祥）

【水土保持】 投资 621 万元，组织实施了平罗县三棵柳小流域水土保持示范项目，治理水土流失面积 2.45 平方千米，改善了红崖子生态移民区的生态环境。（罗 祥）

【水库移民】 移民后期扶持项目工程总投资 153.3 万元,实施了 2011 年水库移民后期扶持项目工程和 2008~2009 年移民结余资金项目工程，完成砌护支斗渠 6 条 7.08 千米,配套建筑物 76 座,铺设石子路面 870 米,治理沟道 97 米。（罗 祥）

【党建与精神文明建设】 以创先争优活动和创建“五个好”基层党组织为抓手,加强基层党组织建设,完善党建制度,建设党员阵地 50 平方米,注重结合工作实际,创新活动载体,把狠抓工作落实与开展活动有效结合起来。在活动中,按照人人争优、事事争优、处处争优的工作要求,结合水利建设、农田灌溉及农村供水管理,狠抓工程质量,建设精品工程和优质工程，突出解决灌排难点和保障群众喝上安全水和放心水。通过创新活动方式,突出抓好典型引带的示范作用，使全局创先争优活动的开展不断推向深入。积极开展精神文明创建活动。投资 60 万元对机关办公设施进行改造,美化、亮化了院落,创办了职工书屋和职工食堂,营造优美舒适的机关办公环境;通过举办广场文艺汇演,宣传中央 1 号文件，赞美了水利发展成就;积极参加和开展市、县组织的各类精神文明活动和创建工作，水务局机关创建自治区级文明单位通过区文明办验收。（罗 祥）

吴忠市水务局

【概况】 2011 年,吴忠市水务局(以下简称“水务局”) 全局有干部职工 156 人(包括市属水利企业),初级以上职称 58 人,其中高级职称 12 人,中级职称 22 人,初级职称 24 人。人员编制结构为行政编制 16 人,事业编制 78 人。机关设办公室、水利管理科、建设教育科、水政科 4 个行政科室,下属防汛抗旱指挥部办公室、水土保持工作站、水利工程质量监督站、水政监察支队、黄河管理所、苦水河管理所 6 个事业单位。水务局承担吴忠市农田水利基本建设、防汛防凌抗旱、农村饮水安全、水政与水资源管理、节水型社会建设、水土保持、水库移民等多项职能。2011 年,水务局获全区水利系统职工文艺汇演三等奖、全区农田水利基本建设“黄河杯”组织奖、全区扶贫开发定点帮扶先进单位、全区水利安全生产工作先进单位、2008~2010 年度全区水利财务工作先进集体、吴忠市庆祝中国共产党成立 90 周年歌咏比赛二等奖、全市年度效能目标管理考核二等奖、全市共青团工作优秀单位。（刘正红）

向吴忠市慈善基金会捐款 3.5 万元

【工程建设与管理】 2011 年,全市共争取水利项目 84 项,开工建设 74 项,争取批复资金 17.36 亿元。全年完工 39 项,完成投资 14.17 亿。其中,水务局争取项目 5 项,争取资金 1.5 亿元,建设并完工 2 项,完成投资 2.498 亿元。

1. 农村水利。一是灌区节水改造项目取得重大进展。全市共争取投入以渠道砌护为主的灌区节水改造项目资金 3.2 亿元,实施项目 24 项,共砌护渠道 6026 千米,建设配套建筑物 2.6 万座。其中,投入 5163 万元实施了 2011 年利通区波浪渠、金积、马莲渠、红寺堡区南川乡西川、青铜峡市瞿靖镇蒋新渠末级渠道节水改造等 5 个小农水重点县建设项目,改善灌溉面积 3 万公顷;投入 2.06 亿元实施了利通区孙家滩三泵站、红寺堡南川乡红阳、石炭沟、谭庄子、青铜峡市大坝、盐池县王乐井、同心县河西等土地整理项目10项，高标准整治农田4333.3公顷。投入7800万元，实施了利通区古城高标准农田示范工程、同心县丁塘中低产田改造工程等6项农发项目，整治面积2.33千公顷。二是高效节水补灌项目初具规模。开工建设了利通区孙家滩、红寺堡区新庄集低口5支、南川乡西川、海子塘、盐池县王乐井、胡记圈、长城生态园、同心县兴隆王大套、下马关高效节水补灌项目10处，建设面积达到1.07万公顷，其中盐池县王乐井、同心县兴隆王大套项目已建成发挥效益。三是扬水泵站更新改造项目为现代农业发展奠定基础。开工建设扁担沟二泵站更新改造项目，完成主副厂房封顶，下一年春灌前通水运行，为扬水灌区4000多公顷农田农业生产提供水源保障。

2. 民生水利。一是农村饮水安全工程加快建设。开工建设了利通区扁担沟五里坡生态移民安置区等9处农村饮水安全工程，其中盐池县盐环定扬黄续建配套人饮工程(第二批自来水入户)已经通水。累计解决12.3万农村人口的饮水安全问题。二是中小河流整治力度明显加大。开工建设了利通区清水沟、红寺堡区红柳沟、青铜峡市滑石沟、盐池县红山沟、同心县洪泉沟县城段等5条中小河流治理项目，治理河道48.9千米，已完成治理34.9千米。三是病险水库除险加固提前完成。列入自治区规划内的同心县解放新庄、梁家川2座病险水库除险加固工程全面完成，8座小型病险水库已列入国家专项改造规划。

3. 城市水利。一是实施了黄河吴忠城市过境段砌护整治工程。工程于2010年开工2011年10月完工，累计砌护河岸10.92千米，疏浚河心滩6个，挖运土方290万立方米，铺装道路4.5万平方米，安装栏杆10.8千米，完成项目水利部分投资1.93亿元。二是完成黄河柳溪湖扩湖整治工程。投资5680万元，向南扩整柳溪湖水面26.67公顷，柳溪湖湖面达66.67公顷，与新建黄河大桥上游湖面贯通，并建成了亲水路面、中央亲水平台。完成柳溪湖责任区绿化面积2.77公顷，栽植乔灌木79.6万株。三是实施了城市东南片区防洪排涝工程。已开挖贯通河道5.8千米，建成3座溢流堰、亲水平台、栏杆及砼压花，城市东南区水系建设初具规模。累计向清宁河等湖泊湿地补水860万立方米，确保了水系景观常驻。

黄河吴忠(青铜峡)市区过境段综合整治工程

4. 生态水利。全年完成水土流失治理面积408.9平方千米。一是生态供水工程加快实施。实施了利通区牛头山东麓生态供水工程，建成30万方蓄水池1座。完成了孙家滩地区200万立方米蓄水池的规划任务，建成了总蓄水量为100万立方米的蓄水池11座。投资486万元，建设了太阳山红寺堡工业园区绿化供水工程和红寺堡城南万亩生态林节水灌溉示范工程。投资248万元，建成了同心县韦州镇庆化移民村、韦二煤矿矿区绿化及马庄子枣树供水工程。投资151.4万元，建成了惠平公路韦州段马庄子段两侧生态林、经济林供水工程。二是小流域综合治理力度加大。投资2568.2万元，实施了盐池县柳杨堡、郭记沟、花马池镇南洼、杨儿庄、李记沟小流域综合治理项目。投资1090.9万元，建成了同心县清水河吊堡子村防洪应急加固工程、麻地沟小流域综合治理项目工程及2010~2011年退耕还林基本口粮田工程，新修梯田1000公顷。（刘正红）

【灌溉管理】 面对黄河引水指标紧张趋势，吴忠市、县两级水务部门强化用水管理，按照“以供定需，以水定植，指标供水”的原则，编制用水计划，核定用水指标，层层签订了供水协议，将灌溉水指标分配到乡镇、村及各支斗渠和农民用水者协会。一是继续抓好灌区节水改造，扩大中低产田改造面积，实行水、田、林、路、村综合治理，建设稳产高产田，以川济山、以水济旱。二是引导农民调整灌区作物种植结构，最大限度科学合理调配和利用水资源，确保灌区每一方水充分发挥效用。三是加强骨干工程安全运行管理，确保了扬水泵站、支干渠等骨干工程运行无事故，灌溉保证率和水费收缴率均好于往年。四是及时解决灌溉中的棘手问题，采取灌溉高峰期争取抗旱资金改造抗旱保灌设施，采取适度提前放水、加大水情通报等措施，确保了灌区上下游均衡用水，预防和遏制了水事纠纷。五是不断推广节水灌溉新技术。在山区大面积推广高效节水灌溉新技术和设备的同时，加快了川区喷灌、微滴灌等技术的应用，用管灌代替传统沟渠，实现了节水技术的提升。全年完成灌溉面积13.4 万公顷，计划灌溉用水 13.469 亿立方米，实际完成灌溉水量 13.1568 亿立方米，比计划指标节水3122 万立方米，节水率为 4.21%，保证了灌区农业生产秩序的正常进行。 (刘正红)

【农田水利基本建设】 主要呈现五大特点：一是大。表现为“八大”，覆盖面大、规模大、规划的手笔大、宣传的声势大、挖沟平田整地的力度大、高标准整治的面积大、村庄整治的力度大和督察的力度大。二是多。表现为“三多”，农田基本建设的内容多：挖沟砌渠，平田整地，水土保持，高效节水补灌，设施农业，防沙治沙，防洪防旱，覆膜保墒，畦田建设，沟渠清淤，生产路整修，生态移民建设，村庄环境整治，植树造林，人畜安全饮水全面推进。项目来路多：积极捆绑集中使用小农水、国土、农发、扶贫、基本口粮田、山区坡改梯、节水改造、人畜饮水、淤地坝、水库水池建设等项目。各县财政投入多：全市总计投入 13.27 亿元，其中利通区 1.99 亿元，本级 2500 万元，红寺堡区 2.98 亿元，本级 1200 万元，青铜峡市 1.77 亿元，本级 6600 万元，盐池县 3.24 亿元，本级 4892 万元，同心 3.27 亿元，本级 2000 万元。三是新。表现为“八新”。思路新：进一步实施灌区灌排改造、干旱山区生态节水工程，留住天上水，用好黄河水，严管地下水。调动农民投工投劳的办法新：红寺堡出台了《义务工管理办法》，对农民出工登记造册，和低保粮食直补，退耕还林补助，到村上办事以及农田灌溉用水相挂钩，先出工换工票，再用工票换买水票，两票合一票，实行了投工投劳一卡通，只要没有投工投劳记录的，不卖给水票，不办理任何手续；盐池县创新了小水票撬动大农建，调动农民投工投劳的办法，实行先完成收割任务的先购买水票，带头种植节水经济作物的先购水票，积极参加农建投工投劳的先购水票，不按时或任务没完成的，供水量减少 30%，既不参加农建劳动，也不交投工投劳统筹费的不卖给水票；同心县出台了农田水利基本建设筹资酬劳实施意见，也和扶持政策挂钩，对投工投劳制定了价格细则，投工投劳发工票，拿工票领取扶持资金和购买水票。大干农建的技术新：格栅笼石护脚，干砌石护坡，草木桩护脚，草土体护坡等多种形式综合治沟；沟渠砌护建筑物采用装配式分水闸，玻璃钢管渡槽；利通区因地制宜采用暗管排水；激光平地积极推广；大面积采用滴灌、喷灌、穴灌、膜下滴灌；大拱棚全部采用流线防风型全钢架结构；利通区在出水口安装了自动化量水器；红寺堡采取草方格护渠 固沙的办法。措施新：利通区采取跨乡沟渠由一家统一实施，各家摊钱的办法治理沟渠；印发了技术质量标准和目标任务手册；青铜峡对档向不顺、土地不平、渠路混乱的农田，采取先收回农民土地，合理规划，调顺路、渠档向，先由村集体给统一种冬麦，之后再把调整后的土地按比例分给农民；利通区实行了超计划用水加价制，达到节约用水的目的。现场观摩会的方法新：不仅在本市、县召开还到外市、县召开。植树造林的模式新：普遍采取大网格林带模式栽植林木。质量监督的招数新：市、县都组建了技术指导组和质量监督组，还聘请了农民质量监督员，组建了榔头队，加大了质量监督力度，提高农建质量。四是硬。表现为“五硬”，落实责任的手段硬：层层签订目标责任书，一直到农户，立军令状。干部包乡村的任务硬：对

开展农田水利基本建设

完不成任务的包片干部在常委会上做检查或调岗。推进农建工作的措施硬：各市县都制定了推进农建工作的强硬措施，采取了六定、五个不让步、六个不罢休、四包四统一等措施推进工作。行政手段硬：在农建工作中扯皮、拖沓、工作力度不大的立即停职检查或撤换；干不出好成果的，分管领导调岗；对倒排名次的相关局长和乡镇长撤换。督察考核的结果硬：在督察中，对推进不快、效果不好的给予通报；在考核中，实行排名，一直排到乡镇，奖罚分明。五是好。表现为"十好"，谋划得好、机制好、组织得好、领导督导得好、群众发动得好、发动群众干农建的措施办法好、新技术应用的好、综合整治的效果好、经济效益和社会效益好、干部群众都说好。

全年共计清淤各级沟道4887千米，清淤各级渠道1.43万千米，整修农路7184千米，砌护渠道5490千米，配套建筑物2.19万座，建成塘坝、淤地坝7座，建设人饮集中供水工程10处。全年共新增节水灌溉面积2066.7公顷，完成高效节水补灌面积1.2万公顷，改善灌溉面积3.07万公顷，完成水稻控灌面积1.17万公顷，改造中低产田3933.3公顷，完成畦田建设5.67万公顷，解决了11.36万人的安全饮水问题。共完成秋覆膜7333.3公顷，冬麦种植1.7万公顷，植树造林4513.3公顷，造林整地7800公顷，整治村庄354个。在自治区农田水利基本建设"黄河杯"竞赛中，吴忠市5次夺得"黄河杯"桂冠，4次获得组织奖，连续4年获奖。 (刘正红)

【防汛防凌抗旱】 面对气候反常、降水偏多的实际，进一步加大了防汛抗灾工作力度。在自治区考核中，吴忠市防汛抗旱工作名列前茅。一是落实责任。汛前，及时调整充实了全市防汛抗旱组织机构，严格实行行政首长负责制和分区域、工程、堤段的领导包干责任制，在《吴忠日报》公布了重点河道、重要水库等关键防汛区域行政首长名单，落实责任。二是强化了检查。组织对各县(市、区)组织机构、行政首长责任制、抢险预案、抢险队伍、抢险物资"五个落实"和工程检查、防汛宣传"两个到位"等汛前准备工作进行了全面检查。三是加强了物资储备。全市共储备三袋12.75万条、铅丝42.95吨、木桩52立方米、救生衣75件、救生圈53个以及船艘、照明设备、电缆、电线等物资，确保防汛抢险需要。四是加强了抗旱工作。全市共投入各类抗旱资金740万元，投入抗旱人数0.76万人，新打机井30眼，出动拉水车辆1400余车次，累计拉运水3062方，临时解决1.2万人饮水困难。

2011年汛期，吴忠市气候异常，极端天气过程频繁，虽然短时出现降雨过程，但持续时间短，高温干旱成为全年的气候主流。汛情旱情灾情主要呈现五个特点：一是气温偏高，受旱区域广。前三季度，吴忠市大部分地区出现了范围最大的持续性高温天气，最高气温接近25℃，与历年同期相比，气温偏高，春季全市平均降水量仅为10毫米，创1961年以来同期降水最低纪录，各县(市、区)均发生中度及以上的干旱。二是旱情尖锐，持续时间长。除5月和8月下旬几次降水外，其他季节因干旱极大地影响了山区农业生产和水生态环境改善，致使大部分地区呈重旱，特别是同心县大多数乡镇达到特旱，全市60余座水库塘坝和大部分水窖干枯。仅7月份，高温干旱就造成全市6.4万公顷农作物受旱，9.5万人、64万多头家畜饮水困难。三是降水集中，缓解旱灾急。5月和8月份是山区农作物生长的需水临界期，出现的几次降水过程，对全年农作物丰收起了决定性作用，且连续几年没有存水的窖库塘坝几乎都蓄了水，极大地缓解了人畜饮水困难。四是雨情不稳，雨旱转换快。8月中旬，山区大部分地区还处在重旱，但8月下旬的雨情就使干旱全面改观，雨情具有极高的不确定性和突发性。五是高温遇冷，冰雹强度大。8月22日，积聚了长期的高温天气，遇到冷气流，形成了大风冰雹天气，吴忠市盐池惠安堡、麻黄山、同心马高庄和青铜峡邵刚、叶升等9个乡镇遭受暴雨冰雹灾害。冰雹最长时间70分钟，最大直径4公分，堆积最厚8公分，造成直接经济损失2900多万元。针对旱情，各级水务部门积极践行"由控制洪水向洪水管理转变，由单一抗旱向全面抗旱转变"的两个转变思路，坚持以人为本、科学防控，认真研究对策，动员各方面力量开展生产自救，最大限度缓解了灾害带来的影响，降低了人民群众生命财产损

失。（刘正红）

【农村饮水安全】 一是农村安全饮水工程建设成效显著。全市累计建成饮水工程107处(经管网连接合并后为84处)，解决了89.9万人的饮水安全问题，占全市农村人口的85%。尤其是盐环定扬黄续建人饮集中供水工程、同心东部引水扩建工程，一次性解决盐池县城及大水坑等7个乡镇和同心东部6个乡镇共26.35万人的生产生活用水问题。随着农村安全饮水工程的加快建设，到2013年将全面解决吴忠市国家规划内农村人口安全饮水问题。二是人饮工程建管逐步规范。各县(市、区)农村安全饮水工程建设管理模式各具特色。利通区实行水利部门统一管理和私人承包经营相结合的模式，正在逐渐化零为整，由水务部门统一管理经营；红寺堡区各项工程建成后统一移交供水公司实行企业化管理；青铜峡市人饮工程自建成以来就由市水务局统一管理，每项人饮工程设立专门的管理站进行经营管理；盐池县供水工程建设管理呈现城乡供水一体化管理、村集体管理和乡镇管理三种模式，水价由物价部门统一审定，采取按方收费，做到了以水养水、自负盈亏。同时，各县(市、区)都制定了农村安全饮水工程保障应急预案，形成了有效的预警和应急救援机制。

（刘正红）

【农村水利改革】 结合中央、自治区两个《决定》的贯彻实施，吴忠市政府出台了《关于进一步加强水土保持工作的通知》。组织起草、反复讨论修改，并经市委、市政府研究出台了《吴忠市城市蓝线管理办法》《吴忠市节约用水管理办法》《吴忠市水资源管理办法》《吴忠市关于加快水利改革发展的决定》《吴忠市关于加快水利改革发展的决定分工方案》等法规和文件，编制上报了《吴忠市水利发展“十二五”规划》，为全市水利事业可持续发展奠定了基础。同时，积极深化了农村水费改革、水型水利工程产权制度改革、水管体制改革等各项改革工作，并取得了积极成效。（刘正红）

【水政与水资源管理】 以落实最严格的水资源管理制度为工作中心，切实抓好总量控制，严格管理水资源。加大依法治水力度，加强行政执法监督，全市共查出涉水案件22起，共停业整顿污染企业17家，水资源管理工作得到了进一步规范。水务局依法吊销取水许可证30户，封闭取水井47眼，加快关闭金积工业园区自备水源井。利用黄河城市过境段治理，组织疏浚河心滩，既规范了河道采砂管理，又节省了政府开支；完成了21个水土保持开发建设项目的年检，办理水保方案2份，对24个大中型开发建设项目进行了监督检查。以“世界水日”“中国水周”为契机，结合中央1号文件精神的学习宣传，组织开展了文艺演出、水法咨询、展板宣传、发放资料等多种形式的大型宣传活动，扩大了水利社会影响。组织对全市水利工程质量进行了11次监督检查，印发通报5期，签订质量监督协议58项，完成竣工质量监督报告15项，进一步规范了水利工程质量监督管理。加大建设项目安全生产管理和检查，联合教育局开展“珍惜生命、防止溺水”主题活动。加强郝家台水库及清宁河等河道湖泊湿地的日常巡查。水务局被评为全区水利安全生产工作先进单位。（刘正红）

【节水型社会建设】 加强组织领导，落实节水型社会建设责任。市、县两级政府均成立了节水型社会建设领导小组，明确职责，层层抓落实。基本形成了政府推动、水利部门主抓、相关部门协作、全社会支持、用水户参与的节水型社会工作机制，为节水型社会建设提供了组织保障。全市共建立农民用水者协会324家，管理支斗渠道4586条，控制灌溉面积10万多公顷。一是加强组织领导。吴忠市政府成立了以分管领导为组长的组织机构，签订了目标管理责任书，制订了实施方案，明确了成员单位责任分工，从机制上保证了工作的有力推进。二是加强对地下水资源的管理。吴忠市政府印发通知对金积工业园区供水工程管网覆盖范围内的自备水源井进行了封闭，核减年度取水总量801.3万立方米，规范了供水秩序。三是不断创新农业节水措施。大力推广小畦灌溉，示范推广喷灌、滴灌等新技术。全市节水灌溉面积达到6.67万公顷，占总面积52%。多方筹措资金，积极发展节水微灌技术，建成低压管道灌溉面积2766.7万公顷，微喷、滴灌面积达4333.3公顷。吴忠市被评为全区节水型社会建设先进单位。（刘正红）

【水土保持】 一是制定了加强水土保持工作的政策文件。结合中央、自治区两个《决定》的贯彻实施,市、县两级政府出台了进一步加强水土保持工作的通知、意见或决定。二是开展了新《水土保持法》的宣传活动。市、县水务部门以纪念3月22日“世界水日”“中国水周”“全国城市节水宣传周”和“科技宣传周”为契机,在城乡人口集中地段设立咨询点、制作展板,通过现场解答疑问,发放宣传手册、宣传单、宣传画、悬挂标语、电子滚动屏等形式广泛开展了宣传活动,进一步提高全民水土保持国策意识。三是举办文艺晚会进行宣传。3月22日晚,由吴忠市水务局、秦汉渠管理处、利通区水务局在吴忠开源广场联合举办纪念第二十届“世界水日”和第二十五届“中国水周”文艺晚会。晚会以舞蹈、独唱、诗朗诵等形式,从不同角度反映了保护水土资源的重要性,为保护水土资源起到了良好的宣传作用。四是利用媒体进行宣传。为了纪念“3·22”世界水日和中国水周,在《吴忠日报》刊登严万祥局长署名文章,发布新闻报道3篇,《吴忠日报》发表吴忠市纪念水日宣传活动的图片、报道各一篇,吴忠电视台派出记者全程跟踪报道。五是开展了淤地坝和小型水库防汛及安全施工检查。市局共检查淤地坝工程101座,发现存在安全隐患的有62座,逐一进行了通报,责令制定了整改措施,汛前全部消除了安全隐患。六是完成了监督管理能力建设工作,水土保持专项普查工作,生产建设项目审批自查自纠工作,并监督双河子沟小流域治理项目实施按时完成,顺利通过验收。 (刘正红)

【水库移民】 全市共核实登记大中型水库移民后期扶持人口26617人,其中利通区784人。一是兑付直补资金。由县(市、区)水务局编制发放底册,财政局审核并录入政府直补农民“一卡通”信息系统,由农村信用社发放到户,共发放直补资金1318.2万元,其中利通区21.66万元。二是实施移民后期扶持项目。共实施移民后期扶持项目8项,投资307.62万元,其中利通区投资25.38万元,主要用于解决移民安置区基础设施薄弱及移民村群众生活生产中的突出问题。在项目的实施过程中,各有关县(市、区)统一制定了一套严格的工程建设管理制度,统筹安排、统一实施、严格管理,确保工程质量。项目竣工后,严格按规定审计、决算和验收。 (刘正红)

【党建与精神文明建设】 党建、党风廉政建设进一步加强。深入开展了创先争优活动,组织中心组学习12次,举办集中专题辅导讲座3次,认真落实“三会一课”制度。在市直机关庆祝建党90周年大会上,水务局机关党委被命名为学习型党组织、水利科被命名为“十佳共产党员”示范岗,机关党支部被命名为“十佳党支部”活动阵地,马学林、刘正红被评为优秀党员和优秀党务工作者。“七一”前夕,组织开展“跨越六盘”主题教育活动,表彰了14名优秀共产党员和党务工作者,发展新党员1名,确定入党积极分子4名。举办了“一把手”讲廉政党课活动。工程建设中大力推行“五笔联签会审制”和廉政“双合同”管理制度。开展了廉政风险防范管理回头看、领导班子“双述双询双评”、关马湖监区警示教育等活动。及时召开了推进水利科学发展调研报告交流会、领导班子民主生活会。

精神文明建设成绩斐然。深入开展机关效能建设,进一步营造风清气正的发展环境等活动,共办理人大代表议案、建议和政协委员提案19件。选派了20多人次赴外地参观学习,组织干部职工学习47次,专业培训15期。完成了56人专业技术职称评审和81人专业技术职称的续聘工作。投入9.6万元资金,开展了定点扶贫、慈善基金捐助、农民工子女行动计划、党员捐献党内关爱、帮助困难职工子女上大学等活动。组织开展了“党团员奉献日”活动以及开

机关党委开展“跨越六盘——追忆长征精神”主题党日活动

展了职工体检活动。加强“职工之家”建设,职工书屋成为自治区职工书屋示范点。水务局被评为全市共青团工作先进单位,水务局团委被命名为吴忠市“五四”红旗团委。开展了“五好家庭”评选活动。举办了水利系统广场文艺晚会,组织参加了全市庆祝建党90周年歌咏比赛。组织进行基层站所“三直评”,聘请10名行风监督员,在《吴忠日报》上刊登民情报告、实事承诺。（刘正红）

利通区水务局

【概况】 利通区水务局(以下简称“水务局”)是利通区的水利行政主管部门,承担防汛抗旱、农田水利、灌溉管理和农村安全饮水等多项职能。全局现有干部职工202名,其中在职192人,退休7人,外调3人。在职人员编制结构为行政编制6人,事业编制186人。农民合同工在职14人,退休15人。全局设4个行政科室、5个事业单位、6个乡镇水管站和2个企业单位。

2011年是“十二五”开局之年,也是水利抢抓中央和自治区加快水利改革发展重大机遇的一年。一年来,在利通区委、政府的正确领导下,全区水利工作坚持以完善一个思路,实现两个突破,加快五项重点工程建设,抓好六项重点工作,落实五项保障措施为主线,各项工作取得了新突破、新成绩。全年先后获得2011年度自治区农田水利基本建设“黄河杯”竞赛一等奖、宁夏中北部土地开发整理重大工程项目建设三等奖、自治区节水型社会建设先进单位、节水灌溉二等奖、全区水利系统“五五”普法先进集体、宁夏第一次全国水利普查2011年度先进集体、大学生希望工程爱心单位荣誉称号、自治区水利系统“政风行风建设”先进单位等自治区级奖项8个;获得市级五四红旗团支部、春节文化活动三等奖、吴忠市城市东南部建设先进集体、市级青年安全生产示范岗、青年文明号等奖项5个;获得利通区2011年度工作综合考核二等奖、2010年度上争项目先进集体、安全生产工作先进单位、首届运动会团体总分第一名、先进基层党组织、基层党建工作示范点、五个好党支部、共青团工作先进单位、青年安全生产示范岗、青年文明号、2010年度政风行风建设政府部门第一名、2010年度财政决算先进单位、生态移民工作先进集体等利通区级奖项13个。有9人受到自治区表彰奖励,6人受到吴忠市表彰奖励,31人受到利通区表彰奖励。

一年来,水务局紧紧抓住国家实行新一轮西部大开发的战略机遇,认真贯彻中央和自治区两个《决定》精神,全面落实利通区委、区政府的各项决策部署,以科学发展观指导水利建设和发展,全区水利工作呈现出重点工作成效明显、重点工程进展顺利、发展速度持续加快、社会影响不断提升的良好局面,各项目标任务顺利进行,为全区经济社会又好又快发展提供了坚实的水利保障。（秦岩飞）

【工程建设与管理】 2011年,水务局不断加大工作力度,紧抓“两大任务”不放松,外引项目,内抓管理,共实施重点水利工程13项,投入资金38003.395万元,重点水利工程建设成绩显著。共新建泵站4座,重建维修泵站2座,铺设各类管道721.95千米,新建引水渠2条0.22千米,砌护渠道655条527.69千米,清淤治理沟道228条152.87千米,配套建筑物45830座,规划建造河道10千米,完成农村安全饮水工程3处。项目工程实施后,大大改善农田的灌水条件,改善生态环境,解决农村生产和生活用水困难,改善了农民的生存环境和生产生活条件。改善灌溉面积4.33千公顷,提高灌溉效率20%,年节水量325万立方米,节水效果较为明显。改善了13659户66455人饮水安全问题。为顺利实施各类工程建设,采取了以下措施。

1. 加强领导,落实责任。为保障工程建设顺利实施,在项目前期工作阶段,全区重点水利工程建设严格执行了项目法人责任制,并按规定组建了项目法人。各科室也都制定了一些切实有效的目标管理办法,层层签订了目标责任书,为工程建设高标准、高质量地完成提供了组织保障。

2. 加强管理,强化监督。工程建设严格执行国家基本建设程序,建立以项目法人为中心的建设管理组织,实行“项目法人责任制、施工招投标制、建设监理制”的三制管理和合同管理制度,建立“政府监督、项目法人负责、社会监理、企业保证”的质量保证体系。

3. 严把程序,强化管理。按照国家《水利工程建设程序管理暂行规定》等水利工程基本建设规范,要求工程初步设计经批准后,作为项目建设实施的技术文件基础,主要内容不得随意修改和变更;如有重大修改和变更,需经原审批机关复审同意。与此同时,严格实行了“四制”管理,保证了水利工程建设的顺利开展。

4. 落实计划,狠抓进度。年度施工计划完成情况是考核各工程建设管理的一项重要依据和指标,水务局要求各工程以批复的年度施工计划为目标,紧紧围绕工程质量管理抓工程进度。

5. 加大投入,严格管理。在资金配套上,利通区委、区政府高度重视,利通区财政预算安排专项资金,严格要求,足额配套。在项目资金和财务管理上严格执行国家有关基本建设资金财务管理规定,建立健全内部控制制度,规范财务行为,提高资金使用效率,保证资金安全。 (秦岩飞)

【灌溉管理】 利通区2011年作物种植面积36914公顷,其中,粮食作物22861公顷,油料作物1152公顷,药材7公顷,蔬菜、瓜果6107公顷,其他作物6787.06公顷。在灌溉管理中,利通区实行了计划用水、定额管理。每月及时分析各乡镇支斗渠水量、水费,为科学制定水量分配方案提供依据。按照“以水定植、保障灌溉、节水高效”的原则,切实把调整作物种植结构工作落到了实处。编制了《利通区2011年灌溉水量分配方案》,将用水指标分配到各支斗渠、明晰到各农民用水者协会,通过作物种植结构的进一步优化,降低了灌溉高峰期的用水压力,合理控制了利通区总体引水量,为灌溉顺利进行创造了条件。利通区2011年计划用水量3.04亿立方米,实际用水量3.99亿立方米,与2010年同期实际用水量相比减少3.9%,与计划用水量相比减少10.9%,灌区引水量比2010年同期减少2400万立方米,节水率达5.96%,水商品率为80.4%。灌溉秩序平稳有序,没有发生一起群众因灌溉上访事件,确保了农村的安全稳定。连续3年获得“自治区节水灌溉先进单位”。

(秦岩飞)

【农田水利基本建设】 一是农业生产基础得到进一步加强。清挖沟道4307条2459千米,清挖渠道6230条3650千米,整修农路4252条2662千米,砌护渠道3311条922千米,配套建筑物5978座,综合治理改善灌溉面积14.67千公顷(其中高标准示范区面积6.67千公顷、高效节水灌溉面积2.67千公顷);畦田建设11千公顷,机深翻9.47千公顷,秸秆还田7.53千公顷,秋施肥0.94千公顷,灭茬13.33千公顷。通过农田水利基本建设的全力推进,灌排系统标准进一步提高,灌排能力和土地生产力全面提升,有力地提高了农业基础生产条件。

二是重点水利工程得到进一步夯实。续建了城南防洪排涝工程,开挖整治河道5.8千米,完成7.05千米附渠工程,完成清水沟治理12.8千米,贡碑沟治理5千米,实施了牛首山生态供水工程。重点水利工程年久失修、农田排灌不畅的问题得到极大改善,工程的防洪、排涝、生态、社会效益明显提高,实现城乡生态景观与建设发展的和谐统一。

三是农建综合效益得到进一步发挥。牢固树立“大水利”的理念,把农建工作与产业结构调整、生态环境建设等工作紧密结合起来,通盘考虑、综合整治、协调推进,使农建工作成为改善环境、优化结构、促农增效、为民增收的助推器。围绕节水农业发展,加大“冬麦北移”技术推广力度,冬麦种植9.48千公顷,建设千亩示范方点11个,连片33.33公顷以上方点28个。投资1.05亿元,实施了东塔、马莲渠、金积、扁担沟、孙家滩大田滴灌工程,已发展高效节水灌溉面积0.27万公顷。全年节水6.84万立方米,高效节水灌溉水利用系数达到0.9以上,管道水利用系数达到0.8以上,砌护渠道水利用系数达到0.6以上。围绕发展高效农业,投资2512万元,大力推进设施农业提质增效工程,配强温棚骨干架,用砼预制板加厚温棚主墙面,改造设施温棚2280座,设施农业抵御自然灾害能力和节能降耗效益明显提高。围绕生态环境改善,整治改造庄点69个,整治村庄道路

12.1 千米，使背道偏巷、房前屋后、边沟边渠、圈棚厕所、公共场所垃圾得到彻底清理。创建自治区级生态乡镇 1 个(高闸镇)、生态村 1 个(朱渠村)，通过国家环境优美乡镇复审 2 个(金积镇、扁担沟镇)，创建利通区“环境优美村”29 个。实施农村自来水“百村千户”入户工程，解决金积镇、高闸镇、生态移民区 1.5 万人的饮水安全。吸取年年植树不见树的教训，实施大网格宽幅林带造林绿化工程，全年完成造林面积 2.02 千公顷，占吴忠市下达任务 1.96 千公顷的 103%。完成以城市东南部防洪排涝绿化工程为重点的城市绿化389.73 公顷；以宽幅林带为主的农田生态防护林227.73 公顷；以苹果、鲜食葡萄为主的生态经济林 0.7 千公顷；封山育林 0.67 千公顷；居民小区增绿 40 公顷。林木育苗 100 公顷。栽植生态林建设苗木 840.17 万株，经济林苗木 108 万株。秋季农建造林面积 400 公顷，完成 413.33 公顷，其中：农田林网 160 公顷，村庄绿化 14.53 公顷，经果林补植 238.8 公顷，为建设滨河生态水韵城市奠定了良好的基础。

四是生态移民配套设施得到进一步完善。把移民群众生产生活的问题作为重点，加大投入、加大力度予以解决。争取资金 3509 万元，实施五里坡生态移民区万亩高效节水工程，开发土地 0.77 千公顷，新建泵站 2 座，改造扬水干渠 2 千米，新建调蓄水池 3 座 19 万立方米，修建防洪堤坝 5.14 千米，铺设各类管道 135 千米，为生态移民工作的顺利推进奠定了坚实的基础。

五是干部群众认识得到进一步提高。结合中央、自治区两个《决定》的宣传，广大干部群众对大搞农田水利基本建设的重要性有了更加清醒的认识，对农田水利基本建设重要性和必要性的认识有了更进一步的提高，广大干部群众理解、支持和参与农田水利基本建设的热情和激情大增。农建规模、效率和质量创历史新高，总体工作量远超往年。郭家桥乡群众主动将 5.33 多公顷土地提供出来，新开了 17 条长 12 千米的排水沟。在治理清水沟和贡碑沟的过程中，拆迁房屋 32 处，迁坟 350 多座，都得到了群众的理解和支持。（秦岩飞）

【防汛防凌抗旱】 2011 年，利通区委、区政府对防汛工作高度重视，及时调整了利通区防汛抗旱指挥部人员构成。利通区防汛办多次组织人员对各乡镇及相关单位防汛预案、物资储备、人员责任等工作进行检查，排查隐患，限期整改。认真落实了 24 小时带班值班制度，做好应对汛情、灾情的各项准备工作。防办积极组织，储备了防汛物资，修订了城市防洪预案和山洪灾害防御预案，及时召开了防汛工作会议，积极开展学习宣传贯彻落实《宁夏回族自治区抗旱防汛条例》。各级防汛部门严格按照利通区防汛抗旱指挥部要求，积极应对夏秋汛和冬季防凌汛工作，保证做到随时应对汛情、灾情的各项准备。一年来，先后 8 次组织抗旱服务队为马莲渠乡、板桥乡等 6 个乡镇进行抗旱服务，解决了 133.33 多公顷农田及绿化植树的灌溉困难。（秦岩飞）

局长田昇(左二)带领相关技术人员到清水沟朱渠段调研春灌和防汛工作

【农村饮水安全】 一是金积镇、高闸镇农村安全饮水工程。已铺设管道 40.54 千米，水厂主体工程已完成，完成投资 1640 万元，占总投资的 67%，工程完成后可解决 5 万人的安全饮水问题。二是杨马湖村安全饮水工程、五里坡移民人饮工程。杨马湖村安全饮水工程前期工作已完成，待批复后计划年后实施；五里坡安饮工程已铺设各类管道 22.1 千米，修建各类阀井 115 座。三是农村安全饮水工程运行管理进一步规范。强化措施进一步完善了农村安全饮水工程市场化管理模式和运行机制，按照政企分开的原则，对利民供水公司进行了改制，公开选聘了企业负责人，进一步优化了企业发展机制，加大自动化管理

投入,提高管理水平,为利通区农村安全饮水工程市场化管理注入了新的活力。 (秦岩飞)

【农村水利改革】 一是不断规范农民用水者协会管理,对辖区65个协会全面实行了"两会两费三本账"管理模式,实现了供、管、收一体化,节水效果明显。协会返还款严格按照《利通区农民用水者协会暂行管理办法》进行管理。对存在问题的协会,限期整改。对整改不力、屡教不改的协会进行通报批评,先后调整免职了14个协会负责人。各协会财务管理工作基本上做到了管理严、账目清、资金使用规范。成功培育了板桥乡等11个落实"村用、乡管、县监督"财务管理办法的先进协会、高闸镇新灌区等7个积极推行小型水利工程产权制度改革的典型协会,以及在自治区率先推行信用社代收水费管理模式的二四支渠协会。改革减少了水费收缴中间环节,杜绝了搭车收费,灌区灌溉秩序稳定,有效地促进了当地农村经济社会发展,得到了自治区水利厅的肯定。二是成功申报了灌区农业水价综合改革试点项目,成为该项目在全国实施的25个水价改革试点县之一,落实项目资金490余万元。项目的实施将为全国水价改革、基层协会管理、水量计量和基层水利集约化管理积累基础性数据,为今后农村水利改革发展提供可靠的决策依据。 (秦岩飞)

【水政与水资源管理】 一是积极参与了吴忠涉水单位在吴忠市广场开展的"中国水周""世界水日"大型宣传活动,举行了文艺演出,散发了节水宣传资料3万多份。二是建立岗位制度,落实岗位责任。按照自治区水利厅、法制办的要求,对全局行政执法职权项目进行了职责和权限分解,细化了执法岗位,明确了执法人员职责,严格进行行政执法考核。三是分署办公后逐步完善工作制度,规范工作行为。结合工作实际,进一步健全完善了《水行政执法责任考评制度》《水政工作流程图》《水行政执法投诉和回访制度》《行政执法责任追究制度》等一套较为完善的工作制度,为行政执法工作提供了制度保障。

在灌溉及水资源管理上,利通区实行了计划用水、定额管理。每月及时分析各乡镇支斗渠水量、水费,为科学制定水量分配方案提供依据。按照"以水定植、保障灌溉、节水高效"的原则,切实把调整作物种植结构工作落到了实处。编制了《利通区2011年灌溉水量分配方案》,将用水指标分配到各支斗渠,明晰到各农民用水者协会,通过作物种植结构的进一步优化,降低了灌溉高峰期的用水压力,合理控制了利通区总体引水量,为灌溉顺利进行创造了条件。灌溉秩序平稳有序,没有发生一起群众因灌溉上访事件,确保了农村安全稳定。连续3年获得自治区节水灌溉先进单位。同时,积极配合吴忠市水务局做好地下水、工业用水、生活用水、生态用水的开发管理工作。 (秦岩飞)

【节水型社会建设】 捆绑项目,全面实施了各类节水灌溉工程,全年共砌护各类渠道922千米,进一步强化了工程节水,加强管理节水,优化体制节水。实施了马莲渠、金积、扁担沟、孙家滩大田滴灌工程,五里坡生态移民区万亩高效节水工程,东塔寺乡、马莲渠高效节水补灌工程,计划发展大田节水灌溉面积1.33千公顷,已建成1.33千公顷。 (秦岩飞)

【水土保持】 积极对辖区各水库、泄洪道、傍山道路等易灾区进行重点访查,制定山洪应急方案,对防护区企事业单位进行水土保持法的宣传和水保知识的讲解普及,确保不出现破坏水土资源和植被的行为。积极申报利通区五里坡花水沟小流域治理项目、双吉沟小流域综合治理项目等。为辖区生态建设和水土保持工作健康发展奠定了基础。 (秦岩飞)

【水利普查】 成立了以政府区长为组长,各责任局局长为副组长,各乡镇,驻吴企事业单位为成员的利通区水利普查领导小组及办公室,选聘普查指导员31名、普查员134名,培训人员200多人。召开了利通区水利普查工作会议,开展了多种形式的宣传活动。建立了普查对象动态指标台账。确定了普查对象基础名录,摸底调查、清查登记工作已完成,数据录入工作接近尾声,水利普查清查阶段工作已经完成,全面普查阶段工作即将开始。 (秦岩飞)

【党建与精神文明建设】 2011年,水务局把创建学习型党组织和"创先争优"活动紧密结合起来,着力提升党员干部的整体素质和工作效能。全年共召开党员大会6次、民主生活会2次,个人带头讲党课2

副局长马光义(右一)到金积镇慰问困难群众

次。班子成员撰写调研报告10篇,心得体会12篇。“七一”前夕,隆重举办了庆祝建党90周年知识竞赛,表彰了2个先进党支部、14名优秀党员、3名优秀党务工作者,并组织党员到革命圣地开展主题教育活动,发展新党员8名。机关党支部被授予“全区先进基层党组织”“全区五个好党支部”“基层党建工作示范点”荣誉称号,有1名同志被评为全市“优秀共产党员”,3名同志分别被评为利通区“优秀共产党员”“爱岗敬业先锋”。同时,水务局党委成员认真履行“一岗双责”,一手抓业务,一手抓廉政。认真开展了廉政风险防范和水利工程建设领域突出问题专项治理工作。严格实行了工程建设、廉政建设“双合同”管理,严格执行工程建设“四制”,领导干部带头执行廉洁自律各项规定,从制度建设和内部管理两个途径落实了党风廉政责任制,并组织20多名党员干部到吴忠监狱接受廉政风险警示教育,千方百计杜绝违法、违纪现象的发生。

全局广泛开展了文明单位创建活动。组织为贫困学生、定点帮扶单位、慈善基金和大学生圆梦行动捐款6万多元。启动了水利系统新一轮政风行风民主评议工作。办理利通区政府为民承诺的实事1件,办复人大、政协建议提案19件。积极申报创建了市级文明单位,马铁斌同志被评为“利通区十大优秀青年”。组织全体干部职工参加春季绿化植树,完成了清水沟秦渠段绿化责任区植树任务3.33公顷。23个包抓小区整治任务全面完成。抽调35名干部职工参加利通区组织的唱红歌活动。积极参加了利通区首届运动会,在11个项目中获得了14个名次,除获得团体总分第一名外,单项项目获得了3个第一名、3个第二名、1个第三名、3个第四名、3个第五名,实现了历史性突破,展示了风采,扩大了影响。水利宣传实现了全方位、多层次。共编发简报216期,在《中国水利报》《宁夏日报》《吴忠日报》等报纸上发表信息100多篇(条),制作专题片5部、展板50多块、宣传车3辆,进一步扩大了水利行业的社会影响。在2010年全区安全生产先进单位的基础上,继续对安全生产和综治工作长抓不懈,全年没有发生一起安全生产和社会治安事件。 (秦岩飞)

青铜峡市水务局

【概况】 2011年,青铜峡市水务局(以下简称“水务局”)认真贯彻落实党的十七大和十七届四中全会以及中央1号文件和自治区35号文件精神,按照建设节水型社会的要求,以在自治区率先建设节水示范市为目标,以农田水利基本建设为统领,从沟渠田林路综合整治、饮水安全、节水灌溉管理、移民项目建设、防汛、水土保持、水政执法及水资源管理等方面全面开展了水利工作。通过深入开展党风廉政建设、机关效能建设及行业作风建设,营造了勤廉高效、服务优良的政务环境,圆满完成了各项工作。2011年荣获自治区农田水利基本建设“黄河杯”竞赛评比特等奖,全年共完成水利建设资金投入1.72亿元,在建设规模及建设效果方面,较往年实现了新的突破,树立了良好的行业部门形象。

水务局现有职工145人,局机关财政统发工资人员66人,其中:行政人员6人,事业干部21人,合同制工人29人,正式固定职工16人,离退休职工38人,遗属11人;甘城子扬水站有职工39人。全市有9个水利工作站,共有职工35人,经费来源于市财政95%的差额补贴。全局有水利高级工程师3名,水利工程师16名,助理水利工程师24名。

(王宝茹)

【工程建设与管理】 2011年以来,青铜峡市按照“高起点规划、高标准建设、高效能管理”的原则,紧紧抓住中央扩内需、保增长、保民生的战略机遇,认真贯彻落实自治区人民政府及水利厅有关水利工程建设管理的相关政策法规和决策,取得了显著成绩。

1. 突出重点,兼顾全面,建设规模有了新突破。2011年,是青铜峡市大规模进行水利工程建设的攻坚年,面对艰巨和繁重的水利建设任务,加强组织领导,落实工作责任,完善工作机制,强化监督管理入手,开展了大量卓有成效的工作,保证了大规模水利建设的顺利实施。全年共开工建设水利工程20项,投入资金1.4亿元,其中政府投资项目11项,投入资金0.44亿元。

2. 规范管理,创新模式,建设管理水平有了新提高。全面加强水利工程建设管理,规范建设程序,在工程建设中严格实行项目法人责任制、招投标制、监理制和合同制。一是项目法人组建进一步规范。2011年,按照《宁夏公益性水利工程建设项目法人管理办法(试行)》,整合水利工程建设管理力量,组建了统一的水利工程建设管理项目法人,全面负责水利工程项目建设管理。二是招投标监管力度进一步加大。严格执行水利部《水利水电工程标准施工招标资格预审文件》和《水利水电工程标准施工招标文件》对重点工程实行招标资格预审制度,将资质高信用度好的施工企业选择为潜在投标人,一改过去资格后审的程序,使一些鱼目混珠的施工企业成为潜在的投标人,从源头上把住投标企业的准入关。三是水利监理工作进一步强化。加强对监理工作的监管,推广实行总监负责制,强制实行监理合同、监理人员备案制,随时监督检查监理职责履行情况。四是建设管理模式进一步创新。项目法人与运行管理单位密切配合,组建现场管理机构,按照谁受益、谁管理的原则,让工程建设受益方提前参与工程建设,在工程建设中参与决策商议、质量监督等,为工程建设管理的顺利开展和移交创造条件。五是工程质量把关进一步严格。着重加强农村饮水安全工程管沟开挖深度控制和渠道砼板砌筑、填缝关键程序的质量把关,并与现场管理人员绩效评先结合起来,有效地提高了工程质量。六是竣工验收工作进一步加快。对已完工并具备验收条件的工程,及时进行竣工验收。对跨年度工程做好验收计划,明确项目验收方式和责任单位。严格按照单元工程、分部工程、单位工程分步骤、分层次及时验收。先后完成了青铜峡市滑石沟整治工程等10多项工程竣工验收,并对市上的其他类项目工程进行了竣工自验。 (王宝茹)

渠道砌护

【灌溉管理】 2011年黄河引水指标紧张,水务局与渠道管理单位紧密配合,强化用水管理,按照“总量控制、定额管理”的原则,将黄河引水指标分配到各支斗渠和农民用水者协会。优化水量调度,采取适度提前放水、加大水情通报等措施,加强管理,确保了灌区上下游均衡用水,全年没有出现水事上访纠纷,灌区灌溉秩序良好。全市灌溉用水总量为4.68亿立方米,比计划指标节水3600万立方米,确保了农业增效、农民增收和农村社会稳定。 (王宝茹)

【农田水利基本建设】 全市农田水利基本建设紧紧围绕建设节水型社会为总体目标,以中央1号文件精神为动力,以改善民生为落脚点,按照“综合治理、完善配套、打造精品、突出效益”的工作思路,以整治灌排设施、实施重点民生工程、建设高标准农田、全力改善农业生产条件为着力点,通过政策引导、项目带动、干部促动、劳力互动等形式,精心组织,扎实开展,农田水利基本建设取得了明显成效。呈现四大特点:一是规模更大。农田水利建设在全市8镇2场全面展开,重点治理10大片区,治理面积达20.13千公顷,是去年的1.7倍,清淤沟渠19423条长14090千米;完成机翻23.33千公顷,机深翻4.87千公顷;整修农路4608条长3041千米;完成畦田建设10.67千公顷,改造农宅4747户,是去年的1.4倍,种植冬麦 6.8 千公顷。超额完成了各项建设任务,有效解决了灌水难、排水难的问题。二是标准更高。整合项目,统一规划,统一标准,严格执行自治区农建办公室下达的质量标准,做到沟、渠、田、林、路、庄点综合治理,推行注塑、玻璃钢等新型材料砌护渠道 11 条 7.5 千米,采用激光平地仪平整农田 1.87 千公顷。三是投入更多。全年累计投入资金达 4.3 亿元,是 2010 年的 1.1 倍;出动各种机械 6.9 万台次,比 2010 年增加 4000 台次,投入劳动力 227.5 万个工日,是 2010 年的 1.3 倍,投入资金和劳力再创新高。四是效益更好。全年新增节水灌溉面积 1 千公顷,灌溉用水总量 4.68 亿立方米,比计划结余 3600 万立方米。在农建任务量大幅增加的前提下,亩均出工比去年减少 0.6 个工日,有效减轻了农民负担。 (王宝茹)

【防汛防凌】 6 月 3 日全市防汛抗旱工作会议召开,进一步明确了防汛抗旱指挥部各成员单位职责,签订防汛目标责任书,明确各责任单位抢险队伍、防汛物资准备数量,落实行政首长负责制为中心的防汛责任制,做到组织、人员、方案、措施四落实、四到位。全市共落实抢险人员 1.52 万人,落实抢险大型机械 70 多辆,联系确定了 7 名报汛人员。进一步修订完善预案,做到有备无患。全年共出现 4 次强降雨,并且出现了冰雹大风等灾害天气,造成了一定的经济损失。灾害天气和山洪出现后,各级防汛组织反应迅速,青铜峡市防汛指挥部密切与各镇场、有关责任单位及干渠管理部门加强联系,互通信息,及时向上级防汛部门报告水情、雨情、汛情和灾情。市、镇(场)领导立即到重点地区进行巡查,组织开展防洪抢险。由于防汛责任落实,措施得力,准备充分,使灾害损失降到了最低程度,没有造成人员伤亡。

防凌工作以检查为重要抓手,查问题,盯重点,定措施,排隐患,保安全。采取多种方式和手段,开展细致、不间断、拉网式的检查和排查,将防凌检查贯穿于整个凌汛期,确保了凌汛安全度汛。根据青铜峡市防汛重点,及时对全市河道防汛抢险预案、山洪抢险预案和城市防洪预案进行修订完善,进一步细化黄河险工段、拦洪库、滞洪区、山洪沟、东干渠、西干渠的防洪预案,对重点地区、重点工程制定了“防、抢、撤”的具体措施,明确了应急响应的程序和措施,从而提高预案的可操作性。实施防洪非工程措施建设,健全完善危险区划定、群测群防、组织体系责任。开展河湖执法检查,加大对河道和山洪沟内采砂行为管理。防洪项目工程建设有序开展。黄河右岸细腰子拜 23 号坝加固修复,24 号坝和犁铧尖 5、6、7 号丁坝新建,黄河左岸柳条滩段、侯洼子滩段塌陷河岸整治工程,黄河砌护工程。积极开展拦洪库、滞洪区加固改造工程的前期准备工作,为争取病险水库除险加固改造项目奠定了基础。对防汛检查中发现的水毁工程,及时制定修复计划。积极开展防洪非工程措施项目建设工作,按照批复要求启动了群策群防等软项目实施。认真做好中小河流治理项目滑石沟整治工程的实施,工程自 6 月份批复实施以来,已完成滑石沟拦洪库至大坝拦洪库 8.8 千米治理工程,上段沟道两侧预制件界桩,下段清淤砌护 3.45 千米,砌护大坝洪堤迎水坡 0.9 千米,清淤整治稍里桥滞洪区退水沟 0.4 千米。 (王宝茹)

黄河梨花尖控导工程丁坝建设

【农村饮水安全】 2011 年,水务局积极争取了跨年度(2011~2012 年)实施的瞿靖、大坝农村安全饮水工程。全年共投资 1280 万元,完成了瞿靖、大坝农村安全饮水工程 2011 年度建设任务,林东泵站、毛桥泵站主体工程已经建设完成。已完成了穿高速公路、109 国道、唐西总干渠、大清渠等 64 处路涵工程。已铺设输供水管道 120 千米,初步解决了 2 个镇 9 个村 80 个队 1.22 万人的饮水安全问题。另外,水务局投资 830 万元,建设了邵刚镇甘城子、青铜峡镇广武 2 处农村饮水改造和生态移民饮水安全工程。彻底解决了2个镇8个村、树新林场、甘城子分场、良繁场、农垦连湖分场、2个生态移民安置区共1.98万人的饮水安全问题。其中生态移民0.8万人。

水务局设立农村供水管理总站，统一管理下属供水管理站，一方面强化内部管理，在余桥、哈存供水站建立集中收费大厅，实行定时、定点预约式收费。实现了用水户主动到收费点缴费。逐步改变上门收费，实现了供水与收费的双赢。另一方面实行“水量、水价、水费”三公开，让群众参与管理、监督管理，使以往“重建轻管”的现象有了根本性的变化，全年共收取水费42.9万元，净利润13.6万元。实现了经济效益与社会效益的双丰收。（王宝茹）

【水政与水资源管理】 2011年，青铜峡市开展了水利普查工作，全面查清工业、农业、城镇、养殖业等用水情况。掌握水资源开发利用现状，摸清经济社会发展对水资源的需求，为青铜峡市经济社会发展提供可靠的基础水信息支撑和保障。坚持有法必依、违法必究、执法必严的方针；坚持按照《行政处罚法》《水政监察条例》所规定的职责和权限；亮证执法，取证及时，操作规范，做到事实清楚，证据确凿；案件处理严格按照法定程序进行；依法告知行政相对人享有陈述、申辩、申请回避、听证、申请复议、提起诉讼等权利；对于查处办结的案件，归档卷内目录，力求规范、完整、清晰，材料齐全。依法加强了水利工程管护，工程建设管理，对取水单位的取水许可证可申请进行受理和审查，并及时发放取水许可证，处理违规违法事件，依法查处水事违法案件1起，撤销越权越界审批取水许可证1起，规范了取水许可审批程序，

水法规宣传

维护正常的水事秩序。加大水行政执法和水事纠纷的调节力度，调查处理水事纠纷10起，结案率、调查处理率均达100%。加大水资源费的收缴力度，水资源费收缴率比去年有大幅度提高，做到多用水多交费，2011年征收水资源费120万元，核验取水许可证36份。（王宝茹）

【节水型社会建设】 开展全市水价执行及水费收缴情况检查工作，对存在的问题及时纠正，对农民用水者协会进行了规范管理，全面开展节水控灌等技术，大力推行畦田建设，促进了节水工作。在灌溉面积增加、旱情严重的情况下，确保了全市农作物适时适量灌溉，灌溉用水量比计划指标减少3600万立方米。按照建设节水型社会目标到2020年农业用水灌溉系数由0.4增加到0.52。万元增加值由321立方米下降到110立方米。城市供水管网漏损率由18%下降到10%。单位GDP用水量由1100立方米下降到200立方米。（王宝茹）

【水土保持】 利用“世界水日”暨“中国水周”组织大型宣传活动广泛宣传新《水土保持法》。印发宣传材料3000多份，悬挂横幅5条，刷写永久性标语20条，设立咨询点4次，制作水法规宣传展板3块，宣传教育普及率达85%以上。全年，共计申报水土保持方案10份，核发水土保持方案合格证10个，依法征收各类生产建设项目水保设施补偿费140.34万元。同时，完成了监督管理能力建设工作，水土保持专项普查工作，生产建设项目审批自查自纠工作，并监督双河子沟小流域治理项目实施按时完成，顺利通过验收。（王宝茹）

【水库移民】 2011年全市共实施移民项目2项，完成项目投资305.1万元。一是后期扶持项目砌护渠道4条4.85千米，配套建筑物72座。其中0.4米口33座，斗口6座，节制闸12座，生产桥18座，引水口3座。主要解决广武村移民集中村队农田灌溉问题，项目的实施改善灌溉面积190公顷。完成工程投资99.12万元。二是完成水库移民结余资金项目砌护支斗渠7条9.55千米，配套建筑物153座，其中1.2米支渠口7座，0.4米支渠口98座，节制闸12座，生产桥24座，0.8米方涵4座，测水断面6座，尾

水2座。改善灌溉面积280公顷,完成工程投资206万元,项目的实施有力促进了移民地区的经济发展。全年核实到人15458人,共发放兑现资金927.48万元。 (王宝茹)

引进先进的水处理设备

【党建与精神文明建设】 坚持党的"三会一课"制度、民主生活会制度。加强学习,组织干部职工对党的十七大精神及水利行业法律法规等进行系统学习。加强业务知识学习和技能培训,提高干部职工政治理论和业务知识水平。积极开展以"树行业新风,创优质服务"为主题的行业作风建设,进一步完善和落实管理办法。深入开展效能建设,发送服务态度,提高服务质量。积极开展党风廉政建设工作。严格遵守《廉政准则》和青铜峡市委"八不准"规定,对工程立项、工程发包、工程预决算、财务管理、人事劳资等一些重大事项,坚持集体研究,民主决策。水务局领导干部严格执行《领导干部重大事项报告制度》《礼品登记制度》《收入申报制度》。 (王宝茹)

同心县水务局

【概况】 同心县水资源总量为2.03亿立方米,水资源十分匮乏,降雨时空分布不均,多年平均降雨量仅为276毫米,多年平均蒸发量2325毫米,是降雨量的8.4倍,平均径流深7.6毫米。全县年可利用的水量较少,仅为1.38亿立方米,其中地表径流0.32亿立方米,地下水0.17亿立方米,客水1.06亿立方米。人均占有年径流量只有143立方米,是全国平均水平的1/19,属水资源奇缺地区之一。

同心县水务局(以下简称"水务局")承担全县农田水利、防汛抗旱、灌溉管理、水土保持、水政执法等多项职能。现有干部职工432名,其中在职310人,离退休122人。人员编制结构为行政编制11人,事业编制153人,企业合同制146人。人员专业技术结构为水利副高级工程师6人,水利工程师29人,水利助理工程师51人。下设2个副科级单位、7个机关股室、10个水管所和1个施工企业。

2011年,全县水利工作坚持以党的建设、精神文明创建、社会治安综合治理来推进水利建设,以转变工作作风、提高履职效能、加快工程建设为重心,紧紧围绕农田水利、人畜饮水、高效节灌、防汛抗旱、水土保持等方面共争取项目39个,累计争取项目资金39621.53万元,到位资金28000万元,占下达任务的140%,完成投资22065万元。水务局先后被评为"自治区文明单位""全区节水型社会建设先进单位""全区'五五'普法先进集体""全区先进基层党组织""吴忠市建设学习型党组织先进单位"。在"同心县上争项目一等奖""同心县综合目标考核三等奖"的基础上,顺利通过"全国文明单位"复检,第三次蝉联"全国文明单位"荣誉称号。农田水利基本建设荣获自治区农田水利基本建设"黄河杯"二等奖。

(白利彬)

【工程建设与管理】 1.水利工程建设。一是完成王团镇设施农业蓄水池工程,总投资203.8万元,修建蓄水池1座,进水建筑物2座,铺设防渗膜3.2万平方米,防护砂石1.5万立方米。二是完成百村万亩枣树供水工程,总投资80.66万元,砌护渠道11.75千米,配套建筑物201座,建泵站1座,蓄水池1座,铺设输水管道3.98千米。三是完成清水河及新区林带供水工程,总投资59.5万元,砌护渠道12.1千米,配套建筑物20座,建泵站1座,蓄水池1座,铺设输水管道11.13千米。四是完成新区回民公墓林带供水工程,总投资52.25万元,砌护渠道0.65千米,配套建筑物7座,建泵站1座,蓄水池1座,铺设输水管道0.65千米。五是依托王大套、余家梁等坡改梯项目的实施,在项目区通过配套水利设施,发展高效节

领导班子检查基层站所工作

水灌溉面积,为全县特色作物种植提供支撑,全年累计争取资金3266万元,完成资金1946万元。

2. 工程管理。从管理意识、管理机制入手,采取多种措施努力使已建工程发挥最大效益。一是加强工程建设组织协调工作,落实建设中存在的困难和问题,为工程建设创造良好的环境。二是严肃以项目法人责任制、招标投标制、建设监理制、合同管理制、廉政责任制、公示制“六制”和以组织领导、计划管理、资金管理、质量保证、工程监理、工程验收“六大体系”为保障的新型监管机制,推行“拦标审计”工作机制。三是进一步扩展水利发展空间,延伸水利设施服务领域。把项目前期工作放到突出位置,抓规划、抓设计、抓进度。进一步编制完善了小洪沟安全饮水工程规划、红果子沟小流域综合治理工程规划、病险水库除险加固工程规划、菊花台安全饮水工程规划等。四是严格执行《吴忠市水务局水利工程项目管理办法》,严格项目管理程序,规范了项目管理。开展了水务安全生产隐患治理、安全生产百日督察专项行动、安全生产月等活动。加强对水利工程施工现场的安全隐患排查,加强城乡河道及防洪工程安全度汛的巡查力度,有效防止了重特大安全责任事故发生。 (白利彬)

【灌溉管理】 一是进一步完善了灌区6个乡镇111个农民用水者协会的水权制度改革,强化了灌水组织建设,确保了灌溉工作平稳进行。二是继续抓好扬黄灌区节水改造,促进灌区作物种植结构调整,改善农业生产条件。扩大中低产田改造面积,实行水、田、林、路、村综合治理,建设稳产田、高产田,做到以川济山、以水济旱。全年完成灌溉面积2.85万公顷,计划灌溉用水1.989亿立方米,实际完成灌溉水量1.99亿立方米,保证了灌区农业生产秩序的正常进行。

(白利彬)

【农田水利基本建设】 在2011年农田水利基本建设中,全县累计完成玉米秸秆清收27.43万吨,机深翻1.93万公顷;建设畦田1.12万公顷,完成任务的112%;清淤支斗农渠453条1015千米,完成任务的166.3%;砌护渠道296条328千米,完成任务的105.8%;完成配套建筑物7845座,完成任务的234.7%;新增中低产田0.43万公顷;整修农路675条705.1千米,完成任务的149%;硬化老城区背街小巷道路46条21千米,安装路灯2386盏;完成生态移民区村道硬化91千米;建成城市公厕14座,地埋式垃圾处理厂4处、污水处理厂4座;完成造林面积0.83万公顷,栽植乔木10.5万株;完成秋季覆膜整地0.5万公顷,覆膜0.47万公顷。在自治区农田水利基本建设“黄河杯”竞赛活动中,同心县再次荣获二等奖。 (白利彬)

【防汛防凌抗旱】 强化防汛工作,突出抓好隐患排除。发挥“统一组织、统一指挥、统一调度”的“三统一”效能。一是对全县水利设施及10万立方米以上的库坝进行了汛前拉网式排查,对3处病险库坝除险加固,确保工程安全度汛。二是认真储备防汛料物,落实防汛队伍,设置汛期值班日志,确保各类汛情信息得到及时传递。三是对黑风沟治理工程等在建工程全部完成防汛预案编制,并报自治区防汛办及吴忠市防汛办备案。四是对县域内蓄水池进行拉网式排查,在配套护栏网的同时全部设立警示牌、警示碑,确保度汛及工程运行安全。五是工程建设方面累计完成资金3955.92万元,主要有:完成洪泉沟综合治理工程,完成土方190万立方米,完成投资3893万元,形成景观水面133公顷。完成清水河吊堡子段防洪应急加固工程。总投资62.92万元,新建拦洪坝1座,开挖245米引洪沟1条,开挖并砌护345米引洪渠1条,建过水路面1处,导流墙1处。

充分认识抗旱工作的长期性和艰巨性,主动应对干旱,进一步加大支农扶农力度。一是争取抗旱资金

170 万元，保障了各类水源工程维修费用。二是全力组织抗旱送水，组织抗旱服务队为地处偏远的学校、敬老院及下马关生态移民区群众免费送水9864 立方米，临时解决了 4700 人的饮水困难和 24 公顷日光温棚的灌溉用水。三是筹资 12 万元，维修了东部引水、窑山饮水、王团人畜饮水和韦州红庙人饮等重点人畜应急水源工程 4 处，免费供水 1 万立方米。四是筹资 120 万元，架设应急供水管线 6 处 40 千米，解决了生态移民 2、3、4 村的人饮及设施农业用水，解决了惠平公路两侧绿化供水，确保了以色列项目区作物种植所需安苗水的应急供水任务。（白利彬）

【农村饮水安全】 累计争取资金 14965.7 万元。一是完成东部饮水扩建工程自来水入户工程 2.1 万户，完成资金 4000 万元，辐射解决东部乡镇 12.85 万人的饮水安全问题。二是实施了西部农村饮水安全供水工程。总投资 10380 万元，铺设输水管道 65 千米，新建泵站 4 座，净化水厂 1 处，解决扬黄灌区 6 个乡镇 57 个行政村 175 个自然村 9.4 万人的饮水安全问题。2011 年，完成各级输水管道开挖 110 千米，入户 3680 户，完成资金 5350 万元。三是完成韦州镇庆化移民村、韦二煤矿矿区绿化及马庄子枣树供水工程，总投资 248 万元。铺设输水管道 37.4 千米，建设各类阀井 25 座，过路建筑物 2 处，过沟建筑物 6 处。四是实施了石狮镇生态移民（满春二期）安全饮水工程。工程总投资 186.24 万元，2011 年工程已完成招投标工作，待移民区基础设施完善后实施。五是完成惠平公路韦州段马庄子段两侧生态林、经济林供水工程，总投资 151.43 万元。铺设输水管道 20.2 千米，建阀井 43 座，过路工程 1 处，配套给水栓及管护房 654 座。（白利彬）

【农村水利改革】 进一步深化水管体制改革工作，不断加强全县 111 家农民用水者协会的运行管理，"农民 + 用水者协会 + 水管单位" 三位一体的水管体制进一步得到了巩固和完善，从根本上解决了淌水难、交费难的问题，灌溉秩序好转。全县水管体制改革工作进展基本顺利。（白利彬）

【水政与水资源管理】 严格执行建设项目水资源论证制度和取水许可制度，做好涉水项目的水资源论证、计划取水和水资源费的征收工作，进一步加大城市水源地的保护力度，严厉查处和打击各类破坏水资源设施的行为，处理违法取水、河道人为设障等水事纠纷 16 件，答复水事信访件 2 件，对未办理许可证的 2 家个体限期进行了查处和整改。制定和完善了水政执法责任制和评议考核制，明确了执法责任权限和评议办法，有效地保障了依法行政，水资源管理工作得到了进一步规范。

利用"世界水日""中国水周"，开展涉水法律法规宣传。坚持文明执法，依法办案，加大执法力度，维护了正常的水事秩序。严格执行《吴忠市河道采砂管理暂行办法》，进一步规范河道采砂管理。活动期间，共出动宣传车辆 10 余辆次，制作宣传录音磁带（光盘）3 盒，制作展板 8 块，发放宣传材料 7000 余份，受咨询和教育群众达 5500 余人次。2011 年，是新《水土保持法》修订完善后颁布实施的第一年，按照自治区水利厅水土保持局要求，水务局水政执法部门组织人员对同心县招商引资的 12 企业，就风电及输变电工程实施中的水保方案进行依法监督。

积极进行平安创建，进一步落实安全监管责任和安全隐患排查治理主体责任，深入开展"安全生产月"活动和安全生产隐患排查治理专项行动。召开各类安全会议 10 余次，先后组织 10 个专项督察小组对县境内 7 条中小河流（清水河流域 6 条，苦水河流域 1 条）、3 座水库、6 座泵站、32 座防洪骨干工程（含 3 处病险水库除险加固工程）、20 所人畜饮水工程（含设施农业供水工程）、清水河同心县城段综合治理工程、新区养殖园区供水工程、庆华韦州供水工程、同六支渠新开斗口工程、余家梁坡改梯及高效节水补灌工程、西部农村人饮安全工程、固海扬水七干渠改造工程及 11 个基层站所、10 个水利施工企业的自查自纠情况进行了督导检查。共组织开展了17次安全生产隐患排查整治活动，并对蓄水库坝、蓄水池等进行围栏，设立警示牌，进一步明确责任，确保安全运行。学校暑假期间，积极联系县教育主管部门，通过印发《致家长的一封信》、开展家庭寻访、召开家长会等形式，要求家长增强水患意识和安全责任意识，切实担负起暑假期间对学生的安全监护责任。并与同心县教育局联合印发了《关于进一步做好预防学生溺水事故工作的通知》(〔2011〕205 号),要求各学校迅速将通知精神传达到每一个学生、教师和家长,并认真抓好落实。 (白利彬)

【节水型社会建设】 一是以节水改造为重点，进一步优化制度建设,推行体制创新,努力构建水资源统一管理与可持续利用体系。二是利用“一事一议”和县财政扶持,加大灌区渠田林路综合整治力度,提高水资源有效利用率。三是积极推广以色列等节水新技术新器具的利用,大力提倡小田灌溉模式。四是以“世界水日”“中国水周”主题宣传活动为契机,进一步加大节水型社会创建宣传力度。五是高效节水灌溉工程建设效益显著,2011 年实施的高效节灌工程主要有:完成兴隆乡王大套高效节水补灌工程,总投资1111 万元。新建泵站 2 座,高位调蓄池 2 座,配套首部枢纽系统 6 套,铺设输水管道 32.85 千米,各类建筑物 131 座,修建道路 3.3 千米。实施石狮镇余家梁高效节水补灌工程,总投资 1312 万元,工程已完成土方蓄水池开挖 1.2 万立方米。实施石狮镇满春二期高效节水补灌工程,总投资 843 万元。完成下马关 4866.7 公顷国土整治项目水利配套设施。下马关高效节水灌溉一期改造工程，委托新疆建设兵团设计院完成航拍测量和工程规划。实施河西镇 5400 公顷土地整理项目已开工建设,2011 年完成工程总量的 30%。 (白利彬)

【水土保持】 2011 年,水务局大力推进水土保持重点工程建设,加强对水土流失主要来源区的治理。累计争取资金 15330.43 万元,开工兴建的水保工程主要有：继续开展治土与治水相结合的坡改梯水土综合整治工程。实施下马关郑儿庄巩固退耕还林成果项目,总投资 480 万元,发展梯田面积 640 公顷;实施下马关申家滩坡改梯项目，总投资 752.43 万元，发展梯田面积 586.7 公顷；实施石狮镇余家梁坡改梯项目,总投资 480 万元,发展梯田面积 640 公顷。实施病险水库除险加固工程。争取全县 27 座病险水库实施除险加固工程，总投资 13550 万元，其中 2011 年完成田老庄梁家川及解放新庄两座水库除险加固工程,完成投资 1024 万元。完成麻地沟小流域综合治理项目。总投资 68 万元,整修梯田 14.7 千米,治理沟道 0.24 千米,治理水土流失面积 0.18 平方千米。 (白利彬)

【水库移民】 认真完成后期扶持资金发放对象的调查复核工作,落实直补资金 34.2 万元,受益人口 122 户 563 人;后期扶持养殖项目新增圈牛 215 头,完成资金 66.18 万元,实现了“政策兑现、资金安全、社会稳定”的目标。 (白利彬)

【财务管理】 一是按照“以收定支,量入为出,保证重点,兼顾一般”的原则,认真编制“同心县水务局 2011 年财务收支计划”,并严格督导执行。二是本着“公开、公正、透明”的原则,合理安排资金支出,诚恳接受上级部门和社会各界的监督。2011 年,共完成各类资金支出 30938.0617 万元,其中水利工程建设 13554.3546 万元,退耕还林口粮田 1551.5827 万元,移民补助 101.88 万元,防汛抗旱 379 万元,防洪工程 50.8893 万元，农田水利 7540.1 万元，农村人饮 5837.67 万元，农村基础设施建设 504.114 万元,对村级“一事一议”补助 224.5 万元,地方重大水利工程建设 8 万元,水利工程维护 14 万元,其他水利支出 236.9261 万元,其他农林水事务支出 935 万元。 (白利彬)

【党建与精神文明建设】 1. 构建党建长效机制。一是牢固树立“抓好党建是本职,不抓党建是失职”的观念,努力营造党建工作氛围,成功申报“全国先进基层党组织”;在建党 90 周年纪念活动中,全体党员重温入党誓词,参加党史知识竞赛、“红色经典”诗歌朗诵会、“党旗在我心中”演讲比赛,深入开展“学党史、知党情、强党性”宣传教育活动,增强党员队伍和党组织的创造力、凝聚力、战斗力;积极参加全县“庆七一唱红歌”比赛,获得二等奖。二是延伸精神文明创建活动空间,把职工思想道德建设放在突出位置,推动水利行业精神文明建设，全局职工为吴忠市慈善基金捐款 30000 元,为基层困难党组织捐款 5000 元,为“圆梦大学生”捐款 8000 元。7 月初,水务局的全国文明单位创建工作顺利通过自治区文明委复验,“全国文明单位”的荣誉称号已蝉联三届。三是积极联系同心县中医院,对所有职工进行了体检。

2. 延伸廉政建设领域。认真贯彻落实同心县党风廉政建设和反腐败工作会议精神，制定学习制度和学习计划，定期组织干部职工认真学习政治理论和党纪、政纪条规以及水务部门廉政规章制度。在机关大楼内悬挂廉政标语，做到警钟长鸣，防微杜渐。积极开展廉政文化进机关活动，把机关廉政文化建设与转变作风、提高行政效能、服务人民群众有机结合。3月下旬，水务局专职副书记为机关全体党员作了题目为《立足岗位比作为，创先争优当模范》廉政课宣讲。在教育活动中，局班子成员带头学习贯彻《廉政准则》和《吴忠市党政领导干部问责暂行办法》相关要求，班子成员每人完成一篇学习心得体会，带头公开"廉政承诺"，严格执行"四大纪律八项要求"，自觉做到"八个坚持、八个反对"，从思想上筑牢防线。

3. 强化机关作风建设。一是继续开展"学习型机关"建设活动，修订完善效能建设规章制度，做到责任制、考评制、奖惩制相结合。二是政风行风工作再上台阶，按照同心县委统一部署，结合《宁夏水利系统 2011 年民主评议政风行风工作实施方案》要求，继续深入开展"千人评议百名股所长"活动；6月14日，水务局邀请同心县监察局第一纪工委负责人、部分人大代表、政协委员及受益群众和部分政风行风监督员参加了水务局民主评议政风行风工作专题会议。三是继续深入开展创先争优活动，结合"讲党性、强作风、做表率、争优秀"主题活动，提高领导干部综合素质，树立新形象；在党员干部中开展"创先争优活动领导点评"主题活动，凝聚全体党员干部的思想、行动和力量。四是抓好政治及业务知识学习，丰富学习方法，努力提高干部职工队伍整体素质。认真学习了中央1号文件、中央水利工作会议等相关会议及文件精神，干部职工人均完成学习笔记3万余字，心得体会1篇，中层以上干部完成调研报告1篇。五是积极参加同心县人事部门组织的继续教育学习，提高干部职工理论修养与业务素质。

4. 安全生产常抓不懈。一是结合本部门"平安单位""平安家庭"和"文明单位""文明家庭""文明职工"等创建活动，积极宣传《平安建设纲要》。同时加强机关内部管理，加强重点设施的安全防范措施，督促有关基层单位和工作人员妥善保管好文件、资料及重要凭证、印章和报表等，严防失密盗窃事件的发生。二是 2011 年水务局共接待群众来信来访 12 人次，就来访信件及来访人员按照班子成员责任分工，耐心疏导，及时给予答复，办理效率 100%，真正做到了信访工作事事有回音，件件有着落。三是就计划生育工作，年初召开专门会议，与各基层所站、股室签订了计划生育责任书，调整了计划生育工作领导小组，对水务局干部职工计划生育情况进行登记上报，做到无计划外生育情况发生。四是结合民族团结宣传教育年活动要求，制定了水务局深入开展"民族团结宣传教育年"活动实施意见，成立了工作领导小组，制作了展板，宣传民族政策及先进民族人物，购买了《民族团结教育通俗读本》等资料，并在干部职工学习中做了安排，进行集中学习。

5. 人大议案及时办理。就涉及水务局职责范围内的各类议案和提案，及时召开会议，认真研究办理方案，限时办结，及时答复，做到让提案人满意。一年来，累计办理吴忠市人大议案及建议案 2 件，政协提案 2 件；办理同心县人大议案及建议案 17 件，政协提案 4 件。

6. 宣传报道成绩显著。水利宣传共编发简报 206 期，各类网站发表信息 198 条，自治区、吴忠市、同心县电视台播放水利新闻 167 次，报纸杂志刊载稿件 69 篇，制作新闻专版 2 期、专题片 2 部。

（白利彬）

盐池县水务局

【概况】 2011 年盐池县水务局（以下简称"水务局"）认真贯彻落实中央 1 号文件精神，以全县工作大局为重，紧紧围绕科学发展、跨越崛起这一主题，严格按照"主题不变精力更加集中、目标不变要求更加严格、思路不变重点更加突出、机制灵活运转更加高效"的总体要求，积极争取水利发展项目投资，全年共争取到人畜饮水、水土保持、高效节水农业、生

态治理等水利项目投资19186.67万元。确保各类水利工程建设有力推进。（蒋听　孟砚岷）

【工程建设与管理】1.工程建设。一是马儿庄林果间作基地节水灌溉示范及小型农田水利水源工程。工程铺设输水支管89千米，滴灌管635千米，滴灌带2320千米，发展节水灌溉420公顷。水源工程批复修建集水塘1座，完成批复总投资896万元。二是王乐井高效节水补灌工程。工程新建泵站2座，铺设地埋管道244.44千米，完成批复总投资3392.83万元。三是生态移民农田水利及人饮工程。工程建设包括十六堡农田水利工程和十六堡、北唐两个移民安置区人畜饮水工程。农田水利工程新建加压泵站1座，铺设各类输水管道15.8千米，发展节水灌溉103.33公顷，完成投资528万元。人畜饮水工程铺设各类输水管道74.2千米，自来水入户854户，养殖温棚供水615栋，完成投资171万元。四是2010年度巩固退耕还林成果基本口粮田项目。工程建设基本口粮田936.67公顷，其中：旱作基本农田303.33公顷，水浇地640公顷，完成批复国补资金566万元。五是2010年牧区水利项目工程发展牧区节水灌溉面积133.33公顷，完成批复总投资195万元。六是东宝供水工程。工程解决盐池县宝塔等7个村1587人的饮水安全问题，同时替换灵武市古窑子、回民巷供水工程。铺设压力管道27.5千米，配水支管26.447千米，完成批复总投资778万元。七是第三批“百村千户”自来水入户工程。工程涉及高沙窝、花马池、王乐井、大水坑、青山和冯记沟6个乡镇38个行政村170个自然村8716户44143人，共铺设配水管道646.27千米，完成投资2018.76万元。八是红山沟治理工程。工程共治理排洪沟道31.53千米、县城段泄洪沟3.03千米、配套生物防护工程等，完成投资2982万元。九是王乐井防洪工程。工程建防洪堤8270米，开挖排水支沟6280米、排水干沟8500米，完成批复投资420万元。十是水土保持工程。实施建设后台等3座淤地坝加固改造工程，完成国补投资132万元；完成国家农业综合开发水土保持项目柳杨堡项目区东塘、官记圈二条小流域综合治理面16.33平方千米，投资383.76万元；完成杨儿庄小流域治理，维修机井3眼，发展低压管灌20公顷，膜下滴灌20公顷，架设农电线路1.3千米，完成国补投资123万元；完成南洼节水灌溉工程，新增膜下滴灌130.67公顷，新打机井6眼，架设高、低压输变电线路5千米；栽植防护林13.33公顷，建设村庄道路、生产路18.8千米，完成投资314万元。十一是盐池县城北高效节水补灌工程。发展节灌面积753.33公顷，批复投资1186万元，该工程已开工建设。十二是第三批重点县2011年小型农田水利项目。发展高效节水补灌面积1340公顷，批复投资1855.59万元，该工程已开工建设。十三是扬黄灌区改造工程。工程正在实施改造三道井泵站、李家坝泵站及干渠任务，工程投资3201.79万元。

2.工程管理。改变以往“重建轻管”的工程管理现状，推行“谁受益、谁管护”的原则，根据工程性质与用途确定工程管理主体，明确责任，强化管理，狠抓工程质量。建立健全工程质量管理和保证体系，严格实行项目法人责任制、招投标制、监理制。抓好在建水利工程安全生产规章制度、安全生产责任落实，确保各项水利工程运行正常，发挥最大效益。

（蒋听　孟砚岷）

【农田水利基本建设】农田水利基本建设按照“3592”工作思路，坚持“因地制宜、务求实效，高点定位、彰显特色，规范管理、创新突破”的总体原则，强化三项措施、建设五大片区、实施九项重点工程、建立两个长效机制，累计完成投资4.69亿元，盐池县财政投入1.37亿元，其中水利工程投入4892万元，同比增长206.8%；累计投入工日69.6万人次，投入机械7.27万台次，动用土石方2560万立方米。改善灌溉面积6.03千公顷，新增灌溉面积1千公顷，新增节灌面积5.31千公顷，新增节水补灌面积3.71千公顷，新增基本农田1.61千公顷，改造中低产田333.33公顷，新增防渗渠道516.5千米，清淤沟道129千米，清淤渠道363千米，整修农路1018千米，加固淤地坝5座、洪漫坝151道，打井打窖380眼，治理水土流失面积29.4平方千米，建设小畦田13千公顷，组织实施扬黄续建二期人饮工程，解决了380个村庄13.5万人饮水安全问题。获得自治区农田水利基本建设“黄河杯”特等奖。

（蒋 听 孟砚岷）

【防汛抗旱】 1. 防汛工作。一是编制和完善了《2011年盐池县防汛预案》《盐池县山洪灾害防御预案》，并紧急下发了各类防汛文件及通知。二是召开防汛工作会议，签发了防汛目标责任书，县乡两级防汛办实行24小时值班，确保讯息畅通。三是全县组建了1782人的防汛抢险队伍，共落实了推土机18台、装载机36台、防洪抢险车14辆以及砂石土料1.5万立方米、编织袋30000条、铅丝2.5吨、各类水泵108台。四是在进一步组织引导群众开展防灾自救的同时，多方筹措，争取实施中小河流治理项目（红山沟整治）2982万元，完成山洪灾害普查及危险区划定，县乡村三级防御责任组织体系已建立健全，预案编制基本完成。盐池县的防汛抗旱工作在吴忠市考核取得第一名。

2. 抗旱工作。2011年全县累计降水量为392.6毫米，前期降雨以无效降水为主，后期较大范围的有效降水5次，比往年明显提早，对缓解旱情及生态恢复都十分有利。由于天气复杂多变，高温等天气影响，仍造成了农作物受旱受灾面积1.06千公顷，缺水人口1.25万人、大牲畜0.14万头、羊42万只，机电机井出水不足265眼。为有效解决旱情，多方筹措资金，先后投入抗旱机泵246台套、拉水车辆296次，新打抗旱机井7眼；维修李庄子、旺四滩、城西滩、大水坑等小型人饮工程4处，采取发放水票、燃油票、拉水等办法为群众补水6500立方米。

（蒋 听 孟砚岷）

【水政与水资源管理】 1. 规范程序，落实最严格的水资源管理制度。采取多项措施，严抓水资源管理，规范用水行为，力争做到实现四个必须：必须计划用水、必须凭证用水、必须安装计量设施、必须足额缴纳水资源费，有效节约保护有限地下水资源。一是严格取水许可审批。进一步规范取水许可审批程序，落实水资源论证制度，按照公开、透明的原则，严格审批，从源头上把好水资源开发利用关。在盐池县城周围、饮用水源保护区严格禁止开采地下水。二是加快安装用水计量设施，有36家用水企业安装用水计量设施，为实现计量用水打好基础。三是严厉打击非法取水行为。严格按照《水法》等相关规定和中央1号文件精神，对未经批准擅自取水、未按批准条件取水费等行为依法进行严厉打击。办理取水许可证9本，审核批准新打机井25眼，共处理各类非法取水案件5起。

2. 严格执行规费收缴、管理、使用的规定。认真贯彻执行相关文件，严格履行收支两条线，全年上缴水土保持设施补偿费198.84万元，水资源费124.52万元。

（蒋 听 孟砚岷）

【水利普查】 一是完成了水利普查机构的组建，明确了各成员单位的职责和工作方式。二是召开了盐池县第一次全国水利普查工作会议并制定印发了《盐池县第一次全国水利普查工作实施方案》。明确了普查的目标与任务、普查原则、普查时点、主要普查内容、普查技术路线与方法、普查进度安排及普查的组织实施等。三是完成了清查登记阶段各项基础资料的整理名录的确定，进入普查阶段。

（蒋 听 孟砚岷）

【党建与精神文明建设】 1. 明确目标，党建及创先争优工作有了新突破。按照创先争优活动“深化拓展年”的要求，全面推行“两管三评一推优”考核管理机制，党组织和党员党性意识、责任意识不断增强。全局党建工作由规范化建设向提高阶段扎实迈进。

2. 加强防范，党风廉政建设有了新起色。为了切实做好廉政风险防范管理工作，采取上级点、相互评、群众提等措施认真查找风险点，经梳理，共查找出风险点16条，个人共查找风险点40条，适时开展了风险防范工作落实情况满意度测评，群众满意度达100%。

3. 整改得力，政风行风有了新转变。制定《水务局关于2011年民主评议政风行风工作实施方案》，明确指导思想、评议对象、评议内容、组织领导以及评议方法和步骤等，通过召开动员会，开展政风行风的民意测评及行风整改等工作，使政风行风有了新转变。

4. 加大力度，机关效能建设有了新发展。按照自治区、吴忠市、盐池县有关文件精神的安排，狠抓机关效能建设，使机关纪律、精神文明建设、社会治安综合治理、计划生育、卫生、工会、共青团、妇女、信访、社区、提案办理、知识分子和老干部等工作取得了新发展。

5. 强化预防,安全生产工作全面落实。坚决实行“安全生产”一票否决,把安全生产放在工作的重中之重,切实抓紧抓好抓实,把安全隐患消除在萌芽状态。进一步建立和完善工程建设安全管理制度,规范和增强工程建设的安全行为和责任意识;加强城市供水和农村人饮工程安全管理,确保城乡人民饮用水安全。保证了全年无安全事故发生

(蒋 听 孟砚岷)

红寺堡区水务局

【概况】 2011年,红寺堡区水务局(以下简称“水务局”)在红寺堡区委、区政府的正确领导下,在上级业务部门的大力支持和指导下,坚持以科学发展观为指导,紧紧围绕农业主导产业发展,按照“内节外扩”的治水思路,以节水灌溉为核心,以项目建设为依托,以灌溉管理为重点,以全面建设节水型社会为宗旨,努力构建和谐水利、文明水利、民生水利和可持续发展水利,为红寺堡经济社会跨越发展提供坚强有力的供水保障。 (马富贵)

【工程建设与管理】 开工建设水利工程14个,总投资30216.71万元。已完工的工程8个,总投资6594.5万元。即鲁家窑慈善工业园区和生态移民区供水工程、太阳山红寺堡工业园区绿化供水工程、2010年小农水重点县建设项目、2010年退耕还林成果基本口粮田建设项目、红柳沟治理工程、城南万亩生态节水灌溉示范工程、阎家庙子项目区水源及海子塘特色补灌工程、红寺堡区万亩林场片区综合开发工程。正在实施的工程6个,总投资23622.21万元。即阎家庙子项目区海子塘设施滴灌工程、乌砂塘综合水源工程、西部农村饮水安全水源改造及扩建工程、杨柳和西川葡萄滴灌节水灌溉工程、鲁家窑生态移民饮水工程、鲁家窑供水水源工程。 (马富贵)

【灌溉管理】 农业灌溉继续实行指标供水,2011年自治区水利厅分配给红寺堡区全年的水量指标为1.56亿立方米。继续按照“以供定需,以水定植,指标供水”的方法,编制用水计划,核定用水指标,在灌溉面积增大水量减压的情况下,层层签订了供水协议,将灌溉水量分解到乡镇、到村、到田块。

1. 加大渠道维修力度,积极做好灌前各项准备工作。一是针对灌区缺水的严峻形势,灌前召开由乡、村及各用水单位参加的灌溉工作会议,积极动员群众提前预缴水费,做好建筑物检查维修及渠道清淤等各项准备工作,确保了灌区各级渠道按时通水。二是利用“世界水日”“中国水周”,组织水管人员走村串户,通过召开座谈会、印发宣传单等多种形式,向广大群众宣传水情及产业结构调整的重要性,增强了群众的节水意识。

2. 加强用水管理,优化调度方案,确保灌区均衡受益。由于黄河来水量减少,灌溉面积逐年增加,分配给红寺堡灌区的用水指标已不能满足灌区用水需求,同时,受水利设施供水能力所限,缺水形势十分严峻,灌溉矛盾十分突出。为此,水务局严格按照《红寺堡灌区灌溉管理暂行办法》,进一步加强用水管理,优化调度方案,精心编制用水计划,规范管理程序,严格按计划配水,确保了灌区各支口均衡受益,使有限的水资源发挥最大的经济和社会效益。

3. 合理调水,精心配水,力避灌溉高峰。随着灌区灌溉面积逐年增加,作物种植结构单一,灌溉水量有限,在灌溉高峰期无法满足作物用水需求,极易造成旱情,供需水矛盾十分突出。特别是新庄集和新圈两灌区,渡槽及倒虹设计流量小,泵站水泵老化、机组不匹配,上水流量小,各渠道水量难以优化调配,供水压力大。水务局积极与宁夏红寺堡扬水管理处协调,增调水量,对倒虹、渡槽等重要建筑物及渠道险工险段实行轮流值班制,昼夜加强巡护,及时掌握各支口灌溉进度,根据农作物种植结构,采取集中轮灌、加大水泵定时电流来增加水量,延长灌水周期,倒机甩草等措施,合理调配水量,最大限度地缓解了用水高峰期的灌水矛盾。

4. 坚持以供定需,以水定植,变被动抗旱为主动调整。按照红寺堡区农业产业发展的总体规划,坚持

以水定植，灌前对各类农作物的种植面积进行了准确统计，合理分配水量，采取有力措施，确保灌溉有序进行，有效缓解了旱情，全区无一例因灌溉而引发的上访事件。（马富贵）

【农田水利基本建设】 2011 年，红寺堡区农田水利基本建设认真贯彻《中共中央、国务院关于加快水利改革发展的决定》精神和中央水利工作会议精神，以加快水利基础设施建设为重点，以多渠道投入为保障，紧紧围绕“高效节水”这一核心，以促进农民增收、加快现代节水农业发展为主线，注重质量，讲求实效，创新机制，加大投入，广泛发动，开展大规模的林、田、路、沟、渠综合治理，着力实施农村饮水安全工程、综合水源工程、高效节水改造工程建设，进一步深化农村水利改革，坚持人与自然和谐相处的治水思路，最大限度地解决群众灌水难、行路难、吃水难等实际问题。

2011 年红寺堡区的重点水利工程建设紧紧围绕完善水利基础设施，改善农业灌溉条件，在提升灌区灌溉标准和节水增效上做文章。

投入资金 5700 余万元，组织实施了 2010 年巩固退耕还林成果基本口粮田水浇地提升改造项目，谭庄子、石炭沟、红阳村土地整理项目，水库移民结余资金项目等以末级渠系砌护为主的灌区改造项目，累计改善灌溉面积 2.21 千公顷，砌护渠道解决了农田灌溉“最后一千米”的问题，深受群众欢迎。

投入资金 4792 万元，实施高效节水灌溉项目，其中 2011 年全国小农水重点县项目分杨柳村和西川村两个片区，总治理面积 0.77 千公顷，目前杨柳村葡萄滴灌项目、西川村葡萄滴灌项目正在建设之中，两个项目计划与 11 月 10 日前全部完成主体建设任务。阎家庙子项目区海子塘葡萄设施滴灌项目和农业综合开发土地治理海子塘葡萄滴灌项目主体工程已全面完成，完成葡萄滴灌配套面积 1.12 千公顷。

投入资金 2.1 亿元，实施综合水源及农村饮水工程 4 个，其中西部农村饮水安全水源改造及扩建工程、鲁家窑生态移民饮水工程主体已完工，目前已入户 82%。乌沙塘综合水源工程和鲁家窑工业园区及生态移民区综合水源工程属跨年度项目，目前正在建设高峰期，计划于 2012 年 10 月月底全面竣工。

累计完成沟道清淤 14 千米，各级渠道清淤 2463 千米，渠道砌护 529 千米，整修农路 491 千米，配套各级各类建筑物 1898 座，清收秸秆 8 千公顷，建设小畦田 12.53 千公顷，完成林带整修 1.08 千公顷。累计投入劳动力 161 万工日，投入各类机械 6.1 万台班，完成土(石)方 753 万立方米，累计完成投资 2.3 亿元。解决了 3.2 万人饮水困难，改善灌溉面积 2.8 千公顷，新增高效节水灌溉面积 1.21 千公顷，新增高效节水补灌面积 1.2 千公顷。（马富贵）

【防汛抗旱】 全面组织开展工程大检查。2011 年 3 月份，根据自治区、中卫市防汛抗旱指挥部的要求，水务局及早动手做好防大汛、抗大洪、抢大险、救大灾的各项准备，提早对辖区内的防洪除涝工程做详细、全面的检查。水务局抽调 8 名技术干部及水管人员 25 人，分成四组，逐河逐堤、逐建筑物地做拉网式检查，对检查出的险工险段、病险建筑物、堤防隐患都进行了登记造册，并按照轻重缓急和规模大小筛选分类；对小规模的维修工程，当即落实维修方案，明确维修单位和责任人，限期完成维修任务；对规模较大，资金需求较多，一时无力维修的工程上报自治区水利厅争取资金进行修缮。对检查出来的行洪障碍，也落实了责任人，限期清除。

认真落实防汛责任制。2011 年着重抓了五项防汛责任制的落实。一是落实了行政首长负责制，及时调整了红寺堡区防汛抗旱指挥部领导成员；二是落实了分级负责的责任制，实行了行政领导责任制，领导干部都要到现场认段，检查工程，熟悉安全度汛方案；三是落实了分部门负责制，红寺堡区防汛抗旱指挥部发文详细规定了各成员单位的防汛职责；四是落实了防汛岗位责任制，对参加防汛的有关人员分组定岗，各司其职，责任到人。

进一步修订完善防洪预案。为使各类预案、方案缜密可行，汛前红寺堡区防汛指挥部根据上级要求和近几年的实际情况，重新修订完善了《红寺堡区防汛工作预案》，增强了可操作性和实用性。各乡镇也修订完善防洪预案，并于 5 月月底报区防汛指挥部。

认真落实抢险物料和抢险队伍。共储备照明灯20盏、雨衣50件、雨伞20把、救生衣34件、草袋1.1万条、麻袋0.1万条、人力车10辆、铁锹50把等常备防汛物品,为防汛抢险提供了物资保障。

防洪宣传。组织各乡镇开展了一系列防洪宣传工作。一是对沿河群众大力宣传《防洪法》中“河道内不准设置阻水障碍物”和“谁设障,谁清除”的有关规定,防止沿河群众把作物秸秆和柴草放在河道内。二是向群众宣传河道内不准栽种树木和高秆作物,阻碍行洪。

加强汛期值班。从5月15日开始,实行24小时值班制度,确保信息畅通。（马富贵）

【水政与水资源管理】 水务局始终把加强水法律、法规宣传作为水行政执法的基础工作,坚持“三个面向”,实行“三个结合”,即:坚持面向领导、面向群众、面向生产建设单位,实行集中宣传与分散宣传相结合、普遍宣传和重点宣传相结合、突击宣传和长期宣传相结合。利用“世界水日”“中国水周”“12·4全国法制宣传日”,借助电视、报纸等媒体,出动宣传车进村入户开展水法宣传。共出动宣传车2辆,发放宣传资料5000余份,张贴宣传图册200多张。

结合机构改革不断调整充实执法队伍,严格行政执法、加大执法力度这个中心,切实加强水利系统执法能力和执法保障两个基础建设,全面推进水务行政执法工作。选派执法骨干参加上级组织的水法、行政处罚法、行政许可法等法律、法规培训和参观学习,提高了全体职工的法律素质。建立健全执法监督制度,用制度规范执法行为。设立了公示栏、监督台自觉接受人大、政协和社会监督,增加了水务行政执法的透明度。

认真执行水法,强化水资源有偿使用制度,坚决打击无证开采和超采地下水资源,依照相关法律法规,以制止和查处非法凿井、非法取水、河道内违章建筑等案件为重点,以点带面,加大对违法行为的打击力度,起到良好的效果。（马富贵）

【党建与精神文明建设】 以强化理论武装为先导,扎实推进学习型党组织建设。一是完善学习制度。按照建设学习型党组织的要求,建立健全科学的学习组织、约束、转化、激励等机制,切实把建设学习型党组织的要求落到实处。二是丰富学习内容。立足水务工作实际,深入学习党的路线方针政策、国家法律法规、水利专业知识等内容,增加自身的知识积累,切实做到学以致用。三是创新学习方法。积极探索研讨式学习、互动式学习等学习方法,以增强学习的针对性和实效性。四是营造良好氛围。水务局领导主动带头,带动干部职工学习。宣传学习中取得的成绩和传播好的学习经验,为学习型党组织建设营造良好的氛围。

以开展重大活动为抓手,不断提升党建工作水平。一是扎实推进创先争优活动。抓班子,完善创先争优活动机制;抓宣传,营造创先争优活动氛围;抓载体,搭建创先争优活动平台;抓结合,助推创先争优活动开展。二是认真抓好党务公开工作。坚持党内公开与党外公开相结合,与政务公开相结合,与构建“惩防体系”相结合,与水务局中心工作相结合,突出抓好公开的内容、形式、程序和时限四个重点,规范操作,稳步推进。

以抓好防控机制建设为重点,全面加强反腐倡廉工作。一是加强党风廉政教育和监督,强化廉洁自律。以党性党风党纪教育为重点,加强对党员干部特别是领导干部理想信念教育和廉洁从政教育,认真解决好履职不力、作风不实、效能不高、作风不严的问题。二是开展廉政风险防控机制建设,强化源头治理。要以找准廉政风险点为基础,以监控权力运行为核心,以规范工作流程为重点,以降低廉政风险为目标,建立廉政风险教育、排查、预警和化解机制,全面开展“思想教育发动、职责职权梳理、廉政风险查找、防控措施建立、工作流程制作、制度机制建设”等工作,进一步完善拒腐防变的长效机制。

以抓好和谐机关建设为载体,大力推进精神文明建设。一是以弘扬社会公德、职业道德、家庭美德为主要内容,积极开展文明站室、文明家庭创建活动。二是组织干部职工积极开展文体活动,倡导健康积极的生活方式。三是积极开展扶贫帮困活动。认真落实结对帮扶对象,搞好牵手致富、访贫问苦送温暖活动。（马富贵）

固原市水务局

【概况】 2011 年,固原市水务局(以下简称“水务局”)认真贯彻中央、自治区关于加快水利改革发展两个《决定》精神,全面落实自治区水利工作会议的安排部署,深入实践科学发展观,积极践行可持续发展治水思路,以破解水资源短缺难题为主线,以统筹城乡水利发展总揽全局,加快推进“北扬黄河水、南引泾河水、就地利用库井水、综合治理流失水”工程体系建设,建立“大中小微并举、蓄引集提结合、库坝井(窖)池联用”的供水模式,尽快形成“南北配置、丰枯补给”的水资源格局。狠抓重点水利工程建设步伐,积极协调宁夏固原地区城乡饮水安全水源工程全面开工建设。加大民生水利工程建设力度,完成了15 座病险水库除险加固工程、13 处农村饮水安全工程、灌区节水改造工程 28 处、水土流失综合治理面积 3.82 千公顷,为固原市“一五五”工程和城市化、工业化、农业现代化建设提供了保障,全市共完成水利项目投资 6.27 亿元。

水务局设办公室、计划统筹科、水利建设管理科、水政水资源管理科、水土保持科 5 个行政科室;设水土保持工作站、防汛抗旱指挥部办公室、水利工程质量监督站、水资源管理站 4 个事业单位。

(杨卫杰)

【重点水利工程】 1. 宁夏固原地区城乡饮水安全水源工程。可行性研究报告已通过国家水规总院审查并上报水利部审批,秦家沟水库为该项目调蓄性蓄水工程已完工,具备蓄水条件,完成投资 9700 万元。秦东补水工程 10 月 20 日完成了前期征地工作,11 月 5 日完成招投标并进场开工建设,中庄水库征地移民、“三通一平”工程及湿陷性黄土基础处理试验已开始实施,龙潭水库交通隧洞疏通工程已开工建设。

2. 盐化工循环经济扶贫示范区供水工程。在完成水资源论证报告、可行性研究报告和初步设计报告的基础上,开工建设一期供水工程。临时供水工程6 月初竣工,完成投资 195 万元。

3. 彭堡水源地地下水库工程。建成地下连续墙4200 米,完成投资 8400 万元。(杨卫杰)

【工程建设与管理】 1. 病险座水库除险加固工程15 座(原州区 3 座、西吉 8 座、隆德 3 座、彭阳 1 座),全面开工建设,完成投资 5000 万元。

2. 农村饮水安全工程 13 处(原州区 3 处,西吉县 3 处,隆德县 2 处,泾源县 2 处,彭阳县 3 处),全面开工建设,铺设管道 549.69 千米,完成投资3219.5 万元,解决了 12 万农村人口饮水安全问题。同时完成了项目管理信息系统数据采集工作。

3. 中小河流治理工程 5 条(原州区清水河马饮河段河道,彭阳县茹河白阳镇段河道,泾源县香水河上游段河道,西吉县葫芦河吉强段河道,隆德县渝河上游段河道),全面开工建设,砌护河道 38.76 千米,完成投资 7982.8 万元。(杨卫杰)

【灌溉管理】 本着边规划边实施的原则,完成了全市和各县(区)百万亩库井灌区节水改造项目规划编制工作,完成灌区节水改造工程 28 处,新增节水灌溉面积 4.75 千公顷,新增灌溉面积 0.77 千公顷,改善灌溉面积 2.22 千公顷,完成投资 15879 万元。

(杨卫杰)

【农田水利基本建设】 积极调整工作思路,把农田水利基本建设与发展现代农业相结合,坚持沟、渠、田、林、路、塘、庄点统一规划,集中治理,各项工作取得了突破性进展,农田水利基本建设、管理和改革取得了突出的成绩。2011 年固原市农田水利基本建设共投入资金 167893.54 万元,投入机械 19.14 万台班,投工785.41 万工日,完成土石方 6078.64 万立方米。清淤支斗农渠 598 条 540 千米,新修和整修乡村道路501 条 860 千米,砌护渠道 823 条 442.9 千米,建设施农业供水工程 14 处,完成综合示范点建设3.4 千公顷,新增基本农田 8.53 千公顷。(杨卫杰)

【防汛抗旱】 不断增强应对异常气候变化能力建设,充分发挥库、坝、窖、池等工程的蓄积功能,大力推行节水灌溉等技术,及时开展抗旱保收工作。积极与泾源县、六盘山水务公司协调沟通,解决了东山坡引水工程引水与当地苗木灌溉用水矛盾,充分挖掘海子峡水库供水能力,保证工程发挥最大供水效益;

督促六盘山热电厂启动中水使用管理方案，减轻城市供水压力；启用地勘院在彭堡水源地6眼机井，缓解供水矛盾。 （杨卫杰）

【农村饮水安全】 开工建设13处（原州区3处，西吉县3处，隆德县2处，泾源县2处，彭阳县3处）农村饮水安全工程，按时全面完成了建设任务，解决了12万农村人口饮水安全问题。铺设管道549.69千米，完成投资3219.5万元，并完成了项目管理信息系统数据采集工作。 （杨卫杰）

【水政与水资源管理】 利用“世界水日”和“中国水周”，广泛开展水行政法规宣传活动。指导各县（区）办理水资源取水许可工作，加强节水型社会建设工作。结合“六五”普法工作，制定了《固原市水利系统法制宣传教育第六个五年规划实施意见》和《固原市水务局2011年普法依法治理工作计划》。同时加大对涉水违法案件的查处和水事纠纷的协调处理力度，全市发生涉水案件47起，结案37起，调处水事纠纷64起。 （杨卫杰）

【节水型社会建设】 把节水型社会建设纳入县（区）有关部门工作考核，并签订了节水型社会建设目标责任书。本着边规划边实施的原则，完成了固原市和各县(区)百万亩库井灌区节水改造项目规划编制工作，完成灌区节水改造工程28处，新增节水灌溉面积4.75千公顷，新增灌溉面积0.77千公顷，改善灌溉面积2.22千公顷，完成投资15879万元。 （杨卫杰）

【水土保持】 坚持“生态立市”战略，大力推广彭阳水土保持生态建设经验，以清洁型小流域治理为重点，坚持生态型治理向生态经济型治理转变，全面实施好农业综合开发水土保持项目、坡耕地综合整治项目和小流域试点示范等项目，完成小流域综合治理17条，完成水土流失综合治理面积382.33平方千米，兴建小型水保工程278座、淤地坝除险加固工程14座，完成投资12832.13万元。 （杨卫杰）

【水利普查】 编制固原市水利普查方案，召开了水利普查启动会议，完成了基础名录审核汇总、清查名录的审核汇总和固原市第一次全国水利普查基层登记台账登记管理系统安装调试工作。 （杨卫杰）

【水务一体化建设】 根据自治区水利厅提出的统筹调度、优化配置固原市水资源，实行区域水务一体化的要求，认真贯彻落实固原市委、市政府专题会议精神，按照“权责统一、人随事走，资产整体移交、兼顾各方、分步实施”的总体原则，完成了东山坡水务有限责任公司(固原市东山坡引水管理站)和海子峡水库管理站，固原市供水排水总公司，原州区寺口子水库、冬至河水库、上店子水库整体划转移交工作。积极配合自治区发展和改革委员会组建了固原东山坡引水工程竣工验收委员会，并对固原东山坡引水工程进行了竣工验收。 （杨卫杰）

【党建与精神文明建设】 深入开展“思想大解放、树立新形象”活动，认真贯彻执行固原市委提出的“十项规定”和“八办要求”，从创建学习型机关入手，加强机关党的建设，改进工作作风，提高行政执行力，强化宣传教育，把干部职工的积极性引导到做好水利发展与改革上来。一是按照固原市机关党的建设、宣传思想文化工作安排，在创先争优中深入开展了“讲党性、强作风、做表率、争优秀”和“以人为本、执政为民”的主题教育活动，认真开展了纪念建党90周年系列庆祝活动，狠抓中心组和干部理论学习，努力打造书香机关，扎实推进了学习型党组织建设。二是以加强党的执政能力建设和先进性建设为主线，牢牢把握围绕中心、建设队伍“两大任务”，切实加强思想政治、业务能力、机关作风、系统行风、反腐倡廉“五项建设”。组织广大党员干部参观革命圣地井冈山，进行爱国主义教育，进一步提高了全体干部职工的党性修养；组织广大干部职工开展红色革命歌曲大奖赛活动，进一步加强了党员干部党性修养。三是加强水利政风行风建设，以开展创先争优活动为载体，弘扬“献身、负责、求实”的水利行业精神，立足本职岗位，进一步改进工作方法，端正工作态度，严肃工作纪律，转变工作作风，提高工作效率，不断增强事业心和工作责任感，着力营造良好的发展氛围，进一步提升水利形象。四是全力抓好水利工程建设领域突出问题专项治理，强化以安全生产监管、工程建设检查、水行政执法为主要内容的水利安全监督工作，确保了全市水利工程建设未发生质量事故和安全生产事故。 （杨卫杰）

原州区水务局

【概况】 原州区水务局(以下简称“水务局”)是原州区政府的重要职能部门，承担着水利建设的中长期规划、农田水利建设、小流域治理、水库工程建设、节水灌溉、农村人畜饮水、防汛抗旱、水利工程管理、水资源管理等工作。水务局下设16个股队,9个水管所,7个乡镇水利工作站。现有职工525人,其中在职职工353人,离退休职工172人;有专业技术人员326人，占全局在职职工的92.35%，其中高级职称20人,中级职称130人,初级职称176人。专业技术人员2011年,在水库除险加固、重点县建设、农村安全饮水、中小河道治理、灌区节水改造、高效节水灌溉、巩固退耕还林成果基本口粮田项目、小流域综合治理、山洪灾害防治、生态移民等方面共争取项目26项，累计争取资金2.12亿元，较2010年增资31%。2011年荣获自治区农田水利基本建设“黄河杯”竞赛一等奖,这是自治区开展农田水利基本建设“黄河杯”竞赛活动以来原州区取得的最高奖项,为原州区农田水利基本建设工作树立了新的里程碑。水库移民政策落实到位,工作扎实有效,被评为自治区水库移民工作先进集体。节水灌溉工作,成为自治区节水灌溉工作的引领示范，被誉为宁夏节水型社会建设的样板，原州区也被评为自治区节水型社会建设先进集体,水务局获得2011年度自治区水利工作先进集体称号。 (唐福荣　刘世栋)

【工程建设与管理】 认真执行行业法律、法规和工程建设与管理的有关规定,加强组织领导,严格执行工程“四制”,强化资金管理,狠抓工程质量。2011年上报并批复的项目有:水库除险加固工程4项(即固原市原州区杨郎南门水库、蒋口水库、黑刺沟水库、中河曹河水库除险加固工程)；重点县建设项目1项;农村安全饮水及入户工程6项;中小河道治理工程1项;灌区节水改造及高效节水灌溉工程5项;退耕还林水浇地配套项目2项;小流域综合治理3项,生态移民项目2项；原州区山洪灾害防治县级非工程措施项目1项;水库移民1项。共计26项,累计争取资金2.12亿元。 (张会军　刘世栋)

【灌溉管理】 2011年原州区实际农业灌溉用水量为3340万立方米(其中扬黄水为890万立方米),春夏灌溉总面积为6.53千公顷,其中库灌0.8千公顷,扬黄灌溉1千公顷,井灌402千公顷,其他节引提灌533.33公顷。 (牛象辉　刘世栋)

灌区配灌

【农田水利基本建设】 2011年原州区继续以建设高效特色农业为重点,实施山、水、田、林、路、电、园综合治理,努力改善农业生产、农民生活、农村生态三大条件,积极调整工作思路,坚持规划机制创新、组织机制创新、投入机制创新、建管机制创新、长效机制创新,充分发动群众大干农田水利基本建设。按照思想认识不断深化,领导力度不断加大,重点项目不断加强,建设质量不断提高,工作职责不断落实的要求,领导靠前指挥,部门协调配合,乡村整体联动,干群热情参与。完成清淤渠道126条146千米;整修农路128条225千米；砌护渠道174条89.6千米;配套建筑物5343座;建设设施农业、特色农业供水工程1处;人饮集中供水工程3处,解决4.88万人口饮水问题；开展小流域治理3条，治理流失面积45100公顷;水库除险加固3座;新增灌溉面积1千公顷，新增节灌面积3.33千公顷（其中渠道灌溉433.33公顷,管道灌溉333.33公顷,高效节水面积2566.67公顷);新增基本农田3.13千公顷;库井灌区全面实现畦田化建设;完成秋覆膜13.33千公顷;完成机深翻26.67千公顷；退耕还林补植7.33千公顷;新增绿化面积3.67千公顷;修建四级砂砾公路50千米,改造危桥6座,硬化乡村道路36条288千

米,绿化155千米。（张会军　刘世栋）

【防汛抗旱】 防汛工作:认真贯彻“安全第一、常备不懈、预防为主、全力抢险”的方针。汛前编制和修订完成了寺口子、沈家河、冬至河三座中型水库《汛期调度运行计划及防汛抢险应急预案》和《原州区小型水库防汛抢险应急预案》，认真开展了汛前大检查，筹措资金13.4万元维修了影响度汛的水毁工程;汛前调整了防汛工作领导小组，落实了指挥部及各成员单位职责,明确了行政责任人、技术责任人和岗位责任人;组建专业抢险队伍1支100人,各库坝抢险队伍54支1520人,备足了防汛物资,确保各类库坝安全度汛。防汛工作做到了责任、机构、队伍、方案、物资和报警“六落实”。抗旱工作:采取各种有效措施,全力开展抗旱救灾。维修各类人畜饮水水源和供水管道20处16.3千米,淘泉、淘井460处,维修水窖2100眼。为高效节水设施农业园区和缺水学校、机关、企事业单位、敬老院和饮水困难群众拉水910车次4540立方米，利用流动机泵提灌浇地160公顷,发放旱地龙4吨。（张小平　刘世栋）

【农村饮水安全】 以保障农村群众生命健康和提高饮水质量为目标,建成张易盐泥、下青石等8处农村饮水安全和5处自来水入户工程，使6.7万人的饮水安全得到了保障；完成11处生态移民供水工程，为移民“搬得进、稳得住、逐步能致富”奠定了坚实的基础。投资1.7亿元供水主管道总长126千米的固原东部农村饮水安全已全面建成运行。2011年开工建设的有张易镇盐泥、中河乡黄沟等8处饮水安全工程及自来水入户工程,已全部竣工并交付使用。累计铺设干支管道459.4千米，安装进户龙头及水表2214套，完成投资1226.35万元，工程解决了18234人的饮水安全问题。2011年下半年批复实施的有张易、开城镇下青石等3处饮水安全及张易镇王套等9处自来水入户工程,已全部开工建设,工程建成后可解决48872人的饮水安全问题。头营镇大疙瘩等11处生态移民供水工程，已全部建设完成,完成铺设干支管道40.96千米,入户1538户。

（刘静书　刘世栋）

【农村水利改革】 积极探索农村水利工程分类管理、专业管理、群众管理的模式和途径。深化以明晰工程产权为核心的小型农田水利工程管理体制改革，大力推进以组建农民用水合作组织为重点的小型农田水利管理体制改革,实现“谁管护、谁受益”,充分调动广大农民群众及社会各界参与小型农田水利建设管理的积极性，成立农民用水者协会90多个。报请原州区区委、政府出台了《关于进一步加快原州区水利改革发展的意见》《原州区农村饮水安全工程运行管理办法》等管理办法。

（唐福荣　刘世栋）

【水政与水资源管理】 充分利用“世界水日”和“中国水周”等宣传日,面向社会宣传水法规知识。采取定点、定片巡查执法的方法,加强对重点河道及水资源的管理。及时依法打击各类违法行为,疏通整治河道8.6千米,恢复清水河、大营河采砂坑22处,清理河道垃圾1.3万立方米,砂丘3.6万立方米,消除隐患12处,调处水事纠纷43起;办理取水许可证23套,河道采砂证4套,查处水事案件23起,依法收取水资源费15.5万元。（马国忠　刘世栋）

【节水型社会建设】 针对原州区水资源短缺，节水措施不健全，农业灌溉水利工程节水设施配套不完善,灌溉水利用系数偏低等现状,在库井及扬黄灌区大力实施节水改造配套工程,新建节水工程,田、林、路、渠综合整治,全面完成了冬至河库井灌区等5项节水改造工程和8处设施农业园区节水配套工程,提高了水资源综合利用率。紧扣原州区建设“宁夏高效节水生态农业示范(县)区”目标,有效配置、调节区域间水资源,合理开发地下水,充分利用地表水,科学调度扬黄水,全面推广应用喷灌、滴管等现代节水新技术,采取土地流转、节灌配套等措施,建成了甘沟、鸦儿沟马铃薯种薯繁育等4处万亩高效节水农业示范区,并取得显著成效。结合秋季农田水利基本建设大会战,在南屯、杨庄、马庄等村完成了5个万亩番茄、马铃薯种薯等高效节水灌溉基地,使原州区高效节水灌溉面积已达12千公顷,为实现原州区高效节水示范(县)区目标打下了坚实的基础,促进了节水型社会建设步伐的加快。（唐福荣　刘世栋）

【水土保持】 结合发展现代节水农业、新农村建设,工程措施、非工程措施并举，以小流域为单元，以坡改梯、林草建设为重点，山、水、田、林、路，沟、峁、湾、掌、梁综合治理，扎实开展了水土保持生态建设，在规划布局上力求做到集中连片，质量标准上力求宽、大、平，实施了扬达子沟、驼巷等3项流域综合治理项目工程，开展了小流域治理5条，完成水土流失治理45100公顷，新增基本农田3100公顷，新修田间道路65千米，推进了水土保持生态建设步伐。

（杨德川　刘世栋）

【水库移民】 坚持以项目扶持为主，积极推进政策落实，切实保障移民的权益。实施了马园道路硬化等6项工程，硬化道路2.92千米，使移民区基础设施建设、生活条件进一步改善，实现了“政策兑现，社会稳定”的目标。完成了《大中型水库移民项目第二个五年（2011~2015年）规划》，《库区和移民安置区基础设施建设和经济发展规划》的上报、审核等工作，确定了水库移民项目惠民的发展目标。

（郭廷荣　刘世栋）

【财务管理】 2011年财政总收入12367万元，总支出21705万元，其中基本支出和项目支出10853万元，工资福利支出1648万元，商品和服务支出223万元，个人和家庭补助550万元，基本建设支出4143万元，其他资本性支出4288万元。

（尚旭东　刘世栋）

【党建与精神文明建设】 制定下发了《水务局2011年基层党建工作安排》，与各党支部签订了任务书，对无职党员设岗定责，进一步加强党组织建设，增强党组织的凝聚了和战斗力，为更好地完成全年的各项工作任务夯实了基础。制定了党员干部职工政治理论业务学习计划，以中心组学习为龙头，以水务局领导班子学习为重点，带动促进各支部、各股队加强理论学习。针对党员干部队伍和业务职能实际，按照“创先争优”“机关党的建设年”“以人为本，执政为民”“讲党性、重品行、做表率”等各项活动的具体要求，以创建活动为载体，采取灵活多样的形式，认真开展了“创先争优”“思想大解放，树立新形象”“连心工程”“建设优质工程、打造精品工程、服务人民群众、创建一流业绩”，“爱岗敬业、奉献水利、争当模范”及“先进单位、效能股室”、纪念建党90周年等活动。

（唐福荣　刘世栋）

西吉县水务局

【概况】 西吉县水务局（以下简称“水务局”）前身为西吉县水利局，2009年实行水务一体化管理以后，更名为西吉县水务局，主要承担全县的城乡供水、农田灌溉、防汛抗旱、水土保持等基础设施建设及工程运行管理。全系统现有10个乡镇级水利工作站（即马建、兴坪、苏堡、新营、吉强、沙沟、将台、马莲、兴隆、什字）、2个局属单位（即抗旱服务队、水土保持工作站）和1个企业（即自来水公司）。水务局机关内设设计室、财务股、工程管理中心、水政股、防办、人饮办、节水办、移民办、项目办及办公室等10个股室。现有职工370人，其中公务员有14人，行政工勤人员2人，事业编制人员304人（其中专业技术人员258人，即水利高级工程师9名、水利工程师130名、水利助理工程师129名），企业员工50人。

2011年水务局以两个《决定》为依托，全面贯彻落实中央及自治区水利工作会议精神，强力推进农村饮水安全、灌区节水改造、病险水库加固、水土保持、防汛减灾、县城应急水源等6大重点水利工程建设，全面提高了农村生活及农业生产基础设施建设水平，有力地保障了粮食安全、饮水安全、生态安全和防洪安全。2011年，西吉县开工建设人饮工程3处，集雨工程4500处，解决了7万人的饮水安全问题；开工新建水库除险加固8座，小流域治理3条，完成综合治理措施面积98.3平方千米，建设淤地坝3座，新增灌溉面积3.8公顷，改善灌溉面积16.7公顷，新增节灌面积10公顷，累计完成投资18123万元。水利工程建设为全县经济可持续发展、促进和谐社会建设奠定了坚实基础。（杨永祥）

【工程建设与管理】 1. 农村饮水安全工程。完成什字乡南台、吉强镇羊路、将台乡毛家沟、平峰镇金塘、下坪5处饮水安全工程，新营营昌移民新村、黄家川、三合自来水入户及6处生态移民饮水工程，完成

长易河水源工程建设

西吉西北部农村饮水工程主体工程，解决了7万农村人口的饮水安全；开工新建偏城高崖、兴隆镇代段2处农村饮水安全工程以及兴隆、马莲自来水入户工程。

2. 县城应急供水工程。为了进一步保障县城及农村饮水安全，加快水务一体化进程，整合城乡供水资源，将解决西吉县城居民饮水作为全县当前压倒一切的头号工作来抓，并将县城应急供水工程建设作为2012年西吉县庆70周年献礼工程，力争在2013年前立项建成中南部饮水西吉配水工程，多渠道全方位构建起西吉饮水安全工程保障体系。

3. 水库建设及病险水库除险加固工程。完成长易河水源工程建设。开工新建二府营、小河子和王沟、铧尖坝、偏城大庄、吊咀子、套子湾、龙王坝等8座水库除险加固工程，新营碱滩、白崖川口、吉强大滩、新营红庄、陈阳川5座水库完成设计方案上报工作；下坪水库除险加固工程初步设计已通过黄河水利委员会审查，吉强川口等24座小型水库加固列入规划。（杨永祥）

【灌溉管理】 整合葫芦河中型灌区节水改造工程、中央财政小型农田水利重点县建设补助项目、节水灌溉示范项目、以工代振项目和巩固退耕还林成果基本口粮田水浇地等项目，完成西坪、明荣、东坡、马莲、兴坪杨白虎、沙沟阳庄、吉强井灌区等7处高效节水灌溉项目，全县累计发展节水灌溉6620公顷，其中渠道防渗灌溉2826.67公顷，管灌2800公顷，滴灌866.67公顷，喷灌120公顷。经测试，滴、喷灌蔬菜种植每亩年节水超过3/4，亩均增产达20%，亩均最低效益5000元以上，创造了干旱带节水与效益双赢的新标榜，有力地保证了百千米蔬菜产业带的快速发展。（杨永祥）

【农田水利基本建设】 全面完成长易河水源工程建设任务，立项建设小河子、二府营、王沟、铧尖坝、龙王坝、偏城大庄、套子湾、吊咀子、川口、陈阳川、碱滩、红庄及沙沟下坪共13座水库除险加固工程建设任务。完成综合治理措施面积98.3平方千米，建设淤地坝3座，新增灌溉面积3.8公顷，改善灌溉面积16.7公顷，新增节灌面积10公顷。清淤支斗农渠112条120千米，整修农路115条158千米；砌护渠道160条101千米，配套建筑物3635座；新增旱作基本农田2866.67公顷，畦田建设6333.33公顷；建成生态移民供水工程6处，解决了7万人的饮水问题，其中不安全人口4.5万人。一大批群众反映强烈的灌溉难、吃水难、行路难等问题得到有效解决。农田水利基本建设为改善农业生产条件，增强农业发展后劲，提高农业综合生产能力发挥了重要作用。解决7万农村人口的饮水安全问题。获2011年自治区农田水利基本建设“黄河杯”竞赛三等奖。（杨永祥）

【防汛抗旱】 1. 抗旱工作。面对年初的旱情，积极落实抗旱措施，组织群众清淤干支渠22条20千米；维修机井58眼、水泉及土圆井785处(眼)、人饮工程12处；维修柴配移动高抽75台(套)，新购置柴配移动高抽30台(套)，铺设低压管道500米，购置白龙管3.8吨，送水带8000米，抗旱保灌面积1866.67公顷。发放抗旱桶210个，投入6辆送水车为西部重点乡镇免费送水，有效缓解了3.5万人的饮水困难。

2. 防汛工作。防汛工作按照属地管理、条块结合的原则，全面落实以行政领导为核心的各级各类责任制，使全县所有的库、坝、堰行政责任人、技术责任人和专职看护人员层层明确，防汛责任进一步得到落实，真正做到横向到边、纵向到底。汛前组织人员进行了一次拉网式专项清查，重新修订完善了库坝堰度汛方案，全面落实“预警到乡、预案到村、责任到人”的工作机制。通过物资补充、抢险应急分队的组建和全方位的宣传，提高了广大干部群众的防汛意识和责任感，确保了2011年的汛期安全。（杨永祥）

【农村饮水安全】 完成什字乡南台、吉强镇羊路、将台乡毛家沟、平峰镇金塘、下坪5处饮水安全工程，新营营昌移民新村、黄家川、三合自来水入户及6处生态移民饮水工程，完成西吉西北部农村饮水工程主体工程；开工新建偏城高崖、兴隆镇代段2处农村饮水安全工程以及兴隆、马莲自来水入户工程。铺设各类干支管道372.4千米，新打机井5眼，建各类阀井628座、过沟(路)等建筑物65座，解决了7万人的饮水安全问题。（杨永祥）

西北部农村饮水安全工程1000方蓄水池施工现场

【农村水利改革】 根据《西吉县水利工程管理体制改革方案》，明确职责和任务，累计使125处小型水利水保工程实现产权制度改革，成立乡级农民用水者协会29个，明晰小型农田水利工程产权，调动了社会和群众参与工程管理的积极性，以水养水的良性循环模式初步形成。同时，把建管并重的理念贯穿于水利工程建设的全过程，以建设“精品工程、放心工程、廉政工程”为目标，全面推行“四制”建设，加强了工程资金管理，严格资金拨付程序，核定了县农村安全饮水工程水价标准，加强了对人饮工程水质的监测，实现了总站管乡站、乡站管用水户的管理模式。（杨永祥）

【水政与水资源管理】 从加强水政执法队伍入手，加大水事案件的查处力度。加大宣传教育力度，在“世界水日”“中国水周”“科技活动周”等活动期间，坚持“三个面向”和“两个结合”的宣传方针，采取上街、下乡设立咨询点，刷写标语，挂条幅等多种形式对水利水保法律法规进行广泛深入的宣传，散发宣传材料3万份，出动法制宣传车27车次，撰写宣传信息23篇，举办水法律法规讲座15场、学习培训共18期。二是坚持依法管理，加大案件查处力度。全年累计巡查247人次，查处水事案件8起，调节水事纠纷12起，为维护水利基础设施建设和运行创造了良好的治安环境。（杨永祥）

【节水型社会建设】 以提高用水效率和效益为目标，通过水资源合理配置、产业结构调整、经济手段调控、加强需水管理和推广新技术新工艺等措施，建立节水载体15个。逐步形成了以节流为本的供水安全保障体系，实现水资源可持续利用，并获得“全区节水型社会建设先进集体”称号。（杨永祥）

吉强镇夏家大路流域综合治理

【水土保持】 西吉县继续坚持统一规划、综合治理、规模推进、注重效益的原则，实行山水田林草路综合治理，提高农业综合生产能力，使生态环境逐步得到改善。完成农业综合开发陕甘宁梯田建设项目郎岔项目区、三合流域王庆小流域综合治理项目年度建设任务，开工新建新克小流域综合治理与扶贫开发项目、黄岔坡耕地水土流失综合治理试点项目和聂家河流域南北山供水工程5项水保综合治理项目。总计完成机修农田1466.67公顷，地埂造林866.67公顷，田间道路70千米，治理水土流失面积98.3平方千米。（杨永祥）

【水库移民】 在什字、将台等7座水库移民区扶持移民7258人，累计砌护斗渠12条4.7千米，配套建筑物165座，改善灌溉面积90.8公顷，发展节灌面积228.3公顷。机井低压管灌工程新打机井3眼，配套潜水电泵3台，变压器3台，铺设低压管道3.2千米。完成机修农田182.8公顷，营造地埂林38.2公顷，新建日光温棚26座。（杨永祥）

【党建与精神文明建设】 大力开展“思想大解放、树

参加建党90周年红歌大赛

立新形象”活动，努力营造“风清气正”的良好氛围。完善了《水务局党风廉政制度》等相关制度，党风政风得到进一步转变。高度重视机关效能建设，不断提升机关和各基层水管单位的工作效率和质量，营造了良好的工作氛围，机关行政效能建设成效明显。

年初对党风廉政建设的目标任务进行认真分解，水务局领导班子成员制定了廉政承诺书。认真开展深入学习实践科学发展观活动。查找了水利工作存在的突出问题，共征求到意见建议19条，经认真梳理归纳形成意见建议4个方面，剖析了思想根源，明确了整改方向，并归纳整理逐条整改。通过不断加强党的建设和开展多式多样的精神文明创建活动，为水利事业和谐发展起到了积极的推动作用。

（杨永祥）

隆德县水务局

【概况】 隆德县水务局(以下简称“水务局”)是主管水行政的隆德县人民政府组成部门。2011年共有在职职工226人，其中行政干部8人，专业技术干部105人，工人113人。具有大学本科学历97人，大专学历60人，中专学历36人。在专业技术人员中具有高级职称14人，中级职称114人，助理级职称58人。水务局下设12个单位，其中副科级事业单位2个，股级事业单位10个。2011年，水务局以科学发展观为指导，深入贯彻落实中央、自治区《关于加快水利改革发展的决定》及中央、自治区水利工作会议精神，实施“小农水重点县”建设及灌区节水配套改造、病险水库除险加固、河道整治、小流域综合治理和生态移民安置等重点水利工程，提升水利综合服务能力，推进水资源合理开发、优化配置和高效利用，为县域经济又好又快发展提供了可靠的水利支撑和保障。

（柳国纲）

【工程建设与管理】 2011年，隆德县争取批复总投资9744万元，其中中央和自治区投资8447万元，地方及群众自筹1297万元，实施了灌区高效节水改造、农村饮水入户改造、病险水库除险加固、小流域综合治理、中小河治理工程及梯田建设等18项重点水利水保工程。在工程建设管理中：一是制订实施方案。对每项工程制定切实可行的实施方案，严格按批准的项目设计标准、建设规模、建设内容组织实施。切实细化和优化工程施工方案，保障施工条件，千方百计保证工程按计划推进，确保按期完成建设任务。二是严格执行“四制”。对工程建设项目严格实行项目法人责任制、招标投标制、建设监理制、合同管理制，严格工程质量管理，强化建设单位负责、施工单位保证、监理单位控制、政府部门监督的质量保证体系，达到规范运作、阳光透明。三是严格工期管理。按照限时制、责任制的要求，从前期工作、资金筹备、开工准备、建设管理等各个环节通过细化实施计划，优化施工组织、调整施工组织设计等有效措施，排定工期，定期检查分析，做到以周保旬，以旬保月，切实保证各个项目的建设进度。四是严格安全管理。针对项目实施工期特别紧、要求特别严的特点，进一步强化工程质量管理体系，加大质量巡查抽检次数，加强安全生产措施，严格工程质量和施工安全责任追究，确保工程质量安全和施工安全。五是严格检查监督。按照工程规范要求，围绕基本建设管理、招标投标管理、质量安全管理、建设工期管理、资金财务管理等关键环节，制定专门监督检查工作方案，对项目加大督察力度。对巡视检查中发现的问题，及时提出，督促改正，直至解决到位。六是加强资金管理。各类建设项目，严格按照《基本建设财务管理规定》和《水利基本建设资金管理办法》执行，项目资金实行国库集中支付制度，专户储存、专款专用，严格资金拨付程序，确保“工程安全、资金安全、干部安全”。

（孟　醒）

东门示范小流域

【灌溉管理】 在保证库坝安全运行的同时，科学调度，充分利用雨洪资源，严格执行水库运用计划，适时关闸蓄水，年底各类水利工程蓄水量达到1463万立方米，比2010年同期增加422万立方米，在保障城乡生活供水和工农业生产用水的同时，全县3153公顷设施农业得到有效灌溉。（孟　醒）

【农田水利基本建设】 2011年，隆德县农田水利基本建设共投入资金1.12亿元，其中：中央和省级财政投资0.98亿元，地方配套203万元，群众集资及多方筹资1174.2万元。累计完成土方789万立方米，石方7.9万立方米，砼2.7万立方米，投入工日50万个，解决农村饮水安全人口1.11万人，改善及恢复农田灌溉面积1426公顷，新增节水灌溉面积506公顷，改造提升及新修水平梯田1620公顷，治理水土流失面积24.1平方千米；完成退耕还林补植补造7466公顷，荒山造林3000公顷；农作物播种面积稳定在39733公顷，新发展设施农业600公顷，设施农业面积累计达3153公顷；实施旱作节水农业增效工程，完成春秋覆膜8600公顷。隆德县获得自治区农田水利基本建设“黄河杯”竞赛三等奖。

（柳国纲）

【防汛抗旱】 1.抗旱减灾。2010年9月至2011年6月隆德县降雨量仅为89毫米，农作物受灾面积19333公顷，农村4.6万人用水告急，旱情异常严峻。隆德县启动自然灾害救助应急预案III级响应，水务部门调整供水方案，细化工作措施，全面组织抗旱。一是投入资金150万元，购置汽油机泵4台，潜水电泵20台，移动发电机组4台（套），输水管材3000米，下发到受灾群众手中，组织群众开展抗旱自救。二是对大水沟、渝河南部等重点供水工程实行分段、分片限时供水，全力保障农村人畜饮水。三是组织应急抢险队伍，排查抢修冰冻灾害造成的跑、冒、漏、塞等供水设施，在缺水最为严重的张程乡每天出动供水车辆6车次，日应急供水36吨，解决了0.4万人的生活用水。

2.防汛备汛。一是高度重视，切实加强防汛备汛工作。根据人员变动情况及时调整了隆德县防汛抗旱指挥部组成人员，5月15日在隆德县有线电视上对县防汛抗旱指挥部的总指挥、副总指挥、各级行政责任人的姓名、联系电话及相应职责、工程管理单位责任人进行了公示，并印发手册到人，明确了各级管理主体和责任人。6月1日，召开了全县防汛工作会议，安排部署全年的防汛抗旱工作，并签订了防汛抗旱工作责任书。二是继续完善预案，加强应急队伍建设。进一步修改和完善了各类防汛预案，明确了“防、抢、撤”的各项措施和各个环节的责任人，组建了以消防官兵为主的应急救援大队、交通、水利、电力等5支应急专业分队、13个乡镇分别组建了66支共3850人的库坝工程群众防汛抢险队伍。隆德县防汛中心仓库购置储备了53万元的防汛物资，各水库管理单位设有专门防汛物资仓库。三是做好汛前检查，及时消除安全隐患。水务局组织相关站对水管单位所辖工程和在建工程进行认真检查，发现问题逐一登记造册，提出解决办法，完成了《隆德县2011年度汛工程岁修计划》报告并上报自治区防汛办，安排抗旱及度汛工程维修经费，对上海子等骨干坝进行维修加固，确保库、坝工程的安全度汛。四是及早安排，做好防汛值班工作。5月下旬下发了《关于认真做好2011年汛期值班工作的通知》，进一步强化防汛值班制度，明确相关责任。5月20日起防汛抗旱各成员单位及基层水管单位全面进入汛期值班。隆德县委、政府采取主要领导带班，各乡镇（街道办）一把手、防汛指挥部成员单位实行24小时专人值班，各村组、水管单位24小时值守，密切监测水情、雨情变化,特别加强防止局部暴雨引起的突发性事件,及时准确上报险情。隆德县防汛抗旱指挥部对水库值班情况进行不定期抽查,水库管理单位加大巡坝查险力度,不仅高水位、大雨天组织巡坝查险,平时开展经常性的查险工作,不放过任何疑点,不留下任何死角。五是严密防范,做好山洪灾害防御工作。充分利用山洪灾害预警平台,进行水情雨情测报,及时掌握雨情、水情和工情变化。 (魏良滨)

小农水高位水池施工

【农村饮水安全】 2011 年在完成全国农村饮水安全工程示范县区级验收的基础上,继续加大农村饮水改造入户工程建设力度。投资 605 万元,实施夏坡、李山等 7 处农村自来水提升入户工程和县内 4 处生态移民安置区供水工程,使 1.06 万群众吃上了干净、方便、卫生的自来水。 (孟 醒)

【农村水利改革】 在"建管并重、规范管理、优质服务"上下功夫,彻底扭转重建轻管思想,把"抓管理、求效益"作为管理工作的主要任务。修改完善了《隆德县水利水保工程管理办法》《隆德县农村人畜饮水工程管理办法》和《隆德县水利水保工程定期检查养护制度》等 10 多项管理制度规定,各水管单位都建立了管理工作日志,每个工程都建立了管理运行记录和工程管理卡。水务局开展"一月一督查,一季一小结,半年一总结"考核,确保各项制度落到实处。农村人饮安全工程实行"县管理总站 + 水管单位 + 村级服务体"的立体管理模式,执行《限时服务制度》和《维修服务收费标准》,得到了用水户的好评。对小型水利工程按市场经济的规律推动民主管理,采取拍卖、租赁、委托承包等形式,推进产权制度改革,明确管理责任、权利和义务。隆德县承包经营管理的塘坝 128 座,扬水站 10 座,小型农村饮水工程 10 处,支渠 575 条 480 千米。 (孟 醒)

【水利普查】 2011 年,水务局把第一次全国水利普查作为重点工作,按照自治区和固原市普查工作流程和时间节点要求,顺利完成了清查阶段的各项任务,安排部署了普查阶段工作。 (姚国石)

【水政与水资源管理】 水务局利用"世界水日""中国水周"活动日开展《水法》、新《水土保持法》、中央 1 号文件以及水利法制宣传教育活动。对隆德县境内7 条河流划定禁采区和采砂区,颁发采砂许可证,规范河道采砂行为,保障河道行洪安全;加强人饮水源保护,在水源地设立水源标志,划定保护范围,采取生态封禁,防止水源污染,保证群众吃上干净卫生自来水;开展水土流失预防监督专项整治,进一步规范城乡建设项目水土保持工作,保护生态环境理念日益深入人心。严肃查处各类危及水利工程安全和破坏水利设施和水资源的违法案件,查处水事违法案件 2 件,为 50 家用水户办理了取水许可证,规范了其用水行为,维护了良好的水事秩序。 (姚国石)

【节水型社会建设】 以发展农业高效节水灌溉为突破口,高起点、高标准、高质量建设节水灌区。争取总投资 2356 万元,其中国补 1400 万元,实施"小农水重点县"建设项目好水灌区节水改造工程、罗家峡灌区节水改造工程和新兴塬甘草种植示范区高效节水灌溉工程。改善灌溉面积 800 公顷,恢复灌溉面积 400 公顷,新增灌溉面积 266.67 公顷。其中新兴塬甘草种植示范区高效节水灌溉工程利用绿色、清洁的

小农水重点县建设项目节水喷灌区

光伏电能设备抽水，开创了利用太阳能扬水灌溉的先例，填补了旱塬地高效节水灌溉的空白，为全县高效节水灌溉技术推广和新型能源利用起了示范带头作用。（孟 醒）

【水土保持】 实施清流河示范小流域综合治理项目、渝河中游小流域综合治理与扶贫开发项目、陈家石沟片区综合开发项目和乐正川流域治理工程。治理水土流失面积 14.6 平方千米，新增旱作三田 500 公顷，新修田间道路 3 千米，发展灌溉面积 133 公顷。其中清流河被打造成“生态清洁型、环境友好型”流域，当年建设当年见成效，实现了“山清水秀、环境优美、生产发展、人民富裕”的目标。（孟 醒）

【水库移民】 2011 年，隆德县核定纳入全国大中型水库移民后期扶持总人口为 420 人，其中三里店水库移民人口 346 人，西吉县什字水库自主搬迁移民 74 人。三里店水库移民的后期扶持方式为资金直补，发放资金 19.5 万元；什字水库移民的后期扶持方式为项目扶持，确定的项目为畜牧养殖业和特色种植业，发放农资化肥 23.2 吨。（魏孝贤）

【党建与精神文明建设】 围绕“建设一流机关、打造一流队伍、培育一流作风、创造一流业绩”的总体目标，认真开展“三大”活动。一是开展“创先争优”活动，通过单位创先进，岗位争优秀，使全系统思想上大提升，作风上大转变，工作上大进步。二是开展“思想大解放、树立新形象”活动，水务局广大党员干部树立了全新的优势观和发展观，坚定了跨越发展的信心和决心，激发了干事创业的热情和合力，确保了各项工作高效有序推进，多项工作有创新、有突破、有亮点，得到了上级部门、领导和社会各界的广泛关注和好评。三是开展“民主评议政风行风”活动，抓表率，发挥先锋模范作用，落实惠民举措，全面推行政务公开和服务承诺制，营造学先进、赶先进，争做贡献、争当表率的良好社会氛围，推动了本系统干部职工工作作风转变，干部职工组织性、纪律性有了进一步增强，工作效率和工作质量有了明显提高，增强了服务意识，构建了和谐的发展氛围，树立了良好的行业形象。（杨学义）

彭阳县水务局

【概况】 彭阳县水务局（以下简称“水务局”）现有水利工作人员 214 人，其中行政人员 10 人，事业人员 204 人，有水利高级工程师 27 人，工程师 132 名，助理工程师 40 名。2011 年，全县水利工作全面贯彻落实中央 1 号文件、中央水利工作会议精神和自治区水利工作会议精神，围绕彭阳县委、政府的总体思路，狠抓水源工程、中小河流治理、水保生态建设、农村饮水安全和灌区节水改造五大工程，恢复改善灌溉面积 2480 公顷，解决了 4.14 万人的饮水问题，治理水土流失面积 42.7 平方千米，完成投资 1.44 亿元。（虎俭银）

【工程建设与管理】 组建项目法人，统一管理全县各类水利建设项目，严格执行水利建设项目“四制”管理，对 26 项建设工程和物资进行公开招标和政府采购。明确每一项建设工程的责任人、完成时限和奖惩措施。印发了《彭阳县水利工程质量监督管理办法》，加强工程建设督查，推行“第三方”质量检测工作。强化县水利工程质检站职能，对工程质量跟踪检查，把工程质量管理与进度款拨付挂钩，提高了工程建设质量。（虎俭银）

【灌溉管理】 召开灌溉动员会议 19 场次，印发灌溉宣传资料 2.1 万份，广泛宣传《彭阳县灌溉工程运行管理办法》。筹集资金 23.29 万元灌区设施进行维修，严格执行“不打小畦、不缴水费不予配水，设施农业优先配水”的灌水制度，组织清淤整修渠道86.1 千米，完成灌溉面积 1620 公顷，其中玉米 810 公顷，小麦 330 公顷，苗木果园等 480 公顷。计划用水量 295 万立方米，实际用水量 490 万立方米。（虎俭银）

【农田水利基本建设】 重点推进水利水保、生态环境、设施及旱作农业、草畜产业、基本农田、农村道路“六项工程”。完成茹河白阳镇段河道治理工程，砌护整治河道 8.44 千米；完成乃河等灌区节水改造工程 4 处，建设施农业供水工程 4 处，新增节水灌溉面积 2126.67 公顷，建设古城川等农村饮水安全工程 11 处，解决了 4.14 万人的饮水问题；开工建设病险水

彭阳茹河河道治理工程

库除险加固工程3座；治理小流域4条，治理水土流失面积63.38平方千米。完成加密补植13000公顷，荒山造林4000公顷，低产山杏嫁接改良2000公顷，建成了悦龙山等绿化示范点2个。建成日光温室650栋，水泥拱架大棚3758栋，发展设施农业1800公顷，旱作节水农业18000公顷，测土配方施肥29.33千公顷。种植紫花苜蓿1380公顷，建青贮氨化池1.5万立方米，标准化牛棚2820栋。完成机修农田1760公顷，建千亩以上示范点3个。整修村级公路204千米，田间农路506千米，彭阳县被评为水利基本建设"黄河杯"竞赛活动二等奖。（虎俭银）

【防汛抗旱】 组织车辆为缺水的群众、机关学校送水2350立方米。配备抗旱泵25台，动员群众利用窖井水、沟道常流水发展节水补灌面积3.33千公顷。召开了全县防汛抗旱工作会议，调整了防汛抗旱指挥部成员，明确了库坝等重点水利工程的责任人。在彭阳双磨村举行地质灾害应急演练。修改完善了水库遇险人员、山洪灾害易发区人员紧急转移等应急预案7个，水库预案35个，组建防汛抢险队伍55支，购置储备麻袋、抽水机等防汛物资，从5月10日开始实行24小时防汛值班，实现了"不垮坝，不死人，灾害损失降到最低"的目标。（虎俭银）

【农村饮水安全】 完成了古城川、小岔沟、李儿河3处农村饮水安全和古城、城阳、草庙、新集4处生态移民供水工程，开工建设了马旺堡、白河川、沟口、罗洼4处自来水入户工程，解决了4.14万人的饮水问题。（虎俭银）

【农村水利改革】 成立农村供水工程管理总站，建立了以人畜饮水管理总站和各水利工作站为主体、农民用水协会参与的管理机制，组织开展农村饮水安全工程"双百"(从局机关抽调100人，为期100天)攻坚战，筹集资金74.63万元，对存在隐患的15处农村饮水安全工程进行全面维修，落实管理权责，明确管理形式。全面推行"两部制"水价、收费开票和公示制，有效提高了工程运行管理水平。（虎俭银）

【水政与水资源管理】 严格执行建设项目水资源论证制度和取水许可审批，更换办理取水许可证98个，审批取水量2632.5万立方米。严格地下水管理和保护，划分了地下水禁采区、限采区和可开采区，对违法打井取水现象进行全面排查。对河道采砂进行专项清查，对石油、王洼二矿铁路等建设项目进行检查，严格落实建设项目水土保持"三同时"制度。（虎俭银）

彭阳乃河灌区节水改造

【节水型社会建设】 以农业节水为重点，加大灌区节水改造力度，完成灌区节水改造工程4处，建设施农业供水工程4处，全力推广节水项技术，全县新增节水灌溉面积2.61千公顷，其中微喷、滴灌100公顷，低压管灌1300公顷。积极落实行业和用水产品用水效率指标体系，开展节水社会载体评价工作。（虎俭银）

【水土保持】 续建农发水土保持项目城阳项目区和陕甘宁彭阳县柴沟项目区，治理西庄、柴沟、庙沟、曹沟、南沟、南山小流域6条，治理水土流失面积42.7平方千米。其中南山综合治理与生态经济开发示范项目治理水土流失面积19.5平方千米，其"政府主导、水保搭台、项目整合、群众参与"的建设机制和

"上保(保障口粮、保持水土)、中培(培育优势特色经济林)、下开发(设施农业、良种繁育、生态移民等)"的治理模式,得到了水利部部长陈雷的肯定,被彭阳县委、政府评为创新奖。 (虎俭银)

【水库移民】 完成资金直补人口复核和项目扶持建设工作,补栏基础母牛 309 头,兑现补贴资金 189.42 万元。实施彭阳县白阳镇双磨小学建设及寨湾道路硬化工程,硬化操场 2880 平方米,硬化寨湾道路 1.5 千米。 (虎俭银)

【项目前期工作】 完成了《彭阳县十二五水利发展规划》《彭阳县十二五农村饮水安全工程规划》《彭阳县十二五高效节水灌溉规划》《彭阳县百万亩灌区高效节水灌溉规划》等规划 6 项,各类工程的设计和实施方案 26 项,充实完善水利项目库。积极争取项目,全县 24 座小型病险水库除险加固、中小河流治理红茹蒲河 112 千米河段、小型农田水利建设重点县项目的 3600 公顷灌区节水改造任务进入国家规划。2011 年批复水利项目 26 个,批复总投资 1.2 亿元。

(虎俭银)

【党建与精神文明建设】 一是深入开展"思想大解放、树立新形象"活动,围绕破除"五种思想",树立"五种形象",组织干部职工学习党的方针政策,深入查摆和整改制约水利发展的问题。二是深入开展创先争优活动,成立了 9 个基层党支部,开展"四亮四创四评"活动,设立党员示范窗口和党员示范岗,为石岔村党支部提供 1 万元的发展基金。三是开展廉政风险防范管理工作,查找廉政风险点,开展防范承诺。四是加强行风效能建设,认真学习贯彻"十项规定、八办要求",聘请行风监督员 6 名,加强作风纪律监督。五是开展精神文明创建活动,建立图书阅览室,开展"书香家庭"评选活动和"庆三八巾帼建功"活动,组织参加"众广播体操"比赛。建立职工食堂,为区域站配置科技服务车 3 辆,电脑、电视机 8 台,配置桌椅 20 套。彭阳县水务局被区精神文明建设指导委员会评为 2011~2014 年精神文明建设单位。

(虎俭银)

泾源县水务局

【概况】 泾源县水务局(以下简称"水务局")下设水利服务中心、水政监察大队、水利工程质量监督站、防汛抗旱指挥部办公室、水土保持工作站 5 个局属站所和香水水利工作站、六盘山水利工作站、新民水利工作站、泾河源水利工作站 4 个基层乡站。共有干部职工 83 人,其中:局属站所 65 人,乡站 18 人;高级职称 2 人,中级职称 13 人,初级及以下职称 44 人。2011 年,水务局坚持以科学发展观为统领,深入贯彻落实中央 1 号文件、自治区 35 号文件精神,抢抓机遇,以生态旅游县城建设和特色苗木产业化发展为目标,充分利用泾源县良好的生态环境做足"绿"文章,充分利用丰富的水资源做活"水"文章;围绕宁夏南部水源地建设这一中心,突出项目带动这一重点,大力发展民生水利、生态水利、农田水利,建设农村饮水安全工程 4 处,解决了 35145 人,饮水安全问题,小流域治理 2 条,治理水土流失面积 5.33 平方千米;河流治理 1 条,河岸砌护 2.7 千米;节水灌溉工程 2 处,新增灌溉面积 686 公顷,为全县经济又好又快发展提供了坚实的水利保障。 (李会兵)

【工程建设与管理】 在工程建设中,水利工程建设管理项目法人办公室作为水利工程建设责任单位,积极履行项目法人责任职责,按照水利工程基本建设程序,严格落实项目法人责任制、招标投标制、建设监理制、合同管理制"四制"管理,切实加强水利工程建设,坚持阳光操作,对工程实施中的质量、进度等进行全程跟踪检查、监督,规范建设管理行为。加强质量管理,建立健全工程层级负责制,落实一项工程一名责任领导、一个责任站所一名责任人、一名工程监理"四个一"工作机制,抓质量、促进度,对工程质量管理体系和质量控制措施进行监督检查。在工程具体建设中严把规划设计关、施工队伍资质关、工程进料关、施工监理关、资金使用关、工程验收关"六关",始终做到工程安全、资金安全、干部安全。在工程运行管理中水务局进一步理顺管理体制,对水利工程管理工作实行县、乡、村三级管理网络,水务局成立水管总站，负责全县农村人畜饮水工程的监督管理维护工作，乡(镇)人民政府根据辖区人饮工程情况，成立各村农民用水者协会或村委会代管小组，并监督指导其认真做好工程日常运行管理和维护。建立健全各项管理制度，使工程管理与维护有章可循，逐步推进泾源县安全饮水工程规范化、制度化。（李会兵）

泾源县泾河源节水灌溉工程

【灌溉管理】 2011年，水务局围绕苗木产业发展这一目标，进一步加大农业节水灌溉基础设施建设，实施了泾河源镇苗木园区灌溉工程、张台苗木园区灌溉工程、蒿店水浇地工程和惠庄、绿源等一些分片分散的节水灌溉工程。工程采用喷灌、低压灌溉等方式进行灌溉，灌水定额为82立方米/公顷，田间水利用率80%，灌区农作物种植面积1320公顷，计划用水量10.5万立方米，实际用水量7.65万立方米，改善和新增灌溉面积686公顷。有效解决苗木园区灌溉问题，逐步使泾源县16个千亩苗木园区实现节水灌溉。（李会兵）

【农田水利基本建设】 以自治区农田水利基本建设“黄河杯”竞赛为契机，科学规划，创新机制，部门联动，整合项目资金，大兴农田水利基本建设。2011年，泾源县农田水利基本建设投工投劳8万工日，机械13万台班，整修农路54条95.3千米，新增灌溉面积686公顷，治理水土流失面积5.33平方千米；荒山造林2666.67公顷，道路造林98.5千米；实施安全饮水工程4处，铺设管道214.82千米，解决了35145人饮水问题；建设标准化旱作农田1093公顷，农覆膜41333.33公顷。（李会兵）

【防汛抗旱】 1.抗旱工作。针对2011年入春干旱少雨的实际，水务局召开专门会议进行安排部署抗旱工作，成立抗旱小组，分赴协助各乡镇开展抗旱工作，并对重点苗木园区组织干部职工，协调抗旱机具进行抗旱灌溉，有效解决了苗木园区春季缺水问题。对全县的饮水工程水源和管线进行了全面的检查，及时维修损坏的管道，保障群众生产生活用水，争取抗旱资金20万元。2.防汛工作。汛期，针对极端天气频发，为确保泾源县安全度汛，及时召开泾源县防汛工作会议，安排部署2011年防汛工作，落实责任、强化措施，确保泾源县防汛工作全面开展。积极开展汛前大检查，多次对行洪区的防汛和安全生产进行检查，督促清障，落实了防汛各项工作措施。修订完善了各项预案，并对全县4座水库，制订了度汛预案，做到了一座水库一个预案。争取防汛资金20万元，购置防汛应急物资5.8万元，对水毁工程进行了维修。主汛期，坚持24小时值班制度，保障信息畅通，为汛期防汛工作顺利开展提供了保证。（李会兵）

【农村饮水安全】 以农村安全饮水工程为重点的民生水利不断加强，有效解决全县群众安全饮水问题。全面建成暖水、泾河源镇、沙塘安全饮水工程和先进自来水入户工程4项重点工程，新建水源工程4处，蓄水池15座，铺设管道214.82千米，解决35145人饮水安全问题，工程完成总投资1210万元。完成了县内生态移民安置区13处供水工程和6处排洪工程，完成投资425万元，入户779户。（李会兵）

【农村水利改革】 不断加强水利体制管理工作，推进水利工程管理规范化建设，创新农村饮水工程管理，探索水管新机制，采取用水协会管理和承包租赁相结合的方式，加强农村安全饮水工程管理工作，重点水利工程建立基层水管单位，进一步规范用水管理，理顺管理体制，推进城乡供水一体化进程。（李会兵）

【水政与水资源管理】 加强水政执法监督检查工作，依法加强河道采砂管理，按规定办理采砂许可，加大对重点河道采砂执法巡查力度，及时查处违法涉水案件。按标准征收采砂管理费。依法加强水资源管理工作，严格按照行政许可，办理水资源许可手续，积极开展水资源管理巡查工作，确保用水单位科

机械开挖饮水安全工程管道

学依法用水。（李会兵）

【节水型社会建设】 按照节水型社会建设总体要求，结合泾源县丰富的水资源环境，积极探索和研究制定适合泾源县实际的节水型社会建设工作格局。以“世界水日”“中国水周”、《水法》宣传等为契机，加强舆论宣传，创造节水大氛围，切实提高广大人民群众的节水意识。大力实施农业节水灌溉、饮水安全改造工程、污水处理工程等节水工程，深化节水型社会建设。在饮水工程中，广泛推广应用新技术、新材料，安装蓄水池水位自动浮球阀、管道自动排气阀、锁闭阀、防滴漏水表等，建联户水表井，提高工程质量和水利用率；在农业节水灌溉工程中，采用喷灌、低压管灌等节水技术，提高水田间利用率；在家庭中大力推广应用节水设施和器具，普及节水的知识，推进节水型社会创建工作。（李会兵）

【水土保持】 结合生态旅游县城建设和水源地建设，不断加大小流域综合治理工程力度，实施兴盛、什字、绿塬小流域治理工程和陕甘宁坡改梯项目等一批重点生态水利水保项目，充分利用工程措施和生物措施，涵养水源，有效保护泾源县水土流失，恢复项目区生态环境，改善和优化全县生态环境。绿塬小流域和什字等小流域项目共治理水土流失 11.16 平方千米，乔木林 132.4 公顷，灌木林 123.4 公顷，经济林 75.2 公顷，人工种草 85.6 公顷，村庄及道路绿化 35 公顷，小型水源工程 4 座，柳谷坊 20 座，集中垃圾点 20 个，实施坡改梯机修农田 533 公顷。水务局进一步加强水保执法监督工作，加大水保执法宣传力度，严格落实水土保持“三同时”制度，强化监督检查，推进水保执法深入开展。（李会兵）

【中小河流治理】 2011 年，对香水河靶场—西峡水库段进行治理。自治区水利厅以宁水计发〔2011〕31 号文件下达了该工程的设计批复。3 月即成立了联合征地小组，开始了征地工作，6 月 20 日，在银川招投标交易中心进行公开招标，分为 3 个标段。10 月 5 日完成了征地、征苗工作后，对靶场段以上4487 米的河道进行了全面的开工建设。完成河床开挖整治 2700 米，还基础开挖 1200 米，护岸浆砌石砌护 820 米，完成土方开挖 166000 立方米，石方砌护2640 立方米，完成工程资金 720 万元。（李会兵）

【水库移民】 泾源县共有 2 户自主迁入的水库移民，核定人数 20 人。认真贯彻大中型水库库区移民后期扶持政策，加大项目投入力度，实行项目捆绑，整合扶贫项目资金，配套实施水库移民项目。2011 年，落实水库移民项目资金 1.2 万元，配套实施人居环境改造项目和农机具配置，投资 0.7 万元，改善了移民群众的生产生活条件。（李会兵）

【党建与精神文明建设】 一是积极开展“思想大解放、树立新形象”活动，以创先争优为切入点，以创一流业绩为目标，以夯实水利基础设施为着力点，创新学习方式，丰富学习，转化学习成果，提升学习实效，推动水利发展。二是党的建设。加强干部经常性学习教育工作，提高干部理论水平，深入开展党员承诺制和评星定格活动，强化党员干部管理，充分发挥党员模范作用。加强领导班子自身建设，提高领导班子科学决策水平和执政能力。强化作风建设、思想建设、制度建设，进一步增强班子和广大党员干部的凝聚力、向心力。三是精神文明建设。紧紧围绕现代水利发展，以节水型社会创建为载体，举办广场文化活动，“七一”红歌会，唱响主旋律，宣传现代水务一体化和民生水利。广泛开展干部职工文体活动，积极组织参与“三八”妇女节等节日文化汇演活动，广泛开展干部职工文体活动，极大地丰富了职工的精神文化生活。深入开展“文明单位”和“巾帼英雄岗”评选活动，水务局被命名为“泾源县文明单位”，自治区“巾帼英雄文明岗”荣誉称号，还被自治区水利厅评为“五五”普法先进单位。（李会兵）

中卫市水务局

【概况】 2011年,中卫市水务局(以下简称"水务局")设有机关、事业单位17个(机关科室5个、财政供养事业单位8个、自收自支事业单位4个),在岗干部职工358人。在岗职工中,大专以上学历152人,占42.5%;中专学历119人,占33.2%,初级以上水利专业技术人员125人(其中高级22人,中级60人,初级43人),占职工总人数的34.9%。2011年水务局完成了兴仁综合供水、永大线节水农业示范项目水利配套二期、美三支干渠改造等重点水利工程建设任务,完成了沙坡头区26660公顷农田的灌溉供水及20万农村人口饮水管理任务,争取批复续建配套、中央财政小农水重点县建设、中小河流治理、农业综合开发等各类水利项目资金7.23亿元,落实到位资金2.38亿元。实施的工程建设项目无论从数量、规模、投资上均达到历史最高水平。 (杨 成)

【工程建设与管理】 2011年,水务局投资实施各类重点水利工程建设任务12项,累计投资3.978737亿元。年内完成投资2.37亿元,完成了兴仁综合供水工程施工建设任务,为中宁县喊叫水、徐套撒不拉滩、打麦水及沙坡头区兴仁、香山及蒿川高庄(王团)、米粮川生态移民区共5镇(乡)27个行政村146个自然村8.74万人、21530公顷硒砂瓜、3960公顷耕地的生产生活用水提供了有力的供水保障。投资2808.49万元,改造一、二泵站主厂房1164平方米,重建二泵站副厂房276平方米,更换压力管道及镇墩720米,安装电磁流量计井12座;更换水泵12台,电机13台,进出水阀门8套,高压开关柜19面、低压配电柜6面、电缆6千米;安装压力管道196吨,实施了南山台泵站更新改造2011年度计划项目。投资1217.5万元,砌护各级渠道288条91.1千米,配套各类水工建筑物894座,治理沟道246条111.6千米,完成了中央财政小农水夹道、大板节水改造工程。投资1490.45万元,砌护各级渠道494条144.41千米,清淤各级沟道292条118.72千米,配套各类水工建筑物1197座,完成了中央财政小农水

领导到施工现场检查工程建设质量

宣和赵滩节水改造工程。投资613.9万元,砌护渠道7.7千米,配套建筑物68座,完成了美三支干渠中段砌护改造任务,使辖区4镇18个行政村2580公顷农田灌溉供水条件得到了改善。投资4460.7万元,实施了康乐、敬农等4处生态移民区水利工程建设,为移民区建成了科学、配套、完备的水利基础设施,为确保搬迁群众"搬得出、稳得住、能致富"提供了可靠的水利保障。投资212万元新建泵站1处,铺设压力管道9.35千米,新建各类阀井14座,5万立方米蓄水池1座,400立方米蓄水池6座,完成了中卫市人大一号议案工程("关于新建香山乡深井村引黄补灌工程建设")的建设任务。投资4080万元,建泵站4座,安装水泵10台(套),铺设扬水干、支管道44.85千米,建设高位蓄水池30座、沉砂池2座,建各类主阀井75座。架设高压输电线路7.3千米,安装变压器4台,加固渡槽3座,完成了永大线高效节水农业示范项目水利配套二期工程。投资177.1万元,完成了沙漠博览园供水工程。投资176.4万元,完成了中卫工业区金阳、银阳光伏发电基地供水工程。投资85.93万元,完成了美利工业区华御公司供水工程。投资764.9万元建设了常乐工业园区供水工程。 (杨 成)

【灌溉管理】 水务局克服水量指标压减且生态、工业用水逐年增加的供需矛盾,统筹计划、全面安排、科学调度,制定详细的灌溉调水计划,针对水量调配权上收的实际,积极协调各方关系,科学调度,合理配置水量指标,狠抓灌溉供水优质服务。全年渠道安全行水178天,累计引水6.4亿立方米,用水商品率

85%，确保了26660公顷农田的适时灌溉。（杨 成）

【农田水利基本建设】 2011年，中卫市农田水利基本建设工作按照自治区党委、政府的要求，两县一区结合辖区实际，积极调整工作思路，坚持规划理念创新，坚持组织保障创新，坚持投入机制创新，坚持建管机制创新，充分发动群众大干农田水利基本建设，干群思想认识不断深化，领导力度不断加大，重点项目不断加强，建设质量不断改进，工作职责不断落实，呈现出领导靠前指挥、部门协调配合、县乡整体联动、干群热情参与的良好局面，农田水利基本建设成效明显。全市清淤各级沟道7529条4959.7千米；清淤各级渠道2.43万条1.24万千米；机深翻23530公顷；小畦制作26000公顷；整修各级道路7165条3934.2千米。实施硒砂瓜补灌面积37330公顷，改善灌溉面积31890公顷，新增节水灌溉面积20020公顷，改造中低产田13660公顷，改善农村人口饮水条件31.88万人。通过大规模的农田水利建设，有力地改善了农业生产、生活和农村生态条件，促进了农业结构调整和农民增收，为提高农业综合生产能力，促进社会主义新农村建设提供了强有力的水利支撑。

（杨 成）

【防汛防凌抗旱】 2011年，是近年来中卫市沙坡头区防汛抗旱工程建设投资规模最大、实施项目最多的一年，累计安排投资6036.35万元，实施了五项工程。1. 投资3329万元，整治河道19千米，分5个标段建设丁坝5道，坝垛8座，护岸2处，完成了黄河沙坡头区2010年近期防洪治理工程。2. 投资210万元，对孟家湾、碱沟塘坝进行除险加固，治理水土流失面积13.3公顷，完成了孟家湾、碱沟塘坝除险加固及景台小流域综合治理工程。3. 投资621.35万元，开工建设了寺口子、新水两座病险水库除险加固工程。4. 投资1671万元，开工建设了涩井沟河道整治工程。5. 投资205万元，维修香山等抗旱设施23处，在硒砂瓜抗旱保苗的关键时期，克服跨省区调水的困难，完成为环香山硒砂瓜核心区调水367万立方米，为永大线抗旱调水1025万立方米，应急防汛工程3项，加固病险堤防、码头5处，使一些影响民生发展和危及群众生命财产安全的问题得到了及时解决。

（杨 成）

【农村饮水安全】 水务局以建设“全国农村饮水安全示范县”为目标，按照“规模化发展、规范化建设、企业化经营、专业化管理”的运行管理模式，在经营管理上创优质服务、建文明窗口、保饮水安全、解民生之忧，全面推行基础水量管理，水表校验中心年内校验水表2752块，水质化验中心按规定完成一般性理化指标检测8次，全分析4次，使沙坡头区20多万农民群众用安全水、缴明白费，农村人畜饮水工程管理队伍逐年壮大，供水服务用户逐步增加，管理效益稳步提升，工程运行管理走上了可持续发展的运行轨道。沙坡头区创建“全国农村饮水安全示范县”在3月份顺利通过自治区级验收。（杨 成）

【农村水利改革】 在灌区农村水费改革上，通过优化、改选、重组，组建农民用水者协会90个，注册80个，结算水费1320万元，商品率达到82.8%。同时分6次下达2011年农民用水者协会返还水费169万元，投资50.7万元，建成协会维修配套工程87项143座(处)。

（杨 成）

【水政与水资源管理】 水务局充分利用“世界水日”“中国水周”“综治宣传月”“安全生产宣传月”“12·4法制宣传日”等活动，大力开展普法依法治理宣传教育工作，圆满完成了“五五”普法任务，并顺利启动了“六五”普法工作。在依法加强了水工程管护、水工程建设管理、涉河建设项目的审批与管理上，对河道保护和河道采砂进行了整治；克服企业搬迁等各种困难，依法征收水资源费86万元；在中卫市政府政务服务中心“一站式”审批窗口，年审换发取水许可证40份，核查登记自备取水井97眼。中宁县水务局收取水资源费21.5万元，水保补偿费13万元。海原县水务局规范取水许可证办理程序，整治海原县开采地下水秩序，年内新发取水许可证27套，查处无证违法打井案件15起，破坏水利设施案件2起，检查办理水土保持方案报告表23份，收缴新疆—上海天然液化气管道工程水土流失防治费和补偿费110万元。

（杨 成）

【节水型社会建设】 以调整农业结构为重点，发展节水灌溉技术。中卫市以提高水资源利用率为重点,把节水、调优、调高、调特、调精作为农业种植结构调整的主攻方向,改变过去以种粮为主的传统种植业模式,大力发展了无公害设施蔬菜、硒砂瓜、枸杞、马铃薯、小茴香等特色农业节水种植。2011年,中卫市完成粮食种植171330公顷,新增设施农业面积1530公顷,累计达到18000公顷;种植硒砂瓜60320公顷(其中覆膜面积达到28930公顷);种植马铃薯74660公顷;发展小茴香8200公顷;粮食作物种植比重大幅下降。特别是在高效节水农业发展上,为抢抓国家新一轮西部大开发和自治区党委关于加快建设国家级"中部干旱带旱作节水农业示范区"的机遇,引进以色列核心节水滴灌技术,在香山北麓和中宁滚泉、清水河、天景山区域内,建设大型蓄水池7座,新建、改造高位蓄水池101座,铺设主干支输水管线1368.5千米、滴灌管2.9万千米,修建道路237.7千米,建设高效节水农业示范区33.33千公顷,示范区与传统灌溉相比,节水效果是传统灌水量的1/3,不仅节约了水资源,而且新增了有效灌溉土地,改善了生态条件,中卫市节水型社会建设成效显著。 (杨 成)

【水土保持】 水务局以全面提高水土保持监督管理能力为目标,建立健全水土保持配套制度体系和监督管理体系,强化水土保持依法行政意识,大力开展了水土流失预防监督检查,进一步落实水土保持法"三同时"制度,切实减少生产建设中的人为水土流失,以水土资源的可持续利用和生态环境的可持续维护,保障经济社会又好又快发展,使《水土保持法》得到了深入贯彻落实,全年征收水土保持"两费"42.24万元。 (杨 成)

【水库移民】 2011年中卫市沙坡头区享受资金直补的后扶人口为528人,直补资金31.68万元计划均按"一卡通"的形式,于10月月底前申请财政部门对移民进行了足额发放。2011年度沙坡头区大中型水库移民后期扶持项目为宣和镇丹阳村村部硬化混凝土广场1200平方米(五年计划一次性实施)、为喜沟村硬化生产路700米,工程投资6.36万元。投资2.22万元,采购补助化肥12.22吨。 (杨 成)

【党建与精神文明建设】 2011年,水务局按照"围绕水利抓党建,抓好党建促水利"的工作思路,以深入开展创先争优、建设和谐富裕新中卫大讨论,进一步营造风清气正的水利发展环境活动为载体,实现了党建、党风廉政建设,精神文明建设工作与水利中心工作的紧密结合。在目标责任落实上,全年及时下发督察通报13期、会议纪要22期、重点工作督办通知23期,督办重点工作36项。在基层组织建设上,水务局党委于6月4日成功召开了党员大会,实现了党委班子的顺利换届,连续7年保持"中卫市基层党建工作先进单位"荣誉称号。在城乡结对扶贫帮困上,与香山乡米粮川新村制定"手拉手"结对帮扶方案,筹措资金2.32万元,购买面粉226袋,对226户群众进行了慰问,并调拨办公电脑、打印机各一台,发放"少生快富"资金4000元。在学习型党组织建设上,水务局党委采取"体验式""应用式""研究式""激励式"的"四式"学习法,获得"自治区建设学习型党组织先进单位"荣誉称号,创建经验在自治区学习型党组织建设表彰会上进行经验交流,并在《宁夏日报》(8月3日)予以刊发推广。在水利宣传上,全年共编发《中卫水务信息》340期,信息被宁夏水利网采用87篇,被中卫政府网采用46篇,在《宁夏日报》《中国水利报》《黄河报》《中卫日报》等媒体刊发中卫水利稿件80余篇。

2011年,经过全系统广大水利干部职工的共同努力,水务局先后取得"全区节水型社会建设工作先进单位""自治区建设学习型党组织先进单位""2010年度目标管理考核先进单位"等15项先进集体荣誉,海原县水务局取得了全区水利系统政风行风建设先进单位等14个区、市、县荣誉,中宁县水务局取得了全国水库移民先进集体、全区节水型社会建设先进集体等6项荣誉,中卫水利事业实现了又好又快发展。 (杨 成)

中宁县水务局

【概况】 2011 年,中宁县水务局(以下简称"水务局")按照中央和自治区兴水治水方针,以加快水利基础设施建设为主线,以推进节水型社会建设为目标,创新治水思路,加快建设步伐,各项工作实现了新突破,有力地推动了全县水利事业快速发展,全年完成水利建设资金 2.98 亿元。内设 23 个事业单位,现有职工 252 名,专业技术人员 95 名(高级职称 8 名,中级职称 34 名,初级职称 53 名),4 个党支部,117 名党员。主要负责中宁县内 5 条干支渠,140 余千米的渠道管理,20 余千公顷农田的灌溉管理,104 千米的黄河防汛,40 多条山洪沟道治理以及农田用水管理、水利工程建设、水政监察执法、水土保持治理、农村饮水安全、水库移民扶持、扶贫扬黄开发、防洪防汛抗旱等项工作。 (魏 伟)

长鸣渠砌护工程

【工程建设与管理】 在水利基础设施建设上,投资 2778.5 万元,实施了长鸣干渠砌护工程、石空镇中低产田改造工程、易捷枸杞庄园示范基地工程,砌护渠道 157.28 千米,新开沟道、渠道 17.64 千米,新建各类建筑物 1531 座,硬化道路 7.53 千米。在高效节水工程建设上,投资 8370 万元,完成了天景山、滚泉坡、红梧山、中营高速大战场 330 变电所、宁安白土岗子、京藏高速公路两侧片高效节水农业项目二期水源工程。新建蓄水池 44 座,建成泵站 47 座,铺设各类管道 120.9 千米,安装配套电气、水泵 95 台套。在小农水重点工程建设上,投资 3172.4 万元,完成了 2011 年小农水重点县暨现代农业生产发展资金项目建设,砌护渠道 254.86 千米,配套各类建筑物 1352 座,铺设管道 723.47 千米,清淤沟道 124 千米,改善灌溉面积 1313 公顷,新增节水灌溉面积 920 公顷。在工业园区建设上,投资 1290 万元,完成了物流园区生态林建设,建成泵站 2 座,2.5 万立方米调蓄水池 1 座,1000 立方米钢筋混凝土高位蓄水池 1 座,铺设各类供水管道 17.7 千米,道路两侧绿化管道 18 千米,植树 387 公顷。 (魏 伟)

【灌溉管理】 面对严重水情形势水务局加强用水管理、科学调配水量、严格轮灌秩序、推行水票供水,保障了全县 31733 公顷农田适时灌溉,确保了农业增效、农民增收和农村社会稳定,全年引水量 3.97 亿立方米。 (魏 伟)

【农田水利基本建设】 清淤各级渠道 11852 条 6597 千米、沟道 4333 条 3032 千米,新开渠道 21 条 13.5 千米、沟道 137 条 101 千米,砌护渠道 1806 条 704 千米,综合砌护率达到 32%。维修改造建筑物 22523 座,整修机耕、生产路 4289 条 2326.37 千米,完成节水灌溉 13487 公顷,改造中低产田 6667 公顷,建设畦田 9200 公顷,机深翻 16867 公顷,秸秆还田 5333 公顷。 (魏 伟)

【防汛抗旱】 投资 5028.5 万元,实施了中宁国际枸杞交易中心北侧防洪堤建设、新寺沟山洪沟导洪槽治理工程和红柳沟中小河流治理工程。新建滨河大道 2.57 千米,交通桥 3 座,治理沟道 9.48 千米,新建防洪堤 18 千米,新建导洪槽 1 座,拦洪坝 1 座,配套建筑物 40 座。投资 74.38 万元,新建张台坝垛 3

新建成的管理所

座,加固曹家滩、营盘滩、田滩、倪丁弯坝垛,动用铅丝笼装块石914立方米,拉运块石300立方米。（魏　伟）

【农村饮水安全】 投资8679万元,实施了河南六乡镇人饮工程、兴仁综合供水人饮工程、马塘农村饮水工程和宽口井生态移民安置区人畜饮水工程。打机井1眼,铺设各类管道1202.28千米,新建蓄水池19座,阀井2374座,过沟渠路建筑物208处。(魏　伟）

【农村水利改革】 规范和调整了基层水利技术服务站建设,科技资源得到了全面优化,各部门协作的良好局面。进一步规范农业用水管理体制改革,逐步化解水利工作难题。每年对各村农民用水者协会进行跟踪指导服务,使田间灌溉管理逐步规范。(魏　伟）

【水政与水资源管理】 一是加大水行政执法工作力度。坚持以人为本,严格执法,文明执法,维护了正常的水事秩序。二是做好了水资源管理工作,收取水资源费21.5万元。三是开展了水利普查工作。完成了清查登记、台账建设和现场调查等项工作。(魏　伟）

【节水型社会建设】 结合中宁县科技下乡和"世界水日""中国水周"等活动,深入乡村集市,通过散发宣传材料,解答疑难问题等形式,向群众进行广泛宣传水利法规和水价调整政策,提高了农民群众对水法规意识和计划用水、节约用水、合理用水的认识。全年下乡宣传人员260人次,出动宣传车36次,悬挂横幅83条,散发宣传资料35000份。（魏　伟）

【水土保持】 投资890万元,完成了风塘子沟小流域综合治理工程。治理水土流失面积4.82平方千米,新建泵站2座,蓄水池3座,扬水管道4千米,供电线路2千米,灌溉管道29.3千米,生产道路11.6千米。全年征收水土保持补偿费13.05万元。（魏　伟）

水库移民工程

【水库移民】 投资1189.42万元,完成了2011年度大中型水库移民后期扶持项目,砌护渠道68.08千米,硬化道路7.53千米,配套建筑物492座,新建泵房1座,更换变压器1台。（魏　伟）

【财务管理】 一是加强建设资金的计划管理,对机关经费支出,严格审批程序,控制预算支出,各项支出费用一律凭合法凭证由经办人签字、本单位负责人审查、分管领导审核后方可审批支付,确保了资金安全、工程安全和干部安全。2011年各类水利建设资金收入13660万元,水利建设支出10099万元。二是加大了对下属单位财务督察力度,对下属单位进行了两次财务专项检查,并及时纠正了有关问题。通过严格的财务管理,合理经费收支,极大地提高了资金使用效益,达到增收节支的目的。（魏　伟）

【党建与精神文明建设】 在基层组织建设上,通过创先争优、建设学习型党组织等活动的开展,有效地提升了党员队伍的整体素质,在工作中形成了奋发有为,创新干事的良好氛围。在党风廉政建设上,通过扎实开展《廉政准则》学习教育、廉政风险防范管理和水利工程建设领域突出问题专项治理等活动,使党风廉政建设取得了显著成效,确保工程安全、资金安全、干部安全。在精神文明建设上,以丰富活动载体为主要内容,认真开展了演讲比赛、歌咏比赛、广场文化、正月十五灯展、职工运动会以及建党90周年红歌传唱等文体活动,丰富了职工业余文化生活,提高了职工整体素质。以"建一流水利队伍,树一流水利形象,创一流水利业绩"为目标,深入开展政风行风评议和评议基层站所活动。（魏　伟）

海原县水务局

【概况】 海原县水务局(以下简称"水务局")为海原县人民政府的职能部门,全局共设置股、室(站)23个,2011年全局核定编制数234人,在职人数227人,其中大学学历26人,大专学历75人;在专业技术人员中，高级职称 11 人，中级职称 84 人。

2011 年，水务局以海原县委常委会专题研究海原县水利水保前期项目工作会议契机，抢抓中央、自治区两个《决定》的重大历史机遇，加速推进重点工程、民生水利、节水型社会建设，水利事业呈现出了持续强劲发展的良好势头，全面掀起治水兴水新高潮。调整水利建设发展规划思路，以民生水利建设为核心，以节水型社会和水保生态建设为重点，以灌区配套和节水改造、小农水重点县建设、高效节水灌溉技术推广为抓手，大兴农田水利建设，以中小河流治理、小型病险水库除险加固、山洪灾害防治和城市防洪排涝建设为重点，突出抓好防洪薄弱环节建设，进一步增强防洪排涝减灾能力；以水资源配置工程、重点水源工程、抗旱水源工程和农村饮水安全工程建设为依托，进一步完善充实海原县水利发展“十二五”规划和“十年规划”，确保水利持续发展有项目、长远发展有后劲，全力推进水利大投入、大建设、大发展。通过制定出台 2011 年海原县水利水保项目前期工作实施方案，按照“先人一步、快人一拍”的要求，科学谋划和精心编制重点水利项目，完成水保生态、节水灌溉、安全饮水、小农水等 65 项可研报告、初步设计、实施方案。配合白银市水务局完成甘宁中北部生态移民扶贫开发供水工程规划。全年共争取各类水利水保项目 46 项，争取总投资 3.8 亿元，新增节水灌溉面积 1650 公顷，高效节水灌溉面积 2000 公顷，改善灌溉面积 2520 公顷。新增旱作基本农田 2500 公顷，治理水土流失面积 134.61 平方千米，解决了 7.94 万人的安全饮水问题。（吴平江）

【工程建设与管理】 为了加强工程建设管理，确保工程质量和投资效益，按照工程项目建设管理要求，根据自治区水利厅宁水发〔2009〕155 号文件《宁夏公益性水利工程建设项目法人管理办法（试行）的规定》，海原县人民政府办公室于 2011 年 3 月 14 日以海政办发〔2011〕20 号文件《关于组建海原县水利水保工程综合项目法人的通知》，成立海原县水利水保工程建设管理中心，负责全县水利水保工程建设管理工作。

海原县 2011 年列入病险水库除险加固项目的小（Ⅰ）型水库共有 8 座，分别为照壁山、白吉、郝沟、庙儿沟、张红湾、郑湾、王坡和三百户水库。当年完成郝沟、白吉、庙儿沟、照壁山、张红湾 5 座病险水库除险加固主体工程及郑湾、三百户、王坡 3 座病险水库工程前期开工准备工作。

完成苋麻河整治工程 7.2 千米沟道削坡和 7.2 千米河床整修工作，铺设格宾网护坡 5 万平方米，库区防渗土工膜 63.8 万平方米，绿化治理面积 240 万平方米。（牛金虎）

正在建设中的海原县庙儿沟水库输水洞施工现场

【灌溉管理】 坚持以抗旱保灌为重点，以调整种植结构为支撑，加强灌溉用水管理，优化水量调度，保障了全县扬黄灌区和库井灌区农田的适时灌溉和均衡受益。2011 年，实际灌溉面积 24.33 千公顷，其中扬黄灌区 15.21 千公顷，水库灌区 1.04 千公顷，机井灌区 7.29 千公顷（正常运行机井 536 眼），小高抽 490 公顷，灌溉总水量 10218.23 万立方米。

完成海原县七营井灌区节水改造工程；建成中部干旱带高效节水补灌工程高崖项目区蓄水池 3 座（其中 21.5 万立米 1 座、0.5 万立米 1 座、0.2 万立米 1 座），铺设各类管道 184.21 千米，完成 80 公顷设施农业供水工程、420 公顷枣瓜间作高效节水补灌工程；完成西安高效节水灌溉工程机井配套 102 眼，完成渠道 54 条 21 千米，铺设管道 75.5 千米、喷灌带 76 千米。新增节水灌溉面积 1650 公顷，高效节水灌溉面积 2000 公顷，改善灌溉面积 2520 公顷。

供水价格严格实行两部制水价，固海扬水工程定额内水价为 0.137 元 / 立方米，超出定额部分为 0.187 元 / 立方米；库灌区按 0.1 元 / 立方米收取，井灌区按0.37元/立方米收取。对超过基础水量的灌区,超出水量部分库灌区按0.14元/立方米收取,井灌区按0.42元/立方米收取。 (张信和)

【农田水利基本建设】 以“黄河杯”农田水利基本建设竞赛为抓手,通过“政府推动、部门联动、宣传发动、项目带动、竞赛促动、干群互动、人机齐动”等措施,有效调动社会各方力量,实行渠、田、林、路综合治理。严格实施自治区农田水利基本建设指挥部关于农田水利基本建设的各项目标和任务,成立以县长为组长的农田水利基本建设领导小组,明确各成员单位的工作任务和职责,加强农田水利基本建设的管理,严格质量标准,实行目标管理责任制和责任追究制,建立健全检查、监督、考核、奖罚制度,对建设进展快、质量标准高、任务完成好的乡(镇)及时进行表扬,对行动迟缓、施工质量差的要视其情况进行严肃批评和给予经济、行政处罚。全年累计砌护渠道3923条843千米,整修生产道路193条185千米,机深翻9400公顷,改造中低产田334公顷,完成农田防护林网500公顷,畦田建设11000公顷。有效提高了农业综合生产能力,进一步夯实了农业发展基础。 (张信和)

海原县高崖蓄水池

【防汛抗旱】 一是加强宣传和气象预测预报工作。二是加强库坝汛前安全大检查。尤其对库坝滞洪区、联系乡镇、村庄的主要设施及险工险段重点检查,并做出切实可行的维修方案,及时进行了维修处理。三是对在建工程制定了汛期施工计划及防洪预案,在保证质量的同时,加快工程进度,确保安全度汛。四是组织召开海原县防汛抗旱工作会议,落实以行政首长负责制为核心的防汛责任制。与各乡镇签订防汛目标管理责任书,逐乡逐库进行防汛责任的落实,做到责任到人,各负其责,各司其职。五是成立防汛领导机构,组建防汛抢险队伍,备足抢险物资。落实机动防汛车20辆,共储备防汛草袋0.45万条,塑料编织袋5万条,铅丝10吨,水泥30吨,铁锹830把。各乡镇储备柴草300吨,砂石料2000立方米,组建防汛专业抢险队伍21支,落实抢险队员1195余人。六是加快实施山洪灾害非工程措施项目,全年没有出现大的险情和人员伤亡事件。

积极争取抗旱资金160万元,维修前川、双墩等人畜饮水工程25处,维修三河、七营等扬黄灌区和西安、史店等重点库灌区渠道5千米;购置抗旱机泵3台、拉水车2两,发放抗旱拉水罐130个,大力推广秋覆旱作农业保墒技术,秋覆膜面积达到1.33万公顷以上;通过“稳粮、压夏、扩经、扩秋”,充分发挥扬黄灌区灌溉优势,加大种植结构调整力度,扩大马铃薯、小茴香、葱韭蒜、设施农业、饲草种植面积,实现了以水补旱、以秋(经)补夏;发放旱地龙4吨,在全县布设旱情监测点17个,每月统计3次,及时上报。 (孙 霞)

【农村饮水安全】 完成海原县七营—李旺、固扩十一干后、蔡祥、小河等9处农村饮水安全工程和相桐、黄石崖等6处自来水入户工程,自来水安装8500多户。新建硬化集水场2000处。解决了7.94万人的安全饮水问题。 (吴平江)

【农村水利改革】 海原县委、政府出台了《关于加快水利改革发展的实施意见》(海党发〔2011〕32号)文件,将水利作为公共财政投入的重点领域,每年从县财政总收入中提取5%作为水利建设专项资金,用于水利项目前期工作经费和重点水利项目配套。从土地出让总收入中提取5%用于农田水利建设。从城市维护建设税中划出15%用于城市防洪排涝和水源工程建设。每年从县财政收入中拿出专项资金解决水利工程维修养护费用。2011年成立海原县七营、三河镇扬黄灌区农民用水者协会2个,全县累积注册协会6个,对各协会进行跟踪监督,确保协会作用的正常发挥。 (张信和)

【水政与水资源管理】 利用“世界水日”“中国水周”及“千名干部下基层大走访大调研”等活动，通过电视、网络、宣传车、设立咨询点、散发资料等方式，大力宣传中央、自治区两个《决定》和新时期治水思路。共发放各类宣传材料9000余份，展示展板5块，悬挂横幅10条，并向社会公布水资源管理有关信息。严格落实《取水许可管理办法》、水土保持“三同时”制度，发放取水许可证32套，全县累计发放取水许可证509套，审批水土保持方案8个，查处各类水事违法案件6起，落实水土保持补偿费124万元，有力地维护了正常的水事秩序。（王德海）

【水土保持】 建成涝塘小流域涝塘、郭家沟和西沟3座水保骨干坝工程。完成国家农业综合开发水土保持项目韩庄流域综合治理项目、陕甘宁地区海原县白石头河闵家塘项目片区梯田工程和2011年巩固退耕还林成果基本口粮田项目。新增旱作基本农田2500公顷，改善小片水地520公顷，治理水土流失面积134.61平方千米。（吴平江）

【水库移民】 完成了海原县2011年度大中型水库移民后期扶持项目农业生产资料购置发放实施方案，为海原县关桥乡的关桥、脱场、贺堡、八斗4个行政村，海城镇的高台行政村，西安镇的范台、薛套、胡湾、小河4个行政村，贾塘乡的双河行政村，树台乡的树台、二百户2个行政村，郑旗乡的撒台、撒堡、中坪3个行政村，三河镇的苋麻行政村，高崖乡的联合、高崖、高湾、红古、红岸、三分湾、香水、草场8个行政村，共计8个乡镇24个行政村8124口人的移民发放农资化肥1218.6吨，兑现资金487.44万元。（王德海）

【党建与精神文明建设】 一是自身建设不断深化。以学习贯彻党的十七届五中、六中全会和县第十三次党代会精神为主线，以“创先争优”和“学习型党组织”创建活动为抓手，积极开展了创建国家级文明单位、颂歌献给党、红色旅游、理论大讲堂进机关、向杨善洲同志学习、评选道德模范和纪念建党90周年等活动；“两节”期间，慰问困难职工及退休老干部24人，发放慰问金9000元；共计编发水利信息132期，网站发表信息216条，国家级媒体刊登稿件7篇，省级媒体刊登稿件108篇，电视台播放水利专题报道11次，新闻报道102次，水利发展向心力和凝聚力进一步增强。二是典型示范强化党建。坚持把示范引领作为推动“创先争优”活动扎实深入开展的一项重要举措。“七一”期间，隆重奖励了“红旗党支部”“文明股室”“学习型股室”及25名“优秀党员”“党员先锋岗”“水利标兵”，并将其中特别突出的2名优秀党员推荐到海原县委进行表彰，在全局营造出了浓厚的党建氛围和积极向上的工作环境。三是迎接挑战警醒鞭策。在“建设人水和谐新海原”大讨论活动中，注意引导广大党员干部站在时代发展高度，认清新形势、明确新思路、迎接新挑战。活动中，共形成调研报告、理论文章15篇，征集到各类有价值意见、建议45条，其中12条意见、建议被纳入“水利‘十二五’发展规划”，5条意见、建议被评选为“金点子”，分别给予了1000元、800元、500元的奖励，有力地激发了广大党员干部投身水利事业、发展水利事业的积极性、主动性、创造性。（李宏伟）

表彰奖励

【2011年度获省部级、厅级表彰奖励荣誉录(集体)】

获奖名称	授奖单位	获奖单位	发文号
“十一五”水利职工教育先进集体	水利部	宁夏固海扬水管理处	水教协〔2011〕7号
全国水利行业技能人才培育突出贡献奖	水利部	宁夏红寺堡扬水管理处	水人事〔2011〕166号
全国水利系统“五五普法”先进集体	水利部	平罗县水务局	办人事〔2011〕439号
2011年中央1号文件知识竞赛优秀组织奖	水利部	宁夏红寺堡扬水管理处	办人事〔2011〕443号
全国水利建设管理先进集体	水利部	宁夏回族自治区水利厅建设管理处	办人事〔2011〕229号
“宁夏农业高效节水灌溉技术研究与集成示范”获2011年度农业节水科技奖二等奖	中国农业节水和农村供水技术协会	宁夏水利科学研究所	
“十一五”水利职工教育先进集体	中国水利教育协会职工教育分会	宁夏红寺堡扬水管理处	水教协职〔2011〕7号
全国水利系统和谐企事业单位	中国农林水利工会全国委员会	宁夏红寺堡扬水管理处	农林水利工字〔2011〕3号
全国农林水利系统“模范职工之家”	中国农林水利工会全国委员会	宁夏渠首管理处工会	
全国农林水利系统劳动关系和谐企业	中国农林水利工会全国委员会	宁夏宁东水务有限责任公司	
黄河上中游流域用水管理先进集体	黄河上中游管理局	宁夏红寺堡扬水管理处	黄水政发〔2011〕6号
黄河中上游流域取水许可管理先进集体	黄河水利委员会	宁夏回族自治区水利厅建设管理处	黄水政发〔2011〕6号
宁夏第一次全国水利普查2011年度先进集体	宁夏回族自治区第一次全国水利普查办公室	银川市水务局	宁水普办发〔2011〕4号
庆祝建党90周年“党在我心中”文化主题电视展播节目优秀奖	宁夏回族自治区宣传部、区精神文明建设指导委员会办公室	盐池县水务局	

续 表

获奖名称	授奖单位	获奖单位	发文号
全区首届供水行业青工技能大赛优秀组织奖	宁夏回族自治区住房和城乡建设厅、自治区妇联、自治区总工会、自治区团委	宁夏宁东水务有限责任公司	
全区农业灌溉节约先进用水单位	宁夏回族自治区水利厅、宁夏回族自治区财政厅	宁夏汉延渠管理处	
自治区宁夏中北部土地开发整理重大工程项目建设三等奖	宁夏中北部土地开发整理重大工程项目领导小组	利通区水务局	
2011年度大禹水利科学技术三等奖	大禹水利科学技术奖励委员会	宁夏水利科学研究所	
自治区“A级纳税信用单位”	宁夏回族自治区人民政府	沙坡头公司	
全区教育系统先进集体	宁夏回族自治区人民政府	宁夏水利电力工程学校	
全区先进基层党组织	宁夏回族自治区党委	宁夏盐环定扬水管理处	
第四届全区水利行业职业技能竞赛优秀组织奖	宁夏回族自治区人力资源与社会保障厅	红寺堡扬水管理处	宁人社发〔2011〕19号
全区“五五”普法先进集体	自治区依法治区领导小组	同心县水务局	
全区先进基层党组织	宁夏回族自治区	同心县水务局党委	
自治区建设学习型党组织先进单位	中共宁夏回族自治区委员会建设学习型党组织工作协调小组	中卫市水务局	
吴忠市“五五”普法先进集体	吴忠市委、市政府	宁夏盐环定扬水管理处	
先进基层党组织	吴忠市委员	盐池县水务局	
全市“五五”普法先进集体	吴忠市委、市政府	盐池县水务局	
全市基层党建工作示范点	石嘴山市委	惠农区水务局	
“安全生产先进单位”	中卫市人民政府	沙坡头公司	
吴忠市效能目标管理考核二等奖	吴忠市委	秦汉渠管理处党委	
直属机关学习型党组织：机关党委	吴忠市直属机关工作委员会	吴忠市水务局	
效能目标管理考核二等奖	吴忠市委、市政府	吴忠市水务局	
全市安全生产工作先进单位	吴忠市安全生产委员会	吴忠市水务局	

【2011 年度获省部级、厅级表彰奖励荣誉录(个人)】

获奖名称	授奖单位	获奖个人		文件号
		姓名	工作单位	
水利部国家防汛抗旱指挥系统一期工程建设先进个人	中华人民共和国水利部	李岷	宁夏回族自治区防汛抗旱指挥部	办人事〔2011〕355 号
国务院特殊津贴	国务院	杜历	宁夏水利科学研究所	
“十一五”水利职工教育先进个人	中国水利教育协会职工教育分会	张伟	宁夏红寺堡扬水管理处	水教协职〔2011〕7 号
全国水利系统“五五”普法先进个人	中华人民共和国水利部	吴志伟	宁夏红寺堡扬水管理处	办人事〔2011〕439 号
全国无偿献血奖金奖荣誉称号		张剑之	宁夏盐环定扬水管理处	
黄河上中游流域用水管理先进个人	黄河上中游管理局	甘萍	宁夏红寺堡扬水管理处	黄水政发〔2011〕6 号
黄河中上游流域取用水学科管理先进个人	黄河水利委员会	杨国雄	宁夏渠首管理处	黄水政发〔2011〕7 号
全区优秀共产党员	宁夏回族自治区党委	霍鹏喜	宁夏秦汉渠管理处	
全区优秀共产党员	宁夏回族自治区党委、政府	邱晓林	中宁县水务局	
全区“五五普法”先进个人	宁夏回族自治区党委、政府	陈天鸿	中宁县水务局	
全区五一劳动奖章获得者	宁夏回族自治区党委	马玉柱	宁夏秦汉渠管理处	
全区技术能手	宁夏回族自治区人力资源与社会保障厅	白学锋	宁夏红寺堡扬水管理处	宁人社发〔2011〕19 号
全区水利行业技术能手	宁夏回族自治区人力资源与社会保障厅	方建平	宁夏固海扬水管理处	宁人社发〔2011〕19 号
全区水利行业技术能手	宁夏回族自治区人力资源与社会保障厅	刘伟东 张占军 李平	宁夏红寺堡扬水管理处	宁人社发〔2011〕19 号
全区水利行业技术能手	宁夏回族自治区人力资源与社会保障厅	丁少军 侯学东	宁夏盐环定扬水管理处	宁人社发〔2011〕20 号
第十一届宁夏自然科学优秀学术论文	宁夏回族自治区自然科学优秀学术论文评审委员会	麦山 杨远志 蒋昊良	宁夏回族自治区水利厅建设管理处	
全区应急管理工作先进个人	宁夏回族自治区人民政府	李岷	宁夏回族自治区防汛抗旱指挥部	宁政发〔2011〕155 号
全区节水型社会建设工作先进个人	宁夏自治区节水型社会建设工作领导小组	马海峰	宁夏水利科学研究所	
自治区政府特殊津贴	宁夏回族自治区人民政府	刘学军	宁夏水利科学研究所	
自治区招商引资工作先进个人	宁夏回族自治区人民政府	宋喜	吴忠市水务局	
自治区新世纪学术、技术带头人	宁夏回族自治区“313”人才工程领导小组	刘平	宁夏水利科学研究所	
全区扶贫开发先进个人	宁夏回族自治区扶贫开发领导小组	马银花	海原县水务局	
全市“五五”普法先进个人	吴忠市依法治市领导小组	马燕	吴忠市水务局	
市区城市东南部建设征地拆迁工作先进个人	吴忠市人民政府	严清宁 马学林	吴忠市水务局	
吴忠市优秀人才	吴忠市委、市政府	方磊	吴忠市水务局	
吴忠市优秀人才	吴忠市人民政府	王建义 杨文贤	利通区水务局	
安全生产工作先进个人	吴忠市安全生产委员会	吉荣	吴忠市水务局	

【2011 年度全区农田水利基本建设“黄河杯”竞赛获奖单位和先进个人名表(宁农建指发〔2012〕1 号)】

获奖单位名单		
特等奖 3 名	青铜峡市	各奖励以奖代补项目资金 260 万元,各奖励工作经费 40 万元
	贺兰县	
	盐池县	
一等奖 5 名	灵武市	各奖励以奖代补项目资金 200 万元,各奖励工作经费 30 万元
	平罗县	
	永宁县	
	利通区	
	原州区	
二等奖 7 名	中宁县	各奖励以奖代补项目资金 150 万元,各奖励工作经费 20 万元
	同心县	
	红寺堡区	
	惠农区	
	彭阳县	
	农垦局	
	沙坡头区	
三等奖 4 名	隆德县	各奖励以奖代补项目资金 100 万元,各奖励工作经费 10 万元
	西吉县	
	海原县	
	兴庆区	
组织奖 2 名	吴忠市	各奖励资金 5 万元
	银川市	

先进个人名单					
李建荣	男	银川市水务局副局长	赵少勇	男	银川市水务局科长、高工
何建勃	男	兴庆区副区长	朱占才	男	兴庆区水务局副局长
闫　江	男	金凤区丰登镇副镇长	郭锁华	男	西夏区水务局局长
周孝忠	男	永宁县水务局局长	马文君	男	永宁县农发办副主任
亢　寅	男	永宁县望远镇党委书记	孙佳勇	男	永宁县望洪镇党委书记
刘甲锋	男	贺兰县委副书记	谭利森	男	贺兰县金贵镇镇长
李炳杰	男	贺兰县立岗镇镇长	王　平	男	贺兰县洪广镇镇长
周　军	男	贺兰县京星农牧场党委书记、场长	陈建华	男	灵武市副市长
郭金宝	男	灵武市林业局局长	陈卫军	男	灵武市郝桥镇镇长
吴学智	男	灵武市水务局建管中心主任	王金喜	男	石嘴山市水务局副调研员
姚新平	男	石嘴山市水务局科长	于　静	女	大武口区水务局工程师
杨惠生	男	惠农区水务局工程师	景立新	男	惠农区水务局建管中心主任
张明俊	女	惠农区红果子镇镇长	李自斌	男	平罗县水务局副局长
陈　河	男	平罗县水利灌溉管理中心主任	黄晓菊	女	平罗县水务局设计室主任
郭俊峰	男	平罗县黄渠桥镇通惠村支部书记	马　伟	男	吴忠市人大常委会副主任
孙武刚	男	吴忠市水务局副局长	吴学东	男	利通区郭家桥乡党委书记
马玉磊	男	利通区高闸镇镇长	刘自忠	男	利通区金银滩镇水管站站长

续　表

先进个人名单					
杨文贤	男	利通区水务局工程师	王自成	男	青铜峡市副市长
王文涛	男	青铜峡市大坝镇党委书记	蒋文俊	男	青铜峡市扶贫开发办主任
李　焜	男	青铜峡市叶升镇党委书记	姚自宏	男	青铜峡市水务局局长
陈自军	男	同心县委常委、副县长	杨彦炜	男	同心县水务局局长
杨晓忠	男	同心县石狮开发区工委书记	王学增	男	盐池县副县长
宋德海	男	盐池县农牧局局长	蔡向阳	男	盐池县水务局防汛办主任
张　倩	女	盐池县惠安堡镇镇长	刘永辉	男	盐池县大水坑镇党委书记
张启伦	男	红寺堡区水务局局长	徐明勇	男	红寺堡区南川乡党委书记
浦彦卿	男	红寺堡区太阳山镇镇长	王建斌	男	固原市水务局水保科科长
马志坚	男	固原市固原水利设计院经理	罗小宁	男	原州区张易镇镇长
王秀忠	男	原州区水务局工程师	杨　荣	男	原州区头营镇党委书记
徐振业	男	原州区扬黄局股长	赵宗荣	男	西吉县水务局副局长
杨永祥	男	西吉县水务局办公室主任	柳国纲	男	隆德县水务局办公室主任
王卫红	女	隆德县水务局高级工程师	曹永昕	男	彭阳县孟塬乡党委书记
袁　君	男	彭阳县林业局局长	杜玉斌	男	彭阳县水务局工程师
于三学	男	泾源县水务局副局长	张彦龙	男	中卫市水务局副局长
王振远	男	中卫市农发办副主任	刘秀霞	女	中卫市水务局水务科工程师
闫秀珍	女	中卫市水利技术服务中心高工	冯建军	男	中宁县委常委、副县长
何宝贵	男	中宁县水务局副局长	范永伟	男	中宁县鸣沙镇党委书记、镇长
任广业	男	海原县水务局局长	李克孝	男	海原县水务局工程师
李　云	男	自治区党委政研室主任科员	毛　成	男	自治区党委宣传部主任科员
马　骥	男	自治区政府研究室副主任科员	张树德	男	自治区政府办公厅秘书
庞　伟	男	自治区发改委主任科员	马　斌	男	自治区财政厅主任科员
张永红	男	自治区国土厅国土整理局局长	冯忠儒	男	自治区交通厅处长
徐润邑	男	自治区农牧厅农业技术推广总站站长	马学军	男	自治区林业局处长
张吉忠	男	自治区扶贫办处长	马炳林	男	自治区水利厅秘书
王正良	男	自治区水利厅处长	高　宏	男	自治区水利厅副处长
丁学岐	男	自治区水利厅工程师	刘　伟	男	自治区农发办副主任
张　国	男	自治区农垦局黄羊滩农场用水协会会长	谭学勇	男	自治区农垦局连湖农场职工
李林山	男	自治区农垦局工程师	张金柱	男	宁夏广播电视总台主任记者
李建新	男	宁夏日报社记者			

【2011年度全区水利工作先进集体、先进个人名表(宁水发〔2012〕2号)】

各市、县(区)水务局(10个)	
石嘴山市水务局	青铜峡市水务局
吴忠市水务局	盐池县水务局
金凤区农牧水务局	原州区水务局
灵武市水务局	泾源县水务局
平罗县水务局	海原县水务局
水利厅直属单位(8个)	
宁夏水利科学研究所	宁夏惠农渠管理处
宁夏水文水资源勘测局	宁夏宁东水务有限责任公司
宁夏红寺堡扬水管理处	宁夏银水房地产开发有限责任公司
宁夏七星渠管理处	宁夏长城水务有限责任公司

先进个人			
邓新亮	银川市水务局银西管理所副所长	马世平	宁夏水文水资源勘测局彭阳水文站站长
门淑霞	兴庆区水务局副主任科员	台应国	宁夏水利电力工程学校教育处处长
何凤鸣	金凤区农牧水务局工程师	鲍子云	宁夏水利科学研究所副所长
任新福	西夏区农牧水务局水政防汛站站长	孙敬祯	宁夏艾依河管理局副局长
哈玉忠	永宁县水务局副局长	张万龙	宁夏唐徕渠管理处周城所党支部书记、所长
马进林	贺兰县水务局局长	杨小宁	宁夏唐徕渠管理处大武口所党支部书记、所长
周玉斌	灵武市水务局局长	赵爱林	宁夏西干渠管理处第二管理所所长
赵明兰	石嘴山市水务局设计室工程师	朱海丰	宁夏西干渠管理处第三管理所段长
蒙慧芳	大武口区水务局科员	马德仁	宁夏惠农渠管理处处长
王家邦	惠农区水务局副局长	伍光利	宁夏惠农渠管理处第一管理所党支部书记、所长
陈　河	平罗县水务局灌溉中心主任	张晓林	宁夏汉延渠管理处副处长
严万祥	吴忠市水务局局长	苏　林	宁夏汉延渠管理处灌溉管理科科长
田　升	利通区水务局局长	杨国雄	宁夏渠首管理处副处长
戴良斌	青铜峡市水务局副局长	刘永亮	宁夏渠首管理处灌溉管理科科长
马全祯	同心县水务局工程队队长	刘　毅	宁夏秦汉渠管理处秦一所党支部书记、所长
李慧萍	盐池县水务局农村水利工作站主任	杨　存	宁夏秦汉渠管理处防汛工程科科长
王志清	红寺堡区水务局综合服务中心主任	李克文	宁夏盐环定扬水管理处处长
樊营军	固原市水务局水利科科长	郝瑞甫	宁夏盐环定扬水管理处工程公司经理
薛光成	原州区水务局副局长	胡学兵	宁夏盐环定扬水管理处第七泵站值班长
赵玉宝	西吉县水务局局长	陈旭东	宁夏七星渠管理处处长
陈国光	隆德县水务局副局长	徐　涛	宁夏七星渠管理处灌溉管理科科长
常福礼	彭阳县水务局工程师	和志国	宁夏固海扬水管理处党委书记、处长
郭浩国	泾源县水务局水土保持工作站站长	罗廷红	宁夏固海扬水管理处组织人事科科长
黄积银	中卫市水务局局长	李庭福	宁夏固海扬水管理处白府都泵站党支部书记、站长
陈天鸿	中宁县水务局局长	徐　泳	宁夏固海扬水管理处扩二总站党支部书记、扩六泵站站长

续　表

刘启金	海原县水务局前期工作办公室主任	余国兴	宁夏红寺堡扬水管理处工程公司经理
张　伟	水利厅规划计划处主任科员	尹　奇	宁夏红寺堡扬水管理处后勤保障科科长
李小龙	水利厅组织人事与老干部处副处长	道　华	宁夏红寺堡扬水管理处检修队队长
撖玉红	水利厅财务审计处副处长	雷　杰	宁夏水务投资集团有限公司总经理助理
郭立兵	自治区防汛抗旱指挥部办公室工程师	王存福	宁夏水利水电工程局项目经理
杨海宁	水利厅灌溉管理局副局长	张廷华	宁夏水利水电工程局项目经理
管文斌	水利厅水土保持局办公室主任	王学福	宁夏宁东水务有限责任公司总经理
刘建勇	水利厅经济管理局副局长	曾凤发	宁夏太阳山水务有限责任公司党总支书记、董事长
吴永花	宁夏水电工程质量监督站站长	王效军	宁夏新海水务公司党总支书记、总经理
司建宁	自治区节约用水办公室副主任	徐　晶	宁夏长城水务有限责任公司发展规划部部长
张建华	水利厅机关服务中心主任	许志军	宁夏六盘山水务有限责任公司监事会主席
张　刚	宁夏水利工程建设中心党总支书记	黄建宁	宁夏银水房地产开发有限责任公司总经理助理
唐　娟	宁夏水文水资源勘测局计划财务科科长	哈岸英	宁夏水利水电勘测设计研究院有限责任公司党委书记、董事长
徐进光	宁夏水利水电勘测设计研究院有限责任公司水工设计二处处长	柳灵运	宁夏青龙管业有限责任公司甘肃矿区公司经理
魏　海	宁夏青龙管业有限责任公司天津海龙公司经理	牛　儒	沙坡头水利枢纽有限责任公司副董事长
朱　清	宁夏水电工程咨询公司技术部部长		

【2011年度宁夏引(扬)黄灌区节约用水先进单位名表(宁水发〔2012〕14号)**】**

县(市、区)水行政主管部门(6个)		
一等奖	利通区水务局	20万元
二等奖	青铜峡市水务局	15万元
	中宁县水务局	15万元
三等奖	惠农区水务局	10万元
	兴庆区水务局	10万元
	金凤区农牧水务局	10万元
自治区直属水管单位(4个)		
一等奖	渠首管理处	20万元
二等奖	汉延渠管理处	15万元
三等奖	七星渠管理处	10万元
	红寺堡扬水管理处	10万元

【组织人事工作先进集体和先进个人名表(宁水人发〔2012〕4号)】

先进集体			
宁夏水文水资源勘测局组织人事科		宁夏七星渠管理处组织人事科	
宁夏唐徕渠管理处组织人事科		宁夏太阳山水务有限责任公司综合部	
宁夏盐环定扬水管理处组织人事科			
先进个人			
齐晓磊	水利厅水土保持局办公室副主任	刘凤琴	宁夏汉延渠管理处人事科副科长
殷 锋	宁夏水利科学研究所办公室主任	罗廷红	宁夏固海扬水管理处人事科科长
孙立国	宁夏惠农渠管理处组织人事科科长	张建军	宁夏水利水电工程局人力资源部部长
郑 黎	宁夏渠首管理处组织人事科科长	李 珺	宁夏宁东水务有限责任公司综合办公室主任
毛淑娟	宁夏秦汉渠管理处人事科副科长	王东果	宁夏青龙管业股份有限责任公司人力资源部主管

【2011年度节水型社会建设工作先进集体名表(宁节水组发〔2012〕1号)】

银川市人民政府	奖励30万元
石嘴山市人民政府	奖励20万元
吴忠市人民政府	奖励10万元

【全区节水型社会建设工作先进集体和先进个人名表(宁节水组发〔2012〕3号)】

先进县(区)8个,各奖励5万元	
银川市西夏区	灵武市
平罗县	吴忠市红寺堡区
青铜峡市	固原市原州区
西吉县	中宁县
先进单位23个,各奖励1万元	
银川市水务局	银川市建设局
石嘴山市水务局	吴忠市利通区水务局
同心县水务局	固原市水务局
彭阳县水务局	中卫市水务局
自治区节约用水办公室	水利厅灌溉管理局
宁夏宁东水务有限责任公司	宁夏固海扬水管理处
自治区经济和信息化委员会节能与综合利用处	宁夏农业综合开发办公室
宁夏农技推广总站	自治区国土资源厅耕地保护处
自治区农垦事业管理局农业综合开发办公室	宁夏农垦西夏王实业有限公司黄羊滩农业分公司
神华宁夏煤业集团有限责任公司	华电宁夏灵武发电有限公司
宁夏石化公司炼油业务部一联合车间	宁夏医科大学
宁夏银川一中	

续 表

先进个人80名,各奖励1000元			
梁志刚	银川市节约用水办公室	冯德旺	兴庆区建设交通局
何凤鸣	金凤区农牧水务局	马世宏	西夏区人民政府办公室
杨志星	永宁县胜利乡征沙渠农民用水协会	闻国焘	贺兰县水务局
范永胜	灵武市水务局	马立华	石嘴山市人民政府办公室
周泽民	石嘴山市水务局水资源管理办公室	于　静	大武口区园林和农牧水务局
王家邦	惠农区水务局	方　磊	吴忠市水务局
田　昇	利通区水务局	王志远	青铜峡市水务局
苏天胜	同心县下马关节水灌溉服务中心	李鹏程	盐池县水务局
王志清	红寺堡区水务局	晁建忠	固原市水务局
杨长林	原州区节约用水办公室	赵宗荣	西吉县水务局
禹恩宽	泾源县水务局	刘巧玉	隆德县水务局
杨志让	彭阳县水务局	王玉其	中卫市水务局
何宝贵	中宁县水务局	武成文	海原县水务局
张　伟	自治区党委宣传部	胡　斌	自治区党委宣传部
段志强	自治区政府办公厅	张树德	自治区政府办公厅
邹　军	自治区发展和改革委员会	庞　伟	自治区发展和改革委员会
姚　鑫	自治区经济和信息化委员会	蒋玉宁	自治区教育厅
张乃颖	自治区科技厅	田建文	自治区科技厅
王海源	自治区财政厅	张宪宁	自治区国土资源厅
丁少辉	自治区环境保护厅	蔡玉华	自治区环境保护厅
李有军	自治区住房和城乡建设厅	刘　军	自治区住房和城乡建设厅
马炳林	自治区水利厅	王景山	自治区水利厅
候　峥	自治区水利厅	张卫平	自治区农牧厅
哈艳丽	自治区工商行政管理局	陈洪仓	自治区农垦事业管理局
常　青	自治区政府研究室	郭　动	自治区政府法制办
解秋红	自治区物价局	周　斌	宁夏农业综合开发办公室
张永红	宁夏国土开发整治管理局	景清华	自治区节约用水办公室
马海峰	宁夏水利科学研究所	杨林平	宁夏水文水资源勘测局
吴国万	宁夏汉延渠管理处	孙生彪	宁夏渠首管理处
曹福升	宁夏红寺堡扬水管理处	高　升	宁夏农技推广总站
薛振华	宁夏林业技术推广总站	丁　婕	宁夏林业产业发展中心
魏本军	宁夏广播电视监测中心	田光金	宁夏农垦贺兰山实业有限公司平吉堡农业分公司
莫　沅	中国石油天然气股份有限公司宁夏石化分公司	刘　秦	神华宁夏煤业集团有限责任公司
许剑武	华电宁夏灵武发电有限公司	马越武	宁夏开元丰友化工股份有限公司
詹志林	宁夏伊品生物科技股份有限公司	张立国	宁夏万胜生物工程有限公司
张新华	宁夏金昱元化工集团有限公司	孙一平	宁夏荣盛铁合金集团有限公司
吕　龙	宁夏天净天达冶金有限公司	李正直	宁夏医科大学
黄建忠	银川市第二十一小学	张秀荣	人民日报社宁夏分社
姜雪城	新华社宁夏分社	许新霞	中央人民广播电台宁夏记者站
马和亮	宁夏日报报业集团	张金柱	宁夏广播电视总台

【全区水利“五五”普法先进集体和先进个人名表(宁水政发〔2011〕56号)】

先进集体	
银川市水务局	宁夏西干渠管理处
石嘴山市水务局	宁夏惠农渠管理处
中卫市水务局	宁夏固海扬水管理处
利通区水务局	宁夏宁东水务有限责任公司
泾源县水务局	宁夏太阳山水务公司
宁夏水利厅水土保持局	宁夏青龙管业股份有限责任公司
宁夏水文水资源勘测局	

先进个人			
杨全林	银川市水务局副局长	王玉其	中卫市水务局普法专干
朱占才	兴庆区水务局副局长	孔　刚	中宁县水务局副局长
何风鸣	金风区农牧水务局水务中心主任	蔡　飞	海原县水务局普法干事
周　玲	西夏区农牧水务局副局长	史燕斌	宁夏回族自治区水利厅水政水资源处副调研员
王庆茹	永宁县水务局办公室主任	司建宁	自治区节约用水办公室副主任
杨红新	贺兰县水务局灌排管理所所长	周　涛	宁夏回族自治区水利厅灌溉管理局办公室主任
马　斌	灵武市水政监察大队队长	李银平	宁夏水利电力工程学校办公室副主任
倪　勇	石嘴山市水务局副主任科员	吴正光	宁夏艾依河管理局办公室副主任
胡　洁	大武口区园林和农牧水务局水利站站长	郭兰青	宁夏唐徕渠管理处水政科科长
郑桂琴	惠农区水务局综合办公室主任	王国华	宁夏七星渠管理处水政科科长
曹广军	平罗县水务局水政监察大队副大队长	孙少荣	宁夏固海扬水管理处水政科科长
马　燕	吴忠市水务局水政监察科科长	吴志伟	宁夏红寺堡扬水管理处水政科科长
铁国斌	利通区水务局水政水保监察大队队长	张馨月	宁夏水务投资集团有限公司综合部秘书
贺新民	青铜峡市水务公务员	王　军	宁夏水利水电工程局法律顾问室主任
马　山	同心县水务局办公室主任	杨子军	宁东水务有限责任公司管网公司经理
张本强	盐池县水务局水政办主任	徐　林	宁夏太阳山水务有限责任公司总经理
杨占河	红寺堡区水务局水管所副所长	沈光勇	宁夏新海水务有限公司副总经理
马永忠	固原市水务局水政科科长	吴文雅	宁夏长城水务有限责任公司职员
唐福荣	原州区水务局办公室主任	虎俭银	彭阳县水务局高级工程师
董睿娟	西吉县水务局工程师	马海军	泾源县水务局办公室主任
姚国石	隆德县水务局水政监察大队队长		

【2010~2011年度全区水利系统政风行风建设先进集体、先进个人名表(宁水监发〔2012〕4号)】

全区水利系统政风行风建设先进集体	
银川市水务局	吴忠市水务局
中卫市水务局	金凤区农牧水务局
惠农区水务局	利通区水务局
西吉县水务局	自治区防汛抗旱指挥部办公室
唐徕渠管理处	惠农渠管理处
渠首管理处	固海扬水管理处
太阳山水务有限责任公司	六盘山水务有限公司
全区水利系统政风行风建设先进基层站所	
银川市水务局节约用水办公室	石嘴山市水务局水资源开发利用管理办公室
吴忠市水务局纪检监察室	固原市水务局水利勘测设计院
中卫市水务局农村人畜饮水管理站	兴庆区水务局通贵水利工作站
金凤区农牧水务局丰登镇水利工作站	永宁县水务局规划设计室
贺兰县水务局灌排管理所	灵武市水务局农田站
惠农区水务局灌排与农村人饮管理站	平罗县水务局灌溉管理中心陶乐管理所
利通区水务局扁担沟扬水站	青铜峡市水务局大坝水利工作站
同心县水务局河西水利管理所	盐池县水务局水土保持工作站
红寺堡区水务局支干渠水管所	原州区水务局官厅水利工作站
西吉县水务局吉强水利工作站	隆德县水务局沙塘水利工作站
泾源县水务局水利服务中心	彭阳县水务局红河工作站
中宁县水务局扶贫扬黄办公室	海原县水务局七营水利工作站
水文水资源勘测局银川分局苏峪口水文站	唐徕渠管理处周城管理所
西干渠管理处第二管理所	惠农渠管理处第六管理所
汉延渠管理处第一管理所	渠首管理处大清渠管理所
秦汉渠管理处东干渠第三管理所	盐环定扬水管理处十二泵站
七星渠管理处鸣沙管理所	固海扬水管理处黑水沟泵站
红寺堡扬水管理处五泵站	新海水务有限公司同心供水分公司

续 表

全区水利系统政风行风建设先进个人			
周泽云	银川市兴庆区水务局局长	张永桥	银川市河道管理所副所长
何凤鸣	金凤区农牧水务局水务中心工程师	包顺琴(女)	银川市西夏区农牧水务局办公室主任
蒋　河	永宁县水务局书记	王东文(女)	贺兰县水务局办公室主任
王忠平	灵武市水务局副局长	刘士立	石嘴山市水务局办公室秘书
马建明	大武口区园林和农牧水务局工程师	刘占强	惠农区水务局书记、局长
刘新琴(女)	惠农区水务局项目中心主任	罗　祥	平罗县水务局办公室主任
王建忠	吴忠市水务局纪检监察室主任	张建业	利通区水务局机关党支部书记
姚自宏	青铜峡市水务局局长	杨　林	同心县水务局副书记、副局长
蒋　听	盐池县水务局工程师	马富贵	红寺堡区水务局办公室主任
杨卫杰	固原市水务局办公室副主任	刘世栋	原州区水务局工程师
赵志义	原州区水务局固原东部农村供水有限公司总经理	田玉才	西吉县水务局书记、副局长
牛永强	西吉县水务局工程师	李桂芳(女)	隆德县水务局书记
海玉宗	彭阳县水务局农村供水工程管理站副站长	禹恩宽	泾源县水务局局长
杨　成	中卫市水务局办公室副主任	胡志仁	中宁县水务局党委副书记
李学良	中宁县水务局党政办公室纪检干部	马应财	海原县水务局副局长
武成文	海原县水务局计划股股长	蒋　锋	水利厅驻自治区政务服务中心窗口首席代表
柴向东	水利厅监察室副调研员	夏　宇	自治区防汛抗旱指挥部办公室科员
金大川	水利厅灌溉管理局调度科工程师	魏　兴	水利厅水土保持局党总支副书记
应伟平	自治区水库移民管理办公室高级工程师	田志贵	宁夏水文水资源勘测局固原分局书记、局长
吴正光	艾依河管理局办公室副主任	杨　志	唐徕渠管理处处长
贾少平	唐徕渠管理处满达桥管理所书记、所长	尤金萍(女)	西干渠管理处纪委书记
罗凤琴(女)	惠农渠管理处监察审计室主任	路功勤	汉延渠管理处监察室主任
王建平	渠首管理处监察室主任	王和文	秦汉渠管理处汉一所书记、所长
杨永春	盐环定扬水管理处副处长	范如虎	盐环定扬水管理处十泵站工人
周嘉玲(女)	七星渠管理处灌溉管理科副科长	周玉国	固海扬水管理处灌溉科科长
虎存俊	固海扬水管理处李旺泵站站长	祁彦澄	红寺堡扬水管理处监察室主任
宋志军	红寺堡扬水管理处中心管理所书记、所长	许文其	水利水电工程局副局长
许　飙	宁夏宁东水务有限责任公司副书记、纪委书记	沈光勇	宁夏新海水务有限公司副总经理

【宁夏水利行业第一届财会有奖征文活动获奖单位和个人名表(宁水发〔2011〕121号)】

组织奖单位名单(5)	
宁夏汉延渠管理处	彭阳县水务局
平罗县水务局	宁夏回族自治区水利厅会计核算中心
宁夏固海扬水管理处	

个人获奖名单(24)			
一等奖	水利工程建设群众投劳折款等非货币投入的会计核算探讨	王建宁	惠农区水务局
	新形势下加强水利专项资金管理,提高资金使用效益探析	撒玉红	宁夏回族自治区水利厅财务处
	青铜峡河东灌区农业水费计收和管理的有效途径初探	陈淑萍	宁夏秦汉渠管理处
	关于宁夏引黄灌区水管单位实行会计集中核算的思考	苏秀奇	宁夏汉延渠管理处
二等奖	水管单位纳入财政预算管理,理顺节水机制的几点思考	刘耀武	宁夏回族自治区水利厅灌溉管理局
	彭阳县水价改革中存在的问题及对策	杜玉斌	彭阳县水务局
	浅谈宁夏固海工程财务管理的现状与对策	张　锋	宁夏固海扬水管理处
	浅谈当前水利基本建设单位财务管理存在的问题及对策	邱云莉	利通区水务局
	水利厅水管单位经济困难原因分析及对策	张晓林	宁夏汉延渠管理处
	水利厅事业单位对外投资存在的问题及对策	张小龙	宁夏回族自治区水利厅财务处
	水利施工企业成本核算与成本管理浅析	马　丽	宁夏秦汉水利工程公司
	浅谈如何做好水利厅水管单位内部审计工作	梁　静	宁夏七星渠管理处
三等奖	浅谈水利建设财务管理工作中存在的问题及对策	孙敏秀	宁夏吴忠市水务局
	浅析水利基本建设项目中与竣工财务决算编制相关的几个问题	王　瑾	宁夏彭阳县水务局
	当前自治区水利基本建设资金管理工作的难点及对策	苏浩友	宁夏水利厅财务处
	浅谈灌区水费计收工作中存在的问题及对策	姜　锋	宁夏唐徕渠管理处
	信息化条件下加强财会档案管理探讨	徐　岳	中卫市水务局
	浅谈水利厅扬水单位加强财务管理的几点思考	王　军	宁夏固海扬水管理处
	浅析水利厅部门决算工作存在的问题及对策	张　磊	宁夏回族自治区水利厅会计核算中心
	关于引黄灌区水管单位水费征收的几点思考	石彩霞	宁夏汉延渠管理处
	浅谈水利工程内部审计工作	郭玉娟 彭　静	宁夏西干渠管理处
	浅谈集团公司内部审计工作	麦海兰	宁夏石嘴山裕山河水务集团公司
	浅谈水利水保工作财务管理中存在的问题及对策	郭文惠	彭阳县水务局
	浅论红寺堡扬水管理处扬黄灌区水价测算与分析	王拾军	宁夏红寺堡扬水管理处

【2011 年度优秀共产党员名表(宁水机党发〔2011〕6 号)】

优秀共产党员名单			
李小龙	水利厅组织人事与老干部处副处长	郑　娟	水利厅水政水资源处科员
张晓玲	水利厅科技教育处科员	岳　礼	水利厅机关服务中心餐厅经理
王海涛	自治区水库移民管理办公室工程师	申明平	宁夏水电工程咨询公司工程师

【先进女职工组织、优秀女职工名表(宁水工发〔2011〕8 号)】

先进女职工组织(12 个)			
西干渠管理处女职工委员会		七星渠管理处女职工委员会	
固海扬水管理处女职工委员会		水文水资源勘测局固原分局女职工小组	
唐徕渠管理处满达桥管理所女职工小组		惠农渠管理处第一管理所女职工小组	
汉延渠管理处第一管理所女职工小组		渠首管理处大坝管理所女职工小组	
秦汉渠管理处秦一所女职工小组		盐环定扬水管理处检修队女职工小组	
固海扬水管理处古城泵站女职工小组		红寺堡扬水管理处新庄集一泵站女职工小组	
优秀女职工(28 名)			
郝　青	水利厅组织人事与老干部处副调研员	徐红霞	水文水资源勘测局石嘴山分局技术室工程师
贾　敏	水利电力工程学校教师	范燕云	唐徕渠管理处财务审计科出纳
李爱冬	唐徕渠管理处水利水电工程建设安装公司技术员	焦晶霞	西干渠管理处灌溉管理科技术员
范红红	惠农渠管理处组织人事科副科长	潘晓红	惠农渠管理处第二管理所双庙段段长
章红燕	汉延渠管理处第四管理所调度员	郑　黎	渠首管理处组织人事科副科长
毛淑娟	秦汉渠管理处组织人事科副科长	周宇红	秦汉渠管理处工程公司高级工程师
贾秀梅	盐环定扬水管理处灌溉调度科调度长	贺国英	盐环定扬水管理处十泵站机电运行工
董美玲	七星渠管理处恩和管理所调度员	马秀英	固海扬水管理处工程公司副经理
贾存丽	固海扬水管理处长山头泵站机电运行工	周玉华	固海扬水管理处扩灌四泵站机电运行工
刘秀娟	红寺堡扬水管理处灌溉调度科调度员	范燕玲	红寺堡扬水管理处红二泵站值班长
雍　蕾	水务投资集团公司综合部部长	马银环	水利水电工程局机械租赁公司出纳
冉　渔	宁东水务有限责任公司调度中心值班长	袁　雯	太阳山水务公司供水总厂值班长
何秀玲	新海水务公司运行工	尹　澍	银水房地产开发有限责任公司财务部经理
余　静	水利水电勘测设计研究院有限公司主管会计	王　玲	沙坡头水利枢纽有限责任公司水力发电厂职工

【第六届“水利厅十杰青年”名表】

马国山	水利水电勘测设计研究院有限公司工程师	白雪峰	红寺堡扬水管理处检修队电气班班长
毕顺华	自治区防汛抗旱总指挥部办公室助理工程师	张　伟	水利厅规划计划处主任科员
张红玲	水利科学研究所水资源室副主任	陈　明	盐环定扬水管理处中心水管所支部书记、所长
尚吉武	固海扬水管理处黑水沟泵站副站长	常　军	惠农渠管理处扬水管理所党支部书记、所长
康金虎	水务投资集团有限公司工程师	景兆瑞	水利水电工程局青海分局项目经理

【2011年度水利厅五四红旗团委、团支部、优秀团干部、优秀共青团员名表(宁水团发〔2012〕10号)】

水利厅五四红旗团委(1个)			
红寺堡管理处团委			
水利厅五四红旗团支部(5个)			
渠首管理处大坝水利管理所团支部		西干渠管理处第二管理所团支部	
盐环定扬水管理处八泵站青年小组		固海扬水管理处检修队团支部	
红寺堡扬水管理处二泵站团支部			
水利厅优秀共青团干部(10名)			
高红斌	水利电力工程学校团委宣传委员	杨金会	唐徕渠管理处杨显管理所
彭　静	西干渠管理处第三管理所团支部书记	王　鹏	惠农渠管理处第二管理所团支部书记
段新平	汉延渠管理处第一管理所团支部书记、技术员	安丽丽	秦汉渠管理处团委副书记
马力飞	固海扬水管理处石炭沟泵站团支部书记	李彦骅	红寺堡扬水管理处团委书记
徐媛娇	水务投资集团公司集团机关团支部宣传委员	许　颖	水利水电工程局干事
水利厅优秀共青团员(21名)			
张　宇	水利工程建设中心华正水利水电工程建设监理公司监理员	胡定龙	水利电力工程学校艺术团街舞社社长
马立贤	水利电力工程学校团支部调音师	李　戈	惠农渠管理处第七管理所巡护员
马浩成	汉延渠管理处灌溉管理科技术员	项　辉	渠首管理处灌溉管理科调度员
许明慧	秦汉渠管理处东三所技术员兼团支部书记	刘宏利	盐环定水利水电工程有限公司技术员
苏　亮	盐环定扬水管理处机电检修队检修工	张宝霞	七星渠管理处高干渠管理所技术员
龚立峰	固海扬水管理处检修队机电技术员	杜学华	红寺堡扬水管理处一泵站运行值班长
饶淑玘	水务投资集团吴忠金积供水分公司团支部书记	王　丽	水利水电工程局新疆分局资料员
王　杰	宁东水务公司检修工程公司电气技术专责	高　明	太阳山水务公司供水总(工业水厂)值班长
侯晓丽	新海水务有限公司运行工	曹新茂	长城水务有限责任公司工程运营部员工
王有福	青龙管业公司	沈　静	六盘山水务有限公司
范　靖	沙坡头水利枢纽有限责任公司沙坡头水电厂运行主值班员	李　伟	唐徕渠管理处良田渠管理所

【2011年度水利厅青年安全生产示范岗和安全生产标兵名表(宁水团发〔2012〕3号)】

青年安全生产示范岗(21个)	
唐徕渠管理处跃进桥管理所	西干渠管理处第二管理所
惠农渠管理处第四管理所	汉延渠管理处灌溉管理科
渠首管理处泰民渠水利管理所中滩段	秦汉渠管理处东干渠第二管理所
盐环定扬水管理处二泵站	七星渠管理处鸣沙管理所
固海扬水管理处扩灌六泵运行班	固海扬水管理处黑水沟泵站水管班
红寺堡扬水管理处红寺堡中心所	水利电力工程学校素质教育处
水务投资集团吴忠金积供水公司牛首山供水所	水利水电工程局杨家湖项目部
宁东水务有限责任公司管网公司	太阳山水务公司
新海水务有限公司制水车间	长城水务有限责任公司长城水厂运行一班
沙坡头水利枢纽有限公司发电厂二值	宁西供水有限公司第二管理所三趟墩段
六盘山水务有限公司水源公司冬至河中心管理所	

水利厅青年安全生产标兵(26名)			
毕顺华	防汛抗旱指挥部办公室工程师	沈　磊	水利厅灌溉管理局工程师
杨志全	水利厅经济管理局工程师	贾　冬	水利工程建设中心质量安全科副科长
邓立光	水利电力工程学校教师	李育春	宁夏水文局固原分局泾河源水文站测站站长
刘　海	西干渠管理处第一管理所渠道维护工	马文涛	唐徕渠管理处防汛工程科副科长
李　戈	惠农渠管理处第四管理所渠道维护工	赵洪亮	汉延渠管理处汉延水电工程公司副经理
李　敬	渠首管理处大清渠水利管理所技术员	诸力军	秦汉渠管理处东一所党支部书记、所长
邱　勇	盐环定扬水管理处检修队调试班班长	康学峰	七星渠管理处园林绿化公司坝头子农场场长
朱国俭	固海扬水管理处扩灌十二泵站水工技术员	晁　海	固海扬水管理处工程公司水工技术员
张玉龙	红寺堡扬水管理处红五泵站机电技术员	李立志	水利水电工程局上海庙、红墩子能源化工基地供水工程净水厂II标段项目部经理
王　浩	宁东水务有限责任公司机泵技术专责	王　青	太阳山水务公司太阳山水库专职监测员
马忠琳	新海水务有限公司同心分公司工程运行负责人	戴晓平	长城水务有限责任公司工程运营部副部长
窦宏妍	银水房地产开发公司物业公司静沁园物业服务处主任	白玉龙	沙坡头水利枢纽有限责任公司发电厂水工部坝工主任
刘　杰	宁西供水有限公司工程公司技术员	张　红	六盘山水务有限责任公司调度中心调度员

水利统计

【灌溉面积】

单位:千公顷

	灌溉面积						有效实灌面积	旱涝保收面积
	合计	有效灌溉面积	林地灌溉面积	园地灌溉面积	牧草地灌溉面积	其他灌溉面积		
合　计	550.30	477.61	21.81	26.96	9.35	14.59	451.45	398.80
宁　夏	550.30	477.61	21.81	26.96	9.35	14.59	451.45	398.80
银川市	153.97	122.74	6.61	12.46	1.15	11.01	118.61	112.85
市辖区								
兴庆区	18.07	12.00	0.80	0.65		4.62	12.00	9.60
西夏区	22.26	15.36	0.50	1.40		5.00	11.23	11.23
金凤区	7.63	4.24	0.70	0.50	0.80	1.39	4.24	4.24
永宁县	42.26	33.03	2.86	6.37			33.03	33.03
贺兰县	38.64	36.75	1.20	0.34	0.35		36.75	36.75
灵武市	25.11	21.36	0.55	3.20			21.36	18.00
石嘴山市	79.52	77.15	0.73	1.21	0.41	0.02	77.15	74.36
市辖区								
大武口区	5.11	4.96	0.05	0.06	0.02	0.02	4.96	4.96
惠农区	20.03	18.90	0.18	0.95			18.90	16.11
平罗县	54.38	53.29	0.50	0.20	0.39		53.29	53.29
吴忠市	143.08	123.32	7.43	4.14	6.00	2.19	119.44	119.44
市辖区	29.54	21.96	3.25		2.50	1.83	21.64	21.64
利通区	30.50	26.93	1.62	0.05	1.90		26.93	26.93
盐池县	18.33	15.61	1.11	0.70	0.55	0.36	13.53	13.53
同心县	27.83	25.18	0.67	1.13	0.85		24.16	24.16
青铜峡市	36.88	33.64	0.78	2.26	0.20		33.18	33.18
固原市	43.83	41.85	0.94	0.92	0.14		33.44	18.15
市辖区								
原州区	13.89	13.47	0.06	0.36			13.47	4.42
西吉县	12.66	12.34	0.32				12.34	10.67
隆德县	7.13	6.91	0.07	0.13	0.02		2.63	3.06
泾源县	1.34	1.32	0.02	0.02			1.34	
彭阳县	8.81	7.81	0.47	0.41	0.12		3.66	
中卫市	99.12	85.07	5.60	6.23	1.35	0.87	75.81	48.54
市辖区								
沙坡头区	38.49	30.60	4.54	1.95	0.53	0.87	30.60	3.33
中宁县	39.46	34.26	1.00	3.70	0.50		25.00	25.00
海原县	21.17	20.21	0.06	0.58	0.32		20.21	20.21
区属农牧场	30.78	27.48	0.50	2.00	0.30	0.50	27.00	25.46
厅直属								

【机电灌溉面积】

单位：千公顷

	机电排灌面积	机电提灌面积					其中：纯排面积
		小计	机电井灌溉面积	固定站灌溉面积	流动机灌溉面积	喷滴灌灌溉面积	
合　计	169.09	163.65	36.64	113.25	3.24	10.52	7.96
宁　夏	169.09	163.65	36.64	113.25	3.24	10.52	7.96
银川市	20.47	18.94	6.99	9.56	1.40	0.99	
市辖区		0.00					
兴庆区	2.55	0.15	0.15				
西夏区	3.83	3.83	1.53	2.30			
金凤区	1.14	2.01	0.96	0.96		0.09	
永宁县		0.00					
贺兰县	7.45	7.45	1.85	3.30	1.40	0.90	
灵武市	5.50	5.50	2.50	3.00			
石嘴山市	29.58	28.64	2.50	24.57	0.02	1.55	5.09
市辖区		0.00					
大武口区	2.61	1.67		1.67			0.94
惠农区	14.87	14.87	0.73	12.81		1.33	4.15
平罗县	12.10	12.10	1.77	10.09	0.02	0.22	
吴忠市	53.09	52.99	5.58	42.85		4.56	
市辖区	1.20	1.20				1.20	
利通区	11.39	11.39	2.13	6.60		2.66	
盐池县	13.53	13.53	3.37	10.16			
同心县	24.16	24.16		24.16			
青铜峡市	2.81	2.71	0.08	1.93		0.70	
固原市	17.42	17.42	11.95	0.89	1.16	3.42	
市辖区		0.00					
原州区	8.79	8.79	5.64			3.15	
西吉县	5.08	5.08	3.51	0.14	1.16	0.27	
隆德县	0.90	0.90	0.70	0.20			
泾源县		0.00					
彭阳县	2.65	2.65	2.10	0.55			
中卫市	25.70	22.83	6.29	15.88	0.66		2.87
市辖区		0.00					
沙坡头区	9.40	9.40	0.31	8.78	0.31		
中宁县	7.80	7.80	1.70	6.10			
海原县	8.50	5.63	4.28	1.00	0.35		2.87
区属农牧场	22.83	22.83	3.33	19.50			
厅直属		0.00					

【节水灌溉面积】

单位:千公顷

	节水灌溉面积合计	喷灌面积	微灌面积	低压管灌面积	渠道防渗面积	其他工程节水面积
合　计	381.85	7.65	17.84	21.42	297.10	36.69
宁　夏	381.85	7.65	17.84	21.42	297.10	36.69
银川市	85.54	0.82	4.49	1.21	69.33	9.70
市辖区						
兴庆区	8.52	0.09		0.30	8.13	
西夏区	5.08				5.08	
金凤区	3.64		0.09	0.08	3.47	
永宁县	25.32	0.26	3.60	0.66	15.07	5.73
贺兰县	17.43		0.67		16.76	
灵武市	25.55	0.47	0.13	0.17	20.82	3.97
石嘴山市	66.49	0.22	1.47	0.37	62.25	2.18
市辖区						
大武口区	4.00				4.00	
惠农区	16.16		1.33		14.83	
平罗县	46.33	0.22	0.14	0.37	43.42	2.18
吴忠市	115.73	3.00	8.37	6.87	93.38	4.11
市辖区	22.24		2.25		19.99	
利通区	22.97	0.33	2.33		20.31	
盐池县	25.31	0.43	2.21	4.99	13.57	4.11
同心县	21.08	1.39	0.95	1.17	17.57	
青铜峡市	24.13	0.85	0.63	0.71	21.94	
固原市	29.11	1.49	2.48	7.48	14.99	1.89
市辖区						
原州区	5.90	0.25	1.90	1.68	2.07	
西吉县	10.34	1.16	0.27	2.72	4.93	1.26
隆德县	5.45	0.01	0.01	0.33	5.10	
泾源县	0.78					
彭阳县	6.64	0.07	0.30	2.75	2.89	0.63
中卫市	57.72	0.39	0.70	4.86	38.78	12.61
市辖区						
沙坡头区	17.01		0.03	0.05	8.90	8.03
中宁县	28.26	0.33	0.67	0.33	25.06	1.87
海原县	12.45	0.06		4.48	4.82	2.71
区属农牧场	27.26	1.73	0.33	0.63	18.37	6.20
厅直属						

【农村饮水安全人口达标】

单位:万人

	饮水安全达标人口		
	合计	只达到基本安全人口	本年新增
合　计	363.22	85.79	35.82
宁　夏	363.22	85.79	35.82
银川市	51.16	2.60	0.63
市辖区			
兴庆区	6.47		0.46
西夏区	3.21		
金凤区	2.60	2.60	
永宁县	15.47		
贺兰县	7.36		
灵武市	16.05		0.17
石嘴山市	32.94	3.40	4.68
市辖区			
大武口区	3.40	3.40	0.82
惠农区	6.55		
平罗县	22.99		3.86
吴忠市	90.53	39.06	11.98
市辖区	20.49		7.42
利通区	22.29		
盐池县	10.61	1.92	2.12
同心县	20.81	20.81	
青铜峡市	16.33	16.33	2.44
固原市	102.46	23.07	11.76
市辖区			
原州区	24.45	9.44	1.50
西吉县	31.23	13.63	0.09
隆德县	16.94		1.31
泾源县	7.74		1.55
彭阳县	22.10		7.31
中卫市	77.70	15.56	6.77
市辖区			
坡头区	30.21		4.03
中宁县	19.33		2.34
海原县	28.16	15.56	0.40
区属农牧场	8.43	2.10	
厅直属			

【农村饮水安全供水人口】

单位:万人

	农村自来水供水人口	农村已建饮水工程供水人口				年末乡村人口
		小计	集中式供水人口	联户供水人口	单户供水人口	
合计	291.96	335.33	232.97	64.44	37.92	
宁夏	291.96	335.33	232.97	64.44	37.92	
银川市	52.56	60.97	38.60	19.77	2.60	
市辖区						
兴庆区	6.14	6.14	6.14			
西夏区		3.21	3.21			
金凤区	2.60	7.80	2.60	2.60	2.60	
永宁县	17.17	17.17		17.17		
贺兰县	10.77	10.77	10.77			
灵武市	15.88	15.88	15.88			
石嘴山市	33.73	33.73	33.73			
市辖区						
大武口区	4.19	4.19	4.19			
惠农区	6.55	6.55	6.55			
平罗县	22.99	22.99	22.99			
吴忠市	78.17	81.56	61.01	18.62	1.92	
市辖区	17.60	17.60		17.60		
利通区	23.79	23.79	23.79			
盐池县	11.21	13.36	11.44		1.92	
同心县	9.79	11.02	10.00	1.02		
青铜峡市	15.78	15.78	15.78			
固原市	84.45	86.92	56.51	3.72	26.70	
市辖区						
原州区	23.10	23.10	21.36	1.74		
西吉县	21.68	22.51	10.98		11.53	
隆德县	14.85	15.49	0.32		15.17	
泾源县	8.46	8.46	6.48	1.98		
彭阳县	16.36	17.37	17.37			
中卫市	34.63	63.72	34.69	22.33	6.70	
市辖区						
沙坡头区	26.13	28.83	18.97	9.86		
中宁县		6.74	6.74			
海原县	8.50	28.15	8.98	12.47	6.70	
区属农牧场	8.43	8.43	8.43			
厅直属						

【水土流失治理面积】

单位:千公顷

	水土流失治理面积	其中:小流域治理面积	水土流失治理面积	
			新　增	减　少
合　计	1910.04	280.25	113.09	68.96
宁　夏	1910.04	280.25	113.09	68.96
银川市	92.39	1.85	6.08	
市辖区				
兴庆区				
西夏区	2.00	1.05		
金凤区				
永宁县	0.13			
贺兰县	3.19	0.13	0.55	
灵武市	87.07	0.67	5.53	
石嘴山市	14.15	0.40	1.79	0.13
市辖区				
大武口区	0.13	0.13	0.13	0.13
惠农区	2.56			
平罗县	11.46	0.27	1.66	
吴忠市	506.48	59.47	43.22	66.16
市辖区	28.26	1.60	10.15	
利通区	16.50		2.16	
盐池县	292.06	41.60	15.04	
同心县	147.48	14.53	10.14	66.16
青铜峡市	22.18	1.74	5.73	
固原市	841.46	207.04	41.11	2.67
市辖区				
原州区	203.47	76.95	10.60	
西吉县	301.70	0.71	10.30	
隆德县	55.09	14.33	4.03	
泾源县	55.79	24.60	4.17	2.67
彭阳县	225.41	90.45	12.01	
中卫市	455.57	11.49	20.89	
市辖区				
沙坡头区	67.02		1.30	
中宁县	50.00	0.48	6.13	
海原县	338.55	11.01	13.46	
区属农牧场				
厅直属				

【水　库】

单位:座,万立方米

	已建成水库		大型		中型		小型	
	座数	总库容	座数	库容	座数	库容	座数	库容
合　计	254.00	282779.65	1.00	73500.00	31.00	115710.16	222.00	93569.49
宁　夏	254.00	282779.65	1.00	73500.00	31.00	115710.16	222.00	93569.49
银川市	16.00	6656.95			2.00	3343.00	14.00	3313.95
市辖区	0.00	0.00						
兴庆区	0.00	0.00						
西夏区	0.00	0.00						
金凤区	0.00	0.00						
永宁县	2.00	70.00					2.00	70.00
贺兰县	1.00	1104.08					1.00	1104.08
灵武市	13.00	5482.87			2.00	3343.00	11.00	2139.87
石嘴山市	4.00	7176.00			1.00	3474.00	3.00	3702.00
市辖区	0.00	0.00						
大武口区	1.00	3474.00			1.00	3474.00		
惠农区	2.00	1717.00					2.00	1717.00
平罗县	1.00	1985.00					1.00	1985.00
吴忠市	13.00	97057.00	1.00	73500.00	5.00	19035.00	7.00	4522.00
市辖区	2.00	5865.00			2.00	5865.00		
利通区	2.00	412.90					2.00	412.90
盐池县	0.00	0.00						
同心县	6.00	7720.10			2.00	4829.00	4.00	2891.10
青铜峡市	3.00	83059.00	1.00	73500.00	1.00	8341.00	1.00	1218.00
固原市	166.00	80107.32			13.00	40914.78	153.00	39192.54
市辖区	0.00	0.00						
原州区	40.00	29518.64			4.00	20605.00	36.00	8913.64
西吉县	44.00	27680.78			4.00	12278.78	40.00	15402.00
隆德县	37.00	7381.00					37.00	7381.00
泾源县	4.00	438.90					4.00	438.90
彭阳县	41.00	15088.00			5.00	8031.00	36.00	7057.00
中卫市	55.00	91782.38			10.00	48943.38	45.00	42839.00
市辖区	0.00	0.00						
沙坡头区	4.00	5422.00			2.00	4900.00	2.00	522.00
中宁县	5.00	35054.00			2.00	3980.00	3.00	31074.00
海原县	46.00	51306.38			6.00	40063.38	40.00	11243.00
区属农牧场	0.00	0.00						
厅直属	0.00	0.00						

【机电井】

单位:眼,千千瓦

	眼　数	配套机电井	
		眼　数	装机容量
合　计	7711.00	7596.00	83.68
宁　夏	7711.00	7596.00	83.68
银川市	1945.00	1842.00	12.05
市辖区			
兴庆区	175.00	170.00	2.60
西夏区	242.00	242.00	1.00
金凤区	31.00	31.00	0.32
永宁县	145.00	145.00	1.20
贺兰县	696.00	598.00	
灵武市	656.00	656.00	6.93
石嘴山市	1399.00	1399.00	12.48
市辖区			
大武口区	110.00	110.00	2.55
惠农区	392.00	392.00	5.00
平罗县	897.00	897.00	4.93
吴忠市	1411.00	1411.00	15.81
市辖区	7.00	7.00	0.93
利通区	244.00	244.00	3.31
盐池县	740.00	740.00	8.00
同心县	74.00	74.00	0.96
青铜峡市	346.00	346.00	2.61
固原市	1414.00	1402.00	18.23
市辖区			
原州区	681.00	681.00	8.88
西吉县	570.00	570.00	6.27
隆德县	53.00	53.00	1.94
泾源县			
彭阳县	110.00	98.00	1.14
中卫市	915.00	915.00	17.14
市辖区			
沙坡头区	31.00	31.00	0.33
中宁县	225.00	225.00	5.23
海原县	659.00	659.00	11.58
区属农牧场	627.00	627.00	7.97
厅直属			

【机电排灌站】

单位:眼,千千瓦

	机电排灌站装机容量	固定机电排灌站		流动机装机容量	喷滴灌装机容量
		处　数	装机容量		
合　计	501.98	885.00	493.60	3.83	4.55
宁　夏	501.98	885.00	493.60	3.83	4.55
银川市	10.54	102.00	6.79		3.75
市辖区	0.00				
兴庆区	0.00				
西夏区	0.20	6.00	0.20		
金凤区	3.99	6.00	0.24		3.75
永宁县	0.10	3.00	0.10		
贺兰县	0.00	10.00			
灵武市	6.25	77.00	6.25		
石嘴山市	14.69	90.00	13.52	0.38	0.80
市辖区	0.00				
大武口区	4.80	35.00	4.80		
惠农区	3.56	15.00	2.82		0.74
平罗县	6.34	40.00	5.90	0.38	0.06
吴忠市	21.80	158.00	20.31	1.49	
市辖区	0.00				
利通区	11.90	93.00	11.90		
盐池县	0.00				
同心县	0.00				
青铜峡市	9.90	65.00	8.41	1.49	
固原市	12.16	259.00	10.81	1.36	
市辖区	0.00				
原州区	0.00				
西吉县	3.03	179.00	2.72	0.32	
隆德县	1.94	18.00	0.90	1.04	
泾源县	0.00				
彭阳县	7.19	62.00	7.19		
中卫市	2.84	160.00	2.23	0.61	
市辖区	0.00				
沙坡头区	0.00				
中宁县	0.00				
海原县	2.84	160.00	2.23	0.61	
区属农牧场	12.95	110.00	12.95		
厅直属	427.00	6.00	427.00		

【水利工程年供水能力】

单位:万立方米

	年设计供水能力					年实际供水能力				
	小计	蓄水工程	引水工程	取水泵站	配套机电井	小计	蓄水工程	引水工程	取水泵站	配套机电井
合　计	1156407.21	59970.10	860571.94	212356.58	23508.59	251179.12	40979.02	145603.84	48419.19	16177.07
宁　夏	1156407.21	59970.10	860571.94	212356.58	23508.59	251179.12	40979.02	145603.84	48419.19	16177.07
银川市	79044.16	14726.16	36034.30	22772.96	5510.74	56154.84	14621.00	28475.10	9225.67	3833.07
市辖区	0.00					0.00				
兴庆区	6683.57			6353.57	330.00	0.00				
西夏区	2648.00			1000.00	1648.00	1648.00				1648.00
金凤区	2910.00			2500.00	410.00	993.60			990.00	3.60
永宁县	1352.29	105.16		1057.39	189.74	1146.62			965.85	180.77
贺兰县	5885.00			4598.00	1287.00	551.82			5.82	546.00
灵武市	59565.30	14621.00	36034.30	7264.00	1646.00	51814.80	14621.00	28475.10	7264.00	1454.70
石嘴山市	74739.55	5418.00	17550.50	49546.00	2225.05	39320.13	3016.00	14245.98	20285.20	1772.95
市辖区	0.00					0.00				
大武口区	10805.50	5375.00	2550.50	2570.00	310.00	7169.54	2973.00	1831.45	2240.09	125.00
惠农区	19381.65	43.00	15000.00	3500.00	838.65	16506.29	43.00	12414.53	3210.11	838.65
平罗县	44552.40			43476.00	1076.40	15644.30			14835.00	809.30
吴忠市	75966.48		50833.50	20546.00	4586.98	61524.16		39958.43	17615.00	3950.73
市辖区	438.00				438.00	110.00				110.00
利通区	58453.20		50753.20	6500.00	1200.00	45739.23		39879.23	4700.00	1160.00
盐池县	1952.88				1952.88	1900.00				1900.00
同心县	440.90		80.30		360.60	331.85		79.20		252.65
青铜峡市	14681.50			14046.00	635.50	13443.08			12915.00	528.08
固原市	38641.93	26187.94	3056.64	1591.55	7805.80	14820.35	9704.02	762.33	554.00	3800.00
市辖区	0.00					0.00				
原州区	9615.90	5982.94	416.36		3216.60	6092.19	3590.92	304.73		2196.54
西吉县	5914.55	3840.00		623.55	1451.00	4329.78	2960.00		296.00	1073.78
隆德县	13184.00	8065.00	2166.00	273.00	2680.00	1526.00	1270.00	147.00		109.00
泾源县	614.28	140.00	474.28			513.70	203.10	310.60		
彭阳县	9313.20	8160.00		695.00	458.20	2358.68	1680.00		258.00	420.68
中卫市	154345.09	13638.00	99937.00	37390.07	3380.02	79359.64	13638.00	62162.00	739.32	2820.32
市辖区	0.00					0.00				
沙坡头区	104137.00		99937.00	2200.00	2000.00	64611.25		62162.00	549.25	1900.00
中宁县	35434.00			35000.00	434.00	43.20				43.20
海原县	14774.09	13638.00		190.07	946.02	14705.19	13638.00		190.07	877.12
区属农牧场	0.00					0.00				
厅直属	733670.00		653160.00	80510.00		0.00				

【灌区一览表】

单位:万立方米,万公顷

	灌区名称	灌区管理单位名称	隶属关系	受益地(市、县)	水源名称	所属流域	年灌溉引(提)水量	年亩均毛用水量	设计灌溉面积	有效灌溉面积	本年实际灌溉面积
宁夏 27											
利通区扁担沟扬水灌区	扁担沟扬水灌区	吴忠市利通区水务局	县属	扁担沟、孙家滩管委会	黄河	黄河流域	4500.00	850.00	8.12	5.80	3.16
利通区二支渠管理站	二支渠管理站	吴忠市利通区水务局	县属	吴忠市扁担沟镇、金银滩镇、园林场等、	东干渠	黄河流域	3000.00	1525.00	1.53	1.53	1.53
利通区四支渠管理站	四支渠管理站	吴忠市利通区水务局	县属	金银滩镇	东干渠	黄河流域	3400.00	1900.00	2.00	2.00	1.16
西吉县什字灌区	什字灌区	什字水管站	县属	西吉	什字水库	黄河区	268.00	440.00	1.33	0.80	0.59
西吉县马莲灌区	马莲灌区	马莲水利工作站	县属	西吉	马莲水库	黄河区	319.80	423.00	1.00	0.80	0.71
西吉县将台灌区	将台灌区	将台水管站	县属	西吉县	将台水库	黄河区	565.70	314.00	1.67	1.67	1.20
西吉县夏寨灌区	夏寨灌区	吉强镇水利工作站	县属	西吉县	夏寨水库	黄河流域	240.00	220.00	1.18	1.07	0.90
彭阳县长城塬灌区	长城塬灌区	长城塬灌区灌溉管理所	县属	彭阳县	石头崾岘水库	黄河区	400.00	154.00	2.20	1.67	1.20
彭阳县店洼灌区	店洼灌区	店洼水库灌溉管理所	县属	彭阳	店洼水库	黄河区	300.00	154.00	1.33	0.80	0.80
彭阳县乃河灌区	乃河灌区	乃河水库灌溉管理所	县属	彭阳县	店洼水库	黄河区	260.00	260.00	1.20	0.87	0.60
宁夏青铜峡灌区	宁夏青铜峡灌区	唐徕渠、汉延渠、惠农渠、西干渠、秦汉渠等	省属	青铜峡市、永宁、银川市、贺兰、平罗、惠农区、利通区、灵武市、农牧场	黄河	黄河区	453150.00	949.00	317.63	222.30	313.00
宁夏卫宁灌区	宁夏卫宁灌区	中卫水务局,跃进渠、七星渠管理处	省属	中卫、中宁、青铜峡	黄河	黄河区	114200.00	1314.00	65.00	49.60	62.00
宁夏固海扬水灌区	宁夏固海灌区	固海扬水管理处	省属	中宁、中卫、同心、海原、原州区、农场	黄河	黄河区	44900.00	480.00	56.13	56.13	60.24
宁夏盐环定扬水灌区	宁夏盐环定扬水灌区	盐环定扬水管理处	省属	灵武、盐池、同心、陕西定边、甘肃环县	黄河	黄河区	9200.00	375.00	21.50	12.00	14.00
宁夏红寺堡扬水灌区	宁夏红寺堡扬水灌区	红寺堡扬水管理处	省属	红寺堡开发区、同心、海原、原州区	黄河	黄河区	24600.00	426.00	37.00	29.86	37.30
海原关桥灌区	关桥灌区	海原县水务局	县属	海原县水务局	马湾水库	黄河区			1.00	0.84	0.84
海原西安灌区	西安灌区	海原县水务局	县属	海原县	西安灌区	黄河区			2.65	2.28	2.23
隆德县三里店灌区	三里店灌区	隆德县水务局	县属	隆德县	三里店水库	黄河区	320.00	163.00	2.50	1.53	1.16
隆德县好水灌区	好水灌区	隆德县水务局	县属	隆德县	张银水库	黄河区	150.00	163.00	0.80	0.67	0.17
隆德县桃山灌区	桃山灌区	隆德县水务局	县属	隆德县	桃山水库、范家峡水库	黄河区	180.00	163.00	0.78	0.75	0.35
隆德县联财灌区	联财灌区	隆德县水务局	县属	隆德县	东光坝、高坪水库、李太平坝	黄河区	226.00	205.00	0.73	0.60	
原州区上店子灌区	原州区上店子灌区	上店子水库管理所	县属	固原市原州区中河乡	库水	黄河流域	262.00	220.00	1.21	0.21	0.20
原州区张易灌区	张易	张易水库管理所	县属	原州区张易镇	库水	黄河区	39.00	330.00	0.70	0.39	
原州区沈家河灌区	沈家河	沈家河水库管理所	县属	原州区头营镇	库水	黄河区	290.00	330.00	2.34	2.17	1.53
原州区彭堡灌区	彭堡	彭堡镇	其他	原州区彭堡镇	机井	黄河区	260.00	320.00	2.25	1.87	1.67
原州区三营灌区	彭堡	彭堡镇	其他	原州区三营镇	机井	黄河区	120.00	320.00	1.77	1.70	1.70
原州区二营灌区	原州区二营灌区	沈家河水库管理所	县属	固原市原州区头营镇	库水、机井	黄河流域	165.00	110.00	0.76	0.66	0.33

宁夏新海水务有限公司

公司党总支同水利厅组织人事与老干部处联合党日活动

新海南坪水库

2010年3月，宁夏新海水务有限公司正式成立，现有正式员工41人，其中高级政工师2人、高级工程师1人、工程师2人、助理工程师3人。公司下设综合部、运营管理部和同心分公司3个部门，负责海原新区供水工程运营管理和同心东部综合供水工程的运营管理。

海原新区供水工程是自治区重点水利工程建设项目，主要任务是解决海原县城新区10万城市人口生活用水及2.41平方公里工业园区生产用水，同时解决海原县李旺、七营、黑城和原州区的三营、头营、彭堡两县区6乡镇72个行政村402个自然村的19.34万人的农村饮水安全问题。工程由水源工程和净水厂工程两部分组成，其中水源工程包括南坪水库工程、输水工程和供水工程三部分。

同心东部综合供水工程是融合了下马关地区生态移民、同心东部农村安全饮水和高效节水灌溉为一体的综合性供水工程。工程的主要任务是解决同心东部乡镇12.85万群众的人畜饮水安全问题，同时发展15.1万亩高效节水灌溉。工程由红寺堡五干渠引水，通过改建原下马关一、二泵站，新建下马关三泵站及三座调蓄水池、净配水厂实现供水功能。

新海水务有限公司自运行管理以来，不断加强组织建设，完善管理机制，提升员工综合素质，狠抓安全生产工作。2011年全年共蓄水507万立方米(其中南坪水库306万立方米，同心分公司蓄水池201万立方米)，供水289万立方米(其中海原新区水厂101万立方米，同心分公司188万立方米)，收缴水费502万元。公司荣获宁夏水务投资集团有限公司2010年度精神文明先进单位荣誉称号，公司第一党支部荣获宁夏水务投资集团有限公司2011年度先进党支部荣誉称号，制水车间荣获自治区水利厅2009年度、2011年度青年安全生产示范岗荣誉称号，南坪水库荣获宁夏水务投资集团有限公司2010年度、2011年度先进基层单位荣誉称号。

向灾区捐款活动

新海公司新党员入党宣誓

参加海原县篮球运动会

新海团支部成立

五四文艺汇演

设备检修

宁夏长城水务有限责任公司

内蒙古自治区党委书记胡春华(左二)视察工地

内蒙古自治区主席巴特尔(右一)视察工地

宁夏长城水务有限责任公司成立于2010年3月,是由宁夏水务投资集团有限公司、鄂尔多斯市水务投资公司、宁东水务有限责任公司按45%、43%、12%的出资比例,以货币形式共同出资,注册资本金9800万元人民币,按照现代企业制度组建的具有独立企业法人资格的有限责任公司。主要职责是为上海庙、红墩子能源化工基地提供生产、生活用水和生态环境整治用水。公司实行董事会领导下的总经理负责制,内设机构为:综合办公室、发展规划部、财务部、工程运营部,运行机构为:长城水厂、检修队、上海庙分公司。

宁夏回族自治区副主席赵小平(右一)视察工地

上海庙、红墩子能源化工基地供水工程包括水源工程、净水工程和配水管道工程。其中:水源工程以黄河水为水源,由水源泵站、输水管线、调蓄水库和防洪工程组成。水源泵站与宁东供水工程共用金水源泵站,安装水泵机组四台。输水管线总长8.9公里,其中:压力管道5.5公里,重力流管道3.4公里。调蓄水库坝址选在水洞沟中段的大泉,设计库容1224万立方米,坝长1230米,最大坝高29.83米,坝型为均质土坝。防洪工程由一座尾坝和一条泄洪、排污隧洞组成。净水工程由进厂管道、净水厂及送水泵房组成。水厂净水处理工艺采用:混凝+沉淀+过滤+消毒。一期工程规模20.0万立方米/日,二期总规模达到40.0万立方米/日。配水管道工程由中途加压泵站和输水管线组成,从焦化园处长城加压泵站沿上源输水管线穿过长城后至宁东C区接管点,全长18.6公里。配水管道工程一期工程规模7.0万立方米/日。上海庙、红墩子能源化工基地供水工程一期工程总投资6.8亿元,供水保证率≥97%。

宁夏回族自治区副主席赵小平(右一)、内蒙古自治区主席助理黄·阿拉腾别立格(左一)为宁夏长城水务有限责任公司揭牌

入库管道

水厂全貌

主　坝

送水泵房

输水塔

宁夏六盘山水务有限公司

宁夏六盘山水务有限公司于2011年9月9日成立，是宁夏水务投资集团有限公司的全资子公司。现有员工162人，其中具有副高级职称的6名，中级职称的19名；具有大学学历的26名，大专学历的69名。公司设立6个管理部门（综合部、运营管理部、客户服务部、规划发展部、工程技术部、财务部）和4个运营公司（水源公司、制水公司、管网公司、工程分公司）。

固原市市长白尚成（前排左二）在贺家湾水库调研

宁夏六盘山水务有限公司由原固原市供水排水总公司自来水公司、固原市东山坡引水工程和原州区上店子、冬至河、寺口子水库三部分整合而成。主要负责东山坡引水工程，寺口子、冬至河、上店子、海子峡、贺家湾5座水库，3座加压泵站和3座净水厂的运行管理工作，负责固原城市生产生活供水和水量调度以及城市公共供水设施的安全运行管理。截至2011年12月31日，公司资产总值2.31亿元，公司综合供水能力30000立方米/日，实现城市年供水550万立方米，总收入2420万元。

公司按照现代企业管理要求，设立董事会、监事会和经营管理层，实行董事会领导下的总经理负责制，建立了权责明确、职能清晰、协调运转、有效制衡的法人治理结构。在资金短缺和设备老化的情况下，积极整合资源、挖掘人才、科学管理、优化配置、统一调度、理顺管理体制、强化工程措施筹措资金，从根本上解决了困扰固原城市供水的水量、水质和水压问题。固原城市饮用水基本达到了国家饮用水质标准，人民群众喝上了放心水，有力地支持了固原经济社会又好又快的发展。

六盘山水务公司贺家湾水库

2011年公司被固原市精神文明建设指导委员会命名为“市级文明单位”，被水利厅授予行风建设“先进单位”称号。

公司庆祝七一暨创先争优表彰大会

公司领导检查冬季安全生产

节水宣传

抗旱打井

公司职工锻炼身体

公司团拜会

宁夏宁西供水有限公司

2008 年 8 月，西夏水库举行开工仪式

宁夏宁西供水有限公司成立于2007年4月，是宁夏沙坡头水利枢纽有限责任公司的全资子公司。2008年11月17日经自治区人民政府同意，将宁夏跃进渠管理处人员和资产整体划转宁夏宁西供水有限公司。公司现有在职员工92人，其中处级及企业中层以上干部25人；高级职称4人、中级职称9人、技师10人、高级工1人；大学本科学历24人、大专学历47人。公司机关下设办公室、生产运营部、工程建设部、财务部、计量收费部、水政监察处6个职能部门，基层设第一管理所、第二管理所、西夏渠管理所、西夏水库管理所、西夏水库管理处和一个具有水利水电总承包三级资质的工程公司。

公司主要承担着美利渠、跃进渠和西夏渠沿线90多万亩农田灌溉任务，新建的西夏渠和西夏水库提高了灌区水资源利用率，将西干渠已有扬水灌区改变为自流灌区，完善了银川市防洪工程体系，为以闽宁镇为中心的南部山区数万移民提供了生活用水，有效解决了银川市西夏区工业企业用水，为开发建设贺兰山东麓百万亩生态农业基地和构建贺兰山东麓绿色生态屏障提供了水源。

宁夏宁西供水有限公司开创了全区农业、工业、生态及城市生活供水一体化的企业化运营管理模式，使具有经营性功能的工业及城市供水与具有公益性功能的农业及生态供水有机结合，实现了宁夏沙坡头北干渠续建改造供水工程沿线灌域统一开发与运营管理，将为灌域经济社会发展做出更大贡献。

宁西公司参加中宁县建党 90 周年文艺演出

西夏水库流量控制室浇筑

西夏渠渡槽吊装

西夏水库南副坝土工膜铺设

建成的西夏渠

坝后滤水直接补入水库

银川市水务局

银川市常务副市长梁积裕（前排左一）、自治区水利厅副厅长方彦（前排左二）观摩贺兰县农村饮水安全工程

银川市水务局(以下简称“水务局”)是银川市人民政府水行政职能部门,水务局机关设办公室、计划财务科、水政水资源科(水土保持科)、水利科、防汛抗旱办公室5个职能科室和银川市水政监察支队、银川市水土保持监测站2个事业单位,下设银川市银西防洪管理所、银川市桑园沟防洪管理所、银川市黄羊滩防洪管理所、银川市沟道管理所、银川市节约用水办公室、银川市水电勘测设计院、银川市水电工程处等7个防洪、水资源管理及勘测设计、工程施工单位。

主要职责:负责银川市水利建设、水资源管理、防汛治河、水政监察执法、节约用水及水务改革、规划实施工作,负责指导银川市防汛抗旱指挥部办公室和银川市水土保持委员会办公室日常工作,负责指导全市农村水利、人饮解困、农村水费改革及灌区水利工程配套、改造的建设管理工作。

多年来,在自治区党委、政府的正确领导下,在水利厅的大力支持下,水务局深入贯彻落实科学发展观,紧紧围绕银川市委、市政府中心工作,从市情、水情出发,进一步深化和完善了新时期以“节水、挖潜、提质、增效”为中心的治水思路,落实最严格的水资源管理制度,不断巩固和扩大节水型城市建设成果,促进节水型社会建设。坚持不懈大搞农田水利基本建设,加快高标准农田建设和中低产田改造，巩固水利基础设施,增强农业发展后劲。加快防洪排水工程建设,完善防洪排水体系,保障城市防洪安全。各项工作进展有序,取得实效,为“两个最适宜”城市建设提供了有力保障。促进了市域经济发展,为农民增收、农业增效做出了贡献。水务局先后荣获国家节水型城市建设先进单位，自治区农田水利基本建设“黄河杯”竞赛组织奖,宁夏第一次全国水利普查2011年度先进集体,全区水利系统“五五”普法先进集体。

银川市秋季农田水利基本建设现场观摩会

农村安全饮水

广大群众积极参加秋季农田水利基本建设

黄河标准堤防

秋季农田水利基本建设施工现场

永宁县永清沟综合治理

石嘴山市水务局

石嘴山市委书记彭友东(左一)检查水利工作

石嘴山市人大检查重点水利工程

石嘴山市水务局成立于2002年4月,现有干部职工69人,内设5个行政科室、5个事业单位和1个集团公司,是石嘴山市人民政府水行政职能部门。主要职责是承担全市防汛抗旱工作的指挥协调与建设、城市景观水系的建设与管理、水土保持的管理和水土流失防治的监督,指导农村水利基本建设和安全饮水建设以及水利规划勘测设计等。

"十一五"期间,石嘴山市水务局抢抓机遇、创新思路、拓宽理念,以保障跨越式发展用水安全为目标,以节水型社会建设为统揽,项目带动战略实现重大突破,先后完成了星海湖湿地的恢复整治及功能完善工程、滨河大堤防洪工程、大小风沟防洪工程、星海湖病险水库除险加固工程、汝箕沟防洪工程、三二支沟扩整清淤工程等项目,累计完成投资愈20亿元。农村饮用水安全工程建设加快,32.93万群众喝上了安全洁净的水,全面完成"十一五"规划的农村饮水工程任务,全市基本实现了村村、队队通自来水的目标;农田水利建设投资11.19亿元,改造中低产田92万亩,新增和恢复节水灌溉面积67.94万亩,发展高效节水补灌面积2.64万亩,有力地提升了农业综合生产能力;全年引水耗水量实现不超自治区分配指标,保障了全市115万亩农田适时灌溉;"三争双招"工作再上新台阶,"十一五"期间争取项目资金18.21亿元。石嘴山市水务局先后获得石嘴山市目标管理考核先进单位,"全国水土保持生态环境建设示范城市""全国调处水事纠纷创建平安边界先进集体""自治区节水型社会创建先进集体""自治区精神文明先进单位",多次获得自治区水利系统先进单位。

慰问困难老党员

标准化堤防工程

大武口沟防洪工程

三二支沟扩整工程

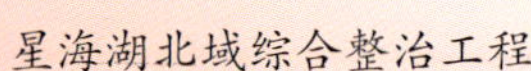

星海湖北域综合整治工程

石嘴山市水务系统庆祝建市50周年文艺汇演

石嘴山市水务系统第四届职工运动会

吴忠市水务局

吴忠市委书记白雪山(前排左一)调研农田水利基本建设

吴忠市水务局现有在职干部职工78人,离退休45人。人员编制结构为行政编制15人,事业编制63人,企业合同制74人。全局高级职称13人,中级职称38人,初级职称46人。内设4个行政科室、6个事业单位、3个企业。

近年来,吴忠市水务局紧紧围绕全市经济社会发展大局,积极发挥水利的支撑和保障作用,全市累计完成重点水利工程94项,完成投资20多亿元,建成了太阳山供水工程、金积供水工程、小河防洪工程,惠汉、唐西干渠"两两合并"工程。在黄河两岸开挖城市防洪排涝河道35.5公里,整治湖面水系51个,城市水面达到5万亩。建成黄河标准化堤防68.5公里,砌护黄河吴忠城市过境段岸滩10.92公里,疏浚河道7.7公里,建成了柳溪湖综合整治及景观工程,扩挖湖面至1000亩,打造了吴忠"黄河外滩",滨河生态水韵城市初具规模。完成灌区渠道砌护1.08万公里,各类渠道砌护率达50.3%。发展节水灌溉面积105万亩,高效节水补灌面积26.5万亩,中部干旱带49.6万亩,节水补灌规划经国家发改委和水利部批复逐步实施。吴忠市农田水利基本建设夺得自治区"黄河杯"一等奖5次、特等奖2次、市级组织奖4次,利通区跻身全国农田水利基本建设先进县行列。建成了郝家台水库等中小型水库40座,治理河道、沟道651公里,农村集中供水工程83处,89万群众告别了吃水难的历史。争取国家投资7亿元的苦水河防洪工程开工建设。2.5万水库移民得到国家水库移民后期扶持项目扶持;完成各类水保骨干坝、淤地坝等工程123座,累计治理水土流失面积4736.9平方公里,境内生态移民项目启动实施,改善了群众生产生活条件和城乡生态环境,为吴忠市经济社会跨越式发展提供了坚强的水资源保障。吴忠市水务局先后获得部级荣誉3项、厅级荣誉29项、市级荣誉43项。

水利部调研组调研苦水河流域综合治理工程

吴忠市水务局召开人大代表建议和政协委员提案答复座谈会

向南扩整柳溪湖水面26.67公顷，柳溪湖湖面达1000亩，与新建黄河大桥上游湖面贯通，并建成了亲水路面、中央亲水平台

已开挖贯通城南防洪排涝河道5.8公里，建成3座溢流堰、亲水平台、栏杆及砼压花，城市东南区水系建设初具规模

黄河吴忠(青铜峡)市区过境段综合整治工程

固原市水务局

固原市水务系统政风行风座谈会

张程乡抗旱应急供水

固原市水务局的前身为固原地区水利水保局，最早成立于1956年，2002年8月，固原撤地设市后，成立了固原市水务局，现有职工47人，其中：公务员编制16人，事业编制31人，水利高级工程师10人，工程师19人。下设办公室、水利建设管理科、水土保持科、水政水资源管理科、计划统筹科5个行政科室和固原市防汛抗旱指挥部办公室、固原市水土保持工作站、固原市水利工程质量监督站、固原市资源管理站4个事业单位，是固原市政府的水行政职能部门。承担全市水资源统一管理及水利、水保工程的规划、建设、管理等工作。

近年来，固原市水务局在自治区水利厅的大力支持和指导帮助下，按照节约优先、优化配置、有效保护、综合治理的原则，以农田水利建设为重点，以政策实施为动力，以改善生态环境保护为抓手，以节水型社会建设总揽全局，把水利工程与生态移民和产业结构调整相结合，多种水资源相互调配，增强水资源承载能力，提高水资源配置能力和利用效益，全体干部职工发扬“敢打硬仗，能打硬仗，能打胜仗”的作风，奋发有为，激情干事，谱写了“献身、负责、求真、务实”的水利行业新形象，先后建成了长城塬水利工程、固原彭堡地下水库工程、固海人畜饮水工程、病险水库除险加固工程、水土保持及生态工程等重点项目，加快推进“北扬黄河水、南引泾河水、就地利用库井水、综合治理流失水”工程体系建设，初步建立了“大中小微并举、蓄引集提结合、库坝井(窖)池联用”的供水模式，基本形成了“南北配置、丰枯补给”的水资源格局，水资源调控能力不断加强；民生水利保障能力极大提高，人民群众得到了更多实惠，水土保持生态建设效益显著，实现了生态建设和经济发展的双赢，为固原市经济社会跨越式发展提供了坚强的水资源保障。

彭阳县阳洼小流域荒山治理一景

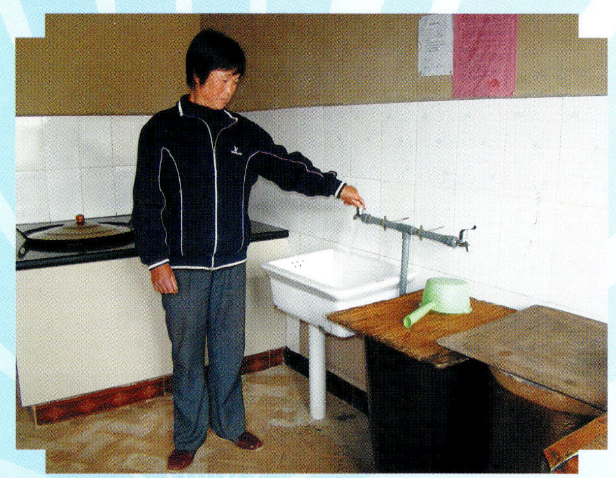

农村饮水安全工程让群众喝上了安全水

西吉县夏家大路流域山、水、田、林、路综合治理效益显著

温棚微喷灌溉切实增加了农民收入

原州区河川沟小流域水保治沟骨干工程

茹河河道治理工程提升了城市品位

渠系配套工程是山区农业增产增效的有效保障

中卫市水务局

中卫市市委、政府领导与自治区水利厅领导共商中卫水利发展大计

中卫市水务局成立于2004年4月，在岗行政、事业干部职工338人。机关内设办公室、计划财务科、水利水保科、水务科、水政科5个行政科室，下辖南山台电灌站等8个事业单位，河北灌溉管理所等4个自收自支事业单位，负责管理沙坡头区9条、164.4公里干渠、支干渠，管理干沟10条、170.5公里。承担着全市水利工程建设、防汛抗旱、水政水资源管理、山区水土保持等水行政管理工作，负责沙坡头区40多万亩农田的灌溉供水管理、20多万农村人口的安全饮水服务管理工作。

多年来，中卫市水务局广大干部职工发扬水利人“献身、负责、求是”的行业精神，放弃节假日休息，战沙暴、顶风雪、冒严寒、抗酷暑，内抓管理提素质，外树形象强作风，攻坚克难打硬仗，抢抓机遇促发展。先后完成了兴仁综合供水、永大线高效节水农业示范项目供水、美三支干渠节水改造、康乐生态移民区供水、近期黄河治理等多项重点水利工程建设施工任务。先后获得了全国水利工程管理体制改革先进集体、全区先进基层党组织、全区政风行风评议先进集体、全区水利工作先进集体、全区节水型社会建设工作先进单位、全区2010~2014年度文明单位等100多项区、市级荣誉称号。连续多年在全市年度目标责任管理考核中名列前茅。

中卫市委书记马廷礼(前排右三)、市长徐力群(前排右二)调研水利工作

“黄河之水天上来，奔流到海不复回。”中卫水利人将迈着坚实的步伐，开创未来，再创辉煌。

小农水改造工程解决群众灌水难题

开展大规模农田水利建设

黄河治理构筑“安全屏障”

硒砂瓜抗旱节水补灌工程解决干旱带群众增收发展难题

组织大型机械清淤沟道解决群众排水难题

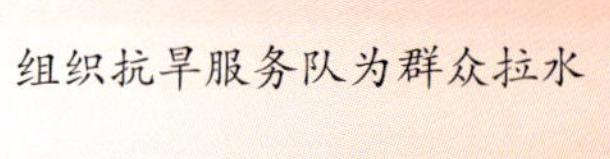

组织抗旱服务队为群众拉水